Grèce continentale
Îles Ioniennes

Vue depuis le village de Monemvassia.
R. George Young/Getty Images

Les régions du guide :
(voir la carte à l'intérieur de la couverture ci-contre)

COMPRENDRE LA GRÈCE CONTINENTALE

LA GRÈCE CONTINENTALE AUJOURD'HUI

NATURE ET PAYSAGES

TRADITIONS ET ART DE VIVRE

LA RELIGION

ARTS ET CULTURE

LA MYTHOLOGIE GRECQUE

HISTOIRE

ORGANISER SON VOYAGE

ALLER EN GRÈCE

AVANT DE PARTIR

SUR PLACE DE A À Z

MÉMO

NOS INCONTOURNABLES

★★★ Vaut le voyage ★★ Mérite un détour ★ Intéressant

Ulysses/age fotostock

★★★

Mycènes

Face aux quatre blocs de pierre qui composent sa monumentale porte des Lionnes, difficile de rester insensible à la puissance si simple et si forte de l'ouvrage. **Voir p. 141.**

majaiva/iStock

★★★

Corfou

Plongez dans les eaux turquoises, l'héritage vénitien, le dédale des ruelles et les prestigieux musées de cette ville inscrite au Patrimoine mondial de l'Unesco. **Voir p. 324.**

R. Schmid/Sime/Photononstop

★★★

L'Acropole

Majestueux vaisseau de pierre érigé au Siècle de Périclès, son nom signifie « ville haute ». Avec son Parthénon, elle domine Athènes depuis plus de 2500 ans. **Voir p. 29.**

★★★

Delphes

Comme les pèlerins de l'Antiquité, engagez-vous sur l'agora et à travers les portes du téménos, espace sacré où vous évoluerez de trésor en trésor. **Voir p. 108.**

D.Fridmar/sime/Photononstop

R. Mattes/hemis.fr

★★★

Le théâtre d'Épidaure

Chaque été, les tragédies antiques résonnent de nouveau dans cette conque de marbre blanc à l'acoustique parfaite construite au 4e s. av. J.-C. **Voir p. 170.**

★★★

Mystra

Telle une sentinelle accrochée sur le massif du Taygète, l'ancienne capitale des Francs et Byzantins de Morée reste l'un des sites les plus envoûtants de Grèce. **Voir p. 212.**

TPopova/iStock

★★★

Vergina

Laissez-vous éblouir par les trésors de la nécropole de l'antique Aigai. Sous le tumulus royal, la somptueuse tombe de Philippe II de Macédoine révèle enfin tous ses secrets.
Voir p. 417.

G.Dagli Orti/DEA/De Agostini editore/age fotostock

A. Bednorz/Bildarchiv Monheim/age fotostock

Kuzhilev/iStock

★★★

Olympie

Berceau de l'olympisme, son stade laisse encore imaginer, 2700 ans plus tard, les grandes vibrations qui accompagnaient pèlerinages et exploits sportifs.
Voir p. 234.

★★★

Les Météores

Dans ce paysage singulier, les rochers aux parois lisses et vertigineuses servent de perchoirs à des monastères, comme suspendus dans les airs.
Voir p. 267.

J. Arnold/hemis.fr

★★★

Les gorges de Vikos

À Monodendri, dans les Zagoria, profitez du panorama et retenez votre souffle devant cette faille vertigineuse de 1 600 m de profondeur, comme taillée à la hache par un géant.
Voir p. 294.

Vue sur Exogi et les îles Ioniennes.
D. C. Tomlinson/Getty Images

TOP 5 Les sites classés

1. Acropole d'Athènes (p. 29)
2. Delphes (p. 108)
3. Épidaure (p. 170)
4. Vergina (p. 417)
5. Vieille ville de Corfou (p. 324)

La tribune des Caryatides, Érechthéion.
R. Mattes/hemis.fr

❤ **Aller au cinéma en plein air** sous le Parthénon. Peu importe le film car le spectacle est ailleurs. Sur le toit du Ciné Paris de Plaka, à la nuit tombée, l'Acropole d'Athènes illuminée est toujours à l'affiche. Magique. **Voir p. 70**.

❤ **Suivre le trait de Théophane le Crétois.** Au monastère d'Agios Nikolaos Anapafsas, perché sur les Météores, difficile de rester insensible à son émouvante *Vierge à l'Enfant* ou à sa composition du Jugement dernier. Ce peintre d'icônes du 16e s. issu de l'école crétoise a sublimé maints monastères grecs de ses fresques. **Voir p. 269**.

❤ **Débarquer à Ithaque,** tel Ulysse. Heureux qui comme un vacancier embarque sur le caïque au départ de Fiskardo, en Céphalonie, pour accoster à Friskes. Odyssée qui ne serait pas complète sans s'attabler à cette taverne du rivage opportunément baptisée « Pénélope ». **Voir p. 346**.

❤ **Se réfugier dans une grotte à Pérama,** en banlieue de Ioannina, un escalier de 163 marches descend vers une étrange forêt de concrétions calcaires multicolores. Une promenade mystérieuse et poétique entre stalactites et stalagmites formées il y 1,4 million d'années. **Voir p. 287**.

Terrasse à Kióni sur l'île d'Ithaque.
D. C. Tomlinson/Getty Images

La chaîne de montagne des Zagoria.
VivianGerogianni/iStock

❤ Regarder le soleil se coucher sur les Zagoria. En fin d'après-midi, après avoir choisi sa terrasse sur les hauteurs de Megalo Papingo, on contemple les derniers rayons du jour embraser les sentiers boisés qui zigzaguent jusqu'au fond des gorges de Vikos. **Voir p. 292**.

❤ Déchiffrer (un peu) de grec. Ou s'égarer dans Οδός Αφροδίτη et comprendre que l'on est arrivé « rue Aphrodite ». L'alphabet grec ne compte que 24 lettres, aussi simples qu'émouvantes à apprendre : « alpha » (Α), « vita » (Β), « gamma » (Γ), etc. **Voir p. 595**.

Rue Aphrodite à Plaka, Athènes.
C. Chaudeau/Michelin

TOP 5 Les plages

1. Navagio (p. 373)
2. Mirtos (p. 318)
3. Loutra Kilinis (p. 245)
4. Kaladi (p. 195)
5. Sithonia (p. 440)

La plage de Navagio sur l'île de Zante.
Simeone/Photononstop

❤ **Courir à Marathon**. Pas la peine de suivre le parcours de 42 km (forcément) vers Athènes. Ici, on s'attarde dans les paysages bucoliques couverts d'oliviers et le long des plages méconnues du nord de l'Attique. **Voir p. 101**.

❤ **Entendre Aristophane à l'odéon d'Hérode Atticus.** Chaque été, lors du festival d'Athènes, les textes d'Eschyle, Sophocle, Euripide ou Aristophane sont déclamés sur la scène en marbre blanc de cet amphithéâtre romain. Et, peu importe si l'on ne comprend pas le grec, l'émotion est là. **Voir p. 39**.

❤ **S'émouvoir devant les frises manquantes** du musée de l'Acropole, à Athènes. La « salle du Parthénon » reconstitue, comme elle peut, l'illustre frise des Panathénées. Entre deux blocs, des copies sobrement estampillées « BM » rappellent que les deux tiers des marbres sont toujours exposés par le British Museum de Londres. **Voir p. 41**.

❤ **Oublier la ville à Hydra.** A 50mn de bateau du Pirée, loin de l'agitation de la capitale, le plaisir de découvrir une île grecque interdite aux voitures n'a pas de prix. **Voir p. 78**.

Ruelle d'Hydra.
HonestTraveller/iStock

Le Mont Olympe.
Sotiris_Filippou_Photographer/iStock

❤ Skier sur le mont Olympe. Sous le mythique sommet des Dieux, point culminant du pays à 2 917 m d'altitude, la petite station d'Elatohori (1 974 m) offre quelques descentes. **Voir p. 414**.

Odos Kapodistriou sur l'île de Corfou.
R. Tomlinson/robertharding/age fotostock

❤ Se presser sous les « Parapluies » de Thessalonique. Les 40 parapluies de cette œuvre contemporaine ne protègent guère des embruns ni du soleil. Mais on s'y rend volontiers pour attraper l'un de ses manches le temps d'une photo. **Voir p. 395**.

❤ S'allonger presque seul sur le sable de Milopotamos. Ce croissant doré accroché au bord des falaises de Tsangarada est l'un des secrets les mieux gardés du Pélion. Il suffit pourtant de descendre quelques marches du village pour profiter de ses eaux cristallines. **Voir p. 263**.

❤ Manger tard. En Grèce, le voyage commence à table quand on découvre qu'il n'y a pas d'heure pour la ronde des *mezzes*. **Voir p. 509**.

TOP 5 Les musées archéologiques

Le musée archéologique d'Olympie.
Mattes/Mauritius/Photononstop

❤ **Lire les vers de Yannis Ritsos** à Monemvassia. La rue principale de ce spendide village fortifié du Péloponnèse porte le nom de l'enfant du pays. Le poète engagé (1909-1990) repose dans le cimetière à l'entrée de la citadelle. Sur sa tombe, figure sa prose : « Le ciel est sept fois bleu. Cette pureté est encore la première vérité, ma dernière volonté. » **Voir p. 180**.

❤ **Réflêchir avec Aristote.** En Macédoine, un détour s'impose par l'école du philosophe. Laissées à l'abandon, ces grottes mythiques n'en sont que plus émouvantes. Il faut imaginer que c'est ici, au bord d'un ruisseau, qu'entre 343 et 340 av. J.-C., le célèbre penseur enseigna l'éthique et la doctrine politique au jeune garçon qui allait devenir Alexandre le Grand. **Voir p. 422**.

Monemvassia.
PanosKarapanagiotis/iStock

Ruines de Philippes.
MikePax/iStock

❤ **Se laisser emporter par le rebetiko.** Longtemps clandestine, cette musique populaire mélancolique exprimait dans les années 1920 la détresse des réfugiés d'Asie Mineure. Près d'un siècle plus tard, ce « blues grec » trouve toujours un écho, au son du bouzouki.
Voir p. 507.

❤ **Arpenter un métochion du mont Athos.** Près de Komotini, le monastère St-Nicolas est une merveille construite sur un petit îlot de la lagune. Bien qu'il s'agisse d'une dépendance de la « montagne sacrée » interdite aux femmes, ce monastère situé en Thrace demeure ouvert à tous, lui… **Voir p. 476**.

❤ **Se précipiter au site de Philippes.** Un serpent de pierre de 3 500 m de long entoure la ville fondée par Philippe II de Macédoine. C'est aussi le dernier site archéologique distingué par l'Unesco en 2016 - et le 18e classé au Patrimoine mondial pour la Grèce.
Voir p. 460

❤ **Fêter Pâques.** On teint les œufs en rouge, on fleurit les croix des églises orthodoxes et on rompt le jeûne au son des feux d'artifice. Il faut vivre, au moins une fois, la plus importante fête religieuse du pays.
Voir p. 502.

TOP 5 Les panoramas

1. Les Météores (p. 267)
2. Monemvassia (p. 180)
3. Le mont Lycabette (p. 50)
4. Le mont Pankréator (p. 338)
5. Le mont Olympe (p. 410)

L'église Agia Sofia de Monemvassia.
Simeone/Photononstop

Monastère de Agios Nikolaos à Porto Lagos.
omersukrugoksu/iStock

NOS ITINÉRAIRES

Athènes entre terre et mer
en 4 jours

Antonio D'Albore/iStock

En bref : 350 km à pied, en voiture et en bateau.

Temple de Poseidon, Cap Sounion.
WitR/iStock

Hydra.
f8grapher/iStock

• J-1 & 2 Athènes

Direction l'Acropole (**p. 29**) et son musée (**p. 41**), déjeuner à Plaka (**p. 43**) et balade dans l'Agora (**p. 42**). Le lendemain, visite du Musée archéologique (**p. 51**), déjeuner en haut du Lycabette (**p. 50**) et café à Kolonaki. Relève de la garde devant le Parlement. (**p. 54**).

• J-3 Cap Sounion

Faites un détour par Sounion pour contempler le soleil couchant sur les ruines du majestueux temple dédié à Poséidon.(**p. 86**). Nuit à Athènes.

Conseil : avec des enfants, remplacez la sortie à Sounion par une excursion sur l'île d'Égine pour profiter de la plage.

• J-4 Hydra

Après avoir pris le métro pour Le Pirée (**p. 72**), embarquement pour cette île interdite aux voitures (**p. 78**).

Grand tour du Péloponnèse
en 14 jours

Ivan Bastien/iStock

En bref : 1 200 km du canal de Corinthe à Delphes.

• J-1 & 2 Corinthe

En arrivant d'Athènes, prévoyez un arrêt devant son canal (**p. 128**). Découverte de l'ancienne Corinthe (**p. 134**).

Conseil : un train relie directement l'aéroport à Corinthe, où l'on peut ensuite louer une voiture.

• J-3 à 5 Nauplie

Balade dans les venelles de la vieille ville jusqu'à sa citadelle léchée par le golfe d'Argolide (**p. 159**). Excursion à l'Acropole de Mycènes, toujours défendue par la porte des Lionnes (**p. 141**). Une autre matinée sera consacrée à une visite du sanctuaire d'Épidaure, l'un des plus beaux de l'Antiquité gréco-romaine (**p. 170**).

Conseil : si vous avez moins de jours, filez vers Sparte ou Kalamata pour visiter Mystra puis rejoindre Olympie.

• J-6 & 7 Monemvassia

Plutôt que de rejoindre le sud-est du Péloponnèse par la nationale Trípoli-Gíthio, empruntez la route littorale (**p. 174**). À Monemvassia, flânerie sur la presqu'île, dans la cité médiévale intacte (**p. 180**).

• J-8 Githio

Direction le Magne et Githio, au creux du golfe de Laconie. Balade dans son dédale de maisons ottomanes et/ou baignade à Mavrovouni (**p. 184**).

• J-8 Mystra

Direction Kalamata en prévision d'une excursion à Mystra (**p. 212**).

Ruines du temple de Corinthe.
TPopova/iStock

J-10 Olympie

Visite du berceau de l'olympisme et du musée archéologique (**p. 234**).

J-11 Patra et Diakofto

Départ pour Patra (**p. 246**), pour aller ensuite à Diakofto. Balade en train à crémaillère vers Kalavrita (**p. 248**) et les gorges du Vouraïkos.

Conseil : avec le train, vous pouvez écourter ce périple ici et rentrer à Athènes par Corinthe.

J-12 Delphes

Sur la route du retour vers Athènes par le pont Rio-Antirio (**p. 246**), étape pour visiter les belles ruines du sanctuaire de Delphes (**p. 108**).

J-13 & 14 Athènes

Suivez les jours 1 et 2 de notre circuit « Athènes entre terre et mer » (**p. 16**).

Forteresse de Palamède à Nauplie.
f8grapher/iStock

Trésors de Macédoine et de Thessalie
en 7 jours

En bref : 500 km entre musées et monastères.

J-1 & 2 Thessalonique

Rejoignez la Tour blanche (**p. 395**) par le front de mer et visitez son Musée archéologique (**p. 397**) ou byzantin **p. 396**). Le lendemain, flânez dans le marché Modiano (**p. 394**) et explorez les vestiges romains du complexe de Galère. (**p. 387**).

J-3 & 4 Les Météores

Prenez la route le long de la côte jusqu'à Larissa pour rejoindre Kalambaka (**p. 267**) par Trikala. Le lendemain, visitez les monastères du Grand Météore (**p. 272**), de Varlaam (**p. 269**) et, si vous le pouvez, celui d'Agios Stefanos (**p. 272**).

J-5 & 6 Vergina

Remontez par Grevena pour rejoindre Vergina et visiter le tombeau royal de Philippe II de Macédoine (**p. 417**). Après une nuit à Vergina ou Veroia (**p. 420**), repartez tranquillement vers Thessalonique en passant par Naoussa et Pella, l'ancienne capitale d'Alexandre le Grand (**p. 425**).

Monastère des Météores.
Kuzhilev/iStock

Ancienne cité de Pella.
De Agostini / Archivio J. Lange / age fotostock

Au pays des Zagoria
en 3 jours

L. Shepherd/robertharding/age fotostock

En bref : 150 km d'échappée belle dans l'Epire.

J-1 Ioannina

Débutez la journée dans le kastro et visitez le Musée byzantin (**p. 284**). L'après-midi, empruntez un bateau sur le lac pour l'île de Ioaninna où se trouve le monastère Agios Panteleimonas (**p. 286**).

J-2 & 3 Monodendri

Flânez dans le village et profitez de ses merveilleux panoramas. Le lendemain, faites une randonnée dans les gorges de Vikos (**p. 294**).

J-4 & 5 Aristi

Place au farniente dans l'un des gîtes d'Aristi (**p. 295**). En voiture, partez à la découverte des villages perchés de Mikro ou Megalo Papingo (**p. 294**).

Conseil : en saison, vous pouvez arriver par Corfou et trouver ensuite un vol entre Ioannina et Athènes pour prolonger votre séjour.

Le village de Monodendri dans les Zagoria.
verve231/iStock

La Grèce par la via Egnatia
en 10 jours

PeskyMonkey/iStock

En bref : 500 km d'autoroute autrement.

J-1 & 2 Corfou

Visite de la vieille ville (**p. 324**), escapades à la presqu'île de Kanoni (**p. 331**), l'Achilleion et ses jardins (**p. 338**) et baignade. On rejoint le continent par Igoumenista (**p. 297**) où l'on emprunte l'autoroute A2, qui suit l'ancienne voie Egnatia.

Conseil : profitez des vols directs en haute saison pour Corfou et louez une voiture à Igoumenitsa en vous assurant que vous pourrez la rendre à Thessalonique.

J-3 & 4 Ioaninna

Après la découverte du kastro et du Musée archéologique (**p. 282**), consacrez la journée suivante aux visites de la grotte de Pérama et du merveilleux théâtre antique de Dodoni (**p. 288**).

J-5 & 6 Metsovo

De Ioannina, l'autoroute Egnatia vous mène à Metsovo en moins de 30mn. En arrivant, promenez-vous dans le dédale de ruelles bordées de maisons

Grotte de Perama.
AlbertoLoyo/iStock

Maisons traditionnelles à Veria.
De Agostini / Archivio J. Lange/age fotostock

en pierre de cette « petite Suisse » des Balkans (**p. 279**). Visite de la maison des Tositsa et de la pinacothèque Averoff (**p. 280**).

• J-7 & 8 Vergina

On quitte l'autoroute pour s'émerveiller à Vergina en visitant le tombeau royal de Philippe II de Macédoine (**p. 417**). Le lendemain, balade à Veroia et visite de son Musée byzantin (**p. 421**).

• J-9 & 10 Thessalonique

Flânez vers la Tour blanche (**p. 394**) par le front de mer, posez sous les « Parapluies » et réservez deux demi-journées aux musées archéologique (**p. 397**) et byzantin **p. 396**). Le soir, prenez de la hauteur dans les petites tavernes d'Ano Poli (**p. 406**).

Conseil : pour le retour, des vols directs pour Paris ou Bruxelles partent de Thessalonique.

Frise du musée archéologique de Thessalonique.
W. Bibikow/Getty images

Dans le grand bleu des îles Ioniennes
en 7 jours

master2/iStock

En bref : 500 km entre terre et mer.

J-1 & 2 Corfou

Suivez les jours 1 et 2 de notre circuit « La Grèce par la via Egnatia » (**p. 21**).

J-3 Paxos

Embarquement pour Paxos (**p. 362**). Farniente à Gaïos et baignade sur les plages d'Antipaxos (**p. 365**).

J-4 Parga

Bateau pour Igoumenista (**p. 297**) d'où on peut louer une voiture ou prendre un bus vers Parga (**p. 298**). S'arrêter à Plataria ou Arilas sur la côte Ionienne et nouvelle baignade à Valtos ou Lihnos.

J-5 & 6 Leucade

Voici l'île la plus proche du continent accessible par un pont (**p. 351**). Visite de Lefkada-Ville, balade tranquille et baignades jusqu'à la baie de Nidri (**p. 356**).

J-7 Patra

Arrivée dans le Péloponnèse et visite du Musée archéologique de Patra (**p. 216**). Et en quittant la ville, n'oubliez pas de jeter un œil au spectaculaire pont à haubans Rio-Antirio.

Conseil : cet itinéraire peut facilement s'enrichir d'une île supplémentaire comme Céphalonie, Ithaque ou Zakynthos accessibles en bateau grâce à des liaisons régulières au départ d'Igoumenitsa et de Patra.

Ile de Paxos.
Polke/iStock

DÉCOUVRIR LA GRÈCE CONTINENTALE

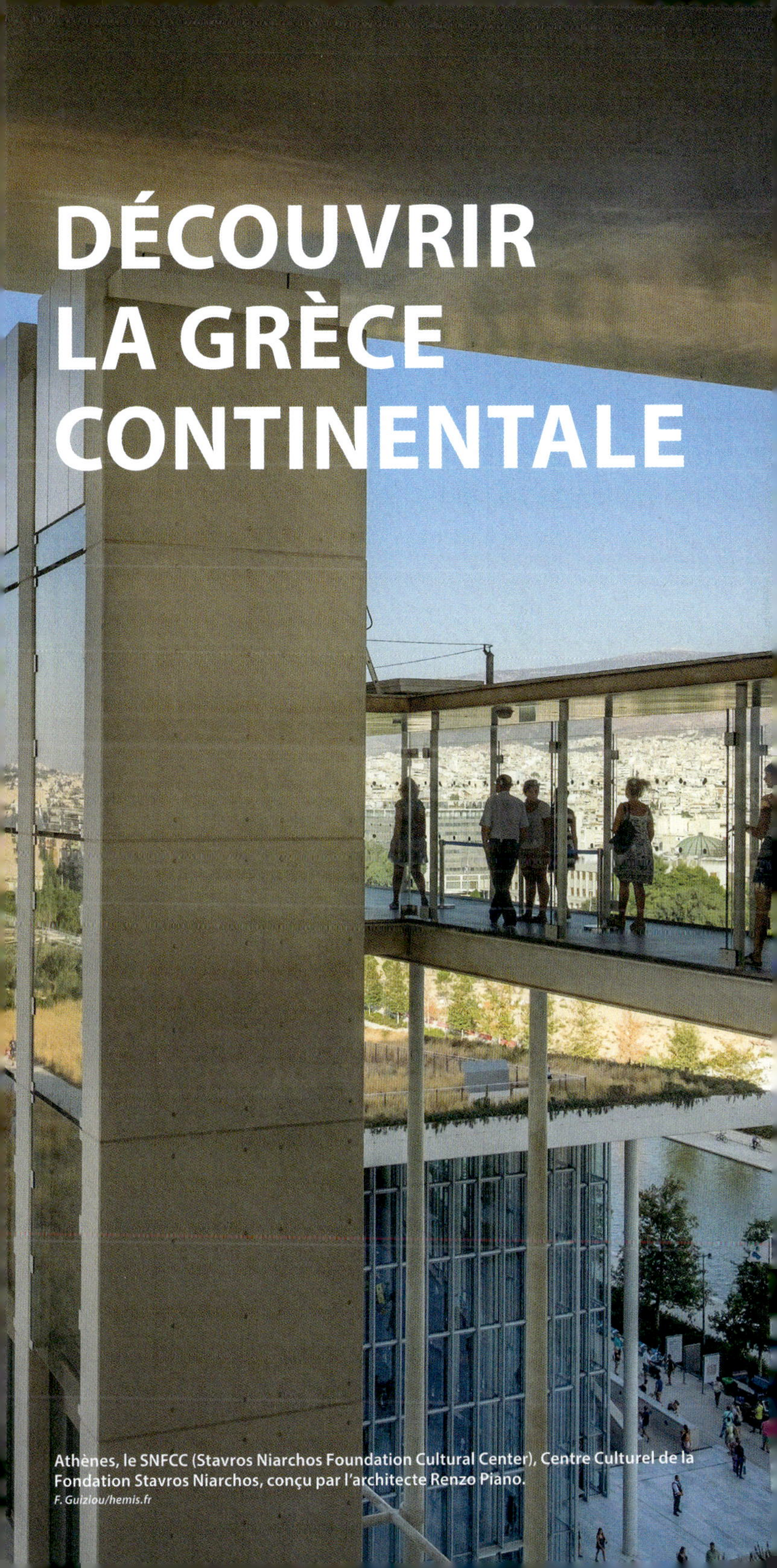

Athènes, le SNFCC (Stavros Niarchos Foundation Cultural Center), Centre Culturel de la Fondation Stavros Niarchos, conçu par l'architecte Renzo Piano.
F. Guiziou/hemis.fr

26

ATHÈNES, LE PIRÉE ET LES ÎLES SARONIQUES

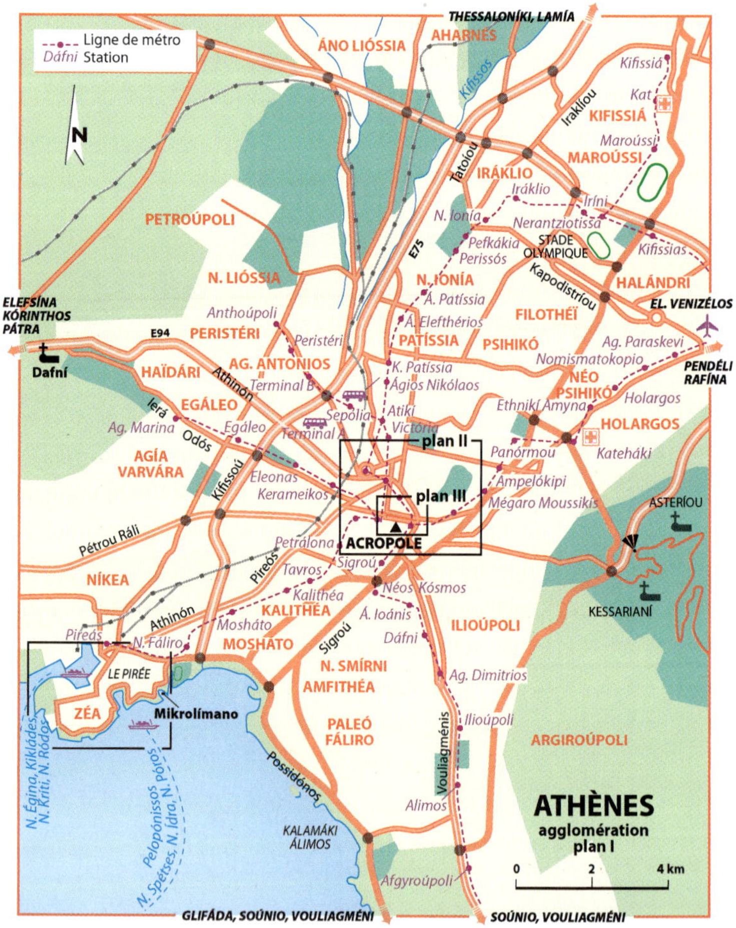

Athènes, Le Pirée et les îles Saroniques 1

Athènes

(Athina - Αθήνα)

★★★

3 074 160 habitants avec ses banlieues et le port du Pirée - Capitale du pays - Région de l'Attique - Unité régionale d'Athènes

Depuis le grand rocher de l'Acropole, celle que l'on surnomme Tsimentoupoli (« la ville de ciment ») s'étend à perte de vue, concentrant plus du tiers de la population de la Grèce et un dédale de réalités. Si la beauté du Parthénon fascine, la capitale n'a rien d'une belle endormie figée dans le marbre. Elle s'est enrichie, en 2017, d'un nouveau centre culturel conçu par l'architecte italien Renzo Piano. Malgré la crise, rien ne semble détourner les touristes de cette ville, tour à tour sublime et épuisante, souvent frénétique, mais toujours attachante.

NOS ADRESSES PAGE 59
Hébergement, restauration, achats, activités, etc.

S'INFORMER

Bureau d'informations de l'Office national hellénique du tourisme – *18-20 rue Dyonissiou Areopagitou* (D4) - *✆ 21033 10 392/716/529 - www.thisisathens.org - 8h-20h, w.-end 10h-16h.* Le personnel vous renseignera sur la vie culturelle et les moyens de transport à Athènes et en Grèce.

Dans l'aéroport Venizélos – *Niveau des arrivées - ✆ 21032 710 00 - 24h/24.* Quelques informations pratiques et des ordinateurs à disposition pour consulter des sites grecs.

SE REPÉRER

Plan de l'agglomération (p. 26), plans de la ville (p. 30-31 et 32-33) et plan de métro (p. 46). *Voir aussi encadré p. 44.*

À NE PAS MANQUER

L'Acropole et l'Agora grecque ; les rues de Plaka et de Monastiraki ; le Musée archéologique national, le musée de l'Acropole, le musée Bénaki, le musée d'Art cycladique et le musée d'Art byzantin.

ORGANISER SON TEMPS

Les horaires des musées changent hors saison. Entre octobre et fin avril, vérifiez avant de vous déplacer.

AVEC LES ENFANTS

L'Acropole, le Stade panathénaïque, le musée des Instruments grecs de musique traditionnelle, le Jardin national, la relève des *evzones*, le musée de l'Enfant et le musée d'Art des enfants.

VISITER L'ACROPOLE (ENTRE AUTRES) GRATUITEMENT

Avec la crise, certains billets – notamment pour l'Acropole – ont fortement augmenté depuis 2016. Bon à savoir : les musées et sites archéologiques publics sont gratuits le 6 mars (journée en mémoire de Mélina Mercouri), le 18 avril (Journée internationale des monuments et des sites), le 18 mai (Journée internationale des musées), le 28 octobre (fête nationale) et le dernier week-end de septembre (Journées européennes du patrimoine). Hors saison, ces sites sont aussi gratuits le premier dimanche du mois entre novembre et fin mars.

Vue de l'Acropole, classée au Patrimoine mondial de l'Unesco.
R. Schmid/Sime/Photononstop

Découvrir

Dominant le paysage urbain, la colline rocheuse que couronne l'Acropole apparaît comme le centre incontestable de la cité. C'est donc par là que nous vous conseillons d'entamer votre visite.

★★★ ACROPOLE (AKROPOLI - ΑΚΡΟΠΟΛΗ) ET ★★★ PARC ARCHÉOLOGIQUE Plans II et III et plan p. 35

Comptez une demi-journée.
Accès principal : rue Dionysiou-Areopagitou (pour les personnes à mobilité réduite, ascenseur jusqu'au niveau du Parthénon) - M° Akropoli ou à pied en arrivant de Plaka - ✆ 21032 102 19 - avr.-oct. : tlj 8h-20h ; reste de l'année : tlj 8h-15h - Acropole seule : avr.-oct. 20 €, reste de l'année 10 € - Acropole et Parc archéologique (billet valable 5 j) : avr.-oct. 30 €, reste de l'année 15 € - ensemble des sites gratuit tte l'année pour les -18 ans - visite de l'Acropole : Parthénon, Propylées et Érechthéion ; Parc archéologique : théâtre de Dyonisos, Ancienne Agora (avec Héphaïstéion et musée de l'Ancienne Agora), site de Keramikos (avec musée de Keramikos), Agora romaine (avec bibliothèque d'Hadrien et tour des Vents) et Olympéion.

Si possible, venez dès l'ouverture, avant la ruée des groupes, pour goûter la paix du site et la lumière matinale.

L'Acropole et ses abords forment un circuit piétonnier facile à suivre depuis la station de métro Akropoli, englobant les sites avoisinants (Pnyx, colline de Filopapou, Agora grecque…) et comprenant, du côté sud, le nouveau musée de l'Acropole. Côté sud, la rue Dionysiou-Areopagitou (Plan III, BC4), vaste allée dallée de marbre qui s'étend sur 700 m de long, passe devant le théâtre de Dionysos, l'odéon d'Hérode Atticus, le musée de l'Acropole et une succession d'immeubles et d'hôtels particuliers de style néoclassique et Art moderne. Mais le chemin que nous préférons et recommandons ici part de Plaka, par le Péripatos (Plan III, B3), longue allée pavée qui grimpe par le flanc nord du rocher.

ATHÈNES
plan II-centre
0 200 400 m
Ligne de métro
Dáfni Station
SE RESTAURER
Andreas 2
Athinaïkon 3
Barba Iannis 4
Da Capo 1
Funky Gourmet 6
K.Grill 5
Karavitis 7
Sardelles 8
Spondi 9
Yiantès 10
SE LOGER
Acropolis Hill 2
Art Gallery 1
Athens Center Square 11
Fresh Hotel 4
Marble House 6
Novotel 7
Periscope 5
St George 8
Tony's 9
Youth Hostel Victor Hugo 10
LARISSIS
Pelopónissos
Metaxourgío
METAXOURGÍO
Platía Metaxourgíou
Platía Karaïskáki
VÁTHI
Platía Anexartissías
Omónia
Pl. E. Antístassis
BOURSE
Marché central
Platía Elefterías
Kerameikos
Cimetière du Céramique
Musée d'Art islamique
plan III
Ágii Theódori
PSIRÍ
GÁZI
Tehnópolis M. Hadzidákis
Thissío
THISSÍO
MONASTIRÁKI
Kapnikaréa
Monastiráki
Métropoles
OBSERVATOIRE
Pnyx
Aréopage
ANAFIÓTIKA
ACROPOLE
Á. Dimítrios Lombardiáris
MURS DE THEMISTOCLE
THÉATRE DE FILOPÁPOU
PRISON DE SOCRATE
Colline des Muses
Monument de Filopápou
MAKRIGIÁNI
Akrópoli
KOUKÁKI
DAFNÍ, KÓRINTHOS
PIREÁS
Ermoú
Apostólou Pavlou
Dionissiou Areopagitou
Stadíou
Eólou
Athinás
Ioulianoú
Ipírou
Aharnón
Alkiviádou
Márni
3 Septemvríou
28 Oktovríou
Sokrátous
Likoúrgou
Menándrou
Genadíou
Sofokléous
Evripídou
Ag. Anargíron
Sarí
Ag. Konstandínou
Karólou
Victor Hugo
Faviérou
Liossíon
M. Vóda
Akominátou
Soniérou
Psarón
Híou
N. Metaxá
Deligiáni
Pétras
Ioanínon
Lénorman
Palamidíou
Kímonos
Konstandinoupóleos
Ahiléos
Marathónos
Kolokinthoús
Kolonoús
Keramikoú
Deligeórgi
Thermopílon
(Piréos)
Ierá Odós
Persefónis
Orféos
P. Tsaldári
Iraklídon
Dimofóndos
Akteóu
Kiriádon
Ipothondidon
Melitéon
Thessaloníkis
Tróon
Kallisthénous
Apoloníou
G. Kolokotróni
Panetolíou
Moussón
Zaharítsa
Veïkou
Dimitrakopoúlou
Drákou
Erehtíou
Kalispéri
Missaralíotou
Makrigiáni
Falírou
A. Singroú
A B C
1 2 3 4

ATHÈNES

D
E
THESSALONÍKI, LAMÍA, PÁRNITHA
Platía Égyptou
Alexándras
Parc Áreos
Lombárdou
Metsóvou
MUSÉE ARCHÉOLOGIQUE NATIONAL
Musée épigraphique
Patission
Ioustinianoú
STRÉFI
I. Athinéas
V. Voulgaroktónou
Varváki
N
Alexándras
KIFISSIÁ MARATHÓNAS
Tossítsa
S. Trikoupi
Kalidromíou
Fanariotón
École polytechnique
Stournára
Platía Exarhíon
EXÁRHIA
E. Benáki
Eressoú
NEÁPOLI
Apokafkón
Sarandápihou
Platía Káningos
Themistokléous
Solonos
A. Metaxá
Arahóvis
H. Trikoúpi
Mavromihali
Zoodóhou Pigís
Valtetsíou
Ipokrátous
Asklipioú
E. Benáki
Akadimías
Skoufá
PEFKÁKIA
Théâtre
(Panepistimíou)
Centre culturel de la mairie d'Athènes
Didótou
Mont Lycabette
Ágios Giórgios
BIBLIOTHÈQUE NATIONALE
INSTITUT FRANÇAIS D'ATHÈNES
Athinéon Efívon
Massalías
Solonos
Rongákou
Dimoharous
UNIVERSITÉ
Sína
Aristípou
Panepistímio
Omírou
Dinokrátous
Pl. Klafthmónos
ACADÉMIE
Likavitoú
Voukourestíou
Tsakálof
Xenokrátous
Souïdías
Genadíou
Anapíron Polémou
E. VENIZELOS
Stadíou
E. Venizélou
Amerikís
Platía Dexameni
Háritos
Marasli
LAMÍA KIFISSIÁ
Musée de la ville d'Athènes
Akadimías
Pindárou
Skoufá
KOLONÁKI
Loukianoú
Ioakím
Ploutárhou
Kriezótou
Patriarchou
Vassilíssis Sofías
Platía Kolonaki
Karneádou
Hôtel Grande-Bretagne
AMB. DE FRANCE
Musée Bénaki
Evangelismós
Ermoú
Musée d'Art cycladique
HILTON
Place Syntagma
Vassilíssis Sofías
Parlement
Pinacothèque nationale
Syntagma
MONUMENT DU SOLDAT INCONNU
Musée d'Art byzantin
POLEMIKÓ MOUSSÍO
Vas. Alexándrou
PLÁKA
ILÍSSIA
Rigílis
KESSARIANÍ
Vassiléos
Georgíou
B'
Efroníou
Amalías
Jardin national
Iródou Atikoú
Arheláou
Záppio
Pafsanía
Vassiléos Konstantinou
Arianoú
Spir. Merkoúri
Astidámandos
V. Ólgas
Olympion
Eratosthénous
Pl. Messolongiou
Stade panathénaïque
Pl. Plastíra
Eftihídou
Pl. Pangratíou
Ifikrátous
Ardítou
ÁRDITOS
PANGRÁTI
M. Moussoúrou
Arhimídous
Kaliróis
Anapáfsseos
Pl. Varnáva
Vouliagménis
1ER CIMETIÈRE D'ATHÈNES
Dikeárhou
Imitoú
Damáreos
Karéa
Pírronos
Filoláou
SOÚNIO

ATHÈNES, LE PIRÉE ET LES ÎLES SARONIQUES

D
E
OMÓNIA
Pl. Klafthmónos
Eólou
Musée de la ville d'Athènes
Stadíou
(Panepistimíou)
Praxitélous
Ágalma Kolokotróni
ÁG. GEÓRGIOS KARÍTSIS
Amerikís
E. Venizélou
Kolokotróni
Kolokotróni
Agía Iríni
Kapnikaréas
Fokíonos
Kornárou
Léka
Voulis
Voukourestíou
Athinaídon
Evagelistrías
Hôtel Grande-Bretagne
Diomías
Perikléos
K. Servías
Georgíou A
Kapnikaréa
Mitropóleos
Níkis
Ermoú
Place Syntagma
Grande Métropole
Petráki
Skópa
Platía Mitropóleos
Mitropóleos
Óthonos
Kapnikaréas
Mnissikléous
Ipatías
Patróou
Pendélis
Petite Métropole
Síndagma
Adrianou
Venizélou
Apóllonos
Diogénous
Thoukididi
Xenofóndos
Voulis
Níkis
Fileliínon
Mnissikléous
Adrianou
Kirístou
Erehthéos
Navarhou
Nikodímou
Musée d'Art des enfants
Lissíou
Iperídou
Agios Nikodimos
Musée juif de Grèce
Kódrou
Soúri
Amalías
Ág. Anárgiri Kolokinthí
Kékropos
Pritaníou
Erotókritou
Tripódon
Metamorfosis tou Sotíros (tou Kotáki)
Kidathinéon
Gérondas
Musée Frissiras
ANAFIÓTIKA
Musée de l'Enfant
Plátía Filomoússou Eterías
Farmáki
Dedálou
Strátonos
Monument de Lysicrate
Adrianou
Thespidos
Agía Ekateríni
Thalou
Epimenídi
Lissikrátous
Pitakou
V. Ólgas
Frinίou
Amalías
Porte d'Hadrien
Théâtre de Dionysos
Vákhou
Víronos
Thrassílou
Eshílou
Dionissíou Areopagitou
MUSÉE DE L'ACROPOLE
MAKRIGIÁNI
Makrigiáni
Makrí
A. Sigroú
Olympion
1
2
3
4
SE LOGER
Acropolis House... 1
Adrian... 4
Arion... 2
Athos... 22
Attalos... 5
Byron... 6
Cecil... 7
Central Athens Hotel... 8
Electra... 10
Herodion... 11
Jason Inn... 12
Kimon... 13
Metropolis... 14
Nefeli... 15
Pella Inn... 17
Phaedra... 18
Plaka... 19
Student & Travellers Inn... 20
Tempi... 3

Une ancienne forteresse

Énorme vaisseau de pierre dominant la plaine, l'Acropole, dont le nom signifie la « ville haute » (plus élevé, le Lycabette se dressait alors à l'écart de la cité), occupe un site exceptionnel. Son sommet aplati, long de près de 300 m sur 156 m de largeur, forme une vaste esplanade de 3 ha, dominant la ville basse de 115 m. On comprend pourquoi les premiers habitants y bâtirent une forteresse qui devint la plus puissante cité de la Grèce antique.

Outre ses monuments, prenez le temps de contempler le **panorama★** : au sud-ouest *(dos au Parthénon)* jusqu'au golfe Saronique (lorsque l'atmosphère est claire), tandis qu'au sud-est, au nord-est et au nord on aperçoit successivement les monts Hymette, Pentélique et Parnes, et, au premier plan *(au sud-ouest)*, la **colline de Filopapou** (Plan II, B4).

En chemin vers l'Acropole, faites un crochet en montant à l'**Aréopage** *(Areos Pagos)* (Plan III, A3), rocher qui domine l'Agora *(peu avant l'entrée de l'Acropole, sur la droite, en bordure du Péripatos)* et offre une **vue** splendide sur le site. Dédiée à Arès (le dieu de la Guerre), cette colline donna son nom au plus ancien Conseil d'Athènes, l'Aréopage, à la fois tribunal judiciaire, conseil politique puis gardien des mœurs et des lois. C'est devant ces assises que le principe des droits de la défense serait né et que l'apôtre Paul prêcha, convertissant l'un de ses membres, Dionysios, le futur saint Denis l'Aréopagite, par la suite premier évêque d'Athènes.

À l'intérieur des **remparts**, qui datent en majeure partie du 5e s. av. J.-C., quelques vestiges remontent à l'époque mycénienne (1400-1125 av. J.-C.), mais la plupart des monuments visibles appartiennent au siècle de Périclès (5e s. av. J.-C.), dont ils constituent une illustration magistrale. Certes, la pollution de l'air, le séisme de 1981 et les interventions maladroites du passé ont altéré leur beauté, rendant nécessaires des travaux de protection de la pierre et le remplacement des sculptures subsistantes (exposées au musée de l'Acropole) par des copies. Mais le site garde toute sa majesté, grâce à la restauration de l'intérieur du Parthénon, faite de marbre pentélique identique à l'original. L'itinéraire est celui qu'empruntaient les processions des Panathénées, au cours desquelles le peuple se rendait en cortège à l'Acropole, à l'issue d'une cérémonie qui avait lieu tous les quatre ans, pour offrir à Athéna le *péplos*, une tunique tissée par de jeunes Athéniennes de l'aristocratie. Le chemin actuel prend sur le côté la petite voie romaine que domine à gauche le piédestal du **monument d'Agrippa**, gendre de l'empereur Auguste. À sa base, une plateforme en saillie offre une jolie **vue**. On parvient ensuite au pied des remparts, imposante muraille où s'ouvrent les marches monumentales des **Propylées**.

LES SECRETS DE PHIDIAS

Recherchant la perfection visuelle du Parthénon, Phidias s'attacha, par un subtil jeu de lignes, à en corriger les illusions d'optique. Le choix d'un péristyle de 46 colonnes (8 par façade, 17 pour chaque côté), d'une hauteur de 10,43 m, assure au sanctuaire un parfait équilibre entre largeur et longueur. L'amincissement des fûts vers le haut (1,90 m de diamètre à la base pour 1,45 m au niveau des chapiteaux) et leur galbe un rien dévié vers l'intérieur, le léger renforcement des colonnes d'angle et l'imperceptible convexité des éléments horizontaux contribuent également à l'harmonie de l'édifice. Sans ces précautions, les colonnes paraîtraient en effet plus écartées au sommet qu'au sol, celles des angles plus grêles et l'entablement légèrement incurvé.

★ Propylées

Gravissez les larges marches de marbre désormais protégées par un plancher en bois. Construits entre 437 et 432 avant notre ère (mais jamais terminés à cause des guerres du Péloponnèse), les Propylées marquaient déjà l'entrée de l'Acropole. L'ensemble comprend un corps central flanqué de deux ailes dissymétriques, larges pavillons dont les évêques et les ducs d'Athènes firent leur résidence du 12e au 15e s. Bâtie en escalier, la partie centrale, un vaste rectangle, était précédée par un portique dont subsistent six colonnes doriques. Au-delà s'ouvre le vestibule, encadré de deux nefs latérales que séparent six colonnes ioniques. Au fond du vestibule, cinq portes débouchaient sous un dernier portique, analogue à celui de l'entrée, qui ouvrait sur l'esplanade de l'Acropole.

Les Propylées franchis, on débouche sur le vaste parvis du **téménos** (l'espace sacré). À l'époque de Périclès, une colossale statue d'Athéna Promachos, haute de 9 m, se dressait au centre. Désormais, c'est le Parthénon qui attire le regard.

★★★ Parthénon Plan III, C3

Légèrement surélevé, de trois quarts par rapport à l'axe des Propylées, le temple offre d'emblée son meilleur aspect *(l'intérieur et les abords immédiats du temple ne sont pas accessibles)*. Imaginez cette imposante façade bariolée de rouge, de jaune et de bleu ! Bâtiments et statues étaient en effet entièrement peints, et cette blancheur éclatante du marbre, à laquelle nous a habitués la Renaissance et son goût pour l'antique, n'est due qu'à l'usure du temps.

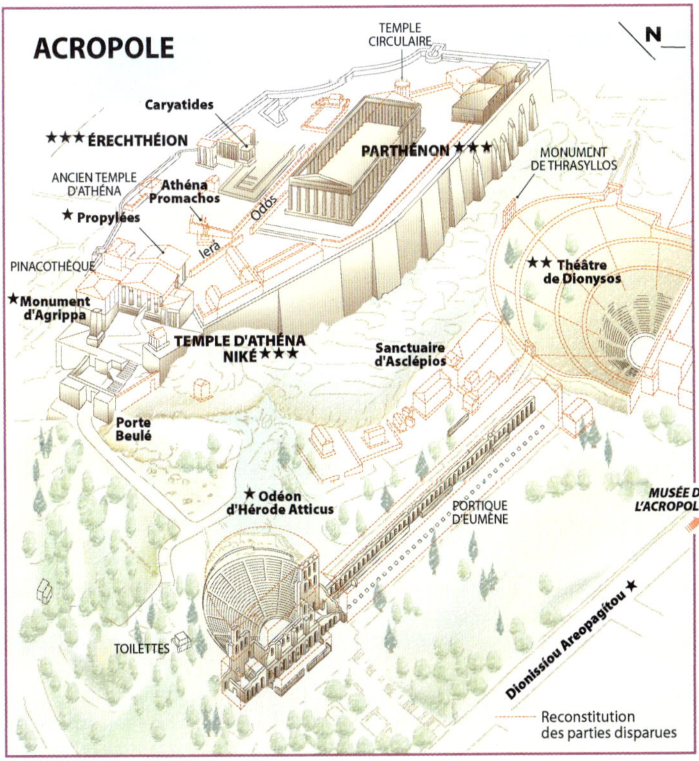

Une histoire plusieurs fois millénaire

Selon la légende, la ville doit son nom à la déesse **Athéna** qui en emporte la tutelle à l'issue d'une âpre dispute avec Poséidon. La cité se développe au 2e millénaire, lorsque les **Ioniens**, peuple indo-européen, commencent à étendre leur influence dans toute l'Attique, et s'impose progressivement au cours de la période mycénienne (1600-1150 av. J.-C.). Solidement fortifiée elle se range au premier rang des cités mycéniennes, aux côtés de Mycènes et de Tirynthe. Vainqueur du Minotaure crétois, **Thésée** symbolise la délivrance d'Athènes, jusque-là assujettie. Il donne à la cité, dont il deviendra roi à la suite de son père Égée, toute autorité sur l'Attique et fonde l'indépendance des Grecs sur le continent.

UNE LENTE ASCENSION

Au 11e s. av. J.-C., cependant, minée par l'effondrement du monde mycénien, la monarchie fait place à un gouvernement aristocratique, constitué par les chefs des quatre grandes tribus de la région. La nouvelle Attique est un territoire féodal dont le caractère terrien et seigneurial évolue peu à peu au profit des nouvelles élites issues du négoce. Commence ainsi le véritable essor d'Athènes, qui tourne ses ambitions commerciales et politiques vers l'ensemble de l'Égée. C'est le début d'un brillant épanouissement artistique.

L'ÂGE D'OR DE LA DÉMOCRATIE

Le 5e s. av. J.-C. est jalonné de conquêtes – politiques, artistiques, intellectuelles – qui imposent Athènes comme le foyer de la civilisation occidentale. En 508 av. J.-C., à l'issue d'une révolution populaire, la cité se dote d'un régime démocratique, dont les institutions seront mises en place par **Périclès**. Réélu chaque année pendant trente ans (460-430 av. J.-C.), celui-ci s'entoure des plus grands artistes et savants de son temps dont les œuvres feront passer cette époque à la postérité sous le nom de siècle de Périclès.
La lutte victorieuse contre les envahisseurs perses (490-479 av. J.-C.) avait conduit Athènes à se placer à la tête de la **fédération de Délos**, alliance qui rassemblait toutes les cités des îles Égéennes et des côtes d'Asie Mineure. Sous Périclès, Athènes accentue la soumission de ses alliés à son profit, à l'intérieur d'un dispositif économique et politique moins fédéral qu'impérialiste.

LE PRIX DE L'ORGUEIL

Cette volonté hégémonique lui vaut bientôt l'hostilité de Sparte, de Corinthe et de l'Eubée, et aboutit à la guerre du Péloponnèse (431-404 av. J.-C.), dont **Sparte** sort victorieuse. Le déclin politique d'Athènes est amorcé.

DE L'EMPIRE D'ALEXANDRE...

Toutefois la cité demeure la métropole incontestée de la civilisation hellénique, dont **Philippe II de Macédoine** et, surtout, **Alexandre le Grand** se font les vecteurs jusqu'aux marches de l'Asie. La faveur de ce dernier pour l'Orient hellénistique suscite, entre 350 av. J.-C. et la fin du 2e s. av. J.-C., un renouveau considérable, marqué par la construction de nombreux monuments.
La victoire de Rome sur les Macédoniens ne fait que consolider ce second âge d'or, Athènes retrouvant son indépendance. Cet ultime sursaut de prospérité

est brutalement interrompu par la prise et le sac de la ville par les **Romains** (86 av. J.-C.). Néanmoins, la Paix romaine assure encore à la culture grecque une diffusion sans précédent dans le monde méditerranéen, faisant d'Athènes un carrefour universitaire où vient se former une partie des élites politiques, intellectuelles et artistiques de l'Empire romain.

... À UNE BOURGADE PÉRIPHÉRIQUE

Mais le déclin est avéré. Après les destructions liées aux invasions barbares germaniques, la fermeture des écoles philosophiques au 5e s. et la transformation des édifices païens en basiliques chrétiennes mettent un terme à plus de dix siècles de rayonnement. Quand le monde hellénistique chrétien reflue vers l'Europe orientale, l'Asie Mineure et le Moyen-Orient, Athènes et Rome s'effacent au profit de Constantinople. La cité grecque, encore relativement peuplée, se réduit à une petite ville de province à la périphérie de l'Empire. Seuls les églises et les monastères byzantins, bâtis aux 11e et 12e s., marquent les derniers feux de la cité éteints par le **raid sarrasin** de la fin du 12e s.

UN LONG SOMMEIL

À partir du 13e s., Athènes passe des croisés (1204-1311) aux Catalans (1311-1387), puis des Florentins aux Vénitiens (1387-1456), avant de revenir aux **Turcs**, qui s'installent pour quatre siècles (1456-1833). La ville est peuplée d'environ 10 000 âmes, en majorité des Grecs et des Albanais. Les édifices antiques sont parfois fortifiés ou transformés pour des usages civils ou servent de carrières de pierre pour les maisons ou de matière première pour les fours à chaux.

L'ÉVEIL DE L'ATHÈNES MODERNE

En 1834, en plein néoclassicisme européen, le choix d'Athènes pour capitale du jeune royaume hellénique *(voir p. 532)* sonne l'heure du renouveau. L'enjeu stimule l'imagination des architectes grecs et bavarois, chargés de dresser les plans de la future ville. Malgré tout, la cité se développe sans cohésion, jusqu'à dévorer l'espace archéologique autour de l'Acropole. L'État procède cependant à quelques travaux d'envergure, n'hésitant pas à opérer périodiquement des expropriations forcées pour ouvrir de nouvelles rues, dont les grandes artères Alexandras et Singrou (dans les années 1880).

À défaut de plan d'urbanisme, cette période laisse de nombreuses réalisations néoclassiques, jalonnant les avenues d'imposantes bâtisses. Aux abords de la place Syntagma sont aussi édifiées, pour les familles de la haute bourgeoisie, des maisons de style composite mêlant néorenaissance et baroque...

UNE VILLE TENTACULAIRE

À la charnière des 19e et 20e s., Athènes enregistre une croissance très rapide : 110 000 habitants en 1889, 453 000 en 1928. Un phénomène lié notamment à l'arrivée massive des Grecs d'Asie Mineure à la suite du traité de Lausanne (1923), et que l'énorme exode rural prolongera au-delà de la Seconde Guerre mondiale. Jusqu'au début des années 1950 cependant, l'habitat individuel domine encore largement le paysage urbain. Mais la décennie suivante voit la prolifération des immeubles en béton, une bien morne architecture qui a pourtant façonné en grande partie le visage de l'Athènes actuelle. Les Jeux olympiques de 2004 ont certes permis de réaménager le centre historique, désormais plus aéré. Mais la crise a, pour l'instant, mis entre parenthèses la priorité donnée aux transports publics et aux piétons...

Commandé par Périclès, ce temple à la gloire de la déesse Athéna et de sa cité fut réalisé de 447 à 438 av. J.-C sous la direction du sculpteur **Phidias** qui surveilla également l'exécution du décor sculpté, l'architecte principal étant Ictinos. Dès son achèvement, ce joyau de l'architecture dorique fut admiré comme un chef-d'œuvre.

Malgré l'incendie de 267, qui provoqua la chute des marbres de la toiture, l'édifice resta quasiment intact jusqu'au bombardement de l'Acropole par les Vénitiens, en septembre 1687. Avant cela, il avait servi d'église, de cathédrale, puis de mosquée (vestiges du minaret visibles dans l'angle sud-ouest). Au début du 19e s., une grande partie de la frise était encore en place, lorsque, entre 1801 et 1803, Lord Elgin s'empara des plus précieux éléments *(voir encadré ci-dessous)*. Du décor sculpté initial, presque rien n'est visible sur place, mais le musée de l'Acropole en expose certaines parties ainsi que des moulages.

Sur les **frontons**, des sculptures polychromes se détachaient sur un fond bleu. Tout le génie de Phidias consista à tirer avantage de cet espace triangulaire si contraignant : les personnages sont, selon la nécessité, allongés, assis, penchés ou debout. La **frise** courait sur près de 160 m, le long du mur extérieur et comprenait 115 plaques sculptées en relief sur fond rouge figurant la procession des Panathénées.

On pénétrait à l'intérieur *(visible à travers la colonnade)* par une porte de 10 m de haut percée dans le portique est. Elle ouvrait sur le *pronaos*, vestibule précédant la partie centrale du temple *(naos)* où trônait une gigantesque statue d'Athéna, haute de 12 m (en or et ivoire). De chaque côté, une colonnade à deux étages délimitait l'espace central, complété d'un déambulatoire. Le Parthénon abritait le trésor de la ligue de Délos : à l'arrière du bâtiment, vous verrez encore les quatre colonnes ioniques qui en soutenaient le plafond.

★★★ Érechthéion Plan III, C3

Longeant la façade nord du Parthénon, la procession des Panathénées aboutissait ensuite à l'Érechthéion, chef-d'œuvre de l'art ionique (406 av. J.-C.).

Faites le tour du temple par la droite pour en saisir l'organisation, rendue complexe par la présence en son sein de plusieurs cultes : Athéna, Poséidon et les rois légendaires Érechthée et Cécrops. Par la suite, il abrita successivement une église, un palais, un harem et un entrepôt militaire.

À la martiale colonnade du Parthénon, le célèbre portique des *korê* ou la **tribune des Caryatides** répond par la grâce et la légèreté de ses six statues de jeunes filles *(il s'agit de copies, cinq des statues originales sont conservées au*

LES MARBRES DE L'AMBASSADEUR

Alors qu'il est ambassadeur de Grande-Bretagne à Constantinople, **Lord Elgin** *(1766-1841)* entreprend d'enrichir ses collections privées en « prélevant » les plus beaux trésors du Parthénon. Il lui faut 33 chargements de navires pour transporter ces trophées en Angleterre ! Au butin figure ce que l'on appelle depuis les « marbres » – des **fragments de la frise du Parthénon** – qu'il vend au gouvernement anglais en 1816. En 1932, la Grèce demande à récupérer son patrimoine, en vain. Malgré le soutien de personnalités internationales, le **British Museum**, qui en a la garde, s'oppose depuis à leur restitution. Avec la mise en valeur de l'Acropole et son nouveau musée, les Grecs espèrent obtenir gain de cause. Cependant le British Museum continue à se réfugier derrière ses titres de propriété. Il n'est pas le seul concerné par le débat : quelques belles pièces, comme *La Procession des Panathénées*, sont exposées au Louvre à Paris…

La tribune des Caryatides, Érechthéion.
R. Mattes/hemis.fr

1

musée de l'Acropole, la sixième se trouve au British Museum de Londres), hautes de 2 m. Admirez leur élégance nonchalante que soulignent les plis parallèles de leurs tuniques, évocation des cannelures des colonnes qu'elles remplacent. À droite, les six colonnes ioniques du **portique est** donnent accès au sanctuaire, qui recelait la plus ancienne statue d'Athéna du site, en bois d'olivier. La façade ouest, elle, fut remaniée à l'époque romaine. Dans la cour adjacente, un olivier rappelle le lieu où l'on venait vénérer l'arbre sacré d'Athéna (ce qui explique l'absence de toit). De ce côté de l'Acropole subsistent les maigres vestiges d'un habitat mycénien (1400-1125 av. J.-C.). Et vers la pointe orientale ont été découverts les restes d'un sanctuaire consacré à Zeus Polieus. À ses côtés, les Romains édifièrent plus tard un **temple circulaire** dédié à Rome et à Auguste, repérable à ses quelques colonnes redressées et au cyprès qui les accompagne.

La pointe nord-ouest forme un promontoire d'où l'on profite de la **vue**★★ plongeante sur les toits de Plaka. Chaque dimanche matin, c'est ici que les **evzones** viennent descendre *(6h)* et monter *(9h)* le drapeau grec. Retournez-vous, aussi, pour contempler la façade arrière du Parthénon. Quand Athènes s'illumine des lueurs du couchant, le spectacle est grandiose. Suivez ensuite le rebord sud du rocher avec ses **vues**★ plongeantes sur le théâtre de Dionysos et, plus à gauche, sur le temple de Zeus et le stade.

La pointe sud-ouest du téménos est marquée par l'élégant **temple d'Athéna Niké**★★★ – Victorieuse – (410 av. J.-C.), posté tel une vigie, en avant des Propylées. De là, on a une vue sur l'odéon d'Hérode Atticus.

★ Odéon d'Hérode Atticus (Odio Irodou Attikou - Ωδείο Ηρώδου Αττικού) Plan III, B3-4

Fermé à la visite, mais ouvert lors de manifestations culturelles, notamment pour le Festival d'Athènes (mai-sept.).

Ce théâtre fut construit pendant la période romaine (sans doute vers 174 av. J.-C.) sous l'égide d'Hérode Atticus, un riche homme politique athénien, en mémoire de sa femme. Avec sa façade à trois entrées et son style typiquement romain, il pouvait accueillir 5 000 spectateurs. À l'origine, il était recouvert d'une toiture de cèdre.

Sanctuaire d'Asclépios (Asklepieion - Ιερό του Ασκληπιού) Plan III, BC4

À mi-chemin entre l'odéon d'Hérode Atticus et le théâtre de Dyonisos se trouvent les ruines de deux sanctuaires dédiés à **Asclépios**, le dieu de la Médecine. Au pied de la paroi rocheuse s'alignent les restes d'un portique (4e s. av. J.-C.) où les patients dormaient en attendant le songe par lequel le dieu leur révélerait la thérapie à suivre. Attenant à la galerie, un édifice circulaire abritait la source sacrée où les malades venaient se purifier. Plus tard fut érigée une basilique dédiée aux saints Cosme et Damien, deux médecins chrétiens d'origine arabe. Il apparaît donc que les chrétiens, tout en remplaçant les anciens dieux, aient conservé au sanctuaire sa vocation médicale.

★★ Théâtre de Dionysos (Theatro Dionissou - Θέατρο Διονύσου) Plan III, C4

Accès en descendant de l'Acropole ou par la rue Dionissiou Areopagitou, M° ligne 2, station Akropoli - ☏ 21032 246 25 - avr.-oct. 8h-20h ; reste de l'année 8h-15h - inclus dans le billet pour l'Acropole, sinon 4 € (-18 ans gratuit).

Ce lieu est considéré comme le berceau du théâtre grec antique et de la tragédie. C'est là que se jouèrent tous les chefs-d'œuvre du répertoire classique – ceux d'Eschyle, de Sophocle, d'Euripide et d'Aristophane –, aux grandes heures du 5e s. av. J.-C.

La tragédie se déroulait à l'origine dans des théâtres de bois rudimentaires, avant de s'établir (6e s. av. J.-C.) dans ce site déjà dédié à Dionysos-Éleuthéros, dieu des arts dramatiques (les fêtes dionysiaques comportaient des chœurs, des mimes et des danses). À cette installation sommaire, sans doute un simple remblai de terre, succéda, au début du siècle suivant, un véritable théâtre doté de gradins en bois. De même structure et de mêmes dimensions, le théâtre en pierre remonte au 4e s. av. J.-C. mais il doit sa forme actuelle aux Romains. Gagnez les **gradins**, dont l'ensemble dégage une sensation à la fois d'espace et d'intimité. La forme parfaite de la *cavea* (élément de théâtre romain ou amphithéâtre où se trouvent les gradins), adossée à la paroi rocheuse de l'Acropole, lui assure de surcroît une acoustique idéale. Près de 17 000 spectateurs (contre 12 000 à Épidaure) pouvaient y prendre place. Réalisée sous Néron (1er s. apr. J.-C.), la frise ornant le *proskenion* évoque le mythe de Dionysos. Disposé autour d'un autel dédié à Dionysos, le chœur se tenait au centre du losange dessiné par les dalles de marbre. Au premier rang, un peu au-dessus des sièges réservés aux notables, vous apercevez le fauteuil du grand prêtre de Dionysos. En haut des gradins vous remarquerez les colonnes de l'Olympion et le stade, en contrebas vers la gauche. Plus proches, à gauche de l'hémicycle, gisent les ruines de l'**odéon de Périclès**, un ouvrage surtout destiné aux répétitions et aux concours musicaux.

★ Allée Dionyssiou Areopagitou (Οδός Διονυσίου Αρεοπαγίτου) Plan III, BCD4

La rue Dionysiou-Areopagitou, vaste allée dallée de marbre qui s'étend sur 700 m de longueur, est bordée par le **musée de l'Acropole★★★**, le **théâtre de Dionysos★★**, l'**odéon d'Hérode Atticus★** et par une succession d'immeubles et d'hôtels particuliers de style néoclassique et Art moderne. La visite se poursuit côté ouest par la rue Apostolou-Pavlou, également piétonne (1 km), qui donne sur la **colline de Filopappou★★**, la Pnyx et l'Aréopage, offrant un superbe **panorama★★★** sur l'Acropole. Cet itinéraire permet d'arriver, côté nord, aux sites de l'**Ancienne Agora★★** de l'**Héphaïstéion★★** et de l'Agora romaine, à la limite des quartiers de Thissio, Monastiraki et Plaka, sans jamais perdre de vue le Parthénon.

★★★ Musée de l'Acropole (Mouseio tis Akropolis - Μουσείο της Ακρόπολης) Plan III, CD4

15 r. Dionyssiou Areopagitou (en face du théâtre de Dionysos) - ℘ 21090 009 00 - www.theacropolismuseum.gr (billetterie en ligne) - ♿ (entrée r. Mitseon) - avr.-oct. : lun. 8h-16h, mar.-dim. 8h-20h (vend. 22h) ; nov.-mars : lun.-jeu. 9h-17h ven. 9h-22h, sam.-dim. 9h-20h - 5 € (-18 ans gratuit) - panneaux explicatifs en grec et en anglais.

Érigé au pied de l'Acropole en 2009, cet édifice est une réalisation architecturale majeure. Réalisé en acier, verre et ciment, ses baies vitrées reflètent habilement l'Acropole, visible presque tout au long de la visite. Le bâtiment exploite aussi la lumière naturelle pour mettre en valeur ses quelque 4 000 pièces, exposées selon un mode de présentation aéré.

Le sol vitré du rez-de-chaussée laisse voir des vestiges de l'ancienne Athènes, qui attestent une occupation à partir de la fin du néolithique (env. 3000 av. J.-C.). Vous pourrez y discerner des ruelles, des habitations et des ateliers ainsi que les fondations de sanctuaires dédiés à Dionysos Éleuthéreus et à Asklepios.

1

La galerie archaïque *(au 1er étage)* présente des vestiges du Parthénon primitif, dont deux lionnes tirant le dieu Taurus, une statue représentant « Triton et le monstre à trois corps » (570 av. J.-C.), et des statuettes votives dont celles d'un lion et d'un ours des 6e et 5e s. av. J.-C.

Un centre multimédia *(au 2e étage)* diffuse des documentaires régulièrement mis à jour sur le Parthénon. Une grande terrasse ouverte sur l'Acropole abrite un agréable café-restaurant ombragé.

La salle du Parthénon *(au 3e étage)* a été conçue de manière à restituer les dimensions et l'orientation du Parthénon dont elle présente la fameuse frise. À l'origine, cette magistrale composition sculpturale de 160 m de long était constituée de 115 blocs. Elle comprenait 378 figures, humaines ou divines, et plus de 200 animaux, principalement des chevaux, dont la plupart attelés à des chars suivis par une procession sacrificielle d'hommes et de femmes chargés d'offrandes. En s'appliquant à reconstituer le **puzzle** de la frise du Parthénon, le musée de l'Acropole rappelle élégamment que seul un tiers des vestiges retrouvés est exposé ici. Au grand dam de la Grèce, les deux tiers restants – sobrement estampillés « BM » sur les copies exposées –, sont toujours détenus par le British Museum de Londres, quelques fragments étant par ailleurs disséminés dans d'autres institutions européennes, dont le Louvre.

★★ Colline des Muses (Lofos Filopappou/Mousson - Λόφος Φιλοπάππου/Μουσών) Plan II, B4

Au bout de la rue Dionysiou-Areopagitou, une voie pavée s'enfonce entre les arbres depuis le pied de la colline des Muses jusqu'à ce site naturel parmi les plus agréables de la ville. Une fois passé la jolie **chapelle Agios Dimitrios Lombardiaris**, un sentier *(à gauche)* suit le tracé de l'enceinte d'Athènes au 5e s. av. J.-C. et monte parmi les pins, en passant devant une série d'anciennes habitations troglodytiques qui, selon la légende, auraient abrité la prison de Socrate. Couronné par le **monument de Filopapou** *(114-116 apr. J.-C.)*, dont la colline a repris le nom, le sommet vous réserve un **point de vue★★★** splendide sur l'Acropole, en particulier au coucher du soleil. La façade de la stèle,

VERS UN NOUVEAU MUSEE D'ART CONTEMPORAIN

Au sud de Plaka, l'ambitieux « EMST », nouveau musée national d'Art contemporain d'Athènes a ouvert doucement ses portes en 2017 à l'occasion du festival Documenta. Ses expositions temporaires sont présentées sur son site Internet. Mais cet espace culturel vaut aussi le détour en raison de son architecture : le bâtiment, classé, occupe les locaux de l'ancienne brasserie Fix, construite en 1961. L'ouverture d'un café et d'un restaurant est également prévue.

À l'angle de l'av. Kallirrois et la r. Amvr. Frantzi - M° Syngrou-Fix - ✆ 211 10 19 000 - www.emst.gr - tlj sf lun. 11h-19h (23h le jeu.) - 4 €.

haute de 10 m, précédait une chambre funéraire contenant le sarcophage de Philopappus, consul romain et bienfaiteur d'Athènes (on le voit, sur le bas-relief, monté sur un char).

Redescendez la colline des Muses et prenez le dernier chemin sur la gauche.

Colline de la Pnyx (Pnika - Πνύκα) Plan II, B3

Il conduit à la **Pnyx★**, un amphithéâtre naturel où se tint, du 6e au 4e s. av. J.-C., l'Assemblée du peuple. Lors de ces réunions démocratiques, les citoyens discutaient les projets de lois, et chacun pouvait prendre la parole. Au 4e s., l'institution connut une baisse de participation telle que la « gendarmerie » de l'époque devait recourir à la contrainte pour réunir le quorum de ses 6 000 citoyens !

★ Agora grecque (Archaia Agora - Αρχαία Αγορά) Plan III, A2-B2

Comptez 2h. Entrée par la r. Apostolou-Pavlou à l'ouest de l'Acropole, par l'ancien chemin des Panathénées qui descend de l'Acropole ou par la r. Adrianou de Plaka - ✆ 21032 101 85 - avr.-oct. 8h-20h, reste de l'année 8h-15h - visite comprise dans le billet pour l'Acropole, sinon 8 € (-18 ans gratuit) - brochure en français en vente.

Pour mieux vous représenter la structure de l'ancienne cité grecque, nous vous recommandons de visiter l'Agora après l'Acropole.

Apparaissant aujourd'hui tel un jardin de pierre au centre de la ville moderne, cette agora fut jadis le cœur de l'Athènes antique. C'est à cet endroit que se tenaient les marchés, que se scellaient les affaires et que se nouaient les intrigues. L'agora était aussi le siège de fêtes religieuses, avec leurs processions et leurs concours de théâtre ou d'athlétisme. C'est là, également, que les citoyens venaient discuter des affaires publiques ou écouter les orateurs à l'ombre des *stoas*, ces longues galeries à colonnades sous lesquelles s'alignaient les échoppes des commerçants et les bureaux des administrations.

Aménagée au début du 6e s. av. J.-C., l'Agora ne prit sa forme définitive qu'au 2e s. av. J.-C. Délimitée par divers bâtiments administratifs, temples et portiques, elle s'étend sur 2,5 ha, traversée en diagonale par la **voie des Panathénées**. Au centre, elle conservait un espace libre, où les Romains, à partir d'Auguste, édifièrent des temples à la gloire de Rome ainsi qu'un odéon monumental.

Juché sur une butte de 65 m de haut, le **temple d'Héphaïstéion** (aussi appelé temple de Thissio) attire instantanément le regard et offre un remarquable **point de vue** sur l'Acropole. Consacré au culte d'Athéna et de son frère Héphaïstos, le dieu des Artisans travaillant le métal, ce majestueux temple dorique *(449-444 av. J.-C.)* est l'un des mieux conservés du monde grec. Si les sculptures de ses deux frontons ont entièrement disparu (quelques fragments sont néanmoins visibles au musée de l'Ancienne Agora), il a gardé, quoique très

érodé, son **décor sculpté**, dont les scènes évoquent les aventures d'Héraklès et de Thésée. Le portique a conservé son **plafond à caissons** en marbre.
Au pied de la butte se dressait *(sur la droite)* la **tholos**, un bâtiment circulaire qui accueillait le Conseil des *prytanes* (l'organe exécutif), ainsi que les étalons des poids et mesures. Le Conseil des Cinq-Cents (l'assemblée) se réunissait, quant à lui, dans le **bouleutérion** voisin, tandis que le **Mitrôon**, temple de la Mère des dieux, conservait les archives de l'État. Au centre de l'esplanade, les statues indiquent l'emplacement du portique des Géants qui précédait l'**odéon d'Agrippa**, une salle de spectacle de 1 000 places. Derrière, des vestiges de rangées de colonnes donnent une idée des dimensions de la grande *stoa* du milieu. Allez ensuite admirer les **fresques★** (celle de la coupole date du 18e s.) de l'**église Agii Apostoli★** (Sts-Apôtres), érigée à la fin du 10e s. Imaginez-vous deux millénaires en arrière, dans la toge d'un citoyen de l'antique Athènes et déambulez sous l'immense **stoa d'Attale★** (125-122 av. J.-C.), superbe galerie à étage longue de 116 m sur 20 m de large.
Le **musée de l'Agora grecque★** *(tout près du temple)* conserve une foule d'émouvants témoins de la vie politique, juridique et commerciale de la jeune démocratie athénienne. Parmi les objets exposés se trouvent des jetons de vote, outils destinés à choisir le jury des tribunaux ou encore des poids et mesures. À ces objets s'ajoutent tous ceux découverts dans les tombes et dans les habitations ainsi que plusieurs sculptures qui ornaient l'Agora.

Se promener

★ PLAKA (ΠΛΑΚΑ) Plan III

Comptez une demi-journée.
Au pied de l'Acropole, Plaka est constituée d'un lacis de ruelles pittoresques ponctuées de vestiges antiques, d'églises et de places endormies la journée et animées le soir. Bien qu'elle soit devenue touristique, Plaka demeure un quartier particulièrement attachant.
★ **Agios Nikodimos** – E3 - *Angle des r. Filelinon et Souri - jupes courtes et shorts interdits.* Cette majestueuse église du 11e s. est le plus grand édifice byzantin d'Athènes. En partie ruinée pendant la guerre d'Indépendance, elle fut restaurée par le tsar Nicolas Ier pour la communauté russe d'Athènes. L'église est décorée de fresques du peintre Thiersch.
De la rue Filelinon, on accède ensuite au cœur de Plaka en suivant la rue piétonne Kidathineon. De hauts cyprès annoncent l'**église Metamorfosis tou Sotiros** *(tou Kotaki)* (D3), sur votre droite. Édifiée aux 11e-12e s., elle a perdu son appareillage de brique, mais garde sa belle coupole.
★ **Musée Frissiras** D3 – *3 r. Monis Asteriou - ✆ 21032 346 78 - www.frissirasmuseum.com - merc.-ven. 10h-17h, sam.-dim. 11h-17h - 6 €.* Ce discret musée, premier à Athènes à se consacrer à l'art contemporain européen, mérite une visite.
Avec ses tables en terrasse, la jolie **place Filomoussou Eterias** (D3) est le haut lieu de la « gastronomie » touristique. Aux heures des repas, chaque établissement sort son rabatteur qui, un menu à la main rédigé en plusieurs langues, aborde les passants sur les quelques mètres de son territoire. Le soir, on peut aussi se réfugier sur la terrasse du magnifique Ciné Paris *(22 r. Kidathineon - séances 20h45-23h - 8 € - tarif réduit mer. 5 €)*, l'un des plus beaux cinémas en plein air de la capitale…
Suivez la rue Farmaki *(sur votre gauche)* jusqu'au chevet de l'**église byzantine Agia Ekaterini★** (D3) (11e-12e s.), l'une des plus belles d'Athènes, dont la décoration intérieure a été restaurée. À l'ombre de ses hauts palmiers, son

parvis, nettement plus bas que le reste du quartier, est précédé de vestiges romains, à 2 m au-dessous du niveau actuel de la chaussée.
Quelques mètres vous séparent du **monument de Lysicrate★** (D3) Ce vestige, daté à 334 av. J.-C., est le seul survivant des monuments chorégiques qui, dans l'Athènes antique, commémoraient les lauréats de prix reçus lors des chorégies (représentations théâtrales mêlées de liturgie). Ces édifices jalonnaient la voie qui, reliant le théâtre de Dionysos à l'Ancienne Agora, passait par l'actuelle rue Tripodon, dont le nom évoque les trépieds de bronze offerts aux vainqueurs. Au-dessus des colonnes du monument de Lysicrate, court une frise où l'on voit Dionysos changer des pirates en dauphins. Ce thème aurait valu à Lysicrate de remporter le prix lors des chorégies organisées en 335 av. J.-C.

★★ Hauts de Plaka Anafiotika (Αναφιώτικα) C3

Bordée de jolies maisons aux murs ocre, après le restaurant Diogenes, la petite **rue pavée Epimenidi★★** (D3) vous fait pénétrer dans une Plaka intacte et silencieuse, à l'écart des foules *(parvenu dans Thrassilou, que prolonge Stratonos, prenez à droite en dir. d'Anafiotika)*. Sur votre gauche, des oliviers s'étendent au pied des parois rocheuses de l'Acropole, tandis qu'à droite, au loin, se découpe le mont Lycabette. Bien qu'en 1834 une loi ait interdit toute construction aux abords de l'Acropole, ce hameau fut édifié par des habitants de l'île d'**Anafi** *(à l'est de Santorin)*, réfugiés à Athènes au début de la guerre d'Indépendance. C'est ainsi qu'au cœur de la capitale subsiste cet authentique village cycladique de petites maisons basses aux murs blanchis à la chaux.
Admirez la vue sur le mont Lycabette et flânez dans ce labyrinthe de venelles où vous ne croiserez guère que quelques chats en plein sommeil. Vous finirez bien par retrouver la rue Pritaniou, à la hauteur de l'**église Agii Anargiri** (C3) (17e s.), perchée juste au-dessus du restaurant Psara. Dans la cour, une boutique de souvenirs religieux vend icônes… et *tsipouro*.

★ Quartier des Aérides (Αερήδες) BC2-3

Les rues **Tholou★** (C3) et **Aretoussas★** (B3) délimitent l'un des plus beaux quartiers de Plaka, aux grandes maisons néoclassiques éprouvées par le tremblement de terre de septembre 1999. Au début de la rue Tholou, vous croiserez d'abord, sur votre gauche, la **Vieille Université★** (1833) (C3), reconnaissable à son crépi orange. L'édifice, transformé en petit musée *(lun.-ven.*

ATHÈNES ET SES QUARTIERS

La **place Syntagma** (Plan II, D3), place du Parlement, est le centre névralgique de la ville où convergent les *evzones* et les manifestations les jours de grève. Au sud-ouest, jusqu'aux pentes de l'Acropole, **Plaka** (Plan II, C3), LE quartier touristique, regorge de vieilles maisons et d'étroites ruelles où s'alignent tavernes et boutiques de souvenirs. À l'ouest, côtoyant l'**Agora grecque**, s'ouvrent **Monastiraki** (Plan II, B3), l'ancien quartier turc qui a conservé son âme de bazar aux parfums balkaniques avec son marché aux puces, puis **Thissio** (Plan II, B3), lieu de promenades aux abords des sites archéologiques. Au nord de Syntagma, les rues élégantes de Kolonaki, prisées par la bourgeoisie locale et l'intelligentsia grecque, enserrent les contreforts arborés du **mont Lycabette** (Plan II, DE2). Enfin, les avenues Stadiou et Panepistimiou rejoignent au nord-ouest la bruyante **place Omonia** (Plan II, C2), près du **Musée archéologique national** (Plan II, C1). À deux pas, le quartier d'**Exarhia** (Plan II, C2), siège de la contestation pendant la crise, est aussi devenu un quartier décalé et branché.

Musée de l'Acropole.
C. Chaudeau/Michelin

9h30-14h30 - gratuit) abrita de 1837 à 1842 la première université du jeune État hellénique.

★★ **Musée Kanelopoulos** B3 – *12 r. Theorias - M° Monastiraki - ✆ 21032 123 13 - www.pacanellopoulosfoundation.org - tlj sf lun. 8h-15h - 4 € (nov.-mars 2 €).* Créé pour conserver les trésors légués à l'État en 1976 par les collectionneurs Pavlos et Alexandra Kanellopoulos, ce musée rassemble toutes sortes de pièces d'art et d'archéologie provenant de la Grèce continentale et des îles, d'Asie mineure et du Moyen-Orient : figurines cycladiques, minoennes et mycéniennes, textiles coptes, icônes byzantines et post-byzantines, portraits funéraires du Fayoum, bronzes, bijoux et, surtout, une belle collection de vases anciens d'un haut niveau de qualité artistique dont les ornements picturaux offrent un fascinant témoignage sur la vie et la culture des Grecs de l'Antiquité. Le choix des objets est représentatif de la continuité et de l'évolution de l'art grec dans le temps et dans l'espace.

Par la rue Andokidou, quelques mètres vous séparent de la **tour des Vents**★ *(Aerides)* (C2), un curieux ouvrage octogonal, dont chaque pan comporte un *aéride*, personnage ailé figurant l'un des huit vents dominants d'Athènes. Borée, le vent froid, apparaît ainsi sous la forme d'un homme barbu *(face à la rue Eolou)*, tandis que le doux Zéphir, à l'ouest, laisse s'envoler des fleurs de son manteau. Ces *aérides* ont donné leur nom au quartier. Vraisemblablement élevée au 1er s. av. J.-C., cette tour était surmontée d'une girouette et d'une horloge hydraulique alimentée par la source Clepsydre, qui, jaillissant sur le versant nord de l'Acropole, a donné son nom à ce système d'horloge.

Musée d'Art populaire grec C2 – *22 r. Panos - ✆ 210 32 459 57 - www.melt.gr - tlj sf mar. 8h-15h - 2 €.* Depuis 2015, le musée s'offre progressivement un nouvel écrin et déménage peu à peu ses collections, du milieu du 17e s. à nos jours. Dans cette maison sur les hauteurs de Plaka, vous découvrirez surtout des objets liés au monde grec préindustriel : pressoirs, outils en fer, en bois, et différentes machines agricoles. Y sont également représentés les arts du bois, du métal, de la céramique et de l'orfèvrerie.

46

ATHÈNES, LE PIRÉE ET LES ÎLES SARONIQUES

Musée des Instruments grecs de musique traditionnelle C2 – *1-3 r. Diogenou - M° Monastiraki - ✆ 21032 541 19 - tlj sf lun. 10h-14h (merc. 12h-18h) - gratuit.* Près de 1200 instruments retracent ici l'histoire et l'évolution de la musique grecque. Vous verrez - et entendrez - de belles collections d'instruments à vent, à percussion et à cordes, notamment de petits violons crétois de fabrication rustique. Chaque vitrine est dotée de casques audio permettant d'écouter des enregistrements réalisés avec les instruments qui y sont exposés. Des concerts sont donnés quatre fois par semaine en juillet et en août *(programmes sur le site www.athensmuseums.net)*. Une boutique attenante propose un grand choix de CD, livres et instruments.

À quelques pas, dans la rue Diogenous, vous attend la terrasse ombragée de la **taverne Platanos**.

Derrière la tour des Vents, la coupole aplatie et le porche à colonnes que vous apercevez signalent la **Fetiye Djami** (C2) *(9h-13h lors des expositions)*. Cette mosquée a été construite en 1458 à l'emplacement d'une ancienne basilique byzantine afin de célébrer la prise de Constantinople par Mehmet le Conquérant cinq ans plus tôt. Elle constitua le centre économique, politique et religieux de la cité durant toute la période ottomane. Le bâtiment fut transformé en église catholique par les Vénitiens, puis en école et caserne après l'indépendance. Longtemps utilisée comme dépôt archéologique, c'est depuis 2015 un lieu d'accueil pour des expositions temporaires.

Agora romaine - Romaïki agora - Ρωμαϊκή Αγορά BC2 – *✆ 21032 452 20 - 8h-15h - visite comprise dans le billet commun aux sites archéologiques, sinon 6 € (-18 ans gratuit)*. À côté de la mosquée, ce large quadrilatère où se concentrait l'activité commerciale de la cité, fut transformé en marché au grain par les Ottomans. L'agora s'étendait jusqu'à la colossale porte d'Athéna Archégétis à l'autre extrémité du site.

Bibliothèque d'Hadrien BC2 – *✆ 21032 493 50 - 8h-15h - visite comprise dans le billet commun aux sites archéologiques, sinon 4 € (-18 ans gratuit)*. Ce vaste complexe fut bâti en l'an 131 sous l'égide de l'empereur Hadrien pour servir à la fois de bibliothèque, de forum, de dépôt d'archives et de temple. La rue Dexippou offre un bon point de vue sur cet édifice. Il faut imaginer ici que la façade était précédée de 14 colonnes corinthiennes en marbre. Des portions de ses murs se dressent encore dans la rue Eolou. Le mur ouest a conservé un bel ensemble de colonnes. Au milieu de la place centrale, on aperçoit aussi des vestiges d'églises ajoutées à partir du 5e s.

Dans la rue, en face, allez voir les **fresques★** de l'**église des Taxiarques★** (B2) (« des Archanges »), un édifice des 11e-12e s. entièrement rebâti en 1852. À proximité se rassemblent des marchands d'osier dont les échoppes encombrées débordent de trésors hétéroclites.

Rue Areos B2

On y trouve bijoux, tuniques, surplus militaire et autres accessoires de mode des années 1970.

Mosquée Tzistarakis – B2 - *✆ 21032 420 66 - fermée temporairement depuis 2015 (réouverture annoncée pour 2019, se rens.) - 2 €*. Appelée également « mosquée de la Fontaine-Basse », cette mosquée de 1759 contient la **collection de céramiques** du musée d'Art populaire grec. Outre de belles œuvres décoratives dues à des céramistes connus, vous y verrez diverses pièces du début du 20e s. provenant d'ateliers grecs et chypriotes, le tout savamment présenté pour mettre également en valeur l'architecture du bâtiment qui, à elle seule, mérite le détour. Juste à côté de la mosquée s'ouvre la place Monastiraki, cœur de l'ancien quartier ottoman. Elle a perdu son minaret mais conserve son mihrab indiquant la direction de La Mecque.

MONASTIRAKI (ΜΟΝΑΣΤΗΡΑΚΙ) L'ANCIEN BAZAR TURC Plan III, BC1-2

Sur votre droite, vous apercevrez le clocher de l'**église byzantine de la Panagia Pandanassa★** (C1). Surnommée *monastiraki*, le « petit monastère », c'est elle qui donna son nom au bazar local qui, à l'époque ottomane, s'étendait jusqu'à l'Agora romaine. Dédale serré de ruelles, le **marché aux puces★** (B1) occupe tout l'espace délimité entre les rues Adrianou et Ermou. Jadis le fief des artisans métallurgistes, la rue Ifestou s'est reconvertie dans un commerce plus touristique : marchands de chaussures et de vêtements en tout genre se disputent désormais les lieux avec les antiquaires et les boutiques de souvenirs. Les vrais brocanteurs, eux, se trouvent plutôt sur la **place Avissinias★** (B1), particulièrement animée le dimanche matin. Quant aux rues alentour, jusqu'aux abords de la station de métro Thissio, elles résonnent de toutes les langues d'Europe centrale et orientale. C'est assurément là que vous trouverez, enfin, la paire de jumelles de l'armée Rouge (avec l'étoile, la faucille et le marteau) dont vous rêviez.

Si, au terme de cet itinéraire, vous n'avez pas encore trouvé le cadeau tant espéré, il vous reste une solution radicale : revenez place Monastiraki et enfoncez-vous dans l'étroite **rue Pandrossou★** (C2). Côte à côte, les boutiques de bijoux, vêtements, céramiques, cuirs et autres souvenirs des plus kitsch composent un souk distrayant. Et si cela ne suffit pas, contournez la bibliothèque d'Hadrien et engagez-vous dans la **rue Adrianou★** (B2) qui traverse tout Plaka, de la place Monastiraki à l'église Agia Ékatérini, pavée d'échoppes à touristes.

★ AU CŒUR D'ATHÈNES Plan II et Plan III

Comptez une journée.

Poursuivez votre voyage dans le temps en flânant plus avant dans le centre de la ville, à l'ouest et au nord de Monastiraki. Ce périple vous conduira du plus ancien cimetière de l'Attique au marché central, en passant par les vieux quartiers commerçants avoisinants, jusqu'à la **place Omonia** (Plan II, C2), qui fut le cœur de la capitale dans les années 1930. Non loin, le Musée national vous attend, complément indispensable de tout séjour en Grèce.

Flânerie dans les quartiers Plan II

Pour le déjeuner ou une simple pause rafraîchissement, optez pour le joli **quartier de Thissio**, au sud-ouest de Monastiraki (B3), notamment la rue piétonne Iraklidon, longeant l'Agora grecque *(voir p. 42)*.

Tout proche, à l'ouest, s'ouvre le **quartier de Gazi** (A2), qui vit la première phase d'industrialisation de la capitale, entre la fin du 19e et le début du 20e s. C'est à l'installation de l'éclairage public au gaz (1877) qu'il doit son nom. Réhabilité pour les Jeux olympiques de 2004, cet ancien site industriel s'est imposé comme le quartier branché dont Athènes avait besoin.

Technopolis M. Hadzidakis – *100 r. Pireos - M° Kerameikos - ✆ 21034 755 18 - www.technopolis- athens.com - tlj sf lun. 10h-18h (oct.-avr. 10h-20h) - 1 €.* Cet ancien complexe gazier, repérable à ses gigantesques cheminées surplombant la ville, a fonctionné entre 1862 et 1983. Depuis 1999, ses 30 000 m² laissés à l'abandon ont progressivement fait place à un grand centre culturel atypique où se déroulent concerts et expositions.

★ Cimetière du Céramique (Kéramikos - Κεραμεικός) Plan II, B2

148 r. Ermou - M° Kerameikos - ✆ 21034 635 52 - avr.-oct. 8h-20h, reste de l'année 8h-15h - visite comprise dans le billet pour les principaux sites archéologiques, sinon 8 € (-18 ans gratuit).

Le quartier de Monastiraki et ses nombreuses petites boutiques.
J. Arnold/hemis.fr

1

Moins fréquentée que l'Acropole et ses abords, la plus ancienne nécropole d'Attique vous invite, à l'ombre de ses oliviers et de ses cyprès, à découvrir l'art funéraire grec. Située hors de la cité antique, cette nécropole tient vraisemblablement son nom de l'argile (*kéramos*) utilisée dans la fabrication des vases et des objets funéraires que l'on déposait près du défunt. À partir du 6e s. av. J.-C., selon la fortune – et la vanité – du disparu, les tombes se parèrent de stèles, de vases en pierre, de statues, ou même, de petites chapelles, édicules dont le luxe atteignit son apogée au siècle de Périclès.

À gauche de l'entrée se tient un **musée** réunissant une partie des objets découverts sur le site, tandis que, devant vous, le chemin descend vers l'**allée des Tombeaux★** *(à gauche)*, bordée des concessions accordées aux riches familles athéniennes. À droite, l'allée rejoint la **Porte sacrée** (5e s. av. J.-C.) construite dans le prolongement de la Voie sacrée qui reliait Éleusis à Athènes.

Parallèle à celle-ci, la route de l'Académie aboutissait au **Dipylon★**, porte d'entrée principale d'Athènes. Défendue par deux tours – l'une tournée vers la ville, l'autre vers l'extérieur – elle s'intégrait à l'enceinte fortifiée de la cité.

★ **Musée d'Art islamique** B2 – *22 r. Ag. Asomaton - ✆ 21032 213 11 - jeu.-dim. 10h-18h - 9 € (-22 ans gratuit) - cafétéria avec terrasse et vue sur le cimetière du Céramique et l'Acropole.* À l'angle des rues Agion Asomaton et Dipylou, au nord-est du cimetière, ce musée, inauguré en 2004, a été aménagé pour accueillir une partie des riches collections du musée Bénaki et des prêts de musées internationaux. Il couvre treize siècles de création, à compter du 7e s. et rassemble poteries, verreries, joaillerie, sculptures, textiles… Le musée abrite en particulier de très belles pièces de l'**art ottoman** du 16e s., la période la plus faste de l'Empire. Une ca*fétéria avec terrasse offre une* **vue** *sur la nécropole et l'Acropole.*

Quartier de Psiri (Ψυρρή) Plan III, B1

À proximité du cimetière du Céramique, enfoncez-vous dans les ruelles étroites de ce quartier pittoresque, où s'entremêlent vieilles maisons délabrées recouvertes de tags, petites églises et de récents immeubles sans âme. L'endroit se

LE PANORAMA DU MONT LYCABETTE

Ne pas se laisser intimider par sa hauteur : l'ascension des 278 m du **mont Lycabette★★★** (Plan II, DE2) n'est pas si difficile – mais plus aisée, il est vrai, en début ou en fin de journée sous des températures plus clémentes. À partir de l'extrémité de la rue Aristipou, il suffit de suivre le sentier parfumé qui mène jusqu'au point culminant de la ville. La « Colline des loups » se dresse au milieu du bassin d'Athènes, délimité par les monts Pentélique, Parnes et Hymette. En montant ou en redescendant, vous traverserez des jardins en terrasses et croiserez la petite **église Agii Isidori** au fond d'une grotte. Vous y découvrez la perspective des montagnes qui s'étend jusqu'aux îles d'Égine et de Salamine. Sur le flanc arrière, se trouve le **théâtre du Lycabette** où sont donnés des concerts et des spectacles à ciel ouvert. Au sommet se dresse la **chapelle Agios Georgios**, sur un emplacementqui aurait été initialement celui d'un temple dédié à Zeus. Mais c'est surtout le plus beau panorama de la capitale qui, par temps dégagé, embrasse le **Parthénon** jusqu'au **Pirée**...
Accès par funiculaire l'angle des rues Aristipou et Ploutharou - départs ttes les 10mn, tlj 8h45-3h, 5,50 €. Plus économique : un taxi peut vous monter à quelques mètres du sommet en partant du quartier voisin de Kolonaki.

prête surtout à la flânerie nocturne, que l'on peut compléter d'un bon dîner *(rendez-vous place Iroon, rue Taki)* à la terrasse d'un *mezedopolio*. Car Psiri est devenu un endroit à la mode. Cafés, bars et restaurants y pullulent et, le dimanche, un parfum d'Extrême-Orient envahit l'atmosphère avec le **marché aux épices**, où les communautés asiatiques de la capitale (Indiens, Philippins, Chinois...) viennent faire leurs emplettes.

★ Quartier du marché Agora moderne (Kentriki Agora - Κεντρική Αγορά) Plan II

Engagez-vous dans **Eolou★** (C1-2-3), longue rue piétonne bordée de magasins de textile et de vêtements bon marché qui conduit au vieux marché d'Athènes. Jadis, lorsque la capitale avait encore une dimension humaine, c'est là, dans ce lacis de rues sinueuses, que battait son cœur économique. Mais si la prospérité n'est plus celle d'antan, l'activité est restée frénétique.

Au passage, jetez un coup d'œil en face de l'église blanche Agia Irini, au **café Eolou** (C2) : il a conservé ses auvents à armatures métalliques, typiques du quartier. C'est la même architecture, en plus ample, qui structure le **marché central★** *(Kendriki Agora)* (C2) *(lun.-sam. 6h30-15h)*, théâtre d'une animation bruyante et colorée. Au petit matin, les noctambules se retrouvent dans ses restaurants pour déguster la fameuse *patsa*, une soupe de tripes souveraine pour les estomacs malmenés par les boissons fortes. La nuit, les alentours sont aussi le rendez-vous des « sans domicile fixe » de tous horizons. Le jour, la pauvreté laisse place aux spéculateurs de la rue Sofokléous, où siège la **Bourse** *(krimatistirio)* et sa pompeuse colonnade dorique.

Plus loin, la grande place **Ethnikis Antistassis** *(place de la Résistance nationale)* (C2) regroupe la mairie d'Athènes et les bâtiments néoclassiques de la Banque nationale de Grèce. Entre les immeubles modernes, le centre d'Athènes cache de nombreux exemples de son architecture du début du 20e s. Observez notamment les **fresques★** 1920 de l'édifice à l'angle d'Athinas et de Likourgou.

Vous n'êtes plus qu'à quelques pas de la **place Omonia** (C2) (« la Concorde »), toujours encombrée et dénuée de tout charme. Il est difficile de croire qu'à la Belle Époque, elle rivalisait d'élégance avec la place Syntagma.

Omonia est un quartier central et pratique, proche du Musée archéologique. Mais on n'y passe ou on n'y dort pas davantage que l'on s'y attarde, surtout le soir, quand la place attire nombre de marginaux à la nuit tombée. Sans l'éviter, il faut juste y faire – un peu – plus attention qu'ailleurs.

Mais, c'est le chemin du Musée national *(par l'avenue du 28 Oktovriou, il n'est qu'à 600 m de la place Omonia)*. Allez-y tranquillement, et, sur le chemin, admirez la **façade★** de l'**École polytechnique** (C1) (1862-1876, agrandie dans les années 1920 et 1950) due au talent du prolifique Kaftantzoglou.

★★★ Musée archéologique national (Ethniko Archaiologiko Mouseio - Εθνικό Αρχαιολογικό Μουσείο) Plan II, C1

44 r. Patission - M° Victoria - ✆ 21082 177 24/17 - www.namuseum.gr - ♿ - lun. 13h-20h, mar.-dim. 9h-16h - 10 € (-18 ans gratuit) - panneaux explicatifs en grec et en anglais.

La cour intérieure, cernée de sculptures provenant de l'épave d'Anticythère, abrite un merveilleux café (accès à partir des salles 19, 35 et 48).

Dédié à l'art antique, du néolithique à l'époque romaine, le Musée archéologique d'Athènes compte parmi les plus riches du monde. Rénové après le tremblement de terre de 1999, ses salles ont progressivement rouvert en 2004, pour les Jeux olympiques, et jusqu'en 2008.

Face au hall d'entrée (salles 1 et 2), la partie centrale est dédiée à la **collection préhistorique**. La salle 4 (au centre) et la petite salle 3 (au fond, à gauche) accueillent les trésors de la période mycénienne (17e-11e s. av. J.-C.). Dans les vitrines reposent de magnifiques objets funéraires en or, dont le **masque d'Agamemnon★★**. Des diadèmes, des poignards à incrustations, des bagues gravées complètent cet incroyable trésor, accompagnés de gobelets en métal repoussé, d'un splendide **rhyton★** en forme de tête de taureau et de petits objets en ivoire qui attestent des relations du monde mycénien avec l'Orient. À droite, la salle 5 consacrée à la période néolithique (7000-2500 av. J.-C.), contient des figurines de terre cuite de Thessalie. Enfin, à gauche, c'est dans la salle 6 des antiquités cycladiques (3300-2000 av. J.-C.) que sont exposées les célèbres **idoles cycladiques★★** de marbre blanc.

Occupant les quatre côtés du bâtiment principal, les salles 7 à 35 sont consacrées à la **collection des sculptures.** À gauche du hall d'entrée, dans l'aile gauche, les salles 7 à 13 couvrent l'époque archaïque (8e-6e s. av. J.-C.). Après l'amphore géométrique monumentale (milieu du 8e s.), on découvre la série des *kouroï* (pluriel de *kouros*, statue représentant un jeune homme nu) et *korai* (pluriel de *kore*, jeune femme en tunique). On note surtout, dans la salle 8, l'impressionnant **kouros du cap Sounion★★** (7e s.) de trois mètres de haut et, dans la salle 11, la **kore Phrasikleia** (6e s.) à couronne et à robe fleurie. La salle 15 abrite le premier joyau du musée : le **Poséidon d'Artémision★★★** (460-450 av. J.-C.), statue repêchée en 1928 au large d'Artémision (nord de l'Eubée). Il s'agit d'un des très rares bronzes grecs de grande taille conservés dans leur intégralité. Dans la même salle, l'autre incontournable est le **relief d'Éleusis★** (440-430 av. J.-C.), admirable d'expressivité, aux personnages d'une intense gravité : on y voit Déméter (à gauche), déesse de la Fécondité et protectrice de l'agriculture, remettant, en présence de sa fille Perséphone, un épi de blé à Triptolème, le fils du roi d'Éleusis, chargé d'enseigner l'art de cultiver la terre à l'humanité. En tournant à droite, les salles 16 à 18 exposent des stèles funéraires, parmi lesquelles le **relief d'Hermès**, dont les deux faces sont sculptées, et la **stèle d'Hegeso** (vers 410 av. J.-C.), qui montre une jeune fille assise, en train d'examiner un bijou tiré du coffret que lui présente sa servante. Dans les petites salles 19 et 20 attenantes, se trouvent une partie des sculptures

UN NOUVEAU CENTRE CULTUREL SIGNÉ RENZO PIANO

C'est un complexe ultramoderne en béton, bois et verre, censé « donner de l'espoir » à un pays frappé par la crise selon ses concepteurs. Dans le quartier de Kallithéa, en bas de l'avenue Syngrou, l'artère qui relie Athènes à la mer, le Stavros Niarchos Foundation Cultural Center (SNFCC) prouve qu'Athènes sait se réinventer. Cédé à l'État grec lors de son inauguration en 2017, ce projet a été lancé à l'initiative de la fondation de l'armateur Stavros Niarchos (1909-1996) avec un budget de 670 millions d'euros. L'architecte italien Renzo Piano explique avoir voulu évoquer « le caractère poétique de la Méditerranée » : les bâtiments imprégnés de soleil sont situés le long d'un canal débouchant sur la mer. Au cœur d'un magnifique parc paysager de 1,7 ha planté de 1 500 arbres, se dressent l'Opéra national et la Bibliothèque nationale, eux-mêmes recouverts par la « canopée », vaste toit ondulant de 10 000 m^2. On accède au sommet (8 étages) par un ascenseur ou par une gigantesque rampe qui offre une vue panoramique époustouflante à 360° sur la ville et le golfe Saronique. Le centre culturel est largement ouvert au public avec des visites guidées du parc et des bâtiments ainsi que de nombreuses activités gratuites (cours de yoga, balades à vélo, voile et kayak sur le plan d'eau…).

Stavros Niarchos Foundation Cultural Center – R. Evripidou et r. Doiranis, à Kallithéa, 5,5 km au sud-ouest du centre-ville - ✆ 216 80 91 001 - www.snfcc.org - navette gratuite au départ de Syntagma (à l'angle de la r. Ermou) de 7h30 à 21h (horaire de la dernière navette retour du centre culturel) du lun. au jeu., de 7h30 à minuit le ven. et de 9h30 à minuit le w.-end. (voir horaires sur le site Internet) - visites guidées gratuites.

de la période romaine avec notamment l'Athéna du Varvakéion, réplique de la statue chryséléphantine du Parthénon. En plein centre du musée, dans la salle 21, est exposé l'émouvant **Jockey d'Artémision★★★**, bronze hellénistique du 2e s. av. J.-C., retiré des flots, comme la statue de Poséidon, au large d'Artémision. Le réalisme avec lequel sont rendus l'effort du cheval bondissant et la fougue de l'enfant sont saisissants.

Si on a peu de temps, on peut faire l'impasse sur la suite de la collection des sculptures exposée dans l'aile droite (salles 22 à 33). Les salles 22 à 28 sont consacrées aux sculptures du « second classicisme » (4e s. av. J.-C.) marquant le déclin d'Athènes face à la puissance macédonienne. Suivent les sculptures hellénistiques et romaines des salles 29 à 33.

Il faut ensuite revenir vers la salle 21 pour accéder au hall secondaire (salles 34 et 35) qui dessert à la fois les salles du premier étage (face à l'escalier), les expositions temporaires (à droite) et les anciennes **collections privées** (à gauche). La collection Karapanos (salles 36 à 39) rassemble des figurines et des petits objets de bronze du 8e au 3e s. av. J.-C. Cet espace s'est récemment enrichi de nouvelles pièces provenant des découvertes de l'île de Kalymnos (1994) et de l'épave d'Anticythère (1901). La salle 38 abrite ainsi l'exceptionnelle **machine d'Anticythère★★★**, considérée comme le premier calculateur analogique permettant de connaître des positions astronomiques. Attribué par certains chercheurs à Archimède (287-212 av. J.-C.), ce mécanisme de bronze comprenant des dizaines de roues dentées, solidaires et disposées sur plusieurs plans, est garni de nombreuses inscriptions grecques. Les salles 40 et 41, accueillent la donation Dimitrios- Rostovitz constituée d'**antiquités égyptiennes**. La visite du premier niveau se termine par la salle 42 abritant les **bijoux antiques et byzantins** de la collection Stathatos, provenant de Macédoine et de Thessalie.

Au second niveau, la partie centrale est consacrée aux **fresques polychromes d'Akrotiri★★★**. Appartenant à la civilisation cycladique, la ville de l'ancienne Théra (Santorin) a disparu lors de la grande éruption du volcan de l'île au 16e s. av. J.-C. Préservé par une épaisse couche de pierre ponce, Akrotiri est souvent comparé à Pompéi. Il faut d'abord passer par la salle 48. Celle-ci abrite les outils, armes et poteries retrouvés sur le site depuis sa découverte en 1967. S'ouvre ensuite la fabuleuse salle « Akrotiri » où sont exposées trois peintures murales provenant de deux habitations de la ville antique : « les antilopes », « le printemps » et la **fresque des « boxeurs »**. En revenant au niveau de la cage d'escalier, on accède aux salles 49 à 56 consacrées aux **céramiques et petits objets antiques** (du 11e s. av. J.-C. à l'époque romaine). La salle 50 abrite la figurine de terre cuite à tête de chouette (7e s. av. J.-C.) qui servit de modèle pour l'une des deux mascottes des Jeux olympiques de 2004.

Musée épigraphique (C1) – *1 r. Tositsa - ✆ 21082 329 50 - tlj sf lun. 8h-15h - 3 €.*
Situé dans l'aile sud du bâtiment, ce petit musée méconnu abrite les inscriptions antiques, avec une impressionnante collection de blocs de marbre gravés en grec ancien.

★ ATHÈNES NÉCLASSIQUE AUTOUR DE SYNTAGMA Plans II et III

Comment faire renaître la prestigieuse cité de Périclès ? Tel aura été pendant près d'un siècle (1830-1930) le rêve obsédant de tous ceux qui ont façonné l'Athènes moderne. Il ne fut pas un édifice, alors, qui ne reçût sa colonnade de marbre ! Aussi, quelle meilleure introduction pour cette ville nouvelle que les deux monuments antiques dédiés à Hadrien, cet empereur romain amoureux de la Grèce ?

Grand admirateur d'Athènes et de sa culture, Hadrien contribua à son embellissement par de nombreux édifices. Les Athéniens l'honorèrent en lui érigeant, en 131, une sorte d'arc de triomphe, dans le style romain, juste à la jonction entre Athènes et le nouveau quartier romain. Sur cette **porte d'Hadrien★** (Plan III, D4), des inscriptions gravées en frise proclament ainsi, côté Plaka : « Cette ville est Athènes, l'antique cité de Thésée », tandis que du côté opposé on peut lire : « Cette ville est la cité d'Hadrien, et non celle de Thésée. » En mettant sur un pied d'égalité le héros mythologique et l'empereur romain, les Athéniens montraient leur reconnaissance à leur bienfaiteur, tout en flattant sa vanité.

★★ Olympion (Naos Olympiou Dios - Ναός Ολυμπίου Διός)
Plan III, E4

Contournez la porte d'Hadrien par la gauche, av. Vas. Olgas, pour trouver l'entrée de ce site appelé aussi temple de Zeus olympien.

✆ 21092 263 30 - avr.-oct. 8h-20h, reste de l'année 8h-15h - inclus dans le billet des principaux sites archéologiques, sinon 6 € (-18 ans gratuit).

Peintures, dessins et récits témoignent de l'émotion de nombre de voyageurs devant la majesté déchue de ces puissantes colonnes, dressées au centre de leur esplanade dénudée. Plus encore que les monuments de l'Acropole, aménagés au gré des occupants et longtemps méconnaissables, l'Olympion figurait la ruine par excellence, traduisant la mélancolie chère aux romantiques européens. Ses dimensions sont colossales. Avec sa triple colonnade de 104 colonnes corinthiennes, l'édifice dessinait un rectangle de 107,75 m sur 41,1 m, s'inscrivant parmi les temples les plus vastes du monde grec.

Entamés entre 560 et 510 av. J.-C., puis abandonnés avec l'avènement de la démocratie, les travaux ne reprirent qu'en 174 av. J.-C. L'empereur Hadrien

LA VIEILLE GARDE DES EVZONES

Inutile de leur parler, ils ne vous répondront pas. Au pied de l'ancien palais royal (1836-1842), devenu le **Parlement** *(la Vouli)* en 1935, la garde d'honneur des **evzones** veille sur le monument du Soldat inconnu. Leur étonnant uniforme, hérité des combattants de la guerre d'Indépendance (1821-1829), se compose notamment d'une fustanelle (jupette traditionnelle de l'Épire aux 400 plis rappelant les quatre siècles d'occupation ottomane) et d'une paire de *tsarouchia* (lourdes chaussures en bois aux semelles cloutées munies d'un pompon servant autrefois à dissimuler une lame pour les combats au corps à corps).

les acheva en 132. Élevé au rang de dieu sous le nom de Zeus olympien, il en devint la divinité tutélaire. Par la suite, ses énormes quantités de marbre prirent sans doute le fatal chemin des fours à chaux : en 1436, on ne dénombrait déjà plus que 21 colonnes.

Près de l'entrée du site, sur la droite, vous apercevrez les fondations des **thermes d'Hadrien**, dont les bains proprement dits ont conservé leurs mosaïques de marbre.

Pour enchaîner avec le néoclassique, descendez l'avenue Vas. Olgas.

★★ **Stade panathénaïque** Plan II, D4 – *Av. Vas. Konstantinou devant la statue du Discobole - ✆ 21075 229 84 - www.panathenaicstadium.gr - mars-oct. 8h-19h, reste de l'année 8h-17h - 5 € (-6 ans gratuit).* Il fut édifié pour les premiers Jeux olympiques modernes d'avril 1896. Abandonnant le stade originel en bois (330 av. J.-C.), Hérode Atticus *(celui de l'odéon proche de l'Acropole)* dota la cité (en 144) d'un édifice en marbre à la mesure du prestige des compétitions athlétiques des Panathénées. Le stade actuel en est la fidèle réplique. 70 000 personnes peuvent y prendre place, pour admirer les athlètes ou profiter de la **vue** sur le Jardin national et l'Acropole.

Quittez la circulation de l'avenue Vassileos Konstantinou pour le calme du parc situé en face. Au bout de la belle allée arborée apparaît la façade néoclassique du **Zappio** (Plan II, D3) (1874-1888), vaste palais des expositions dû au talent des architectes Th. Hanser et F. Boulanger, mais surtout au rêve d'un homme, K. Zappas, un riche Grec de la diaspora d'Alexandrie. L'homme mit toute sa fortune – qui était considérable – à tenter de faire renaître Athènes, à travers ce qui avait fait la gloire de la cité, à savoir l'architecture, l'art et l'athlétisme.

Contournez le bâtiment par la gauche, puis pénétrez dans l'ombre fraîche du **Jardin national**★ (Plan II, D3) *(8h-20h)*, véritable oasis au cœur de la ville.

★ Place Syntagma (Το Σύνταγμα) Plan II, D3

En sortant du jardin par l'avenue Amalias, rejoignez la place Syntagma (place de la Constitution).

La circulation automobile lui a fait perdre son charme d'antan, lorsqu'elle s'entourait de terrasses de cafés. Les nouveaux espaces verts et la fontaine jaillissant au centre, à la sortie du métro, sont tout de même les bienvenus… Mais Syntagma n'est plus qu'un lieu de passage et d'activité fébrile, qui se remplit et se vide au rythme des horaires de bureau.

Au pied de l'ancien palais royal (1836-1842), devenu en 1935 le **Parlement** *(Vouli)*, les *evzones* en fustanelle *(voir encadré)* montent la garde devant le monument du soldat inconnu. À chaque heure, la relève donne lieu à un pittoresque cérémonial au pas cadencé. Le même rituel se déroule également devant le **Palais présidentiel**, derrière le Parlement, rue Irodou-Attikou.

Mais le must est de venir assister à la **Grande Relève★★** le dimanche à 11h devant le Parlement : un véritable défilé avec musique militaire réunissant toute la garde en tenue d'apparat.

À droite, l'**hôtel Grande-Bretagne** (1843), sans doute le plus prestigieux de la capitale, a accueilli l'École française d'Athènes entre 1856 et 1873. Colonnades, marbres, dorures : il a gardé toute son opulence Belle Epoque.

En descendant la rue Ermou Plan III, AE1-2

La rue piétonne Ermou est une longue artère commerçante qui ouvre une véritable trouée dans la ville, de la colonnade de la Vouli jusqu'au cimetière du Céramique.

Parvenu à la hauteur d'Evangelistrias, une rue perpendiculaire, allez voir *(sur la gauche)* les deux « métropoles ». Ambition d'architectes et de monarque, la **Grande Métropole** (Plan III, D2), ou cathédrale d'Athènes, édifiée en 1842-1862, écrase de sa masse sans grâce la place Mitropoléos. Attardez-vous plutôt sur sa minuscule voisine, la **Petite Métropole★★**, une délicieuse chapelle byzantine du 12e s., dédiée à la Panagia Gorgoepikoos, la « Vierge qui exauce vite », et à Agios Elefterios. Sur les murs extérieurs apparaissent une multitude de remplois de différentes époques, antiques et médiévaux.

Un autre trésor byzantin, l'**église Kapnikaréa★★** (Plan III, C1) (11e-13e s.) vous attend, au beau milieu de la rue Ermou. Admirez son appareillage de brique rehaussé de frises et de deux élégantes colonnettes de marbre.

Par un lacis de ruelles bordées de boutiques en tout genre, gagnez la **place Klafthmonos** (Plan II, C2). À l'ombre de ses grands arbres, l'**église Agii Theodori**, reconstruite au 11e s. sur les fondations d'un sanctuaire du 9e s., arbore sur ses murs extérieurs d'étonnants motifs orientaux.

Musée de la ville d'Athènes (Plan II, C2) - *7 r. Paparigopoulou - ✆ 21032 461 64 - tlj sf mar. 9h-16h, w.-end 10h-15h - 5 €.* Ce musée, également appelé musée Vouros-Eftaxia occupe le palais Vouros (1834) où séjournèrent, entre 1836 et 1842, les souverains grecs. Tableaux, dessins et gravures des 17e-20e s., ainsi qu'une grande **maquette d'Athènes** de 1842 évoquent l'histoire de la capitale. Vous verrez aussi les salons meublés d'Othon et d'Amalia, dotés de quelques pièces historiques, dont le traité de Londres en français, avec la signature de Talleyrand. Une atmosphère qui évoque bien l'intérieur bourgeois d'une petite monarchie de moins d'un million de sujets…

Dirigez-vous à présent vers la rue **Panepistimiou★** (Plan II, C2) *(officiellement Eleftériou Venizelou, mais personne ne la désigne par ce nom)*. L'avenue de l'Université concentre quelques-uns des fleurons du néoclassicisme grec : de gauche à droite se succèdent la **Bibliothèque nationale** (1887-1902), l'**Université** (1839-1864) et l'**Académie** (1859-1887). Avec sa belle colonnade ionique flanquée de deux hautes colonnes supportant les statues d'Athéna et d'Apollon, cette dernière est peut-être la mieux réussie des trois bâtiments. Financés par les Grecs de la diaspora – les seuls capables de réunir l'argent nécessaire pour de tels projets –, ces édifices sont de parfaits exemples de ce que l'on appela le style néohellénique.

★ KOLONAKI Plans II et III

De la place Kolonaki, l'avenue Vassilissis Sofias et ses musées sont tout proches.

Quartier favori de l'élite athénienne, avec ses boutiques et ses cafés chic où l'on vient se faire voir, Kolonaki s'étale au pied du Lycabette, dessinant un quadrillage régulier de rues ombragées, dont Skoufa et Patriarchou Ioakim forment l'épine dorsale.

1

★★ Musée Bénaki (Mouseio Benaki - Μουσείο Μπενάκη) Plan II, D3

Accès par la rue Koumbari, à l'angle de l'avenue Vassilissis Sofias.

℘ 21036 710 00 - www.benaki.gr - merc. et vend. 10h-18h, jeu. et sam. 10h-0h, dim. 10h-16h - 9 €. Expo. temporaires : 7 € (gratuit le jeudi).

Expositions permanentes gratuites le jeudi.

Né dans une famille aisée de la diaspora grecque d'Alexandrie, en Égypte, Adonis Bénaki (1873-1954), passionné par toutes les formes de l'hellénisme à travers les âges, créa ce musée en 1930 pour y présenter ses collections. Le musée occupe la demeure familiale, une résidence néoclassique du début du 20e s. remarquablement aménagée. Présentées suivant un ordre chronologique, depuis la préhistoire, toutes les formes d'expression de l'identité grecque sont abordées, qu'elles soient artistiques ou liées à la vie quotidienne, invitant à un passionnant voyage à travers l'histoire du pays.

Les salles 1 à 8 (de la préhistoire au 6e s. av. J.-C.) présentent notamment une série d'**objets en or** (3200-2800 av. J.-C.) et de bijoux hellénistiques, une belle amphore de style géométrique et deux portraits du Fayoum.

Dans les salles 9 à 12 (époques byzantine et postbyzantine) sont exposés de délicats pendentifs en cristal de roche, des évangéliaires enluminés, de belles **icônes**, notamment deux œuvres de jeunesse de Domenikos Theotokopoulos, connu sous le nom d'El Greco, et des iconostases en bois sculpté.

Au 1er étage, les salles 13 à 24 (périodes ottomane et vénitienne) conservent tissus précieux, brocarts et soieries de Venise, **costumes** et bijoux des 18e et 19e s. Vous y verrez aussi des **intérieurs de maisons** de différentes régions de Grèce. À travers des tableaux, armes et documents, les deux derniers étages évoquent la guerre d'Indépendance et l'histoire de la Grèce moderne.

★★ Musée d'Art cycladique (Mouseio Kykladikis Technis - Μουσείο Κυκλαδικής Τέχνης) Plan II, D3

4 r. Neofitou Doukas - ℘ 21072 283 21/23 - www.cycladic.gr - lun., merc., vend. et sam. 10h-17h, jeu. 10h-20h, dim. 11h-17h - 7 € (3,50 € le lun.) gratuit -18 ans - textes explicatifs en français.

Le musée propose une application gratuite sur Smartphone.

Créé en 1986, ce remarquable musée (Fondation Goulandris) est consacré à la civilisation égéenne, notamment à la préhistoire des Cyclades. Les objets exposés – plus d'un millier – s'étalent sur une période allant de 3000 au 4e s. av. J.-C. Des textes explicatifs *(avec une version en français)*, assortis de cartes et de croquis, vous préparent à une meilleure compréhension des collections et de la culture cycladique, de son art et de ses coutumes funéraires.

Depuis 1991, le musée s'est agrandi dans le **palais Stathatos** *(relié par un passage vitré)*, dévolu aux expositions temporaires.

Dans le bâtiment principal, le 1er étage rassemble les fameuses **idoles cycladiques**. La simplicité des formes, la pureté de ligne d'une étonnante modernité font de ces figurines de marbre blanc, grandes ou petites (de moins de 10 cm à 1,40 m pour la plus haute), des objets parmi les plus précieux de l'art préhistorique. Bien qu'elles conservent en partie leur mystère, on suppose qu'elles s'associaient à un culte funéraire et qu'elles étaient déposées près des défunts, à l'horizontale, ce qui expliquerait les pieds tendus.

Le 2e étage propose des objets d'art ou utilitaires datant de 2000 au 4e s. av. J.-C., dont les pièces maîtresses sont les bronzes, les **céramiques** à figures rouges et les **grandes amphores**. Notez la touchante petite poupée articulée (n° 197), retirée d'une tombe d'enfant.

Les evzones en tenue traditionnelle.
C. Chaudeau/Michelin

Le 3e étage est dédié à l'art chypriote et le 4e étage à des objets de la vie quotidienne, un ensemble très varié (céramiques, lampes byzantines, statuettes, casques, épées, etc.) de grande qualité.

★★ Musée d'Art byzantin (Vyzantino Mouseio - Βυζαντινό Μουσείο) Plan II, E3

22 av. Vassilissis Sofias - ✆ 21321 395 00 - www.byzantinemuseum.gr - mar.-dim. 8h 20h, lun. 12h 20h 8 €.

Il occupe une jolie demeure de style néorenaissance, construite en 1848 pour la duchesse de Plaisance, grande figure de la vie mondaine à Athènes sous le règne d'Othon. Les collections sont d'une remarquable richesse. Ne manquez pas les **reconstitutions d'églises** : celle d'une basilique chrétienne des 5e-7e s. *(salle 2)*, accompagnée d'une **sculpture du bon berger** *(sur la droite)*, et celle du **dôme** d'une église en croix grecque *(salle 4)*. Prenez aussi le temps d'admirer les **icônes** de la salle 7, certaines d'une qualité exceptionnelle. En particulier l'**Archange saint Michel** (14e s.), la **Panagia Glikofiloussa** (littéralement « la Vierge qui embrasse tendrement »), sans oublier la mosaïque de la Visitation (14e s.) *(à droite au fond de la salle)*. La pièce suivante présente de jolies fresques et de petits objets (bijoux, croix, céramiques, verres en cristal de roche, ustensiles en métal) du début de la période byzantine. La visite s'achève sur divers objets d'orfèvrerie et des ornements sacerdotaux.

★ Pinacothèque nationale, musée Alexandros Soutsos Plan II, E3

1 r. Michalakopoulou et 50 r. Vassilis- Sofias, face à l'hôtel Hilton - ✆ 21072 110 10 - www.nationalgallery.gr - fermé pour travaux depuis 2013. Œuvres transférées av. Katechaki à la glyptothèque nationale jusqu'en 2019 (se rens.) - ✆ 21072 358 57 - tlj sf mar. 9h-16h - 6,50 €.

Le fonds, constitué de plus de 16 000 œuvres, déroule l'histoire de la peinture grecque du 15e s. à nos jours. La **Pinacothèque nationale** détient notamment trois tableaux d'**El Greco**, dont le fameux *Concert des anges*, et des icônes crétoises postbyzantines. Vous y verrez aussi les tendances les plus représentatives de la **peinture néohellénique**, notamment la production des îles ioniennes du 18e s., et les œuvres des principaux maîtres de l'école de Munich (Gyzis, Lytras, Iacovidès, Volanakis, etc.). Une salle est consacrée au peintre K. Parthenis (1878-1967), dont l'influence fut décisive sur la création grecque du 20e s. À cela s'ajoutent une dizaine de fresques du peintre naïf Théophilos et, occupant deux salles et le jardin, les œuvres du sculpteur I. Halepas.

Musée de l'Enfant (Paidiko Mousseio - Παιδικο Μογσειο) Plan III, D3

14 r. Kidathineon - ✆ 21033 129 95 - www.hcm.gr - mar.-vend. 10h-14h, w.-end 10h-15h - fermé pendant les vac. scol. - gratuit.

On vient en famille dans ce paradis pour les enfants : au 1er étage, reconstitution de la « chambre de grand-père et de grand-mère » d'une ancienne maison athénienne. Les enfants peuvent y revêtir des costumes d'époque, pratiquer une activité éducative sous la conduite d'animatrices, visiter des expositions de peintures réalisées par des enfants, ou découvrir des jouets anciens. ucun problème linguistique ne semble se poser pour les petits visiteurs.

Musée d'Art des enfants Plan III, D3

9 r. Kodrou - ✆ 21033 126 21 - mar.-sam. 10h-14h, dim. 11h-14h - fermé pendant les vac. scol. - 3 €.

Ateliers d'art et expositions temporaires de peintures et autres réalisations d'enfants, de 4 à 14 ans, provenant de toute la Grèce.

★ Musée juif de Grèce (Evraïko mousseio tis Elladas - Ευραικο μουσειο τισ Ελλαδασ) Plan III, E3

39 r. Nikis - ✆ 21032 255 82 - www.jewishmuseum.gr - lun.-vend. 9h-14h30, dim. 10h-14h - 6 €. Fondé en 1977, ce musée s'emploie à rassembler, préserver et faire connaître l'héritage de plus de 2 000 ans de présence juive en Grèce. Après une reconstitution de l'intérieur de la synagogue romaniote de **Patra** (19e s.), fermée par les nazis, et transférée ici lors de la dissolution de la communauté en 1979, le musée présente de façon chronologique et thématique l'histoire de la présence juive en Grèce. Des cartes et autres documents montrent l'implantation des communautés juives dans les Empires romain et byzantin, ainsi que les itinéraires empruntés, à partir du 15e s., par les juifs chassés de la péninsule Ibérique. Mannequins et aquarelles présentent les costumes portés par les juifs dans l'Empire ottoman, du 16e au 19e s. Le musée possède aussi de nombreux objets à caractère religieux, tels que des coffrets en bois sculpté, appelés *tik*, renfermant la Thora. L'époque moderne est évoquée avec l'apparition du sionisme, très dynamique en Grèce, et la première émigration en Palestine, avant l'occupation qui vit la déportation de la majeure partie de la communauté.

NOS ADRESSES À ATHÈNES

INFORMATIONS UTILES

Consulats/ambassades

France – Plan II, D3 - *7 av. Vas. Sofias - ✆ 21033 910 00 - www.ambafrance-gr.org.*
Belgique – Plan II, D3 - *3 r. Sekeri - ✆ 21036 178 86/87 - http://diplomatie.belgium.be/greece.*
Canada – Plan II, E2 - *4 r. Genadiou - ✆ 21072 734 00.*
Suisse – Plan III, E3 - *2 r. Lassiou - ✆ 21072 303 64/65/66.*

Banque/change

Vous trouverez facilement des distributeurs. Toutes les grandes banques ont une agence située autour de la place **Syntagma** (Plan II, D3).

Poste

Agence de Syntagma – Plan III, E2 - *Angle de la r. Mitropoléos - 8h-20h, sam. 8h-14h, dim. 9h-13h.*

Wifi

Accès Wifi gratuits dans la plupart des cafés et hôtels.

Agences de voyages

Nombreuses à Syntagma et Plaka.
Profil Voyages – Plan III, D2 - *36 r. Mitropoleos - ✆ 21032 394 82 - www.profilvoyages.gr.* Excellente agence tenue par une Française.

Presse/librairies

La presse en français (quotidiens nationaux et certains magazines) est disponible dans les kiosques de Syntagma (Plan II, D3) ou de la place Kolonaki (Plan II, D3).
Le Livre ouvert – Plan II, C2 - *77 r. Solonos - ✆ 21036 297 03.* Librairie générale de langue française, littérature, livres d'art et littérature néohellénique en traduction.
Road Edition – Plan II, D2 - *39 r. Ipokratous - ✆ 21036 132 42.* Cet éditeur de cartes – les meilleures – et de guides a un petit magasin bien fourni en documentation.
Institut français d'Athènes – Plan II, D2 - *R. Sina - www.ifa.gr*; jouxte l'École française d'archéologie d'Athènes – *6 r. Didotou - ✆ 21036 799 00 - www.efa.gr.* Manifestations culturelles et médiathèque.

Laveries

Il reste deux laveries au poids *(4 €/kg)* dans la même rue à Plaka :
Zenith – Plan III, D2 - *12 r. Apollonos - ✆ 21032 385 33 - tlj sf lun. et merc. 8h 16h.*
National – Plan III, D2 - *17 r. Apollonos - ✆ 21032 322 26 - lun., merc. 8h-17h, mar., jeu., vend. 8h-20h.*

ARRIVER/PARTIR

Voir aussi « Le Pirée », p. 72.

En avion

Aéroport Elefthérios Venizélos – *À Markopoulos (27 km au sud-est d'Athènes) - ✆ 21035 300 00 - www.aia.gr.* Locations de voitures, informations touristiques, commerces, cafétérias, banques. L'hôtel Sofitel, seul à proximité de l'aéroport, affiche des prix élevés *(autour de 200 € la nuit).*
Accès – http://athensairportbus.com. Service de **navettes en bus** ; X95 vers le centre d'Athènes *(Syntagma)*, 24h/24, ttes les 30mn en journée, ttes les h la nuit, 60 à 90mn selon la circulation, 6 € ; X96 vers Le Pirée, 24h/24. La ligne 3 du métro relie l'aéroport au centre-ville *(Syntagma ou Monastiraki)* entre 50 et 70mn de 5h30 à 23h, ttes les 30mn, 10 € (18 € pour deux). On peut aussi emprunter le suburbain avec une correspondance à Nératzotissa.

Pour aller à l'aéroport en voiture, comptez environ 1h. Et si vous prenez un **taxi**, sachez qu'il existe désormais des forfaits *(38 € en journée et 54 € entre minuit et 5h)*. Les **bus KTEL** *(☎ 21082 301 79)* assurent un service entre l'aéroport et le port de Rafina *(3 €)*. Départs au niveau des arrivées du terminal, près de la porte 5.

Compagnies aériennes

Aegean Airlines – *Réserv. ☎ 21062 610 00 ou 80111 200 00 - www.aegeanair.com.*

Air France – *Réserv. ☎ 21099 802 22, aéroport : ☎ 21035 311 60.*

Transavia – *Réserv. ☎ 0892 05 88 88 - www.transavia.com.*

EasyJet – *Réserv. ☎ 0820 42 03 15 - www.easyjet.com.*

En train

Gare de Larissis – Plan II, B1 - *Pl. Larissis (métro Larissis, ligne 2) – ☎ 21052 977 77 - www.trainose.gr.* Le réseau ferré ne dessert plus que Thessalonique et quelques villes.

Vers le Péloponnèse ou l'Eubée – *www.trainose.gr.* Le *proastiakos*, nouveau train de banlieue, relie l'aéroport et le Pirée à Corinthe et Halkida.

En bus/en métro

Pour Le Pirée – Le Pirée-centre est desservi par le bus 040 ; départ place Syntagma (Plan III, E2), au début de la rue Filelinon. Mais, pour vous rendre au port principal du Pirée, le plus simple est de prendre le métro, ligne 1.

Pour l'Attique – Les bus orange *(compagnie KTEL, ☎ 21082 301 79)* desservent l'**Attique**, notamment les ports de Rafina et de Lavrio et le site de Sounion. Le terminal se trouve place Égyptou, rue Mavromateon, devant le parc Areos (Plan II, C1) (à 5mn de la station de métro Victoria, ligne 1).

Pour le nord et le sud – Plan I - *Terminal A des bus, « KTEL Kifissou », 100 r. Kifissou.* Il est desservi par le bus 051, arrêt à l'angle des rues Zinonos et Menandrou, à proximité d'Omonia (Plan II, C2). Bus en direction du Péloponnèse, des îles Ioniennes et de Thessalonique.

Pour la Grèce centrale – Plan I - *Terminal B, « KTEL Liosion », 260 r. Liosion.* Desservi par le bus 024, arrêt av. Amalias (Plan II, CD3). Bus pour Delphes, Galaxidi, Trikala (Météores), Volos.

TRANSPORTS

Depuis novembre 2017, une nouvelle carte de transport électronique, appelée « Ath. ena Card », est entrée en vigueur dans les transports en commun athéniens. Il s'agit d'une carte papier anonyme (disponible et rechargeable en caisse automatique ou aux guichets des stations et gares) ou personnalisée, en plastique et avec photo (achetée au guichet des stations et gares sur présentation d'un passeport). Les tickets en papier ont donc disparu, mais pour le reste, les tarifs et les formules d'abonnement restent les mêmes. Les tickets *(isitiria)* coûtent 1,40 €, les coupons à la journée 4,50 € et pour 5 jours 9 €. Dans le métro et le train de banlieue, il suffit de présenter sa carte sur le capteur des nouvelles barrières automatiques. Dans le bus ou le tram, la carte de transport doit être présentée devant la borne bleue à chaque passage et un signal sonore confirme que le ticket est valide. Les titres de transport sont valables pendant 1h30 sur l'ensemble du réseau (bus, trolley, métro, tramway) mais ne peuvent pas servir pour se rendre à l'aéroport.

En bus

www.oasa.gr. **Bus bleus** (centre et périphérie) et **trolleys** (centre) circulent entre 5h et 0h30. Compostez le billet en montant dans le bus.

En métro

www.ametro.gr. Athènes possède 3 lignes de métro, ouvertes de 5h30 à 1h. La plus ancienne *(ilektriko)* relie Le Pirée à Kifissia, *via* Thissio (le Céramique et l'Agora), Monastiraki et Omonia (le Musée archéologique national est à mi-chemin entre Omonia et la station suivante Victoria).

En tramway

www.stasy.gr. Un tramway part de Syntagma vers la côte et se divise : au nord jusqu'aux abords du Pirée, au sud au-delà de Glifada.

En taxi

Les taxis athéniens sont facilement identifiables à leur couleur jaune. Vous en verrez un peu partout. Les taxis sont relativement bon marché, et nombreux. Pour un petit trajet, comptez en général 5 € (toujours en liquide). Simplement, ne vous étonnez pas si, aux heures de pointe, votre taxi prend d'autres clients, c'est une pratique parfaitement admise. Il y a 2 tarifs : **tarif 1** *(dans la journée)* et **tarif 2** *(de nuit, 0h-5h, les dimanches et fêtes, ou en dehors du périmètre de la ville, double du tarif 1).*

En voiture

Presque toutes les compagnies de location de véhicules ont un bureau à l'aéroport et sur l'**avenue Singrou** (Plan II, C4).

Hertz – *12 av. Singrou - ✆ 21092 201 02/04 - www.hertz.gr.*

Budget – *8 av. Singrou - ✆ 21092 147 71/73 - www.budget.gr.*

Autorent – *11 av. Singrou et 22 r. Vizandiou (une perpendiculaire à Singrou) - ✆ 21092 325 14 ou 21092 384 38 - www.autorent.gr.*

Assistance routière

ELPA – *Automobile-Club de Grèce, pour problème technique - ✆ 10 400.*

HÉBERGEMENT

Il est devenu très difficile de se loger à bas prix à Athènes. Pour les petits budgets, les auberges de jeunesse et quelques dortoirs proposent la nuit à moins de 25 €. Ces adresses étant prises d'assaut, la réservation est conseillée.
Les meilleurs quartiers pour se loger sont **Plaka** et **Monastiraki** (centraux et commerçants), **Thissio** (proche des sites archéologiques) ou **Exarhia** (pour son animation nocturne).

Plaka Plan III

PREMIER PRIX

20 Student & Travellers Inn – D3 - *16 r. Kydathineon ✆ 21 0324 4808 - www. studenttravellersinn.com - ▤ - 100 lits en dortoir 18 € ; 35 ch. 50/65 €.* Impeccablement tenue, cette auberge de jeunesse au centre de Plaka, est une valeur sûre, ouverte à toutes les générations. Certaines chambres, dotées d'un balcon et d'une salle d'eau, ont un niveau de confort comparable à bien des hôtels.

13 Kimon – D2 - *27 r. Apolonos - ✆ 21 0331 4658 - www. kimonhotelathens.com - ▤ - 16 ch. 50/90 €.* Le hall d'entrée est modeste et il n'y a pas d'ascenseur, mais les chambres, très agréablement décorées, sont tranquilles, claires et confortables. Certaines disposent d'une kitchenette. Sinon, le petit-déjeuner se prend sur une jolie terrasse avec vue.

18 Phaedra – D3 - *16 r. Herefondos - à l'angle de la rue*

1

Lissicratous - ✆ 21 0323 8461 - www.hotelphaedra.com - ▤ - 21 ch. (dont 6 avec salle d'eau privée à l'étage) 70/80 € - ☕ 5 €. Le confort moyen de cet hôtel est compensé par sa situation au cœur de Plaka et sa terrasse donnant sur l'Acropole.

BUDGET MOYEN

1 Acropolis House – D3 - *6-8 r. Kodrou - ✆ 21 0322 2344 - www.acropolishouse.gr - ▤ - 20 ch. 73/90 € ☕.* D'architecture néoclassique, cette belle maison de maître du 19e s. est ornée de fresques et de gravures anciennes. Bien que l'endroit ait le cachet d'un hôtel de charme, le confort et le calme varient d'une chambre à l'autre. Préférez celles qui sont à l'étage.

22 Athos – D2 - *3 r. Patroou - ✆ 21 0322 1977 - www.athoshotel.gr - ▤ - 18 ch. 110/140 € - ☕ 6 €.* Des chambres bien aménagées et dotées de tout le confort nécessaire. Les standards sont un peu sombres tandis que les supérieures sont avec vue sur l'Acropole, tout comme la terrasse du 6e étage. Accueil chaleureux et francophone.

6 Byron – D4 - *19 r. Vironos - ✆ 21 0325 3554 - www.hotel-byron.gr - ▤ - 23 ch. 95 € ☕.* Dans l'un des plus anciens bâtiments de la rue, cet hôtel, un peu suranné, vaut pour sa situation. Certaines chambres disposent de balcons.

15 Nefeli – D3 - *16 r. Iperidou - ✆ 21 0322 8044 - www.hotel-nefeli.com - ▤ - 18 ch. 85/90 € ☕.* Bien situé à l'angle de deux rues très calmes, ce petit hôtel simple, propre et confortable se trouve au cœur même de Plaka.

POUR SE FAIRE PLAISIR

14 Metropolis – D2 - *46 r. Mitropoleos - ✆ 21 0321 7469 - www.hotelmetropolis.gr - ▤ - 21 ch. 104/125 € - ☕ 6 €.* Les prix de ce petit hôtel, à l'entrée de Plaka, ont grimpé avec sa réputation. Situé à côté de la cathédrale Grande-Métropole sur une artère passante, l'endroit reste calme et charmant. Les chambres du dernier étage ont une vue splendide sur l'Acropole. Le petit-déjeuner, proposé sur la terrasse, réserve le même panorama.

4 Adrian – C2 - *74 r. Adrianou - ✆ 21 0322 1553 - www.douros-hotels.com - ▤ - 22 ch. 140/155 € ☕.* Petit hôtel au confort irréprochable, où le petit-déjeuner se prend sur une terrasse avec vue sur l'Érechthéion. Bon accueil, chambres élégantes et bien insonorisées.

8 Central Athens Hotel – D2 - *21 r. Apolonos - ✆ 21 0323 4350 - www.centralhotel.gr - ▤ - 84 ch. 111/135 € ☕.* Hôtel de très bon confort. Moderne, l'agencement intérieur est soigné et l'accueil discret. Sur le toit terrasse avec Jacuzzi et vue sur l'Acropole.

19 Plaka – C2 - *7 r. Kapnikareas - à l'angle de la r. Mitropoleos - ✆ 21 0322 2706 - www.plakahotel.gr - ▤ - 67 ch. 150/210 € ☕.* Chambres confortables et joliment décorées, dont certaines ont vue sur l'Acropole, visible également depuis le bar et le solarium.

UNE FOLIE

11 Herodion – C4 - *4 r. Rovertou-Galli - ✆ 21 0923 6832 - www.herodion.gr - ▤ - 86 ch. 160/210 € ☕ - ✕.* Un hôtel moderne et impeccable, au calme, situé juste derrière le musée de l'Acropole. Son roof garden abrite deux Jacuzzis accessibles été comme hiver.

10 Electra – D2 - *18-20 r. Nikodimou - ✆ 21 0337 0000 - www.electrahotels.gr - ▤ - 155 ch. 220/255 € ☕.* Avec sa majestueuse façade, cet hôtel cossu se dresse, tel un îlot de luxe, de confort et de bon goût, au cœur de Plaka. Très jolies chambres, jardin, deux piscines : couverte ou en plein air avec vue sur l'Acropole.

Athinas, Psiri, Monastiraki Plan III

PREMIER PRIX

17 Pella Inn – B1 - *104 r. Ermou - M Monastiraki - ✆ 21 0321 2229 - ▤ - 21 ch. 75/90 €, lit en dortoir 18/25 €.* Petit hôtel à l'ambiance routarde et à la décoration surannée. De confort simple, les chambres sont bien tenues et l'accueil est sympathique. Les chambres donnant sur la rue Ermou sont insonorisées. En dortoir, réductions pour les étudiants.

BUDGET MOYEN

3 Tempi – C1 - *29 r. Eolou - ✆ 21 0321 3175 - www.tempihotel.gr - ▤ CC - 24 ch. 52/59 €.* Prix doux pour la moitié des chambres, un peu spartiates, avec salle de bains commune. Un peu plus élevé pour les autres. La cuisine se révèle un plus car on ne sert pas de petit-déjeuner sur place.

7 Cecil – C1 - *39 r. Athinas - M Monastiraki - ✆ 21 0321 7079 - www.cecil.gr - ▤ - 36 ch. 75/85 €.* Dans un immeuble néoclassique situé sur une grande artère animée, cet établissement a su se doter d'un bon confort en préservant son charme et son calme. Les parquets sont luisants, la décoration soignée et l'accueil plaisant.

12 Jason Inn – A1 - *12 r. Assomaton - M Thissio - ✆ 21 0325 1106 - www.douros-hotels.com - ▤ - 54 ch. 90/99 € - ✕.* À deux pas de l'Ancienne Agora, de la nécropole de Keramikos et de l'Aréopage, cet établissement moderne et très confortable offre un excellent rapport qualité/prix. Décoration fonctionnelle de bon goût et chambres non-fumeur.

5 Attalos – C1 - *29 r. Athinas - M Monastiraki - ✆ 21 0321 2801 - www.attaloshotel.com - ▤ - 80 ch. 89/110 €.* Situé sur une grande artère animée, cet hôtel agréable, confortable et bien insonorisé, est d'un bon rapport qualité/prix. Les chambres côté rue sont dotées de balcons. Au calme, celles situées sur l'arrière possèdent de jolies petites terrasses. Au dernier étage, le bar ouvert en soirée dispose d'une agréable terrasse avec vue sur l'Acropole.

POUR SE FAIRE PLAISIR

2 Arion – B1 - *18 r. Agiou-Dimitriou - M Monastiraki - ✆ 21 0324 0415 - www.arionhotel.gr - ▤ - 50 ch. 89/145 € - ✕.* L'atout de cette adresse, moderne et récente, se révèle dans ses grandes baies vitrées offrant une vue imprenable sur Plaka. Terrasse panoramique sur le toit.

Omonia, Exarhia Plan II

Omonia et le quartier des gares restent les secteurs les moins chers mais l'environnement est bruyant et plutôt glauque la nuit. Soyez vigilant. Exarhia est en revanche agréable pour sa vie nocturne, ses cafés, ses bars et ses tavernes.

PREMIER PRIX

10 Youth Hostel Victor Hugo – B1 - *16 r. Victor Hugo - M Metaxourghio - ✆ 21 0523 2540 - www.athens-international.com - ▤ - 40 ch. 33 €; lit en dortoir (158 lits) 12 € - 4 €.* Auberge de jeunesse bien entretenue. Chambres indépendantes doubles ou twin claires, calmes, avec salles de bains. Armoires pouvant être fermées par cadenas, consigne à bagages, cuisine commune, bar, agence de voyages pour les réservations sur les îles, laverie, Wifi. Réservation conseillée en saison.

POUR SE FAIRE PLAISIR

7 **Novotel** – B1 - *4 r. Michail-Voda - ✆ 21 0820 0700 - www.novotel.com - ▤ P ⛱ - 195 ch. 120 € - ☕ 12 € - ✕.* Les qualités, pas désagréables, d'un hôtel de la chaîne Accor… On appréciera particulièrement la piscine sur le toit et le petit-déjeuner roboratif (servi au rez-de-chaussée).

11 **Athens Center Square** – C2 - *15 r. Aristogeitonos - ✆ 21 0321 1770 - www.athenscentersquarehotel.gr - ▤ CC - 54 ch. 110/135 € ☕.* Bien situé, dans la rue dite « du marché aux fruits », ce nouvel établissement se démarque par son design et ses chambres aux couleurs vives. Belles prestations et bar panoramique sur la terrasse.

4 **Fresh Hotel** – C2 - *26 r. Sofokleous - à l'angle de la r. Klisthenous - ✆ 21 0524 8511 - www.freshhotel.gr - ▤ ⛱ - 133 ch. 126/190 € ☕ - ✕.* Au cœur d'un quartier populaire, à deux pas du marché central et d'Omonia, cet hôtel design et très confortable jouit d'une décoration raffinée et moderne déclinant des nuances de couleurs allant du vert tendre au rose bonbon. La piscine et le solarium offrent une vue sur le mont Lycabette.

Koukaki, Makrigiani Plan II

PREMIER PRIX

6 **Marble House** – B4 - *35 imp. Anastasiou-Zinis - une impasse dans la r. Zini, entre les r. Dimitrakopoulou et Androutsou - M Sygrou-Fix - ✆ 21 0922 8294 - www.marblehouse.gr - ▤ - 16 ch. 49 € - ☕ 5 €.* Dans une ruelle très calme, un bougainvillier couvre la façade de marbre de ce bel hôtel familial. Décoration élégante, jolies salles d'eau (2 ch. avec douche sur le palier à 45 €).

BUDGET MOYEN

9 **Tony's** – B4 - *26 r. Zaharitsa - ✆ 21 0923 0561 - www.hoteltony.gr - ▤ - 13 ch. et 9 studios 76/90 €.* Dans une rue résidentielle, chambres et suites familiales confortables, avec ou sans balcon, dotées de nécessaires pour le petit-déjeuner. Les studios sont spacieux, bien équipés et joliment aménagés avec leurs salles d'eau en marbre.

POUR SE FAIRE PLAISIR

1 **Art Gallery** – B4 - *5 r. Erechtiou - M Sygrou-Fix - ✆ 21 0923 1933 - www.artgalleryhotel.gr - ▤ - 21 ch. 65/85 € - ☕ 7 €.* Cette belle bâtisse de la fin du 19e s. fut la demeure de la peintre impressionniste Dora Bouki. Ses œuvres ornent les murs de cette pension tenue par sa famille. Parquets cirés, chambres simples, confortables et meublées avec goût. Bar et jolie terrasse pour le petit-déjeuner ou l'apéritif. Accueil chaleureux et francophone. Une bonne adresse.

2 **Acropolis Hill** – B4 - *7 r. Mousson - ✆ 21 0923 5151 - www.acropolishill.gr - ▤ ⛱ - 37 ch., 130/150 € ☕ - ✕* Une des dernières nouveautés de la capitale, situé en prime à proximité de l'Acropole et de son musée. Chic et design.

Kolonaki Plan II

POUR SE FAIRE PLAISIR

5 **Periscope** – E2 - *22 r. Haritos - ✆ 21 0729 7200 - http://periscope.athenshotels.it - ▤ - 21 ch. 160/220 € ☕ - ✕.* Une élégante nouvelle adresse dans une rue calme. Aménagement minimaliste et grande luminosité. La carte du restaurant a été conçue par le chef grec étoilé Christoforos Perskias.

8 Saint George Lycabettus – D2 - *2 r. Kleomenous - ✆ 21 0741 6000 - www. sglycabettus.gr* - ▤ ⛱ - *154 ch. 160/250 €* ☕ - ✕. Au flanc du mont Lycabette, cet « hôtel boutique » de classe internationale domine Athènes, au calme et au vert. Les chambres sont agréables, luxueuses et raffinées. Parmi les nombreuses prestations : salon de massage et Jacuzzi. Offres intéressantes sur Internet !

RESTAURATION

Plaka Plan III

PREMIER PRIX

5 Klepsidra Café – C3 - *9 r. Thrasivoulou - à l'angle de la r. Klepsidra - ✆ 21 0321 2493 - 9h-1h.* Non loin de l'agora romaine, ce café-restaurant, aux murs couverts de graffitis, concocte des repas légers (salades et plats mijotés). Il sert également des petits-déjeuners et des pâtisseries. Patron francophone et ambiance bohème à côté d'une galerie d'art.

6 O Glikis – D3 - *2 r. Angelou-Geronta - ✆ 21 0322 3925 - 10h-1h - 15 €.* Aucun panneau n'indique ce havre de paix caché dans une ruelle à côté des alentours bondés du Ciné Paris. Idéal pour des mezzés sous la vigne grimpante.

8 Scholarhio – C3 - *14 r. Tripodon - ✆ 21 0324 7605 - www. scholarhio.gr - 11h-1h - menu 15 €.* Sous une pergola, sur le balcon ou dans une salle aux photos jaunies, on apporte sur un plateau un large assortiment de mezzés qu'il n'y a plus qu'à choisir.

14 Platanos – C2 - *4 r. Diogenous - ✆ 21 0322 0666 - tlj 12h-1h - 15 €.* Près de la tour des Vents, sur une charmante place bordée de platanes, la terrasse de Platanos, taverne réputée pour son vin résiné, est une institution depuis 1932.

9 To Kafenio – C3 - *1 r. Epiharmou - ✆ 21 0322 4515 - 10h-1h - 15 €.* Les tables sont disposées le long d'une ruelle tranquille de Plaka ou dans une agréable salle au décor traditionnel. Belle carte de spécialités grecques, dont de délicieux keftedakia (boulettes de viande en sauce). L'endroit est également réputé pour la qualité de ses vins grecs.

10 Diogenes – D3 - *Pl. Lysikratous - ✆ 21 0322 4845 - tlj 8h-1h du matin - 15 €.* Moins que dans l'assiette, le charme de l'endroit réside surtout dans sa terrasse ombragée face au monument de Lysicrate.

BUDGET MOYEN

13 I Spilia tis Akropoleos – C4 - *24 r. Thrassilou - au coin de la r. Epimenidi - ✆ 21 0324 8593 - www.spilia-akropolis.gr - tlj 10h-0h - 15/25 €.* Une terrasse fleurie où dîner aux chandelles en contemplant l'Acropole sur un fond musical discret. Goûtez aux aubergines grillées à la feta.

3 I Palia Athina – E3 - *46 r. Nikis - ✆ 21 0324 5777 - 12h-minuit. - 20/30 €.* Une cuisine traditionnelle de qualité servie dans trois petites salles ornées de gravures anciennes. Goûtez à l'agneau aux épices et à la tomate.

12 Kuzina – A1 - *9 r. Adrianou - ✆ 21 0324 0133 - www.kuzina. gr - 20 € (menu midi), carte 25/40 €.* À la limite de Thissio, la cuisine grecque revisitée du chef Aris Tsanaklidis lui vaut, dans le quartier, une solide réputation. Galerie d'art à l'étage et terrasse sur le toit avec vue sur l'Acropole. Réserv. recommandée.

1 Kafé Avissinia – B1 - *Pl. Avissinias - ✆ 21 0321 7047 -* ▭ *- tlj jusqu'à 1h du matin sf lun. et dim.*

1

soir - 25 €. En lisière du marché aux puces de Monastiraki, en rez-de-chaussée ou au 1er étage dans une jolie salle avec vue sur l'Acropole, cet estiatorio rappelle un bistrot parisien. Pourtant, c'est une cuisine typiquement grecque et raffinée qui est servie. Goûtez au tarama blanc et à la moussaka maison. Une bonne adresse où, hors saison, se produisent des chanteurs de rébétiko, le vend. soir et le sam. après-midi.

15 **Psaras** – C3 - *16 r. Erechtheos - ☎ 21 0321 8734 - www.psaras-taverna.gr - 11h30-2h. - 25 €..* À l'angle de la petite r. Erotokritou, sous le drapeau grec flottant sur l'Acropole, cette vieille taverne (1898) au style rustique s'étend dans trois maisons et sur une immense terrasse extérieure de 300 couverts. Très touristique, on y sert pourtant une cuisine grecque convenable.

UNE FOLIE

2 **Daphne's** – D3 - *4 r. Lysikratous - ☎ 21 0322 7971 - www.daphnesrestaurant.gr - 18h-0h - 50 €.* Cette élégante maison néoclassique cache un jardin somptueux avec mosaïque romaine et ruines d'une maison antique qu'apprécient les célébrités (Bill Clinton, Angelina Jolie…) qui se pressent ici. On y sert une excellente cuisine grecque traditionnelle ou légèrement revisitée.

Kolonaki Plan II

PREMIER PRIX

1 **Da Capo** – D3 - *1 r. Tsakalof (pl. Kolonaki) - ☎ 21 0360 2497 - 7h-23h.* On déguste ici de délicieux petits sandwichs à choisir au bar avant de s'installer sur l'agréable terrasse donnant pl. Kolonaki. L'élite athénienne fréquente les lieux.

BUDGET MOYEN

5 **K.Grill** – E2 - *Sommet du mont Lycabette - ☎ 21 0943 1765 - 10h-1h - 15 €.* Une bonne surprise derrière la petite chapelle St-Georges qui domine la colline. Un menu à 13 €, des grillades à la carte et des pitas à emporter.

Exarhia Plan II

PREMIER PRIX

2 **Andreas** – C2 - *18 r. Themistokleous - dans une galerie - ☎ 21 0382 1522 - (pas de carte) - tlj sf dim. 12h-0h - 15 €.* Une ouzérie toute simple où l'on déguste de délicieux mezzes de poisson, accompagnés d'ouzo ou de vin blanc.

4 **Barba Yannis** – C2 - *94 r. Emmanouil-Benaki - tlj 12h-0h - 15 €.* ☎ Une excellente cuisine dans cette taverne dont les tables occupent une rue piétonne, au cœur d'Exarhia. Goûtez au porc au citron sur lit de riz blanc. Bon rapport qualité/prix.

BUDGET MOYEN

3 **Athinaïkon** – C2 - *2 r. Themistokleous - ☎ 21 0383 8485 - 11h30-0h30 - fermé lun. - 20 €.* Fondé en 1932, ce mezedopolio tire sa renommée de ses poissons et fruits de mer servis dans une belle salle. Autre adresse : 34 r. Mitropoleos.

10 **Yiantes** – D1 - *44 r. Valetsiou - ☎ 21 0330 1369 - (pas de carte) - 12h-0h - 20 €.* À côté du cinéma en plein air Riviera. Vous vous régalerez, dans ce grand patio, de salade grecque composée de légumes bio ou d'une excellente fava (purée de fèves). Une carte un peu décalée et une addition pas très salée.

Gazi Plan II

BUDGET MOYEN

8 **Sardelles** – A3 - *15 r. Persefonis - ☎ 21 0341 3440 - 12h-1h - 15 €.* A la sortie du métro Gazi, dans un décor de vieux kafeneion

des Cyclades, ce petitrestaurant élabore une cuisine grecque légèrement revisitée à base de poissons et de fruits de mer. La spécialité maison, vous l'avez peut être deviné, sont les sardines (sardelles) grillées.

UNE FOLIE

6 **Funky Gourmet** – A2 - *13 r. Paramithias - ✆ 21 0524 2727 - www.funkygourmet.com - 19h30-1h - fermé dim.-lun., août - menus 145/240 €.* Une charmante maison néoclassique hors des sentiers battus qui offre une vue sur la ville et possède, à l'étage, une salle à manger minimaliste habillée de noir, blanc et gris. Ce restaurant étoilé propose une cuisine créative remarquablement mitonnée, aux associations surprenantes mais très bien pensées et de nombreux plats enrichis de notes originales.

Pangrati Plan II

PREMIER PRIX

7 **Karavitis** – D3 - *7 r. Pafsania - ✆ 21 0721 5155 - ts les soirs sf dim. (ouvert dim. midi) - 15 €.* Cette taverne est une institution. Elle prend ses quartiers d'hiver d'un côté de la rue qu'elle délaisse l'été pour une cour, située de l'autre côté, où il fait bon déguster des grillades sous la treille.

POUR SE FAIRE PLAISIR

9 **Spondi** – D4 - *5 r. Pirronos - ✆ 21 0756 4021 - www.spondi.gr - tlj 20h-minuit - menus 73/140 €, plats 47/55 €.* Envie de foie gras ? Rendez-vous au Spondi, élu depuis de nombreuses années « meilleur restaurant de Grèce ». Sa carte d'inspiration française a été récompensée par deux étoiles au guide Michelin. On ne regrettera pas le détour.

PETITE PAUSE

Terrasse du musée de l'Acropole – Plan III, D4 - *Au 2ème étage - ᵉ M Acropolis - 8h-20h.* Sur 700 m², l'endroit est idéal pour boire un verre ou grignoter un sandwich en contemplant l'une des plus belles vues sur l'Acropole. Accès gratuit.

Milk Bar – Plan III, D3 - *39 r. Kydathineon - à Plaka - ✆ 21 0324 5153 - - 10h-minuit.* Juste à côté du caviste Brettos, ce glacier propose une impressionnante carte de glaces italiennes à emporter. Réservée aux plus audacieux : la crème glacée marshmallow & bubble-gum, de couleur bleu turquoise.

BOIRE UN VERRE

Plaka Plan II D3

Ce quartier historique et central est plutôt voué aux restaurants. Ses rues demeurent animées jusque vers 1h du matin et il est toujours possible d'y boire un verre.

Kiki de Grèce – *4 r. Ipitou - M Syntagma - ✆ 21 0321 1279 - www.facebook.com/kikidegrece - lun.-vend. 16h-minuit, sam.-dim. 12h-1h du matin.* Ce bar à vin, situé dans une rue piétonne, est surtout fréquenté par les Athéniens. On choisit parmi une petite sélection de vins grecs peu communs à prix raisonnables, et de bières artisanales nationales. Un menu du jour et des snacks du terroir (jambon, fromage, olives).

Zonar's Café – Plan III, A4 - *43 r. Robertou-Gali - en léger sur plomb de la jonction avec l'allée Dionysiou-Areopagitou - M Acropoli - ✆ 21 0923 1936 - 8h-1h.* Cette agréable terrasse offre une vue dégagée sur l'ensemble de la colline de l'Acropole. Bien que ce café soit attenant au très chic restaurant Dionysos, le prix des consommations reste raisonnable.

Melina – Plan III, C3 - *22 r. Lyssiou - ☏ 21 0324 6501 - 9h-3h du matin.* Ce café hors du temps, voué à l'actrice, chanteuse et ministre de la Culture Melina Mercouri qui fut familière du lieu, reste très fréquenté par des Grecs de tous âges. Le soir, on y sert aussi des cocktails.

Brettos – Plan III, D3 - *41 r. Kydathineon - ☏ 21 0323 2110 - www.brettosplaka.com - 10h-3h.* Depuis 1909, ce caviste aligne d'antiques fûts de bois dans sa petite boutique. Celle-ci est aujourd'hui reconvertie en bar branché dont les murs sont ornés de bouteilles multicolores savamment éclairées. Dégustation de grands crus grecs.

Terina – Plan III, C3 - *35 r. Kapnikareas - Ⓜ Monastiraki - ☏ 21 0321 5015 - www.terina.gr - 10h-1h.* Pour un café ou un cocktail, dans un décor moderne élégant et coloré.

Veranda – Plan III, C3 - *4 r. Panos - ☏ 21 0325 0088 - 9h-1h du matin.* À Athènes, le fait est suffisamment rare pour être signalé : au calme, cette agréable terrasse, avec vue directe sur les ruines de l'Agora romaine, ne diffuse aucune musique. Les rêveurs et les amoureux apprécieront.

Place Syntagma Plan III, E2

Deux grands cafés alignent leurs terrasses face au palais du Parlement :

Ethnikon – *Pl. Syntagma - à côté de la sortie principale du métro - Ⓜ Syntagma - ☏ 21 0331 0576 - tlj 7h30-minuit.* Ce grand café avec une belle terrasse est idéal pour prendre un petit-déjeuner ou un verre tard.

Hôtel Grande-Bretagne – *Pl. Syntagma - Ⓜ Syntagma - ☏ 21 0333 0000.* Avec ses colonnades, ses vitraux et son jardin d'hiver planté de palmiers, le luxueux salon de thé du plus prestigieux des hôtels d'Athènes propose, comme à Londres, un afternoon tea à 32 €. Il est aussi possible de savourer le luxe du lieu en se contentant d'un café ou d'un thé à 8 €, à moins d'aller s'accouder au magnifique bar (ouvert jusqu'à minuit).

Kolonaki Plan II, D2

Du 1er au 20 août, les cafés en terrasse de la rue Tsakalof offrent un semblant d'activité bien que le quartier soit plutôt désert. À proximité, autour de l'agréable place Kolonaki, le café **Da Capo** et le **café Peros** *(24h/24)* sont les rendez-vous élégants de la bourgeoisie et de l'intelligentsia athénienne.

Petite Fleur – Plan II, D2 - *44 r. Omirou - Ⓜ Panepistimio - ☏ 21 0361 3169 - 10h-minuit.* Cet adorable salon de thé ménage l'intimité. Une halte gourmande pour savourer un délicieux chocolat chaud.

Gazi Plan II, A2 et Thissio Plan II, B3

Les cafés s'alignent sur toute la longueur de la **rue Adrianou**, de Thissio à Monastiraki (Plan III, A1-B2).

Diodos – Plan III, D3 - *19 r. Adrianou - Ⓜ Monastiraki - ☏ 21 0321 2256.* Un peu plus athentique que les autres, avec une vue sublime et des prix très abordables.

Socialista – Plan II B3 - *33 r. Triptolemou - Ⓜ Kerameikos - ☏ 21 0347 4733 - www.socialista-bar.gr - 23h-4h.* De luxueux fauteuils et canapés contrastent avec l'architecture industrielle de cette usine désaffectée et son enchevêtrement de tuyauteries. Ce music lounge est idéal pour un cocktail en écoutant de la musique rock ou latino, en fond sonore ou en live

Exarhia Plan II, C1-D1

Bonne atmosphère dans les cafés de la place Exarhia et de la rue Kalidromiou, où se tient un marché animé et coloré le samedi matin. Profitez de votre visite au **Musée archéologique national** (Plan II, C1) *(voir p. 51)*, pour vous détendre dans sa belle cafétéria aménagée, au calme, sur une agréable cour intérieure.

ACHATS

Plaka Plan III

Le quartier regorge de marchands de cuir : sacs, ceintures et sandales, ainsi que de magasins de souvenirs. Des magasins proposent aussi des reproductions d'antiquités des grands musées de la capitale.

Amorgos – Plan III C3 - *3 r. Kodrou - 21 0324 3836 - www.amorgosart.gr - 11h-20h, sam. 11h-16h - fermé dim.* Au milieu d'un joyeux fatras d'objets d'art populaire, cet antiquaire propose de belles marionnettes anciennes, jadis utilisées pour le théâtre d'ombres grec.

La rue Ermou Plan III, E2-D1

La rue est piétonne depuis la place Syntagma jusqu'à l'église Kapnikarea. Les magasins de chaussures jouxtent les boutiques de vêtements, toutes les marques internationales sont représentées, ainsi que la chaîne grecque Glou.

Brocante

Allez chiner au marché aux puces ou dans les boutiques de **Monastiraki** (Plan II, BC3) pour trouver un *briki*, le petit récipient pour préparer votre café grec, une lampe tempête ou un bel encensoir d'église en laiton.

Bijouteries

Regroupées à Syntagma et à Kolonaki, elles vendent des reproductions de bijoux grecs anciens ainsi que des pièces traditionnelles ou modernes, généralement faites à la main par des artisans locaux. Certaines bijouteries proposent également des objets à motifs traditionnels, en argent filigrané et turquoise, provenant de Ioannina, en Épire.

Kolonaki (Plan II, D3), le quartier élégant d'Athènes, compte aussi de nombreux magasins de chaussures et de prêt-à-porter très chic.

Alexis Papaxatzis – Plan III, C2 - *6 r. Erechtheos - 21 0325 4064 - www.alexisp.gr - tlj sf lun. 20h-minuit.* En dehors des sentiers battus, cet artisan compose des bijoux abordables plus contemporains. Vous les retrouverez aussi dans la boutique du musée Bénaki.

Souvenirs décalés

Forget Me Not – Plan III C3 - *100 r. Adrianou - 21 0325 3740 - www.forgetmenotathens.gr - 10h-22h.* Dans l'une des rues les plus commerçantes - et gagnée par le kitsch - cette boutique rafraîchissante met à l'honneur des créateurs locaux et propose T-shirts, vaisselle et petits souvenirs élégants et originaux dans toutes les gammes de prix. N'oubliez pas de visiter son sous-sol par la ruelle adjacente.

Spécialités culinaires

Les meilleures marques d'ouzo sont, entre autres, Barbayanni, Plomari, Mini et Babatzim, à déguster avec les délicieuses pistaches d'Égine ou bien des olives fourrées au piment rouge de Kalamata.

Musique

Boutique du musée des Instruments grecs de musique traditionnelle – Plan III, C2 - *1/3 r. Diognou* - Ⓜ *Monastiraki - mar.-dim. 10h-15h.* On y trouve CD, livres et instruments.

EN SOIRÉE

Cafés, bars de nuit Plan II

Pour participer à la vie nocturne, rejoignez les cafés des rues Iraklidon *(piétonne)* et Nileos situées dans les deux quartiers branchés de **Psiri** (B2) et **Thissio** (B3) ou encore la place Exarhia et la rue Kalidromiou dans le quartier **Exarhia** (CD1). Le nouveau quartier branché d'Athènes, **Gazi** (A2-3), tient son nom d'une ancienne usine à gaz réhabilitée en centre pluriculturel. De nombreuses maisons néoclassiques, ainsi que d'anciens ateliers et usines, hébergent une multitude de cafés et de bars qui s'animent la nuit venue. Vers l'ouest, à partir du métro Kerameikos, s'aligne une série d'établissements rivalisant en décibels. Vers l'est, l'ambiance est plus feutrée et les décorations rivalisent de créativité.

Écouter du rébétiko

Accompagné par un bouzouki, le *rébétiko*, ancienne musique des bas-fonds et des Grecs d'Asie Mineure, est souvent comparé à un « blues grec » *(voir p. 507)*. Il s'écoute en buvant un verre, souvent jusque très tard dans la nuit.

Poikili Stoa – Plan III, B1 - *14 r. Agiou-Philipou* - ✆ *21 0321 0431 - www.poikili-stoa.com - 16h-2h - fermé lun.* Au cœur du marché aux puces de Monastiraki, cette terrasse de bric et de broc aurait été bâtie au-dessus des ruines de la Stoa Poikilè où le philosophe stoïcien Zénon de Citium avait coutume d'enseigner. Des chanteurs de rébétiko s'y succèdent tandis que se déplacent les chaises entre lesquelles se faufilent les serveurs, car cette musique s'écoute en mangeant, ou en buvant un tsipouro.

Kafé Avissinia – Plan III, B1 - *Pl. Avissinias* - Ⓜ *Monastiraki* - ✆ *21 0321 7047.* Hors saison, dans le restaurant du même nom, des chanteurs de rébétiko se produisent souvent le vend. soir ou le sam. après-midi.

Musique classique et opéra

Megaron Mousikis – E3 - *Av. Vasilissis-Sofias* - Ⓜ *Megaro Moussikis* - ✆ *21 0728 2311 - www.megaron.gr.* Ce complexe moderne inauguré en 1991 est dédié à la musique classique et à l'opéra. Il se compose de quatre salles modernes de 500 à 1 800 places. Il possède une excellente acoustique et même une station de métro (ligne n° 3) juste à côté à son nom.

Cinéma en plein air

Douceur du climat oblige, Athènes compte plusieurs belles salles de cinéma à ciel ouvert offrant le plaisir rare de regarder un film, un verre à la main, tout en contemplant la voûte étoilée.

Les films étrangers sont sous-titrés en grec, mais jamais doublés. Le prix est d'environ 8 € et les programmes se trouvent dans l'édition en anglais du quotidien **Kathimerini** *(2 € avec l'International Herald Tribune).*

Depuis 2011, Athènes organise chaque été un festival du film en plein air - *www.aoaff.gr.*

Thission – Plan III A3 - *7 r. Apostolou-Pavlou - M Thissio - ✆ 21 0342 0864 - www.cine-thisio.gr - mai-oct. 8 €.* Le long de la voie piétonne, un cinéma en plein air où les films se regardent en prenant un rafraîchissement avec, en arrière-plan, la colline de l'Acropole. Tarif réduit du lundi au mercredi (6 €).

Ciné Paris – Plan III D3 - *Pl. Filomoussou-Eterias - ✆ 21 0322 2071 - www.cineparis.gr - mai-oct. 8 €.* En terrasse au cœur de Plaka avec l'Acropole en arrière-plan. Tarif réduit le jeudi.

Aigli – Plan II, D3 - *À l'intérieur du Jardin national, à côté du palais Zappion - ✆ 21 0336 9369 - www.aeglizappiou.gr - mai-oct. 8,50 €.*

Ciné Dexameni – Plan II, D2 - *Pl. Dexameni - ✆ 21 0360 2363 - http://cinedexameni.blogspot.gr - mai-oct. 7,50 €.* Avec ses 2 bars, c'est sans doute l'un des cinémas les plus agréables d'Athènes.

Cine Psiri – Plan II, B2 - *40-44 r. Sari - Psiri - M Thissio - ✆ 21 0324 7234 - mai-oct.* De belles conditions de projection en plein air dans un vieux quartier d'Athènes.

Danses traditionnelles

Théâtre Dora Stratou – *8 r. Scholiou - colline de Filopappou, entrée principale pl. Apolloniou, à Koukaki - ✆ 21 0921 4650 - www.grdance.org - de fin mai à fin sept.* Représentations mer., jeu. et ven. 21h30, w.-end 20h30 - 15 € (enf. 5 €), 10 € étudiants. Le spectacle présente un panorama des danses régionales de l'ensemble du monde grec.

AGENDA

Bureau du festival d'Athènes – Plan III, D4 - *23 r. Hadjichristou, au coin de la r. Makrigiani - 21092 829 00 - www.greekfestival.gr.* Pour les spectacles à l'odéon d'**Herode Atticus** – *✆ 21032 418 07.*

1

Le théâtre d'Herode Atticus.
J. Arnold/hemis.fr

Le Pirée

(Pireas - Πειραιάς)

163 688 habitants - Région de l'Attique - Unité régionale du Pirée

Les paquebots et les ferries blancs invitent au voyage. Bousculades, clameurs, klaxons et gaz d'échappement, l'embarquement au Pirée restera toujours une aventure chaotique. Cependant, Le Pirée n'a rien d'un lieu de villégiature, malgré tous les efforts d'aménagement. Si votre bateau lève l'ancre tôt le matin, profitez de votre séjour pour vous rendre dans l'une des bonnes tables du petit port de Mikrolimano.

NOS ADRESSES PAGE 74
Hébergement, restauration, achats, activités, etc.

S'INFORMER

Let's Ferry - *2 r. Loudovikou, à la sortie de la station de métro du Pirée - ℘28210 75344 - www.letsferry.gr - 9h-21h.* Pas d'office de tourisme au Pirée mais une excellente agence qui vous renseignera sur les horaires et les différents départs. Vous pouvez aussi vous adresser directement à l'une des nombreuses autres agences sur le quai, à la sortie de la station de métro Pireas ou encore téléphoner au service d'information du port *(voir « Nos adresses »).*

Sites Internet – *www.piraeus-greece.org.* Pour un tour d'horizon des hôtels et activités du port (en anglais).

SE REPÉRER

Plan de l'agglomération (p. 26) et plan de ville (ci-contre).

À NE PAS MANQUER

Le Musée archéologique du Pirée.

ORGANISER SON TEMPS

Si vous vous trouvez au Pirée en attente d'un ferry, le Musée archéologique n'est qu'à 20mn à pied du port.

AVEC LES ENFANTS

En attendant la traversée, faites-leur découvrir, du quai, les différents types de bateaux. Si l'attente est plus longue : le Musée maritime ou le sympatique musée du Train et du Métro *(tlj sf dim. 9h30-14h - gratuit)* installé dans l'enceinte du métro.

Se promener

Pour faire une escapade au Musée archéologique en partant du port principal, prenez le quai Miaoulis, sur votre gauche en regardant la mer. Juste avant d'arriver à l'église Agios Nikolaos, tournez à gauche dans la rue H. Trikoupi. Le musée se trouve 150 m plus haut *(comptez 20mn à pied à partir du métro).*

SE REPÉRER

Le Pirée comprend trois ports : le **port principal**, d'où partent les ferries pour les îles. Il est desservi par le métro et est le centre d'une agitation frénétique ; la **Marina Zea**, plus calme, réservée aux bateaux de plaisance ; et le petit port plus éloigné de **Mikrolimano**, paisible dans la journée, et vibrant des décibels des discothèques à la nuit tombée.

★ Musée archéologique (Archaiologiko Mouseio - Αρχαιολογικό Μουσείοl)

31 r. Harilaou Trikoupi - ✆ 210 45 215 98 - tlj sf lun. 8h-15h - 4 € (-18 ans gratuit).
Le musée vous accueille avec un gigantesque **lion assis★** provenant d'un édifice funéraire du 4e s. av. J.-C., mis au jour dans le quartier voisin de Moschato. Au-delà, les salles présentent une belle série de bas-reliefs et les restes monumentaux d'un **mausolée★** du 4e s. av. J.-C. À l'étage, des **stèles funéraires★** représentent vivants et morts au moment de l'adieu. Mais les joyaux du musée sont les **quatre statues de bronze★** qui, suppose-t-on, proviendraient de Délos. Deux d'entre elles figurent **Artémis**, le bras droit tendu, la troisième étant une **Athéna** de 2,35 m (4e s. av. J.-C.). La quatrième, le fameux **Apollon du Pirée**, constitue la pièce maîtresse du musée (6e s. av. J.-C.), la plus ancienne statue grecque en bronze connue à ce jour. Par les fenêtres du premier étage vous pourrez voir les vestiges du théâtre antique de Zea.

Musée maritime (Naftico Mouseio - Ναυτικό Μουσείο)

Pl. Freatidas - Zea Marina - ✆ 21045 162 64 - mar.-sam. 9h-14h - 4 €.
Le musée n'est pas peu fier de ses 2 500 pièces, d'intérêt toutefois inégal. La muséographie, parfois assez pointue, déroule de façons didactique et vivante l'histoire maritime de la Grèce à travers cartes, tableaux d'époque et surtout maquettes de bateaux. Deux salles, consacrées aux périodes byzantine et d'occupation ottomane, et deux autres, à la flotte contemporaine et à la marine marchande, retiennent particulièrement l'attention.

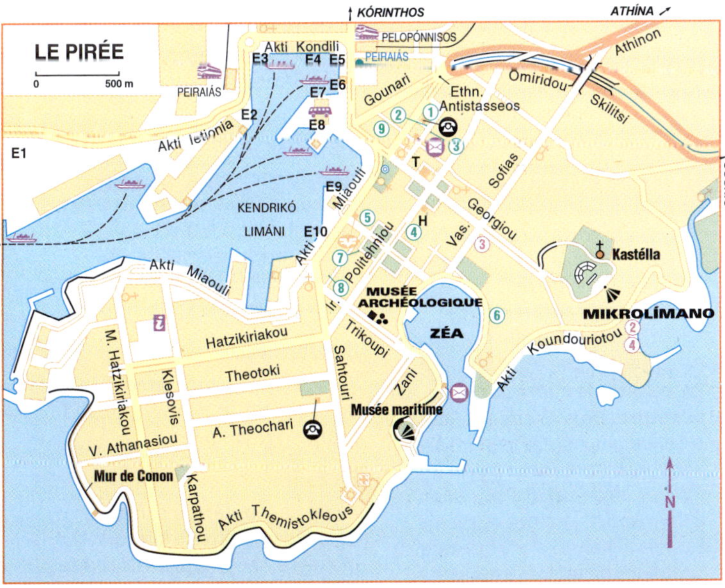

SE LOGER		SE RESTAURER
Argo Anita 3	Noufara 4	Jimmy and The Fish 2
Eva 1	Piraeus Theoxenia 2	Ta 4 Aderphi 3
Idéal 8	Poseidonio 5	Varoulko 4
Lilia 6	The Park 7	
	Triton 9	

HISTOIRE

Relié à Athènes par les Longs Murs fortifiés, Le Pirée fut aménagé au 5e s. av. J.-C. pour succéder au port de Phalère, trop exposé aux vents. De plusieurs siècles de grande prospérité, il ne reste aujourd'hui presque rien, les Romains de Sylla l'ayant incendié et mis à sac en 85 av. J.-C.
Une seconde épreuve devait secouer Le Pirée au 19e s. lorsque Ermoupolis, capitale de l'île de Syros, fut choisie comme port principal de la Grèce. En 1834, lors de l'intronisation d'Othon de Bavière, la ville était considérablement dépeuplée. Mais la désignation d'Athènes comme capitale de la nation libérée et l'ouverture, en 1893, du canal de Corinthe devaient lui redonner ses lettres de noblesse.

NOS ADRESSES AU PIRÉE

INFORMATIONS UTILES

Police – ✆ *21041 744 71.*
Police portuaire – ✆ *21042 260 00.*
Police touristique – ✆ *21042 906 64/65.*
Hôpital – ✆ *21049 150 61.*

ARRIVER/PARTIR

Voir aussi la rubrique « Transports » dans « Nos adresses à Athènes », *p. 60.*

En bus

En venant d'Athènes – De Syntagma, bus 040 *(5h-0h)*. Descendre place Grivas, avant le terminus *(au moins 30 à 45mn de trajet)*. De la place Omonia, bus 049, arrêt au Pirée place Thémistokléous, à 500 m à gauche en sortant du métro.
En venant de l'aéroport – Navette express 24h/24 *(X 96) - 6 € (6-18 ans 3 €)*. Descendre à « Harbour » près de la porte C *(plus de 1h de trajet)*. **Pour aller à l'aéroport** – Prenez ce même bus place Karaïskaki, à quelques centaines de mètres à gauche en sortant du métro. De la station de métro du Pirée au **port de Zea** : bus n° 904 et trolleybus n° 20.

En métro

C'est, en général, le moyen le plus simple et le plus rapide. Le Pirée est le terminus sud de la ligne n° 1. Trains toutes les 10mn *(5h-0h, 25mn de trajet depuis Monastiraki, 30mn depuis Omonia)*. Le Pirée peut également être relié à l'aéroport Venizélos par le métro : ligne 1 et ligne 3 avec correspondance à Monastiraki, comptez 1h30.

En suburbain

www.trainose.gr. Le nouveau train de banlieue relie Le Pirée à Athènes, à l'aéroport international, à Corinthe dans le Péloponnèse et à Halkida dans l'Eubée. La station se trouve à côté du terminus de la ligne 1.

En tramway

www.stasy.gr. Moins rapide que le métro, le tramway dessert la place Syntagma.

En taxi

Avant de monter dans un taxi, demandez le prix de la course *(en moyenne 20 € pour aller au centre d'Athènes)*.
Radio-taxis
✆ *21041 823 33/824 44.*

ARRIVER/PARTIR DANS LES ÎLES

Les agences du port vendent tous les billets au même prix et vous indiqueront le quai d'embarquement et le nom de votre bateau.

Service d'information du port – *14541 ou 14944 (numéros inaccessibles de l'étranger) - www.gtp.gr.*

Ferries

En prenant un taxi pour le port principal du Pirée *(point de départ des ferries)*, indiquez au chauffeur le nom de l'île où vous vous rendez. En sortant du métro, vous avez sur votre droite, successivement, les quais (ou « gates ») numérotés de E1 à E10 *(voir notre carte)*. En général, le quai E1 dessert le Dodécanèse, E2 la Crète et le Nord-Est de la mer Egée, E4 la Crète, E7 Cyclades, E8 îles du golfe Saronique, E9 Cyclades et îles du Nord-Est de la mer Egée.

Hydroglisseurs

Vous trouverez des informations à la police portuaire de **Marina Zea** (*21045 931 44*) ou, pour les Cyclades et les îles Saroniques, auprès de la **compagnie Hellenic Seaways** *(sur le port principal en face du quai entre les deux gares - 21041 990 00 ou 22970 229 45 - www.hellenicseaways.gr)*. D'autres compagnies desservent également les îles Saroniques :

Aegean Flying Dolphin – *22970 228 00.*

Hellenic Seaways Flying Dolphin – *22970 244 56.*

Aghios Nektarios – *22970 256 25.*

HÉBERGEMENT

Choisissez votre hôtel en fonction de sa proximité avec votre quai d'embarquement. Certains hôteliers peuvent vous conduire au bateau.

Port du Pirée

Dans la rue Notara se trouvent les trois hôtels les plus proches du port principal. Prenez, derrière la station de métro, la rue Alipedou et traversez la petite place. C'est la troisième rue à droite.

PREMIER PRIX

8 **Idéal** – *142 r. Notara - 21 0429 4050 - www.ideal-hotel.gr - - 31 ch. 40/45 €.* Des chambres pratiques et fonctionnelles, surtout si l'on doit prendre un bateau des quais E9 et E10, à proximité.

1 **Eva** – *2 r. Notara - 21 0417 0110 - www.hotel-eva.gr - - 20 ch. 35 € - 5 €.* Des chambres joliment décorées et dotées d'un bon confort. Les plus calmes, avec terrasse, sont au 6ᵉ étage. Bon rapport qualité/prix.

BUDGET MOYEN

3 **Argo Anita** – *23-25 r. Notara - 21 0412 1795 - www.hotelargoanita.com - - 55 ch. 43 € - 8 €.* Avec leurs enseignes lumineuses bleues, ces deux hôtels mitoyens sont simples, modernes et confortables. La décoration est un peu kitsch et les chambres des étages supérieurs, côté rue, sont les plus agréables.

7 **The Park** – *103 r. Kolokotroni - 21 0452 4611 - www.thepark.gr - - 80 ch. 57/77 € - .* À 15mn à pied du port, cet hôtel agréable donne sur une place arborée en retrait d'une avenue. Toutes les chambres, confortables et décorées avec goût, disposent

1

de leur propre balcon et certains étages sont non-fumeurs. Bon rapport qualité/prix.

9 **Triton** – *8 r. Tsamadou - ✆ 21 0417 3457 - www.htriton.gr - ▤ - 55 ch. 78/98 €* ☕. Simple et fonctionnel, mais très bien placé tout près du métro et à proximité des portes E6 à E9.

4 **Noufara** – *45 r. Iroon Polytechniou - ✆ 21 0411 5541 - www.noufarahotel.eu - ▤ - 56 ch. 59/75 €* ☕. Donnant sur une grande artère, cet hôtel moderne et confortable est doté de chambres agréables et bien tenues.

POUR SE FAIRE PLAISIR

5 **Poseidonio** – *3 r. Harilaou Trikoupi - ✆ 21 0428 6651 - www.hotelposeidonio.com - ▤ - 91 ch. 75 €* ☕. Certaines des jolies chambres, très confortables, de cet hôtel de 10 étages, ont une vue sur le port qui permet d'apercevoir les bateaux en partance.

2 **Piraeus Theoxenia Hotel** – *23 r. Karaoli - à l'angle de la r. Dimitriou - ✆ 21 0411 2550 - www.theoxeniapalace.com - ▤ - 76 ch. 115/131 €* ☕ - ✕. Offrant toutes les prestations de sa catégorie, cet hôtel n'est qu'à 10mn à pied du port.

Marina Zea (Passalimani)

PREMIER PRIX

6 **Lilia** – *131 r. Zéas - ✆ 21 0417 9108 - www.liliahotel.gr - ▤ - 20 ch. 65 €* ☕. Dans une ruelle calme à l'écart du port principal, ce petit hôtel, familial et tranquille est proche de la marina Zea et de la plage. Préférez les chambres côté rue (car l'autre côté donne sur un mur). Les animaux sont admis.

RESTAURATION

PREMIER PRIX

3 **Ta 4 Aderphi** – *135 r. Louka Ralli - ✆ 21 0411 5233 - 15/20 €*. En retrait d'une petite place, cette taverne, dont le nom signifie « Les 4 frères », est une institution bien connue des habitants du Pirée, qui viennent s'y régaler des classiques de la cuisine grecque.

Mikrolimano

BUDGET MOYEN

2 **Jimmy and The Fish** – *46 r. Akti Koumoundourou - ✆ 21 0452 4417 - 30 €*. Une institution connue pour son poisson frais et ses pâtes au homard et installée dans le très chic petit port de Mikrolimano.

POUR SE FAIRE PLAISIR

4 **Varoulko** – *52 r. Akti Koumoundourou - ✆ 21 0522 8400 - http://varoulko.gr - 40/60 €*. Étoilé en 2002, Lefteris Lazarou est le chef dont on parle sur le port.

EN SOIRÉE

Si vous devez passer une soirée au Pirée, délaissez le port principal et optez pour le centre-ville ou pour Marina Zea *(près du métro, bus n° 905 ou trolleybus jaune n° 20)*, ou encore, prenez le taxi jusqu'au port de Mikrolimano pour ses bars branchés.

Port d'Hydra.
C. Chaudeau/Michelin

Les îles Saronniques

(Nissia tou Argosaronikou - Νησιά του Αργοσαρωνικού)

62 844 habitants - Région de l'Attique - Unité régionale des îles

Tout à la fois banlieues vertes de la capitale et stations balnéaires réputées, les îles Saroniques méritent une escapade. Chacune à sa manière offre un réel dépaysement. Reste à choisir entre Égine, Poros, Hydra et Spetsae. Et vous n'êtes même pas obligés de rentrer à Athènes tout de suite : non seulement vous pouvez y dormir, mais ces îles proposent aussi souvent des liaisons avec le Péloponnèse.

NOS ADRESSES PAGE 80
Hébergement, restauration, achats, activités, etc.

SE REPÉRER
Carte de région (p. 84-85).

À NE PAS MANQUER
Le temple d'Aphaïa à Égine, les rues piétonnes et les demeures patriciennes d'Hydra. Une excursion à Spetses, plus cossue.

ORGANISER SON TEMPS
Chaque île, proche d'Athènes, peut se visiter dans la journée. Des liaisons directes avec le Péloponnèse évitent de repasser par Athènes.

AVEC LES ENFANTS
Une baignade à Égine ; une balade en calèche à Spetsae.

Se promener.

★ ÉGINE (AIGINA - ΑΙΓΙΝΑ) D4

À environ une heure du Pirée, Égine est souvent considérée comme une des banlieues – vertes – de la capitale avec ses pins et ses pistachiers. Parmi les plages, essayez celle, très fréquentée, d'**Agia Marina** ou celle de **Perdika** où l'on trouve aussi d'excellentes tavernes. L'île qui fut, en 1828, la première capitale de la Grèce libérée, attire aussi les amateurs d'archéologie.

★★ Temple d'Aphaïa

Accès en bus à partir du port en direction d'Agia Marina : départs ttes les 30mn. ✆ 22970 322 52 - 8h15-19h - 4 €, musée inclus.

À l'entrée du site, au milieu des pins, un panneau présente le sanctuaire tel qu'il était vers 490 av. J.-C. Célèbre depuis l'Antiquité, ce temple, de 32 m sur 16,50 m, se révèle l'un des plus beaux du monde hellénique et l'un des mieux conservés. Au rez-de-chaussée, il comportait six colonnes en façade et douze sur chaque côté. Un crépi imitant le marbre blanc recouvrait jadis ces piliers de calcaire.

★★ HYDRA (ÝDRA - ΥΔΡΑ)

Cette île fut longtemps plus réputée pour ses illustres visiteurs (Leonard Cohen, Brigitte Bardot, Audrey Hepburn…) que pour ses plages, plus rares. En effet, le charme d'Hydra se cache ailleurs, en particulier dans les paysages de collines où s'étagent maisons de pêcheurs et demeures patriciennes. Ici pas de véhicules à moteur. On se déplace au rythme des ânes et des mulets, on flâne et on profite de la bonne chère. Rendez-vous au bout du quai des ferries, où trône la statue de Miaoulis, pour profiter du panorama sur la ville avec ses hautes habitations traditionnelles, les *archontika*, et, au centre, la tour de l'horloge du monastère de l'Assomption.

★ PÓROS (ΠΟΡΟΣ)

Póros, à une heure d'hydroglisseur d'Athènes, s'offre comme un prélude au monde des Cyclades. La cité du même nom, où l'on accoste, s'allonge sur deux charmants mamelons hérissés de maisons néoclassiques, élégante cascade de toits rouges, qui rappellent l'Attique, et de façades blanches, déjà cycladiques. Dès la sortie de la ville, une magnifique forêt de pins drape le reste de l'île, écrin préservé des romantiques vestiges d'un sanctuaire dédié à Poséidon.
Prenez le temps de visiter le **monastère Zoodochos Pigi** *(entrée libre, tenue correcte exigée)*, perdu dans les pins. Construits au 18e s., les bâtiments monastiques, telle une d'enceinte, enserrent une cour intérieure où reposent quelques héros de la guerre de libération. En contrebas, une petite plage de sable (moins fréquentée que celle d'Askeli) et sa taverne invitent à un moment de détente.

1

★ SALAMINE (SALAMINA –ΣΑΛΑΜΙΝΑ) CD3-4

Fermant la baie d'Éleusis, Salamine, la plus île grande du golfe Saronique, est la plus proche de la capitale, mais certainement pas la plus touristique. Son nom évoque l'une des batailles les plus connues de l'Antiquité. La station balnéaire de **Selinia**, à l'est, concentre l'animation, le Sud, plus montagneux, ménage de belles vues sur l'île d'Égine et sur les côtes du Péloponnèse, tandis que la côte nord ne présente guère d'intérêt. L'église du **monastère de Faromeni**, construit au 17e s., cache de belles fresques du 18e s. La Vierge y serait apparue, attirant de nombreux pèlerins.

★★ SPETSAE (SPETSES - ΣΠΕΤΣΕΣ)

Lieu de villégiature privilégié des riches estivants athéniens, la plus méridionale des îles du golfe Saronique s'est transformée au fil des ans en station balnéaire cossue. L'ancienne île secrète des années 1950, peinte par l'écrivain Michel Déon *(Le Balcon de Spetsai)* a sans doute perdu un peu de son authenticité mais elle reste une escale fort plaisante et paisible. On y circule uniquement en deux-roues ou en calèches, aux pieds de bâtisses de couleur blanche. Les maisons d'armateurs de son unique centre urbain se sont métamorphosées en résidences de charme et les anciens chantiers navals, qui firent la renommée de Spetsae durant la guerre d'Indépendance, ont fait place à un port de plaisance international.

Musée Mexis

De Dapia, prenez vers le centre-ville puis à gauche - ✆ 22980 729 94 - tlj sf lun. 8h-14h30 - 3 €.
Ne manquez pas ce musée, aménagé dans une magnifique demeure du 18e s., ancienne propriété d'Hadziyannis Mexis. Ce chef spetsiote de la guerre d'Indépendance fut le premier gouverneur de l'île.

NOS ADRESSES DANS LES ÎLES SARONIQUES

TRANSPORTS

Voir la rubrique « Arriver/partir dans les îles » dans « Nos adresses au Pirée », *p. 74*.

En bateau

Les ferries et les hydroglisseurs pour les îles du golfe partent du quai E7 au Pirée.
Informations et horaires : *14541.*

HÉBERGEMENT

Égine

PREMIER PRIX

Hotel Plaza-Ulrika – *Sur la gauche du débarcadère - 2297 025600 - www.ulrikahotel.com - - 20 ch. 55/70 €.* Il regroupe deux hôtels à 2mn l'un de l'autre. Ce sont parmi les moins chers de l'île.

BUDGET MOYEN

Hotel Danae GB *Sur la gauche du débarcadère à 900 m du port - 2297 022424 - www.danaehotel.gr - - 52 ch. 65/80 €.* Tout confort avec des chambres modernes et bien équipées. L'hôtel dipose à la fois d'une plage privée et de deux piscines (adultes et enfants).

Hydra

Prisée par la jet-set, Hydra pratique des tarifs plus élevés que ses voisines.

POUR SE FAIRE PLAISIR

Bratsera – *R. Tombazis - proche du centre - 2298 053971 - www.bratserahotel.com - - 26 ch. 160/250 € -* . Installé dans une ancienne usine d'éponges, cet hôtel est le plus beau d'Hydra : murs en pierre, poutres aux plafonds et sol dallé d'origine. Décorées avec goût, les chambres, calmes, ont un charme fou, la plus petite, perchée en haut d'un escalier intérieur, comme la plus spacieuse et raffinée. Repas servis dans le patio, au bord de la piscine.

Póros

PREMIER PRIX

Manessi – *Sur le port, pratiquement en face du quai des ferries - 2298 022273 - www.manessi.gr - 13 ch. 50/75 €* . Une élégante maison néoclassique à façade jaune, cachant une décoration intérieure un peu vieillotte mais toutes les chambres disposent d'un réfrigérateur et d'un balcon.

POUR SE FAIRE PLAISIR

Póros Image Hotel – *Dans la baie de Neorio - 2298 022216 - www.porosimage.gr - - 80 ch. 75/120 €* - . Grand complexe rénové des années 1970. Les chambres, vastes et particulièrement lumineuses, ont été aménagées avec soin et jouissent d'une vue sur le port. Plage privée.

Salamine

Seulement quelques chambres pour dépanner. Et pas vraiment un lieu de villégiature !

Spetsae

Les établissements chic avoisinent le Posidonion, au nord-ouest de Dapia, tandis que les hôtels plus simples se regroupent vers le vieux port.

PREMIER PRIX

Villa Christina – *À une centaine de mètres au-dessus de Dapia (fléché) - 2298 072218 - www.villachristinahotel.com - 14 ch 45/80 €* . Dans une authentique maison spetsiote, d'agréables chambres donnent sur un jardin planté de citronniers et de bougainvilliers où l'on prend le petit-déjeuner. À l'étage, vue sur la mer. Un bon rapport qualité/prix avec du charme.

UNE FOLIE

Nissia – *Après le Posidonion, sur le bord de mer - ✆ 2298 075000 - www.nissia.gr - - 31 résidences 155/185 €* - . Un complexe de grand luxe, raffiné, construit dans le style local. Chaque maison individuelle, superbement équipée et meublée avec goût, dispose d'une cheminée et d'un jardinet privé. Chaque studio a sa terrasse. Le restaurant, où vous dégusterez une très bonne cuisine internationale, est l'une des tables les plus recherchées de la ville.

RESTAURATION

Égine

PREMIER PRIX

Tsias – *47 r. Dimokratias - 10/15 €.* Un bon restaurant familial sur le port. Plats de viande copieux et du poisson frais à choisir en cuisine.

POUR SE FAIRE PLAISIR

Eginitissa – *Sur la plagedu même nom - ✆ 2297 061546.* À côté de la plage de Perdika, au sud de l'île. Cette taverne, les pieds dans l'eau et véritable coup de cœur, cuisine d'excellents poissons frais à déguster sur la terrasse. Très bon marché, même si vous devez y aller en taxi !

Hydra

PREMIER PRIX

Xeri Elia – *Sur la place principale en remontant du port - ✆ 2298 052886 - - 15 €.* Une cuisine simple et économique sur une superbe placette ombragée. Calamars grillés, vin maison, et parfois du rébétiko.

POUR SE FAIRE PLAISIR

Omilos – *Sur le port - ✆ 2298 053800 - www.omilos-hydra.com - 20/30 €.* John Lennon, les Rolling Stones, Maria Callas (et Aristote Onassis) ont fréquenté dans les années 1960 ce club huppé, accroché aux rochers. Transformé en restaurant depuis, c'est l'un des rendez-vous gastronomiques de la ville. Cuisine créative.

Póros

PREMIER PRIX

Oasis Taverna – *Sur le port (après la place centrale) - ✆ 2298 022955.* Une des plus vieilles tavernes de la ville, ouverte depuis 1960, et chaudement recommandée par les locaux. Sur une grande terrasse avec le Péloponnèse en face, on se régale d'une cuisine maison : grillades, poisson frais au kilo ou pâtes (au homard, pour les amateurs).

Spetsae

PREMIER PRIX

Mourayo – *Sur le vieux port - ✆ 2298 073700 - 15 €.* Cet établissement calme et accueillant, avec terrasse donnant sur la mer, propose une cuisine de qualité : poisson à la spetsiote, cuisine française, etc. Et pour les noctambules, musique grecque et piano-bar à partir de 2h du matin.

L'Attique et la Grèce centrale 2

Tholos du sanctuaire d'Athéna Pronaia, Delphes.

D. Fridmar/Sime/Photononstop

L'ATTIQUE ET LA GRÈCE CENTRALE

L'ATTIQUE ET LA GRÈCE CENTRALE
N
0
10
20 km
D
E
C
1
2
3
4
Límni
Galatáki
Vórios Evoikós Kólpos
Psahná
Néa Artáki
Óros Dírfis
1743
Metóhi
Kími
Paralía Kímis
Stení
Monódrio
EUBÉE
Paralímni
L. Ilíki
Halkída
838
Vassilikó
Erétria
Amárinthos
Alivéri
Lépoura
L. Dístos
E 75
Thèbes
Assopós
Skála Oropoú
Amfiaraío
Markópoulo
Kálamos
Nótios Evoikós Kólpos
Ramnoús
NÉA STÍRA
Mont Parnès
1413
Ág. Triáda
Kapandríti
Ag. Marína
Marathon
Éleuthère
Vília
ATTIQUE-LE PIRÉE
1175
Óros Patéras
E 962
Kifissiá
1109
Pendéli
Néa Mákri
Mati
Marmári
1
ATHÈNES
Ag. Paraskeví
Rafína
Éleusis
Dafní
Salamína
Le Pirée
Peanía
Kessarianí
1026
Imitós
Éleftherios Venizélos
Kàristos N. Ándros
Brauron (Vravróna)
N. Salamína
Pórto Ráfti
Glifáda
Voúla
Vouliagméni
Saronikós Kólpos
Kólpos Petalión
Várkiza
636
Égina
Lagoníssi
Côte Apollon
N. Égina
Lávrio
Anávissos
Méthana
Soúnio
Cap Sounion
N. Kéa

Les environs d'Athènes

★

Cap Sounion★★ (Sounio - Σούνιο)

Région de l'Attique

En direction du cap Sounion et de son majestueux temple de Poséidon, la banlieue sud de la capitale laisse place à une paisible péninsule encore préservée. Après le quartier très urbanisé de l'ancien aéroport d'Eliniko se succèdent plusieurs stations balnéaires, villégiatures de la bourgeoisie athénienne, jusqu'à la campagne ou la forêt ponctuéees de plages moins fréquentées et de lieux secrets surgis du passé tel Brauron.

NOS ADRESSES PAGE 90
Hébergement, restauration, achats, activités, etc.

SE REPÉRER
Carte de région (p. 84-85).

À NE PAS MANQUER
Le monastère de Kessariani ; le temple de Poséidon à Sounion, au coucher du soleil ; le sanctuaire d'Artémis à Brauron (Vravrona).

ORGANISER SON TEMPS
Comptez un ou deux jours et programmez cette escapade un week-end, quand le musée Vorrés, à Peania, est ouvert. Évitez les plages de la côte Apollon, bondées jusque tard dans la soirée en été.

Circuit conseillé Carte de région p. 84-85

Circuit en boucle de 155 km au départ d'Athènes – Comptez une demi-journée. Quittez Athènes pour la banlieue sud-est par l'av. Vas. Sofias (Plan II, D3, p. 30-31) *qui part à gauche du Parlement. Passé l'hôtel Hilton, tournez à droite (panneau).*

★★ Monastère de Kessariani (Moní Kaisarianís - Μονή Καισαριανής) DE3

8 km au sud-est du centre d'Athènes - ✆ 21072 366 19 - tlj sf lun. 8h30-15h - 2 €.
Dans un vallon tapissé de pins, de platanes et de cyprès, sur les flancs du mont Hymette, ce petit monastère byzantin se révèle très séduisant. Édifiés au 11e s., sur les ruines d'un temple grec ancien, ses bâtiments, quasi intacts, entourent un **jardin★** envahi de fleurs et d'oiseaux. Des cyprès centenaires dressent une garde rapprochée autour de l'**église★** *(catholicon)*, dédiée à la Présentation de la Vierge. L'intérieur cache de magnifiques **fresques★★** des 16e et 17e s., qui ont remplacé les peintures d'origine. Remarquez le **Christ Pantocrator,** qui couvre le centre de la coupole, et les fresques du narthex, dues au peintre du Péloponnèse Ioanis Ipatos. Outre la finesse du trait et des coloris, elles offrent un émouvant témoignage sur la vie des moines au 17e s. De l'autre côté de la cour s'alignent les bâtiments conventuels : réfectoire, boulangerie, moulin, bains… Sur le mur est de l'enceinte, l'eau de la fontaine à tête de bélier est réputée pour ses vertus miraculeuses.
Prolongez cette promenade dans la **forêt de Kessariani** jusqu'au sommet du **mont Hymette** (1 026 m), dont les ruchers étaient déjà réputés dans l'Antiquité.

Le temple de Poséidon à Sounion.
SuperStock/age fotostock

POSÉIDON, UN DIEU OMBRAGEUX

Après l'éviction de Cronos, ses trois fils se partagèrent l'univers. Tandis qu'Hadès s'emparait du monde souterrain, Zeus devenait maître du Ciel et détenteur du titre suprême. Quant à Poséidon, il prenait possession des eaux et dirigeait les mouvements de la Terre. C'est donc à ce dernier qu'il faut imputer les séismes qui secouent régulièrement la Grèce, mais aussi les tempêtes, que le dieu déclenche en frappant la mer de son trident. D'humeur farouche, connu pour ses colères irrépressibles, Poséidon était surtout redouté des marins qui ne manquaient jamais de l'honorer. Aussi, chaque fois qu'ils longeaient la pointe de Sounion, payaient-ils un tribut, priant le dieu des Flots de leur accorder une bonne traversée.

Côte Apollon (Aktí Apóllon - Ακτή Απόλλων) DE4

Malgré son nom prometteur, la côte du sud-est d'Athènes se révèle plutôt décevante, avec ses plages bondées et trop aménagées, que dessert une large avenue. Mais, passé celle de **Glifada** *(15,5 km au sud)*, surpeuplée, se succèdent des plages de plus en plus avenantes au fur et à mesure que l'on s'éloigne de la capitale. Telles celles de **Voula** et de **Varkiza**, fleuries et arborées, de **Vouliagmeni**, jusqu'aux abords de Sounion où s'étirent les plages de sable fin de **Lagonissi** et d'**Anavissos**.

★★ Cap Sounion (Akrotiri Sounio - Ακρωτήρι Σούνιο) E4

20 km au sud-est d'Anavissos, 67 km au sud-est d'Athènes par la route des plages.
Le seul vrai joyau de la côte Apollon appartient à… Poséidon. Le spectacle du **soleil couchant** sur le temple compte parmi les grandes attractions de l'Attique ; ne vous attendez donc pas à l'admirer seul.

★★ **Temple de Poséidon** – *℘ 22920 393 63 - avr.-oct. : 9h-20h ; nov.-mars : de 9h30 au coucher du soleil - 8 € (-18 ans gratuit) - comptez 1h.* Lorsque, après une courte montée, apparaît le temple, on ne peut s'empêcher de le trouver un peu théâtral. De fait, posté comme une vigie à la pointe sud de l'Attique, sur ce qu'Homère appelait le « rocher sacré », il occupe un site grandiose, perché au bord d'un à-pic de 60 m plongeant dans les flots. Aussi, même au milieu de la foule, vous n'échapperez pas à la puissance d'évocation de ce que l'on appelait jadis le « cap des Colonnes ». Point de repère pour les marins et sentinelle postée à l'entrée du golfe Saronique, le sanctuaire fut élevé sur une plate-forme spécialement nivelée pour l'accueillir, et protégé par un **mur d'enceinte** (en partie conservé). Comme les pèlerins de l'Antiquité, on le franchit pour rejoindre les propylées, qui donnaient accès au cœur du *téménos* (l'aire sacrée). Seule subsiste la trace de ses amples escaliers, dont la rampe de pierre centrale garde l'empreinte des sillons creusés par les roues des chars. À droite, un imposant **portique** *(arasé)* abritait les pèlerins. Il précède le temple, majestueusement dressé sur sa haute terrasse. Élevé de 444 à 440 av. J.-C., à la même époque que le Parthénon, l'ouvrage succéda à un premier temple dédié à Athéna, détruit lors de la deuxième guerre médique (ruines visibles en bas et à droite de la route). Outre les murs de la *cella*, qui ont été partiellement relevés, 15 des 34 **colonnes doriques** qui l'entouraient se dressent encore. Pour mieux résister à la corrosion de la mer, elles ne sont pas galbées, donc plus minces que les colonnes doriques classiques, et creusées de 16 arêtes au lieu de 20. De même, les métopes qui jalonnent la frise ne portent pas trace de sculptures, ici trop fragiles. Remarquez le **pilier nord** de la *cella*, couvert de graffiti, dont le nom de Lord Byron, qu'il grava lui-même en 1810.

Lavrio (Λαύριο) E4

9 km au nord-est de Sounion.

Ancienne ville minière aux maisons néoclassiques, Lavrio étale les ruines des établissements qui firent sa prospérité. Découvertes en 484 av. J.-C., les **mines de plomb argentifère** (près de 2 000 puits !) contribuèrent à la puissance d'Athènes et de l'Attique. Elles permirent non seulement à Thémistocle de construire les 200 trières qui déterminèrent la victoire des Grecs sur les Perses à Salamine, mais elles donnèrent à la cité de quoi frapper monnaie et financer les grands travaux de Périclès. Interrompue au 2e s. av. J.-C., l'exploitation des mines ne reprit qu'en 1864. Elle perdura jusqu'en 1981 sous l'égide de la Compagnie française des mines du laurium. De cet ancien âge d'or demeurent un **Musée minéralogique** *(av. Andrea Kordela, au nord-ouest, à côté du lycée - ✆ 22920 262 70 - merc. et w.-end 10h-12h)* et, à Thoriko *(1 km au nord de la ville, au bout d'un chemin)*, les vestiges d'un **théâtre** du 5e ou 4e s. av. J.-C. qui pouvait accueillir 5 000 spectateurs.

Route de la Mésogée (Mesógia - Μεσόγεια)

Après Lavrio, la route traverse la Mésogée (« région du milieu »), dominée par les oliviers, les forêts et les vignes. À **Markopoulo** *(27 km au nord de Lavrio)*, centre de production du retsina, faites une halte à la **boulangerie Daréma**, sur la place principale, pour goûter les *moustokoulora*, de savoureux sablés au moût de raisin. Les pistes de l'aéroport international d'Athènes se trouvent juste au nord. Bifurquez à droite en direction de **Porto Rafti**, un port frangé de plages de sable bondées en été. De là, reprenez la route côtière jusqu'à Vravrona *(8 km au nord)*. Traversez la localité pour vous enfoncer à l'intérieur des terres, jusqu'au site archéologique.

2

★★ Site archéologique de Brauron (Archaiologikó chóro Vravrónas - Αρχαιολογικό χώρο Βραυρώνας) E3

2 km à l'ouest du village de Vravrona, 38 km au nord de Lavrio - ✆ 22920 270 20 - tlj sf lun. 8h-15h - site et musée : 6 € (-18 ans gratuit) - comptez 1h30 de visite avec le musée - même quand le site est clos, les ruines sont bien visibles de l'extérieur.

Ce sanctuaire dédié à Artémis, déesse de Nature, de la Chasse et des Accouchements, a pris sa forme actuelle vers le 6e s. av. J.-C. Il se trouve à l'emplacement d'un ancien site mycénien (15e-11e s. av. J.-C.). Des rituels s'y déroulaient déjà deux millénaire avant notre ère. Selon la mythologie grecque, Iphigénie, la fille d'Agamemnon vint finir ses jours à Brauron, apportant avec elle une statue d'Artémis, dont elle introduisit le culte en Attique. Un jour, une ourse – animal sacré d'Artémis – vint menacer sa sœur, qui ne dut son salut qu'à l'intervention d'un jeune homme. Celui-ci tua la bête, provoquant la colère de la déesse. En réparation, Iphigénie lui édifia un sanctuaire, gardé par de jeunes prêtresses appelées **« Petites Ourses »**. Tous les quatre ans s'y déroulait un pèlerinage qui était, au 5e s. av. J.-C., un des plus importants de l'Attique.

LES PETITES OURSES

Les jeunes prêtresses qui servaient au sanctuaire de Brauron portaient le nom de « Petites Ourses », en mémoire de la mort violente de l'ourse d'Artémis. Elles se consacraient au culte dès l'âge de sept ans, accompagnées de jeunes garçons. Lors des Brauronia, les fêtes célébrées tous les quatre ans en l'honneur de la déesse, elles revêtaient une robe jaune safran et marchaient en imitant le pas de l'ours, en une sorte de danse à vocation expiatoire.

★ **Musée archéologique** – C'est là que se trouve la billeterie pour l'ensemble du site. Installé à la lisière du champ où se trouvent les ruines du sanctuaire, il regroupe des pièces mises au jour sur place et dans la Mésogée : des vases à décors géométriques des 9e-8e s. av. J.-C., des bas-reliefs des 5e-3e s. av. J.-C., et surtout de ravissantes **statues★** représentant les « Petites Ourses ».

★ **Sanctuaire d'Artémis** – Ses ruines sont dispersées dans un champ souvent inondé en hiver (il est alors fermé aux visites). À droite, un chemin longe les fondations d'une maison sacrée, cachant derrière elle une anfractuosité du rocher que l'on a identifiée comme le **tombeau d'Iphigénie**. En contrebas s'étalent les fondations du temple lui-même, autour duquel s'articulait le sanctuaire. Douze de ses colonnes ont été relevées, appartenant au parthénon des « Petites Ourses » dont les architraves servent de perchoir aux oiseaux. C'est là que les fillettes exécutaient leur « danse des ourses ».

De là, vous pouvez rejoindre **Rafina** *(15 km au nord)*, deuxième port d'embarquement vers les îles de la mer Égée après Le Pirée. Plus proche de l'aéroport que Le Pirée, il est recherché par les touristes.

Peania (Παιανία) E3

23 km au nord-ouest de Brauron.

La bourgade où est né Démosthène abrite depuis 1983 une fondation d'art populaire et contemporain créée par le collectionneur et ancien maire de la ville Ian Vorrés (1924-2015).

★ **Musée Vorrés** – *1 r. Diadochou Konstantinou - ✆ 21066 425 20 - www.vorres-museum.gr - w.-end 10h-14h, sur RDV les autres j. - 5 €.* Il occupe une vaste propriété partagée en deux zones de visite distinctes : à l'entrée, un **hall d'exposition★** moderne, riche de centaines de tableaux et de sculptures d'artistes grecs de la seconde moitié du 20e s. Derrière, entourée par un magnifique **jardin★**, se dresse une belle maison traditionnelle, où l'on déambule à travers d'élégantes pièces meublées à l'ancienne.

NOS ADRESSES AUX ENVIRONS D'ATHÈNES

TRANSPORTS

Voir plans d'Athènes p. 26, p. 30-31 et p. 32-33.

En tramway

www.tramsa.gr. Pour **Glifada** : la ligne part depuis Syntagma (Plan II, D3), arrêt à Paralia Glifadas. La ligne se poursuit jusqu'à Voula.

En bus

Renseignements sur le site www.ktelattikis.gr.

Moni Kessariani – Bus 224 (bleu), stations pl. Kaningos (Plan II, C1), derrière le Musée national, ou av. Akadimias (Plan II, CD2). Le terminus vous laisse à 30mn de marche du monastère.

Glifada – Bus A3 (bleu) et B3 depuis Syntagma (Plan II, D3), arrêt à Pl. Glifada ; bus A2 (bleu) et E2 Express depuis l'av. Amalias (station juste en face de l'entrée du Jardin national (Plan II, D3), arrêt près de la plage. En sem., toutes les 20mn de 8h à 16h30.

Voula – Bus A2 (bleu), station pl. Syntagma (Plan II, D3).

Vouliagmeni et **Varkiza** – Se rendre d'abord à Glifada par le bus A3. De là, prendre le bus de correspondance 114 ou 115.

Sounion – Bus (2h15 d'Athènes) au départ r. Mavromateon à côté du Musée archéologique national.

Restez jusqu'au soleil couchant, en vous assurant des horaires de

retour. Si vous souhaitez faire l'aller-retour dans la journée et éviter plus de 4h de bus, partagez le taxi à plusieurs (env. 1h, 60/70 € l'aller).
Vravrona (Brauron) – Bus A5 (bleu), station sur l'av. Akadimias (Plan II, CD2).
Peania – Bus A5 (bleu) av. Akadimias (Plan II, CD2), puis correspondance avec les bus 307, 308 ou 310.

HÉBERGEMENT

Anavissos

BUDGET MOYEN

Mavro Lithari – *190 13 Anavyssos - ✆ 2291 054972 - www.mavrolitharihotel.gr - ▤ - 17 ch. 65/75 € -* ✕. Cet ensemble est l'un des plus plaisants de la côte. Chaque studio, vaste, élégant (sol en ardoise, tissu bleu, terrasse) et bien équipé (lits, canapé-lit, kitchenette…), peut loger confortablement 2 pers. avec 2 enfants. On dîne sur l'une des trois terrasses ouvrant sur la mer, et la plage est à 150 m. Demandez une chambre avec vue sur le golfe Saronique, mais à distance raisonnable du piano-bar si vous êtes un couche-tôt.

Sounion

POUR SE FAIRE PLAISIR

Aegeon – *1,5 km à l'ouest du temple de Poséidon - ✆ 2292 039200 - www.aegeon-hotel.com - ▤ - 45 ch. 150/180 €* ☕ - ✕. En bord de mer, au pied du cap Sounion, cet hôtel est doté de chambres bien décorées et très confortables, toutes avec vue sur la mer. Cet établissement donne directement sur une plage de sable fin avec transats et parasols, mais bondée dès le début juin.

RESTAURATION

☺ Toute la côte égrène sa noria de pizzerias et de fast-foods mais, dans les ports de pêche, on trouve des restaurants de poissons grillés. Renseignez-vous sur les prix, les produits meilleur marché restant la friture, le poulpe et les calamars.

Sounion

BUDGET MOYEN

Akrogiali – *1,5 km à l'ouest du temple de Poséidon, juste à côté de l'hôtel Aegeon (voir « Hébergement ») - ✆ 2292 039107 - 20 €.* Cette petite taverne toute simple propose, elle aussi, les classiques de la cuisine grecque, pour des tarifs en rapport avec sa situation privilégiée sur la plage.
I Marida – *5 km avant Sounion, au bord de la route - ✆ 2292 051221 - 20 €.* Le poisson est frais, l'accueil sympathique.

ACTIVITÉS

Activités sportives

À Loutsa, plusieurs clubs de windsurf et un club de plongée.

Ports de plaisance

Alimos (Kalamaki) – *✆ 21 0988 0003.* Le plus important de la côte.
Flisvos (P. Faliro) – *✆ 21 0987 1000.*
Vouliagmeni – *✆ 21 0896 0012.*
Lavrio (police portuaire) – *✆ 2292 025249.* Le port de Lavrio, qui ne dessert que les îles de Kéa et de Kithnos, est en train de s'agrandir.

Excursions

G.O. Tours – *12 r. Kallirois - Athènes - ✆ 21 0921 9555 - www.gotours.com.gr - dép. 15h, retour 19h, 49 €/pers.* Cette agence propose notamment des excursions au cap Sounion.

Eubée

(Evvoia - Εύβοια)

★

210 957 habitants - 3 654 km2 - Région de l'Attique - Unité régionale d'Eubée

À une heure de route d'Athènes, Eubée, la deuxième plus grande des îles grecques, se compose d'une immense variété de paysages, parsemés de somptueux points de vue, de paisibles villages et de stations balnéaires. La côte ouest égrène ses plages face au continent, adossées à de larges bassins cultivés, la côte est montre un visage plus sauvage aux contours escarpés. Dans le centre, d'épaisses forêts couvrent les montagnes de leur brume fraîche. Quant aux terres fertiles et boisées du Nord, elles tranchent singulièrement avec la pointe sud et son décor de rocaille dénudé. Autant de diversité qui attire les Athéniens, désireux de fuir l'accablante chaleur de la capitale.

NOS ADRESSES PAGE 98
Hébergement, restauration, achats, activités, etc.

S'INFORMER

Police touristique – *R. Venizelou - Halkida - 22210 777 77.* Le bureau (excentré) sert d'office de tourisme.

SE REPÉRER

Carte de région DE1-2 (p. 84-85) et carte d'Eubée (p. 96-97).

À NE PAS MANQUER

La route des aigles ; les vestiges antiques d'Eretria ; les plages sauvages au sud de Limni.

ORGANISER SON TEMPS

Le plus pratique est de circuler en voiture. Les routes sinueuses imposent de rouler doucement.

Circuits conseillés Carte d'Eubée p. 96-97

LA GRANDE TRAVERSÉE

Circuit d'env. 625 km au départ d'Halkida tracé en vert foncé sur la carte d'Eubée (p. 96-97) – Comptez au minimum 3 j.

L'Eubée a beau être une île, le sentiment de l'insularité – si fort dans les petites îles – ne se fait guère sentir ici. Sur cette longue crête de montagnes, de plus de 150 km, la mer n'apparaît pas toujours au prochain virage et, de la pointe sud, on est plus près d'Athènes que du nord de l'île. On se croirait facilement en Grèce continentale, avec laquelle l'Eubée se confondait d'ailleurs autrefois, avant qu'un tremblement de terre ne l'en sépare. Dès le 6e s. av. J.-C., un pont, enjambant le canal de l'Euripe, reliait déjà l'Eubée à l'Attique.

Halkida (Χαλίδα)

La capitale de l'île vous accueille dès que vous avez franchi le **pont** métallique tournant (*encadré ci-contre)* qui relie l'Eubée au continent *(45mn de route en venant d'Athènes)*. Peuplée de plus de 60 000 habitants, cette grosse bourgade animée et bruyante concentre l'activité marchande et industrielle de l'île. Consacrez-lui deux ou trois heures, le temps d'une agréable balade sur les vastes **quais**★ faisant face au canal de l'Euripe.

★ **Musée archéologique** – *13 Venizelou - ☏ 22210 251 31 - tlj sf lun. 8h-15h - 2 € (-18 ans gratuit).* La visite du musée constitue un bon préalable à celle de la ville, importante cité-État, alliée d'Athènes durant le 5e s. av. J.-C. Il rassemble quelques belles pièces préhistoriques, hellénistiques et romaines.

Déambulez ensuite dans le **quartier du Kastro** *(au sud-est, derrière le pont tournant sur l'Euripe)*, ancien fief de la communauté turque qui demeura ici jusqu'en 1923. Une atmosphère surannée se dégage de ces vieilles ruelles assoupies, jalonnées de maisons traditionnelles à encorbellement de bois parfois bien délabrées. Habité depuis peu par des musulmans de Thrace, il conserve une **mosquée** du 15e s. *(fermée)* et sa fontaine en marbre, ainsi qu'une grande basilique byzantine du 13e s., **Agia Paraskevi** *(visite lors des services)* décorée de belles mosaïques et d'une iconostase en marbre. Admirez aussi, juste en face, l'élégante façade de la **maison vénitienne Vazelis**. Non loin, sur Varatasou, la **synagogue** (19e s.) rappelle la présence juive, vieille de plus de 2 500 ans.

Steni (Στενή)

31 km au nord-est d'Halkida. Quittez Halkida par le nord, en direction de Néa Artaki, où vous tournerez à droite.

Première incursion dans les montagnes verdoyantes du centre. Dans ce paisible village baigné de la fraîcheur des hauteurs, entre les *kafeneia* et les vieilles demeures, nombre de **fontaines** et de sources font entendre leur musique à travers les ruelles, et une rivière serpente à l'ombre de hauts platanes.

Passé Steni, la route, bordée de ruches, grimpe vers le col situé 8 km plus haut. Arrêtez-vous pour contempler le **point de vue**★★ qui s'étend jusqu'à la mer. *Comptez 2h30 de montée - renseignez-vous au village de Steni - prenez un lainage, de l'eau et quelques fruits ou gâteaux secs.* Du col, vous pouvez partir, bien chaussé, pour une **randonnée**★★ à l'assaut du sommet pelé du **mont Dirfis**★★, le point culminant de l'île avec ses 1 743 m. Vous marcherez à l'ombre d'une végétation dense et variée qui change au fur et à mesure de l'ascension, les feuillus laissant place aux sapins, puis au chaos des rochers nus du sommet, d'où le **panorama**★★ sur l'île et la mer est magnifique.

Reprenez la route pour descendre sur le versant nord-est du Dirfis. Peu avant le village de **Metohi**, suivez à gauche une agréable piste quasi déserte *(sur 17 km)*, qui file entre platanes, châtaigniers, sapins, fougères, champs et vergers. Le passage à gué de petites rivières se fait sans difficulté (prudence tout de même). Au bout du chemin s'étale la belle **plage d'Hiliadou**. Celle-ci est également accessible par une route directe, à partir de Steni, traversant le village isolé de **Stropones** *(chambres à louer)*. Le mieux est donc de descendre par cette route et de remonter à Metohi par la piste.

PONT SUR L'EURIPE

Donnant accès à la ville d'Halkida, ce pont, construit en 1962, se rétracte en deux parties pour laisser passer les bateaux dans le sens du courant : l'Euripe est en effet parcouru alternativement de courants nord-sud et sud-nord pouvant atteindre 12 km/h. Ce phénomène naturel (toutes les six heures à certaines périodes) est parfois plus fantaisiste et le sens peut alors s'inverser jusqu'à 14 fois par jour ! Cela s'explique par la variation et la conjonction des marées entre les deux golfes, reliés par le canal, des vents dominants et de la pression atmosphérique. Un premier pont fut construit en 411 av. J.-C., auquel succéda le Pont Noir fortifié, à bastion central, visible sur de nombreuses gravures anciennes, puis, en 1896, un pont tournant en fer, que l'on aperçoit encore, et enfin le pont actuel.

Kimi (Κύμη)

24 km à l'est de Metohi.

Posté sur un plateau rocheux surplombant la mer de 250 m, Kimi veille sur son port et la jolie plage de sable de **Paralia Kimis**, à 4 km.

Musée d'Art populaire – *4 Skaltoka ✆ 22210 220 11 - 8h30-15h - nocturne jeu. 18h-20h - 1,50 €)*. Entre le village et le port. Belle collection de costumes locaux.

De Kimi, poursuivez vers le sud et Karistos. La route, quoique fort belle, est longue *(108 km)* et sinueuse, débouchant bientôt sur des plaines aux paisibles prairies semées de broussailles, avec çà et là quelques **chapelles byzantines**.

Lépoura (Λέπουρα)

35 km au sud de Kimi.

Lépoura marque les portes de la région sud de l'Eubée, campagne aride et désolée, peuplée de rares villages où l'influence albanaise se fait sentir. La route devient plus escarpée, sinuant sur les versants de montagnes pelées. Puis, ponctuant un paysage minéral quasi lunaire, de grandes **éoliennes** blanches apparaissent. Elles répondent aux dernières tours de guet lombardes et vénitiennes qui surveillent encore la mer.

Entre **Stira**, 41 km au sud de Lépoura (carrières de marbre), et Karistos, la **route des aigles★★★** se perche à près de 800 m d'altitude, sur la crête des montagnes. Malgré son nom, vous n'y verrez pas beaucoup d'oiseaux de proie, mais des **panoramas★★** spectaculaires sur le golfe de Pétalion. Le vent souffle fort, glissant sur le versant abrupt du **mont Ohi★** (1 398 m), creusé de carrières de marbre vert cipolin exploitées depuis l'Antiquité.

★ Karistos (Κάρυστος)

32 km au sud-est de Stira.

Port dynamique situé dans une large baie abritée, Karistos *(env. 4 700 hab.)* est la viille la plus méridionale de l'île. Cette grosse station balnéaire montre une belle **architecture néoclassique**. Karistos fut en effet dessinée par l'architecte bavarois Bierbach pour le roi Othon, qui voulait y transférer la capitale de la jeune nation grecque. À l'est du quai se dresse le **Bourzi★★**, vestige d'une forteresse vénitienne du 14e s., incrustée d'un marbre antique provenant d'un temple dédié à Apollon. Les quais invitent à la promenade, que l'on peut prolonger jusqu'aux grandes plages qui s'étirent de part et d'autre de la ville, dont **Psili Ammos**, à l'ouest, souvent ventée.

Musée archéologique – *En face du Bourzi - ✆ 22240 224 72 - tlj sf lun. 8h-15h - 2 € (-18 ans gratuit)*. Ce modeste musée attirera les férus d'art et d'histoire.

De Karistos, faites une escapade dans les hauteurs où se cache le joli bourg ombragé de **Mili★**, dissimulé sous les platanes et les lauriers-roses, et où l'on peut voir de nombreux moulins à eau bien conservés. De là, une petite route mène au pied du **Castello Rosso★**, impressionnante forteresse qui doit son nom à la couleur rouge de la pierre *(on peut aussi y accéder à pied du bourg, en 20mn)*. L'endroit vaut surtout pour la **vue★★★** incomparable sur la ville, la baie, le sud de l'Eubée et les Cyclades proches.

N'hésitez pas à vous aventurer jusqu'à la **pointe sud-est de l'île★★**, par la route côtière. Goudronnée sur 8 km, elle se poursuit par une piste caillouteuse difficile, mais l'effort en vaut la peine : criques et plages sauvages sont au rendez-vous. Vous pouvez aussi longer la pointe sud en bateau *(rens. au port)*.

Quittez Karistos et revenez sur vos pas jusqu'à Lépoura *(68 km, faites une courte halte baignade à Nea Stira)*, où vous prendrez à gauche vers Alivéri. À l'ouest d'**Alivéri** *(9 km)* et d'**Amarinthos** *(16 km)*, la côte, jalonnée de plages aux eaux calmes, est défigurée par les complexes hôteliers et résidences secondaires.

Les quais d'Halkida face à l'Euripe.
G. Alexandris/Fotolia.com

★ Erétria (Ερέτρια)

9 km à l'ouest d'Amarinthos.

Erétria *(env. 2 900 hab.)* possède des maisons néoclassiques du 19e s. et de nombreux vestiges de son passé antique.

Ancienne acropole - Musée archéologique – *Au nord de la ville - ✆ 22290 622 06 - tlj sf lun. 8h-15h - 2 € (-18 ans gratuit).* Promenez-vous d'abord entre les murs de l'ancienne **acropole★★**, qui veille sur les ruines d'un palais, d'un temple, d'un gymnase et d'un théâtre doté d'un passage souterrain réservé aux acteurs. Le musée abrite de nombreux objets provenant du site préhistorique de Xiroropolis, de la nécropole de Lefkandi (11e-9e s. av. J.-C.) et de l'Erétria antique : tombeaux d'époques classique, hellénistique et romaine, vases funéraires, fragments et fronton reconstitué du temple d'Apollon, etc. Dans la cour sont également exposées stèles funéraires, poteries et mosaïques. Complément indispensable à cette visite : la **maison aux mosaïques** *(demandez la clef au gardien du musée)*, une villa bâtie vers 370 av. J.-C. et située 300 m à l'est du musée. Détruite un siècle plus tard, elle a néanmoins conservé quelques-unes de ses pièces de réception, où de magnifiques pavements de mosaïques en galets représentent des scènes mythologiques.

ERÉTRIA, UN LOINTAIN MAIS RICHE PASSÉ

Cité-État à partir du 8e s. av. J.-C., Erétria (ou Érétrie) est déjà au centre d'un vaste réseau d'échanges de biens et d'idées. Principal lieu de production de la **céramique eubéenne**, elle exporte vers la Grèce, les Cyclades et l'Orient. Au tournant du 5e s. av. J.-C., elle est pendant 20 ans la première puissance navale grecque. Longtemps alliée avec Athènes, notamment contre les Perses et les Spartiates, elle se révolte contre celle-ci et passe du côté de Thèbes au 4e s. av. J.-C. À l'issue d'une dernière période faste de 50 ans sous l'influence du philosophe **Ménédème**, elle passe sous contrôle des Macédoniens et perd définitivement son indépendance en 267 av. J.-C.

★ CAP AU NORD

Circuit de 290 km au dép. d'Halkida tracé en vert clair sur la carte ci-contre.

Passé Halkida *(22 km au nord-ouest d'Erétria)*, la route sinue dans les hauteurs, traversant de superbes pinèdes. Entre Prokopi – célèbre pour son monastère Agios Ioannis Rossos – et Mandoudi *(8 km plus loin)*, une rivière coule au creux d'un vallon au décor enchanteur foisonnant de verdure. Arrivé à Strofilia *(encore 8 km)*, prenez à gauche pour Limni, 19 km plus loin.

Limni (Λίμνη)

85 km au nord de Halkida.

Accroché à la montagne, ce joli village de pêcheurs *(env. 1 800 hab.)* étage ses vieilles maisons jusqu'au bord de l'eau. Un cadre simple et serein, apprécié des artistes et des retraités qui devisent sans fin dans les cafés. Une belle **route côtière★★** file vers le sud. L'asphalte fait bientôt place à la piste, pour s'enfoncer dans les épaisses pinèdes qui dévalent les versants du mont Kandili jusqu'à la mer. Le site regorge de recoins pour se baigner, dans un cadre complètement sauvage. En continuant tout droit, on atteint la grande **plage de Glifa**, baignée d'une eau calme et limpide. L'endroit se prête à merveille au farniente.

Monastère de Galataki – *À 8 km de Limni, dont 4 km de piste - ✆ 22270 314 89 - 8h-12h, 17h-20h - gratuit.* Ce paisible couvent isolé au bout d'un promontoire surplombe le golfe. Les nonnes peuvent prêter des robes longues aux femmes, mais elles repoussent sans vergogne les hommes qui exhibent leurs genoux ! Le catholicon renferme des fresques du 16e s.

De Limni, poursuivez vers le nord en prenant la route de la corniche qui mène à Loutra Edipsou *(31 km)*. Le parcours domine la mer et constitue un magnifique **point de vue★★**. En chemin, faites une halte sur la plage du village de **Rovies**. Station thermale en bord de mer, **Loutra Edipsou★** est connue depuis l'Antiquité pour les vertus thérapeutiques de ses eaux sulfureuses. Au-delà, la route longe bientôt une large baie presque déserte, au fond de laquelle s'enroule une superbe **plage★★** de sable, peu fréquentée. À l'autre bout de la baie, on atteint **Loutra Gialtron** *(15 km)*, site connu pour ses **sources d'eau chaude** aux vapeurs de soufre (à boire et pour les bains), qui tombent directement dans la mer. Revenez à Loutra Edipsou, où vous prendrez à gauche vers le nord-est.

Côte nord-est

Au sortir d'un virage, apparaît la belle **plage de Nisiotissa** *(11 km au nord de Loutra Edipsou)*. Gardée par une tour juchée sur l'îlot de Monastiri, elle invite à faire une pause pour se baigner. Vient ensuite le pittoresque village de pêcheurs d'**Orei** *(ou Oraioi, 4 km au nord-est)*, dominé par les ruines d'un château vénitien du 13e s. Les quais se prolongent en plages. Des petits cafés

97 EUBÉE

qui se succèdent on contemple le coucher du soleil sur le continent, qui se découpe juste en face. Passez voir le célèbre **Taureau d'Orei**, dans un petit square. Longue de 3,20 m et pesant 6 t, cette statue de marbre des années 290 av. J.-C. est magnifiquement préservée. La route traverse ensuite **Istiea**, une bourgade commerçante animée de nombreux marchés. La pointe nord de l'Eubée, peu développée, se révèle plus difficile d'accès, et la route principale rejoint presque sans détour les plages exposées de la côte est, parfois polluées. À celle de Pefki, notamment, préférez celle, bien plus belle, d'**Elinika** *(25 km env. après Istiéa)*. Avant de rejoindre Strofilia, où vous prendrez la route qui vous ramène à Halkida, faites une halte dans le village tranquille d'**Agia Anna** *(à 57 km d'Istiéa)*, où de vieilles femmes portent encore le costume traditionnel.

NOS ADRESSES SUR L'ÎLE D'EUBÉE

INFORMATIONS UTILES

Hôpital d'Halkida – ✆ *22210 219 01/10.*

Outre Halkida, Karistos, Loutra Edipsou et Limni disposent de banques et de services.

ARRIVER/PARTIR

En bateau

Port d'Halkida – ✆ *22210 288 88.* En été, liaisons quotidiennes en hydroglisseur avec Loutra Edipsou, *via* Limni (durée 1h).

Port de Marmari – ✆ *22240 312 22.* Liaisons avec Rafina (à l'est d'Athènes (6-8/j.).

Port d'Erétria – ✆ *22210 622 01.* Liaisons avec le port de Skala Oropou, au nord d'Athènes (ttes les 30mn, 5h-22h en été).

Port de Loutra Edipsou – ✆ *22260 224 64.* Liaisons en ferry avec le port d'Arkitsa (ttes les 30mn, 7h-20h30).

Port de Kimi – ✆ *22220 226 06.* Liaisons en ferry avec l'île de Skiros (1-2/j.).

En bus

Gare routière d'Halkida – *R. Favierou - ✆ 22210 226 40 - www.ktelevias.gr.* Liaisons avec Athènes (terminal B, ttes les 30mn, 5h-22h, durée 1h40), Kimi *via* Erétria (9/j., 2h10), Karistos *via* Erétria (4/j., 3h30), Limni (3/j., 2h30).

Terminal de Kimi – ✆ *22220 222 57* - Liaisons avec Athènes (7/j.).

Terminal de Loutra Edipsou – Liaisons avec Athènes (4/j.).

Liaisons régulières entre Marmari et Karistos.

En suburbain

Gare d'Halkida – *Sur le continent - ✆ 22220 223 86 - www.trainose.gr.* 14 liaisons quotidiennes avec Le Pirée *via* Athènes.

TRANSPORTS

En voiture

C'est l'option la plus pratique. Louez à Athènes ou à Halkida.

HÉBERGEMENT

Hiliadou

BUDGET MOYEN

Balkoni sto Egeo – *Sur la plage, sur les hauteurs - ✆ 2228 025081 -* ⊭ *- 12 studios 60 €.* Un petit complexe de studios équipés de kitchenette, avec de larges balcons donnant sur la mer. Accueil chaleureux, environnement fleuri et soigné. Taverne I Rinnis attenante.

Kimi

BUDGET MOYEN

Corali Hotel – *300 m au sud du port, sur la droite 150 m en hauteur - ✆ 2222 022212 - www.coralihotel.gr - 22 ch. 70 €.* Très calme, spacieux et confortable. Chambres avec balcon.

Karistos

PREMIER PRIX

Karystion Hotel – *3 Kriezotou - tout à fait à l'est des quais, après le Bourzi, voir p. 192 - ✆ 2224 022391 - www.karystion.gr - 39 ch. 40/60 €* ☕. Un hôtel au décor soigné et de très bon confort, avec un service très professionnel. Demandez une chambre orientée ouest pour profiter du soleil couchant depuis votre terrasse. Petit-déjeuner royal, servi sur la terrasse du jardin. Petite plage en contrebas. la mer. Accueil chaleureux, environnement fleuri et soigné. Taverne I Rinnis attenante.

Galaxy – *Au bout du quai, à l'ouest - ✆ 2224 022600 -*

www.galaxyhotelkaristos.com - 72 ch. 50/60 € ☕. Un établissement un peu suranné de grande capacité. Chambres correctes, avec vue sur le quai ou la rue.

Amarinthos

PREMIER PRIX

Artemis – *✆ 2229 036168 - www.artemis-hotel.gr - 20 ch. 50 €.* Un hôtel de bon standing installé au bord de l'eau. Chambres avec balcon, confortables et bien équipées.
Iliathides – *Sur la route principale, au nord de la ville, à coté de la station Shell - ✆ 2229 037605 - 16 ch. 50 €* ☕. Appartements confortables et spacieux, avec cuisine. Vue sur le port.

Erétria

PREMIER PRIX

Milos camping – *À la sortie d'Erétria (dir. Halkida) - ✆ 2229 060420 - www.camping-in-evia.gr - 🏊 - 60 empl. 20 € - ✕.* Le camping est situé au bord de l'eau. Bar et boutique. Très propre.

Limni

BUDGET MOYEN

Plaza Hotel – *Sur le port, sous des arcades - ✆ 2227 031235 - www.hotel-plaza.gr - 6 ch. 60 €.* Un hôtel modeste (douche dans le couloir), mais non sans charme, aménagé dans une maison traditionnelle.

POUR SE FAIRE PLAISIR

Kaminos Resort – *2 km au sud de Limni, sur la route du monastère Galataki - ✆ 2227 031000 - www.kaminosresort.gr - 🏊 - tte l'année - 15 appart. 120 €* ☕. Chambres confortables et gentiment décorées dans une grande villa isolée. Cadre paisible et préservé. Réservation indispensable.

Rovies

PREMIER PRIX

Camping Rovies – *En venant de Limni et en direction de Loutra Edipsou, dépassez le village de Rovies ; le camping est sur la gauche - ✆ 2227 071120 - www.campingevia.com - 110 empl. 20 €.* Les places sont ombragées, sous les oliviers, les arbres fruitiers et les pins, au bord d'une agréable plage.

RESTAURATION

Steni

PREMIER PRIX

Kissos – *Sur la route à gauche - ✆ 2228 051226 - www.kissos-steni.gr - 15 €.* Un grand restaurant avec plusieurs terrasses, proposant un choix de plats très varié, à bons prix.

Karistos

PREMIER PRIX

Cavo d'Oro – *Parodos Sahtouri - une ruelle perpendiculaire au quai, après l'esplanade - ✆ 2224 022326 - 15/20 €.* Une taverne traditionnelle, présentant ses trésors en vitrine. Pas de poisson, mais des plats en sauce délicieux et copieux.

Amarinthos

PREMIER PRIX

To Limanaki – *Près du petit port - ✆ 2229 036609 - env. 15 €.* Excellente taverne de poissons très bien située.

Limni

PREMIER PRIX

O Platanos – *Sur les quais, sous l'unique platane - ✆ 2227 031686 - fermé hors saison : lun.- vend. - 15 €.* Un établissement apprécié des locaux, doté d'une terrasse ombragée très agréable. Spécialités de poissons, grillades, plats en sauce. Service familial efficace.

De l'Attique à la Béotie

★★

Balades au nord d'Athènes

Régions de l'Attique et de la Grèce centrale -
Unités régionales de l'Attique Est, d'Athènes Centre et de Béotie

Les montagnes, les plages et les paysages bucoliques du nord de l'Attique et de la Béotie demeurent méconnus des visiteurs. Pourtant, cette région possède quelques sites d'importance, notamment les monastères de Daphni et d'Ossios Loukas, tous deux classés au Partimoine mondial de l'Unesco depuis 1990. Le site de la bataille de Marathon et la forteresse d'Égosthène, qui domine le golfe de Corinthe, méritent aussi une visite.

NOS ADRESSES PAGES 107
Hébergement, restauration, achats, activités, etc.

SE REPÉRER
Carte de région (p. 84-85).

À NE PAS MANQUER
Le sanctuaire antique de Némésis, à Ramnous ; le monastère byzantin d'Ossios Loukas.

ORGANISER SON TEMPS
Le réseau des transports en commun est mal adapté pour les trajets en Béotie (nord-ouest d'Athènes). Visitez les sites plutôt le matin car ils ferment vers 15h et offrez-vous une nuit au cœur du mont Parnes.

2

Circuits conseillés Carte de région p. 84-85

★ LE NORD DE L'ATTIQUE

Circuit de 170 km au départ d'Athènes tracé en bleu sur la carte de région (p. 84-85) – Comptez une journée.
Première étape de votre échappée, le port de **Rafina** *(E3 ; 25 km à l'est d'Athènes),* de dimension humaine, même si c'est de là que partent ferries et hydroglisseurs pour l'Égée. Les quais alignent à touche-touche tavernes et étals de poissons, et la plage s'avère plutôt plaisante quand on a quelques heures à perdre en attendant un bateau. Mais les plus belles, ourlées de pins, sont à chercher plus au nord, entre **Mati**, une station balnéaire prisée des Athéniens, et **Néa Makri**.

Marathon (Marathonas - Μαραθώνας) E3

20 km au nord de Rafina, prendre un chemin sur la droite 3 km avant Marathon.
☏ 22940 550 55 - mar.-dim. 8h-15h - 6 € (-18 ans gratuit).
Le seul vestige de Marathon, l'une des plus célèbres batailles de l'Antiquité, est le **tumulus** conservant les cendres des 192 soldats grecs morts et incinérés à l'endroit même du combat. Enclos dans un parc public, le tertre dessine un mamelon aux contours réguliers de 10 m de haut et de 180 m de circonférence. Tapissées de verdure, ses pentes étaient jadis hérissées de stèles portant le nom des soldats morts.

Le site archéologique d'Éleusis.

UNE BATAILLE HISTORIQUE, UNE COURSE MYTHIQUE

Le 10 août de l'an 490 av. J.-C., l'armée perse, forte de 20 000 à 25 000 soldats, débarque sur les rivages de l'Attique, à **Marathon**. Face à elle, l'armée grecque ne compte que 10 000 hommes, dont 1 000 Platéens. Pour pallier cette infériorité numérique, le stratège athénien **Miltiade** installe au centre du champ de bataille une poignée de combattants pour attirer l'ennemi, postant le gros de ses troupes sur les ailes. Comme prévu, les Perses se précipitent au centre, pour se retrouver bien vite pris en tenaille. 6 000 d'entre eux y laisseront la vie, tandis que les Grecs ne dénombreront « que » 192 morts.

Pour annoncer au plus vite la victoire à Athènes, on dépêcha un messager du nom de **Philippidès**, qui courut d'une seule traite les 42,195 km qui le séparaient de la cité. Arrivé à bon port, il n'eut que le temps d'annoncer « *Enikesame !* » (« Nous avons gagné ! ») avant de périr d'épuisement. C'est en souvenir de cet acte héroïque que fut créée, en 1896, la fameuse course du marathon, qui reprend exactement la distance parcourue par Philippidès.

Musée archéologique de Marathon – *Reprendre la route en direction de Marathon sur 2 km, tourner à gauche, le musée est à 3 km. ✆ 22940 551 55 - mar.-dim. 8h-15h (même billet que pour le site).* Les passionnés d'histoire feront un petit tour au musée que l'on rejoint par des routes champêtres. Installé près d'un second tumulus réservé aux cendres des soldats de Platées, il rassemble des objets retrouvés dans la plaine de Marathon, qui n'ont en fait aucune relation avec la fameuse bataille. Les plus anciennes pièces sont des poteries du néolithique (4000-2700 av. J.-C.). Les plus récentes, des objets aux traits égyptiens du 2e s., proviennent de la propriété que possédait à Marathon le riche dignitaire romain Hérode Atticus.

★ Ramnous (Ramnoúntas - Ραμνούντας) E2

À l'entrée de Marathon, prenez à droite en direction de Ramnous. Le site est 10 km à l'est - ✆ 22940 634 77 - mar.-dim. 8h-15h - 4 € (-18 ans gratuit).

Paisible et silencieux, le **sanctuaire de Némésis**, déesse de la Vengeance, étale ses ruines au sommet d'une éminence austère. Un premier temple fut bâti au tiers d'une longue Voie Sacrée qui grimpe sur la colline. De l'actuelle entrée du site, elle descendait jusqu'au rivage où s'élevait la forteresse de Rhamnonte (Ramnous), qui contrôlait le détroit de l'Euripe. La majeure partie du site étant en cours de fouilles, on ne visite que le premier tronçon de cette voie, et le sanctuaire, bien sûr.

Empruntez la **Voie Sacrée**, jalonnée de monuments funéraires. Remarquez les ruines du tombeau de Ménestidès et de sa lignée *(côté droit)*, le mausolée le plus important de la voie avec 7,50 m de côté (4e s. av. J.-C.).

Aménagé en terrasse pour recevoir le sanctuaire de Némésis, le sommet de la butte garde les vestiges de **deux temples**. Quelques portions de murs, relevés par les archéologues, indiquent l'emplacement du plus ancien – le plus petit –, érigé au 6e s. av. J.-C. pour conserver des objets sacrés. Le plus récent (435 av. J.-C.) dresse encore vers le ciel quelques-unes de ses colonnes doriques, d'une singulière blancheur. Il abritait la statue de la déesse, due à un élève de Phidias. La tête de cette noble œuvre est conservée au British Museum (Londres).

Revenez sur vos pas en direction de l'autoroute. Après la traversée du lac de Marathon, une des réserves d'eau d'Athènes, empruntez l'autoroute vers Halkida-Thèbes (Thiva). Sortez à Malakasa et suivez le fléchage Skala Oropou/Amfiaraio.

Amphiaréion d'Oropos (Amfiaráio - Αμφιαραείο) E2

33 km au nord-ouest de Marathon - ✆ 22950 621 44 - 8h-15h - 2 €.

Au milieu d'une forêt de pins couvrant les versants d'une colline, l'ancien sanctuaire d'Oropos s'inscrit dans un cadre romantique. Ce « centre de cure » doit son nom à Amphiaraios, un héros local célèbre pour les dons de guérison qu'il devait à la source sacrée d'Oropos.

On chemine d'abord entre les blocs de pierre épars d'un temple, puis on longe les fondations de l'**autel** où chaque malade se devait de sacrifier un bélier. Puis apparaît une longue enfilade de colonnes doriques tronquées, qui marquent l'emplacement du portique d'incubation. C'est là que, assis sur une banquette, les malades passaient une nuit enveloppés dans la peau sanglante du bélier qu'ils venaient d'immoler, avant qu'au matin les prêtres ne leur délivrent l'ordonnance *ad hoc*.

Juste au-dessus du portique se déploient les gradins ruinés d'un impressionnant **théâtre★**, qui possède encore sa scène, bien conservée, et cinq sièges de marbre réservés aux notables.

Avant de retourner à Athènes *(par l'autoroute, sortez à Varibombi)*, faites une dernière escapade dans la nature en vous perdant par les petites routes de montagne sur les pentes boisées du **mont Parnes★★** *(Oros Parnitha)*. Vous découvrirez, à 40 km d'Athènes, une **forêt** profonde et délicieusement parfumée, où les pins se mêlent à d'autres essences méditerranéennes, comme l'arbre de Judée ou le chêne kermès. Tout un microcosme bruissant de sources d'eau fraîche, qu'il faut sillonner lentement pour ne pas risquer d'écraser les tortues centenaires qui, çà et là, traversent la chaussée ! Puis, retour brutal à la civilisation car le sommet du mont Parnes est occupé par un palace doublé d'un casino. Mais l'ascension *(par la route ou par le téléphérique, voir ci-dessous)* mérite le détour pour la **vue★★** sur le massif, somptueuse.

★★ BALADE EN BÉOTIE DE DAFNI À DELPHES Carte de région p. 84-85

Circuit de 200 km au départ d'Athènes tracé en violet sur la carte de région (p. 84-85) – Comptez une journée.

Si vous avez le temps, évitez la nationale pour vous rendre à Delphes, et empruntez plutôt les chemins de traverse dans la verte campagne béotienne.

★★ Monastère de Dafni (Moní Dafníou - Μονή Δαφνίου) D3

13 km à l'ouest d'Athènes : quittez Athènes en dir. de Corinthe par la rte nationale (av. Athinon) ; au bout de 10 km, empruntez le large échangeur pour revenir sur vos pas ; le monastère est à 3 km - ✆ 21058 115 58 - mar. et vend. 8h-15h- gratuit.

Pris en étau entre une nationale surchargée et la banlieue poussiéreuse d'Athènes, le monastère de Dafni n'invite guère, au premier abord, à faire halte – d'autant qu'il n'est ouvert que deux jours par semaine. Mais une fois ses portes franchies, on plonge instantanément dans un Moyen Âge fleuri et paisible, véritable havre de paix que protège encore une partie du bois de lauriers (en grec, *dafné*) qui lui donna son nom. Dédié à la Dormition de la Vierge, ce majestueux ensemble byzantin est classé au Patrimoine mondial de l'Unesco conjointement avec les monastères d'Ossios Loukas (*p. 105*) et de Néa Moni (île de Chios), avec lesquels ils partage les mêmes caractéristiques du « second âge d'or byzantin » (11e-12e s.). Celui-ci fut édifié en plusieurs étapes, au Moyen Âge, avec les pierres d'un temple antique dédié à Apollon qui bordait la Voie Sacrée reliant Athènes au sanctuaire d'Éleusis.

L'intérieur est magnifiquement décoré de **mosaïques★★** de la fin du 11e s., à fond d'or, remarquables par la finesse du dessin et l'harmonie des couleurs.

Parmi les plus belles de ces scènes disposées suivant les préceptes théologiques d'alors, citons, à la coupole : le Christ Pantocrator, entouré par les seize prophètes et, dans les trompes, l'Annonciation, la Nativité, le Baptême et la Transfiguration du Christ ; à l'abside, la Vierge qu'encadrent les archanges Michel et Gabriel ; dans les bras du transept, des scènes évangéliques parmi lesquelles la Naissance de la Vierge, l'Entrée du Christ à Jérusalem et la Crucifixion (bras nord), l'Adoration des Mages, la Descente du Christ aux limbes, l'Incrédulité de Thomas (bras sud) ; enfin, au narthex, la Trahison de Judas et une scène de la légende de Joachim et Anne font face à la Cène et à la Présentation de la Vierge au Temple.

Éleusis (Elefsína - Ελευσίνα) D3

Env. 13 km au nord-ouest de Dafni, sur la route de Corinthe.

Dans l'Antiquité, ce haut lieu cultuel attira d'innombrables pèlerins, venus de tout le monde grec pour assister à des rites initiatiques, les fameux **Mystères d'Éleusis**, qui célébraient le retour sur terre, six mois par an, de Perséphone, la fille de Déméter, enlevée par Hadès, le dieu des Enfers qui en fit son épouse.

Site archéologique – *10 r. Perikleous - ✆ 21055 434 70 - mai-oct. : 8h-20h ; reste de l'année : 8h-15h - fermé lun. - musée et site : 6 € (-18 ans gratuit).* Le site et son musée abritent les maigres vestiges du **sanctuaire de Déméter**, cerné par la ville moderne et les raffineries alentour.

Prenez la route de Magoula-Thèbes et laissez derrière vous Athènes pour pénétrer dans un paysage serein de collines couvertes d'oliviers, accompagné par le seul chant des cigales et le doux chuchotement du vent dans les frondaisons.

Prenez à gauche la route de Vilia et continuez jusqu'à Porto Germeno.

★★ Forteresse d'Égosthène (Aigósthena - Αιγόσθενα) C3

Env. 55 km au nord-ouest d'Éleusis (le site s'étend au sud de Porto Germano) - accès libre - comptez 30mn de visite.

Bien conservée – elle fut restaurée par les Francs au 13e s. – la forteresse d'Égosthène domine le golfe de Corinthe. Laissez votre voiture au pied d'un champ d'oliviers et grimpez parmi les arbres, où se cache une jolie chapelle byzantine. Devant vous s'allonge une impressionnante **enceinte de pierre**, longue de 180 m, ponctuée de portes aux lourds linteaux, de poternes et de tours de plus de 10 m de haut. De ses murs, on jouit d'un **panorama★★★** splendide sur le golfe de Corinthe et la campagne alentour.

Arrêtez-vous à **Porto Germeno★**, un port charmant au fond d'une crique verdoyante et paisible. L'endroit est idéal pour une halte-déjeuner, dans l'une des tavernes de poisson qui jalonnent le bord de mer. L'été et les week-ends, cependant, les **plages** alentour, dominées par les maisons blanches du village, au flanc du mont Kitheron, attirent les Athéniens en nombre.

De retour sur la route de Thèbes, vous apercevrez bientôt la forteresse d'Éleuthère.

LE « MUR » D'ATHÈNES

Tout à la contemplation des chefs-d'œuvre de l'Antiquité, on oublie souvent que cet âge fut aussi celui des guerres fratricides entre cités grecques, notamment entre Athènes et Sparte. Or ces conflits ont eux aussi laissé des traces, telle cette série de forteresses dont Athènes, défaite par Sparte en 404 av. J.-C., s'entoura pour tenter de limiter les visées expansionnistes de sa redoutable ennemie. Trois d'entre elles sont encore visibles : Ramnous, face à l'Eubée, Éleuthère sur la route de Thèbes et, dans le golfe de Corinthe, Égosthène qui devait parer à toute invasion venant de la mer.

Forteresse d'Éleuthère (Eleftherés - Ελευθερές) C3

26 km au nord-ouest d'Éleusis - accès libre - comptez 30mn de visite.

Postée au bord d'une butte rocheuse cernée de ravins, elle découpe sur le ciel sa haute muraille de pierre blanche, percée de portes et de poternes. À intervalles réguliers, de puissantes **tours carrées** viennent renforcer l'ouvrage dont on peut faire le tour par le chemin de ronde.

Thèbes (Thíva - Θήβα) C2

40 km au nord-ouest d'Éleuthère.

Après la traversée de la grande plaine fertile de Béotie, on atteint bientôt la légendaire Thèbes. Mais seuls quelques vestiges, éparpillés dans la ville, rappellent le passé aussi brillant que tragique d'Œdipe et des siens.

★ **Musée archéologique** – *✆ 22620 279 13 - avr.-oct. 8h-20h ; reste de l'année 8h-15h - 6 € (-18 ans gratuit).* Il présente la Béotie, son histoire et ses mythes. Notez le très noble **kouros★** du 6e s. av. J.-C., les stèles funéraires en pierre noire du 5e s. av. J.-C. et plusieurs **sarcophages peints★** d'époque mycénienne représentant des pleureuses et des rituels funéraires.

★★★ Monastère d'Ossios Loukas (Moní Osíou Louká - Μονή Οσίου Λουκά) B2

Distomo - 78 km à l'ouest de Thèbes, 36 km au sud-est de Delphes et 150 km au nord-ouest d'Athènes (via Thèbes) - ✆ 22670 227 97 - mai-oct. : 10h-17h ; reste de l'année : 8h-15h - gratuit sf musée : 4 € (-18 ans gratuit) - comptez 1h30 de visite.

Établi à la lisière d'un majestueux cirque du massif de l'Hélicon, ce monastère offre de magnifiques **vues★★** sur une vallée plantée de cyprès et d'oliviers, patiemment modelée par les moines depuis le Moyen Âge. Il fut fondé par le « Vénérable Luc » *(Ossios Loukas)*, un ermite et saint grec du 10e s. *(encadré p. suivante)*. Toujours occupé par des religieux, c'est l'un des plus beaux monastères byzantins de Grèce, tant pour son architecture originale des 10e et 11e s. que pour l'extraordinaire richesse de ses mosaïques à fond d'or, de ses fresques et ses pavements de marbres polychromes. En 1990, ces trésors ont valu au complexe d'être classé au Patrimoine mondial de l'Unesco conjointement avec les monastères de Néa Moni (Chios) et de Daphni *(p. 103)*. Aussi, malgré son relatif isolement, Ossios Loukas ne manque pas d'attirer les visiteurs en route vers le site de **Delphes★★★** *(35 km au nord-ouest)*.

Accès et musée – Après l'allée descendant du parking, s'ouvre une vaste esplanade où les moines vendent des icônes et un miel réputé. On peut aussi y prendre un verre en contemplant la vallée à l'ombre de platanes centenaires. On pénètre ensuite dans l'enceinte du monastère par une porte aménagée sous une tour d'horloge du 19e s. À droite, le **réfectoire★**, transformé en musée, renferme quelques éléments d'architecture et une collection d'objets religieux provenant du monastère lui-même et de ses métoques (dépendances). Sur le côté gauche de la cour, un imposant **bâtiment★** abritait les cellules des moines.

★★★ **Catholicon** – Soutenue par trois énormes contreforts prenant appui sur le réfectoire, la magnifique église principale est coiffée de coupoles aux tuiles rouges, tandis que ses murs alternent avec raffinement lignes de brique et de pierre incluant des frises de marbre blanc. Dédiée à Ossios Loukas, elle fut érigée en 1011. On y pénètre par le narthex, pour découvrir un foisonnement de mosaïques à fond d'or. Admirez les scènes de la **Passion du Christ★★** et, couronnant la porte, un hiératique **Christ portant un évangile★★**. Passé le narthex, le regard est attiré vers la coupole de 9 m de diamètre qui s'élève à 18 m de hauteur. Elle est ornée d'un **Christ Pantocrator**, une fresque de la fin du 17e s. imitant la mosaïque originelle, détruite lors d'un tremblement de terre en 1593. Tout autour, découvrez fresques, chapiteaux sculptés, icônes et pavements de marbres colorés d'une stupéfiante richesse Seules cinq mosaïques à fond d'or subsistent. Notez la sereine **Vierge à l'enfant★★★** qui décore l'abside et, dans la trompe d'angle sud-ouest, un remarquable **baptême du Christ★★★** où les eaux du Jourdain ondulent comme des bandes de dentelle.

Passage entre les deux églises – Il abrite un reliquaire en verre où est exposé le **corps de saint Luc**, couvert d'un riche habit d'igoumène. Le mur de gauche est décoré d'une magnifique **fresque de Josué** menant les Hébreux lors de la prise de Jéricho. Elle date d'environ 970 et appartenait au mur extérieur de l'église voisine. C'est l'unique élément qui subsiste d'un programme relatant la reconquête de la Crète (alors occupée par les Arabes) par les Byzantins en 961, événement que saint Luc avait, dit-on, prédit. Josué est représenté en armes sous les traits du général byzantin Nicéphore II Phocas.

★★ **Église de la Panagia –** À l'origine dédiée à sainte Barbe, elle fut achevée en 955, peu après la mort de saint Luc. Son décor dépouillé témoigne de nombreuses restaurations jusque dans les années 1970. Elle conserve toutefois quelques **fresques★** des 11e et 12e s. *(aile droite)* et une partie de ses pavements en marbre. À l'extérieur, notez les six arches de la **façade**. En sortant, prenez les escaliers à droite pour visiter les **anciennes cellules** où une petite exposition *(gratuite)* retrace la vie des moines au Moyen Âge.

★★★ **Crypte** – *Sous le catholicon, entrée le long du réfectoire.* Creusée au 10e s. pour abriter le premier tombeau de saint Luc, cette chapelle souterraine cache un plafond couvert d'admirables **fresques★★★** du 11e s., récemment restaurées. Cerné de motifs géométriques à dominantes de rouge, de noir et de blanc, d'une surprenante modernité, les portraits de nombreux saints côtoient des épisodes de la vie et de la passion de Jésus. On remarquera en particulier une Cène et, à sa droite, une Déposition et une émouvante Mise au tombeau.

Autres bâtiments – En sortant de la crypte, tournez à gauche pour déboucher sur la seconde cour du monastère, encadrée de divers bâtiments monastiques utilitaires (en ruine). Au cimetière *(au-dessus du parking)* allez voir la petite chapelle Agios Charalambos du 11e s. dédiée à saint Charalampe.

Revenez sur vos pas jusqu'à Distomo et quelques kilomètres après le village, tournez à gauche pour rejoindre Delphes en passant par **Arahova★** *(p. 118).*

896-1986 : LA SAGA DE L'AUTRE SAINT LUC

Canonisé sous le nom de Luc le Jeune, **Ossios Loukas** est considéré comme saint par les orthodoxes et les catholiques. Il est aussi connu comme le Vénérable Luc, Luc le Thaumaturge ou Luc le Stiriote (déformation de *soterion*, le « salut »). Né en 896 près de Delphes, il s'engage dans la vie monastique à l'âge de 14 ans. Il va dès lors mener une vie d'ascèse et d'errance à travers une Grèce en proie aux raids de l'empereur bulgare Siméon Ier. La paix revenue, il s'installe en 945 à l'emplacement du monastère actuel, dans les ruines d'un ancien temple de Déméter. Sa grande piété et les pouvoirs qu'on lui prête (prophéties et guérisons miraculeuses) attirent à lui une petite communauté. Après sa mort le 7 février 953, ses reliques sont conservées sur place, y compris lorsque les lieux sont occupés par des moines catholiques à partir du 13e s. À l'arrivée des Ottomans, en 1410, le monastère revient aux orthodoxes. Mais, dans la confusion, les Vénitiens, emportent les ossements en pensant qu'il s'agit de ceux de Luc l'Évangéliste. Il faudra une longue enquête, puis cinq siècles de tractations pour que les reliques soient remises au monastère d'Ossios Loukas, en 1986.

NOS ADRESSES DE L'ATTIQUE À LA BÉOTIE

Voir plans d'Athènes p. 26, p. 30-31 et p. 32-33.

ARRIVER/PARTIR

En voiture

Quittez Athènes par la rue Vas. Sofias qui part à gauche du Parlement, pl. Syntagma (Plan II, D3), puis continuez tout droit, direction Rafina.

En bus

Gare de Rafina – Liaisons avec la gare routière de Mavromatéon à Athènes (de 5h30 à 22h30, durée 1h), située près du parc Areos (Plan II, CD1).

Massif du Parnes – *℘ 21024 212 34 (casino).* Prenez le métro jusqu'à Kifissia et continuez en taxi. Ou empruntez le bus privé du casino (gratuit), qui part du Hilton Hotel près de la Pinacothèque nationale (Plan II, E3) : il vous dépose au pied du téléphérique. Retour assuré en soirée.

Arrêt de bus de Dafni (« Psychiatrico ») – Liaisons en bus bleus (A) avec Athènes, pl. Elefterias (Plan II-B2) (ttes les 30mn, durée 20mn). **Arrêt de bus d'Éleusis (« Iroon Polytechniou »)** – Liaisons en bus bleus (C 16) avec Athènes, pl. Elefterias (Plan II-B2) (ttes les 30mn, durée 20mn).

Terminal de Distomo – *À 9 km du site Ossios Loukas.* Liaisons en bus bleu avec Athènes (024), arrêts av. Amalias, pl. Syntagma et av. Panepistimiou (de 6h à 20h, durée 2h). Du village de Distomo, il faut ensuite prendre un taxi en négociant un forfait AR.

Terminal de Thèbes (Thiva) – Liaisons avec Athènes, avec arrêts av. Amalias, pl. Syntagma et av. Panepistimiou (6h30-21h, durée 1h30).

En téléphérique

De 16h à 4h en sem. et de 9h à 4h le w.-end.

En train

Gare d'Aharnes – *À 10 km du téléphérique.* Liaisons avec Athènes par la ligne qui mène à Halkida (cette dernière longe le mont Parnes).

HÉBERGEMENT, RESTAURATION

Voir « Nos adresses à Delphes », p. 120.

La côte nord-est de l'Attique est émaillée de petits hôtels de vacances, généralement investis par les familles grecques, et de complexes hôteliers réservés aux groupes. Quelques campings sont installés près de la mer. Nombreuses tavernes de poisson à Porto Germeno.

Ellenika Kazino – *Aharnes - ℘ 21 0242 1234 - www. ellinikakazino.com - 20 €.* Bon restaurant du casino, sur le mont Parnes.

ACTIVITÉS

Excursions

Le mont Parnes est le centre de nombreuses excursions et randonnées. Les adresses des refuges sont à demander à la **Fédération hellénique des clubs d'alpinisme** – *5 r. Milioni - ℘ 21 0364 5904 - www.eooa.gr.*

AGENDA

Fête du monastère – À **Ossios Loukas**, le **5 février** et le **3 mai**.

2

Delphes

(Delfi - Δελφοί)

★★★

2 894 habitants - Région de Grèce centrale - Unité régionale de Phocide

Tant pour la richesse de ses vestiges que pour la beauté de son cadre, Delphes vous laissera un souvenir fort. Rançon de sa gloire, le site, inscrit au Patrimoine mondial de l'Unesco depuis 1987, est l'un des plus visités de Grèce : jadis, déjà, les pèlerins venaient par milliers rendre hommage à Apollon et entendre les oracles de sa Pythie en transe.

NOS ADRESSES PAGE 120
Hébergement, restauration, achats, activités, etc.

S'INFORMER

Site Internet – *www.visitdelphi.gr (site touristique officiel de Delphes, en français) ; e-delphi.gr (site officiel du musée et du site, en français).*

SE REPÉRER

Carte de région A2 (p. 84-85) et plan du site (p. 111).

À NE PAS MANQUER

Les splendides points de vue depuis le village de Dephes et le haut du théâtre ; les pâtisseries d'Arahova.

ORGANISER SON TEMPS

Dormir à Delphes ou à Arahova (plus agréable) pour commencer les visites le plus tôt possible.

Découvrir Plan du site p. 111

Le **sanctuaire d'Apollon★★★**, ses **annexes★★** et son **musée★★★** profitent d'un environnement grandiose. Étalés entre 500 et 650 m d'altitude, près du golfe de Corinthe, ils ont pour décor la vallée verdoyante du **Pleistos** et le massif du **Kirfis**, lui-même dominé par le légendaire mont **Parnasse** (2 460 m d'altitude). Le site est aussi directement surplombé par les **Phédriades** (« les Brillantes »), deux falaises rougeoyantes atteignant 700 m d'altitude.

Cette situation unique poussa les Anciens à y fonder un sanctuaire dédié à **Gaïa**, déesse de la Terre et mère du panthéon grec. La mythologie plaça également l'**Omphalos** (« nombril » du monde), à Delphes. Un oracle y naquit, gardé par le serpent **Python**, fils de Gaïa, bientôt tué par Apollon. L'institution de la **Pythie** de Delphes, qui délivre les oracles d'Apollon, prend corps vers le 7ᵉ s. av. J.-C. Dès lors, les pèlerins accourent. « Centre du monde » pendant onze siècles, Delphes périclitera avec l'avènement du christianisme. Autre facteur aggravant : l'environnement, magnifique mais si instable. D'incessants **glissements de terrain** ont fini par ensevelir le sanctuaire jusqu'à sa redécouverte au 17ᵉ s. Aujourd'hui encore, ils contraignent à la fermeture de certains lieux de visite.

Delphes est aussi un village : **Delfi**, 1,5 km à l'ouest du site principal. Sans grand charme et encombré de cars de touristes, il réserve toutefois de splendides **vues★★★** sur le golfe de Corinthe et le Péloponnèse. Jusqu'en 1892, il se trouvait sur les ruines enfouies du sanctuaire d'Apollon. Il fut démoli et reconstruit plus loin lorsque les fouilles commencèrent, en 1892, sous la direction de l'**École française d'Athènes**. Toujours active à Delphes, celle-ci propose une application de visite gratuite sur son site Internet *(www.efa.gr)*.

Théâtre du sanctuaire d'Apollon.
Santiago Rodriguez Fonto/iStock

★★★ SANCTUAIRE D'APOLLON Plan du site p. 111

2

20mn à pied du centre de Delfi - ☏ 22650 823 13 - www.e-delphi.gr - avr.-oct. : 8h-20h ; reste de l'année : 8h-15h - billet combiné pour les sites et le musée : 12 € (-18 ans gratuit) ; 6 € en nov.-mars - point d'eau près du stade ; toilettes à l'entrée du site et près du stade - panneaux explicatifs en français -env. 3h de visite.

Chaussez-vous bien, ça grimpe, surtout sur le chemin du stade. Prévoyez un chapeau pour le soleil et une petite laine pour le soir.

Établi à flanc de montagne, ce vaste champ de ruines fut le plus important lieu saint de la Grèce antique. Si son grand temple ne peut rivaliser avec la beauté de ceux d'Athènes, de Bassae ou du cap Sounion, la concentration de monuments est ici sans égale. Chaque pierre ou presque raconte une histoire, un mythe. Et chaque étape de ce parcours d'1 km de long (et près de 200 m de dénivelé) offre de nouvelles perspectives sur des paysages somptueux.

Agora romaine

Située au dessus de la billetterie, cette place marchande est l'un des éléments les plus récents du site, puisqu'elle date du 4e s. Elle constituait la principale des neuf entrées du sanctuaire. De ses trois galeries couvertes, elle ne conserve que le **portique nord**. Matérialisé par une dizaine de colonnes, celui-ci abritait cinq **boutiques** construites en brique. Les *théopropes* (« pèlerins ») pouvaient y acheter de petits objets à déposer en offrande le long de la Voie Sacrée et une chèvre à sacrifier à l'entrée du temple d'Apollon. La **niche** visible dans le mur des boutiques indique l'emplacement d'une chapelle chrétienne du 6e s. Plus loin, on note les vestiges des thermes et de maisons en brique.

Voie Sacrée

Ce chemin pavé mène au temple sur 250 m de longueur. Aménagé à partir du 7e s. av. J.-C., il était emprunté par la majorité des pèlerins qui effectuaient plusieurs étapes rituelles lors de la montée. Les personnalités pouvaient, elles, accéder directement au temple.

Monuments votifs – Le début de la Voie Sacrée est marqué par la présence de sept bases de monuments construits par quatre cités en remerciement de succès militaires (Marathon, Platées…). La première, à droite, fait exception : elle abritait le **taureau de Corfou** *(musée, salle 4)*, offert à Apollon après une « miraculeuse » pêche au thon en 480 av. J.-C. Plus haut, les **hémicycles d'Argos** se font face. S'ils se répondent par leur forme, ils datent de périodes distinctes. Ils furent érigés après deux victoires d'Argos contre Sparte : à droite, celle de Leuctres (369 av. J.-C.), et, à gauche, celle d'Œnoé (460 av. J.-C.).

Trésors – De part et d'autre du premier virage de la Voie Sacrée, une vingtaine de cités et colonies grecques (Athènes, Corinthe, Cyrène, Cnide…) ont érigé leur « maison du trésor ». Aujourd'hui en ruine pour la plupart, ces édifices en forme de temples abritaient les ex-voto les plus précieux de chaque ville. Ils constituaient une étape pour les pèlerins qui y déposaient de petites offrandes (gâteaux, argent, etc.) et servaient aussi de « vitrine » politique. Juste avant le virage, à gauche, le **trésor de Sifnos** (525 av. J-.C.) était le plus somptueux *(musée, salle 5)*. Après le virage, à gauche, le **trésor des Athéniens★** est le seul à avoir pu être remonté par les archéologues (1904). Érigé après la bataille de Marathon (490 av. J.-C.), ce petit temple dorique (6,5 x 9,5 m) a été retrouvé avec la plupart de ses métopes *(musée, salle 7)*. Athènes profite ici du meilleur emplacement. Son trésor jouxte le **bouleutérion** (siège des administrateurs du sanctuaire) et domine une petite ogive en calcaire qui n'est autre que l'**Omphalos★**, le symbole du centre du monde.

Espace sacré primitif – Peu après le bouleutérion, le **rocher de Sibylle★** *(à gauche)* fut le lieu où la légendaire prophétesse d'Érythrée chanta ses premiers oracles. De la divination pratiquée par des « sibylles », la tradition évolua pour donner naissance à l'institution de la Pythie (7e s. av. J.-C.). Le rocher, aujourd'hui couvert de lierre, voisinait la mythique **grotte de Gaïa** où Apollon tua le serpent Python, afin d'y établir un oracle à même de guider les hommes. Une base en pierre signale qu'à cet endroit fut élevée la **colonne des Naxiens** (v. 575 av. J.-C.), dont subsiste le magnifique sphynx *(musée, salle 5)*. Un peu plus haut, à droite, le tracé de l'**Aire★** *(Alos)* est bien visible. Sur cette scène de 16 m de diamètre était donné le drame sacré du meurtre de Python (jusqu'à la construction du théâtre). À côté, deux fosses servirent à ensevelir des offrandes jugées vétustes. Mises au jour en 1923, elles comptent aujourd'hui parmi les œuvres les plus précieuses de l'Antiquité *(musée, salle 4)*.

★★ **Mur polygonal** – Long de 83 m et d'une hauteur de 2 à 4 m, ce mur de soutènement est constitué de **pierres polygonales** irrégulières mais parfaitement ajustées qui lui ont permis de résister à tous les séismes et éboulis. Érigé au 6e s. av. J.-C., il fixe la frontière entre l'espace sacré primitif et la terrasse du temple d'Apollon. Il est devancé par le **portique des Athéniens★** (5e s. av. J.-C.), dont subsistent 3 des 8 colonnes doriques. Là encore, la cité de

DELPHES, « NOMBRIL » DU MONDE

Selon la mythologie grecque, deux aigles dépêchés par Zeus depuis les bords du disque terrestre se seraient rejoints au-dessus de Delphes. Ainsi aurait été désigné l'**Omphalos** (« ombilic » ou « nombril »), le centre spirituel du monde. Celui-ci a été représenté de nombreuses fois, généralement par une pierre en forme d'ogive ou d'œuf. D'abord situé en bas du sanctuaire d'Apollon, il prit sa place définitive dans le temple au 7e s. av. J.-C. Deux versions sont aujourd'hui visibles à Delphes : l'une, primitive, sur le long de la Voie Sacrée, l'autre, une copie romaine plus élaborée, dans le musée.

DELPHES

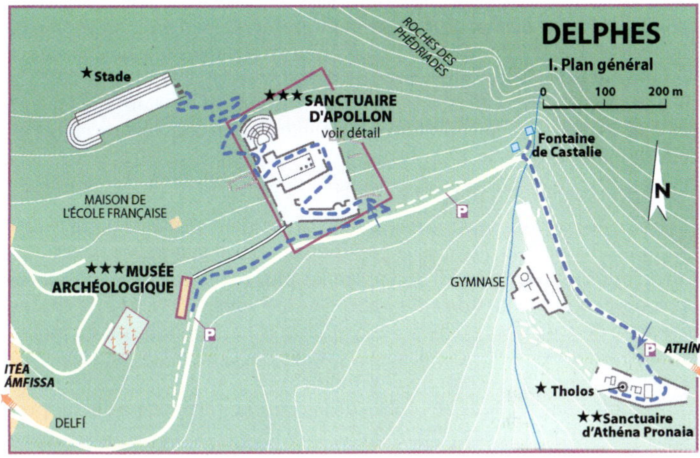
DELPHES
I. Plan général
0
100
200 m
ROCHES DES PHÉDRIADES
★Stade
★★★SANCTUAIRE D'APOLLON
voir détail
Fontaine de Castalie
N
MAISON DE L'ÉCOLE FRANÇAISE
P
★★★MUSÉE ARCHÉOLOGIQUE
GYMNASE
ATHÍNA
ITÉA ÁMFISSA
★ Tholos
★★Sanctuaire d'Athéna Pronaia
DELFÍ

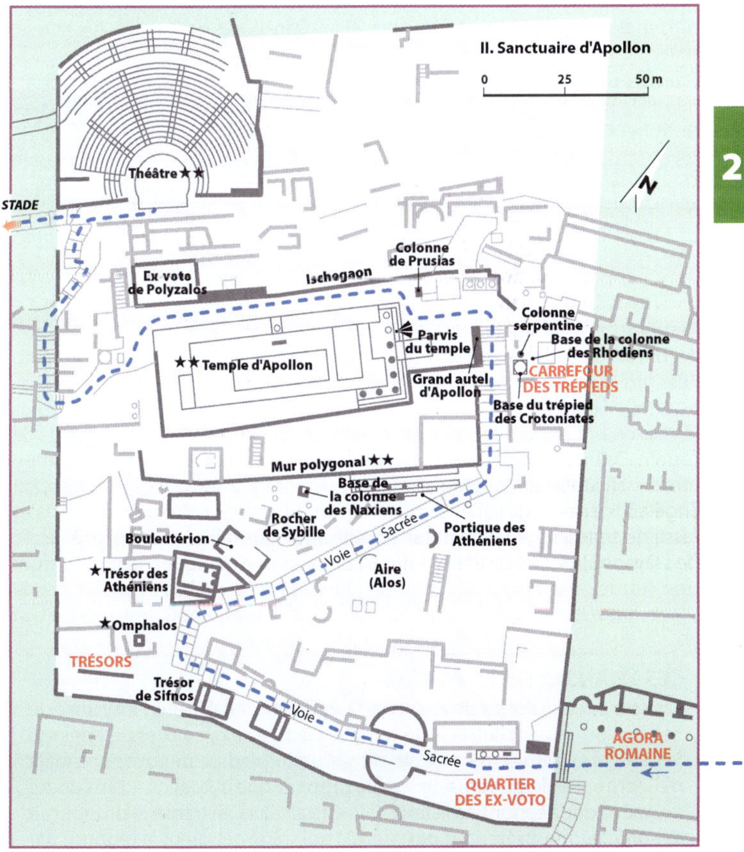
II. Sanctuaire d'Apollon
0
25
50 m
N
Théâtre★★
STADE
Colonne de Prusias
Ex voto de Polyzalos
Ischegaon
Colonne serpentine
Parvis du temple
Base de la colonne des Rhodiens
★★Temple d'Apollon
CARREFOUR DES TRÉPIEDS
Grand autel d'Apollon
Base du trépied des Crotoniates
Mur polygonal★★
Base de la colonne des Naxiens
Rocher de Sybille
Portique des Athéniens
Bouleutérion
Voie Sacrée
★Trésor des Athéniens
Aire (Alos)
★Omphalos
TRÉSORS
Trésor de Sifnos
Voie
Sacrée
AGORA ROMAINE
QUARTIER DES EX-VOTO

2

l'Attique occupe une place de choix avec cette galerie de 26 m de longueur où étaient entreposées les offrandes provenant du butin des batailles navales. En passant l'angle du mur de soutènement, observez les pierres polygonales. Elles portent de fines inscriptions en grec, pour certaines presque effacées : il s'agit d'**actes d'affranchissements d'esclaves** (du 2e s. av. J.-C. au 1er s. de notre ère). Le mur porte la trace de plus de 800 de ces actes qui étaient réalisés à l'occasion de cérémonies officielles organisées lors des fêtes et Jeux pythiques.

Terrasse du temple d'Apollon

On arrive au cœur du sanctuaire. La Voie Sacrée vient s'achever entre le carrefour des Trépieds *(à droite)* et le parvis du temple *(à gauche)*.

Carrefour des Trépieds – Il accueillait les plus monumentales offrandes, la plupart en forme de trépied, symbole de la Pythie. Hélas, peu de choses évoquent de nos jours ces chefs-dœuvre. Depuis 1993, deux **bases en pierre** ont été restaurées : celle, circulaire, du trépied des Crotoniates (6e s. av. J.-C.) et celle, cubique, de la colonne des Rhodiens (4e s. av. J.-C.). Entre les deux, a été ajoutée une réplique en bronze de la **colonne serpentine** qui supportait le trépied des Platées (5e s. av. J.-C.), l'offrande la plus célèbre, dont des éléments sont conservés à Istanbul. Au total, seules deux œuvres ont été retrouvées ici : l'ex-voto des Daochos et les Danseuses de Delphes *(musée, salle 11)*.

Parvis du temple – Le temple est précédé de deux édifices rénovés récemment : la base du **grand autel d'Apollon★** *(à gauche)* et le **pilier de Prusias** *(à droite)*. Cette colonne rectangulaire soutenait la statue équestre de Prusias II, roi de Bithynie (2e s. av. J.-C.), pour atteindre 9,70 m de hauteur au total. C'est le seul des quatre piliers votifs installés près du temple à l'époque hellénistique qui existe encore. Quant à l'autel, érigé au 5e s. av. J.-C. par les habitants de l'île de Chios, il marquait l'avant-dernière étape des pèlerins : ceux-ci devaient ici offrir un animal en sacrifice avant de pénétrer dans le temple.

★★ Temple d'Apollon

Pendant des siècles, ce fut le « centre du monde » et l'antre de la Pythie. Aujourd'hui, ses six dernières **colonnes doriques** se dressent timidement. Elles furent relevées en 1940, mais une seule est complète. Le bâtiment actuel, ou ce qu'il en reste, est le quatrième temple dédié à Apollon bâti ici depuis le 7e s. av. J.-C. Les précédents furent détruits par le feu et des glissements de terrain. Celui-ci fut achevé en 330 av. J.-C., après un long chantier interrompu lors de l'invasion de Delphes par les Macédoniens (346 av. J.-C.). Il s'étendait sur 60,30 m de longueur et 23,80 m de largeur avec 6 colonnes en façade et 15 sur les côtés. L'intérieur abritait l'oracle d'Apollon mais aussi la pierre sacrée de l'**Omphalos**. Des ornementations, on conserve quelques éléments, dont une statue de Dionysos *(musée, salle 6)*. Le dieu du Vin occupait ici une place importante. Selon la tradition, les mois d'hiver, Apollon se reposait, et

LES TRANSES DE LA PYTHIE

Choisie par les prêtres de Delphes, la Pythie se tenait dans l'**adyton** (« le lieu où l'on ne peut entrer ») du temple. Cachée aux yeux des pèlerins qui venaient la consulter, elle s'asseyait sur un trépied au-dessus d'une faille d'où provenait le **pneuma**, le souffle prophétique d'Apollon – sans doute un gaz toxique sortant de la terre. Elle entrait alors en transe et prononçait ses oracles interprétés par des prêtres qui transmettaient la réponse par écrit à celui qui avait posé la question.

Les 6 colonnes du temple d'Apollon et la vallée du Pleistos.
R. Mattes / hemis.fr

Dionysos prenait alors le relais. De nos jours, les ruines du temple n'évoquent en rien l'émotion que devaient ressentir les pèlerins. Mais on ne se lasse pas du **panorama★★★**, grandiose, sur la vallée et les cimes du Kirfis.

Quartier du théâtre

Le chemin aménagé à la suite de la Voie Sacrée conduit rapidement au pied du théâtre en longeant le temple *(à gauche)* et l'Ischegaon *(à droite)*.

Ischegaon – S'étirant sur 90 m au nord du temple d'Apollon, son nom signifie « mur qui retient la terre ». Il fut aménagé en 355 av. J.-C., après que le troisième temple fut détruit par des éboulements des Phériades. Le chemin qui le longe permet surtout d'observer l'intérieur du temple et son pavement. Mais avant de tourner à gauche, remarquez les ruines du bâtiment rectangulaire sur votre droite : il s'agit de la **base de l'ex-voto de Polyzalos** qui accueillait l'**Aurige de Delphes** *(musée, salle 13)*, l'une des plus belles statues de l'Antiquité. Au-dessus, à flanc de montagne, se trouvent trois monuments : le théâtre, puis un peu plus à droite, la petite **fontaine des Muses** dont la Pythie buvait l'eau lors de ses séances de divination, et, plus loin, la grande base rectangulaire de la **lesché des Cnidiens** (5e-4e s. av. J.-C.), « lieu de discussion » des habitants de la ville de Cnide (située en face de Rhodes). Du fait des risques d'éboulis, ils sont tous trois souvent inaccessibles.

★★ **Théâtre** *(photo p. 109)* – Bien préservé, ce superbe éventail de pierre est plaqué sur une pente des Phériades. Contemporain du temple d'Apollon, il fut remanié au 2e s. apr. J.-C. par les Romains pour accueillir jusqu'à 5 000 spectateurs. Lors des fêtes religieuses, c'est ici que se jouait le drame sacré opposant Apollon à Python. Le lieu accueillait aussi les épreuves musicales des Jeux pythiques (cithare, flûte, chants). Puis, à l'époque hellénistique s'y ajoutèrent tragédies et comédies. Si le théâtre est souvent interdit d'accès, le sentier qui remonte à l'ouest permet de se retrouver juste au-dessus des gradins. De là vous profiterez de la plus belle **vue** de l'ensemble du site et de la vallée du Pleistos. En chemin, vous longerez la **canalisation occidentale** (4e s. av. J.-C.). Bel assemblage de pierres incurvées, celle-ci permit de dévier l'eau de la fontaine des Muses qui jusqu'alors fragilisait le temple en courant sous ses fondations. À l'ouest s'étendent les ruines de **Pytho** *(ne se visite pas)*, la petite ville qui accueillait les pèlerins.

★ Stade

Accès depuis le théâtre par un sentier en pente de 400 m de longueur (env. 15mn). Construit à partir du 5e av. J.-C. pour accueillir les épreuves athlétiques des Jeux pythiques, il compte parmi les stades antiques les mieux préservés de Grèce. Si son emplacement au pied des **Phériades** en fait tout le charme, l'instabilité des pentes qui l'entourent l'ont « provisoirement » rendu inaccessible depuis 2012. Il faut suivre le sentier parallèle à la piste pour parvenir au promontoire aménagé sous les pins qui offre une vue complète sur le site. La **tribune nord**, taillée dans la roche au 2e s. av. J.-C., s'étire sur toute la longueur de la piste (178 m). En face fut aménagée la petite **tribune sud**, dont seuls les premiers rangs subsistent. La capacité fut alors portée à 6 500 spectateurs, mais cette opération obligea à réduire la largeur de la piste et le nombre de coureurs engagés (17 contre 20 auparavant). À l'extrémité orientale, on aperçoit les vestiges de l'**entrée monumentale** des athlètes. Cette triple arche conserve les bases de ses quatre piliers, dont deux dotés de niches pour recevoir des statues de divinités. À ses pieds, se trouve l'**aphésis** (ligne de départ) matérialisée par des plaques de marbre incisées pour servir de « starting-blocks ». En repartant par le même sentier, vous pourrez mieux voir celle-ci à travers les ouvertures du mur de soutènement de la tribune sud.

★★ ANNEXES DU SANCTUAIRE D'APOLLON Plan du site p. 111

En sortant du sanctuaire d'Apollon, prenez à gauche. Sur 800 m, la route passe à côté de la fontaine de Castalie et du gymnase avant de parvenir à l'entrée du sanctuaire d'Athéna Pronaia, la seule des trois annexes qui puisse se visiter. Le musée, lui, se trouve à droite du sanctuaire d'Apollon, accessible par un chemin pavé et ombragé qui longe sur 300 m la route en direction du village de Delfi.

Fontaine de Castalie (Kastalía pigí - Κασταλία πηγή)

200 m au sud-ouest de l'entrée du sanctuaire d'Apollon, à gauche.

Au pied d'une faille qu'on croirait taillée à coup de hache coule une source réputée sacrée qui irrigue les oliveraies aux alentours. Selon la mythologie, elle doit son nom à la nymphe qui s'y noya pour échapper aux assiduités d'Apollon. Les pèlerins y faisaient leurs ablutions avant de consulter la Pythie, tandis que les muses castalides, dit-on, venaient y puiser leur inspiration. Aujourd'hui, le lieu abrite non pas une, mais trois fontaines. Seule la **fontaine moderne**, aménagée lors des fouilles, au bord de la route, est accessible. Non loin, sous les arbres au pied de la falaise, se trouve le bassin de la fontaine primitive, puis, plus haut, une fontaine rupestre datant de la période romaine. Ces deux dernières sont fermées aux visites en raison de risques d'éboulis.

Gymnase (Gymnásio - Γυμνάσιο)

En face de la fontaine de Castalie - le site est fermé, mais on peut l'observer du bord de la route, avant le virage de la fontaine de Castalie.

Lieu d'entraînement des athlètes participant aux Jeux pythiques, ce complexe date du 4e s. av. J.-C. et fut réaménagé par les Romains en l'an 120. Si peu de vestiges subsistent, c'est ici que, pour la première fois au 17e s., fut identifié l'emplacement de la Delphes antique. Le gymnase était alors occupé par un monastère médiéval qui fut démoli lors de fouilles en 1898. Sur la terrasse supérieure, le mur de soutènement est bien conservé. Le long de celui-ci, des

LES JEUX PYTHIQUES

Environ 150 ans après Olympie, au 7e s. av. J.-C., Delphes organisa pour la première fois ses propres Jeux panhelléniques. En souvenir de son combat contre Python, Apollon fut d'abord honoré tous les 8 ans sous la forme d'un concours musical d'hymnes. Puis, en 582 av. J.-C., les Jeux pythiques (ou delphiques) prirent leur forme définitive : se tenant tous les 4 ans, ils comprenaient des **concours musicaux** *(au théâtre)*, des **épreuves athlétiques** *(au stade)* et des **courses de chars** (*Itéa, p. 117*). Sans autre récompense qu'une couronne de laurier, ils attiraient les meilleurs musciens et sportifs du monde grec. Comme ceux d'Olympie, ils prirent fin en 393 apr. J.-C.

bases de colonnes indiquent le tracé du **xystos**, portique couvert de 170 m de longueur et 7 m de largeur sous lequel les athlètes s'entraînaient les jours de mauvais temps. La terrasse inférieure conserve un **bassin** de 10 m de diamètre qui appartenait à des thermes romains.

★★ Sanctuaire d'Athéna Pronaia (Ieró tis Athinás Pronaías - Ιερό της Αθηνάς Προναίας)

150 m après le gymnase - mêmes billet et horaires que le sanctuaire d'Apollon.

Ce petit sanctuaire fut dédié à Gaïa à l'époque mycénienne. Vers 650 av. J.-C., le culte d'Athéna s'imposa. Comme les pèlerins en route vers la Pythie passaient d'abord par ici, le sanctuaire prit l'épithète de *pronaia* (« avant le temple ») et Athéna devint ainsi la gardienne du sanctuaire d'Apollon. Le site devint plus tard une carrière très prisée appelé **Marmaria** (« les marbres »).

Le sentier d'accès descend sur 350 m en zigzag à travers les oliviers. On entre par l'ouest du sanctuaire, avec, à gauche, les fondations du **temple d'Athéna** (360-370 av. J.-C.), où sont entreposés blocs et colonnes de calcaire blanc. Il s'agit du plus récent des trois temples construits ici en l'honneur de la déesse. Mais l'édifice le plus « parlant » est la **tholos★★**. Trois des 20 colonnes doriques de cette rotonde de 13,5 m de diamètre ont été reconstituées et redressées en 1938 avec une partie de l'entablement. Construit en marbre de Paros vers 360-390 av. J.-C., le temple était probablement dédié à Gaïa. Ce qui en ferait l'unique tholos consacrée à cette divinité archaïque. À côté se trouvent les ruines des deux seuls trésors de Delphes érigés hors du sanctuaire d'Apollon. Le plus proche de la tholos est le **trésor de Marseille** (v. 510 av. J.-C.), de style ionique et utilisant également le marbre de Paros.

★★★ MUSÉE ARCHÉOLOGIQUE Plan du site p. 111

☎ 22650 823 12 - avr.-oct. : 8h-20h, lun. 10h-17h ; reste de l'année : 9h-16h - entrée comprise dans le billet pour le sanctuaire d'Apollon - cafétéria - env. 2h de visite.

Créé dès 1903 et installé depuis 1999 dans un bâtiment moderne, c'est le plus riche musée archéologique du pays après celui d'Athènes. Ses 14 salles abritent les plus belles découvertes faites à Delphes (explications en français).

Origines du sanctuaire d'Apollon

Période primitive – *Salles 1-2.* Mille ans avant l'établissement du culte d'Apollon, Delphes reçoit des offrandes de toute la Grèce et de l'Orient. Une terre cuite de divinité mycénienne installée sur sa **chaise à trois pieds** préfigure le trépied qui s'impose comme symbole de la Pythie à partir du 8e s. av. J.-C. S'en suivent de magnifiques objets de bronze du 7e s. av. J.-C. : une **tête de griffon** qui ornait un chaudron à trépied, un **petit kouros** (« jeune homme ») crétois de 15 cm de hauteur qui annonce les géants de la salle suivante.

2

Début de la période archaïque – *Salle 3.* Hauts de près de 2 m, les musculeux **kouroï d'Argos★★** dominent l'espace. Plus anciennes offrandes monumentales de Delphes (déb. du 6e s. av. J.-C.), ces jumeaux comptent aussi parmi les toutes premières statues du style « kouros » produites en Grèce.

Chefs-d'œuvre de la période archaïque

Fosses votives de l'Aire – *Salle 4.* Les objets antiques en or, en argent ou en ivoire sont rares car ils furent le plus souvent pillés, détruits ou fondus. Ceux qui sont exposés ici, datés du 6e s. av. J.-C., font figure d'exception. À gauche, la **trilogie apollonienne★**. Ces statues chrysélephantines (« or et ivoire ») représentent Apollon, Artemis et leur mère Léto. Admirez l'expression des visages en ivoire (sauf celui de Léto, trop endommagé) et la qualité des bijoux en or. Au fond, le **taureau de Corfou★** : un assemblage de feuilles d'argent (corps) et d'or (tête et sabots) finement martelées sur 2,50 m de longueur qui, malgré les coups de griffe du temps, garde toute sa puissance.

Trésor de Sifnos – *Salle 5.* Au 6e s. av. J.-C., deux cités des Cyclades exposent leur puissance à Delphes au travers de sculptures admirables. Au sommet d'une colonne atteignant déjà 10 m, Naxos installa ce colossal **sphinx ailé★★★** de 2,20 m de hauteur. Quant à Sifnos, elle décora son trésor de **frises★** considérées comme l'aboutissement du style ionique. Les scènes représentent le combat des dieux contre les Géants et la guerre de Troie : admirez les chevaux et les guerriers sur lesquels apparaissent encore des traces de polychromie.

Décors sculptés

Temple d'Apollon – *Salle 6.* Le bâtiment central de Delphes fut méticuleusement détruit au 4e s. apr. J.-C. Mais des éléments de son décor datant de deux périodes différentes ont été retrouvées. Du temple archaïque (v. 500 av. J.-C) subsistent une étonnante **Niké** (« Victoire ») genoux à terre et les huit statues du fronton oriental, dont seul le lion dévorant sa proie *(à droite)* est bien préservé. Les vestiges du temple classique (v. 330 av. J.-C) sont plus nombreux, tels ce le beau **Dionysos** du fronton ouest, ou encore, la **frise des dieux**. Ces derniers se font face, assis, lors de la guerre de Troie : les cinq divinités à gauche soutiennent les Grecs, tandis que celles de droite sont en faveur des Troyens.

Trésor des Athéniens – *Salles 7-8.* Le décor sculpté de ce petit « temple » est remarquable. En particulier les 27 **métopes★** (30 à l'origine). Elles illustrent le combat des Grecs contres les Amazones ainsi que les exploits du héros athénien Thésée et du demi-dieu d'Héraclès. Ne manquez pas l'inscription dite des **Hymnes de Delphes**. C'est la plus ancienne notation de mélodie du monde grec : 8 notes sont symbolisées par des lettres placées au-dessus des paroles.

Sanctuaire d'Athéna Pronaia – *Salles 9-10.* Il n'a livré que peu d'éléments. Mais, parmi les 11 fragments du décor du **trésor de Marseille** (v. 510 av. J.-C.), se détache tout de même un beau **guerrier** de profil. Il date d'environ un siècle après la fondation de *Massalia* par les Phocéens, eux-mêmes originaires d'Athènes et de la région de Delphes.

Statues et sculptures

Périodes classique et hellénistique – *Salle 11.* Comme Debussy qui s'en inspira pour ses *Préludes*, vous tomberez sous le charme des **Danseuses de Delphes★★** (4e s. av. J.-C.). Ce magnifique trio de thyades (prêtresses de Dionysos) ornait la « colonne aux acanthes », offrande des Athéniens qui s'élevait à 13 m de hauteur sur le carrefour des Trépieds. Tout à côté se trouve une belle version non datée de l'**Omphalos★** (le « nombril » du monde), ici sous la forme d'un œuf évoquant la fécondité et recouvert d'une résille sculptée en bas-relief symbolisant la Voie lactée. Des recherches récentes laissent à penser qu'il fut conçu pour venir couronner ses voisines les « Danseuses ».

L'Aurige de Delphes, au musée archéologique.
De Agostini Picture Library/age fotostock

Périodes hellénistique et romaine – *Salle 12*. Superbe **nu d'Antinoüs★** (2e s. apr. J.-C.), favori de l'empereur Hadrien qui fut divinisé après sa mort. La statue d'un vieillard, dite du **Romain mélancolique**, semble lui répondre.

2

★★★ L'Aurige de Delphes

La salle 13 est uniquement dédiée à cette extraordinaire statue de bronze de la fin de l'époque archaïque (478 av. J.-C.), chef-d'œuvre de l'histoire de l'art. Découvert en 1896 le long de l'*Ischegaon*, il représente grandeur nature (1,80 m) le conducteur de char (en latin, *auriga*) qui remporta la course des quadriges aux Jeux olympiques de 473 av. J.-C. Il fut offert au sanctuaire d'Apollon par Polyzalos, le tyran de Gela (Sicile). Les quatre chevaux dont l'aurige tient encore les rênes ont disparu, ainsi que la statue de Polyzalos, qui se tenait sans doute à droite de l'aurige. Ceinte du bandeau de la victoire, sa tête est remarquablement conservée, en particulier les yeux, dont l'émail blanc se détache sur le bronze. Notez aussi la finesse des traits, de la chevelure et des drapés. Enfin la salle 14 est consacrée à la fin du sanctuaire d'Apollon.

À proximité Carte de région p. 84-85

SUR LA CÔTE DE PHOCIDE A2

Itéa (Ιτέα)

17 km au sud-ouest de Delphes via Crissa.

Cette station balnéaire et escale maritime du golfe de Corinthe est noyée dans une **mer d'oliviers★** : de Delphes à la côte s'étendent 400 000 arbres dont les fruits sont pressés dans des moulins actionnés par les eaux du Pleistos. Pour vendre son huile, Itéa disposa très tôt du chemin de fer. Ainsi, en 1917, elle fut choisie comme port pour l'acheminement du ravitaillement de l'Armée française d'Orient, basée à Thessalonique. La localité voisine de Kyra conserve, elle, les vestiges de la jetée du **port antique de Delphes** *(3 km à l'est)*. En 2013, c'est aussi près d'Itéa qu'a été identifié le **champ de course des Jeux pythiques**, où s'affrontaient les auriges. Il se trouve sur un promontaire, à droite, à l'entrée de la ville en arrivant de Delphes. Sans surprise, il est recouvert d'oliviers.

★ Galaxidi (Γαλαξίδι) A2

17 km au sud d'Itéa en longeant la côte.
Cette charmante petite ville ancienne, au port abrité, est devenue une station à la mode. De belles maisons de pierre à balcon témoignent de son ancienne opulence : au 19e s., elle commerçait dans toute la Méditerranée, comptait plus de 6000 habitants dont quelque 50 armateurs. Ces temps glorieux sont évoqués au petit **Musée maritime** *(tlj sf dim. 8h30-16h)*. Au sommet de la ville, la **cathédrale** conserve une belle iconostase de bois sculpté du 19e s.

AUTOUR DU MONT PARNASSE A1

★ Arahova (Αράχωβα)

11 km à l'est de Delphes.
Accrochée au flanc méridional du mont Parnasse et dominant le ravin du Pleistos, Arahova est une petite ville de montagne très fréquentée en hiver par les skieurs et, en toutes saisons, par les randonneurs. Agréable et animée, elle est dotée d'hôtels qui en font une bonne base pour découvrir la région. La **rue principale**, sinueuse et étroite, est bordée de cafés, de restaurants et d'agréables magasins. Mais la circulation incessante et l'étroitesse des trottoirs font préférer s'enfoncer dans les ruelles du village. Un impressionnant escalier de 267 marches mène à l'**église Agios Georgios** (17e s.), dont la terrasse offre une belle **vue★** sur le ravin de la vallée du Pleistos et le massif du Kirfis.

Amfissa (Άμφισσα)

20 km au nord-ouest de Delphes via Crissa.
Si elle doit son nom à une amante d'Apollon, la ville fut détruite en 339 av. J.-C. pour avoir violé le sanctuaire du dieu à Delphes. Reconstruite peu de temps après mais pour longtemps frappée de honte, elle se présente aujourd'hui en amphithéâtre au-dessus d'une coulée d'oliviers. Elle fut au 13e s., sous le nom de **La Sole**, le siège d'une seigneurie franque dont les Ottomans s'emparèrent dès 1394. Sa citadelle fut édifiée sur l'acropole dont il reste des blocs, les vestiges du donjon, du logis seigneurial et d'une tour du 13e s. Plus haut, belle **église Metamorfosis tou Sotiros**, dans les oliviers. Belle vue sur la ville et la vallée.

Excursion Carte de région p. 84-85

EN ROUTE VERS LES ÎLES IONIENNES A2 en direction

Nafpaktos (Ναύπακτος)

100 km à l'ouest de Delphes.
À l'orée du golfe de Corinthe vous attend cette charmante cité de caractère bordée par les montagnes. Ville fortifiée par les Vénitiens au 15e s., elle évoque sous son nom médiéval de Lépante la célèbre bataille navale qui se déroula au large de Mesolóngi le 7 octobre 1571. Aujourd'hui, agréable et paisible, Nafpaktos *(env. 19500 hab.)* est un lieu de séjour constituant une bonne alternative à Patra.

Port – Formé d'un bassin arrondi, il n'est pas grand mais ô combien harmonieux avec son entrée que protègent deux ouvrages fortifiés à créneaux et merlons. La jetée orientale a conservé sa forme primitive. Du chemin de ronde,

vues sur le golfe de Corinthe et le pont suspendu d'un côté, la ville et la citadelle, à demi enfouie dans la végétation, de l'autre. De part et d'autre des fortifications se trouvent les charmantes **plages** de galets de Gribovo et Psani.

Citadelle – *Accès à l'ouest par une petite route qui grimpe à travers les pins.* Datant du Moyen Âge, cette forteresse, bâtie sur d'anciens murs antiques, est reliée au port par des murailles dévalant la pente. Restaurée par les Vénitiens, c'est aujourd'hui encore l'une des citadelles les mieux conservées de Grèce. Elle est constituée de deux bras, l'oriental et l'occidental, et de quatre appareillages transversaux, créant cinq frises, qui compartimentaient la ville. Du sommet, vue sur la ville, sur les détroits et, à gauche, sur la plaine alluviale constituée par les apports du fleuve Mornos.

Mesolongi (Μεσολόγγι)

45 km à l'ouest de Nafpaktos, 47 km au nord-ouest de Patra, 135 km au sud d'Arta.

Ville marquée par la guerre d'Indépendance grecque, Mesolongi ou Missolonghi *(env. 34 000 hab.)*, profite d'un cadre enchanteur, à l'entrée du golfe de Corinthe. Ignorée des touristes, cette ancienne possession vénitienne a pourtant tout de la carte postale : ruelles à parcourir à vélo, **pelades** (cabanes de pêcheurs) posées sur les lagunes, paysages dominés par le massif de l'Arakynthos et spécialités comme la fleur de sel, les palourdes et l'*avgotaracho* (poutargue). Elle se trouve à l'embouchure des fleuves Achéloos et Événos qui forment ici une vaste **zone lagunaire** de 150 km^2, l'une des plus grandes réserves ornithologiques de Méditerranée.

Jardin des Héros – *R. Iroon Politechniou (au nord du centre-ville) - 9h-19h (17h en hiver) - entrée libre.* Cet élégant parc à la française planté de palmiers abrite une vingtaine de monuments rendant hommage aux combattants grecs et philhellènes qui défendirent la ville entre 1822 et 1826. Il est dominé par la **statue de Lord Byron** mort de fièvre à Mesolongi en 1824. À sa droite se trouve la **tombe de Markos Botzaris** (1790-1823) réalisée par le sculpteur français David d'Angers en 1827. Dans sa partie nord, le parc est bordé par les **remparts** du 19e s. sur lesquels, dit-on, furent exposées les têtes de 3 000 habitants exécutés par les troupes égyptiennes au service des Ottomans.

Astakos (Αστακός)

49 km au nord-ouest de Mesolongi via la petite ville-île d'Aitoliko.

Installé au fond d'une baie cernée de collines et par les petites îles Échinades, ce joli port est relié en été à Céphalonie et Ithaque. Son nom, qui signifie « homard » ou « langouste », lui vient de l'Antiquité, quand ses navires de pêche, déjà, revenaient chargés de crustacés. Si Astakos possède une plage de galets et une citadelle byzantine (11e s.) en ruine, elle mérite surtout une halte pour ses restaurants de poisson et ses élégantes maisons du front de mer, parmi lesquelles une vingtaine, de style néoclassique, sont bien préservées.

UNE VILLE SYMBOLE DE LIBERTÉ

Mesolongi est la seule cité grecque à porter le titre officiel de **Ville Sacrée** *(Iera Polis).* Lors de la guerre d'Indépendance, elle fut assiégée trois fois par les Ottomans jusqu'à sa chute le 10 avril 1826. Le soutien apporté par les philhellènes, notamment le poète anglais **Lord Byron**, et la répression qui s'en suivi provoquèrent l'intervention décisive des puissances européennes. L'événement inspira aussi de nombreux artistes comme Hugo, Rossini et **Delacroix**, à qui l'on doit *La Grèce sur les ruines de Missolonghi* (1827), tableau conservé au musée des Beaux-arts de Bordeaux.

2

NOS ADRESSES À DELPHES ET SES ENVIRONS

INFORMATIONS UTILES

Delphes

Police touristique – *3 r. Sikelianou, non loin de l'église - ✆ 22650 822 22.*
Taxis – *✆ 22650 820 00.*
Cabinet médical – *R. Pavlou & Friderikis (En face de la station de bus) - ✆ 22650 823 07.*

Arahova

Police – *✆ 22670 313 33.*
Taxi – *✆ 22670 315 66.*

Amfissa

Hôpital général – *✆ 22650 222 22.*

Nafpaktos

Police – *✆ 26340 272 58.*
Centre médical – *✆ 26340 236 90.*
Taxi – *✆ 26340 210 72.*

ARRIVER/PARTIR

En bus

Les horaires peuvent varier. Mieux vaut vous renseigner avant le départ ou arriver un peu en avance à la gare.

Terminal de Delphes – *À l'angle des r. Fragou et Pavlou & Friderikis - ✆ 22650 823 17 ou ✆ 21083 170 96 - www.ktel-fokidas.gr.* Liaisons avec Athènes (terminal au 260 r. Liossion, 5/j., 7h30-20h, durée 3h), Thessalonique (1/j.), Patra (1-2/j. sf sam.), Nafpaktos (4/j. en sem., 3 le dim.), Arahova (8/j., 5h30-21h) et Itéa (7/j., 6h30-22h15).

Mesolongi – *✆ 26419 544 44 - www.ktel-fokidas.gr.* Liaisons avec Athènes (terminal au 260 r. Liossion, 5-8/j., 7h30-20h, durée 4h30), Thessalonique (1-2/j.).

En bateau

Pour les liaisons maritimes possibles avec le Péloponnèse, *via* Patra *(voir p. 249)*.

HÉBERGEMENT

Bâti à flanc de montagne, Delphes est desservi par une rue unique, qui grimpe en zigzaguant et change de nom à mi-parcours. Accrochés à la pente, les hôtels offrent, dans les étages supérieurs, un panorama somptueux sur la vallée. Lorsque ceux-ci sont pris d'assaut (en été), vous trouverez refuge à **Galaxidi**, ou à **Arahova**. L'atmosphère y est plus chaleureuse et les hôtels sensiblement moins chers. Si vous poursuivez votre route vers le Péloponnèse, passez donc la nuit à **Nafpaktos**.

Delphes

PREMIER PRIX

Camping Chrissa – *À 6 km de Delphes, sur la route d'Itéa - ✆ 2265 082050 - www.chrissacamping.gr - 🏊 - 60 empl. 20 € et 6 ch. 44 € - ☕ 5 € - ✕.* Niché sur une butte juste au-dessus de la mer d'oliviers, ce camping familial, animé par Caterina, possède ses nombreux adeptes. Emplacements arborés en espaliers, quelques bungalows ainsi que plusieurs chambres. Taverne, supérette, aire de jeux pour enfants et sentiers de randonnée à proximité (comptez 3h pour Delphes et pour la mer).

Camping Apollon – *À 1,5 km de Delphes, sur la route d'Itéa - ✆ 2265 082750 - www.apolloncamping.gr - 🏊 - 120 empl. 20 € - ✕.* Le terrain le plus proche de Delphes, agréable pour sa grande piscine et sa vue sur le golfe. Attention à la surpopulation estivale et aux emplacements proches de la route, assez bruyants. Propose aussi 5 mobile-homes pour 4-6 pers. à partir de 60 €.

Camping Delphi – *5 km au sud-ouest de Delphes, sur la route de Hrisso - ✆ 2265 034817 - www.delphicamping.com - ≋ - empl. 20 € - ✕.* Sans doute le plus plaisant des trois campings de la région avec ses terrasses ombragées, sa petite piscine et la vue que l'on découvre de sa taverne.

Sibylla – *9 r. Pavlou & Friderikis - ✆ 2265 082335 - www.sibylla-hotel.gr - 8 ch. 35 €.* Un petit hôtel central offrant des chambres simples au 1er étage, équipées d'un ventilateur, d'un réfrigérateur et du Wifi, dont la moitié avec vue sur la vallée.

Tholos – *31 r. Apollonos - ✆ 2265 082268 - www.tholoshotel.com - ⊠ - 21 ch. 40 €.* Presque en face de l'église, cette ancienne auberge de jeunesse transformée en hôtel dispose de chambres propres. Petit-déjeuner sur la terrasse de l'établissement voisin (vue imprenable).

BUDGET MOYEN

Pitho – *40a r. Pavlou & Friderikis - ✆ 2265 082850 - www.pithohotel.gr - 8 ch. 56 € ☕.* Tenu par un couple sympathique, qui possède aussi le magasin de souvenirs du rez-de-chaussée, cet hôtel dispose de chambres agréables qui s'ouvrent, pour la plupart, sur la petite cour fleurie à l'arrière. Terrasse commune au 3e étage, avec vue sur la mer.

Pan – *53 r. Pavlou & Friderikis - entre la station de bus et le bureau de poste - ✆ 2265 082294 - www.panartemis.gr - 25 ch. 40/70 € ☕.* Un établissement traditionnel aux chambres simples mais avenantes, tenues par une vieille dame charmante. Quelques chambres familiales pour 4-5 pers. (entre 65 et 110 €). Si l'hôtel est plein, on vous envoie en face, à l'hôtel Artémis : mêmes coordonnées que ci-dessus - 25 ch. Confort et prix similaires, vue sur la vallée depuis les étages supérieurs.

Amalia Hotel – *1 r. Apollonos - A 1 km au nord du village - ✆ 2265 082101 - www.amaliahoteldelphi.gr - ▤ P ≋ - 180 ch. 90 € ☕ - rest. 15 € - ✕.* A l'écart du centre-ville, sur les hauteurs, cet hôtel offre une alternative agréable, surtout hors saison. Balcons et vue sur Itéa et le Péloponnèse.

Arahova

Ⓢ À mi-chemin entre le golfe de Corinthe et les pistes de ski, le village d'Arahova est bien équipé en hôtels. Si vous avez une voiture, c'est même une option intéressante et agréable pour visiter Delphes. Attention : les prix sont plus élevés en hiver qu'en été, sports d'hiver obligent, comptez de 30 à 40 € de plus. Les tarifs ci-dessous sont ceux d'été.

PREMIER PRIX

Guest House Ariadne – *351 r. Komna Traka - au-dessus du lycée/ gymnase - ✆ 2267 031247 - www.ariad.gr - 6 ch. 35/40 €.* Pas de petit-déjeuner. La famille Vangelis propose des chambres chaleureuses au décor tout montagnard (pierre apparente, murs lambrissés et cheminée pour certaines), disposant chacune d'un balcon s'ouvrant sur les toits de la ville et la vallée.

BUDGET MOYEN

Anemolia Resort – *✆ 2267 031640 - www.anemolia.gr - ≋ - 61 ch. et 16 suites 70 € ☕ - ✕.* Cet hôtel des années 1970 séduit par sa décoration intérieure, tout en bois, et ses chambres chaleureuses avec balcon, certaines avec lit à baldaquin. La piscine couverte est accessible toute l'année.

Lykoria – *À 300 m dans une rue à droite à la sortie du village vers*

Delphes - *☏ 2267 031180* - *www. likoria.gr* - *25 ch. 70 €* ☕. Un petit hôtel confortable et discret, avec des chambres dans les tons havane et bordeaux. Agréable terrasse donnant sur la vallée pour deux d'entre elles.

Galaxidi

☺ Très prisé des Athéniens, l'endroit est pris d'assaut les week-ends et pendant les vacances. Réservez donc impérativement. Attention, il y a deux ports. Les hôtels que nous indiquons sont près de celui de Hirolakas, à 1 km du port principal.

BUDGET MOYEN

Argo – *À 100 m de la mer, dans une rue perpendiculaire au port de Hirolakas* - *☏ 2265 041996* - *www. hotel-argo.eu* - *18 ch. 50/60 €* ☕. Un bâtiment récent, chaulé de frais, abrite cet hôtel confortable et propre, dallé de marbre. Chambres petites mais agréables, avec balcons donnant sur une place tranquille. Les confitures et les gâteaux du petit-déjeuner sont faits maison. Rapport qualité/prix moyen.

Galaxa – *R. Elefterias et Kennedy* - *à 100 m de la mer* - *☏ 2265 041620* - *www.galaxamansion.com* - *10 ch. 55/70 €* ☕. Coup de cœur pour ce petit hôtel blanc et bleu, installé dans une ancienne maison de capitaine. Tout y respire la sérénité : l'accueil du patron, souriant et parlant français, l'atmosphère familiale et la blancheur immaculée des chambres quasi monacales.

Amfissa

POUR SE FAIRE PLAISIR

Artemis Kallisti – *Au-dessus du village de Prosilio (13 km au nord-ouest d'Amfissa, suivez le monastère de la Ste-Vierge Prosilia Fikoda)* - *☏ 2265 028000* - *www. artemiskallisti.com* - 🏊 - *8 ch. 70/110 €* ☕ - ✕. Isolé à 1 000 m d'altitude, au pied du massif du Ghiona (2 507 m), cette adresse charmante a été ouverte en 2010 par un ancien capitaine de bateau, Panos, qui a tout construit de ses mains. Les chambres spacieuses, avec cheminée, se situent dans les deux bâtiments en pierre, à l'arrière de la taverne. Piscine et aire de jeux pour enfants. Idéal pour les randonneurs et les familles cherchant le grand air.

Nafpaktos

☺ Vous trouverez de nombreuses chambres chez l'habitant.

BUDGET MOYEN

Akti – *À l'est de la ville, face à la mer* - *☏ 2634 028464* - *www. akti.gr* - *55 ch. 40/60 €* ☕. Un établissement à 50 m de la plage, au décor très design et équipé de tout le confort moderne. Toutes les chambres possèdent un balcon donnant sur la mer.

Lepanto Beach – *R. Gribovo* - *☏ 2634 023931* - *www. lepantobeach.gr* - *48 ch. 60/80 €* ☕. Un grand hôtel au confort standard, séparé de la plage par un jardin.

RESTAURATION

Delphes

PREMIER PRIX

Vakhos – *31 r. Apollonos* - *☏ 2265 083186* - *www.vakhos. com* - *15 €*. Magnifique salle panoramique s'ouvrant sur Itéa et la mer, situés à l'horizon. Belles assiettes, généreusement servies : coq au vin, ragoût de lapin aux oignons, agneau du Parnasse au citron, etc. Café grec joliment servi.

BUDGET MOYEN

To Patriko Mas – *69 r. Pavlou & Friderikis* - *☏ 2265 082150* - *20 €*. Vous tomberez sous le charme des deux salles de ce restaurant, situé à l'entrée de la ville, avec leurs murs en pierre, leur poutres apparentes et leur collection d'outils anciens et de poteries peintes. Cuisine régionale aux herbes savoureuse et bien présentée. Service discret et soigné.

Arahova

PREMIER PRIX

Souvlaki Lois – *Sur la rue principale - ☏ 2267 032848 - ▭ - fermé le midi - 10 €.* Une minuscule adresse où la langue d'Homère règne en maître : excellents souvlaki (brochettes), à déguster en sandwichs ou en assiette, et salade mixte complète.

I Gefira – *Juste après le pont, côté vallée - ☏ 2267 031917 - 10/15 €.* Une taverne au décor coloré où l'on sert de copieux plats locaux dans une ambiance villageoise. Bon rapport qualité/prix.

Nafpaktos

PREMIER PRIX

Taverne Iliopoulos – *À Monastiraki - 12 km env. de Nafpaktos en direction de Delphes (passez devant l'église du bourg et descendez l'escalier vers la plage) - ☏ 2634 052111 - 10/15 €.* On sert ici une agréable cuisine locale et des plats concotés à base de poisson frais.

BOIRE UN VERRE

Delphes

Café (sans nom), au pied du site, sur la route qui descend vers la tholos. Vue imprenable sur la vallée, mais tarifs prohibitifs.

ACHATS

Artisanat

Tapis, coussins et rideaux tissés à la main. En vente dans les boutiques des rues centrales de Delphes, et d'Arahova.

Spécialités culinaires

Delphes – La spécialité est le *staphydopsomi* (biscuit aux raisins secs).

Arahova – Goûtez absolument aux *papastathi*, délicieuses pâtes d'amandes à l'orange, à la noix ou à la rose, vendues dans trois pâtisseries de la rue principale. Le miel toutes fleurs des montagnes, le *formella*, un fromage utilisé pour le *saganaki* et les pâtes artisanales sont les autres spécialités de la localité qui compte plusieurs boutiques appétissantes.

EN SOIRÉE

Arahova

Pour une soirée paisible, plusieurs cafés-bars dans la rue principale.

AGENDA

Pâques – À Delphes, les habitants célèbrent Pâques en défilant en costume traditionnel. Dégustation de mouton à la broche sur tout le parcours.

Fête du village d'Arahova – À partir du 23 avril, pendant 3 jours.

Le Péloponnèse 3

Près de Patra, le pont Rio-Antirio, conçu par Berdj Mikaelian.
J. Arnold/hemis.fr

LE PÉLOPONNÈSE

D
E
DELPHES
ITEA
LAMÍA
Thèbes
Óros Párnitha
1413
ATTIQUE
Korinthiakós Kólpos
Dervéni
Xilókastro
HÉRAION DE PERAHÓRA
Perahóra
1351
Gerània Óri
Kiáto
Sicyone
Mégara
E 94
Elefsína
ATHÈNES
Le Pirée
Salamína
Óros Kilíni
2376
Kórinthos
Loutráki
Ancienne Corinthe
Ísthmia
Canal de Corinthe
Lac de Stymphale
Kastaniá
Psári
Némée
N. Salamína
Saronikós Kólpos
Égina
N. Égina
CORINTHIE
MYCÈNES
E 65
ARGOLIDE
Mandinía
Árgos
Tirynthe
ÉPIDAURE
Méthana
Mili
Nauplie
Lerne
Trípoli
Tolό
Trézène
Póros
Didyma
Galatás
Plépi
Lemonodásos
Tegéa
Parália Ástros
Argolikós
Koilada
Ástros
Kranídi
Ermióni
Kólpos
Hydra
Portohéli
Kósta
N. Ídra
E 961
Paralía Tiroú
Gorges du Badron
Leonídio
Massif du Párnonas
Pláka
Poúlithra
Tripi
Ménélaion
Panagía Elóna
Sparte
Kosmás
MYSTRA
Geráki
2404
LACONIE
Paralía
MIRTÓO PÉLAGOS
Evrótas
Taïgetos
Skála
Plátsa
Moláï
Limani Gérakas
Kelefá
Gíthio
Itilo
Passavás
Monemvassiá
Géfira
Areópoli
Lakonikós Kólpos
Spílea Diroú
Le Magne
Neápoli
Geroliménas
N. Elafoníssi
Akr. Maléas
Váthia
CAP TÉNARO
LE PÉLOPONNÈSE
0
15
30 km
Cythère
CYTHÈRE
1
2
3
4

Promenade en Corinthie

★

Région du Péloponnèse - Unité régionale de Corinthie

Vaste région cernée par les eaux du golfe de Corinthe, au nord, et celles du golfe Saronique, au sud, la Corinthie forme la « porte d'entrée » de la presqu'île du Péloponnèse – une île, devrait-on dire... Cette dernière est en effet séparée du reste du continent par un canal titanesque, digne des plus grands récits mythologiques. Avant de visiter l'antique Corinthe, prévoyez un jour ou deux pour explorer l'isthme et ses deux baies : délaissez la ville moderne et prenez vos quartiers en bord de mer, à Loutraki ou aux environs d'Isthmia, et n'oubliez pas de faire un détour par le cap qui abrite l'Héraion de Perahora.

NOS ADRESSES PAGE 132
Hébergement, restauration, achats, activités, etc.

S'INFORMER

Sites Internet – *www.lha.gr (site des hôteliers) ; www.visitloutraki.com (site officiel, en anglais).*

SE REPÉRER

Carte de région (p. 126-127) et carte de Corinthie-Argolide (p. 149).

À NE PAS MANQUER

Le canal de Corinthe ; l'Héraion de Perahora ; le site de Némée.

ORGANISER SON TEMPS

Comptez un ou deux jours suivant les options de ce circuit. Logez en dehors de Corinthe.

Circuits conseillés Carte de région p. 126-127

D'UNE RIVE À L'AUTRE DU CANAL D1

De Corinthe, longez la côte nord jusqu'au pont de Posidonia et poursuivez jusqu'à l'Héraion de Perahora, 25 km au nord-ouest.

★★ Canal de Corinthe (Dióryga Korínthou - Διώρυγα Κορίνθου)

Comptez de 2 à 3h (baignade incluse).

Ouvert en 1893, le canal dessine une étroite tranchée rectiligne de 6,3 km de longueur aux parois lisses et verticales. Deux murs blancs s'élevant sur 80 m de hauteur, distants d'à peine 22 m au niveau de l'eau. Le canal, d'une profondeur de 8 m, se révèle si étroit que les navires – seuls des paquebots de croisière et des caboteurs –, tirés par un remorqueur, frôlent ses parois.

Pour profiter du meilleur **point de vue★★**, installez-vous sur l'un des deux petits ponts submersibles (à sens unique) qui l'enjambent. Si les bars, kiosques et autres boutiques de souvenirs bordant le **pont d'Isthmia** *(au sud-est, sur la route Athènes-Péloponnèse)* vous font fuir, préférez le **pont de Posidonia** *(au nord-ouest, en bordure du golfe de Corinthe)*, plus à l'écart des équipements touristiques. À l'approche d'un bateau, le tablier en bois du pont plonge dans l'eau pour le laisser passer *(l'opération prend env. 20mn)*.

Sur la rive nord du canal, au-delà de **Loutraki★**, grosse station balnéaire au charme désuet, réputée pour ses eaux thermales, une belle route s'enfonce dans une vaste forêt, hélas détruite çà et là par les incendies. Passé **Perahora** *(empruntez la 1re route à gauche à l'entrée du village)*, vous longerez les rives

Canal de Corynthe.
C. Chaudeau/Michelin

du **lac de Vouliagmeni★** (2 km de longueur pour 1 km de largeur), relié à la mer par un chenal et bordé de tavernes ombragées *(plage à l'extrémité nord-ouest)*.

Trois kilomètres plus loin, la route aboutit à **l'Héraion de Perahora★★★** *(accès libre)*, un ravissant site antique ombragé de pins. Situé sur les pentes rocheuses du cap qui ferme la rade de Corinthe, le sanctuaire d'Héra se dissimule dans un **site★** retiré et sauvage, au creux d'un étroit vallon dominé par une acropole et dévalant vers une crique aux eaux transparentes, qui faisait office de port. Vous y verrez les vestiges d'une citerne hellénistique, un temple d'Héra Limenia (6e s. av. J.-C.) et un temple absidal d'Héra Akraia (8e s. av. J.-C.).

30mn AR. Le sentier mène du parking de l'Héraion au phare et ménage un **panorama★★★** splendide, particulièrement grandiose au coucher du soleil, sur le site antique, le golfe de Corinthe, les côtes et les massifs du Péloponnèse, le golfe Alkyonidon et, en direction de Delphes, le massif du Parnasse.

UN PROJET VIEUX DE 2 500 ANS

Dans l'Antiquité, les trirèmes qui transportaient leurs marchandises de la mer Égée vers l'Italie étaient obligées de parcourir 400 km en mer pour contourner le Péloponnèse. Outre la perte de temps qu'un tel détour entraînait, le voyage était périlleux en raison des innombrables caps rocheux des côtes de la péninsule. Au 7e ou au 6e s. av. J.-C., la construction d'un chemin pavé traversant l'isthme, le *diolkos*, permit de transporter les embarcations sur des chariots, le long des 6,3 km qui séparent les deux golfes. Mais l'idée de creuser un canal revint aux Romains, en l'an 67. Après que **Néron** eut symboliquement entamé les travaux à l'aide d'une pelle en or, le chantier fut interrompu, faute d'outils assez solides pour percer la roche (calcaire et marnes). Il ne devait reprendre que dix-sept siècles plus tard, le 1er mai 1882, pour une durée de onze ans. L'ouvrage demeure fragile, de fréquents éboulements provoquant, comme en 2018, l'arrêt du trafic maritime.

LE LION DE NÉMÉE

Deux des douze travaux d'Héraclès (Hercule) ont pour cadre la Corinthie : à Stymphale, et à Némée, où le demi-dieu tua un lion réputé invincible, véritable monstre qui dévorait troupeaux et bergers. La bête habitait une caverne à deux issues. Avec sa massue, Héraclès la força à rentrer dans sa tanière, dont il boucha l'une des entrées. Puis il sauta sur le félin et l'étouffa entre ses bras. Il utilisa ensuite sa peau en guise de manteau, la tête formant un casque. Pour remercier Héraclès d'avoir vengé la mort de son fils, tué par le lion, un berger du nom de Molorchos offrit à Zeus sauveur son plus beau bélier. C'est sur le lieu même de ce sacrifice qu'Héraclès fonda les Jeux néméens, en l'honneur de son divin père.

Ancienne Isthmia (Archéa Isthmia - Αρχαία Ισθμία)

Sur la rive sud du canal, entre les communes de Vrissi et Isthmia, 1,5 km au sud-ouest du pont d'Isthmia, 8 km au sud-est de Corinthe - comptez 2h de visite.

Ce sanctuaire fondé au 7e s. av. J.-C. en l'honneur de Poséidon fut le cadre des **Jeux isthmiques** (entre 582 av. J-C. et 393 de notre ère), qui comptaient parmi les quatre grandes manifestations panhelléniques avec celles d'Olympie, de Delphes et de Némée. Ici, outre les compétitions sportives (courses à pied et à cheval, lancer, lutte, etc.), se déroulaient des concours de chant et de poésie. Détruit par les Wisigoths en 396, le site fut occupé jusqu'au 5e s. Hélas, peu de vestiges demeurent. Une grande partie des matériaux furent utilisés par les Romains pour la construction du **mur de l'Hexamilion** (déb. du 5e s.), imposant ouvrage conçu pour défendre l'isthme contre les invasions et dont de larges pans sont visibles le long de la route menant à Corinthe.

Site archéologique – *Tlj sf lun. 8h-15h - entrée libre.* Du temple de Poséidon (5e s. av. J.-C.), qui fut le plus grand du Péloponnèse avec celui d'Olympie, ne subsistent que les murs arasés. Remarquez également quelques gradins du théâtre et l'**aphésis** (ligne de départ) d'un stade aux amples dimensions. Plus intéressante est la vaste **mosaïque romaine★** (20,2 x 7,8 m) figurant des tritons et des néréides. Elle recouvrait le sol d'un bain du 2e s. apr. J.-C.

Musée archéologique – *À gauche à l'entrée du site - ☎ 27410 372 44 - tlj sf lun. 8h30-15h - 2 € (-18 ans gratuit).* Il expose les objets découverts sur le sanctuaire d'Isthmia, sur le site hellénistique voisin de Rachi et dans l'antique port de Cenchrées *(lire ci-après)*. C'est de ce dernier que proviennent les remarquables panneaux de **mosaïques de verre peint** (4e s. apr. J.-C.). Ces pièces d'une grande rareté sont probablement d'origine égyptienne. Elles ont été découvertes dans un temple dédié à Isis et sont ornées de scènes se déroulant sur le Nil.

Six kilomètres au sud, la route côtière passe devant **Cenchrées** (Kechries), le port oriental de l'ancienne Corinthe (*p. 134*), dont on aperçoit, sous l'eau, les fondations du môle méridional. Elle se poursuit plus au sud par la grande plage de galets de **Loutra Elénis**, dominée par des collines verdoyantes, et la plage de sable d'**Almiri**.

Ancienne Sicyone (Archea Sikyona - Αρχαία Σικυώνα)

Sur la rive sud du canal, à côté du village de Sikyonia, 23 km au nord-ouest de Corinthe par la côte ou 30 km par l'autoroute (sortez à Pasio et prenez au sud-ouest via Moulki) - ☎ 27420 289 00 - 8h-15h - 4 € (-18 ans gratuit).

Au regard des ruines de l'ancienne Corinthe, ce site archéologique n'a rien de spectaculaire, mais il profite d'un beau cadre qui en fait un charmant but de promenade. Il s'agit de la cité hellénistique de Sicyone qui fut occupée jusqu'à la période franque (15e s.) sous le nom de Vassiliko. Bâtie sur un plateau, elle fut fondéee après que le roi de Macédoine Démétrios Poliorcète, successeur d'Alexandre le Grand, eut détruit la première ville de Sicyone en 303 av J.-C. Celle-ci était située plus près du rivage, à l'emplacement de l'actuelle Kiato. Réputée pour ses artistes, elle comptait parmi les plus vieilles cités de Grèce, puisque ses origines remontaient au 20e s. av. J.-C.

À l'entrée du site, un **musée** a été aménagé dans les murs de thermes romains en assez bon état. Il abrite les plus importantes découvertes faites sur place : statues, inscriptions, mosaïques, vases et éléments architecturaux datant de la période hellénistique à l'Empire byzantin. Vous y verrez aussi les trouvailles provenant de Stymphale *(36 km au sud-ouest)*, dont les oiseaux sont associés aux douze travaux d'Hercule, et des poteries mycéniennes du site de Xylokastro *(sur la côte, 20 km au nord-ouest)*.

En sortant, prenez la route qui grimpe sur la colline voisine, couronnée par les vestiges de l'acropole. À 200 m s'étalent les ruines du **gymnase**, qui occupait deux terrasses. Il a gardé deux beaux nymphées (fontaines monumentales), dont l'un a conservé ses murs et ses colonnes de façade, avec leur architrave. De retour sur la route, 200 m plus loin sur la gauche, au pied de l'acropole, apparaissent les gradins bien conservés du **théâtre**. Sur ses côtés s'ouvrent encore les passages voûtés qui reliaient les gradins supérieurs à l'acropole.

★ AUX PORTES DE L'ARCADIE CD2

Si vous ne disposez que de 2h, privilégiez la visite de l'ancienne Némée, en vous assurant au préalable que le site est bien ouvert. L'escapade dans les montagnes solitaires de la Corinthie *(150 km AR de Corinthe)* vous prendra une journée, déjeuner compris à Psari, Lafka ou Kastania, au-delà du lac Stymphale.

★ Ancienne Némée (Archéa Neméa - Αρχαία Νεμέα) D2

À l'entrée du village de Neméa, 35 km au sud-ouest de Corinthe par l'autoroute A7 (Corinthe-Tripoli) - ✆ 27460 227 39 - tlj sf lun. 8h-15h - 6 € (-18 ans gratuit).

☹ Faute de personnel suffisant, le site est parfois fermé aux visiteurs, comme ce fut le cas en 2017 et 2018. Avant de faire le déplacement, renseignez-vous auprès du Musée archéologique de l'ancienne Corinthe *(✆ 27410 312 07)* ou en appelant le numéro ci-avant.

Fondée selon la mythologie par Héraclès, la discrète Némée mérite une visite, à la fois pour la beauté de son cadre, une paisible vallée striée de vignes, et pour le site lui-même, entretenu comme un jardin public. Dès 573 av. J.-C., son sanctuaire dédié à Zeus accueillait, tous les deux ans, les **Jeux néméens**, l'une des quatre grandes fêtes panhelléniques.

Musée – Il conserve les pièces découvertes sur place : éléments d'architecture, bronzes, poteries, ainsi que des maquettes du site à différentes époques. Une intéressante exposition détaille le déroulement des jeux antiques.

LES OISEAUX DE STYMPHALE

Autre mission d'Héraclès en Corinthie : celle d'abattre les oiseaux de proie qui hantaient l'épaisse forêt de Stymphale et son lac. Ces derniers s'étaient tant multipliés qu'ils ravageaient la région, dévorant tout sur leur passage, fruits des vergers, récoltes et bêtes, jusqu'à s'en prendre aux hommes (selon certaines traditions). Pour les faire sortir de la forêt afin de les tuer, Héraclès fabriqua des castagnettes de bronze, dont le bruit effraya les oiseaux. Quittant les frondaisons, ceux-ci tombèrent alors sous les flèches du héros.

Sanctuaire – Il est dominé par le **temple de Zeus** (v. 330 av. J.-C.). Depuis 2002, celui-ci fait l'objet d'une importante restauration avec neuf des 36 colonnes doriques du péristyle et deux autres de la *cella* (sur 16) désormais debout. Remarquez également les vestiges des **thermes** (sous abri) et, juste à côté, ceux de l'hôtellerie, où logeaient athlètes et visiteurs.

★ **Stade** – *450 m à l'est du musée (tournez à gauche pour retrouver la route principale, puis encore à gauche) - entrée incluse dans le billet.* Les bases de neuf colonnes marquent l'emplacement de l'**apodyterium** où les athlètes se désabillaient avant d'emprunter le **tunnel** de 37 m de longueur, bien préservé et dont les parois sont couvertes de graffitis antiques. On débouche alors sur le **dromos** (piste) qui s'étire sur 178 m de longueur, à partir de la ligne de départ, intacte. Autour, les talus herbeux étaient autrefois couverts de gradins en bois.

★ Route de Némée à Kastania

Traversez le village de Neméa et continuez tout droit sur environ 30 km.

Cette belle route s'enfonce dans les montagnes de la Corinthie. Elle traverse tantôt de fertiles vallées plantées de vignes – celles qui, depuis l'Antiquité, donnent le **vin de Némée**, un rouge surnommé « sang d'Héraclès » –, tantôt des montagnes austères où vous ne croiserez personne. C'est dans ce décor irréel, entre l'Arcadie et l'Argolide, que se cache le **lac Stymphale**★ *(limni Stimfalia)*, vaste étendue marécageuse de 3,5 km² hérissée de roseaux. Classé site Natura 2000, il est le refuge d'une myriade d'oiseaux, de poissons et de minuscules grenouilles vertes qui bondissent dès que l'on s'approche des berges. Sur la rive ouest, un élégant bâtiment contemporain abrite un **musée** consacré à cette zone humide *(tlj sf mar. 10h-17h - 3 €, -18 ans gratuit).* Au bout d'une route en lacet, vous arriverez à **Kastania**, charmant village de montagne perdu dans les sapins et les châtaigniers, à 920 m d'altitude, dont les maisons traditionnelles gardent leurs balcons de bois.

NOS ADRESSES EN CORINTHIE

TRANSPORTS

Loutraki

Bus KTEL – *Rue Vénizelou - www.ktelkorinthias.gr.* 10 bus/j. pour Athènes, 10 bus/j. pour Perahora et toutes les 30mn pour Corinthe.

HÉBERGEMENT

Loutraki

BUDGET MOYEN

Segas – *8 r. Ag. Ioannou - derrière l'hôtel Possidonion - ✆ 2744 022623 - www.hotelsegas.com - P - 23 ch. 55 € - ☕ 7 €.* Dissimulé dans une charmante rue pavée menant à l'église, l'hôtel de la famille Segas propose des chambres simples et confortables, qui s'ouvrent sur la verdure ou la montagne. Agréable salon où est servi le petit-déjeuner.

POUR SE FAIRE PLAISIR

Club Hotel Loutraki – *48 r. Poseidonos - ✆ 2744 060300 - www.clubhotelloutraki.gr - 255 ch. 132/172 € ☕.* Un grand hôtel de luxe avec piscines, casino et nombreuses prestations.

Perahora

BUDGET MOYEN

Mantas Bay – *Sur le lac Vouliagmenis (dir. Hériaon de Perahora) - ✆ 2741 091220 - www.mantashotels.gr - 10 studios et appart. 60/70 € ☕.* Isolés sur une petite route en impasse longeant le lac, d'attrayants studios aux pierres apparentes et aux plafonds lambrissés. Petite plage avec transats et taverne en été.

Isthmia

POUR SE FAIRE PLAISIR

Kalamaki Beach – *En dir. d'Épidaure (Epidavros) - ✆ 2741 037653 - www. kalamakibeach.gr - P - 80 ch. 110/150 €* - ✕. Grand hôtel en bord de mer, entouré d'un vaste jardin fleuri à la pelouse impeccable. Chambres spacieuses avec balcon et vue magnifique sur le golfe pour la plupart. Accès direct à la plage et vaste piscine.

RESTAURATION

Loutraki

En direction du cap Héraion, nombreux **restaurants panoramiques** en bord de mer.

BUDGET MOYEN

Paolo Nikos – *19, prom. Poséidon (bord de mer) - ✆ 2744 022440.* Restaurant de poisson dont la grande salle s'ouvre sur le golfe de Corinthe.

Pizzeria Ami – *33, prom. Poséidon - ✆ 2744 023000 - http:// ami-pizza.gr - fermé le soir sf w.-end.* Pizzas richement garnies et salades généreuses, à déguster face au couchant. Un peu cher.

Perahora

Plusieurs tavernes sont ouvertes en saison sur les rives du lac Vouliagmenis.

Némée

Près du site, vous trouverez quelques tavernes dans le village de Neméa ou le long de la route d'Argos (vers le sud).

BOIRE UN VERRE

Loutraki

Vaste choix de bars sur la promenade Poséidon.

Da Alma – *51 av. El. Venizelou - rue principale - ✆ 2744 064578.* Un bar apprécié des locaux pour, notamment, ses cafés frappés. Terrasse avec divans et quelques tables hautes.

ACHATS

Gastronomie

Le **vin de Némée**, ou Néméa, est la plus ancienne et la plus vaste des Appellations d'origine contrôlée grecques. Elle produit des vins rouges fruités et bien charpentés à partir du cépage local, l'agiorgitiko. Le moschofilero donne des vins blancs secs et aromatiques.

Domaine Lafkiotis – *✆ 2746 031000 - www.lafkiotis. gr.* Situé aux environs immédiats de Némée (domaine bien fléché), vous serez ici très bien accueilli et vous aurez un vaste choix de bouteilles pour tous les budgets.

ACTIVITÉS

Plongée

Crostaceo diving club – *Loutraki - Poseidon Resort - ✆ 2744 068098 - www.crostaceo.gr.*

Casino

Casino de Loutraki – *✆ 2744 060300 - www. clubhotelloutraki.gr.* Vaste hôtel-casino avec machines à sous.

Ancienne Corinthe

(Archéa Korinthos - Αρχαία Κόρινθος)

★★

Région du Péloponnèse - Unité régionale de Corinthie

Passé la ville neuve de Corinthe, la route, jalonnée de lauriers-roses, traverse un paysage que l'on croirait inchangé depuis l'Antiquité. De vallon en plaine, les champs de céréales ondoient sous le soleil, se partageant l'espace avec les oliviers, les vignes et les prairies où paissent des moutons. C'est dans ce décor bucolique qu'apparaît l'Acrocorinthe, impressionant éperon rocheux dominant les ruines d'une des cités grecques les plus puissantes de l'Antiquité aux côtés de Sparte et d'Athènes.

NOS ADRESSES PAGE 140
Hébergement, restauration, achats, activités, etc.

S'INFORMER

Sites Internet – *www.ancientcorinth.net (en anglais).*

SE REPÉRER

Carte de région D1 (p. 126-127) et carte de Corinthie-Argolide (p. 149).
Le site archéologique se trouve dans le village d'Archéa Korinthos, 7 km au sud-ouest de Corinthe par l'autoroute A8 en direction de Tripoli (sortie « Ancient Corinth »).

À NE PAS MANQUER

Le temple d'Apollon ; la fontaine Pirène ; la vue exceptionnelle du haut de l'Acrocorinthe.

ORGANISER SON TEMPS

Logez dans le village d'Archéa Korinthos, pour pouvoir commencer la visite tôt le matin, ou à Loutraki (sur la rive nord du canal), station balnéaire plus agréable que la ville moderne de Corinthe.

Découvrir

Simple quartier touristique de l'actuelle Corinthe, **Archéa Korinthos** abrite les ruines du cœur de la ville antique, qui elle-même s'étendait sur 900 km². La cité s'inscrivait à l'intérieur d'une muraille partant de l'Acrocorinthe pour se déployer en un large cercle. Elle se poursuivait en une sorte de couloir de plusieurs kilomètres reliant ses deux ports : Léchaion, sur le golfe de Corinthe, et Cenchrées, sur le golfe Saronique. Des périodes byzantine, franque, vénitienne et ottomane, le village conserve peu de choses, si ce n'est un **mausolée soufi** (18e s.) surmonté d'un dôme et situé 140 m au nord-est de la place centrale, où se concentrent tavernes, cafés et commerces.

★★ SITE ARCHÉOLOGIQUE

400 m à l'est de la pl. centrale - ☏ 27410 312 07 - www.corinth-museum.gr - avr.-oct. : 8h-19h ; nov.-mars : 8h-15h - 8 € (-18 ans gratuit) - comptez 2h30 de visite.
Comprenant un musée archéologique, le site s'étend sur 3 ha avec d'importants vestiges datant essentiellement de la période romaine. Il est bien aménagé avec quelques zones ombragées et des panneaux explicatifs traduits en anglais et en allemand. Pour chaque monument, nous avons ici reporté le numéro *(entre parenthèses)* correspondant au plan général affiché sur le site.

L'Acrocorinthe.
Mauritius/Photononstop

Avant la billetterie, sous le parking, deux édifices qui ne se visitent pas sont visibles. Vous reconnaîtrez l'éventail ruiné d'un **théâtre** *(n° 31)*, bâti au 5e s. av. J.-C. avant d'être réaménagé par les Romains pour accueillir des spectacles navals. Un peu plus haut, gisent à l'ombre de cyprès les vestiges d'un **odéon** *(n° 30)* du 1er s. apr. J.-C., dont la plupart des gradins sont taillés dans la colline dominant le golfe de Corinthe.

3

Fontaine de Glaucé *(n° 27)*

À gauche après la billetterie, face à l'entrée du musée. Taillé dans un rocher d'environ 15 m de côté et 7 m de hauteur, ce réservoir de quatre citernes était alimenté en eau par un aqueduc provenant d'Acrocorinthe. Datant de la période hellénistique et restaurée par les Romains, la fontaine porte le nom de la fille de Créon, mythique roi de Corinthe, et épouse du héros Jason. Selon la légende, Glaucé s'y serait jetée après que Médée, répudiée par Jason, a fait s'enflammer sa tunique. À côté *(en dir. du temple d'Apollon)* se trouvent les ruines d'un **temple romain** *(n° 26)* érigé 1er s. apr. J.-C. Avec la fontaine, celui-ci fit sans doute partie d'un même sanctuaire dédié à Héra ou à une divinité romaine.

LA VILLE MODERNE

Paradoxe de l'histoire, c'est un autre tremblement de terre, en 1858, qui permit à l'ancienne Corinthe de renaître : entièrement ruinée, la ville moderne fut rebâtie plus au nord, au bord de la mer, à proximité du canal… laissant place aux archéologues américains qui, à partir de 1896, dégageront peu à peu les vestiges antiques. Construite selon un quadrillage rigoureux, cette préfecture de 30 000 habitants n'est pas dénuée de charme. Mais bien peu de choses y retiendront le voyageur. Unique tentation : une brève visite au **Musée historique et folklorique** *(en bas de la r. Ermou, face à la marina - ✆ 27410 253 52 - tlj sf lun. 8h30-13h30 - 2 €)*, qui expose vêtements, bijoux, broderies anciennes et outils traditionnels.

CITÉ D'AFFAIRES, CITÉ DE PLAISIRS

Au 5e s. av. J.-C., Corinthe était connue pour son luxe sans bornes et quelque peu licencieux. Outre les courtisanes, nombreuses à travers la cité, les prêtresses du temple d'Aphrodite se livraient à la prostitution sacrée, et les banquets étaient accompagnés de danseuses et de musiciennes aux mœurs légères. L'austère philosophe **Diogène** s'en fit le réprobateur, décidant de loger à l'intérieur d'un simple tonneau. Cette renommée perdura durant la période romaine. La ville attirait une foule de visiteurs, négociants, marins et voyageurs de tout poil. La prostitution et les relations hors mariage étaient pratiques courante. Ce qui valut à Corinthe d'être traitée de « grande débauchée » par **saint Paul** dans sa « Première épître aux Corinthiens ».

★ Temple d'Apollon *(n° 1)*

Sur le promontoire à l'est de fontaine de Glaucé. Sa silhouette ocre dominait autrefois toute la cité. Construit vers 550 av. J.-C. et préservé lors de la destruction de la ville par les Romains (146 av. J.-C.), c'est l'un des plus anciens temples que l'on puisse voir en Grèce. Ses sept colonnes doriques de 7 m de hauteur, monolithiques (en tuf) et sur lesquelles repose un morceau d'entablement, sont les seules rescapées des 38 que comptait le bâtiment. Un sentier fait le tour du temple et offre une belle **vue★** sur l'ensemble du site, sur l'Acrocorinthe *(au sud-ouest)* et sur le golfe de Corinthe *(au nord)*. Il permet notamment d'apercevoir, en contrebas, côté mer, les boutiques du **marché nord** *(n° 29)*, dont subsistent les murs latéraux et le mur du fond.

Revenez vers le temple et tournez à gauche.

Terrasse des temples *(n° 20)*

Suivant le tracé de l'ancienne route de Sicyone, elle marque l'entrée ouest du forum romain. Elle abrite les vestiges de 7 petits temples (1er-2e s. apr. J.-C.) ainsi que ceux du **monument de Babbius** *(n° 21)*. Circulaire, celui-ci conserve une inscription latine portant le nom de son commanditaire, Babbius Philinus, un esclave affranchi grec ayant occupé de hautes fonctions dans l'administration locale au début du 1er s. de notre ère. En haut des marches *(derrière le musée)*, trois colonnes corinthiennes supportent encore une portion de l'architrave du **temple d'Octavie** *(n° 24)*, dédié à la sœur de l'empereur Auguste.

Forum romain *(n° 5)*

En descendant de la terrasse des temples. Érigée à l'emplacement de l'agora grecque et de l'ancien hippodrome, cette grande esplanade (200 x 100 m) constitua le cœur de la cité jusqu'au Moyen Âge. Elle est délimitée au nord *(sous le temple d'Apollon)* par le **portique nord-ouest** *(n° 19)*, un alignement de quinze boutiques assez bien conservées, et par la **source sacrée** *(n° 25)*, lieu réservé au prêtres. De l'autre côté s'élève le **portique sud** *(n° 9)* qui s'étend sur toute la longueur du forum. Construit sur près de deux siècles et achevé en 150 de notre ère, ce fut l'un des plus grands bâtiments à colonnade de la Grèce antique. Il concentrait les fonctions administratives et politiques avec notamment le **bouleutérion** *(n° 10)*, salle en demi-cercle où siégeait le Conseil. Côté est, l'esplanade était fermée par la **basilique Julienne** *(n° 12)*, long bâtiment pré-chrétien qui abritait le tribunal civil et des boutiques. Juste devant, on distingue les lignes de départ des courses à pied organisées sur la place du forum à l'occasion de fêtes votives Enfin, dans la partie centrale du forum s'alignaient d'autres **échoppes** *(n° 8)* et le bêma dit « de saint Paul ».

Corinthe « l'opulente »

UNE CITÉ PROSPÈRE

L'antique cité s'établit au bord de l'isthme séparant le golfe Saronique de celui de Corinthe. Peuplée dès le néolithique, Corinthe s'afficha très vite comme la ville la plus riche et la plus commerçante de la Grèce antique : grâce aux nombreuses sources qui font de la région une terre fertile ; à cause de la renommée de ses **poteries** et de ses **bronzes**, vendus sur tous les marchés de la Méditerranée, entre 650 et 550 av. J.-C. ; mais surtout par sa situation exceptionnelle. Corinthe dominait tout le nord du Péloponnèse, et quiconque transportait des marchandises, de l'Orient vers l'Occident, passait par elle. La cité connut son apogée entre 630 et 590 av. J.-C., époque à laquelle fut érigé le majestueux **temple d'Apollon**, véritable image de son immense prospérité.

UNE COLONIE ROMAINE

Forte de sa puissance commerciale, Corinthe prend en 209 av. J.-C. la tête de la **Ligue achéenne** pour contrer l'expansion romaine. Mais, au terme d'une campagne éclair dans le Péloponnèse, les légions s'emparent de la ville en 146 av. J.-C. La répression est terrible : tous les hommes sont exécutés, les femmes et enfants réduits en esclavage, la cité livrée aux flammes et les biens les plus précieux transférés à Rome. Cent ans après cette mise à sac, Corinthe renaît grâce à l'installation d'une colonie de vétérans par **Jules César** (44 av.J.-C.). Les bâtiments encore en place sont alors réparés ou transformés, et la ville recouvre peu à peu sa splendeur. Peuplée de 300 000 habitants au 1er s. apr. J.-C., elle fut durant trois siècles la **capitale de la Grèce romaine**.

UNE VILLE DU NOUVEAU TESTAMENT

Au 1er s. de notre ère, Corinthe est en constante ébullition et ouverte aux idées nouvelles. Elle fait partie des toutes premières cités d'Europe à se convertir au christianisme. Lors d'un long séjour, dans les années 51-52, l'**apôtre Paul** y baptise des Grecs et des Juifs romains. Trois ans plus tard, il rédige coup sur coup la **Première** et la **Deuxième épître aux Corinthiens** pour guider la petite communauté. Ces textes constitueront plus tard deux des livres du Nouveau Testament. Les questionnements et les mœurs dissolues des chrétiens de Corinthe obligent toutefois Paul à revenir ici durant les années 56 et 57. En compagnie de son plus proche disciple, Timothée, il y rédige de nouveaux grands principes théologiques, dont l'**Épître aux Romains**.

UN LONG DÉCLIN

Au 4e s., la ville est ébranlée par deux tremblements de terre et par le passage des Wisigoths. Après une reconstruction partielle par les Byzantins, elle décline (6e s.), puis subit de nouvelles invasions (7e s.), si bien que l'essentiel de la population s'établit dans la citadelle d'**Acrocorinthe**. Elle renoue avec la prospérité à partir du 9e s. grâce à l'industrie de la soie. Mais elle ne se relèvera pas du pillage par les **Normands de Sicile** en 1147. Par la suite, Corinthe se réduit à une modeste bourgade agricole, connue à partir du 14e s. pour ses **raisins secs**. Si l'Acrocorinthe conserve une certaine importance stratégique, l'antique cité disparaît progressivement sous les constructions de la ville vénitienne et ottomane, n'épargnant guère que le temple d'Apollon.

Bêma de saint Paul *(n° 4)*
Au centre du forum romain. De cet oratoire du 1er s. av. J.-C. subsiste un socle de 15,6 m de longueur. Il accueillait des cérémonies au cours desquelles le proconsul romain recevait les doléances des citoyens. Durant l'été de l'an 51, c'est ici que l'apôtre Paul fut conduit par des rabbins qui l'accusaient de trahir la loi juive en baptisant leurs coreligionnaires. Le proconsul Gallion (frère du philosophe Sénèque) écouta la défense de Paul et, estimant qu'il n'y avait là aucune atteinte au droit romain, le laissa en liberté. En souvenir de cet événement, les Byzantins transformèrent le bâtiment en **basilique chrétienne**, dont le tracé des trois nefs est aujourd'hui visible. Juste à côté *(au nord-ouest)*, sous le pavement du forum, fut mise au jour la tombe d'un héros grec du 7e s. av. J.-C. Surnommée **hérôon du Croisement** *(n° 6)*, elle est située à la jonction des deux voies menant aux ports antiques.

Voie de Léchaion *(n° 2)*
Entre le forum romain et les escaliers en bois (sortie vers la pl. centrale du village). La portion de cet axe menant au port de Léchaion garde son pavement et de nombreux vestiges des boutiques et des monuments qui la jalonnaient. L'entrée est marquée par la base des **propylées** *(n° 3)*, une triple arche romaine du 1er s. apr. J.-C. qui était surmontée des chars en bronze du dieu du Soleil Hélios et de son fils Phaéton. Ils sont flanqués à gauche par la **façade des Captifs** (n° 18) qui s'ornait de quatre grandes statues de prisonniers de guerre phrygiens (3e s. apr. J.-C.), dont deux se trouvent au musée. À droite s'élève la superbe **fontaine Pirène★★** *(n° 13)* qui doit son nom à une source mythique de l'Acrocorinthe. L'ensemble, édifié au 6e s. av. J.-C. et remanié au 2e s., se compose d'une cour dallée, creusée au centre d'un bassin rectangulaire où jaillit l'eau. Trois nymphées l'encadrent, de forme demi-circulaire, tandis qu'à l'arrière six arcades précèdent une succession de bassins et de réservoirs. À défaut de pouvoir y pénétrer, penchez-vous vers l'intérieur. Une fois la pénombre apprivoisée, vous distinguerez des balustrades décorées de petites colonnes ioniques et, sur les murs, des restes de peinture polychrome. Plus loin, toujours sur la droite, les **bains d'Euryclès** *(n° 15)* furent érigés en l'honneur d'un pirate spartiate qui participa à la bataille navale d'Actium (31 av. J.-C.) aux côtés d'Octave. Remarquez les latrines publiques, bien conservées.
Revenez sur vos pas jusqu'à la terrasse des temples.

Musée archéologique *(n° 23)*
Entrée face à la billetterie du site - autre accès par le temple d'Octavie.
Le bâtiment (1932) présente les découvertes faites sur le vaste territoire de l'ancienne Corinthe. Il est conçu comme une villa antique autour d'un **atrium** où sont regroupées des statues grecques et romaines. À gauche de l'entrée principale, une salle est consacrée au **sanctuaire d'Asclépios** *(500 m au sud du temple d'Apollon - ne se visite pas)*. Le dieu de la Médecine y fut honoré pendant huit siècles avec des offrandes en terre cuite représentant des parties du corps. La salle suivante, à droite, s'intéresse à la période romaine : belles **mosaïques** (2e et 3e s.), statues de la famille d'Auguste qui ornaient la basilique Julienne. On y trouve aussi des céramiques byzantines et franques ainsi que 274 **objets volés** puis réintégrés au musée en 2000.
On débouche ensuite dans le hall de l'entrée secondaire avec, à droite, une salle dédiée à la préhistoire et, à gauche, celle ayant pour thème la cité-État avant la conquête romaine. Remarquez les immenses **tuiles et antéfixes** (corniches) en terre cuite du temple d'Apollon ainsi que les **kouroï jumeaux** (6e av. J.-C.) du site de Klenia *(16 km au sud)* qui furent confisqués à des pilleurs en 2010.

★★ ACROCORINTHE (AKROKORINTHOS - ΑΚΡΟΚΟΡΙΝΘΟΣ)

3,5 km au sud-ouest du site archéologique par une route sinueuse mais correcte - la colline est facile à repérer et bien indiquée - parking au pied de la forteresse - à pied : comptez 1h30 de marche rude (en montée et souvent en plein soleil) ; optez plutôt pour un taxi, qui vous y dépose et revient vous chercher - ✆ 27410 312 66 - 8h-15h - 2 € (-18 ans gratuit) - visite : comptez env. 2h, idéalement le matin, et prévoyez de bonnes chaussures.

Vue de loin, l'Acrocorinthe n'est rien de plus qu'une colline abrupte et rocailleuse (576 m d'altitude). Mais ne vous privez pas du plaisir d'errer à travers les majestueuses ruines de ce qui fut, à l'époque antique, le bastion de Corinthe et, au Moyen Âge, la plus grande citadelle de Grèce. Une fois sur place, vous mesurerez l'étendue de cette place forte gigantesque, dont les nombreux vestiges, d'époques successives, se confondent avec la roche. De ses deux sommets, vous jouirez d'une **vue★★** exceptionnelle sur le golfe de Corinthe, le golfe Saronique et le nord du Péloponnèse.

Si la Corinthe romaine, commerçante, déclina dès le 6e s. apr. J.-C., cette forteresse lui survécut pendant plus de mille ans. Idéalement située sur une éminence d'où on pouvait surveiller et prévenir les attaques ennemies, elle bénéficiait en outre de plusieurs sources qui lui fournissaient assez d'eau pour supporter un siège. Autant d'atouts qui en faisaient un enjeu stratégique de première importance. De fait, malgré ses puissants remparts, elle passa de main en main. Les Francs réussirent à la prendre au terme d'un siège de cinq ans. Au final, elle revint aux Ottomans, à partir du 15e s., avec un intermède vénitien de 1687 à 1715.

★ Remparts

Du parking, une rampe dallée monte vers la place forte, d'où l'on embrasse d'un seul coup d'œil une partie des 2,5 km de murs fortifiés qui ceignaient la ville haute, spectaculaire panorama sur ses trois lignes de défense et les trois **portes monumentales★★**, fort bien conservées, qui furent percées à trois époques différentes sur les vestiges des remparts antiques. La première porte, du 14e s., est due aux Francs, tandis que la deuxième, fut érigée par les Byzantins (9e-12e s.) avant d'être remaniée par les Vénitiens et les Ottomans. Quant à la troisième (9e-12e s.), encadrée de deux tours massives, elle conserve son architecture typiquement byzantine avec des assises de briques intercalées entre les pierre de taille.

3

Ville haute

Après la troisième porte, on débouche sur un vaste plateau de 24 ha où gisent, éparses, les ruines hétéroclites de nombreux bâtiments avec, devant vous, la **chapelle Agios Dimitrios**, édifice vénitien (17e-18e s.) récemment rénové. Vers la gauche, un sentier aboutit à une mosquée, bien conservée, puis, plus haut à droite, à une gigantesque **citerne★** dont le toit, qui forme un terre-plein, est flanqué d'un minaret tronqué.

De là, avec du souffle et de bonnes chaussures, vous avez le choix entre deux sentiers escarpés menant aux deux sommets. Au sud-ouest, se dresse une **tour carrée franque★** à laquelle on accède par un chemin longeant les remparts sud qui dominent le golfe Saronique. À l'est, le point culminant d'Acrocorinthe abrite les vestiges insignifiants d'une église byzantine construite sur les fondations du **temple d'Aphrodite**, jadis fief des fameuses prostituées sacrées. En redescendant d'ici par le sud, on parvient à la **fontaine Pirène supérieure**, restaurée en 1930 et dans laquelle on pénètre par un escalier.

NOS ADRESSES À CORINTHE

INFORMATIONS UTILES

Police – *51 r. Ermou, en face de la place principale - ☏ 27410 211 11/222 90.*
Police touristique – *À l'étage, au-dessus de la police - ☏ 27410 232 82.*
Hôpital – *53 Leoforos Athinon, à la sortie de la ville, sur la route d'Athènes - ☏ 27410 257 11.*

ARRIVER/PARTIR

En bus

Gare principale – *À l'angle des rues Ermou et Koliatsou - ☏ 27410 754 24/25 - www.ktelkorinthias.gr.* Liaisons avec Athènes (18/j., durée 45mn), Loutraki, Isthmia, Némée.
Gare du Péloponnèse – *À l'angle des rues Ethnikis Antistasis et Aratou - ☏ 27410 244 03.* Liaisons avec Mycènes, Argos, Nauplie.

En train

Gare – *R. Demokratias - ☏ 27410 223 61 - www.trainose.gr.* Le « proastiakos » (train de banlieue) relie Corinthe à Athènes *via* Neratziotissa (1 trains/h, durée 2h). Dans l'autre sens, la ligne s'arrête à Kiato où la compagnie propose des bus pour Patra (10/j, durée de 1h30 à 2h).

TRANSPORTS

En bus

Les bus (1 départ/h, durée 20mn) partent de la place centrale, près de la rue Koliatsou à Corinthe. Ils s'arrêtent à côté de l'hôtel Marinos Rooms, à proximité de l'ancienne Corinthe, vont au musée et retournent à Nouvelle Corinthe.

En taxi

Nouvelle Corinthe – *Sur la place centrale - ☏ 27410 730 00.*
Ancienne Corinthe – *☏ 27410 314 64.*

HÉBERGEMENT

Évitez Corinthe, dont les hôtels sont sans charme. Préférez le village de l'ancienne Corinthe ou les petites stations balnéaires de la côte est *(voir p. 132).*

Ancienne Corinthe

BUDGET MOYEN

Vasilios Marinos Rooms – *À droite après la route pour l'Acrocorinthe - ☏ 2741 031994 - ☏ 2741 031004 - ▤ - 10 ch. 45-55 € - ☕ 7 € - ✕.* Les chambres, sans prétention, alignées le long d'un couloir, sont néanmoins agréables et calmes. Grand studio pour cinq personnes. Bon accueil. Taverne réputée pour sa cuisine familiale.

RESTAURATION

Ancienne Corinthe

De nombreuses tavernes, très fréquentées par les touristes, se trouvent devant une sortie du site.

PREMIER PRIX

Marinos – *Sur la place centrale - ☏ 2741 031130 - www.marinos-restaurant.gr - 15 €.* Situé en plein cœur du village, cette adresse familiale propose une cuisine simple et appétissante : moussaka, saucisses du pays, beignets d'aubergine aux copeaux de feta, etc. Vue sur la mer à l'arrière et terrasse sur le toit en été.

Mycènes

(Mykines - Μυκήνες)

★★★

Région du Péloponnèse - Unité régionale d'Argolide

Nichée au fond d'une vallée de l'Argolide, au sommet d'une colline pierreuse écrasée de soleil, cette cité fut le centre de la civilisation mycénienne qui domina la Méditerranée orientale du 15e au 12e av. J.-C. Son rayonnement inspira certains des thèmes fondateurs de la culture grecque classique. Elle fut ainsi le théâtre du massacre des Atrides, l'un des plus sanglants épisodes de la mythologie. Homère en fit le royaume d'Agamemnon, chef des Achéens lors de la guerre de Troie. Conservant de puissantes murailles aux murs cyclopéens et les vastes tombeaux circulaires de ses souverains, le site est classé au Patrimoine mondial de l'Unesco depuis 1999, conjointement avec celui de Tirynthe.

NOS ADRESSES PAGE 147
Hébergement, restauration, achats, activités, etc.

S'INFORMER

Site Internet – *whc.unesco.org/fr/list/941 (en français).*

SE REPÉRER

Carte de région D2 (p. 126-127), carte de Corinthie-Argolide (p. 149) et plan du site (p. 142). Le site archéologique principal se trouve en haut du village de Mykines, lui-même situé 22 km au nord de Nauplie et 39 km au sud-ouest de Corinthe.

À NE PAS MANQUER

La porte des Lionnes ; le cercle royal de tombes de l'acropole ; le tombeau de Clytemnestre ; le trésor d'Atrée et le musée archéologique.

ORGANISER SON TEMPS

Venez tôt pour éviter les groupes de touristes et l'implacable réverbération du soleil sur cette colline sans arbres. Terminez par le musée et le trésor d'Atrée.

3

Découvrir Plan du site p. 142

★★★Acropole

1,5 km au nord-est du village de Mykines - ✆ 27510 765 85 - mai-août : 8h-20h ; avr. et sept. : 8h-19h ; oct. : 8h-18h ; mars : 8h-17h ; reste de l'année : 8h-15h - fermé certains j. fériés - billet combiné avec les tombeaux royaux, le Musée archéologique et le trésor d'Atrée : 12 € (-18 ans gratuit) ; 6 € en nov.-mars - comptez 1h30 de visite.

Face à la cité, tentez d'oublier la foule qui vous entoure, et imaginez la Mycènes du 16e au 12e s. av. J.-C., l'une des plus anciennes citadelles de l'histoire, qui compta jusqu'à 30 000 habitants. Couronnant la colline à 280 m d'altitude, une impressionnante **enceinte cyclopéenne**★★ la protégeait, assemblage d'énormes blocs de pierre, jointoyés avec une admirable précision et dont l'épaisseur atteint par endroits jusqu'à 8 m.

Un chemin en pente flanqué de deux bastions conduit à la fameuse **porte des Lionnes**★★★, percée dans la muraille au 13e s. av. J.-C. Quatre blocs de pierre massifs la composent, dont un triangle de décharge monolithique, au-dessus du linteau, sculpté de deux lionnes étêtées, dressées sur leurs

UNE SOCIÉTÉ FÉODALE

À l'époque où dominait la civilisation mycénienne, l'Argolide se divisait en plusieurs petits royaumes. Chacun était dirigé par un monarque tout-puissant qui concentrait entre ses mains le pouvoir politique, la direction des opérations militaires et les butins de guerre. Lui-même s'entourait de seigneurs qui menaient grand train dans leurs palais, assujettissant à la « corvée » artisans et agriculteurs. Cette société, très organisée, consignait sur des tablettes d'argile, à l'aide d'un stylet, la liste de ses besoins, en hommes, en armes, en animaux, etc.

pattes arrière autour d'une colonne. Notez la puissance, à la fois si simple et si forte, de l'ouvrage – inhabituel pour une civilisation qui faisait peu de cas de la sculpture monumentale, et qui demeure l'unique élément décoratif de cet austère ensemble.

La porte franchie, on pénètre dans la citadelle (acropole) par le chemin qui menait au palais royal. Quelques dizaines de mètres plus loin, sur la droite, on surplombe le **cercle royal★★**, la première nécropole mycénienne que découvrit Schliemann. Délimité par des orthostates, plaques de pierres dressées, ce large périmètre circulaire (26,50 m de diamètre) renfermait six tombes *(interdites à la visite)* dans lesquelles furent inhumées, en position fœtale, 19 personnalités royales, rois et membres de leur famille. Autour de leurs dépouilles s'amoncelaient bijoux, épées serties d'or et autres offrandes somptueuses, qui devaient les accompagner dans l'au-delà, tandis qu'un masque mortuaire en or, moulé à même la peau, épousait chaque visage.

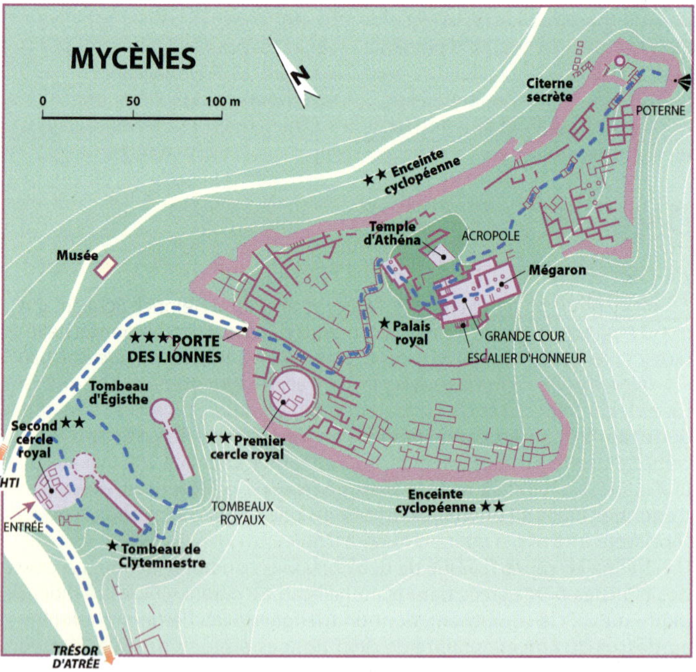

Porte des Lionnes.
Ulysses/age fotostock

Plus haut sur l'acropole, le **palais royal★** dessine une large terrasse maçonnée d'où l'on domine la plaine de l'Argolide. À l'origine, on y accédait, à droite, par un escalier d'honneur dont subsistent 18 marches. Au fond s'ouvrait le **mégaron**, la salle du trône. Un foyer circulaire en occupait le centre, entouré de quatre colonnes supportant la toiture, dont on distingue encore les bases. Aménagé en terrasses, le palais comportait aussi plusieurs étages, mais aujourd'hui seules restent visibles les fondations du premier niveau. C'est dans ces appartements que, selon la tradition, la reine Clytemnestre et son amant Égisthe assassinèrent Agamemnon à son retour de Troie. Si la chaleur ne vous accable pas trop, grimpez encore jusqu'au quartier haut de la citadelle, moins pour les vestiges du **temple d'Athéna** *(à gauche en sortant du palais)* ni pour ceux, épars, des ateliers d'artisans, que pour la belle **vue★** qu'il vous ménage sur la vallée *(depuis la poterne, tout au bout à droite)*.

3

SCHLIEMANN, PÈRE DE L'ARCHÉOLOGIE MODERNE

Rien ne prédisposait le commis d'épicerie allemand Heinrich Schliemann (1822-1890) à devenir l'un des plus grands découvreurs du monde hellénique. Rien, sinon une passion dévorante pour l'Antiquité – l'*Iliade* était son livre de chevet – et pour les langues qu'il apprit en autodidacte. À 45 ans, devenu un richissime banquier, il décide de consacrer sa fortune et son temps à la recherche des sites décrits par Homère. Sa découverte, en 1871, de la ville de **Troie**, à l'entrée du détroit des Dardanelles, prouve que les récits homériques se fondaient sur des faits réels. Celle des tombes royales de **Mycènes**, en 1874, confirme l'existence d'une civilisation que l'on jugeait mythique. Accusé de vol et de trafic d'œuvres d'art de son vivant, Schliemann pourrait aussi avoir falsifié certaines de ses trouvailles, comme le **masque d'Agamemnon** exposé au musée national d'Archéologie, à Athènes. Pour son approche scientifique des fouilles, il n'en demeure pas moins le père de l'archéologie moderne.

La civilisation mycénienne

MYCÈNES, LA CITÉ « RICHE EN OR »

La mythologie attribue la fondation de Mycènes à Persée, fils de Zeus et de Danaé, et la construction du mur d'enceinte de son acropole (ou citadelle) aux Cyclopes, ces géants dotés d'un œil unique et d'une force surhumaine. L'Histoire, elle, se montre comme toujours plus prosaïque : elle situe vers l'an 2000 av. J.-C. (début de l'âge de bronze) l'arrivée de ses premiers habitants, les **Achéens**. Pendant des siècles, ceux-ci régnèrent sur une grande partie de la Grèce continentale, à laquelle ils insufflèrent leur mode de vie. Au 13e s. av. J.-C., Mycènes s'affichait ainsi comme la principale cité du monde achéen, dominant de sa puissance toutes les seigneuries alentour. Très influencée par la **civilisation minoenne** (Crète), sa prospérité fut telle qu'Homère qualifiait la cité de « *polychrysos* » (riche en or). Personne ne sait exactement ce qui causa la ruine des palais mycéniens, vers 1 200 av. J.-C. Tremblements de terre ? Révoltes paysannes contre les abus de seigneurs tout-puissants ? Ou déferlement des **Doriens**, venus du nord, qui dévastèrent tout sur leur passage ? Quoi qu'il en soit, la destruction des palais sonna le glas de la civilisation mycénienne. Après ce désastre, il faudra plusieurs siècles aux Grecs pour retrouver une structure sociale et administrative aussi organisée que celle qui naquit ici.

« LE SANG DES ATRIDES », UNE TRAGÉDIE FAMILIALE

De toutes les tragédies antiques issues de la mythologie grecque, la plus funeste est sans conteste celle qui frappa la famille des **Atrides**, qui, selon la légende, régnait sur Mycènes au 13e s. av. J.-C.

- Acte I : **Atrée**, premier roi mythique de Mycènes et père de la lignée, décide de punir son jumeau Thyeste, coupable d'adultère : il abat trois de ses fils, les fait découper en morceaux et les sert à dîner à leur malheureux père. De douleur, Thyeste tue son frère Atrée… et devient roi à sa place. Tant de barbarie, cependant, amène les dieux eux-mêmes à réagir, décidant de vouer les enfants d'Atrée à une malédiction éternelle.
- Acte II : entrent en scène les deux fils d'Atrée : **Agamemnon**, qui chasse du trône son oncle Thyeste, et **Ménélas**, dont la femme **Hélène** s'enfuit avec **Pâris**, le fils du roi de Troie. Pour récupérer l'infidèle, l'époux bafoué déclare la guerre à la cité de Priam, où se sont réfugiés les amants, et demande aux rois voisins de se joindre à lui. Agamemnon prend la tête de l'expédition.
- Acte III : les dieux, qui poursuivent les Atrides de leur malédiction, refusent d'accorder les vents qui feront cingler la flotte grecque vers Troie, si Agamemnon ne leur sacrifie pas la plus jeune de ses filles, **Iphigénie**. Cédant au chantage, Agamemnon s'exécute, au désespoir de sa femme **Clytemnestre** et de ses deux autres enfants, **Oreste** et **Électre**.
- Acte IV : restée seule à Mycènes, qu'elle dirige pendant les dix ans que dure la guerre, Clytemnestre prend un amant, **Égisthe**, et rumine avec lui sa vengeance. Au retour de son mari, tous deux l'assassinent dans l'enceinte même du palais.
- Acte V : pour venger la mort de leur père, Oreste et Électre tuent leur mère et son complice. C'est après ce dernier meurtre que la sage déesse Athéna décide de mettre un terme à la malédiction, en acquittant Oreste et sa sœur.

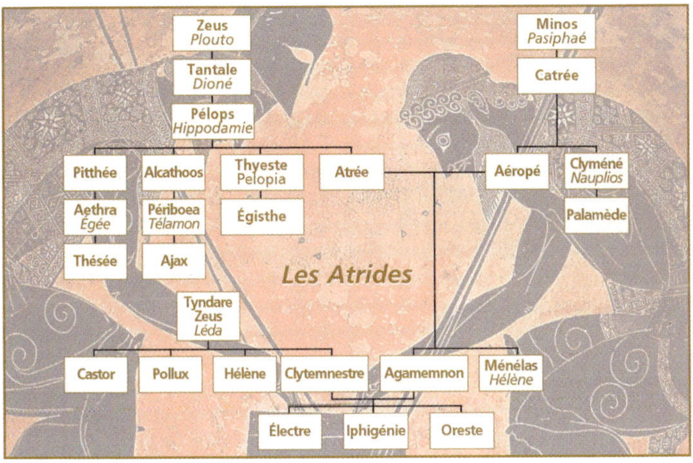

★ Tombeaux royaux

Quittez l'acropole par la porte des Lionnes ; de là, faites environ 100 m et suivez, sur votre gauche, un chemin empierré - munissez-vous d'une lampe électrique pour visiter le tombeau de Clytemnestre - comptez 30mn de visite.

À l'extérieur de l'enceinte de la citadelle, neuf tombes ont été dégagées, tumuli de terre cachant chacun une pièce circulaire coiffée d'une coupole (tholos). Toutes ne sont pas dans le même état de conservation.

Après le tombeau d'Égisthe *(le premier sur votre gauche)*, dont la voûte s'est effondrée, pénétrez dans le **tombeau de Clytemnestre★** (14e s. av. J.-C.). On y accède par un **corridor★** de 35 m de long, creusé dans le tumulus et consolidé par des murs de gros blocs de conglomérat. Au-dessus du linteau de la **porte★**, en marbre sculpté, un triangle de décharge, ici évidé, permet de soulager le linteau du poids de la couverture, qui se répartit directement sur les piédroits. L'intérieur, bien restauré, dessine une vaste chambre ronde, aux contours parfaits, dont la **voûte★★** aux lignes pures s'élève à 12,95 m.

En retrouvant la lumière du jour, passez, à gauche, devant un **cercle royal de tombes**. Plus ancien que celui de l'acropole, il contenait 24 tombes et 14 fosses royales, remplies d'offrandes précieuses, ainsi que 10 petites sépultures taillées dans la roche, destinées à des personnalités de moindre rang.

Retournez sur vos pas pour vous diriger vers le musée *(de l'autre côté du chemin d'accès, face à la porte des Lionnes)*, près duquel se trouve la **tombe du Lion** (14e s. av. J.-C.). Désormais à ciel ouvert, elle doit son nom à des gravures représentant des lions retrouvées à l'intérieur.

L'ARCHITECTURE FUNÉRAIRE MYCÉNIENNE

Plusieurs types de sépultures ont été mis au jour à Mycènes. Celles qui furent découvertes dans les deux cercles royaux sont des fosses rectangulaires, creusées dans le sol et jadis marquées par des stèles funéraires. Les plus spectaculaires sont les **tombes à coupole**, dont le trésor d'Atrée offre le plus bel exemple. Dissimulées sous une butte de terre, ce sont de hautes chambres circulaires en forme de ruche, auxquelles on accède par un long couloir à ciel ouvert. Restaient, pour les simples citoyens, les fosses carrées creusées dans le rocher, que l'on se contentait de recouvrir d'une dalle.

LES SPLENDEURS DE MYCÈNES

Le musée du site l'illustre bien : Mycènnes brilla aussi par ses arts, en particulier le **travail des métaux** précieux, dont on a retrouvé maints exemples dans les tombes : épées de bronze incrustées d'or, sculptures en ivoire, sceaux en pierres précieuses, vases en or ou en argent ciselé, masques mortuaires en or, tel celui que Schliemann attribua à tort à Agamemnon. Quant **aux fresques polychromes** qui couvraient tous les murs des palais, comparables aux chefs-d'œuvre de la cité minoenne de Cnossos, elles tranchaient en raffinement avec l'austérité des murs extérieurs du complexe.

★ Musée archéologique

En contrebas du chemin d'accès à l'acropole, 100 m au nord-ouest de la porte des Lionnes - audioguide gratuit en français - comptez 1h de visite.

Vous pourrez voir ici des copies du trésor d'Atrée, dont le fameux « masque d'Agamemnon », conservé au musée national d'Archéologie, à Athènes. Mais, surtout, ce petit musée moderne regroupe près de 2 000 objets authentiques retrouvés sur place et datant pour la plupart du 15ᵉ au 12ᵉ s. av. J.-C. : poteries, dalles funéraires, armes en bronze, énigmatiques statuettes anthropomorphiques en terre cuite, bijoux, etc. Certains sont tout à fait précieux comme cette série de **tablettes en écriture linéaire B**. Elles étaient en argile crue, conçues pour être réutilisées. Mais lors de la destruction de la ville au 12ᵉ s. av. J.-C., l'incendie les a cuites, figeant à jamais des textes de la vie quotidienne : une liste de noms de femmes, l'état d'une réserve de blé, etc.

Les **fresques polychromes★** sont les pièces maîtresses. Il s'agit de fragments, souvent de petite taille, comme celle dite de la **Dame de Mycènes** (13ᵉ s. av. J.-C.), une déesse peinte sur fond bleu. La **fresque de Trois femmes** (non datée) est le plus grand fragment. Dans un bâtiment aux colonnes torsadées, en bas, se tient une divinité mycénienne apportant les récoltes accompagnée d'un griffon (dont les ailes sont visibles). Au-dessus, une femme en habit minoen tient un bâton auquel sont suspendus deux petits hommes. Elle fait face à une souveraine mycénienne munie d'une épée. Cette scène pourrait symboliser la transition entre les deux grandes civilisations égéennes, vers 1650 av. J.-C., lorsque les Mycéniens prirent l'ascendant sur les Minoens.

★★ Trésor d'Atrée

500 m au sud-ouest de l'acropole, le long de la route menant à Mykines - parking - munissez-vous d'une lampe électrique - comptez 20mn de visite.

Précédée d'un **corridor★** de 36 m de long, voici la plus grandiose des tombes à coupole découvertes à Mycènes est la seule dotée de deux pièces. Aussi, Schliemann l'avait-il attribuée à Agamemnon… à tort, puisqu'elle fut construite plus d'un siècle avant la guerre de Troie, au 14ᵉ s. av. J.-C. Mais sa taille et la perfection de l'ouvrage laissent penser qu'elle fut aménagée pour accueillir la dépouille mortelle d'un grand roi ; Atrée lui-même, peut-être ?

Passé la porte et son impressionnant **linteau monolithique★★** de 9 m de long – pesant quelque 120 tonnes –, on est d'abord saisi par la fraîcheur des lieux, fort bienvenue. Le temps de vous habituer à l'obscurité de la salle ronde (14,50 m de diamètre), admirez le remarquable assemblage de ses **33 rangs de pierres**, savamment disposés en encorbellement, à la courbe parfaite, jusqu'au sommet de la coupole, à 13,20 m au-dessus de votre tête. La sépulture royale, entourée d'armes et de vivres, occupait le centre de la pièce, juste en dessous de la clé de voûte, tandis qu'à droite une seconde pièce, plus petite, abritait un ossuaire (à découvrir à la lampe électrique).

NOS ADRESSES À MYCÈNES

TRANSPORTS

En voiture

De Corinthe, empruntez la route nationale et sortez à Fichti. Traversez le village de Mykines et accédez, 1,5 km plus loin, au site antique.

En bus

Les bus en provenance d'Athènes et de Corinthe (ttes les h) s'arrêtent à Fichti, à 3 km du site *(www.ktel-argolidas.gr)*. Les bus en provenance de Nauplie (5/j., durée 1h) et d'Argos (3/j., durée 30mn) s'arrêtent dans le village de Mykines et sur le site.

HÉBERGEMENT

Quoique sans charme particulier, le village de Mykines possède plusieurs hôtels. L'idéal, si l'on a une voiture, et de loger à Nauplie et de rayonner dans la région.

PREMIER PRIX

Camping Atreus – *À l'entrée du village, à 2,5 km avant le site - 2751 076221 - - empl. 20 €.* Familial et accueillant, ce camping dispose d'un restaurant, d'une petite épicerie (qui ne vend que du pain et des boissons) et d'une piscine. Évitez les emplacements en bord de route.

Pandelis Rooms – *Sur la gauche en arrivant dans le village - 2751 076360 - 6 ch. 40 €.* Chambres modestes mais bien tenues. Choisissez de préférence celles situées à l'arrière.

BUDGET MOYEN

Belle Hélène – *Au centre du village, sur la gauche - 2751 076225 - 7 ch. 40/50 € -.* Arrêtez-vous dans ce vieil hôtel ouvert en 1862, ayant hébergé quelques voyageurs illustres comme Jean-Paul Sartre ou Agatha Christie (leur nom est encore sur les portes des chambres occupées). Autre curiosité : la chambre no 3, où a vécu l'archéologue allemand Heinrich Schliemann, a été transformée en petit musée. Prenez le temps de lire les dédicaces du livre d'or, affichées dans le hall, surtout celles de Jean-Paul Sartre, de Boris Vian et de Jean Cocteau.

Petite Planète – *Dernière maison du village, sur la gauche en montant vers le site - 2751 076240 - www.petite-planet.gr - - 29 ch. 65 €* - . Les chambres confortables de cet établissement moderne sont réparties sur deux niveaux, au-dessus et au-dessous du restaurant. Les terrasses de celles du second procurent une belle vue sur l'Argolide. Agréable petit-déjeuner et accueil charmant. Le restaurant, lui, est fermé le soir hors saison.

RESTAURATION

Tout en longueur, le village de Mykines abonde en auberges, cafés et restaurants. Hors saison, la plupart sont fermés le soir : si vous séjournez à Mykines, vous disposerez cependant (au centre du village) de modestes auberges fréquentées par les locaux.

3

En Argolide

★★

Argos et Tirynthe ★★

Argos : 23 483 hab. - Région du Péloponnèse - Unité régionale d'Argolide

Argos, la capitale économique de l'Argolide, est une cité moderne sans grand charme. Pourtant, on se prend à rêver aux trésors, cachés ou non, de cette ville, prétendument la plus ancienne de Grèce : un château fort perché au sommet d'une colline pelée, un impressionnant théâtre grec, au pied duquel les Romains bâtirent de vastes bains. Alentours, au cœur des vergers d'agrumes, se découpent sur le ciel les ruines altières de Tirynthe, une citadelle dont la puissance et la richesse égalèrent celles de Mycènes. Un saisissant exemple d'architecture militaire du 13e s. av. J.-C. aux remparts cyclopéens.

NOS ADRESSES PAGE 153
Hébergement, restauration, achats, activités, etc.

S'INFORMER

Site Internet – *www.argolisculture.gr/fr (site officiel de l'unité régionale consacré aux musées et monuments historiques, en français).*

SE REPÉRER

Carte de région D2 (p. 126-127), carte de Corinthie-Argolide (ci-contre), plan de Tirynthe (p. 151).

À NE PAS MANQUER

La citadelle de Tirynthe et son enceinte cyclopéenne ; le théâtre de l'ancienne Argos ; les mosaïques du Musée byzantin, à Argos ; l'église byzantine d'Agia Triada.

ORGANISER SON TEMPS

Visitez les sites archéologiques le matin, la plupart fermant à 15h.

Se promener Carte de Corinthie-Argolide

ARGOS (ΑΡΓΟΣ)

12 km au sud-ouest de Mycènes (la route nationale mène à la place Agiou Petrou qui réunit banques et cafés) - comptez 3-4h de visite.

Aujourd'hui éclipsée par l'élégante Nauplie (*p. 158*), Argos mérite bien une halte pour son histoire et son riche patrimoine. La ville actuelle étend ses rues bordées d'immeubles en béton autour des places St-Pierre *(Agiou Petrou)* et de la Démocratie *(Dimokratias)* jusque sous la **citadelle de Larissa★**. Selon la mythologie, elle fut fondée par Argos, fils de Zeus. Les Doriens s'y installèrent au 12e s. av. J.-C., donnant à la cité son premier âge d'or. Au 7e s. av. J.-C., Sparte s'imposa comme capitale de la région. Cependant, Argos continua de rayonner grâce à sa production de bronzes, de poteries et, surtout, dès le 6e s. av. J.-C., à la renommée de son école de sculpture qu'illustrent les talentueux Agéladas et Polyclète. À l'arrivée des Romains, Argos connaît une nouvelle embellie. Elle s'agrandit et voit la plupart de ses bâtiments remaniés. Sa destruction par les Wisigoths, en 395, inaugure une période de troubles au cours de laquelle la ville passe plusieurs fois des mains des Ottomans à celles des Vénitiens, jusqu'à la prise de la citadelle qui sonne sa libération (1821).

Musée archéologique

R. Vasilissis Olgas (rue piétonne entre les pl. Agiou Petrou et Dimokratias) - ✆ 27510 688 19 - fermé pour travaux depuis 2014, réouverture prévue en 2020 (se rens.).
Il rassemble de belles trouvailles réalisées par l'École française d'Athènes dans les environs, notamment une grande **jarre**★ d'époque géométrique couverte de multiples motifs peints, d'immenses **vases funéraires**★★ du 2e millénaire avant notre ère, ou encore, une cuirasse et un casque en bronze du 8e s. av. J.-C., étonnamment bien conservés.

★ Musée byzantin de l'Argolide (Vyzantinó Mouseío Argolídas - Βυζαντινό Μουσείο Αργολίδας)

Caserne Kapodistria - pl. Dimokratias (300 m au nord-ouest de la pl. Ag. Petrou) - ✆ 27510 689 37 - www.byma.gr - tlj sf lun. 9h-14h - 4 € (-18 ans gratuit).
Installé dans un ancien hôpital militaire vénitien (1690), ce musée ouvert en 2017 s'intéresse à toute la période médiévale dans la région, de l'Antiquité tardive à l'ère ottomane. Il abrite en particulier de délicates **mosaïques**★ (4e s.) de l'Argos romaine et des objets du quotidien (lampes, vaisselle peinte, vases) découverts en 2004 dans la **grotte d'Andritsa** *(27 km au sud-ouest)* où une petite communauté chrétienne trouva refuge au 6e s. Les collections intègrent également des poteries franques et vénitiennes, des inscriptions et stèles funéraires islamiques ainsi que des éléments architecturaux chrétiens. À ce titre, le musée est une bonne source d'informations pour partir à la découverte des ravissantes **églises byzantines** de l'Argolide.
En sortant du musée, prenez à gauche la r. Zographou, puis tournez à gauche dans la grande r. Gounari qui longe la citadelle de Larissa et mène à Tripoli. Suivez cet axe sur 500 m jusqu'au site de l'ancienne Argos.

★ Ancienne Argos (Archéo Argos - Αρχαίο Άργος)

Rte de Tipoli - ✆ 27510 688 19 - 8h-15h - gratuit - du guichet, suivez la grande allée qui longe les thermes romains et mène au théâtre.

Depuis plus de trente siècles, Argos occupe le même espace, sous la colline de Larissa. Légèrement excentré par rapport au centre-ville actuel, le cœur de la ville grecque et romaine est situé de part et d'autre de la route de Tripoli avec les rares ruines de l'**agora** à gauche *(côté ville)* et les vestiges les plus importants à droite *(sous la colline)*. Le site est placé sous la responsabilité de l'École française d'Athènes depuis 1952.

★★ **Théâtre** – Construit à flanc de colline au 4e s. av. J.-C., c'est l'un des plus vastes de Grèce : 20 000 spectateurs pouvaient y prendre place, soit 5 000 de plus que son prestigieux rival d'Épidaure. De fait, on est saisi par son ampleur, les gradins clairs (bien restaurés) se déployant comme un immense éventail sur le flanc vertigineux de la colline, tantôt bâtis, tantôt taillés à même la roche (au centre). Les Romains transformèrent la scène en bassin pour y donner des spectacles nautiques. Le fond de scène conserve une partie de son mur de brique (autrefois plaqué de marbre) percé de niches où se dressaient des statues.

★ **Thermes romains** – Bâti au 2e s. à l'emplacement d'un sanctuaire dédié au dieu gréco-égyptien Sarapis, ce vaste complexe a conservé une grande partie de ses murs intacts, certains atteignant encore 11 m de haut. On y accède, côté colline, par une grande **salle absidiale** qui servait sans doute de vestibule. De là, promenez-vous de salle en salle, jusqu'aux bains chauds que vous repérerez sans peine grâce aux **hypocaustes**, petites colonnes de brique plate constituant le système de chauffage en sous-sol.

Autres vestiges – Entre les thermes et le théâtre, prenez le chemin qui conduit à l'**odéon**, un petit édifice du 1er s. de notre ère, probablement remanié au 3e s. Il a gardé quelques gradins taillés dans la pierre, des couloirs latéraux dallés de mosaïques, et le fond de scène (dépourvu de son placage en marbre). Au-delà, on aboutit aux ruines du **sanctuaire d'Aphrodite**, dont seule une partie des fondations a été exhumée.

★ Citadelle de Larissa (Kástro Lárisas - Κάστρο Λάρισας)

5 km au nord-ouest du centre-ville par une route (flechée) sinueuse mais correcte - à pied : 45mn/1h de marche assez fatigante au dép. de l'ancienne Argos - entrée libre.

Couronnant une colline à 240 m d'altitude, ce monumental **kastro** n'a rien perdu de sa superbe malgré les outrages du temps. Bâti au 10e s. par les Byzantins avec les matériaux d'une acropole mycénienne, il fut remanié à plusieurs reprises par les Vénitiens et les Ottomans. Si le courage vous manque pour faire le tour des deux **enceintes de fortification**★★ qui protègent une petite église (en ruine), profitez du moins de la **vue panoramique**★ sur Argos et, au-delà, sur la citadelle de Nauplie, dont la silhouette se détache à l'horizon.

Héraion d'Argos (Iraíon Árgous - Ηραίον Άργους)

9 km au nord-est (à Inachos, suivez le fléchage pour Neo Ireo, puis pour « Ancient Iréo ») - ✆ 27510 688 19 - 8h-15h - gratuit.

Ce sanctuaire dédié à Héra, la déesse tutélaire de l'Argolide, vaut surtout pour la beauté du **site**★★, une vaste plaine tapissée d'orangers et d'oliviers. Bâti à l'époque mycénienne et encore actif sous les Romains, ses trois terrasses en faisaient l'un des plus importants de l'Antiquité. La deuxième et la troisième révèlent les fondations de deux temples doriques. Selon Homère, c'est ici que les chefs grecs prêtèrent serment d'allégeance à Agamemnon avant leur départ pour Troie. En repassant par le village de Neo Iero, notez l'**église Kimissis tis Théotokou** (Dormition-de-la-Mère-de-Dieu). Datant du 12e s., c'est l'une des mieux conservées de la période des Comnènes.

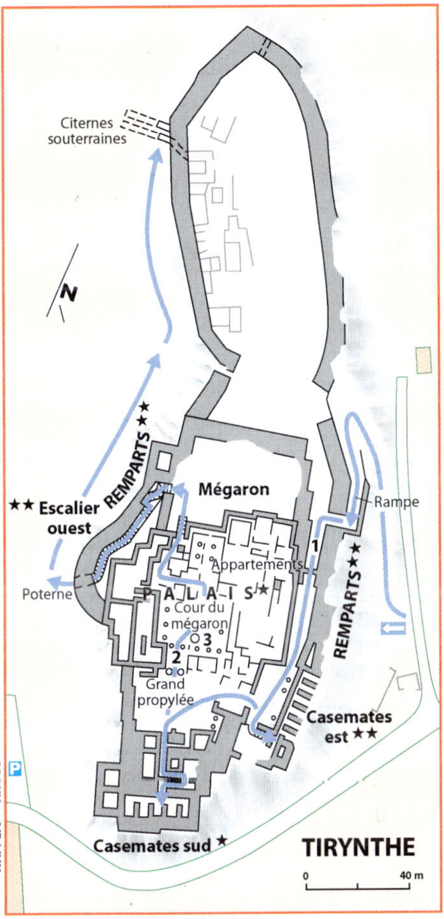

À proximité

★★ **TIRYNTHE (TIRINTHA - ΤΙΡΥΝΘΑ)** Plan du site

8 km au sud-est d'Argos, 4 km au nord-ouest de Nauplie - ✆ 27520 226 57 - www.unesco.org/fr/list/941 - mai-août : 8h-20h ; avr. et sept. : 8h-19h ; oct. : 8h-18h ; reste de l'année : 8h-15h - fermé certains j. fériés - 4 € (-18 ans gratuit) ; 2 € en nov.-mars - comptez 45mn de visite.

Impressionnante barre de calcaire blanc de 300 m de longueur hérissée de **murs cyclopéens★★**, Tirynthe (*Tyrins* en grec ancien) fut l'un des grands centres de la civilisation mycénienne (1500-1100 av. J.-C.). Depuis 1999, le site est classé conjointement avec celui de **Mycènes** au Patrimoine mondial de l'Unesco. Les deux villes partagèrent le même sort funeste, lorsqu'au 12e s. av. J.-C., elles furent détruites par un « événement » dont on ignore toujours s'il s'agissait d'un séisme, d'une guerre civile ou d'une invasion des Doriens. Bien que le lieu resta habité jusqu'au 5e s. av. J.-C., la seule grande modification apportée fut la construction d'un temple dédié à Héra à l'emplacement du palais. Mais, pour l'essentiel, la citadelle resta figée dans ses murs. La mémoire de sa grandeur passée a survécu à travers des **fresques polychromes** *(au musée national d'Archéologie, à Athènes)*, mais surtout dans la mythologie. La cité aurait été fondée par le roi Proitos avec l'aide des **Cyclopes**, ces géants dotés d'un œil unique. Et, toujours selon la légende, c'est pour Eurysthée, roi de l'Argolide, qu'Héraclès accomplit ses douze travaux.

★★ Remparts

De la route reliant Argos à Nauplie, il suffit de regarder la citadelle pour comprendre sa position stratégique, mais aussi la nécessité d'une architecture si puissamment fortifiée. Bâtie sur une légère éminence (18 m de hauteur), Tirynthe était en effet exposée aux assauts ennemis. Aussi, imposait-elle des remparts suffisamment épais et fort ingénieux pour décourager toute attaque. À partir du 14e s. av. J.-C., la citadelle fut donc progressivement dotée de murs atteignant plus de 9 m de hauteur (contre 7 m aujourd'hui) sur un périmètre de 750 m. Impressionnées, les civilisations suivantes crurent qu'il s'agissait là de l'œuvre des Cyclopes. De fait, on ne sait toujours pas comment de simples hommes ont pu soulever de tels blocs de pierre, le poids de certains dépassant 13 tonnes. On ne s'explique pas non plus comment ils les assemblèrent pour former cette monstrueuse muraille de 8 à 10 m d'épaisseur.

Au 12e s. av. J.-C., à l'issue de ce chantier titanesque, la ville s'organisait en 4 zones distinctes. Au-delà des murs se trouvaient les quartiers d'habitation, dont subsistent peu de choses, et la **nécropole** de la colline voisine *(1 km à l'est)*, au pied de laquelle une tombe royale souterraine coiffée d'une coupole est visible. La citadelle elle-même comprenanit la **terrasse inférieure** *(au nord)*, où se regroupaient ateliers, magasins et habitations diverses, puis l'**acropole** *(au sud)*, réservée à son luxueux palais. À l'extrémité sud, le site est désormais flanqué d'un centre pénitentiaire.

Après la billetterie *(au nord, à côté du parking)*, le chemin longe l'est des remparts jusqu'à une **rampe inclinée**. Conçue pour faciliter la progression des chars, celle-ci constituait l'accès principal. Passé une **première porte** percée dans les remparts, on aboutit à une sorte de sas, jadis enserré par de hauts murs, où l'assaillant qui était parvenu jusqu'ici se trouvait pris sous le tir des archers. On sort du sas par une deuxième **porte monumentale** – remarquez au sol les trous des gonds de ses vantaux – qui ouvre sur l'acropole.

★ Acropole

Cette vaste esplanade rectangulaire ne semble conserver que des bâtiments arasés. Mais, en descendant vers la gauche, on rejoint les **casemates est★★**, une étonnante série de galeries aménagées dans l'épaisseur du rempart, qui servaient d'abri en temps de guerre et de réserves en temps de paix. Admirez les **voûtes**, constituées de pierres plates savamment agencées.

De retour sur la terrasse, traversez les propylées *(à gauche)*, repérables à la dalle bleutée qui en marque le seuil, et pénétrez dans la cour extérieure du **palais**. À gauche, un escalier dessert les **casemates sud★**, semblables aux précédentes, tandis qu'à droite s'ouvre la cour intérieure du palais. Elle a conservé sa large dalle de ciment, ainsi qu'une portion de l'autel qui y trônait *(à droite)*. Les pièces du palais proprement dit, le **mégaron**, encadraient une autre cour autrefois couverte et dont les murs s'ornaient de fresques. Un foyer circulaire en occupait le centre, tandis que le trône royal se dressait sur le côté droit.

Passé le mégaron, tournez à gauche jusqu'à la muraille ouest où gisent les vestiges d'une tour. À l'intérieur se cache un étroit **escalier★★** de pierre, creusé dans l'épaisseur des remparts. Bien conservées, ses 80 marches descendent à l'extérieur de la citadelle, débouchant juste au pied d'une poterne. Là encore, l'assaillant n'avait aucune chance d'esquiver les flèches des archers. Une fois descendu, longez les remparts vers la droite, où sont aménagées plusieurs **citernes** voûtées. Destinées à recueillir les eaux potables de deux sources, elles communiquaient avec la citadelle par des passages souterrains.

AGIA TRIADA (ΑΓΙΑ ΤΡΙΑΔΑ) Carte Corinthie-Argolide p. 149

4 km au nord-est de Tirynthe, 8,5 km à l'est d'Argos.

À l'entrée sud de ce village, en venant de Tirynthe, s'élève une ravissante **église franco-byzantine★★** dédiée à la Dormition de la Mère de Dieu *(Kimissis tis Theotokou)*. Fondée vers 1280 par l'archevêque catholique de Corinthe Guillaume de Moerbeke, elle correspond à l'architecture byzantine classique avec son plan à croix inscrite et son dôme à tambour. Mais ce lieu de culte orthdoxe intègre aussi des **éléments gothiques** : pierres sculptées, doubles colonnettes aux fenêtres en arc, colonnettes du dôme, etc. L'intérieur, qui conserve des restes de fresques (14e-15e s.), est souvent fermé à la visite. Si vous ne pouvez pas y entrer, prenez au moins le temps d'en faire le tour pour admirer le très bel **appareillage★★** de briques, de pierres antiques de remploi, incrusté de panneaux sculptés et d'un très beau cadran solaire.

KEFALÁRI (ΚΕΦΑΛΑΡΙ) Carte de Corinthie-Argolide p. 149

9 km au sud-ouest d'Argos par la route de Trípoli puis, à 5 km, un chemin à droite mène à la source de l'Erassinos.

Très abondante, la rivière sort de grottes consacrées dans l'Antiquité à Pan et à Dionysos. Les Anciens affirmaient que ses eaux venaient du lac Stymphale en passant sous la montagne. Vous apprécierez, surtout en été, la fraîcheur du site ainsi que les ombrages de son énorme platane et de ses hauts peupliers *(cafés de plein air)*.

3

NOS ADRESSES À ARGOS

INFORMATIONS UTILES

Banques – Nombreuses agences sur la pl. Agiou Petrou.

Police – *4, r. St-Artemios - ☎ 27510 672 22.*

Santé – *À la sortie d'Argos, sur la route de Mycènes. ☎ 27510 244 55.*

Taxis – *Station pl. Agiou Petrou - ☎ 27510 676 78/276 16.*

ARRIVER/PARTIR

En bus

Gare routière – *6 r. Kapodistriou (à proximité de la pl. Ag. Petrou). - ☎ 27510 673 24 - www.ktel-argolidas.gr.* Liaisons avec Nauplie *(ttes les h, durée 30mn)*, Athènes *(ttes les h, durée 2h)*, Mycènes *(3/j., durée 25mn)*, Némée *(2/j., durée 1h)*, Sparte *(4/j., durée 2h30)*, Tripoli *(2/j., durée 1h15)*.

HÉBERGEMENT, RESTAURATION

Il est bien plus agréable (et aisé) de loger à Nauplie. Côté restauration, Argos compte notamment deux petites tavernes sous la halle de la place Dimokatrias (en face du Musée byzantin). La place accueille aussi un important **marché** à ciel ouvert mercredi et samedi matin.

Péninsule de l'Argolide

★

95 561 habitants - Régions du Péloponnèse et de l'Attique - Unités régionales d'Argolide et des îles de l'Attique

Séparant le golfe Argolique du golfe Saronique, cette péninsule constitue une région de collines calcaires, parfois assez escarpées, dont les pentes sont souvent couvertes de pinèdes et d'oliveraies, tandis que les bassins littoraux portent de riches plantations d'agrumes. La route côtière, jalonnée de petits ports et de stations balnéaires, permet de découvrir de belles vues sur les îles toutes proches : Poros, Hydra et Spetsae.

NOS ADRESSES PAGE 157
Hébergement, restauration, achats, activités, etc.

S'INFORMER

Sites Internet – *www.portoheli.gr (en anglais).*

SE REPÉRER

Carte de région (p. 126-127).

À NE PAS MANQUER

Une journée de farniente agrémentée d'une baignade sur la plage d'Aliki, au pied de la forêt de citronniers de Galatas.

Circuit conseillé Carte de région p. 126-127

Circuit en boucle de 216 km au départ de Portocheli tracé en vert sur la carte de région (p. 126-127) – Comptez deux jours avec la visite du sanctuaire d'Épidaure. Il parcourt la pointe sud de la péninsule et s'achève à Kósta face à l'île de Spetsae.

Portocheli (Πορτοχέλι) D3

Cette bourgade de pêcheurs, dont le nom signifie « port des anguilles » (aussi orthographié Porto Heli/Πόρτο Χέλι), s'abrite au fond d'une jolie baie. Point d'embarquement pour l'île de **Spetsae** *(« Nos adresses » p. 157)*, elle est devenue une importante station balnéaire. Au nord, se trouvent les ruines immergées de l'antique cité de **Halieis** *(suivre la signalisation)*, où sont visibles les traces des soubassements d'une acropole datant de 700 av. J.-C.

Quittez Portochéli en suivant la direction Corinthe/Athènes.

Kranidi (Κρανίδι) D2-3

Ce beau village de maisons de pierre occupe un site agréable sur une éminence. L'**église Agia Triada** possède de belles fresques (13e s.). À proximité se trouvent trois monastères, dont Agion Anargiron (11e s.), le plus ancien, qui possède une riche iconostase dorée en bois sculpté. Sur la gauche de la route, les vestiges de deux superbes moulins à vent coiffent une colline,.

Peu après Kranidi, prenez une route à gauche.

Kilada (Κοιλάδα) D2

Ce village de pêcheurs s'allonge au fond d'une baie. À proximité, de belles plages, notamment celle de **Korakia**, invitent à la baignade. Dans la montagne au nord, par un sentier, on peut atteindre la **grotte de Fraghti** ; les fouilles qui y ont été effectuées démontrent qu'elle fut habitée dès le 8e millénaire av. J.-C.

Revenez vers Kranidi et reprenez à gauche la route vers Ligourio.

Le port de Kilada.
F. Scholz/Arco Images/age fotostock

Au-delà de **Fourni**, une route en terre battue à droite conduit, en passant par l'église Agion Anargiron, à l'entrée nord de la **gorge de Katafyki**, où l'on peut faire une très belle promenade dans un paysage calme et sauvage.
Retournez à la route principale.

3

Cratères de Didyma (Dolínes ton Didýmon - Δολίνες των Διδύμων) E2

On aperçoit, juste après Didyma, à gauche de la route, une immense cavité à flanc de montagne. Il s'agit d'un cratère de 80 m de diamètre formé par l'effondrement de la surface du sol suite à l'explosion de bulles de méthane souterraines il y a des milliers d'années – la tradition locale parle d'une improbable chute de météorite au 19e s. Un chemin carrossable *(indication « pros spilia »)* conduit en 500 m à un autre cratère, plus grand encore (120 m de diamètre) mais dissimulé en raison de son orientation. Un escalier creusé en tunnel conduit, à mi-hauteur, dans la cavité jusqu'à deux petites chapelles du 13e s.
Continuez vers Ligourio. Peu avant Trachia, après quelques maisons, prenez à droite la route d'Ano Fanari.

Ano Fanari (Άνω Φανάρι)

En traversant ce village suspendu à flanc de montagne, vous découvrirez, au détour d'un virage, la mer en contrebas. La route en corniche descend en lacets serrés, offrant des **vues★★** spectaculaires sur la côte du golfe Saronique et la presqu'île de Methana.
7 km après Kalloni, tournez à gauche vers Methana.

Presqu'île de Methana (Μέθανα) E2

La route franchit la langue de terre formant la racine de l'ancienne île volcanique de Methana, montagneuse et tourmentée, culminant au mont Heloni (743 m d'altitude), volcan éteint. En 1826, le colonel Fabvier y avait établi un camp fortifié d'où il partit s'emparer brièvement de l'Acropole d'Athènes. En passant l'isthme, à gauche, les ruines du « kastro Favierou » sont toujours visibles. Il faut ensuite prendre à droite pour arriver à la **ville de Methana**.

PHÈDRE, L'HÉROÏNE PAR EXCELLENCE
Si Phèdre a exercé une telle fascination chez les dramaturges depuis l'Antiquité, c'est parce que la fille de Minos et de Pasiphaé conjugue en elle toutes les formes du Destin : parmi ses ancêtres, elle compte des dieux, dont Zeus et Hélios, dieu du Soleil (Phèdre signifie « la Brillante »). Dans sa fratrie, Deucalion, et Ariane qu'elle n'hésita pas à abandonner seule sur le rivage de Naxos pour fuir avec son amant, Thésée, qu'elle épouse après qu'il eut répudié sa première femme avec laquelle il conçut **Hippolyte**. Ce beau-fils dont elle tombe amoureuse repousse ses avances. Elle l'accuse devant Thésée de l'avoir séduite, provoquant la mort du jeune homme, maudit par son père : un monstre (ou un taureau) l'attaque alors qu'il longeait la côte sur son char et il meurt à **Trizina** (Trézène). Accablée de remords et de désespoir, Phèdre se tue en déplorant sa destinée. Un culte sera rendu à Hippolyte, innocenté. Certains auteurs racontent qu'il fut ensuite ramené à la vie par Asclépios...

Cette station balnéaire (reliée au Pirée en bateau) possède un port bien protégé par un promontoire boisé où l'on a retrouvé les restes d'une forteresse du 4e s. av. J.-C. Méthana est surtout une station thermale dont les eaux chaudes et sulfureuses sont prescrites pour le traitement des rhumatismes et des maladies de la peau. Sur la côte ouest de la presqu'île, le village de pêcheurs de **Vathi** et ses tavernes de poissons occupent le fond d'une petite crique. En poursuivant vers le sud, par la route qui longe la mer, on parvient à un sentier à travers la végétation menant *(300 m de la route)* jusqu'aux restes de l'enceinte de l'acropole de Méthana. Au nord de Vathi, la route offre d'admirables **vues★** plongeantes sur la mer et, pénétrant dans la forêt, conduit à **Kaïmeni Hora**. Laissé à l'abandon, le village est situé au pied d'un cône volcanique dont on peut atteindre le sommet *(sentier balisé)* afin d'admirer le paysage sauvage.
Quittez la presqu'île, puis tournez à gauche au carrefour de la route de Galatás (dir. Poros) ; 2 km plus loin, prenez à droite la petite route qui conduit à Trizina.

★ Trizina (Τροιζήνα) E2

C'est dans ce village, aussi connu en français sous le nom de Trézène, que se tint en 1827 la 3e assemblée nationale de Grèce, au cours de laquelle **Ioannis Capo d'Istria** (1776-1831) fut élu chef du nouvel État grec indépendant.
Traversez le village pour suivre « Acropolis of Trizina », puis une petite route, à droite, indiquant « Diavologéfira » et « Antiquities ». À l'embranchement, près d'un pont romain, prenez à droite sur 1,5 km le chemin qui longe 2 églises et qui devient moins carrossable sur 700 m. Suivre « Sanctuary of Hippolytos, Asclepieion, Episkopi ».
À gauche du chemin se trouvent les restes du **sanctuaire d'Hippolyte** et, à droite, ceux d'un temple où **Asclépios**, dieu de la Médecine, aurait ramené le fils de Thésée à la vie. Un peu plus loin, on remarque les ruines d'une église paléochrétienne et d'un palais épiscopal. Revenez à l'embranchement et prenez à droite au pont romain : 300 m plus haut se dresse une tour hellénistique remaniée au Moyen Âge, vestige des remparts de la ville antique. Continuez jusqu'au bout du chemin à 500 m. En 5mn, on atteint l'entrée du **ravin du Diable★**. On peut poursuivre le sentier à l'ouest. Au sommet des falaises se trouvaient l'acropole et un sanctuaire dédié à Pan, ainsi que le château de Damalet, siège d'une baronnie franque au 13e s.
Rejoignez la route de Galatás.
La plaine littorale fertile est plantée d'orangers, citronniers, cédratiers, figuiers, caroubiers sur lesquels tranche parfois un cyprès.

Galatas (Γαλατάς) E2

Ce bourg de 2 000 habitants est situé juste en face de l'île de **Poros**, séparée par un détroit de 200 m de largeur. Du front de mer, superbes **vues★★** sur le port de la ville de Poros. L'arrière-pays est quant à lui réputé pour ses citronniers. *Poursuivez sur la route côtière en direction d'Ermioni.*

★ Forêt de citronniers (Lemonodásos - Λεμονοδάσος) E2

Quelque 30 000 pieds couvrent la pente au-dessus de la plage de sable d'**Aliki**. *30mn AR. Laissez la voiture à hauteur de la chapelle Agios Serafim.* De là, entamez l'ascension de la colline à travers le verger embaumé qu'irriguent des rigoles. Poursuivez jusqu'à la source de Kardasi. Enfouie dans les bosquets de lauriers-roses, bougainvilliers et bananiers, elle révèle une jolie **vue** sur Poros. *Continuez vers Ermioni (fréquentes perspectives sur les îles d'Hydra et de Dokos).*

★ Plepi (Πλέπι) E2

Entre Metochi et Akti Idras, agréable station balnéaire avec port de plaisance.

Ermioni (Ερμιόνη) E2-3

Aussi appelé Hermione, cet ancien évêché byzantin est devenu une jolie station balnéaire et un port de pêche abrité *(liaisons maritimes régulières avec Hydra)*. *Continuez la route côtière jusqu'à l'embranchement de Kosta (à gauche).*

Kosta (Κόστα) D3

Minuscule port de pêche et station balnéaire *(liaisons maritimes avec Spetsae)*.

NOS ADRESSES DANS LA PÉNINSULE

HÉBERGEMENT

Portocheli

BUDGET MOYEN

Hôtel Rozos – *Sur la petite route de Kósta face à la baie - ✆ 2754 051416 - www.hotelrozos.com - 25 ch. 75/92 € - ☕ 6 €.* Devant une minuscule plage et un petit mouillage, hôtel tout revêtu de blanc et de bleu. Très simples et élégantes, les chambres disposent d'un balcon donnant sur la baie. Accueil chaleureux.

POUR SE FAIRE PLAISIR

Aks Porto Heli – *Juste après le Rozos - ✆ 2754 053400 - www.akshotels.com/porto-heli-hotel/hotel - 🏊 - 208 ch. 80/130 € ☕ - ✕.* Précédé d'un parc et d'une piscine, un grand hôtel confortable, ménageant de belles vues sur la baie. Trois restaurants, dont l'un situé sur la terrasse.

Galatas

BUDGET MOYEN

Aliki Beach Hotel – *✆ 2298 042264 - 20 ch. 50 € - ☕ 7 € - ✕. Deux options pour la baignade : la plage (privée) ou la piscine, toutes deux avec une jolie vue sur Póros. Certaines chambres sont équipées d'une kitchenette.*

EXCURSIONS

Embarquement pour les îles Saroniques (p. 78)

Poros – Liaisons en barque à partir du port de Galatas. Liaisons en voiture par ferry toutes les demi-heures entre 7h et 21h30.

Hydra – Liaisons maritimes régulières avec Ermioni et Kosta.

Spetsae – Liaisons en navettes et bateaux-taxis (plus onéreux mais permettant d'éviter l'attente) au départ de Portocheli et de Kosta (parking payant à proximité).

3

Nauplie

(Nafplio - Ναύπλιο)

★★

18 910 habitants - Région du Péloponnèse - Chef-lieu de l'unité régionale de l'Argolide

Léchée par les eaux bleues du golfe Argolique, Nauplie a su entretenir avec soin son passé. Au fil du temps, elle s'est couverte, d'habitations médiévales serrées le long d'étroites venelles, d'élégantes demeures vénitiennes, de villas néoclassiques, de mosquées et d'églises. L'ensemble est étonnamment homogène, comme si chacun avait mis un point d'honneur à recouvrir les toits des mêmes tuiles rouges, à crépir les murs des mêmes teintes pastel, et à paver rues et places des mêmes marbres. L'ancienne capitale grecque est un de ces lieux de charme qui invitent à conjuguer visites culturelles, shopping, baignade et farniente.

NOS ADRESSES PAGE 166
Hébergement, restauration, achats, activités, etc.

S'INFORMER

Office de tourisme de Nauplie – *Mairie, pl. Trion Niavarchon - ✆ 27520 244 44 - 10h30-20h.* Informations rudimentaires.

Sites Internet – *www.argolisculture.gr/fr (site officiel de la Direction des antiquités de l'Argolide, en français) ; www.visitnafplio.com (site personnel d'un habitant norvégien de Nauplie, en anglais).*

SE REPÉRER

Carte de région D2 (p. 126-127), carte de Corinthie-Argolide (p. 149) et plan de ville (p. 160-161).

À NE PAS MANQUER

Le Musée archéologique et la citadelle de Palamède ; se promener dans la vieille ville.

ORGANISER SON TEMPS

La ville basse n'est pas très étendue et l'on s'y promène avec plaisir à pied. Elle constitue un camp de base idéal pour rayonner dans l'Argolide. Préférez la plage de Karathona, moins bondée que celle de Tolo.

AVEC LES ENFANTS

Les trois forteresses ; le musée du Komboloï et celui de la Guerre.

Se promener Plan de ville p. 160-161

★★ VILLE BASSE

Comptez une journée, à pied. Laissez votre voiture au parking du port et remontez le quai dédié à l'armatrice Bouboulina (*p. 164*) jusqu'à la **place des Philhellènes** (*pl. Filellínon*). Dominée par une colonne rendant hommage aux Français morts pour l'indépendance de la Grèce, celle-ci est bordée de maisons néoclassiques et par les flots. Tout près, au centre de la rade, se tient la plus petite des trois forteresses défendant Nauplie, celle de l'**îlot Bourdzi**. Pénétrez dans la ville par la rue Farmakopoulou *(à droite de l'hôtel Grande-Bretagne)*, puis après l'**église de la Panagia,** tournez à gauche dans la rue Staikopoulou qui débouche sur la place centrale.

★ Place Syntagma (Platía Syntágmatos - Πλατεία Συντάγματος)

Comme à Athènes, la vie s'organise autour de la place « de la Constitution ». Si son nom rappelle que Nauplie fut l'éphémère capitale de la Grèce (p. 164), ici, pas d'embouteillages, ni de manifestations contre l'austérité. Cette élégante esplanade du 16e s. est uniquement vouée aux piétons et aux terrasses de café. Il n'en fut pas toujours ainsi. Siège du gouverneur ottoman à partir de 1540, puis de la marine vénitienne au 18e s., la place devint le lieu de grands mouvements populaires : pour l'indépendance en 1826, pour le roi Othon en 1832, contre le roi Othon en 1862. De nos jours, une certaine noblesse émane des hautes façades des maisons patriciennes, auxquelles répondent le style « néo-mycénien » du **bâtiment de la Banque nationale** (1930), les dômes de deux anciennes **mosquées** et les arcades du Musée archéologique.

★★ Musée archéologique

Pl. Syntagma - 27520 275 02 - tlj sf lun. 8h-15h - 6 € (-18 ans gratuit).

Il est installé dans le plus imposant bâtiment de la ville basse : un massif et austère **arsenal vénitien** (1713) s'élevant sur trois niveaux à l'ouest de la place Syntagma. Les deux étages réservés aux salles d'exposition regroupent de précieuses découvertes de toute l'Argolide, du néolithique à l'époque classique, avec comme dominante la **culture mycénienne** (16e-12e s. av. J.-C.). Ce musée à la présentation soignée, permet ainsi de compléter la visite des sites voisins de Mycènes et de Tirynthe.

Armure de Dendra – Pièce maîtresse du musée, cette panoplie de guerrier mycénien qui date du 15e s. av. J.-C, fut mise au jour en 1960 dans un tombeau du village de Dendra *(12 km au nord)*. La **cuirasse** se compose de 15 plaques de bronze qui étaient liées par des lanières de cuir. Elle assurait une protection de la nuque aux genoux, et même des aisselles lorsque son porteur – sans doute monté sur un char – levait son arme. À cela s'ajoutent un **casque à dents de sanglier** ainsi que deux **jambières** et un **brassard** en bronze. À l'exception du casque, de type minoen (Crète), et des jambières, dont d'autres exemplaires existent, il s'agit de l'unique et plus ancienne armure de bronze connue. Elle correspond à la description que faisait Homère des chefs achéens, couverts de *« métal »*, lors de la guerre de Troie.

Tirynthe – Une grande partie de la collection est constituée de découvertes provenant de la cité aux murs cyclopéens. Mais seules quelques-unes d'entre-elles datent de l'ère mycénienne, la plus faste de Tirynthe. L'essentiel est exposé à Athènes, au musée national d'Archéologie. Il faut donc ici se contenter de « miettes mycéniennes », ou plus exactement de fragments : ceux d'une fresque et d'une **table d'offrandes** aux motifs délicats et aux couleurs vives, celui d'une poterie décorée de chars de combat, ou bien encore, ceux de **tablettes en linéaire B**, dont l'argile crue a cuit lors du grand incendie du 12e s., conservant les notes hâtives d'un scribe au sujet d'un terrain. Parmi les objets plus tardifs, se détachent un beau vase à motifs géométriques (9e s. av. J.-C.) et une étonnante série de quatre **masques rituels** en terre cuite du 7e s. av. J.-C. Mais Tirynthe surprend encore davantage avec deux objets en terre cuite, bien préservés, et parmi les plus anciens du musée, puisqu'ils remontent à l'âge du bronze (2700-2200 av. notre ère). Il s'agit d'une élégante **saucière** à long bec verseur, et d'un **psykter primitif**, ingénieux système à double jarre permettant de rafraîchir le vin : ce dernier était versé dans un cratère, lui-même placé dans un plus grand récipient rempli d'eau ou de glace.

⋆ Églises et mosquées

À partir de la place Syntagma, vous pouvez partir à la découverte de la ville basse en ponctuant votre visite de petites haltes devant les églises et anciennes mosquées qui racontent chacune un épisode de l'histoire de Nauplie.

Ancienne mosquée Sultan Ahmet – *Pl. Syntagma (côté est), à l'angle de la r. Vas. Konstantinou - accès libre dans le hall.* Couverte d'un dôme octogonal et précédée d'un porche à 3 arches et 3 coupoles, c'est la plus ancienne mosquée de ville (1540). Désormais connue comme le **Trianon**, son orientation vers La Mecque vient perturber le plan actuel de la place où se tenait autrefois le palais du pacha et le grand bazar. En attente de restauration, le bâtiment fut auparavant utilisé comme église catholique, école, cinéma, puis comme théâtre.

Traversez la place et passez derrière le Musée archéologique.

Église de la Panagia – *7 r. Farmakopoulon - accès libre.* Bien qu'elle soit dédiée à la Nativité de la Vierge, c'est l'église du patron de Nauplie, **saint Anastase** (Agios Anastasios), néo-martyr du 17e s. célébré chaque 1er février. Cernée de marchands de glace, de cafés et de boutiques, elle fut érigée vers 1700 mais conserve les fondations d'une précédente église du 15e s. L'intérieur est richement décoré dans un style néo-baroque du 19e s.

Revenez pl. Syntagma et tournez à droite en longeant la Banque nationale.

Ancienne mosquée Aga Pacha – *R. Staïkopoulou - ne se visite pas.* Haute de deux étages, elle fut construite en 1730. Utilisée comme siège de la première assemblée nationale *(vouli)* en 1825-1826, elle prit dès lors le nom de **Vouleftiko**. Les escaliers permettent d'accéder à une plateforme où se tenait le porche à 3 coupoles (disparu au début du 20e s.) précédant la salle de prière. Celle-ci est surmontée de 3 coupoles et d'un grand dôme sur tambour couvert de tuiles romaines. Dans la rue Lamprinidou qui longe l'arrière du bâtiment, notez la base du minaret.

Prenez la r. Lamprinidou et, en haut des escaliers (40 marches), tournez à gauche.

Église Agia Sofia – *Pl. Ag. Sofia - rarement ouverte.* Derrière une façade de petite maison de l'ancien quartier des pêcheurs de **Psaromalachas** se cache la plus ancienne église de Nauplie (14e-15e s.). Un étroit passage *(à droite)* révèle son architecture byzantine.

Derrière l'église, poursuivez jusqu'à la r. Efthymiopoulou. Montez les marches et prenez à gauche la r. Zygomala. Puis, 100 m plus loin, tournez à gauche r. Potamianou.

Église Metamorfosis tou Sotiros – *R. Potamianou - rarement ouverte.* L'unique lieu de culte catholique de la ville est plus connu sous le nom de **Fragokklisia**, l'« église des Francs ». À cet emplacement fut fondé un couvent bénédictin au 13e s., puis une mosquée au début du 19e s. En 1839, cette dernière fut convertie en église catholique. Dédié à la Transfiguration du Sauveur, le bâtiment conserve son plan ottoman (salle de prière carrée et large coupole), la base d'un minaret *(visible de la r. Zygomala)*, quatre cheminées d'angles et la niche de son mihrab.

Descendez et tournez à gauche la r. Papanikolaou qui devient r. Kapodistriou.

Église Agios Spyridonas – *R. Kapodistriou - accès libre.* Érigée en 1702, elle est célèbre dans tout le pays. C'est ici que des rebelles du Magne assassinèrent le premier chef du gouvernement grec, **Jean Capo d'Istria** (Ioannis Kapodistrias), le 27 septembre 1831. Les entrailles de celui-ci sont conservées sous l'autel, tandis que l'impact (supposé) du tir mortel est présenté sous verre à l'extérieur.

Revenez sur vos pas dans la r. Papanikolaou et prenez la 2e rue à gauche, la petite r. Gennadiou, qui débouche sur l'esplanade de la cathédrale.

Cathédrale Agios Georgios – *R. Plapouta - accès libre.* Le bâtiment fut érigé en tant que mosquée en 1540, transformé en église catholique par les Vénitiens en 1686 et de nouveau converti en mosquée après la sanglante prise de la ville par Ottomans en 1715, avant de devenir la métropole (cathédrale orthodoxe) de Nauplie en 1822. Les 5 arches du narthex et le clocher datent de 1832.

L'intérieur conserve le **trône d'Othon**, lorsque le jeune roi assista à sa première messe en Grèce en 1833, ainsi qu'une superbe **iconostase** en bois sculpté.

Place des Trois-Amiraux (Platía Trión Navárchon - Πλατεία Τριών Ναυάρχων)

50 m au nord de la cathédrale Agios Georgios.

Plantée de palmiers et bordée d'immeuble néo-classiques, elle ouvre sur la ville moderne, à l'est. Dessinée dans les années 1830, lorsque Nauplie était capitale de la Grèce, la place s'étire sur 100 m de longueur. Elle doit son nom aux amiraux Edward Codrington, Henri de Rigny et Login Van Geiden qui commandèrent les flottes anglaise, française et russe lors de la **bataille de Navarin**. Au centre se dresse le monument où repose Dimitrios Ypsilantis (1793-1832), l'un des chefs militaires de la guerre d'Indépendance. À l'ouest, la **statue du roi Othon**, se trouve à l'emplacement du *Palataki*, « petit palais » des premiers gouverneurs de la Grèce indépendante, détruit par un incendie en 1929.

La place se poursuit vers l'est avec deux parcs commémoratifs. Et, 200 m au sud-est, la rue Syngrou donne sur le parc Staïkopoulos, où subsiste la **Porte continentale★** ornée du lion de Venise. Créée en 1708 par l'ingénieur François Lasalle, celle-ci constitua l'unique entrée dans la ville basse jusqu'en 1894. Elle est flanquée par le **bastion Grimani** qui défend la partie sud d'Acronauplie.

Rue Emmanouil Sofroni

30 m à l'ouest de la pl. des Trois-Amiraux.

Piétonne et bordée de maisons néoclassiques, c'est la rue principale du quartier de la Côte *(synikia tou Gialou)* construit de 1860 à 1920 entre les quais et la rue Amalias. On y trouve de belles boutiques et deux musées.

Musée de la Guerre – *22 r. Amalias Othonos - à l'angle de la r. E. Sofroni - ✆ 27520 255 91 - tlj sf lun. 9h-14h - 3 € (-18 ans gratuit).* Cette annexe du musée de la Guerre d'Athènes, est installée dans une élégante maison aux volets bleus qui fut la première école d'officiers de l'armée grecque (1828-1834). Constitué d'armes, de photographies et de gravures, le musée revient sur les différents conflits auxquels a participé le pays jusqu'en 1945, en particulier sur le rôle joué par Nauplie lors de la Guerre d'Indépendance (1821-1832).

★ **Fondation d'Art populaire du Péloponnèse Vasilios Papantoniou** – *1 r. Vas. Alexandros - à l'angle de la r. E. Sofroni - ✆ 2752 0289 47 - www.pli.gr - lun.-sam. 9h-14h30, dim. 9h30-15h - 4 € (-12 ans gratuit).* Créé par la scénographe et costumière Ioanna Papantoniou (née en 1936) dans la maison de son père, ce musée privé réunit une magnifique **collection de costumes★★** de tout le pays. Les meubles, les bijoux et autres objets liturgiques ou quotidiens exposés montrent l'influence de l'art de vivre ottoman sur la Grèce du 19e s.

Rue Staikos Staïkopoulou

Dans le prolongement, vers l'ouest, de la r. Plapouta qui part de la cathédrale Agios Georgios.

Cette rue commerçante porte le nom d'un chef de guerre grec d'Hydra qui participa à la libération de Nauplie en 1822 en compagnie de Bouboulina (*p. 164*). Elle est bordée d'une multitude de tavernes et de cafés.

Musée du Komboloï – *Au n° 25 - ✆ 27520 216 18 - www.komboloi.gr - tlj sf mar. 9h-30-19h, vend.-sam. 9h30-20h30, dim. 10h30-20h30 - 2 €.* Au premier étage de la boutique d'un artisan fabricant des komboloïs, ce petit musée privé présente une belle collection de plus de 200 pièces, parfois anciennes et de différents matériaux : ambre, pierre, perles de verre, ivoire, coquillages…

Acronauplie (au centre), la promenade d'Arvanitia (à gauche) et la ville basse.
saiko3p/iStock

★★ Promenade d'Arvanitia (Gýros tis Arvanitiás - Γύρος της Αρβανιτιάς)

Accès par la pl. Arvanitia à l'est et par le port à l'ouest - comptez 30mn de marche.
Lieu de déambulation préféré des Naupliotes, la promenade des « Arvanites » doit son nom aux Albanais qui occupaient la ville basse au 15e s. Ce beau chemin côtier est longé par des pins et des figuiers de barbarie qui s'accrochent aux parois abruptes de la colline de l'Acronauplie, et par la **chapelle Panagista**. La promenade se termine par la **plage Arvanitia**. Les plus curieux pourront prolonger par une randonnée jusqu'à la plage de Karathona *(2 km au sud-est)*.

3

★★ LES TROIS FORTERESSES DE NAUPLIE

Bien qu'ayant longtemps servi de port à Argos, Nauplie conserve peu de vestiges de l'Antiquité : quelques tombes mycéniennes et les murs d'une acropole, que les Byzantins utiliseront pour bâtir la citadelle d'**Acronauplie**, plus tard renforcée par les Francs puis par les occupants suivants. Les Vénitiens y ajouteront le fort de l'**îlot Bourdzi** au 15e s. et, après leur reconquête de Nauplie à la fin du 17e s., l'imposante **citadelle de Palamède**. Cet appareil défensif n'empêcha pourtant pas les Ottomans de reprendre de Nauplie en 1715.

★ Îlot Bourdzi (Μπούρτζι)

Excursion en bateau (20mn dont 10mn sur place) au départ du quai Akti Miaouli, en face de la pl. des Philhellènes - ttes les 20/40mn - 4,50 € (-8 ans gratuit).
Situé 600 m au large, cet îlot fut fortifié par les Vénitiens en 1473 pour défendre la rade. Le « fortin » (*bourc* en turc, terme dont est dérivé Bourdzi) se compose d'un petit port, d'un **tour hexagonale** de trois étages et de deux plate-formes d'artillerie fortifiées. Il était relié au port par une chaîne empêchant les navires ennemis de s'approcher de la ville. Utilisé comme hôtel de luxe de 1935 à 1970, il est en cours de rénovation depuis les années 2000. Les bâtiments ne se visitent pas et on ne peut que rester sur le débarcadère.

Une ville capitale

Nauplie compte aujourd'hui parmi les plus belles villes de Grèce avec Chania (Crète), Rhodes et Corfou. Ce fut aussi la première véritable capitale du pays entre 1828 et 1834. Un destin hors normes qu'elle doit à deux femmes : la première n'en voulait pas, la seconde a tout sacrifié pour elle.

LE DÉDAIN DE MARIE D'ENGHIEN

En 1388, la reine de Naples Marie d'Enghien (1367-1446), héritière des princes francs de Morée, vend sa **seigneurie d'Argos** à Venise. Nauplie, petit port stratégique mais peu développé, fait partie du lot. Dès lors, les Vénitiens se lancent dans d'incessants travaux de fortification et d'extension pendant 150 ans. Si bien que, lorsque les Ottomans s'emparent de la cité, en 1540, ils en font la capitale du **sandjak de Morée**, vaste territoire couvrant tout le Péloponnèse. Durant la 2e occupation vénitienne (1688-1715), la ville conserve ce statut en tant que siège du provéditeur général du **Royaume de Morée**. En 1715, au terme d'un terrible siège, les Ottomans en reprennent possession pour près d'un siècle et la confirment comme capitale régionale.

« L'ARMATA » DE BOUBOULINA

Finalement, survient **Laskarina Pinotsis** (1771-1825), dite Bouboulina. Née dans les prisons stambouliotes, cette armatrice de la communauté arvanite d'Hydra doit son surnom légendaire à son deuxième mari, Dimitris Bouboulis. En avril 1821, elle prend la tête de « L'Armata », une flotte de voiliers de commerce des îles Saroniques transformés pour l'occasion en navires de guerre. Son objectif, libérer Nauplie des Ottomans. Faute d'argent, et après la mort d'un de ses fils devant Argos, elle lève le siège l'hiver suivant. Mais elle s'assure un nouvel allié en la personne du général **Theodoros Kolokotronis** grâce à un mariage entre leurs enfants. C'est avec son nouveau clan que la « Jeannne d'Arc grecque » revient et s'empare de la ville le 12 décembre 1822. Commence alors une lutte d'influence au sein des indépendantistes. En 1824, Bouboulina est expulsée de la ville et son beau-fils, assassiné. L'héroïne meurt l'année suivante dans une sombre histoire de vendetta familiale.

L'INFLUENCE DES GRANDES PUISSANCES

La disparition de Bouboulina marque la fin de l'union sacrée entre les indépendantistes. Nauplie devient l'enjeu d'une première **guerre civile** grecque. Celle-ci prend fin face à la menace ottomane. En 1825, l'armée égyptienne d'Ibrahim Pacha est aux portes de la ville et les leaders grecs doivent de nouveau s'allier. Après avoir siégé quelques mois sur l'île d'Égine, le nouveau gouvernement transfert la capitale à Nauplie en octobre 1828. La même année, la France, la Grande-Bretagne et la Russie entrent en guerre contre l'Empire ottoman. Cette intervention change la donne. Désormais, le petit État est sous influence. Si les troupes des grandes puissances combattent celles du sultan, elles répriment aussi les mouvements de révolte grecs. Après l'assassinat du gouverneur **Jean Capo d'Istria**, à Nauplie, en 1831, une deuxième guerre civile éclate. L'armée française intervient et s'empare de la ville par la force en 1832. Dès lors, les grandes puissances imposent leurs vues : elles choisiront le petit prince bavarois **Othon** comme roi de Grèce (1835) et Athènes, alors simple bourgade de 5 000 habitants, comme capitale (1834).

Acronauplie (Akronafplia - Ακροναυπλία)

Au-dessus de la ville basse - à pied ou en voiture par la r. Singrou qui longe la pl. des Trois-Amiraux en dir. de la plage Arvanitia - accès libre - comptez 45mn de visite.

Peuplée dès la préhistoire, la plus ancienne forteresse de Nauplie s'élève à 85 m d'altitude, offrant des **vues★** plongeantes sur la ville basse et le golfe Argolique. Hélas, son aspect général est gâché par deux grandes constructions des années 1960-1970. S'étendant sur 800 m de longueur et 250 m de largeur, Acronauplie comprend trois enceintes correspondant à trois périodes successives. Avant de monter, remarquez, en face, sous la citadelle de Palamède, le passage couvert vénitien qui reliait les forteresses des deux collines.

Fort vénitien – L'accès se fait par une rampe longeant le **bastion Grimani★** (1706) et menant au **Castello di Toro** (1470), défiguré par le squelette en béton de l'hôtel Xenia (1958), à l'abandon depuis 1993. Après une chicane, on parvient au **mur oriental**. Composé d'éléments byzantins, francs et vénitiens, il constituait la première ligne de défense au sein de la citadelle.

Château des Francs – L'enceinte fut édifiée à partir de 1212 par le seigneur bourguignon Othon de la Roche, duc d'Athènes. À droite se trouvent les ruines de l'hôpital militaire grec (ancien quartier général vénitien) et la chapelle Agii Anargyri (1976). Plus haut, le chemin est barré par la **traverse Gambello** (1470), puissant rempart vénitien renforcé par une **barbacane circulaire** et par une tour ornée du lion de saint Marc. Derrière la traverse, sur la droite, l'ancienne **tour de l'horloge** vénitienne (reconstruite en 1833 et 1949) domine toute la ville basse. Sur la gauche s'étendent les seuls véritables vestiges francs (13ᵉ s.) : les fondations d'un palais et le **mur médiéval** qui marquait la limite avec le quartier grec.

Quartier grec – C'est la partie la plus ancienne, fortifiée à partir du 4ᵉ s. av. J.-C. et habitée jusqu'au 15ᵉ s. Le côté nord est occupé par le luxueux complexe Nafplia Palace qui domine la rade. Sur les hauteurs demeurent les ruines d'une église byzantine, d'une mosquée et d'une batterie anti-aérienne. La route se poursuit jusqu'à une piste pour hélicoptère surplombant la promenade d'Arvanitia. Mais comme aucun chemin n'y descend, il faut revenir sur vos pas jusqu'à la rampe du fort vénitien, à droite de laquelle se trouve la **plage Arvanitia**.

3

★★ Citadelle de Palamède (Palamidi - Παλαμήδι)

À pied : par l'escalier (857 marches) qui part près de la pl. des Trois-Amiraux - en voiture (3 km) : prenez la dir. de Tolo et bifurquez à droite vers le sommet de la colline - ✆ 27520 280 36 - mai-août : 8h-20h ; avr. et sept. : 8h-19h ; oct. : 8h-18h ; reste de l'année : 8h-15h - 8 € (-18 ans gratuit) ; 4 € en nov.-mars - comptez 1h de visite.

Juchée sur son imposant rocher (216 m d'altitude), elle domine toute la ville et porte le nom du fils de Nauplios, fondateur légendaire de Nauplie. Érigée par les Vénitiens de 1711 à 1714, c'est l'une des citadelles les plus impressionnantes de Grèce malgré son enceinte unique. Elle se composait à l'origine de sept forts, conçus pour se suffire à eux-mêmes en cas d'attaque, reliés par un réseau de couloirs dérobés. Son audacieuse capture par les indépendantistes grecs en 1822 marqua un tournant dans l'histoire du pays.

On y pénètre par le bastion Andréas ou **bastion des Vénitiens★**, dont la place d'armes révèle une élégance tout italienne, adoucissant son caractère de forteresse. À côté de la **chapelle Agios Andreas** se cache la cellule où Theodoros Kolokotronis *(ci-contre)* fut emprisonné en 1833 à la suite d'un complot. Le tour de la citadelle, par le **chemin de ronde★**, ménage des **vues★** somptueuses sur la ville et les murs fortifiés de l'Acronauplie.

Si vous êtes en voiture, suivez la route à droite, à la sortie de la citadelle, qui aboutit *(4 km)*, à l'agréable **plage de Karathona**, bien équipée.

À proximité Carte de Corinthie-Argolide p. 149

SUR LA ROUTE DE TOLO

Quittez Nauplie par la route d'Épidaure et, à environ 1,5 km, prenez à droite la petite route signalisée « Agia Moni ».

Monastère d'Agia Moni (Αγία Μονή)

Situé avant le village d'Aria, il fut fondé en 1144 près de la source Kanathos *(en contrebas du couvent, à droite)* qui, d'après la mythologie, était censée redonner chaque année une nouvelle virginité à la déesse Héra. Les moniales font visiter l'église conventuelle du 12e s. d'architecture byzantine.

Revenez à la route d'Épidaure et poursuivez sur 2 km. Prenez alors à droite la route de Tolo et, avant d'arriver à la côte, tournez à gauche sur la route de Drepano qui côtoie une chapelle avoisinant l'acropole d'Asiné (Asini).

Asini (Ασίνη)

Citée par Homère dans l'*Illiade*, l'acropole de la cité antique a été dégagée et fouillée de 1922 à 1930 par des archéologues suédois : importants vestiges de remparts en partie mycéniens et archaïques (appareil polygonal), en partie hellénistiques. Des tombes à chambres monumentales ont fourni de nombreux objets mycéniens exposés au Musée archéologique de Nauplie. Du sommet, belles **vues★★** sur le site de Tolo et la plaine côtière couverte d'agrumes.

★ Tolo (Τολό)

À l'extrémité d'une longue plage de sable, cette station balnéaire est très fréquentée. Mais elle occupe un beau site abrité par le promontoire d'Asini, les îles de Romvi et Plateia. Ensuite, par Drepano et la station d'**Iria**, la route suit le bord de mer et part à l'assaut d'un col dans un paysage sauvage empreint d'une sévère beauté. Elle vous permet de gagner la côte de l'Argolide et les îles de Spetsae et Poros.

NOS ADRESSES À NAUPLIE

INFORMATIONS UTILES

Police – *27520 251 84.*
Police touristique – *27520 281 31.*
Hôpital – *R. Asklipiou (sur la route d'Épidaure) - 27523 611 00.*

ARRIVER/PARTIR

En bateau

Capitainerie – *5 r. Kotsonopoulou - 27520 270 22.* Il y a au moins un ferry par jour entre Le Pirée et Ermioni *(durée 2h, 3h ou 5h)* et des liaisons le w.-end avec Portocheli, *via* les îles Saroniques. Prendre ensuite un bus ou un taxi.

En bus

Gare routière – *R. Singrou - 27520 273 23 - www.ktel-argolidas.gr.* Liaisons avec Athènes (10 à 14/j., durée 2h30-3h), Tolo (ttes les h.), Épidaure (1/j., sf dim.), Mycènes (3/j.), Tripoli (2/j.), Argos et Tirynthe (ttes les 30mn).

TRANSPORTS

En taxi

Station principale – *En face de la station de bus - 27520 241 20.*

À vélo

Cyclopolis – *Pl. des Trois-Amiraux - nafplio.cyclopolis.gr.* Vélos en libre service à la journée.

HÉBERGEMENT

La ville dispose d'une bonne infrastructure hôtelière. Des établissements de charme, occupant d'anciennes demeures de la vieille ville, proposent une large gamme de prix. Pour les petits budgets, l'office de tourisme donne en principe la liste des campings qui jalonnent la côte. Mais en haute saison, pensez à réserver.

PREMIER PRIX

8 **Leto** – *28 r. Zigomala - 2752 028093 - http://https://letonuevo.gr - 20 ch. 55/65 €*. Chambres sans prétention mais ensemble très bien tenu et soigné dans deux maisons réunies. Préférez les chambres des étages supérieurs, qui bénéficient d'une vue. Bon rapport qualité/prix. Petit-déjeuner servi en terrasse ou dans les chambres.

BUDGET MOYEN

9 **Marianna** – *9 r. Potamianou - sur les hauteurs, dans la rue conduisant à l'Acronauplie - 2752 024256 - www.pensionmarianna.gr - 21 ch. 90 €*. Les 4 frères qui s'occupent de ce bel établissement mettent un point d'honneur à contenter et à rendre service à leurs clients. Les chambres de cette maison propre et gaie sont aménagées avec goût dans le style grec traditionnel. Très belle vue sur la ville et la rade depuis la terrasse et bon petit-déjeuner. Une excellente adresse.

2 **Byron** – *2 r. Platonos - 2752 022351 - www.byronhotel.gr - 18 ch. 65/80 €*. Reconnaissable à son élégante façade ocre percée de fenêtres colorées, cet hôtel de charme tout en hauteur est un des fleurons de l'hôtellerie locale. Réservation conseillée.

13 **Rex** – *21 r. Bouboulinas - 2752 026907 - www.rex-hotel.gr - 42 ch. 63/70 €*. Un peu en retrait de la vieille ville, cet hôtel bénéficie d'une belle vue sur la forteresse.

5 **Kapodistrias** – *20 r. Kokkinou - 2752 029366 - www.hotelkapodistrias.gr - 11 ch. 52/62 €*. C'est une haute maison traditionnelle au mobilier ancien. Chaque chambre possède sa propre identité et certaines sont dotées de balcons donnant sur la ruelle en escalier. Un charme certain…

12 **Kyveli suites** – *18 r. Vas. Alexandrou - 2752 096230 - www.kyveli.com.gr - 9 ch. 82 €*. Au cœur de la vieille ville, des chambres de charme aménagées avec goût. Les hôtes poussent le raffinement jusqu'à proposer des pâtisseries maison préparées à base de produits bio.

4 **Andromeda** – *13 r. Ipsilantou - 2752 096480 - www.andromeda-pension.com - 5 ch. 85/100 €*. Bel édifice du 19e s. qui a conservé ses boiseries d'origine. Les chambres, qui occupent les étages, sont décorées de mobiliers en bois noir et bien équipées (douche à jet, coffre-fort, réfrigérateur, etc.) ; l'une d'elles dispose d'un balcon tandis qu'une autre dispose d'un patio. Le petit-déjeuner est servi dans la chambre ou à la réception, à vous de choisir.

POUR SE FAIRE PLAISIR

7 **Pension Acronafplia** – *14 r. Efthimiopoulou - 2752 024481 - http://pensionacronafplia.gr - 6 ch. 90/100 €*. Cette adresse mérite le détour pour les chambres de caractère aménagées dans plusieurs bâtisses rénovées.

1 **Aetoma** – *2 pl. Spiridonas - 2752 027373 - www.nafplionhotel.gr - 5 ch. 75 €*. Magnifique maison patricienne ocre jaune, parfaitement tenue par la famille Antonopoulou.

Les chambres, à haut plafond et parquetées, sont décorées de mobilier ancien et disposent toutes d'un balcon. Délicieux petit-déjeuner maison, concocté par Panagiota et servi dans le beau salon. Accueil et service excellents.

10 **Nafsimedon** – *9 r. Merarhias - presqu'en face de l'ancienne gare - ☎ 2752 025060 - www.nafsimedon.gr - 13 ch. et 3 bungalows 76/85 €* ☕. Une demeure ancienne restaurée avec des chambres hautes de plafond, décorées de meubles anciens. Cocktails servis sous les palmiers et les parasols du jardin.

3 **Amymone / Adianti** – *31 et 39 r. Othonos - ☎ 2752 099477 - www.amymone.gr - 17 ch. 70/75 €* ☕. Les deux établissements de Dimitra disposent de chambres très charmantes et colorées, avec mobilier en bois peints, plafonds lambrissés et têtes de lits, pour la plupart, signés par l'artiste italien Francesco Moretti. Petit-déjeuner au n° 31, dans le joli salon ou en terrasse.

6 **Grand Sarai** – *3 r. Potamianou - ☎ 2752 022563 - www.grandsarainafplio.com - 10 ch. et 2 suites à partir de 80/120 €* ☕. Cet altier édifice pourpre du 18e s. abrita la première cour de justice de l'État grec moderne. Intérieur résolument moderne et dépouillé, aux dominantes de gris : les chambres à haut plafond (accès par ascenseur), spacieuses et confortables, ont toutes (sauf la simple) une belle vue sur la ville.

À proximité

POUR SE FAIRE PLAISIR

Perivoli – Hors plan - *Au-dessus du village de Pyrgiotika, situé à 8 km de Nauplie, sur la route d'Épidaure (panneau indicatif au village) - ☎ 2752 047905 - www.hotelperivoli.com - 🏊 - 12 ch. 110/150 €* ☕ - ✕. Perché sur une colline aux pentes couvertes d'agrumes et d'oliviers, cet établissement isolé s'ouvre sur un magnifique panorama embrassant Nauplie et sa baie. Les chambres disposent toutes d'une terrasse privative avec vue mer. Vaste salon avec charpente apparente et cheminée design. Au restaurant, la cuisine est composée uniquement de produits maison ou locaux.

RESTAURATION

Vous aurez ici l'embarras du choix sur un périmètre limité. Tavernes et restaurants se succèdent dans la rue Staïkopoulou, mais la qualité n'est pas toujours au rendez-vous. Si vous souhaitez manger du poisson, vous n'aurez que l'embarras du choix le long du quai Bouboulinas. Mais, pour avoir du frais, vous devrez payer le prix fort : de 40 à 60 € le kg. À la belle saison et le w.-end, vous trouverez aussi plusieurs tavernes avec une animation musicale en soirée, sur la route de Karathona en bord de mer.

PREMIER PRIX

6 **To Sokaki** – *8 r. Antistaseos - ☎ 2752 026032 - www.sokakicafe.gr.* Excellents petits-déjeuners complets, crêpes géantes pour dîner sur le pouce et, si vous avez encore faim, finissez par une énorme glace composée.

2 **Omorfo Tavernaki** – *1 r. Olgas - à l'angle avec la r. Kotsonopoulou - ☎ 2752 025944 - www.omorfotavernaki.gr - fermé lun. midi - 15 €.* Un peu à l'écart de la foule, ce petit restaurant à l'intérieur rustique propose de bonnes grillades, servies généreusement. Agréable terrasse disposée sur la petite rue.

3 O Noulis – *22 r. Moutsouridou - dans une ruelle à gauche au bout de la r. Papanikolaou - ✆ 2752 025541 - 15 €.* Une taverne tranquille et bien connue des Naupliotes où le plateau de dix mezzes peut constituer à lui seul un repas. Une adresse sympathique.

4 Ta Fanaria – *Au coin de la r. Staïkopoulou et de la petite r. Soutsou - ✆ 2752 027141 - 15 €.* Cette taverne s'enorgueillit d'avoir le même cuisinier depuis 1980. Après plus de trente ans de pratique, le résultat est convenable, mais ce sont surtout les tables disposées sous une treille dans la ruelle qui attirent dans ces lieux.

5 Taverne Vassilis – *Au milieu de la r. Staïkopoulou - ✆ 2752 025334 - 15 €.* Vous aurez le choix entre une longue rangée de tables en pleine rue piétonne et une salle aux murs ocre pour déguster une bonne cuisine grecque, comme ici, à prix doux.

PETITE PAUSE

Antica Gelateria di Roma – *3 r. Farmakopoulou - face à l'hôtel King Othon I - ✆ 2752 023520.* Cette gelateria s'enorgueillit d'attirer les Naupliotes et les visiteurs depuis 1870 grâce à ses glaces artisanales.

ACHATS

Gastronomie

Cave Karonis – *5 r. Amalias - ✆ 2752 024446 - www.karoniswineshop.gr.* Dimitris Karonis, qui parle un très bon français, se fera un plaisir de vous expliquer la fabrication de l'ouzo, et autres eaux-de-vie vieillies dans ses cuves, qu'il fait déguster avec gentillesse. Excellent choix de vins grecs et très bon accueil.

Artisanat

La **boutique de la Fondation d'Art populaire du Péloponnèse** propose un choix d'objets d'artisanat de qualité inspirés des collections du musée.

Komboloïs

Le **musée du Komboloï** (*p. 162*) est tout indiqué, mais vous trouverez d'autres magasins spécialisés dans la vieille ville.

Marché

Mercredi et samedi, rue du 25-Mars *(25 Martiou)*, près de la place des Trois-Amiraux.

EN SOIRÉE

Vous n'aurez que l'embarras du choix entre tous les cafés et bars qui animent tant les quais que la place Syntagma.

Café Rosso – *R. Farmakopoulou - dans le passage conduisant à la pl. Syntagma - ✆ 2752 029214 - http://rossocafe.gr.* Le café branché des nuits naupliotes mais aussi prisé pour le petit-déjeuner. Le soir, clientèle jeune, musique et décor minimaliste.

ACTIVITÉS

Excursions en mer

Port de Nauplie - Des caïques proposent des balades en mer, en particulier autour de l'îlot Bourdzi.

Pegasus Cruises – *Plage de Tolos - ✆ 2752 059430 - www.pegasus-cruises.gr.* Cette compagnie propose des croisières d'une journée en été dans les îles du golfe Saronique et à Monemvassia.

AGENDA

Festival de musique classique – *Programme et vente de billets à l'office de tourisme.* En **juin**, dans plusieurs sites de la ville.

Épidaure

(Epidavros - Επίδαυρος)

★★★

Région du Péloponnèse - Unité régionale de l'Argolide

Classé au Patrimoine mondial de l'Unesco depuis 1988, ce site fut l'un des plus fameux sanctuaires dédiés au dieu-guérisseur Asclépios. À la fois temple, hôpital et lieu de culture, il attira pendant plus de dix siècles des pèlerins, des malades, des médecins, mais aussi des poètes et des athlètes venus des quatre coins du monde grec. De tous les bâtiments qui composaient ce vaste complexe de 14 km², seul le théâtre demeure intact. Un théâtre que les Anciens eux-mêmes considéraient comme parfait.

NOS ADRESSES PAGE 175
Hébergement, restauration, achats, activités, etc.

S'INFORMER

Sites Internet – *www.epidavros.gr (site du dème, en anglais); whc.unesco.org/fr/list/491 (en français).*

SE REPÉRER

Carte de région D2 (p. 126-127), carte de Corinthie-Argolide (p. 149) et plan du site (ci-contre). Le site se trouve au nord de la péninsule de l'Argolide, 27 km à l'est de Nauplie.

À NE PAS MANQUER

Le théâtre, si possible lors d'une représentation du festival.

ORGANISER SON TEMPS

Visitez le site dès son ouverture.

Découvrir Carte de Corinthie-Argolide p. 149

L'ancien sanctuaire est niché au cœur de l'Argolide, un jardin paisible, semé de ruines mycéniennes : là les traces d'une tholos, ici un pont, plus loin la crête érodée des murs d'une acropole disparue. Passé **Lygourio**, chef-lieu du dème d'Épidaure, la route s'élargit soudain, pour aboutir à un énorme parking encombré de cars. À l'entrée du site, vous trouverez deux cafés proposant des snacks, une boutique de souvenirs et des toilettes.Plus loin, sur la côte est, la route venant de Nauplie aboutit au village d'Archéa Epidavros (*p. 174).*

SITE ARCHÉOLOGIQUE Plan du site

4,5 km au sud-est de Lygourio - 27530 220 09 - mai-août : 8h-20h ; avr. et sept. : 8h-19h ; otc. et mars : 8h-18h ; reste de l'année : 8h-17h - fermé certains j. fériés - 12 € (-18 ans gratuit) ; nov.-mars : 6 € - comptez 2h de visite.

Épidaure a été l'objet de cultes liés à des divinités guérisseuses dès la préhistoire. Les ruines d'un important temple mycénien du 16e s. av. J.-C. dédié à une déesse « soignante » subsistent ainsi sur la **colline de Kynortion**, juste derrière le théâtre *(hors du site archéologique)*. Vers le 8e s. av. J.-C., c'est Apollon, et plus précisément **Apollon Maleatas**, qui est honoré en tant que dieu de la Purification et de la Guérison. Deux siècles plus tard, son fils, le dieu de la Médecine **Asclépios** (*encadré ci-contre)* devient l'une des divinités les plus populaires du monde grec. Pour faire face à une fréquentation en hausse constante, le sanctuaire est peu à peu organisé autour du culte des deux dieux,

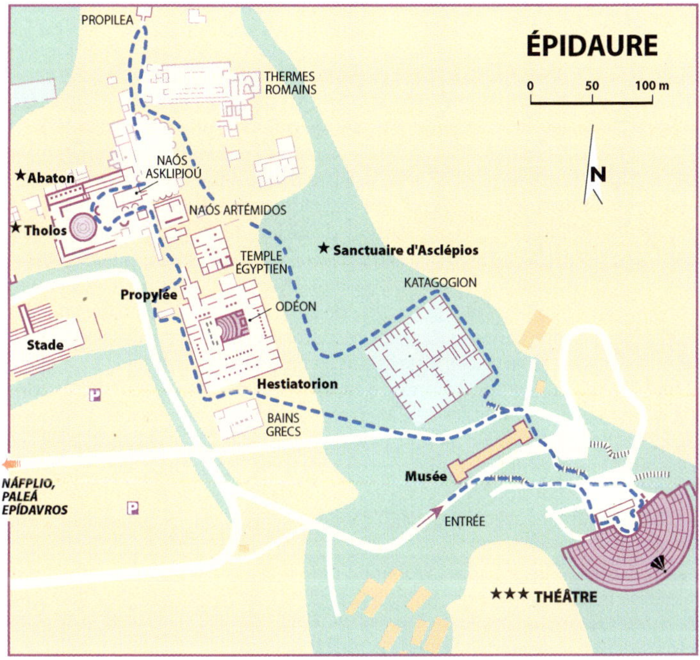

avec des temples, des logements, des centres de soins, où officient des médecins réputés, ainsi que des installations sportives et culturelles. Plus ancien **sanatorium** connu à ce jour, il prend sa forme actuelle vers le 4e s. av. J.-C. Victime de plusieurs pillages entre le 1er s. av. J.-C. et le 4e s. apr. J.-C., Épidaure est à chaque fois restaurée par les Romains et les Byzantins. Et, malgré l'édit de 426 ordonnant la destruction de tous les temples païens, le sanctuaire est épargné. Il se dote d'une basilique chrétienne mais continue d'accueillir des patients. Deux tremblements de terre auront finalement raison de lui au 6e s.

UN MÉDECIN DIVIN

La mythologie locale veut qu'**Asclépios** (Esculape pour les Romains) soit né et ait été enterré ici. À l'origine héros mortel, il est le fils d'**Apollon** et de Koronis, petite-fille de Malos, légendaire roi d'Épidaure. Grâce au centaure **Chiron**, qui lui enseigne la chirurgie et l'art de guérir par les plantes, Asclépios devient un médecin réputé pour guérir tous les maux et, même, ressusciter les morts. Ce pouvoir réservé aux dieux lui vaut d'être foudroyé par Zeus. Mais ce dernier, pris de remords, place Asclépios dans le ciel, à l'égal des dieux, sous la forme de la constellation du Serpentaire.

Honoré comme protecteur de la santé et du bonheur des hommes, Asclépios est associé aux cultes d'autres divinités guérisseuses : ses neuf enfants (**Hygée**, **Panacée**, Machaon…), son père Apollon, mais aussi Eshmoun en Phénicie ou Imhotep en Égypte. **Hippocrate** et les médecins grecs de la dynastie des Asclépiades se réclament de lui. Les médecins modernes aussi, puisque le **caducée** reprend les attributs du dieu grec : le bâton des augures où s'enroulent deux serpents.

★★★ Théâtre

Construit au début du 3e s. av. J.-C., c'est l'un des théâtres les plus achevés et les mieux préservés du monde antique, d'une pureté sans égale. Ce chef-d'œuvre, adossé au flanc nord-ouest du mont Kynortion, face au **vallon sacré d'Asclépios**, déploie sa conque de calcaire gris dans une superbe pinède.
★ **Scène** – Cercle parfait de 20,28 m de diamètre, l'**orchestra** est délimitée par des plaques de marbre. C'est là qu'officiait le chœur des danseurs et chanteurs. Les comédiens jouaient en retrait, sur l'estrade du **proskénion**. Partiellement reconstitué, celui-ci était à l'origine doté d'une façade de 14 piliers sur lesquels était sans doute disposé un décor mobile. Les artistes entraient par les deux hautes portes latérales, les **paradoi**, également des reconstitutions modernes..
★★ **Cavéa** – Cet éblouissant hémicycle de 58 m de rayon n'a fait l'objet que de très mineures interventions depuis sa construction. Il est composé de 55 rangées de gradins réparties en 22 sections *(kerkidès)* ponctuées par 23 escaliers. Il fut bâti en deux temps, comme en témoigne la **diazoma**, couloir horizontal de la partie centrale. Au 3e s. av. J.-C., le théâtre était capable d'accueillir 6 210 spectateurs avec 34 rangées, 12 sections et 13 escaliers, le premier rang étant réservé aux notables, qui bénéficiaient de fauteuils de pierre avec dosseret et accoudoirs. Au 2e s. av. J.-C., la capacité d'accueil fut portée à 12 300 spectateurs, avec l'ajout de 21 rangées, la dernière se trouvant à 22,50 m au-dessus de l'*orchestra*.
Acoustique – Elle est spectaculaire. Et l'extension du 3e s. av. J.-C. n'a pas pénalisé les derniers rangs : où que l'on se trouve, on perçoit avec la même acuité le son provenant de la scène. Si vous êtes deux – et s'il n'y a pas trop de monde –, faites l'expérience. Placez-vous sur la scène et récitez un poème ou craquez une allumette : votre compagnon installé tout en haut l'entendra. On a longtemps imaginé que cette résonance pouvait être due à des vases d'argile vides placés sous les gradins. On pense désormais que c'est la qualité du calcaire employé qui permet de filtrer les basses-fréquences, comme celles du murmure du public, et d'amplifier les hautes-fréquences des sons de la scène.

Musée archéologique

Situé entre le théâtre et les ruines du sanctuaire, ce modeste musée évoque la vie des médecins et des malades du sanatorium : quelques **instruments chirurgicaux** en bronze d'époque romaine, des stèles portant des inscriptions concernant les traitements des patients et des **ex-voto** gravés sur du marbre. L'un d'eux raconte la guérison par Asclépios d'un homme souffrant d'un abcès au cou et d'un cancer de l'oreille. Dans la salle du fond, les entrées des temples d'Asclépios et d'Artémis ont été reconstituées. À noter, dans la 3e salle : un magnifique **chapiteau corinthien** inachevé découvert près de la tholos et considéré comme l'archétype du genre.

CHAQUE ÉTÉ, LA MAGIE RENAÎT

Préservé par la pinède qui le recouvrait depuis plus d'un millénaire, le **théâtre** d'Épidaure a fait l'objet d'une première restauration à la fin du 19e s. Mais il fallut attendre 1954 pour qu'il retrouve sa fonction originelle, lorsqu'on y redonna des pièces antiques et des opéras inspirés de la mythologie. Les interprétations de *Norma* et *Médée* par la grande cantatrice grecque **Maria Callas**, en 1960 et 1961, ont contribué à faire du **Festival d'Épidaure** l'un des plus grands événements culturels au monde *(« Nos adresses » p. 175)*.

Le théâtre d'Épidaure.
R. Mattes/hemis.fr

★ Sanctuaire d'Asclépios

Les vestiges – essentiellement des bâtiments arasés – se trouvent à droite du musée, en haut de quelques marches. Le sanctuaire du dieu de la Médecine constituait la partie la plus importante du site. L'autre sanctuaire, dédié à Apollon Maleatas, se trouve à l'extérieur de l'enceinte et n'est pas accessible.

Katagogion – *À droite après les escaliers.* Vaste auberge pour les pèlerins de 80 m de côté, cette structure était la plus grande du sanctuaire.

Hestiatorion – *100 m à gauche du katagogion.* Situé à côté des bains grecs, ce vaste complexe (76 x 70 m) date d'environ 300 av. J.-C. Il était destiné aux banquets des pèlerins. Au nord, son **propylée**, entrée monumentale en forme de temple, a été partiellement reconstitué avec deux colonnes doriques de la façade. À l'intérieur, un **odéon** romain fut ajouté au 2e ou 3e s. apr. J.-C.

★ **Stade** – *À gauche de l'hestiatorion.* Sa piste de 180 m de longueur date probablement du 5e s. av. J.-C. Elle accueillait les épreuves sportives des **Asklépieia**, fêtes qui comprenaient aussi des concours poétiques et musicaux.

Temples – Au nord du propylée, sur votre droite, se succèdent les ruines d'un temple égyptien consacré à Asclépios et Apollon (2e s. apr. J.-C.), du temple d'Artemis (4e s. av. J.-C.), de la résidence des prêtres-médecins (4e s. av. J.-C.), de l'autel d'Apollon et du **temple d'Asclépios** (5e av. J.-C.), bâtiment dorique qui abritait une statue chryséléphantine du dieu de la Médecine.

★ **Tholos** – *À gauche du temple d'Asclépios.* Ce temple circulaire de 22 m de diamètre remonte au 4e s. av. J.-C. Une partie des 26 colonnes doriques externes et 14 colonnes corinthiennes internes est en cours de reconstitution. Notez les murs du sous-sol qui accueillaient sans doute les serpents sacrés d'Asclépios.

★ **Abaton** – *Le long de la tholos.* Ce portique du 4e-3e s. av. J.-C s'étend sur 70 m de longueur avec une dizaine de colonnes corinthiennes, entièrement ou partiellement reconstituées, et des colonnes doriques de soubassement. C'est là où se déroulait le **rite de l'incubation** : après les instructions d'un prêtre, le patient s'allongeait et devait voir Asclépios lui apparaître en rêve ; le prêtre touchait la partie du corps malade et le patient était, en théorie, guéri.

EXCURSION EN ARGOLIDE Carte de Corinthie-Argolide p. 149

La côte est de l'Argolide, propice aux baignades, se trouve à 16 km d'Épidaure. *Revenez à Lygourio, puis empruntez, à droite, la route qui serpente au milieu des lauriers et des orangers. Laissez de côté* **Néa Epidavros**, *dont la plage de sable noir est sans intérêt particulier, et dirigez-vous sur votre droite vers la cité voisine.*

Archéa Epidavros (Αρχαία Επίδαυρος)

L'Ancienne Épidaure, aussi appelée Vieille Épidaure (Paléa Epidavros) est une charmante station balnéaire nichée au fond d'une baie boisée. Outre ses nombreuses **plages**, elle conserve un **théâtre antique** du 4e s. av. J.-C. exhumé en 1971. Ce petit hémicycle cerné de maisons sert, l'été, de lieu de représentations. *Prenez la direction de Néa Epidavros, et continuez sur 8 km.*

★ Monastère d'Agnountos (Moní Agnoúntos - Μονή Αγνούντος)

Sur la droite de la route - de 8h30 au coucher du soleil - fermé 13h-15h30 - entrée libre - tenue correcte indispensable.

L'enceinte fortifiée et les jardins en terrasse qui l'entourent forment un bel ensemble. La cour pavée du monastère, sur laquelle s'ouvrent les cellules des religieuses, abrite une église du 11e s., modifiée au 14e s. L'intérieur, couvert de **fresques**, dont les plus anciennes datent du 13e s., présente aussi des icônes et une iconostase en bois sculpté du 18e s.

NOS ADRESSES À ÉPIDAURE

ARRIVER/PARTIR

En voiture
Passé Lygourio, prenez à droite au panneau « Ancient Epidaurus » (à ne pas confondre avec les villages de Néa Epidavros et d'Archéa/ Paléa Epidavros).

En bus
Rens. : www.ktelargolida.gr
Site antique – Liaisons avec Nauplie (1-5/j., durée 40mn) et Athènes (2-3/j., durée 2h30).
Néa Epidavros – Liaisons avec Nauplie (1-2/j.)
Archéa Epidavros – Liaisons avec Nauplie (3/j.).

En taxi
27530 413 35.

HÉBERGEMENT

La région compte peu d'hôtels. Prenez pension à Archéa Epidavros, Néa Epidavros ou Nauplie. Réservez impérativement en période de festival.

Néa Epidavros

BUDGET MOYEN

Avra – *Sur le petit port, à deux pas de la minuscule plage nichée au fond d'une anse - 2753 031294 - 10 ch. 50 € et 10 studios* - . Un petit hôtel-restaurant que le patron a agrandi en créant une annexe composée de studios conçus dans le style local. Toutes les chambres de cet endroit fleuri disposent de balcons, de sanitaires, de l'air conditionné et d'une kitchenette.

Archéa Epidavros

PREMIER PRIX

Mike – *À côté du port, face à la mer - 2753 041213 - www.mike-epidavros.com - 14 ch. 40/60 €* - . Cet hôtel posé sur le petit port abrite des chambres d'un confort convenable et dotées de balcons, certaines ayant la vue directe sur la mer. La même famille possède d'autres établissements dans les environs (informations sur le site Internet). Elle organise également des sorties en mer et des plongées.

RESTAURATION

Hors du site archéologique, vous trouverez de nombreuses tavernes à Lygourio. En saison, préférez la côte, sur la plage de Néa Epidavros et sur le port à Archéa Epidavros.

Archéa Epidavros

PREMIER PRIX

Posidon – *À côté du port, face à la mer - 2753 041211 - 15 €.* Terrasse irrésistible sur le quai, ombragée et face à la mer. Cuisine simple et généreuse. À l'arrière, l'établissement signalé par son laurier blanc arborescent dispose, aux étages, de chambres avec balcon.

AGENDA

Festival d'Épidaure - *27530 220 26 ou 21092 829 00 (Athènes) - www.greekfestival.gr - 10/40 € env.* De juil. à sept., les week-ends, le théâtre antique prête son cadre prestigieux à l'un des plus important festivals d'art du pays – qui se tient aussi à Athènes –, comprenant de la musique, du théâtre, etc. Compte tenu de son succès, il est conseillé de prendre ses billets à l'avance. Vente sur place 3h avant le début du spectacle, à l'office du tourisme de Nauplie et à Athènes.

La côte arcadienne

★

De Nauplie à Monemvassia

Région du Péloponnèse - Unités régionales d'Arcadie et de Laconie

Plutôt que de rejoindre le sud-est du Péloponnèse par la nationale Trípoli-Githio, empruntez la route littorale. Si elle est plus longue, elle est aussi plus variée en paysages. Le parcours est d'abord assez monotone avec ses rivages rocailleux et ses lacets qui donnent le tournis. Mais vous dénicherez çà et là quelques criques paisibles aux eaux cristallines. Passé Leonidio, un autre monde apparaît, dominé par le massif du Parnonas, dont les pentes fraîches et odorantes sont peuplées de chèvres à longues cornes. Au sortir de la montagne, enfin, Geraki marque la frontière : on quitte l'Arcadie pour la Laconie.

NOS ADRESSES PAGE 179
Hébergement, restauration, achats, activités, etc.

S'INFORMER
Sites Internet – *www.laconia-hotels.gr (site des hôteliers, en anglais).*

SE REPÉRER
Carte de région D2-3 (p. 126-127).

À NE PAS MANQUER
La forteresse et les églises de Geraki.

ORGANISER SON TEMPS
En partant tôt, vous pourrez faire la route en une journée.

Circuit conseillé Carte de région p. 126-127

Circuit de 200 km.

AUX ENVIRONS DE NAUPLIE D2

Mili (Μύλοι)

14 km à l'ouest de Nauplie.

Ce village côtier (aussi retranscrit Myli ou Myloi) se trouve à l'emplacement de **Lerne** (Lerna ou Lerni en grec), dont le nom évoque l'un des travaux d'Hercule. Première ville connue d'Argolide, celle-ci a laissé bien peu de vestiges. Le petit site archéologique *(✆ 27510 475 97 - 8h30-15h - 2 €)* abrite la **Maison des tuiles** (2500-2200 av. J.-C.), plus ancienne habitation couverte de plaques de terre cuite, matériau qui ne se répandra en Grèce qu'à partir du 7e s. av. J.-C.

HÉRACLÈS ET L'HYDRE DE LERNE

C'est dans le **marais de Lerne**, qu'Héraclès (Hercule pour les Latins) vint accomplir le deuxième de ses douze travaux : tuer l'hydre dont les têtes (de 5 à 100 selon les versions) crachaient un poison mortel et se régénéraient quand on les coupait, sauf une, immortelle. Avec l'aide de son neveu Iolaos, le héros parvint à empêcher les têtes de repousser en cautérisant les plaies infligées au monstre. Quant à la tête immortelle, il l'enterra encore sifflante sous un rocher. Le marais, aujourd'hui presque asséché, reste associé à bien d'autres mythes et croyances.

L'église byzantine Agios Sosson à Geraki.
R. Mattes/hemis.fr

Paralio Astros (Παράλιο Άστρος) D2

20 km au sud de Mili.

Ce joli village surmonté d'une forteresse du 19ᵉ s. possède la plus longue **plage** de sable du golfe Argolique : elle s'étend sur 8 km jusqu'au petit port de Paralia Agiou Andréa, près duquel se trouve un très photogénique moulin à moitié effondré les pieds dans l'eau. Au-delà, le relief devient plus escarpé et le paysage, attractif. Coincée entre les contreforts tapissés d'oliviers du massif du Parnonas, la route sinue au-dessus de larges baies et petites criques, jusqu'aux plages de galets de **Tyros** *(24 km au sud de Paralia Agiou Andréa).*

3

★ DE LEONIDIO À KOSMAS D3

★ Leonidio (Λεωνίδιο)

86 km au sud de Nauplie (via Mili, Paralio Astros et Tyros).

Seule vraie ville de la côte arcadienne, Leonidio *(env. 3 800 hab.)* constitue une bonne halte à mi-parcours. Elle est traversée par la nationale qui se rétracte à cet endroit en un goulet d'étranglement (vous n'éviterez pas les bouchons). Vous repérerez çà et là de belles maisons néoclassiques, mais profitez des séduisants petits ports de la ville comme **Plaka** et de sa plage de galets bordée de tavernes ou, plus loin encore, de **Poúlithra**.

★★ Massif du Parnonas (Πάρνωνας)

Changement de décor à la sortie de Leonidio : aux cailloux surchauffés de la côte succèdent les flancs accidentés de cette montagne culminant à 1940 m d'altitude. Le parfum des pins dont elle est hérissée allège soudain l'atmosphère. La route en lacet qui surplombe les **gorges du Badron★** offre de spectaculaires **panoramas★★**. À 17 km au sud-ouest, au sortir d'un tournant, surgit en hauteur le blanc **couvent de la Panagia Elona** *(entrée libre, tenue correcte).* La route culmine ensuite au beau village de **Kosmas** : platanes, tavernes et église sur la *platia*.

L'ARCADIE, UN MYTHE LITTÉRAIRE ET PICTURAL

Peuplée d'adorateurs de Pan, dieu des Bergers, l'**Arcadie** passait chez les Anciens pour le pays du bonheur pastoral où les paysans s'adonnaient à la musique et au chant. Au 1er s. av. J.-C. apparut à Rome une mode champêtre dédaignant la course aux honneurs et aux richesses. C'est sans doute en pensant à ce modèle que **Virgile** écrivit les *Bucoliques* qui mettent en scène des bergers musiciens et des poètes. La Renaissance italienne renoua avec cette inspiration : l'*Arcadie* de **Iacopo Sannazaro** (1455-1530) connut un grand succès en Europe. L'Anglais Philip Sidney et l'Espagnol Lope de Vega publièrent aussi, en 1590, chacun une *Arcadie* qui allait servir de modèle à l'*Astrée* (1607-1628) d'Honoré d'Urfé. La peinture ne fut pas en reste : le Guerchin et, surtout, **Nicolas Poussin** (*Les Bergers d'Arcadie*, vers 1640) mêlèrent le thème pastoral au traditionnel sujet des vanités, mettant en scène des bergers déchiffrant une inscription inscrite sous un crâne : *« Et in Arcadia ego »* (« Et moi aussi [la Mort] je suis en Arcadie »).

★ GERAKI (ΓΕΡΆΚΙ) D3

46 km au sud-ouest de Leonidio.

Planté sur le dernier éperon du Parnonas, ce village de 1 200 habitants contemple la plaine de Laconie qui s'étend en contrebas. De nombreuses églises byzantines, la plupart au sud de Geraki, témoignent de son passé médiéval. Elle valent le coup d'œil et un gardien pourra vous accompagner pour les ouvrir *(demandez sur la place centrale)*, ainsi que celles de la citadelle.

★★ Églises byzantines

Dans le bas du village, en bordure de la route qui mène au *kastro (inaccessible)*, se trouve l'église de cimetière à coupole **Agios Athanassios** (début 13e s.), qui renferme de grandes fresques aux couleurs vives. Non loin, de l'autre côté de la route, un petit chemin descendant dans les oliveraies conduit à l'église à coupole **Agios Sosson** (12e s.), de belles proportions, et plus bas à celle d'**Agios Nikolaos** (13e s.), à deux vaisseaux à voûte en berceau ; dans le chœur, une belle fresque représente sainte Marie l'Égyptienne. Plus près de la route, une minuscule église au milieu d'un champ est dédiée aux **Agii Theodoroi**. Voir également l'église **Agios Ioannis Chrysostomos**, basilique à nef du 12e s., dont la voûte est ornée de fresques byzantines du début du 15e s. se référant à la vie du Christ et à celle de la Vierge (14e s.). Au-dessus du cimetière, en montant un peu dans le village, on peut voir l'église de l'**Évangelistria** (12e s.), de plan cruciforme à coupole, dont les fresques, bien conservées, sont sans doute l'œuvre d'un artiste de Constantinople.

★★ Citadelle (Kástro Gerakíou - Κάστρο Γερακίου)

3 km à l'est du village - tlj sf lundi 8h30-15h - entrée libre.

Elle fut fondée par le baron bourguignon Guy de Nivelet vers 1250 mais fut cédée aux Byzantins dès 1262. Grimpez au sommet de la colline (550 m d'altitude), dominée par la silhouette fantomatique de l'ancien kastro, et entrez dans les églises qui jalonnent la montée. Certaines ont conservé des fragments de fresques médiévales. **Agios Georgios** se perche tout en haut, dans l'enceinte de la forteresse. Outre des **fresques** du 13e s., remarquez une grande iconostase portant des **blasons** francs des baronnies de Geraki et de Patra *(à gauche)*. Puis longez le chemin de ronde qui offre une **vue**★★ superbe. Trois autres chapelles s'égrènent sur la crête à l'extérieur de la citadelle.

NOS ADRESSES SUR LA CÔTE ARCADIENNE

INFORMATIONS UTILES

À Leonidio, vous trouverez distributeurs de billets et poste place du 25-Mars *(pl. 25 Martiou)*. Un distributeur de billets est situé près de la place centrale de Geraki.

Police de Leonidio – *27570 228 60.*

Centre médical de Leonidio – *27570 229 50.*

ARRIVER/PARTIR

En bateau

Port de Plaka (Leonidio) – En été, liaisons en hydroglisseur entre Le Pirée et Monemvassia *via* Hydra, Spetsae, Portocheli, Tolo (près de Nauplie), Tyros (Paralia Tyrou), Kiparissia et Gérakas.

En bus

Gare de Leonídio – *27570 222 55 - www.ktelarkadias.gr.* Liaisons avec Athènes (3/j., durée 5h), Tripoli (3/j.), Geraki (2/j.) et Monemvassia (2/j.). Liaisons aussi avec Plaka et Poulithra (côte de Leonidio) et le village de Kosmas (dans la montagne, peu après Panagia Elona).

HÉBERGEMENT

Chaque village et plage aménagée dispose au moins d'un hôtel, d'un camping ou de chambres chez l'habitant.

Tyros

PREMIER PRIX

Camping Repondina – *6 km au nord - 2755 091090 - www.facebook.com/camping.repodina - 15 € -* Quelques terrasses aménagées entre la route et la plage privée. Des équipements sanitaires, un restaurant en self-service et une épicerie.

Apollo – *Sur le bord de mer, au sud du village - 2757 041393 - 12 ch. 40/50 €.* Propre et bien tenu, cet hôtel récent met une cuisine à la disposition de ses clients.

Leonidio

PREMIER PRIX

Dionysos – *Plaka - 2757 023455 - http://hoteldionysos.com.gr - 16 ch. 50 €.* Un agréable hôtel sur le port, tranquille et agréable, reconnaissable à sa façade bleue. Une des bonnes adresses de la région, très connue. Pensez à réserver en saison.

Kosmas

BUDGET MOYEN

Maleatis Apollon Guesthouse – *Sur la pl. principale, à 1 150 m d'altitude - 2757 031494 - 10 ch. 45 €.* La « Maison traditionnelle » de Maleatis Apollon offre un confort simple, mais l'ambiance y est chaleureuse. Petit-déjeuner possible au restaurant de la même famille.

Geraki

BUDGET MOYEN

Xenonas Nikia – *Geraki - 350 m au nord-est de la pl. centrale, sur la rte de Sparte - 694 457 7204 - www.xenonas-nikia.gr.* Grandes chambres meublées à l'ancienne avec climatisation, kitchenette, jardin, wifi et balcon, toutes proches des deux bonnes tavernes du village. Accueil convivial et beaux couchers de soleil.

RESTAURATION

Les tavernes des villages Kosmas et Geraki sont en général meilleures que celles de la côte.

3

Monemvassia

(Μονεμβασιά)

★★

4 041 habitants - Région du Péloponnèse - Unité régionale de Laconie

Fantastique rocher surgissant des flots, Monemvassia abrite une petite cité médiévale intacte, l'une des plus belles d'Europe. Semblant sortie d'une fresque byzantine, elle fait figure de bout du monde. Une impression renforcée par une mer agitée et par le vent, omniprésent. Ce village est resté à l'écart de la modernité. Ici, pas de béton, pas de constructions récentes, pas de rénovations hasardeuses, ni de voitures. Seuls, ânes et brouettes se faufilent dans le lacis de ruelles étroites et silencieuses.

NOS ADRESSES PAGE 183
Hébergement, restauration, achats, activités, etc.

S'INFORMER
Sites Internet – *www.laconia-hotels.gr (site des hôteliers, en anglais); www.monemvasia.gr (site officiel de la ville, en anglais).*

SE REPÉRER
Carte de région D4 (p. 126-127).

À NE PAS MANQUER
L'aube vue de la citadelle, les ruelles et les remparts de la ville basse.

ORGANISER SON TEMPS
Effectuez la visite le matin, en fin de journée le soleil passe vite derrière le rocher.

Se promener

Comptez une bonne demi-journée.

Désignée par plusieurs noms (Monovasia, Malvazia, Malvoisie...), Monemvassia est une île. En l'an 375, un séisme l'a séparée du continent. Elle s'étend sur 1,5 km de longueur et 600 m de largeur au maximum, avec des parois abruptes et un point culminant à 350 m d'altitude. Autrefois connu comme le **Gibraltar de l'Est**, ce gros rocher est relié à la Laconie par un pont (*géfyra* en grec) de 400 m de longueur qui donne son nom au quartier de **Gefyra**, la ville moderne située sur le continent. Cette dernière, aussi appelée Néa Monemvasia, regroupe l'essentiel de la population. L'île elle-même compte moins de 100 habitants vivant dans **Kastro**, la ville fortifiée du Moyen Âge. Celle-ci se divise entre la **ville basse**, magnifique village entouré de remparts et donnant sur la mer, et la **ville haute** ou citadelle, aujourd'hui en ruine.

★★ Ville basse (Káto Póli - Κάτω Πόλη)

Arrivez tôt le matin pour vous garer le long de l'unique route de l'île, au plus près des remparts; sinon, trouvez une place à Gefyra et marchez 1 km - comptez 2h de visite.

On pénètre dans Kastro par la porte principale de l'enceinte, qui en comptait cinq. Passé sa chicane, conçue pour ralentir les assaillants, on débouche sur la **rue centrale**, dédiée à **Yannis Ritsos** (1909-1990), un enfant du pays, dont Mikis Theodorakis mit en musique bon nombre de poèmes, et dont une partie de la famille réside toujours à Monemvassia. Malgré la présence des boutiques de souvenirs qui s'y concentrent, pavés disjoints, murs de pierre et portes en ogive suffisent à vous plonger dans une envoûtante atmosphère médiévale.

L'église Agia Sofia.
Simeone/Photononstop

Un peu plus loin, échappez à la foule en descendant, à droite, vers la paisible grand-place où trône l'**église Christos Elkoménos** (13e s.). Dotée d'un élégant portail vénitien (17e s.) orné de deux paons en parade, elle recèle plusieurs icônes. En face, l'ancienne **mosquée Fethiye★** (16e s.) abrite un modeste musée archéologique (*℘ 27320 614 03 - tlj sf lun. 9h-16h ou 8h-15h hors-sais. - 2 €*). Jetez-y un coup d'œil, moins pour les quelques objets de la vie quotidienne d'antan que pour l'architecture du bâtiment, fort bien rénové.

3

Dirigez-vous vers la mer en empruntant la ruelle à droite de l'église. D'escalier de pierre en passage voûté, le parcours est semé d'édifices auxquels chaque conquérant a donné son style : murs crénelés aux allures martiales, églises byzantines, maisons ottomanes à encorbellement. Descendez jusqu'au quartier de **Portello** par un escalier plongeant vers le rivage (quai en béton). Longez les **remparts**, qui offrent de beaux points de vue sur la cité, puis remontez vers la rue principale par un dédale d'escaliers, de ruelles et de passages.

De retour sur la place de l'église Christos Elkoménos, traversez la rue principale pour attaquer l'ascension vers la ville haute. En chemin, faites une pause à l'église de la **Panagia Mirtidiotissa** (18e s.), dont le parvis servait de place d'armes. Si elle est fermée (ce qui est souvent le cas), vous ne pourrez apercevoir les **linteaux★** richement sculptés de l'ancienne iconostase que par le trou de la serrure du portail.

LE VIN DE MALVOISIE

Monemvassia dut aussi sa renommée internationale au vin qu'elle produisit pendant des siècles ; d'abord au nord de l'île, puis, lorsque la demande dépassa l'offre, sur le continent. La malvoisie (de « Napoli di Malvosia », le nom que la ville reçut des Vénitiens) était un vin blanc liquoreux assez riche en alcool, particulièrement prisé des cours européennes. S'il n'existe plus sur place, le cépage a survécu dans plusieurs régions de la Méditerranée, comme en Toscane avec le célèbre « vino santo ».

Le joyau de Byzance

UNE PRESQU'ÎLE MINOENNE

Monemvasia était appelée **Akra Minoa** (« promontoire minoen ») lorsque Pausanias en fit la première description au 2e s. Ce qui laisse supposer une occupation par les anciens Crétois à partir du 16e s. av. J.-C. Il s'agissait alors d'une presqu'île reliée au Péloponnèse par une étroite langue de terre qui en constituait le « seul » *(moni)* « accès » *(emvassia)*. Ce nom lui resta après le **tremblement de terre** qui détruisit l'isthme en 375. Ce séisme et l'éclatement de l'Empire romain provoquèrent pendant deux siècles l'abandon du **Rocher** (son surnom encore aujourd'hui).

UNE ÎLE-FORTERESSE VOUÉE AU COMMERCE

C'est aux envahisseurs slaves et avars que Monemvassia doit sa renaissance au 6e s. Les habitants du Péloponnèse viennent s'y réfugier et, en 588, la ville est officiellement fondée. L'empereur byzantin **Justinen** fait fortifier le plateau central en citadelle (ville haute) et aménager un port en contre-bas (ville basse). La cité profite du développement des routes maritimes vers Constantinople. Elle devient aussi la plus puissante forteresse de l'Empire d'Orient. En fait, elle n'a jamais été conquise par la force. Avec une petite garnison, parfois réduite à seulement 30 soldats, elle résiste aux Arabes (7e s.), aux Normands (12e s.) et aux **Francs**. Si ces derniers s'en emparent, en 1248, après trois ans de siège, c'est par un accord, et non par les armes. En 1262, elle repasse aux Byzantins, toujours par tractations. Elle devient alors la base de départ de la **reconquête** des territoires byzantins pris par les « Latins » depuis 1204.

LE DERNIER FIEF DES PALÉOLOGUE

L'Empire fragilement reconstitué ne peut empêcher les pillages de la ville basse par les Aragonais (1292) et des pirates (1333). L'île se place donc parfois sous la protection de mercenaires catalans (1309), des Ottomans (1400) ou de Venise (1419). Monemvasia restera toutefois l'un des rares bastions byzantins après la chute de Constantinople (1453). L'héritier de l'Empire **Thomas Paléologue** fait de l'île son ultime fief avant de la céder au **Pape**, en 1460. Quatre ans plus tard, les habitants préfèrent finalement **Venise** comme nouveau maître. Après une période de prospérité de trente ans, le Rocher devient de plus en plus isolé du fait de la conquête du Péloponnèse par les **Ottomans**. Il est cédé à ceux-ci en 1540. S'en suit une longue occupation jusqu'en 1821, interrompue par un court retour des Vénitiens entre 1690 et 1715.

1770-1971 : DEUX SIÈCLES DE DÉCLIN

Monemvasia est demeurée un grand comptoir commercial pendant onze siècles. Tout s'arrête en 1770 quand éclate la **révolution d'Orloff**, un soulèvement grec initié par les Russes. La répression qui touche le Péloponnèse fait irrémédiablement sombrer le Rocher. Si bien que, quand la guerre d'Indépendance grecque commence, en 1821, il ne présente plus d'intérêt pour les Ottomans. Ceux-ci l'abandonnent à un petit chef de clan du Magne, le 23 juillet 1821. Peuplée de 15 000 habitants au 17e s., l'île n'en compte plus que 30 en 1971, quand, enfin, le **pont** la reliant au continent est inauguré. Depuis, les touristes affluent pour découvrir son patrimoine unique, paradoxalement préservé par deux siècles passés à l'écart de la marche du progrès.

★★ Ville haute (Páno Póli - Πάνω Πόλη)

À gauche de l'église de la Panagia Mirtidiotissa, empruntez le passage voûté, puis suivez le sentier qui zigzague vers le sommet - si possible, commencez l'excursion aux heures fraîches du matin - comptez 15mn d'ascension et 1h30 de visite.
Au centre de l'île, un vaste plateau entouré de falaises de 120 m de hauteur domine la mer. Cette forteresse naturelle livre des **points de vue★★★** splendides, véritable féerie au coucher du soleil.
Renforcée par des murs et bastions à partir du 6e s., la ville haute se dévoile par un **portail★** percé dans le rempart. On ne découvre d'abord qu'un champ de ruines semé d'herbes folles et balayé par le vent. Çà et là émergent les vestiges d'un **hammam** du 17e s., et d'anciennes citernes cernées de broussailles. Puis, au bout d'un chemin escarpé, apparaît l'**église Agia Sofia★★**. Passé la loggia vénitienne qui en forme la façade, on est saisi par le calme et la fraîcheur bienfaisante des lieux. Admirez l'impressionnante **coupole★**, les fragments de fresques du 13e s. et les chapiteaux de marbre finement sculptés. Poursuivez par le sentier qui monte en longeant la falaise nord. Il mène aux ruines d'un **fort byzantin** (12e s.) toujours gardé par quatre tours d'angle. À 300 m d'altitude, on profite ici d'une **vue** plongeante sur Gefyra et, sur le golfe jusqu'à Paléa Monemvasia, antique cité côtière que ses habitants quittèrent pour trouver refuge sur l'île. En redescendant du plateau par le sud-est, le **panorama★★★**, vertigineux, s'ouvre sur le large et sur la ville basse, qui dessine un parterre de toits rouges et roses.

NOS ADRESSES À MONEMVASSIA

INFORMATIONS UTILES

À Gefyra

Banques – Quelques distributeurs dans le centre.
Police – *Dans la rue principale - ✆ 27320 612 10.*
Centre médical – *✆ 27320 612 04.*

ARRIVER/PARTIR

En bateau – Liaisons en ferry avec Le Pirée (3/sem., durée 4h30). En été, liaison supplémentaire en hydroglisseur avec Le Pirée (durée 2h30 sans escales et 4h15 avec escales)
En bus – *Station devant la poste de Gefyra - ✆ 27320 222 09 - ktel-lakonias.gr.* Liaisons avec Athènes (4/j., durée 6h) *via* Molaï, Sparte, Tripoli et Corinthe. En été, liaisons aussi avec Githio (1/j.).

TRANSPORTS

En taxi – *✆ 27320 612 74.*

HÉBERGEMENT

De l'autre côté du pont, Gefyra regroupe les hôtels récents et Kastro (ville basse), les hôtels de charme. Pour profiter de ces derniers, étudiez les tarifs (tous ne sont pas hors de prix) et pensez à réserver, en été et le week-end. À Gefyra, choisissez plutôt une chambre donnant sur une rue calme et avec l'air conditionné.

Gefyra

PREMIER PRIX

Douka Hotel Apartments – *3 km au nord de la ville - ✆ 2732 061181 - www.villadouka.gr - - 25 studios et appart. de 4 à 7 pers. 59/119 €.* Ses appartements modernes donnent sur un immense jardin très fleuri. Proche d'une longue plage de sable, c'est une bonne adresse pour les familles motorisées car il n'y a aucun moyen de transport pour la ville. Activités diverses (ping-pong…).

BUDGET MOYEN

Villa Diamanti – *Quartier de Topalti, juste avant Géfira - ✆ 2732 061534 - 9 ch. et 12 bungalows 65 € env.* Des chambres d'un bon confort et une cuisine à disposition. Les bungalows, de jolies maisonnettes de 1 ou 2 chambres, dispersées sur une colline d'un hectare, sont dotés d'une terrasse. Accueil souriant.

Kastro

Les deux hôtels de la ville basse proposent surtout des chambres, mais aussi quelques appartements.

BUDGET MOYEN

Byzantino – *Dans le centre - ✆ 2732 061351 - www.hotelbyzantino.com - 30 ch. 85/95 €* ☕. Cette société propose des chambres réparties dans plusieurs vieilles demeures, dont certaines ont vue sur la mer. Beaucoup de charme.

Malvasia – *Réception de l'hôtel dans la rue centrale - ✆ 2732 063007 - www.malvasia-hotel.gr - 45 ch. et appart. 75/85 €* ☕. De magnifiques chambres (poutres apparentes, cheminées de pierre…) décorées à l'ancienne, installées dans quatre anciennes maisons dispersées dans la ville. Au pied de l'une d'elle (Ritsou), on trouve un accès cimenté à la mer.

RESTAURATION

À Kastro, les restaurants les plus agréables et les plus chers ; à Gefyra, des prix plus raisonnables.

Gefyra

PREMIER PRIX

Haramis – *Rte du bord de mer - ✆ 2732 061010 - 10/15 €.* Un bistrot sans façon pour déguster une pita ou quelques souvlakia bon marché, à l'ombre d'un auvent en toile.

Limanaki – *Sur le petit port - ✆ 2732 061619 - 10/15 €.* Une taverne traditionnelle où l'on choisit ses plats en cuisine. Les tables sont dressées sur une terrasse, au bord de l'eau.

Kastro

BUDGET MOYEN

Matoula – *En contrebas de la rue principale - www.matoula.gr - 15/25 €.* À l'ombre d'un figuier, face à la mer, et dans une bonne ambiance, on vous sert d'excellents plats cuisinés, dont un fromage cuit en cassolette (saganaki) et un délicieux agneau (arnaki) à la sauce citronnée.

To Kanoni – *À droite de la route principale - ✆ 2732 061387 - 15/25 €.* La terrasse domine le dôme du musée. Bonne assiette de pikilia (mezzes).

PETITE PAUSE

Gefyra

Pâtisserie traditionnelle – *Dans la rue principale.* Sablés aux amandes, beignets… à emporter ou à déguster sur place.

ACTIVITÉS

Plages

En dehors du ponton de **Portello**, au pied des remparts de Kastro, on peut se baigner sur la plage de sable de **Pori Beach**, 3 km au nord de Gefyra, ou à **Agia Paraskevi**, 4 km au sud.

AGENDA

Pendant 5 jours, autour du **23 juillet**, on fête la libération de la ville de l'occupation ottomane. Chants et danses traditionnels devant l'église de la Panagia Chrissafitissa.

Le Magne, la mer et le Taygète en toile de fond.
P. Eastland/age fotostock

Le Magne

(Mani - Μάνη)

★★

Région du Péloponnèse - Unité régionale de Laconie

3

Péninsule montagneuse aux contours déchiquetés, isolée par la barrière du Taygète, le Magne est un pays à part. Une terre âpre, de rocaille brûlante, marquée par un soleil dur, un vent soufflant sans répit. Longtemps les clans familiaux s'affrontèrent, comme en témoignent les maisons fortifiées qui hérissent le paysage. En contrepoint de ces bâtisses guerrières, des églises byzantines rappellent l'intense vie religieuse qui anima aussi cette terre. Certaines recèlent des fresques d'une surprenante beauté.

NOS ADRESSES PAGE 192
Hébergement, restauration, achats, activités, etc.

S'INFORMER

Sites Internet – *www.laconia-hotels.gr (site des hôteliers, en anglais); www.gythio.net (en anglais).*

SE REPÉRER

Carte de région C4 (p. 126-127) et carte du Magne (p. 190).

À NE PAS MANQUER

Une balade dans les rues de Githio et d'Aréopoli; le sud de la péninsule, en particulier Vathia et le cap Ténaro (Matapan); la route côtière d'Aréopoli à Kalamata; le site médiéval de Kardamili.

ORGANISER SON TEMPS

Les transports en commun étant insuffisants, optez pour la voiture ou le deux-roues (locations à Githio).

AVEC LES ENFANTS

Les grottes de Diros.

Serrée entre les golfes de Messénie et de Laconie, la péninsule du Magne s'étend sur 1 200 km². Elle dessine une étroite bande rocheuse d'environ 65 km de longueur sur 15 km de largeur, qui commence à Kalamata pour finir au **cap Ténaro** (Matapan), la pointe la plus méridionale du Péloponnèse. Ce petit territoire présente deux visages : au nord d'Itilo, le **Magne de Messénie** (ou Magne de l'extérieur) s'accroche aux contreforts verdoyants du Taygète, tandis que vers le sud le paysage du **Magne de Laconie** (ou Magne de l'intérieur) se fait de plus en plus aride.

Circuits conseillés Carte du Magne p. 190

★★★ LE MAGNE DE LACONIE

Circuit de 115 km au départ de Githio tracé en gris sur la carte du Magne (p. 190) – Comptez 3 jours.

Githio (Γύθειο)

Porte orientale du Magne et ancien port de la Sparte antique, Githio *(env. 4 000 hab.)* se love au creux du golfe de Laconie, étirant son quai jalonné de jolies façades aux volets colorés. Les rues cachent des **maisons ottomanes** aux balcons de bois en encorbellement. La jetée concentre l'animation en été avec ses tavernes de poisson. De belles **maisons néoclassiques** s'étagent sur une colline plantée d'oliviers.

Centre culturel du Magne oriental – *Pl. Venetsanaki - au sud de la partie moderne de la ville, 200 m au nord-ouest du port par la r. Vas. Pavlou - ✆ 27330 238 88 - www.kpmanis.gr (en français) - 10h-13h, 18h-21h - gratuit.* Installé dans une ancienne école de style néoclassique (1896), il abrite une petit musée sur le patrimoine, les traditions et les spécialités gastronomiques de la région. C'est une bonne source d'information avant de partir explorer les environs.

Îlot de Kranaï – Relié à la terre depuis 1998, il passe pour avoir abrité la première nuit d'amour de Pâris et Hélène, avant leur départ pour Cythère, puis Troie. Allez vous y promener, parmi les pins, jusqu'à la tour Tzanetakis (1829) aménagée en **musée** *(w.-end 8h-16h - 2 €)*. Au 1er étage, vous y verrez une intéressante exposition sur l'architecture des tours fortifiées de la région.

Théâtre romain – *R. Apollonos - au nord de la ville, 200 m à l'ouest du stade - accès libre.* D'un diamètre de 36,50 m, c'est le seul vestige notable de la ville antique détruite par un tremblement de terre. Des gradins ont été mis au jour, dont certains conservent encore leurs dossiers de pierre.

Plages – Elles s'égrènent au sud de la ville : **Mavrovouni**, à la sortie du village du même nom *(3 km)*, la très fréquentée baie de **Vathi** *(10 km)* avec une rivière qui surgit de la roche, **Kamares** *(15 km)* ou **Skoutari★** *(20 km)* dont les trois petites plages de sable fin sont encore des havres de paix.

De Githio, on peut aussi rejoindre Sparte et Mystra par une route bien moins jolie que celle de Kalamata, mais plus courte *(43 km)*.

★ Route de Githio à Aréopoli

À la hauteur de Vathi, elle traverse des collines verdoyantes semées de vieux villages, puis passe au pied de la **forteresse de Passavas** *(invisible de la route)*, bâtie en 1220 par Jean de Nully, baron de Passavant. Si le sentier herbeux qui y grimpe *(15mn)* vous décourage, réservez-vous pour la **citadelle de Keléfa★** *(9 km avant Aréopoli, à droite ; au village de Keléfa, une piste carrossable mène au site)*. En partie ruinée, cette impressionnante forteresse ottomane du 17e s. domine la baie d'**Itylo** dans une solitude totale.

Une Grèce à part

C'est de la dureté de ses paysages que pourrait venir le nom du Magne, le terme *manos* signifiant « sans végétation » en grec ancien. Autre origine possible : le **Grand Magne**, un château franc du 13e s. Celui-ci n'a jamais été formellement identifié, mais il pourrait s'agir de la citadelle de Mani.

UNE SOCIÉTÉ ISOLÉE

Terre des Mycéniens (17e-11e s. av. J.-C.) puis des Spartiates (8e-3e s. av. J.-C.), le Magne est intégré à l'Empire romain au 2e s. av. J.-C. Avec l'arrivée des Slaves (6e s.), la péninsule se retrouve isolée au sein de l'Empire byzantin. Elle forme alors une **sklavinie** (colonie slave autonome), où perdure l'antique religion grecque. Le Magne fera l'objet d'une **christianisation tardive** lors de la reprise en main par Byzance du 9e au 11e s. Au 13e s., l'occupation franque (1204-1259) se caractérise par la construction de nombreux **châteaux forts**. Puis, le Magne revient dans le giron de Constantinople. Après la chute de celle-ci en 1453, les Vénitiens administrent longtemps le Magne de Messénie, tandis que les Ottomans accordent une large autonomie au reste de la péninsule : exemptions d'impôt et bey (gouverneur) choisi parmi les **kapetani** locaux. Ces chefs de clan dominent la société maniote qui s'organise autour de l'élevage et du brigandage avec ses redoutables **klephtes** (bandits des montagnes) et **pirates** qui s'en prennent parfois aux intérêts du sultan.

RÉVOLTES ET EXODES

En 1669, les Ottomans reprennent le contrôle des côtes du Magne, provoquant un exode massif vers l'intérieur des terres. Comme les ressources sont rares, conflits claniques et **vendettas** se multiplient. De nombreux Maniotes préfèrent fuir. En 1673, 600 habitants d'Itylo s'installent en **Corse**, où ils feront souche à Sagone, puis à Cargèse et Ajaccio. En 1770, éclate une grande révolte soutenue par les Russes, dite **révolution d'Orloff**. Les Ottomans résistent mais accordent une autonomie accrue aux beys. Les *kapetani* du clan des **Mavromichalis** s'imposent comme les nouveaux maîtres du Magne. En mars 1821, le soulèvement du bey Petros Mavromichalis, dit **Petrobey**, marque le début de la guerre d'Indépendance grecque. La rébellion ne prend pas fin avec l'indépendance de 1832. L'autonomie fiscale de la péninsule est maintenue jusqu'en 1870. Mais, repliée sur elle-même, la région reste pauvre. Le 20e s. est celui de l'**exode rural** vers Athènes, avec l'abandon de villages entiers dans les années 1970. La construction de routes et l'abandon du système clanique ont depuis permis un timide développement de l'agriculture et du tourisme.

L'ARCHITECTURE MANIOTE

Le Magne se distingue par ses centaines de **tours fortifiées** héritées des *kapetani*. Carrées ou rectangulaires, percées de rares fenêtres, ces bâtisses de trois ou quatre étages d'une seule pièce permettaient d'assurer la défense de chaque clan. La plus grande densité de tours s'observe à Vathia et Kita, à l'extrême sud. Quant aux **églises byzantines**, elles datent surtout des 11e et 12e s., lorsque la péninsule fut enfin christianisée. De dimensions modestes et de style « macédonien » classique (plan en croix inscrite, coupole sur tambour, appareil de pierre cloisonné de brique), la plupart abritent des fresques des 12e, 13e et 14e s. D'inspiration naïve mais très vivantes, celles-ci incorporent parfois des éléments francs dans le traitement des guerriers et des chevaux.

★ Aréopoli (Αρεόπολη)

27 km au sud-ouest de Githio.

Aujourd'hui paisible, ce bourg de 1 000 habitants s'étend au pied d'une montagne pelée, à une encablure du golfe de Messénie. Autrefois appelé Tsimova, il fut le fief du **clan Mavromichalis** qui déclencha ici la guerre d'Indépendance en 1821. En 1830, il perdit son nom slave pour être rebaptisé en l'honneur d'Arès, le dieu grec de la Guerre. Porte du Magne de l'intérieur, Aréopoli est un bon point de départ pour rayonner aux alentours un jour ou deux.

Traversez la place moderne où s'arrêtent les bus et engagez-vous dans la rue Kapetan Matapa qui traverse le **vieux centre** à l'ombre des tours fortifiées et des maisons de pierre aux toits de tuiles rouges.

Place du 17-Mars *(pl. 17is Martíou)* – Elle se repère facilement grâce au campanile (1836) de l'**église des Taxiarques** *(souvent fermée)*. Celle-ci date du 18e s. et porte sur ses murs extérieurs des plaques de marbre sculptées figurant les signes du zodiaque. C'est à l'intérieur que Petros Mavromichalis proclama le début de la guerre d'indépendance et lança son cri de ralliement *(« La victoire ou la mort ! »)*, le 17 mars 1821, avant de s'emparer de Kalamata 6 jours plus tard.

Tour Pikoulakis – *120 m au sud de la pl. du 17-Mars - ☏ 27330 295 31 - tlj sf lun. 8h30-15h - 2 €.* Il s'agit d'une des trois belles maisons fortifiées d'Aréopoli. Elle accueille un petit **musée** comptant quelques icônes, fresques et éléments architecturaux provenant des églises byzantines de la région. Remarquez le **templon** en marbre sculpté de l'église Agios Ioannis (12e s.), près de Pyrgos Dirou. Une exposition revient également sur l'évangélisation tardive du Magne.

★★★ Pointe sud

Au sud d'Aréopoli - comptez une journée, baignade comprise.

À partir de **Pyrgos Dirou** *(8 km au sud d'Aréopoli)*, localité entourée d'une dizaine de ravissantes petites églises byzantines, on pénètre dans la partie la plus pittoresque du Magne. Hameaux et villages ponctuent un décor rugueux de garrigues rocailleuses, d'oliviers et de figuiers de Barbarie.

★★ **Grottes de Diros** – *12 km au sud-ouest d'Aréopoli via Pyrgos Dirou - Spiléa Dirou - ☏ 27330 522 22 - www.diros-caves.gr - juil. : 8h30-19h30 ; août : 9h30-20h ; mai-juin et sept. : 9h-17h ; reste de l'année : 9h-17h - visite guidée (en grec) 45mn -13 € (3-18 ans 8 €).* Malgré un délai d'attente parfois long et des places de parking rares, le lieu vaut le détour. À bord d'une barque, on glisse sur une rivière souterraine *(1,3 km)*, tête baissée pour éviter les stalactites, en admirant les « chambres roses » et « rouges » qui tirent leur nom de la couleur des concrétions qui les recouvrent. Un musée consacré au néolithique complète la visite.

Le village de Vathia sur la péninsule du Magne.
EVZONI/iStock

★ **Nomia et Kita** – *14 km au sud de Pyrgos Dirou.* Ces deux villages se font face de chaque côté de la route. Kita *(côté montagne)* et Nomia *(côté mer)* possèdent la plus forte concentration de **tours fortifiées**★ du Magne. Celles-ci témoignent de la folie des vendettas : pendant trente ans, les clans des deux villages s'entre-tuèrent. Cette « guerre » prit fin en 1871 avec l'intervention de l'armée. Aujourd'hui, Kita conserve 11 de ses 28 mini-forteresses, dont la plus haute est la **tour Lazarogonas** (6 étages), qui fut la dernière construite, en 1850. Nomia possède la plus ancienne du Magne, la **tour Mesiskli** (17e s.). Les deux villages méritent aussi une halte pour leurs **églises byzantines**★ (9e-14e s.). Elles sont une dizaine, pour certaines décorées de fresques bien préservées.

★ **Geroliménas** – *4 km au sud de Kita.* Petit port de pêche blotti au fond d'une rade dominée par une falaise. Au-delà, le paysage, se fait quasi désertique.

★★ **Vathia** – *10 km au sud-est de Geroliménas en longeant la côte.* Un étrange village citadelle surgit au sommet d'une colline face à la mer. Il s'agit de **150 tours, maisons, églises et bâtisses fortifiées** ramassées les unes contre les autres. Aujourd'hui désertées, elles furent érigées jusqu'en 1915 par quatre familles dans le cadre d'un long conflit clanique qui dura deux siècles. Cet ensemble irréel semble être l'émanation de l'austère paysage qui l'entoure. Cette impression d'abandon – il arrive de n'y croiser personne – résulte aussi de la fermeture des hôtels qui y avaient été aménagés dans les années 1990.

★★ **Baie de Marmari** – *5 km au sud de Vathia.* La route longeant la côte déchiquetée et ventée mème au hameau qui domine deux petites **plages** de sable.

Kokkinogia – *4 km au sud de Marmari.* La route s'arrête ici, dans ce minuscule hameau qui compte une taverne. Sur le rivage, à gauche du parking, la chapelle Agios Asomatos (10e-11e s.), en ruine, se dresse à l'emplacement d'un **sanctuaire spartiate** qui fut, selon la légende, fondé par Ténaros, fils de Zeus. Subsistent les fondations du temple de Poséidon et l'entrée de la grotte d'Hadès que les Anciens considéraient comme l'entrée du monde des morts. À droite du parking commence le sentier menant au cap Ténaro.

★★★ **Cap Ténaro** – *40mn à pied au départ de Kokkinogia - prévoyez de bonnes chaussures et de quoi vous protéger du soleil.* Aussi appelé **Matapan** depuis la période franque, c'est le point le plus au sud de la Grèce continentale, baigné par les eaux de la Méditerrannée *(à l'est)* et de la mer Ionienne *(à l'ouest)*. Peu après Kokkinogia, le sentier longe les ruines d'une villa romaine (1er s. apr. J.-C.) où subsiste une **mosaïque** circulaire, puis de petites criques où se baigner. À l'extrémité, un **phare** de 16 m de hauteur érigé en 1892 domine ce cap qui a connu tant de batailles et de naufrages.

3

★★ **Baie de Porto Kagio** – *3 km à l'est de Marmari - reprenez la rte vers Vathia sur 1 km et tournez à droite.* Située sur la côte est, elle sert de havre aux oiseaux migrateurs, et égrène ses quelques maisons à l'abri d'une **anse** à peine ouverte par une passe étroite. À 110 m d'altitude, la colline qui domine le village, abrite les vestiges de la **citadelle de Mani**, que certains imaginent être le Grand Magne construit en 1250 par le prince Guillaume II de Villehardouin. On profite ici d'une **vue★** à 360° sur la baie et celle de Marmani *(à l'ouest).*

De là, il faut longer la côte est par la route menant au beau village de **Lagia★**, *(10 km au nord de Porto Kagio).* Ensuite se succèdent **Kokkala** et **Exo Nimfio★★**, impressionnant avec ses tours accrochées à flanc de montagne, ou encore **Flomochori** dont les tours sont les plus hautes du Magne. Puis revenez à Aréopoli par une route transversale, ou rejoignez **Skoutari★** en suivant la belle route côtière qui passe par Kotronas.

★★ LE MAGNE DE MESSÉNIE

Circuit de 80 km d'Aréopoli à Kalamata tracé en bleu sur la carte du Magne (ci-contre) – Comptez 3 jours avec la randonnée dans les gorges du Viros.
Aux rudes paysages du sud de la péninsule succèdent les verdoyants rivages de la plus belle côte du Péloponnèse. Riante et variée, la route serpente entre les contreforts pelés du **mont Taygète** (Taïgetos), culminant à 2 404 m d'altitude, et les eaux bleues du golfe de Messénie, qui invitent à la baignade.

Liméni (Λιμένι)

5 km au nord d'Aréopoli. Petit port de pêche au fond d'une superbe calanque. Vous vous y arrêterez pour ses tavernes, les pieds dans l'eau. Pour vous baigner, il vous faudra pousser jusqu'à la plage de **Tsipa**, constituée selon les années et les courants de sable ou de galets.

Itylo (Οίτυλο)

7 km au nord de Limeni. L'ancienne capitale de la région était jadis protégé par la **citadelle de Keléfa**. Le vieux village s'étale paisiblement à ses pieds. Sur la place principale (un cul-de-sac), une plaque rappelle, en grec et en français, qu'en 1676, 600 habitants s'installèrent en Corse.

Nomitsi (Νομιτσί)

15 km au nord-ouest d'Itylo. Juste après avoir traversé les beaux villages voisins de **Lagada** et de **Thalames**, découvrez ici deux superbes édifices byzantins. Dans l'**église de la Transfiguration★** (fin du 11e s.), notez le templon en marbre (12e s.), les chapiteaux sculptés d'animaux (11e s.) et les riches fresques (12e et 16e s.). L'**église des Sts-Anargyres** (10e et 13e s.) conserve quant à elle quelques précieuses fresques du 10e s. D'autres fresques d'une émouvante beauté vous attendent aussi dans les églises de **Platsa** *(2 km plus loin)*. Au-delà, la côte se fait beaucoup plus touristique.

Stoupa (Στούπα)

13 km au nord-ouest de Nomitsi. Passé le joli port d'**Agios Nikolaos**, cette station balnéaire possède la plus belle **plage★** de la région, bondée en été.

★ Kardamyli (Καρδαμύλη)

8 km au nord-ouest de Stoupa. Ce verdoyant village côtier est dominé par une enceinte byzantine (12e s.) où s'élèvent le clocher délicatement ouvragé de l'**église Agios Spyridonas** (fin du 17e s.) et la puissante **tour Mourtzinos** (17e-19e s.). Cette dernière abrite un intéressant **musée** *(tlj sf lun. 9h-16h - 2 €)* consacré à l'ancienne organisation clanique de la société maniote.
★ **Gorges du Viros** – *12 km, env. 3h - pour faire cette randonnée en boucle, prenez un taxi jusqu'au village de Tseria, 13 km au nord-est de Kardamyli.* De Tseria, un chemin dallé descend dans la gorge, qu'il faut traverser. Remontez au beau village d'**Exohorio**, et, en surplombant la gorge à travers les maisons, poursuivez en descente douce puis plus rapide. Retrouvez le fond de la gorge au niveau du **monastère Sotiros** (14e s.). Encore 1h30 et vous rejoignez Kardamyli *via* le **monastère de Lykaki** (belles fresques du 18e s.) caché dans les cyprès.

Kambos (Κάμπος)

16 km au nord-ouest de Kardamyli, 20 km au sud-ouest de Kalamata.
Reconnaissable à son portail sculpté de palmettes, l'**église Agii Theodori★** (12e s.) abrite des **fresques** réputées. Exécutées en 1760, elles représentent les terribles supplices infligés à des martyrs extraordinairement sereins, tandis qu'au plafond trône un Christ en majesté entouré des signes du zodiaque.

NOS ADRESSES DANS LE MAGNE

INFORMATIONS UTILES

Banques
Distributeurs à Githio et Aréopoli.

Police
Githio – *27330 221 00.*
Aréopoli – *27330 512 09.*

Centre médicaux
Githio – *27330 220 01.*
Aréopoli – *27330 512 45/59.*

ARRIVER/PARTIR

En avion
Aéroport de Kalamata – *p. 202.*

En bateau
Port de Githio – Liaisons en haute saison avec Cythère (2-4/j.).

En bus
Gare routière de Githio – *27350 222 28 - www.ktel-lakonias.gr.* Liaisons avec Athènes (6/j., durée 6h), Aréopoli (4/j., durée 30mn), Sparte (6/j., durée 1h), Itylo (2/j., durée 40mn), Kalamata (2/j., durée 2h) et Pirgos (1/j., durée 3h30).
Gare routière d'Aréopoli – *27330 512 29.* Liaisons avec Athènes (3/j.), Githio (4/j.), Geroliménas (2/j.) et Kalamata avec changement à Itylo (3/j.).

HÉBERGEMENT

Githio

PREMIER PRIX

Camping Githion Bay – *3 km au sud de Githio sur la plage de sable de Mavrovouni - 2733 022522 - www.gythiocamping.gr - empl. 20 €.* Un grand terrain bien organisé, ombragé de centaines d'arbres fruitiers. Une bonne adresse pour les familles (jeux et équipements sportifs).

BUDGET MOYEN

Aktaion – *39 r. V. Pavlou - 2733 023500 - www.aktaionhotel.gr - 20 ch. et 2 suites 55/70 €.* Cette grande bâtisse propose des chambres agréables. Elles disposent toutes d'un balcon sur la rade et sont dotées de salles de bains confortables. Une bonne adresse.
Gythion – *33 r. V. Pavlou - 2733 023452 - www.gythionhotel.gr - 7 ch. 70 €.* Installé dans une belle maison du 19e s., ce petit hôtel propose quelques chambres qui donnent toutes sur la mer et sur quelques cafés, qui peuvent être bruyants le soir.

Skoutari

PREMIER PRIX

Skoutari Beach Resort – *2733 093684 - www.skoutaribeach.gr - 20 ch. 55/65 €.* Cet hôtel se trouve à 200 m au-dessus de la plage, belle et encore tranquille, de Skoutari. Claires et propres, les chambres disposent toutes d'une cuisine. Une excellente adresse.

Aréopoli

BUDGET MOYEN

Tsimova – *Juste derrière l'église des Taxiarques - 2733 051301 - 5 ch. 60 €.* Dans une authentique tour maniote, vous apprécierez la chaleur de l'accueil et le décor kitsch, dans lequel s'affichent les souvenirs de guerre du grand-père.
Pyrgos Kapetanakou – *Au bout de la rue principale, à droite - 2733 051233 - - 7 ch. 70 €.* Remaniée, cette tour du 19e s. abrite des chambres au décor maniote authentique. Petit-déjeuner servi dans un jardin fleuri.

Liméni

POUR SE FAIRE PLAISIR

Liméni Village – *4 km au nord d'Aréopoli - ✆ 2733 051111 - www.limenivillage.gr - 🏊 - 35 ch. 80/120 €* ☕ - ✕. Accrochées à la pente abrupte qui dévale vers une mer azur, 18 fausses tours aménagées en chambres forment un ensemble aussi confortable qu'élégant.

Stavri

POUR SE FAIRE PLAISIR

Tsitsiris Castle – *✆ 2733 056298 - www.tsitsiriscastle.gr - 20 ch. 57/67 €* ☕ - ✕. Dans un tout petit village perdu au milieu de nulle part, plusieurs tours ont été réunies pour former un superbe hôtel. Les chambres, toutes différentes, donnent sur des patios dallés et ornés de jarres. Les patrons, très courtois, viennent chercher les clients non motorisés à l'arrêt du bus. Restaurant calme dans une jolie cour.

Marmari

BUDGET MOYEN

Marmari Paradise – *✆ 2733 052101 - www.marmariparadise.com - 24 ch. 60/80 € -* ✕. Au-dessus du rivage, c'est le plus sympathique des 2 hôtels de ce hameau de l'extrême sud du Magne. Les chambres, aux murs décorés de fresques, sont modestes mais charmantes, et le restaurant correct. Belle vue sur la mer le soir.

Porto Kagio

BUDGET MOYEN

Akrotiri – *✆ 2733 052013 - http://porto-kagio.com - 9 ch. 50/80 € -* ✕. Sur le rivage de ce port naturel, l'hôtel propose de grandes chambres, simples, propres, équipées d'un réfrigérateur et avec un balcon qui ouvre sur la mer. Une bonne adresse pour qui cherche un bel endroit tranquille. Plusieurs tavernes au bord de l'eau.

Kardamyli

BUDGET MOYEN

Patriarcheas – *✆ 2721 073366 - 10 ch. 60 €* ☕. Agréable maison située à l'entrée du village, côté Kalamata. Les vastes chambres présentent un bon confort basique (double vitrage et balcon).

RESTAURATION

Aréopoli

PREMIER PRIX

Barba Petros – *Dans la rue principale - ✆ 2733 051205 - fermé le midi - 15 €*. Le meilleur établissement de la ville vous offre le cadre de sa courette fleurie et des plats traditionnels fort bien cuisinés. Le vin blanc est servi frais avec le sourire des patrons, très accueillants.

PREMIER PRIX

Kiki – *Non loin de la place, face à la mer - ✆ 2721 073148 - 15 € env.* La taverne la plus traditionnelle de Kardamili. Spécialités de plats en sauce que l'on déguste en regardant le coucher du soleil.

ACHATS

Brocante

À Githio, vous trouverez une belle boutique d'antiquités près de l'hôtel Aktaion.

AGENDA

Festival des Marathonissia – À Githio, du 15 juillet au 15 août : théâtre, concerts…

Cythère

(Kythira - Κύθηρα)

★★

3 973 habitants - 284 km2 - Région de l'Attique - Unité régionale des Îles

La mythologie grecque veut que l'île ait vu naître Aphrodite, déesse de l'Amour. Au 18e s., la légende inspira le peintre Watteau, et au siècle suivant, Baudelaire, Verlaine, Hugo et Lamartine. Aujourd'hui, ce ne sont ni les souvenirs d'Aphrodite ni même les vestiges antiques que l'on vient chercher sur cette terre douce mais battue par les vents. Cythère charme par sa nature, son atmosphère authentique et l'harmonie de son architecture, mêlant des éléments vénitiens à la blancheur des Cyclades.

NOS ADRESSES PAGE 199
Hébergement, restauration, achats, activités, etc.

S'INFORMER

Site Internet – *www.visitkythira.gr (site officiel de l'île, en français).*

SE REPÉRER

Carte de région D4 (p. 126-127) et carte de l'île (ci-contre).

À NE PAS MANQUER

Kythira (Hora) et Kapsali, Milopotamos, Paleohora, Potamos.

ORGANISER SON TEMPS

Comptez trois-quatre jours de visite. Les transports en commun étant rares et les taxis pris d'assaut, débarquez avec votre véhicule ou louez-en un sur place.

AVEC LES ENFANTS

Bateau à fond de verre et plages de Kapsali.

Le tour de l'île Carte de l'île

★★ KITHIRA ET LE SUD

Circuit tracé en vert sur la carte de l'île (ci-contre).

Trait d'union entre le Péloponnèse et la Crète, la plus méridionale des îles Ioniennes révèle deux visages. Tandis qu'au sud s'ouvrent des gorges sauvages couvertes de myrtes, le nord de l'île, plus riche en sources, se drape d'un velours de landes ponctué de pinèdes qui rappellent les paysages bretons. À cette partition géographique correspondait jadis une partition politique, les Vénitiens ayant en effet établi à Dogana (« douane » en italien) une frontière où les voyageurs devaient s'acquitter d'une taxe. Cette césure, qui reste inscrite dans les mentalités, pousse encore les habitants du Sud à se définir comme « de l'intérieur », c'est-à-dire de la zone vénitienne dominée par la forteresse de Kithira, par opposition à ceux du Nord qui sont « de l'extérieur ».

★★ Kythira (Κύθηρα) ou Hora (Χώρα)

Les soirs d'été, le centre est interdit aux véhicules - comptez 2h de balade.

En pénétrant dans la petie capitale de Cythère *(env. 280 hab.)*, on est ébloui par la blancheur immaculée des murs, auxquels les quelques touches d'architecture vénitienne confèrent une noblesse et un relief particuliers. La rue principale conduit à un piton rocheux où la Sérénissime érigea la citadelle.

★ **Citadelle** *(kastro) – Juin-oct. : 8h-20h ; reste de l'année : 8h-15h - entrée libre.* Érigée à partir du 13e s., ses remparts livrent une **vue**★ superbe sur la double baie de Kapsali. L'intérieur cache quatre églises byzantines, une ancienne maison seigneuriale et une poudrière qui abrite une collection de blasons vénitiens *(juin-oct. : 9h-15h, 17h-20h ; reste de l'année : 9h-15h - 2 €).*

Mesa-Vourgo – Au pied de la citadelle, une ruelle, à droite, mène à ce quartier dont les églises byzantines renferment des fresques du 15e au 18e s.

★ **Musée archéologique** – *Au nord-ouest de la ville - ✆ 27360 317 39 - tlj sf lun. 8h30-15h - 4 € (-18 ans gratuit).* Fermé pendant dix ans, suite au fort tremblement de terre qui secoua l'île en 2006, il bénéfice d'une présentation moderne. Quelque 650 objets provenant de Cythère et d'Anticythère retracent sept mille ans d'histoire. Remarquez l'importante collection de **figurines minoennes**, la belle statuette en bronze d'Athéna (5e s. av. J.-C.) et la statue en marbre dite du **lion de Cythère**★ (6e s. av. J.-C.), utilisée par les Vénitiens pour garder l'entrée de la citadelle, puis retrouvée par un habitant de l'île à Berlin en 1945.

LE PETIT JARDIN DES GRANDES PUISSANCES

Dès le 3e millénaire av. J.-C., Cythère est un comptoir commercial utilisé par les **Minoens** puis par les **Phéniciens**. Elle passe ensuite sous la coupe d'Argos, de **Sparte** et d'Athènes. Indépendante au 2e s. av. J.-C., elle devient pendant plus de mille ans la propriété privée de riches familles romaines, byzantines et vénitiennes. **Colonie de Venise** pendant trois siècles (15e-18e s.), l'île est alors dominée par une minorité catholique qui impose un rude système féodal à la majorité orthodoxe. Durant les guerres napoléoniennes, elle fait partie du **département français de Mer-Égée** (1797-1802) et connaît une brève occupation russo-ottomane (1798-1800). À l'issue de celle-ci, la population, acquise aux idées de la Révolution française, massacre la noblesse dans la citadelle de Kythira le 22 juillet 1800. Les Russes reviennent en 1802, puis cèdent Cythère aux Français en 1807 jusqu'à l'arrivée des Anglais en 1809. En 1814, l'île intègre l'Empire britannique au sein de la **République des îles Ioniennes** et connaît un début de modernisation, avant d'être rattachée à la Grèce en 1864. Durement touchée par les combats entre résistants et Allemands en 1944, Cythère voit une grande partie de sa population émigrer en Australie mais s'ouvre au tourisme dès les années 1950. Depuis, deux forts **tremblement de terre** (2004 et 2006) et la crise financière de 2009 ont freiné son développement.

★ Kapsali (Καψάλι)

2,5 km au sud-est de Kythira.

Avec ses deux anses courbes séparées par un petit promontoire rocheux, Kapsali est la station balnéaire majeure de Cythère, très animée le soir, et le lieu d'accostage des bateaux de croisière. Une petite rade caillouteuse flanque la **plage principale** *(à gauche)*, où mouillent les barques de pêcheurs, tandis qu'à droite s'étire une petite plage abritée, accessible par un ponton de bois.

Monastère Saint-Jean-sur-la-Falaise – *4 km au nord - juin-sept. : tlj sf mar. 8h30-13h, merc., vend. et dim. 17h30-20h30 - entrée libre.* Installé sur une falaise à 60 m de hauteur, il date du 16e s. Selon la tradition locale, c'est ici que l'apôtre Jean aurait entrepris la rédaction de l'Apocalypse, pour l'achever à Patmos.

Suivez la rte principale vers le nord jusqu'à Livadi, prenez la première rte à gauche.

Monastère de Mirtidiotissa (Μονή μυρτιδιώτισσας)

9 km au nord-ouest de Livadi via Kalokerines - 9h30-20h - entrée libre - vêtements longs à dispoition des visiteurs.

Au fond d'une verte **vallée★** envahie de myrtes et de pins apparaît un monastère dédié à la Vierge des myrtes. Si l'architecture (19e s.) n'a guère d'intérêt, vous pouvez profiter du jardin, charmant et bien tenu. L'église recèle la belle **icône★** d'une Vierge noire qui serait miraculeusement apparue ici au 12e s. Un chemin carrossable descend vers la petite **plage de Limnaria** *(2 km au nord).*

Revenez sur vos pas sur 3,5 km, et empruntez la première rte à gauche.

Milopotamos (Μυλοπόταμος)

9 km au nord-ouest du monastère de Mirtidiotissa.

Sans être très spectaculaire, ce village assoupi ne manque pas de charme avec ses villas classiques ornées d'élégants balcons, l'église Agios Sotiris (18e s.), quelques maisons d'hôtes, une fontaine et deux tavernes ombragées de platanes. Des sentiers aménagés permettent de découvrir les **chutes d'eau de Neredas** situées au nord du petit centre. Au retour, partez flâner dans les venelles abandonnées de la citadelle voisine de Kato Hora.

Kythira, sa citadelle et la double baie de Kapsali.
Georgios Alexandris/iStock

★★ Citadelle de Kato Hora (Κάστρο Χώρας)

1 km au nord-ouest de Milopotamos - accès libre.
Défendant la ville haute de Milopotamos, cette magnifique forteresse vénitienne (1565) couronne un éperon rocheux dressé entre deux ravins. Passé le portail d'entrée, orné du lion de saint Marc, on découvre une véritable cité, avec ses ruelles encadrées de maisons abandonnées et de **chapelles byzantines**.

★ Grotte d'Agia Sofia (Σπήλαιο Αγίας Σοφίας)

2,5 km au nord-ouest de la citadelle de Kato Hora (chemin carrossable) - ✆ 27360 317 31 - juil.-sept. : 11h-18h30 ; fermé lun. en sept. - visite guidée (20mn) : 5 €.
Perchée à 50 m au-dessus de la mer, c'est l'une des trois grottes de l'île dédiées à la grande martyre Sophie suppliciée à Rome vers 137. À l'entrée, la petite chapelle (12e-14e s.) possède une émouvante **iconostase★**, tandis qu'au-delà, on accède à 500 m de galeries et de salles ornées de stalactites et de stalagmites.

★ Sud-est de l'île

La région vaut moins pour son paysage dénudé que pour ses **plages★** de sable, parmi les plus belles de l'île, notamment celle de **Kaladi★**, près de Paleopoli. Cinq kilomètres au nord-est, un bastion vénitien domine les vieilles maisons de pierre charmant du port d'**Avlémonas★★**. Au nord, la route longeant l'aéroport, s'arrête au port de **Diakofti**, doté d'une superbe **plage de sable**.

KANGOUROUS GRECS

L'**Australie** compte plus de 60 000 descendants de natifs de l'île. Aussi, ces derniers ont-ils valu à Cythère le surnom d'« île des kangourous », et à l'Australie celui de « Grande Cythère ». En souvenir, les habitants ont élevé un monument à leurs émigrés à **Fratsia** *(10 km au nord de Kythira)*. Ces dernières années, de nombreux Australiens de Cythère sont aussi venus s'installer sur leur petite île d'origine, lui apportant un nouveau souffle.

3

★★ LE NORD

Circuit d'env. 50 km au départ de Kithira tracé en mauve sur la carte de l'île *(p. 193)* *– Comptez une journée, baignade comprise.*

★★ Paleohora (Παλαιοχώρα)

5 km au nord-est d'Aroniadika (chemin carrossable à droite de la route principale).
La piste traverse un paysage austère et rocailleux, puis débouche sur un spectaculaire **cirque montagneux★★** dont le piton central, cerné de précipices, accueillit l'ancienne capitale byzantine de Cythère. Là, les habitants de Monemvassia, qui la fondèrent au 12e s., se crurent à l'abri des pirates. De fait, à l'ombre de leurs nombreuses **églises** *(certaines, restaurées, sont fermées)*, ils vécurent en paix jusqu'en 1537, date à laquelle les troupes de Barberousse parvinrent à se hisser en haut des murs de la cité, annonçant sa fin tragique. Les pirates incendièrent les maisons et réduisirent les habitants en esclavage, poussant le reste de la population à un suicide collectif, comme en témoigne la funèbre découverte d'ossements, en bas des rochers. Aujourd'hui envahis par la végétation et battus par les vents, les vestiges de la cité dégagent, comme toutes les villes martyres, un sentiment de tristesse qui ne doit pas vous faire oublier les panneaux « Danger » plantés au pied des murs branlants.

★ Potamos (Ποταμός)

4 km au nord d'Aroniadika.
Loin de l'agitation touristique, le plus important village de l'île *(env. 400 hab.)* est enjoué et actif, surtout le dimanche quand se tient le **marché**. Il fait bon prendre un verre sur la pittoresque place centrale, délicieusement ombragée, avant de se perdre dans les rues bordées de **maisons néoclassiques** aux élégants balcons de fer forgé. Potamos est aussi le point de départ d'agréables **promenades**, à pied ou en voiture, vers le nord verdoyant de l'île.

Agia Pelagia (Αγία Πελαγία)

7 km au nord-est de Potamos.
Aujourd'hui sans intérêt notoire, l'ancien port principal de l'île est toutefois entouré de plages de sable.

Karavas (Καραβάς)

7 km au nord de Potamos.
Traversé par un ruisseau, ce village escarpé compte parmi les plus authentiques de Cythère. Descendez à la superbe **source d'Amin Ali**. De là, en suivant la route de montagne qui le relie à la **plage de Platia Ammos** *(à 2 km)*, vous pourrez emprunter, à gauche, un chemin qui mène, 5 km plus au nord, au **phare de Moudari** construit par les Anglais, d'où l'on jouit d'une belle **vue★** sur la mer et, au loin, la côte continentale.

L'ÎLE DES BEAUTÉS

Cythère accueillit deux des plus belles femmes de la mythologie grecque. Née de l'écume (*aphros* en grec) que forma dans la mer le sperme d'Ouranos (à qui son fils Cronos venait de trancher le sexe), la déesse **Aphrodite** cingla vers Cythère. Arrivée sur l'île, elle fut assaillie par des satyres et n'échappa à leurs ardeurs qu'en se cachant dans un buisson de myrtes, plante dont elle fera son emblème. Un sanctuaire, dont il ne reste rien, lui fut dédié à Paléokastro. On l'appelle le « palais de Ménélas », en souvenir du passage dans l'île de la **belle Hélène** et de son amant troyen, Pâris.

NOS ADRESSES SUR L'ÎLE DE CYTHÈRE

INFORMATIONS UTILES

Banques
À Kithira et Potamos, distributeurs sur la place centrale.

Poste
Kithira – *Sur la place centrale - 27360 312 74.*

Police
Kithira – *27360 312 06.*

Santé
Hôpital de Potamos – *27360 332 03.*
Centre médical de Kithira – *27360 312 43.*
Centre médical de Livadi – *27360 315 36.*

ARRIVER/PARTIR

En avion
Aéroport de Cythère – *15 km au nord-est de Kithira - 27360 332 92.* Liaison quotidienne avec Athènes.
Olympic Air – *27360 333 62.*

En bateau
Il est prudent de réserver le passage de votre véhicule.
Port de Diakofti – *27360 342 22.* Liaisons en ferry pour Le Pirée et la Crète (2/sem.). Liaisons également avec Néapoli (1/j., durée 1h) et Githio (fréquence variable, durée 2h30). Il faut impérativement vérifier de nouveau avant votre départ.
Port de plaisance de Kapsali – *27360 312 22..*

TRANSPORTS

En bus
Un seul bus par jour dessert, tôt le matin, les principaux villages de l'île.

En taxi
69442 605 71 ou 69443 054 33.

En voiture
Les véhicules de location doivent être réservés à l'avance.
Panayotis – *27360 310 04 (Kithira) ou 27360 316 00 (Kapsali) - www.panayotis-rent-a-car.gr.* L'agence la mieux équipée de l'île : location de deux-roues et de voitures.
Cerigo rent a car - *À Kithira - 27360 313 63.*

HÉBERGEMENT

Même si tous les villages affichent une large offre de chambres, là aussi, il est conseillé de réserver à l'avance.

Kithira (Hora)

PREMIER PRIX

Kastello – *Au pied de la citadelle, à gauche d'une boutique d'antiquités - 2736 031069 - www.castelloapts-kythera.gr - 6 ch. et 3 studios 45/55 €.* Chambres et studios clairs, pimpants et agréables, équipés de réfrigérateurs, dans une maison neuve entourée par un petit jardin fleuri. Une adresse d'un bon rapport qualité/prix.

BUDGET MOYEN

Margarita – *Dans une ruelle en escalier à droite de la rue principale - 2736 031711 - www.hotel-margarita.com - 12 ch. 50/90 € - 10 €.* Cette agréable demeure du 19e s., très bien rénovée en hôtel de charme, se trouve au cœur de Hora, tout en étant au calme. D'excellentes viennoiseries et pâtisseries sont servies pour le petit-déjeuner sur l'une des deux terrasses ouvrant sur la mer, la campagne et la citadelle. Accueil francophone.

3

Kapsali

BUDGET MOYEN

Spitia Vassilis – *Peu avant Kapsali, en descendant de Kithira - ✆ 2736 031125 - www.kithira.biz - 14 ch. 70/80 €* . Dominant la baie, un bel espace arboré abrite de petites maisons anciennes privatives. Décorée avec goût, chaque chambre dispose de sa propre terrasse. Réservation impérative.

POUR SE FAIRE PLAISIR

El Sol – *À mi-chemin entre Hora et Kapsali - ✆ 2736 031629 - www.elsolhotels.gr - - 24 ch. 80/120 €* . En pleine nature à flanc de colline, un bel ensemble de pavillons modernes. Chambres claires aux tons pastel, très confortables, disposant de petites terrasses avec vue. Belle piscine, restauration légère et aire de jeux pour les enfants.

Pitsinadès

Dans ce village joliment rénové, 5 km au sud de Potamos, deux maisons centenaires ont été reconverties en gîtes de charme.

BUDGET MOYEN

Pitsinades – *au Pirée en hiver - ✆ 2736 033877 - www.pitsinades.com - - 5 ch. 40/80 €* . Cette maison ancienne propose de jolies chambres voûtées, dont deux avec kitchenette, ouvrant sur un agréable patio commun. Décoration de style cycladique.

Aroniadika

PREMIER PRIX

Pension Kamarès – *✆ 2736 031766 - 7 ch. 30 €.* Pas de petit-déjeuner. Chaque chambre de ce bâtiment centenaire, à l'ameublement traditionnel, est dotée d'une kitchenette. La terrasse commune s'ouvre sur la campagne.

Milopotamos

POUR SE FAIRE PLAISIR

Porfyroussa – *✆ 2736 038281 - www.porfyrousa.gr - 3 apparts. pour 4-5 pers. 150 €.* Située dans un tranquille et charmant village, cette maison trois fois centenaire est divisée en appartements comprenant chambres, salon, cuisine et salles de bains. Le confort est rustique mais fonctionnel et la sympathique propriétaire peut fournir des produits naturels issus de sa ferme bio. Le prix, plutôt élevé, peut être négocié hors saison.

RESTAURATION

Kithira (Hora)

PREMIER PRIX

Zorbas – *À 30 m de la place centrale, sur la route descendant au Kastro - ✆ 2736 031655.* D'excellentes grillades et souvlakis sont servis dans cette sympathique taverne familiale où la télé est accrochée au mur à l'attention des convives.

Kalamos

PREMIER PRIX

Filio – *✆ 2736 031549.* L'un des meilleurs restaurants de l'île, ouvert le soir. L'accueil est charmant et d'agréables chambres ouvrant sur la campagne sont proposées au client.

Paleopoli

POUR SE FAIRE PLAISIR

Skandeia – *✆ 2736 033700.* Une belle taverne sous les arbres, en retrait de la plage et de la route. Cuisine variée et inventive de poissons, de fruits de mer et de viandes au grill.

Potamos

PREMIER PRIX

Panaretos – *Sur le terre-plein de la place centrale - ✆ 2736 034290.*

Des tables en plein air où déguster de bons mets locaux, dont de la chèvre sauvage à l'huile d'olive et à l'origan, de la saucisse loukanika et d'excellentes pâtisseries maison.

Diakofti

PREMIER PRIX

Zephiros – *Sur la plage à deux pas du port et du pont - ✆ 2736 034327.* Face à une mer bleu lagon, cette gentille paillote propose des plats sans prétention et de bons poissons grillés.

BOIRE UN VERRE

Potamos

Ouzeri Selana – *Sur le terre-plein de la place centrale - ✆ 2736 033997.* Abrité du soleil par de grands pins, c'est, au cœur du bourg, le meilleur endroit pour déguster une assiette de poulpe grillé arrosée d'un ouzo bien frais.

Diakofti

Anna – *Sur le quai d'embarquement - ✆ 697 466 5032.* Ce snack-bar ouvre à n'importe quelle heure du jour ou de la nuit, en fonction de l'arrivée des ferries.

ACHATS

Marché

Chaque dimanche matin, les paysans vendent leurs produits sur la place centrale de **Potamos**.

Spécialités culinaires

Miel de thym, confitures, herbes médicinales… En vente en magasins à Kithira et à Potamos.

Artisanat

Galerie Roussos – *À Kithira (magasin) et à Kato Livadi (atelier, route de Livadi à Kalamos) - ✆ 2736 031124.* Jolies céramiques décorées à la main.

EN SOIRÉE

Kithira (Hora)

Fos Fanari – *Près de la place centrale en allant vers le kastro - ✆ 2736 031644.* Le café-bar branché de Hora sert cocktails, glaces italiennes et expresso dans une salle au décor « seventies » ou sur une terrasse surplombant la baie.

Kapsali

Banda Landra – *Sur le quai - ✆ 2736 031904.* Un café-bar sympathique ouvert tard pour les amateurs de rock.

ACTIVITÉS

Activités nautiques

Panayotis – *À Kapsali - ✆ 2736 031600.* Location de canoës, de pédalos et cours de ski nautique.

Plages

Les plages familiales se trouvent à **Kapsali** et aux environs d'**Agia Pelagia**. La plage de sable rouge de **Firi Amos** (au bout d'un chemin non carrossable) est le fief des naturistes. À voir aussi les plages de Limni et de Diakofti, sur la côte est, et celles de la côte ouest, plus difficiles à atteindre.

Excursions

Bateau à fond de verre Alexandros – *À Kapsali - ✆ 697 402 2079.* Navette entre les plages isolées de la côte sud.

AGENDA

Fête du monastère Agios Theodoros – Le 12 mai.

Fête nationale des îles Ioniennes – Le 21 mai.

Fête de Potamos – Le 15 août.

Fête d'Agia Pelagia – Le 20 sept.

Kalamata

(Καλαμάτα)

62 409 habitants - Région du Péloponnèse - Chef-lieu de l'unité régionale de Messénie

Réputée pour ses olives, la capitale de Messénie est devenue l'un des principaux points d'entrée du Péloponnèse grâce à son aéroport relié à la France et à l'Europe en saison. Ville agréable avec sa plage et son centre animé, Kalamata se révèle une bonne base de départ pour explorer le Magne, Pylos, Sparte et le magnifique site de l'ancienne Messène.

NOS ADRESSES PAGE 205
Hébergement, restauration, achats, activités, etc.

S'INFORMER
Office du tourisme de Kalamata – *6 r. Polyvriou - ✆ 27210 868 68.*
Sites Internet – *www.kalamata.gr (site officiel de la ville, en anglais) ; www.kalamatacb.gr (site de la chambre de commerce et d'industrie, en français).*

SE REPÉRER
Carte de région BC3 (p. 126-127).

À NE PAS MANQUER
Le site de l'ancienne Messène.

ORGANISER SON TEMPS
Visitez l'ancienne Messène en fin de journée, au soleil couchant.

Se promener

Comptez 2h de visite.

C'est par le **front de mer** que l'on aborde généralement Kalamata. Il aligne des hôtels et cafés ainsi qu'une belle **plage★**, propre et bien équipée. À l'ouest, se trouvent le port et la marina. Derrière s'ouvre le vaste **quartier résidentiel** reconstruit après le séisme de 1986 qui fit 20 morts et 12 000 sans-logis. Plus au nord, entre la gare et le kastro, la **ville ancienne** est la partie la plus vivante, lacis de rues bruyantes conservant quelques maisons néoclassiques.

Quartier du kastro

Au nord de la ville ancienne, une volée de marches gravit la colline où s'élevait le **château** édifié par Geoffroy de Villehardouin vers 1210. Seuls subsistent le donjon et l'enceinte livrant une belle **vue★** sur la ville et le golfe de Messénie. À l'intérieur des murs *(tlj sf lun. 8h-15h - 2 €)*, trône la petite **église byzantine** de la Vierge Kalomata (« du bon œil ») à qui la ville doit sans doute son nom. Au pied de la colline se trouve la **cathédrale d'Ipapandi**.

★ **Musée archéologique de Messénie** – *3 r. Ag. Ioannou (250 m au sud-ouest de la cathédrale) - ✆ 27210 834 85 - archmusmes.gr - 8h-20h, lun. 13h-20h - 4 € (-18 ans gratuit).* Installé dans l'ancien marché municipal, il abrite une riche collection d'objets mis au jour dans la région : **déesse callipyge** du néolithique, **mosaïques romaines**, vaisselle franque… Notez le gracieux **cheval à queue de poisson** en bronze (6e-5e s. av. J.-C.) du temple de Poséidon d'Akovitika *(3 km au sud-ouest)* et le **sceau mycénien en or** datant du 16e s. av. J.-C. *(site de Thouria, 13 km au nord-ouest)*, dont le détail révèle un char de combat tiré par des griffons, ou encore cette **stèle hermaïque** (2e-3e s.) de l'ancienne Messène, un Hermès exhibant uniquement son torse et ses attributs sexuels.

À proximité Carte de région p. 126-127

★★ ITHOMI, L'ANCIENNE MESSÈNE (ITHOMI - ΙΘΩΜΗ, ARCHÉA MESSÍNI - ΑΡΧΑΙΑ ΜΕΣΣΗΝΗ) B3

33 km au nord-ouest de Kalamata, dans le village de Mavromati - prenez la dir. de l'aéroport et suivez les panneaux « Ancient Messene ».

★ Mavromati (Μαυρομάτι)

Situé sous les **monts Ithomi** (800 m d'altitude), ce plaisant petit village *(env. 390 hab.)* domine les ruines de l'ancienne Messène. De là, on bénéficie, d'une **vue★★** grandiose avec laquelle aucun autre site archéologique du Péloponnèse ne peut rivaliser. Le regard embrasse tout la ville antique et son écrin verdoyant qui glisse en pente douce jusqu'au golfe de Messénie.

Le spectacle est encore plus beau en fin de journée quand le site est baigné d'une lumière dorée. Notre conseil : dormir sur place et/ou dîner sur la terrasse panoramique de l'unique taverne de Mavromati.

★★ Site archéologique

À la sortie ouest de Mavromati, par la r. qui descend le long du musée - 27240 512 01 - www.ancientmessene.gr - avr.-août : 8h-20h - sept. : 8h-19h ; oct. : 8h-18h ; reste de l'année : 9h-16h - 12 € (-18 ans gratuit) - comptez 2h30 de visite.

Inscrit sur la liste indicative du Patrimoine mondial de l'Unesco depuis 2014, ce site est l'un des plus beaux, mais aussi l'un des moins connus de Grèce. Bien mis en valeur, les vestiges de ce qui fut la plus grande ville de Messénie gisent dans un immense champ en pente, piqueté d'oliviers et d'arbres fruitiers.

Agora – Érigée à partir de 369 av. J.-C., elle s'ouvre à droite par les puissants murs du **théâtre★**. Bien préservé, il fut l'un des plus grands du monde grec (98 m de largeur). À gauche, un autre mur (40 m de longueur) et deux colonnes signalent la **fontaine d'Arsinoé**, bâtie en l'honneur de la mère d'Asclépios, le dieu guérisseur que la mythologie fait naître tantôt ici, tantôt à Épidaure. Au nord, l'agora est délimitée par un **portique** (indiqué par quelques bases de colonnes) qui s'étend sur 200 m de longueur dans le prolongement de la fontaine. Au centre subsistent les fondations des **temples de Zeus et Poséidon**. L'ensemble fut rénové par les Romains jusqu'au 4e s., tandis que les Byzantins ajoutèrent une **basilique chrétienne**, à l'ouest *(sous le théâtre)*, au 7e s.

LES TROIS MESSÈNE

- **Ithômé** (*Ithomi* en grec) – Au 8e s. av. J.-C., c'est la capitale de la Messénie. Sparte s'en empare à la fin du 7e s. av. J.-C. Ses habitants s'exilent ou deviennent des hilotes (serfs). Les vestiges d'un temple archaïque dédié à Zeus Ithomatas subsistent sur le mont Ithomi, au-dessus de Mavromati.
- **Ancienne Messène** *(Archéa Messini)* – C'est en fait une « ville nouvelle », créée pour contrer Sparte à l'emplacement d'Ithômé. Elle est fondée en 369 av. J.-C. par le général de Thèbes **Épaminondas** avec et pour les réfugiés et hilotes messéniens. Capitale de la nouvelle Messénie, elle perdurera après l'invasion des Wisigoths (4e s.), environ jusqu'au 10e s.
- **Nouvelle Messène** *(Messini)* – Située près de l'aéroport de Kalamata, elle n'a aucun lien historique avec la ville antique. Elle s'appela pendant des siècles Nisi (« île »), car située sur une île de la rivière Pamisos. Ce n'est qu'en 1867, après la découverte des ruines de Messène – par des scientifiques Français en 1821 –, qu'elle prit son nom actuel, plus glorieux.

Sanctuaire d'Asclépios – Descendez de l'agora en longeant *(à droite)* les ruines du t**emple de Déméter et des Dioscures**. Le vaste complexe que l'on découvre ici date aussi au 4e s. av. J.-C., période où le culte d'Asclépios domine. Ainsi s'explique la place centrale donnée à cet espace à la fois cultuel, médical et politique. Aujourd'hui arasé, il se composait de 4 **portiques corinthiens** formant presque un carré (71,91 x 66,67 m) cerné de 132 colonnes. Au centre, se dressait un grand **temple dorique** (27,94 x 13,67 m). Le sanctuaire était entouré de bâtiments divers. Côté ouest, le **temple d'Artémis** *(sous abri)* conserve plusieurs inscriptions votives. À l'est, admirez l'**ekklesiasterion★★**, salle d'assemblée constituée autour d'une **orchestra★★** tapissée de marbres polychromes. Passez derrière en longeant le **bouleuterion** (salle du Conseil toujours dotée de sa banquette de pierre), pour rejoindre la **villa romaine** *(à gauche, sous abri)*, où des mosaïques sont visibles – les plus belles sont au musée de Kalamata. Rejoignez ensuite le stade *via* le **hierothysion** (70 x 50 m), temple qui abritait les statues de 12 dieux et celle d'Épaminondas.

★★ **Stade** – Profitant d'un bel emplacement, d'un superbe **panorama** sur la Messénie et d'intenses travaux de restauration *(toujours en cours)*, c'est un remarquable complexe sportif de la Grèce antique. Il est dominé par les trois portiques du **gymnase**, dont la moitié des colonnes de marbre blanc ont été redressées. Creusés dans la pente en forme de U, les **gradins** en calcaire gris dessinent une ravissante conque de 18 sections (et autant de rangées) à l'extrémité nord de la **piste**. Celle-ci s'étend sur 110 m de longueur jusqu'au **heroon des Saithidae**. Magnifiquement restauré, ce mausolée dorique fut édifié au 1er s. pour une riche famille de prêtres et gouverneurs romains. Sur le surplomb ouest, les colonnades de la **palestre** ont aussi été redressées, tandis que d'autres monuments funéraires sont en cours de reconstitution.

Musée archéologique

Le long de la rte principale, près de l'entrée du site archéologique - ✆ 27240 512 01 - avr.-oct. : 8h-20h ; reste de l'année : 9h-16h - inclus dans le billet du site.

Il renferme une cinquantaine de statues provenant du sanctuaire d'Asclépios et du gymnase. Les deux plus précieuses sont des copies en marbre du 1er s. reproduisant les œuvres de l'atelier du sculpteur grec Polyclète (4e s. av. J.-C.) : l'**Hermès de Messène**, qui représente le messager des dieux sous les traits d'un haut citoyen de la ville, et le **Doryphore** (« porte-lance »), l'une des statues les plus célèbres de l'Antiquité, réalisée par Polyclète lui-même, mais disparue.

En sortant du musée, empruntez la route sur votre gauche.

★★ Remparts

Ne manquez pas de vous promener le long de la gigantesque **muraille★★** qui protégeait la cité, un modèle d'architecture militaire. Des pans entiers ont survécu. Tantôt perdu dans la végétation, tantôt surgissant au-dessus des oliviers et des cyprès, ce serpent de pierre aux proportions exceptionnelles, d'une épaisseur de 3 m, se déroule sur 9,5 km, dévalant le mont Ithomi et ondulant sur son flanc pour épouser les moindres contours du relief. Plusieurs **tours★** rondes ou carrées viennent ponctuer son tracé. La partie la plus spectaculaire se trouve 800 m au nord-ouest du musée : traversée par la route, la **porte d'Arcadie★★** garde le col au-dessus de Mavromati avec ses deux entrées séparées par une vaste cour circulaire. Admirez l'art avec lequel les maçons de l'Antiquité ont taillé et ajusté au millimètre près les milliers de pierres qui constituent l'ouvrage : un travail d'orfèvre. De belles portions des remparts sont à découvrir de part et d'autre de cette porte : juste à côté, plus haut à droite, ou en descendant 1 km à l'ouest en direction du village de Petralona.

NOS ADRESSES À KALAMATA

INFORMATIONS UTILES

Police – *R. Iroon Polytechneiou - ✆ 27210 446 00.*
Hôpital – *Derrière la gare - ✆ 27210 460 00.*

ARRIVER/PARTIR

En avion

Aéroport de Kalamata – *p. 226.*

En bateau

Port de Kalamata – *✆ 27360 631 09.* Liaisons avec la Crète (1/sem.) *via* Cythère.

En bus

Gare routière - *R. Artemidos (à l'ouest du kastro) - ✆ 27210 285 81 - www.ktelmessinias.gr.* Liaisons avec Athènes (12/j., durée 4h30), Patra (2/j., durée 4h) et Thessalonique (3/sem.). Quelques bus pour le Magne du Nord.

En voiture

Agences de location à l'aéroport ou sur le front de mer.

HÉBERGEMENT

Quartier de la gare

PREMIER PRIX

George – *Au coin des rues Dagre et Frantzi, juste à côté de la gare - ✆ 2721 027225 - 7 ch. 60/80 €.* Ce petit hôtel, propre et bien aménagé, est vite plein l'été mais aussi le week-end.

Front de mer

POUR SE FAIRE PLAISIR

Elite City Resort – *Au coin de la r. Verga et de l'av. Navarinou - ✆ 2721 022434 - http://elite.com.gr/le-resort - - 57 ch. et 87 bungalows pour 2 à 5 pers. 124/170 € - .* Entouré d'arbres, cet hôtel est bien plaisant : claires, propres et confortables, toutes les chambres disposent d'un balcon donnant sur la plage.

Filoxenia – *Au début de l'av. Navarinou, en arrivant du Magne - ✆ 2721 023166 - www.filoxeniakalamata.com - - 193 ch. 138/178 € - .* Un grand complexe hôtelier international, moderne et confortable avec restaurants extérieur et intérieur, piscine, espace de jeux pour les enfants et un piano-bar.

Vieille ville

POUR SE FAIRE PLAISIR

Rex – *26 r. Aristoumenous - ✆ 2721 022334 - www.rexhotel.gr - 42 ch. et 2 suites 75/100 € - .* Détruit par le séisme de 1986, l'illustre hôtel Panhellinion a rouvert ses portes en 1999, cent ans après sa création. Il a retrouvé son fastueux décor d'antan, ses vérandas fin de siècle et son confort luxueux.

RESTAURATION

PREMIER PRIX

I Psaropoula – *14 av. Navarinou - ✆ 2721 020985 - 15 € env.* Une taverne les pieds dans l'eau, ouvrant sur un petit port de pêche. Excellente cuisine : poissons grillés et kokoretsi (brochette d'abats de mouton). Service rapide et souriant.

ACHATS

Spécialités culinaires

Les fameuses olives noires de Kalamata, mais aussi les oranges, les figues sèches et les *pasteli* (gâteaux au sésame)i.

AGENDA

Festival international de danse – De fin juin à mi-juil.

Sparte

(Sparti - Σπάρτη)

19 854 habitants - Région du Péloponnèse - Chef-lieu de l'unité régionale de Laconie

Curieux destin que celui de l'ancienne rivale d'Athènes : elle fit si peu de cas du luxe et du confort et bannit si bien de son paysage monuments et ornementations qu'elle ne laissa à la postérité aucun vestige majeur capable de l'évoquer. Cette ville qui mit la péninsule à feu et à sang au fil des guerres du Péloponnèse est aujourd'hui le plus tranquille des chefs-lieux de province. La Sparte moderne, grosse bourgade dessinée au cordeau par les ingénieurs du roi Othon, au milieu du 19e s., constitue un bon pied à terre pour vos excursions en Laconie.

NOS ADRESSES PAGE 210
Hébergement, restauration, achats, activités, etc.

S'INFORMER

Office de tourisme – *83-91 r. Evaggelistrias - ✆ 27310 281 66.*
Sites Internet *(en anglais)– www. sparti.gr (site officiel de la ville) ; www. laconia-hotels.gr (site des hôteliers.*

SE REPÉRER

Carte de région C3 (p. 126-127) et plan de ville (p. 208).

ORGANISER SON TEMPS

Visiter le Musée archéologique et les vestiges antiques. Vous pouvez dormir sur place et utiliser Sparte comme base de départ pour aller à Mystra.

AVEC LES ENFANTS

Musée de l'Olive et de l'Huile d'olive grecque.

Se promener Plan de ville p. 208

Comptez 2h de visite.

Cette petite préfecture s'organise essentiellement autour de l'avenue principale, la rue Konstandinou Paléologou, large artère plantée de palmiers.

★ Musée archéologique

Dans un jardin public, à l'intersection des r. Likourgou et Ossiou Nikonos - ✆ 27310 285 75 - 8h-15h - 2 € (-18 ans gratuit) - comptez 30mn de visite.

Aménagé dans un bâtiment néoclassique, il expose quelques pièces antiques intéressantes, de l'époque archaïque à l'époque romaine.

La 1re salle, à droite, présente une série de **mosaïques★** qui décoraient les riches maisons hellénistiques et romaines de la cité (3e s. av. J.-C.), notamment une **tête de méduse★** et, au-dessus de la porte, les portraits de six néréides. La salle suivante rassemble des éléments d'architecture d'époque archaïque. Pièce maîtresse de la troisième salle, **la tête et le buste d'un hoplite** est une œuvre de style « sévère » (5e s. av. J.-C.), figurant Léonidas, le héros spartiate. Dans les autres salles, vous pourrez voir une collection originale de **masques votifs★** en terre cuite, utilisés au cours des danses sacrées qui se tenaient dans le sanctuaire d'Artémis Orthia. Arrêtez-vous devant la **mosaïque** représentant Alcibiade et devant la maquette d'une **galère romaine en terre cuite★★**, du 1er s. de notre ère, puis montez sur la mezzanine où est exposée une collection d'objets provenant de tombes mycéniennes (16e-13e s. av. J.-C.).

Statue du roi Leonidas à Sparte.
S. Magal/Sites & Photos/age fotostock

★ Musée de l'Olive et de l'Huile d'olive grecque (Mousío Eliás kai Ellinikoú Ladioú - Μουσείο Ελιάς και Ελληνικού Λαδιού)

129 r. Othonos Amalias - ✆ 27310 893 15 - www.oliveoilmuseums. gr - mars-mi oct. : tlj sf mar. 10h-18h (hors saison 17h) - 3 €) - comptez 1h30 de visite.

Installé dans l'ancien bâtiment de la Compagnie d'électricité de la ville, il retrace de façon extrêmement didactique l'histoire de ce fruit et met en valeur l'importance de l'huile d'olive (alimentation, hygiène, religion...). Il décrit l'évolution de la technologie des huileries en Grèce, des temps postbyzantins à la première moitié du 19e s. Sont également exposés d'anciens pressoirs à olives.

3

Acropole de l'ancienne Sparte (Akrópoli archéas Spártis - Ακρόπολη αρχαίας Σπάρτης

Au nord de la ville moderne : prenez la rue K. Paléologou, en direction de Tripoli ; à gauche de la statue de Léonidas, suivez la signalisation et laissez votre voiture au pied de la colline - entrée libre - comptez 30mn de visite.

Jamais fortifiée, Sparte fut exposée à la ruine et aux pillages à l'heure de sa décadence. De la ville antique ne restent donc que les vestiges de l'acropole, dispersés sur une colline couverte d'oliviers.

Après avoir longé les ruines d'une **église byzantine** du 10e s., reconnaissable à son appareil de brique et de pierre, on suit, en montant, le tracé d'un ancien rempart. À gauche, creusé à flanc de colline face au Taygète, l'ancien grand **théâtre** de 16 000 places ne montre plus que quelques gradins démantelés, les pierres ayant servi à la construction de Mystra. Un peu plus loin gisent les fondations du **sanctuaire d'Athéna Chalkioikos** (« de la maison du minerai »), car la protectrice d'Athènes était aussi celle de Sparte et de ses mines. Les plus férus d'archéologie et d'histoire continueront jusqu'au **sanctuaire d'Artémis Orthia** *(Liménaïon)*, site des rites initiatiques des jeunes Spartiates, mais il n'en subsiste que quelques sièges d'époque romaine.

De retour à la statue de Léonidas, tournez à gauche dans la rue Fredérikis, puis à droite au début de la nationale vers Tripoli.

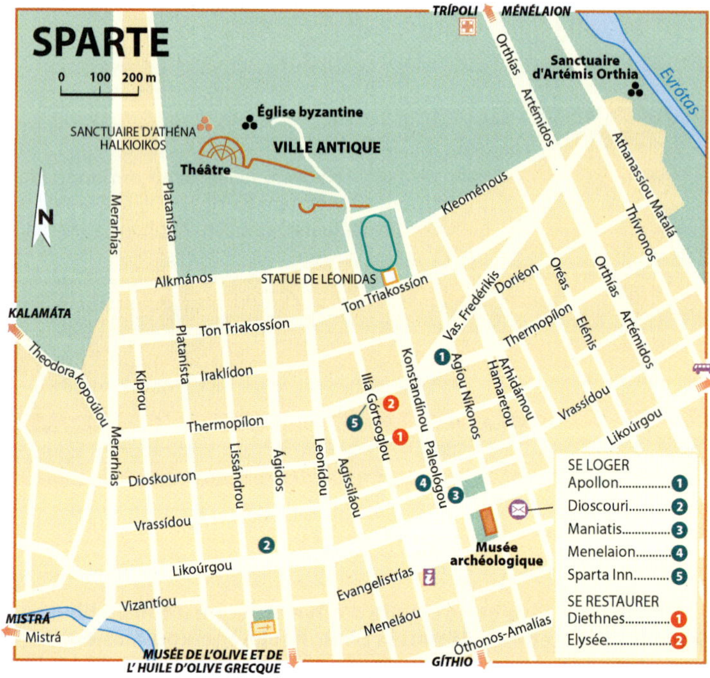

Ménélaion (Μενελάειον) Hors carte

4 km au sud-est de Sparte ; suivez la route de Tripoli, puis à droite celle de Geraki, enfin, tournez à droite sur la route cimentée qui se termine en chemin caillouteux - comptez 1h AR de trajet - accès libre.

Situé dans la vallée de l'Eurotos, ce monument fut dressé par les Spartiates vers le 7e s. av. J.-C. en l'honneur de Ménélas, roi légendaire de la ville et héros de la guerre de Troie. C'est ici qu'étaient célébrés les héros et les fondateurs de nouvelles colonies. L'ouvrage fut remplacé par un nouveau temple au 5e s. av. J.-C. Celui-ci n'est guère évocateur aujourd'hui avec ses rares blocs de pierre grise fichés en haut d'une butte solitaire. Le site vaut surtout pour le **point de vue★★** plongeant sur la vaste plaine arborée de Sparte.

UNE SOCIÉTÉ INÉGALITAIRE

Le fonctionnement de Sparte du 7e au 2e s. av. J.-C. reposait sur l'**oligarchie** (« peu nombreux à commander »). La cité était dirigée par deux rois, chefs de guerre, assistés par un conseil de 28 vétérans et par 5 éphores qui assuraient le pouvoir exécutif. La société se divisait ensuite en quatre classes. Les **égaux** se consacraient au métier de la guerre et aux fonctions gouvernementales. Ils vivaient du produit des terres qu'ils ne cultivaient pas eux-mêmes. Les **périeques** (« de la périphérie ») étaient commerçants, artisans ou fermiers libres et devaient payer l'impôt. Les **hilotes** représentaient la classe la plus importante en nombre. Sans droits civiques et rattachés à un terrain (comme les serfs du Moyen Âge), ils appartenaient à la cité.

Une oligarchie militaire

LA VALLÉE DES LÉGENDES

Peuplée à partir du 6e millénaire av. J.-C., la fertile **vallée de l'Eurotas** prospère pendant l'âge de bronze, puis au contact des Minoens. Durant l'ère mycénienne, 21 villages s'y développent. Mais la culture mycénienne disparaît brutalement au 11e s. av. J.-C. Durant les trois siècles qui suivent, les Doriens se mêlent aux anciens habitants. Naissent alors quantité de légendes inspirées du souvenir des Mycéniens. Homère fait de cette vallée la terre du roi **Ménélas** et de sa belle épouse **Hélène**. La mythologie grecque, quant à elle, cite Lélex comme premier souverain. Celui-ci a une fille, Eurotas (nom donné au fleuve), mais pas de fils. Il laisse donc son royaume à **Lacédémon**, fils de Zeus et de Taygète (qui donne son nom à la montagne voisine). Après son mariage avec **Sparta** (fille d'Eurotas), Lacédémon baptise de leurs noms respectifs la région (la Laconie) et sa capitale (Sparte).

TROIS SIÈCLES DE CONQUÊTES

Sparte émerge au 7e s. av. J.-C. grâce au réformateur **Lycurgue** qui met en place l'**oligarchie**. Rapidement, la cité s'empare de la plaine de l'Eurotas et de la Messénie. Au 6e s. av. J.-C., l'Argolide tombe à son tour, tandis que d'autres cités sont soumises à des traités inégaux. Sparte renforce sa mainmise sur la région en créant la **ligue du Péloponnèse** (v. 430 av. J.-C.). Grâce à ses redoutables **hoplites** (fantassins lourdement armés), Sparte prend la tête des cités grecques lors des **Guerres médiques** (490-479 av. J.-C.) contre les Perses. Victorieuse, elle tente d'imposer son hégémonie à l'ensemble du monde grec. Pour la contrer, Athènes crée la ligue de Délos. Un conflit de basse intensité s'en suit, jusqu'à ce qu'éclate la **guerre du Péloponnèse** (431-404 av. J.-C.). La nouvelle victoire de Sparte marque la fin de l'âge d'or grec avec la disparition de la démocratie athénienne. Malgré plusieurs révoltes, Sparte contrôle la Grèce pendant 70 ans. Mais son armée est anéantie à la **bataille de Leuctres** (371 av. J.-C.) par les troupes de Thèbes menées par Épaminondas. Affaiblie, Sparte va tenter de s'opposer sans succès à la Macédoine (4e-3e s. av. J.-C.) et à Rome (2e s. av. J.-C.). Reléguée au second rang pendant la période romaine, elle devient une attraction pour les voyageurs, curieux de découvrir son rude système éducatif. Aux 3e et 4e s., la ville subit les raids des Hérules et des Wisigoths ainsi qu'un séisme. Repeuplée grâce aux Slaves, elle est finalement désertée au 13e s. La Sparte moderne est fondée par décret du roi Othon en 1834.

UNE ÉDUCATION DE FER

La Sparte antique doit sa réputation à un système éducatif des plus contraignant : l'**agôgè**. Avant devenir hoplites à 20 ans, les garçons de la classe des « égaux », étaient séparés de leur famille à l'âge de 7 ans pour vivre en collectivité. Dans des écoles sans confort, « spartiates » , ils étaient entraînés aux exercices physiques les plus rudes et partageaient le **brouet**, ragoût noir à base de porc au sang, de vinaigre et de sel. À la fin de l'adolescence, ils étaient conduits au sanctuaire d'Artémis Orthia pour être soumis à la **Cryptie**, ensemble d'épreuves initiatiques au cours desquelles ils étaient fouettés, parfois à mort. Puis, chassés sans ressources, ils devaient prouver leur courage et leur aptitude au rang de citoyen. Ce système fit des Spartiates les **meilleurs fantassins** de Grèce. Mais aussi les plus **grands athlètes**, puisqu'ils remportèrent près de la moitié des victoires aux Jeux olympiques.

NOS ADRESSES À SPARTE

INFORMATIONS UTILES

Poste – *84 r. Arhidamou - ✆ 27310 265 65.*
Police – *✆ 27310 895 80.*
Hôpital – *Rte de Tripoli - ✆ 27310 286 71.*

ARRIVER/PARTIR

En avion

Aéroport de Kalamata – *60 km à l'ouest de Sparte (**p. 226**).*

En bus

Gare routière – *Au bout de la r. Likourgou - ✆ 27310 264 41 - www.ktel-lakonias.gr.* Liaisons avec Athènes (9/j.) *via* Tripoli, Corinthe et Argos, Molai (6/j.), Githio (5/j.), Aréopoli (5/j.), Monemvassia (3/j.) et Kalamata (2/j.). Liaisons avec Mystra (6/j. en sem. et 3 le sam.).

En train

Gare de Tripoli – *58 km au sud de Sparte.* La gare la plus proche de la ville, correspondance en bus.

TRANSPORTS

En taxi

Station– *50 r. Leonidou - ✆ 27310 261 00.*

HÉBERGEMENT

La quasi-totalité des hôtels se rassemblent autour de la rue K. Paléologou. Ils sont ouverts toute l'année.

PREMIER PRIX

1 Apollon – *84 r. Thermopilon - ✆ 2731 022491 - 47 ch. 40/50 € - ☕ 6 €.* Hôtel en forme de proue de navire dont les chambres avec balcon donnent sur une rue calme. Ensemble un peu vieillot mais correct pour le prix.

BUDGET MOYEN

2 Dioscouri – *182 r. Lycourgou - ✆ 2731 028484 - www.dioscouri.gr - 35 ch. 45/65 € ☕.* Situé en face d'une église et de son parc, à quelques pas de la place centrale, cet édifice des années 1960 possède de spacieux balcons et une jolie réception avec pierre apparente et bois clair. Aux étages, certaines chambres disposent d'une vue imprenable sur le point culminant du massif du Taygète. Agréable terrasse abritée à l'entrée.

5 Sparta Inn – *109 r. Thermopilon - ✆ 2731 021021 - www.spartainn.gr - 150 ch. 72 € - ☕ 10 € - ✕.* Pas de charme particulier mais le confort d'un établissement moderne et bien équipé.

POUR SE FAIRE PLAISIR

3 Maniatis – *72-76 r. K. Paléologou - ✆ 2731 022665 - www.maniatishotel.gr - 80 ch. 60/70 € ☕ - ✕.* Bien situé au centre de la ville, une adresse plaisante, malgré la petite taille des chambres et de leur salle de bains. Refaite à neuf, la décoration donne de la clarté, et toutes les chambres disposent d'un balcon.

4 Menelaion – *91 r. K. Paléologou - ✆ 2731 022161 - www.menelaion.gr - 🏊 - 48 ch. 90/120 € - ✕.* Très bien placé, cet hôtel possède des chambres et des salles de bains spacieuses, des fenêtres à double vitrage et, surtout, une piscine utilisable de 7h à 19h en saison. Décor traditionnel. Accessible aux handicapés. Le restaurant de l'hôtel est l'une des bonnes adresses de Sparte.

RESTAURATION

PREMIER PRIX

1 **Diethnes** – *105 r. K. Paléologou - ✆ 2731 028636 - 10/15 €.* Un agréable restaurant tenu par une patronne souriante et dynamique : en saison, Dina vous proposera de vous attabler dans la vaste cour arborée, dissimulée à l'arrière. Excellent porc (fondant) aux aubergines.

2 **Elysée** – *113 r. K. Paléologou - ✆ 2731 029896 - 10/15 €.* Un petit restaurant dont la cuisine traditionnelle s'accompagne de quelques trouvailles, tel le « petit cochon aux aubergines » (en français sur le menu !) et un plaisant rosé local.

EN SOIRÉE

La place centrale est le meilleur endroit pour se détendre. En soirée, nombreux bars également sur la rue Paléologou.

Ministry Music Hall – *Face à l'hôtel Menelaion - ✆ 2731 081288 - www.ministrymusichall.gr.* Incontournable pour les fins de soirées.

ACTIVITÉS

Le massif du **Taygète,** qui culmine à 2 407 m, se prête fort bien à la randonnée. Il offre un grand choix de circuits balisés. Carte de randonnée en vente en librairie.

Randonnées

Club alpin de Sparte (Climbing Club of Sparta) – *97 r. Gortsoglou - ✆ 2731 022574 - www.eoskal.gr.*

Excursions

Divers circuits dans la région sont proposés par les agences de tourisme locales.

AGENDA

Fête d'Agios Nikonos – On fête le patron de la ville le 26 novembre.

3

Les ruines du Ménélaion et la chaîne du Taygète.
JTB Photo/JTB Photo Communications, Inc./age fotostock

Mystra

(Mistrás - Μυστράς)

★★★

Région du Péloponnèse - Unité régionale de Laconie

Une colline escarpée, comme détachée du massif du Taygète, sert de décor à l'un des sites les plus envoûtants de Grèce, inscrit au Patrimoine mondial de l'Unesco depuis 1989 : Mystra, l'ancienne capitale byzantine de la Morée. Son rayonnement fut tel que, même en ruine, les palais, les églises, les monastères et les maisons seigneuriales témoignent encore de sa magnificence. Ville fantôme, certes, mais toujours en sentinelle sur Sparte et la plaine de l'Evrotas, Mystra n'est pas tout à fait cette « morte » qu'évoquait Barrès ; tout au plus semble-t-elle endormie à l'ombre des cyprès, laissant palpiter sur les murs des églises des fresques d'une émouvante beauté, tandis que, en guise de symbole, des orchidées sauvages éclosent au printemps parmi les pierres.

NOS ADRESSES PAGE 219
Hébergement, restauration, achats, activités, etc.

S'INFORMER

Site Internet – *whc.unesco.org/fr/list/511 (en français).*

SE REPÉRER

Carte de région C3 (p. 126-127) et plan du site (p. 214-215).

À NE PAS MANQUER

Le château des Villehardouin, l'église Ste-Sophie et toute la ville basse.

ORGANISER SON TEMPS

Partez pour Mystra tôt le matin, afin de faire la visite aux heures tièdes. Comptez une bonne demi-journée de visite, dont 1h AR pour le *kastro*.

Découvrir Plan du site p. 214-215

Le site possède deux entrées, l'une en bas de la colline (à côté du restaurant Xenia), l'autre en haut. Attention, le terrain est très pentu. En voiture, le mieux est de faire la visite en deux fois (entrée haute et entrée basse). En bus, il est conseillé de faire la visite de haut en bas : prévoyez donc le taxi ou le stop afin de rejoindre l'entrée haute. ☏ 27310 233 15 - avr.-sept. : 8h-20h ; reste de l'année : 8h-15h - 12 € (-18 ans gratuit). Tenue correcte exigée.

La colline de Mystra ou de Myzithras se partage en trois zones réparties entre 310 et 621 m d'altitude : le château, qui domine l'ensemble, et la cité en contrebas, divisée en deux quartiers cernés chacun d'une enceinte : la ville haute et la ville basse, reliées par la porte de Monemvassia.

★★ LE KASTRO ET LA VILLE HAUTE

Au parking, prenez le chemin à gauche. Passé l'entrée, tournez à droite.

★ Château (Kástro - Κάστρο)

Érigé par les Villehardouin puis remanié par les Byzantins et les Ottomans, le château conserve sa spectaculaire **double enceinte★**, que l'on peut parcourir à pied. En longeant le premier rempart sur la gauche, on parvient à la

Le monastère de la Pandanassa et le château.
P. Cordelli/Photononstop

porte voûtée, flanquée d'une grosse tour, qui en marque l'entrée. À l'intérieur s'ouvre la seconde enceinte, qui protégeait le logis seigneurial. C'est là que Guillaume II de Villehardouin et son épouse Anne Angelina Doukaina tinrent une cour brillante entourés de chevaliers francs. L'endroit, en ruine, vaut surtout pour les **vues★★** impressionnantes qu'il découvre, plongeant dans des ravins du côté du Taygète et sur les toits rouges de la ville côté plaine.

3

★★ Ville haute (Áno Póli - Άνω Πόλη)

Accès par un chemin pavé qui descend jusqu'au palais du despote, environné de demeures seigneuriales.

Premier édifice à découvrir : l'**église Ste-Sophie★★** *(Agia Sofia)*, dressée juste au-delà d'une arche. Bâtie au milieu du 14e s. par Manuel Cantacuzène, premier despote de Mystra, elle reçut le nom de Ste-Sophie en hommage à la grande basilique homonyme de Constantinople. Son campanile, dont il ne reste que deux étages, cache un escalier hélicoïdal qui laisse penser qu'il servit de minaret sous la domination turque. Bien restaurés, les murs montrent quelques restes de panneaux de marbres polychromes et des fragments de **fresques★** : dans une douce lumière filtrée par les ouvertures de la coupole apparaissent un Christ en majesté (dans l'abside) et, dans la chapelle à droite, une Naissance de la Vierge.

Juste à gauche de l'entrée s'élève la façade d'un **réfectoire conventuel**, longue bâtisse percée de fenêtres et de niches.

À la première croisée des chemins, tournez à droite pour longer le **petit palais** *(palataki)*, la plus ancienne et la plus vaste demeure seigneuriale de Mystra (en ruine). Juste en dessous se découpe l'**église St-Nicolas** *(Agios Nikolaos)*, la seule église postbyzantine de la ville.

Fermant la ville haute, le **palais du despote★** occupe deux côtés d'une immense **esplanade**, où se tenaient assemblées publiques et fêtes, et où l'on se plaît à imaginer le philosophe Pléthon discourant avec ses disciples. À droite s'élève la partie la plus ancienne de l'ensemble, probablement construite sous

Guillaume de Villehardouin. Les fenêtres en ogive et le balcon de pierre évoquent l'architecture occidentale. Les autres bâtiments sont dus aux despotes qui se succédèrent du 14e au 15e s.

En contournant le palais par la gauche, on arrive à la **porte de Nauplie**, principale entrée dans la ville haute lorsqu'on venait de l'extérieur. Puis, un peu plus bas, s'ouvre la **porte de Monemvassia★**, unique accès entre les parties haute et basse de la ville. Protégée par une puissante **tour carrée** percée de meurtrières, elle était gardée par une lourde herse de fer.

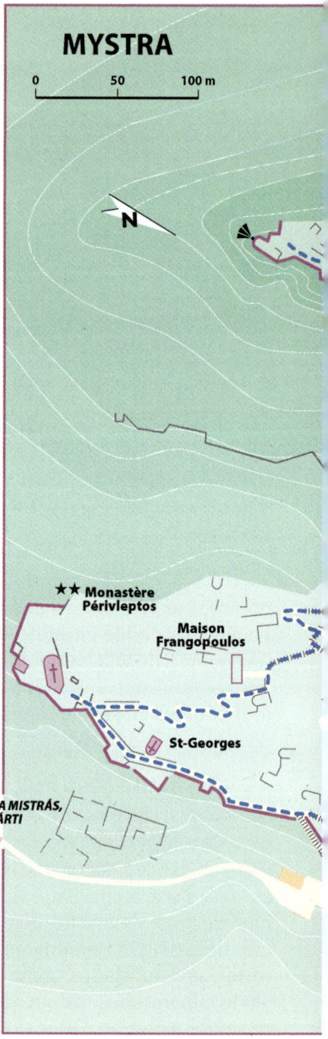

★★ VILLE BASSE

★★ Monastère de la Pandanassa (Moní Pantánassas - Μονή Παντάνασσας)

De la porte de Monemvassia, l'étroite ruelle pavée mène tout droit à l'un des édifices les plus remarquables de Mystra. Le monastère de la Pandanassa est aussi le seul à héberger encore quelques religieuses. Dans la cour fleurie, délicieusement rafraîchie d'une fontaine, elles vous accueillent en vous offrant un loukoum. Fondé au 15e s. par Jean Frangopoulos, Premier ministre du despotat byzantin de Morée, le monastère, bien restauré, montre une synthèse harmonieuse de toutes les tendances architecturales qui prévalent à Mystra.

Montez les quelques marches qui mènent à l'**église★★**, dédiée à la Vierge Pandanassa (« reine de l'univers »). Sa façade est flanquée d'un magnifique **clocher-porche★** gothique d'inspiration française, percé d'oculi en forme de trèfle et rehaussé de pinacles (clochetons d'angle). L'intérieur révèle un plan basilical, qui devient cruciforme en hauteur pour recevoir les coupoles. Prenez le temps d'admirer les **fresques★★**, qui composent l'un des ensembles picturaux les plus complets de toute la ville, et dont le goût pour le réalisme s'avère le plus marqué : expressivité des personnages, drapé des vêtements, décors architecturaux complexes… Sous la voûte, derrière l'iconostase, ne manquez pas la très belle Ascension, et, dans le bras gauche du transept, l'*Entrée du Christ à Jérusalem*.

En quittant le monastère par la porte du fond, on retrouve le chemin pavé toujours en descente. Il longe la **maison Frangopoulos**, qui a conservé sa majestueuse façade du 15e s., soulignée d'un long **balcon de pierre★** sur lequel ouvrent deux hautes fenêtres.

3

★★ Monastère Périvleptos (Moní Panagías Perivléptou - Μονή Παναγίας Περιβλέπτου)

À quelques pas de la maison Frangopoulos, en contrebas, apparaît la sobre **porte voûtée** du monastère, marquée d'un monogramme formé par la devise « *Perivleptos* » (« vu de partout ») qu'encadrent deux lions. De cet ancien monastère subsistent le **réfectoire**, installé au rez-de-chaussée d'une haute tour, et l'**église**★★, flanquée de deux chapelles funéraires. Bâtie au 13e s., celle-ci adopte un plan en croix grecque, complétée d'un campanile. Remaniée au 14e s., elle reçut des **fresques**★★★ exceptionnelles, inspirées du Nouveau Testament et de la vie de la Vierge. Pittoresques, inventives jusque dans le détail et merveilleusement colorées, ce sont sans conteste les plus belles de Mystra. Sous la coupole trône un Christ pantocrator (en majesté), entouré

Un bijou de la culture byzantine

DES FRANCS AUX BYZANTINS

Le château fut érigé en 1249 par le Champenois **Guillaume de Villehardouin**, prince de Morée. Perché sur son rocher de 621 m face à la vallée de l'Eurotas, l'ouvrage occupait une position idéale pour protéger la Laconie des incursions des **Esclavons**, Slaves occupant le Taygète. Pourtant, cette domination franque ne devait durer que dix ans. Fait prisonnier en Macédoine par l'empereur byzantin **Michel VIII Paléologue**, qui régnait à Nicée, Guillaume de Villehardouin ne recouvra la liberté, trois ans plus tard, qu'en cédant à son impérial geôlier son château de Mystra ainsi que les forteresses de Monemvassia et de Mani (Grand Magne); de retour en Laconie, il assista impuissant à la création de la future ville. Puis, Mystra devint le siège du gouverneur byzantin de la province et, au 14e s., la ville fut promue **capitale de Morée** – un territoire qui couvrait presque tout le Péloponnèse et que se réservaient les « despotes », fils cadets ou frères des empereurs Cantacuzène et Paléologue. C'est là que fut couronné le dernier empereur byzantin, **Constantin Paléologue**, avant de mourir lors de la prise de Constantinople par les Ottomans en 1453.

SPLENDEUR...

Sous la houlette des despotes, Mystra devint le principal foyer de la renaissance politique et culturelle byzantine. Tandis que les habitants s'enrichissaient du travail de la **soie** et que fleurissaient sur la colline palais, églises et maisons cossues, la ville exerça sur le pays un rayonnement intellectuel sans précédent : s'y pressèrent artistes, savants et philosophes de grande renommée, tels **Manuel Chrisoloras**, qui avait enseigné la philosophie néoplatonicienne à Florence en 1397, et surtout le philosophe et humaniste grec, **Georgios Gemistos**, dit **Pléthon** (1360-1452), qui se surnommait lui-même le Platon de la Renaissance – Pléthon, qui, au-delà d'une évidente résonance homonymique, désigne en grec un « homme doué de tous les talents ». Lors des chaudes discussions qui animèrent Byzantins et Italiens autour de l'impossible union entre les Églises catholique et orthodoxe, ce dernier visita Florence (en 1439), où il fonda une Académie du néoplatonicisme. Il y prôna – idées révolutionnaires – une réforme sociale passant par la limitation des droits des classes possédantes (l'aristocratie et l'église), le renouvellement des valeurs morales et le renforcement des dogmes chrétiens.

... ET CRÉPUSCULE

En 1460, la colline fut livrée aux Ottomans par Dimitri Paléologue, frère de Constantin, les églises transformées en mosquées et les palais investis par les pachas. Au 17e s., toujours florissante grâce au travail de la soie, Mystra compta jusqu'à 42 000 habitants et, nonobstant un court intermède vénitien (1687-1715), la ville resta ottomane jusqu'à la libération du pays. Ses premières épreuves survinrent en 1770 lorsque les troupes russes du **comte Orloff** l'attaquèrent. Une tuerie dont les Ottomans se vengeront par dix années d'exactions et de meurtres. Pourtant, Mystra comptait encore 8 000 habitants lorsque Châteaubriand la visita en 1806. Le coup de grâce fut porté par les troupes égyptiennes d'**Ibrahim Pacha**, durant la guerre d'Indépendance. Dévastée, la cité fut abandonnée par le roi Othon, et céda son statut de capitale régionale à Sparte en 1836.

de la Vierge et des apôtres, tandis que, de part et d'autre, s'égrènent douze scènes de la vie du Christ, en particulier une merveilleuse *Nativité* (où Marie se repose sur un rocher), un *Baptême du Christ* et une *Entrée à Jérusalem* animée d'enfants en train de s'amuser. Notez, dans la *Résurrection de Lazare*, l'expression émouvante de ses amis en deuil, et les deux anges en larmes dans la *Descente de Croix*. Au-dessus de la porte d'entrée, admirez la magnifique composition de la *Dormition de la Vierge* où le Christ, debout derrière le tombeau, emporte l'âme de sa mère, figurée par un enfant. Dans l'abside gauche apparaissent les deux processions d'anges de la *Divine Liturgie*, autre chef-d'œuvre de Mystra : la vivacité des mouvements, la fluidité des vêtements et la grâce des couleurs sont sans égal.
En redescendant, remarquez le parement de pierre et de brique des petites **chapelles funéraires★** attenantes que se firent construire les seigneurs de la ville, l'une dédiée à saint Georges, l'autre à saint Christophe.

Maison Lascaris (Archontikó Láskari - Αρχοντικό Λάσκαρη)

Juste au-dessus de la chapelle St-Christophe s'élève la façade de la maison Lascaris, la célèbre famille qui a donné naissance aux humanistes Constantin et Jean Lascaris. Bien qu'assez abîmée, elle offre un bel exemple de demeure seigneuriale byzantine du 14e s. Le rez-de-chaussée, voûté, qui servait sans doute d'écurie, supportait deux étages d'habitation.
De retour sur le chemin principal, on traverse bientôt une esplanade ombragée, où coule une **fontaine ottomane**. Vient ensuite un passage voûté sur lequel était bâtie une maison, puis on dépasse le **Châtelet**, qui marquait l'ancienne entrée de la ville *(près de l'actuelle porte d'accès au site)*, pour tourner à droite.

★★ Métropole ou église Agios Dimitrios (Naós tou Agíou Dimitríou - Ναός του Αγίου Δημητρίου)

9h-18h. Fondée par le métropolite Eugène à la fin du 13e s., la métropole (archevêché) de Mystra est la plus ancienne église de la ville.
On y accède par une cour d'où un escalier monumental descend jusqu'au parvis de l'église proprement dite. À la basilique originelle, dotée de trois nefs, fut ajouté au 15e s. un étage accueillant un **gynécée**, tribune réservée aux femmes. La construction des cinq coupoles de la couverture détériora sérieusement la plupart des peintures primitives du transept, mais elle sauvegarda le **pavement★** de marbres polychromes. Les **fresques★★** les mieux conservées se trouvent dans la nef nord, côté cour, où apparaissent onze scènes représentant le **martyre de saint Dimitri★** (14e s.). Mais l'œuvre la plus caractéristique, dans la nef opposée, demeure la composition grandiose qui recouvre

ÉCHANGES ENTRE ORIENT ET OCCIDENT

Tandis que les intellectuels de Mystra comme **Pléthon** *(p. ci-contre)* influencèrent la Renaissance italienne, l'Occident catholique, lui, apporta sa touche artistique aux églises orthodoxes de la colline. Ces dernières, construites sur des plans byzantins classiques (plans cruciformes à coupoles) incorporent des **campaniles italiens**, nefs allongées et porches à arcade d'**inspiration cistercienne**, etc. Délaissant en partie les marbres et les mosaïques un peu trop hiératiques, les artistes firent la part belle aux fresques, expressives et colorées, révélant une volonté de réalisme, de figures plus vivantes, animées par une multitude de détails pittoresques puisés dans la vie quotidienne.

la voûte et qui évoque le thème de l'**Hétimasie**, trône vide surmonté de la croix byzantine et entouré d'anges extatiques, image qui symbolise l'attente du retour du Christ au Jugement dernier. Un Jugement dernier qu'évoquent également toutes les fresques voisines, dont deux anges d'une grande beauté tenant dans leurs mains les livres du Bien et du Mal.

À l'extérieur, le parvis de l'église se prolonge à gauche par une seconde cour, ouverte au 18e s., qui ménage une **vue★** superbe sur la plaine. Un sarcophage romain, encore en place, servait de bassin à la fontaine de Marmara. À gauche, un escalier de bois mène à un petit **musée** *(mêmes horaires que le site - fermé lun.)* abritant divers objets trouvés sur place : bibles anciennes, fragments de fresques, restes de poteries usuelles du Moyen Âge, et, dans une vitrine, les cheveux et la robe d'une femme trouvés dans une tombe. En sortant, on longe l'**église Evangelistria**, bien restaurée *(9h-18h)*.

★★ Monastère Vrondohion (Moní Vrontochíou - Μονή Βροντοχίου)

Ce monastère servait en quelque sorte de centre culturel municipal, où enseigna le philosophe Pléthon. Il a perdu la plupart de ses bâtiments conventuels, mais il conserve ses deux grandes églises.

L'**église des Saints-Théodores★** *(Agii Theodori)* date de la fin du 13e s. Dédiée à Théodore Tiron (Théodore d'Amasée) et Théodore le Stratilate, elle est surtout remarquable pour sa **grande coupole★**, la plus haute de Mystra. Portée par huit piliers, celle-ci repose sur un tambour polygonal à seize pans. Un assemblage des plus majestueux qui forçait le fidèle à lever les yeux vers la voûte, découvrant un immense **Christ pantocrator★**. Les murs s'ornaient quant à eux de marbres polychromes (fragments).

Plus jeune de vingt ans, l'**église de l'Odigitria★★** *(Afendiko)*, consacrée à la Vierge « conductrice », se révèle caractéristique du style architectural de Mystra : un plan basilical à trois nefs séparées par des rangées de trois colonnes, supportant un étage de plan cruciforme coiffé de coupoles. Comme sa voisine, des marbres polychromes (disparus) recouvraient les murs intérieurs, qui encadraient somptueusement les portraits de saints pères : Grégoire de Nysse, Basile, Jean Chrysostome, etc. Mais elle est aussi décorée de magnifiques **peintures murales★★** du 14e s., réalisées par différentes écoles. Dans le narthex se succèdent les miracles du Christ (guérison de l'aveugle, les Noces de Cana…), chefs-d'œuvre dont les détails, la fraîcheur et le rendu des couleurs dénotent l'influence de Duccio ou de Giotto. À l'extrémité du narthex, à gauche, une chapelle funéraire abrite la **tombe de Pacôme**, fondateur du monastère, et la **tombe de Théodore II Paléologue**, représenté en despote *(à gauche)* et dans l'habit de moine qu'il devint à la fin de sa vie *(à droite)*. Plus haut, du même côté, s'étend une **procession de martyrs★★**, l'un des joyaux de l'église, fort bien conservée. À l'autre bout du narthex, dans une seconde chapelle, figurent encore les textes en grec des **chrysobulles**, décrets impériaux octroyant droits et privilèges au monastère. L'une de ces « bulles d'or » fait état d'une concession accordée à l'ancien propriétaire des terrains, un certain Vrontochios (ou Vrondohios), à qui le monastère doit son nom.

De cette chapelle, un étroit escalier monte à l'étage du **gynécée**, décoré là aussi de peintures aux coloris chatoyants. On y reconnaît la *Résurrection* et la *Fuite en Égypte*, tandis que sur les murs latéraux s'alignent 70 apôtres en pied.

À l'extérieur, l'enceinte du monastère conserve encore quelques bâtiments conventuels (la plupart en ruine), dont le **réfectoire**, un édifice long et étroit s'ouvrant derrière le clocher.

Pour quitter le site, revenez sur vos pas jusqu'à la hauteur du Châtelet.

NOS ADRESSES À MYSTRA

INFORMATIONS UTILES

Police – *27310 833 15.*
Radio-taxi – *27310 241 00.*

ARRIVER/PARTIR

En bus – *En face du restaurant Xenia.* Liaisons avec Sparte (10/j. en sem., 4/j. le dim.). Attention : tous les bus ne montent pas jusqu'au restaurant (rens. à bord).

HÉBERGEMENT

L'offre est réduite : pensez à réserver ou, sinon, logez à Sparte.

PREMIER PRIX

Mystras Inn – *2731 082666 - www.mystrasinn.gr - 8 ch. 40/50 € - 6 € -* . Plus connu pour son restaurant « O Ellinas », cet établissement familial, situé sur la jolie place centrale ombragée, propose des chambres simples équipées de grandes douches. Terrasse à l'arrière pour certaines.

BUDGET MOYEN

Byzantion – *Au centre du village - 2731 083309 - www. byzantionhotel.gr - - accès Internet - 26 ch. 56/74 €* . L'ensemble aurait besoin d'un petit lifting et la literie est un peu fatiguée, mais les chambres et les salles de bains sont spacieuses, la plupart avec vue sur la colline de l'ancienne Mystra ou sur les orangers environnants.

POUR SE FAIRE PLAISIR

Mazaraki – *À Pikoulianika (sur la route de Tripi) - 2731 020416 - www.xenonasmazaraki.gr - 7 ch. 90/140 €* . Perchées sur les hauteurs de Mystra, les maisons traditionnelles de cette propriété ont été décorées avec goût par la patronne, Marinela, décoratrice de théâtre. Beau jardin environnant.

UNE FOLIE

Pyrgos Mystra – *3 r. Manousaki - 2731 020770 - www. pyrgosmystra.com - 7 ch. 190 €* . Cette grande demeure patricienne en pierre apparente au milieu des cyprès abrite des chambres de grand luxe, mais ni piscine, ni restaurant.

RESTAURATION

Les tavernes, groupées sur la place du village, sont très fréquentées en saison. Pour plus d'authenticité, préférez les tavernes des environs, en particulier celles de **Tripi**, 9 km à l'ouest de Mystra.

PREMIER PRIX

Xenia – *À l'entrée du site - 2731 020500 - 15 €.* Ce lieu, idéal pour boire un verre face à la plaine de Sparte, est apprécié des locaux qui s'y rendent en paréa. Cuisine régionale et spécialités de pâtes.

Chromata – *Pikoulianika (sur la route de Tripi, chemin à gauche à l'entrée du village) - 2731 023995 - - 15 € - fermé dim. soir, lun. et mar. hors saison.* Au sommet d'une étroite route escarpée, cette petite adresse propose une cuisine grecque simple et savoureuse. Salle intérieure chauffée par un vieux poêle et superbe terrasse panoramique.

AGENDA

Festival autour de la culture byzantine – Fin mai. Expositions et concerts sur le site de juil. à l'automne *(rens. à Sparte, 27310 253 63).*

Fête du village - Marché et concerts de musique traditionnelle. 26-31 août.

La péninsule de Methoni

(Μεθώνη)

De Kalamata à Kiparissia par la côte

Région du Péloponnèse - Unité régionale de Messénie

Éclipsée par Mystra et les tours du Magne, la péninsule de Methoni recèle pourtant nombre d'attraits. Ici, tout est plus doux, plus calme, et invite le voyageur à poser ses bagages pour quelques jours de détente. Entre deux baignades sur l'une des longues plages de sable, on peut aussi tourner quelques pages d'histoire : celle de la Grèce homérique, en visitant le palais de Nestor, l'un des héros de l'*Iliade* et de l'*Odyssée*, ou celle de la bataille de Navarin, qui embrasa la rade de Pylos en 1827.

NOS ADRESSES PAGE 226
Hébergement, restauration, achats, activités, etc.

S'INFORMER

À défaut d'un bureau officiel, on trouve dans chaque village des agences de voyages proposant chambres et moyens de transport.

M-Travel – *À Pylos, r. Giálova - ✆ 27230 226 96.*

Site Internet – *www.pylos.gr (site officiel, en anglais).*

SE REPÉRER

Carte de région B3-4 (p. 126-127).

À NE PAS MANQUER

Une balade en caïque dans la rade de Pylos et, à pied, dans la lagune de Gialova ; la citadelle vénitienne de Methoni et le palais de Nestor.

ORGANISER SON TEMPS

Comptez 2 jours pour ce circuit. Pour découvrir la lagune de Gialova, dormez sur place.

AVEC LES ENFANTS

La lagune de Gialova.

★ La péninsule par la côte est Carte de région

Circuit de 170 km au départ de Kalamata tracé en marron sur la carte de région (p. 126-127). Quittez Kalamata par l'est en direction de Messini.

Vous pouvez aborder la péninsule soit par la nationale qui relie Kalamata à Pylos, soit par la route côtière, bien plus belle, qui longe le golfe de Messénie.

★ KORONI (ΚΟΡΩΝΗ) B4

55 km au sud de Kalamata - comptez 2h de visite.

Perchée sur un promontoire rocheux dominant la mer, cette charmante et paisible cité de 1 400 habitants fut au Moyen Âge un important centre naval. On rejoint la **vieille ville** en grimpant par des ruelles et des escaliers encadrés de coquettes maisons médiévales aux volets colorés *(suivez la signalisation « hôtel Panorama »)*. Puis, le temps d'une halte sur la **place à arcades★**, dont la grâce rappelle la présence vénitienne et génoise, on parvient devant l'imposante porte gothique de la **citadelle★**. L'intérieur, vaste plateau arboré, protège encore quelques églises et un monastère. Vous pouvez ensuite descendre sur la longue **plage de Zaga★** *(à 20mn à pied du centre-ville)*, en contrebas du **monastère de la Vierge d'Eleistra**. À moins de lui préférer la plage du village de **Finikounda** *(25 km plus à l'ouest)* dans son décor de collines couvertes de vignes.

La tour Bourdzi à Methoni.
SIME/G. Simeone/Photononstop

★★ METHONI (ΜΕΘΩΝΗ) B4

31 km à l'ouest de Koroni via Finikounda - comptez 2h de visite (plus baignade).
Avec ses vieilles maisons aux balcons de fer forgé, la cité la plus méridionale de la côte ouest du Péloponnèse se révèle une petite ville fort plaisante, fleurie et bien pourvue en équipements touristiques. L'ancienne Modon des Vénitiens est surtout connue pour le magnifique cadre qu'offre sa **plage de sable★**.

3

★★ Citadelle vénitienne (Κάστρο της Μεθώνης)

À l'extrémité sud de la r. principale (Episkópou Grigoríou) - ✆ 27230 287 58 - avr.-oct. : 8h-19h ; reste de l'année : 8h-15h - fermé lun. - gratuit - parking à l'entrée.
Fermant l'ouest de la baie de Methoni, cette citadelle demeure l'une des mieux conservées de toute la Méditerranée. Une fois franchi le majestueux **pont de pierre★** bâti en 1828 par les Français, on pénètre, à gauche, dans une rue pavée encadrée de hauts murs. Trois portes s'ouvrent là, pour vous plonger dans une atmosphère médiévale qui n'est pas sans rappeler les rues de Rhodes, la foule en moins. On débouche ainsi dans l'enceinte de la forteresse, vaste

UNE PLACE CONVOITÉE

Site idéal pour surveiller l'entrée de la mer Ionienne, la presqu'île qu'occupe la **citadelle vénitienne** accueillit une cité antique puis une ville médiévale. C'est au retour des croisades que les Vénitiens y construisirent cette puissante forteresse, qui abritait également des habitations. L'ouvrage était si bien défendu que, en 1500, il ne fallut pas moins de 100 000 hommes, 500 canons et un mois de bombardements pour que le sultan **Bajazet II** s'en empare. La citadelle demeura alors propriété des Ottomans pendant près de trois siècles, mis à part une deuxième occupation vénitienne, de 1686 à 1715. Attaquée d'abord par l'amiral grec Miaoulis en 1824, elle fut finalement prise en 1828 par le général français **Nicolas-Joseph Maison**.

UNE PÉNINSULE AUX ORIGINES LÉGENDAIRES

La légende attribue l'installation des hommes en Messénie au désir d'une jeune mariée : lorsqu'elle épousa Polycaon, fils du roi de Lélégie, **Messine**, fille d'un prince d'Argos, persuada son guerrier de mari d'envahir la péninsule. Un cadeau de choix, puisque la région qu'Euripide qualifia plus tard de « porteuse de beaux fruits » se révéla riche en sources et en cours d'eau. Vers 1500 av. J.-C., les habitants de la péninsule, les Achéens, participèrent à la guerre de Troie sous la direction de **Nestor**, roi de Pylos. Ensuite l'histoire de la Messénie se confond avec celle de nombreuses autres contrées grecques : province romaine en 146 av. J.-C., elle devint possession franque au Moyen Âge, avant de passer des mains des Vénitiens à celles des Ottomans, et vice versa. Jusqu'au 20 octobre 1827, qui vit la baie de **Navarin** (actuellement Pylos) devenir le théâtre d'une des plus formidables batailles navales de la guerre d'Indépendance, décisive dans le processus de libération de la Grèce.

esplanade envahie d'herbes et de câpriers. Une colonne de granit se dresse en face, qui supportait autrefois le lion de St-Marc. Suivez le rempart oriental *(à gauche)*, le long duquel se succèdent les ruines de plusieurs bâtiments : un bain turc, des citernes, une poudrière et une cathédrale latine.
À l'extrémité sud de la citadelle, au bout d'un autre pont de pierre attaqué par les vagues, une tour octogonale érigée par les Ottomans au 16e s., dite **tour Bourdzi★★** (de l'arabe *bordj* signifiant « fortin »), jaillit des flots, solitaire. Le chemin de ronde révèle un **panorama** splendide, qui embrasse la citadelle, la rade et les îles de **Sapientza** et de **Schiza**.
Remontez le long de la côte ouest jusqu'à Pylos.

★★ PYLOS (ΠΥΛΟΣ) B3

12 km au nord de Methoni - comptez une journée avec l'excursion dans la baie.
Gardée à l'ouest par la muraille rocheuse de l'île de Sfaktiria, la rade de Pylos (ou de Navarin) est l'une des plus belles et des plus sûres de toute la Méditerranée. C'est ici qu'eut lieu la **bataille de Navarin** en 1827 (*p. ci-contre*). Au sud, la petite ville de 2 300 habitants s'étale en amphithéâtre face à la mer. Elle fut créée par le corps expéditionnaire français de Morée en 1829. L'ancien village, appelé Navarinos ou Port-de-Jonc durant la période franque, était jusque-là situé au nord de la rade. Prenez le temps d'arpenter les ruelles en pente et les escaliers. Ils débouchent sur la **place des Trois-Amiraux★** *(platia Trion Navarkhon)*, dont les gigantesques platanes ombragent de paisibles cafés. Au centre, un monument est dédié aux vainqueurs de la bataille navale. Doublé d'une marina, le petit **port**, venteux, est jalonné de belles façades anciennes.

Maison Tsiklitiras (Οικία Τσικλητήρα)

R. Tsamadou Anastassiou (sur le front de mer, entre le port et la citadelle) - ☏ 27230 220 10 - tlj sf lun. 8h-15h - 2 € (-18 ans gratuit) ; billet combiné avec la forteresse et ses musées : 6 € (enf. gratuit).
Cette élégante villa néoclassique aux murs rouges fut le lieu de naissance du grand sportif grec Kostas Tsiklitiras (1888-1913). Elle accueille deux espaces d'exposition. L'un est consacré à l'enfant du pays et à ses 19 titres olympiques en saut en hauteur et en longueur, à Londres (1908) et à Stockholm (1912). L'autre revient sur la guerre d'Indépendance (1821-1829), en particulier sur la **bataille de Navarin**. Cette période est illustrée par des armes, portraits, médailles, cartes et manuscrits offerts par le philhellène René Puaux (1878-1937).

★ Forteresse de Niokastro (Νιόκαστρο)

Sur la colline à l'ouest de la ville - ✆ 27230 229 55 - www.pylos-museum.gr - avr.-oct. : 8h-15h ; reste de l'année : 8h-20h - fermé lun. - billet combiné avec la maison Tsiklitiras et les musées de la forteresse : 6 € (-18 ans gratuit).

Appelée « nouveau château » (*Niokastro* ou *Neokastro*), elle fut construite par les Ottomans peu après leur défaite à Lépante (1571) afin de fermer la rade qui était déjà défendue au nord par le Palaiokastro (« ancien château ») érigé par les Francs au 13e s. Longtemps habitée, la forteresse fut constamment remodelée par ses différents occupants, y compris français, en 1830. Ses puissants remparts, renforcés par sept **bastions et tours**, dessinent une enceinte de 1 566 m de périmètre, offrant un superbe **panorama★★** sur la rade. Elle est couronnée au sud-est par la **citadelle de l'acropole★**, un fortin hexagonal lui-même doté de cinq bastions et d'un passage fortifié. Partiellement restauré depuis 2016, l'ensemble abrite deux musées et une église.

Musée archéologique – *À gauche de l'entrée.* Installé dans l'ancienne caserne française du général Maison depuis 2014, il contient des découvertes provenant des sites de la région, de la préhistoire à la période romaine. Notez les deux statues des Dioscures et trois beaux **vases en verre coloré**, bien conservés, de l'époque hellénistique. Le bâtiment sert également de lieu d'accueil avec une boutique et la projection d'une vidéo sur la bataille de Navarin.

Église de la Transfiguration – *Au centre de la forteresse.* Belle et massive, elle a été restaurée en 2015. Il s'agit de l'ancienne mosquée Bajazet (fin du 16e s.) reconvertie en lieu de culte orthodoxe lors de l'occupation russe de 1770-1771.

★ **Musée d'Archéologie sous-marine** – *Dans trois sites de la forteresse.* Créé en 2012, c'est l'unique musée du pays consacré aux fouilles en milieu aquatique. Le bâtiment dit « du Pacha » *(en face de l'église)* accueille une exposition sur les **épaves de la mer Ionienne** avec six **statues** (sans tête) d'hommes et de divinités de la période hellénistique remontées en 1980 d'un navire romain ayant fait naufrage au cap Xi (Céphalonie). Remarquez aussi la boussole et les poissons fossilisés provenant du *Mentor*, le brick de Lord Elgin, échoué en 1802 au large de Cythère, et qui transportait les sculptures du Parthénon - la précieuse cargaison sera bien sûr rapidement sauvée... Le bastion Makrigianni *(à côté du Musée archéologique)* s'intéresse aux **cités englouties du Péloponnèse**. Il s'agit de deux villages du néolithique et de la ville d'Asopos de Plitra *(près de Monemvassia)*, partiellement ensevelie par un tsunami en 365 apr. J.-C. Enfin, dans la citadelle de l'acropole sont présentés des photographies de fouilles sous-marines et le matériel utilisé par les archéologues lors des plongées.

3

NAVARIN, UNE BATAILLE IMPROVISÉE

La bataille navale qui préluda à l'indépendance de la Grèce fut le fruit de ce que le roi anglais George IV qualifia de *« déplorable malentendu »*. Les 26 vaisseaux anglais, français et russes qui avaient pris position dans de la baie de Pylos, ce 20 octobre 1827, avaient en effet pour objectif d'intimider la flotte turco-égyptienne qui y mouillait, non de l'attaquer. Mais à l'apparition des premiers navires alliés, les Ottomans tirèrent quelques boulets, ce qui déclencha la bataille. Cernés de toutes parts, et malgré une puissance de feu supérieure (2 400 canons et l'appui de l'artillerie du Niokastro), les Ottomans perdirent ainsi 82 navires et 6 000 hommes. Si l'événement n'est pas officiellement célébré par la Grèce, il donne lieu chaque année, le 20 octobre, à Pylos, à une cérémonie à laquelle participent 3 navires envoyés par la Russie, la France et le Royaume-Uni.

NESTOR, LE HÉROS SAGE

Homère décrivait Nestor, roi de Pylos, comme un homme sage, l'un des seuls à avoir tenté de ramener la paix dans les rangs grecs pendant la guerre de Troie. Ayant vécu âgé, il eut en effet le temps de prendre part à plusieurs expéditions légendaires : celle des Argonautes, partis à la conquête de la Toison d'or, celle qui le vit combattre les Centaures aux côtés de Thésée et des Lapithes, et enfin la guerre de Troie. Revenu vivant de cette dernière, il accueillit dans son château le jeune Télémaque, parti à la recherche de son père Ulysse.

★ RADE DE NAVARIN (ΟΡΜΟΣ ΝΑΥΑΡΙΝΟΥ) B3

Pour les îles, promenade en caïque ponctuée de petites escales au départ du port de Pylos (*« Activités », p. 228)* *- accès par la route pour la lagune - comptez de 4 à 5h.*

Île de Sfaktiria (Σφακτηρία)

Inhabitée, longue de 4,5 km et barrée à l'est par de somptueuses **falaises★★**, elle fut le théâtre de deux batailles historiques, celle de Navarin (1827), mais aussi celle de Sphactérie (425 av. J.-C.), au cours de laquelle les fantassins légers d'Athènes l'emportèrent pour la première fois contre les lourds hoplites de Sparte. Plusieurs monuments, dont une **église russe** en bois érigée en 1997, sont dédiés aux combattants grecs et étrangers morts pour l'indépendance. Au nord, au sommet de l'île (152 m d'altitude), le mont Ilias est dominé par un **fort spartiate** remodelé au Moyen Âge. Accessible par un sentier *(30mn - prévoir des chaussures de marche)*, il offre une **vue** à 360° sur la mer Ionienne, la rade et la passe de Sikia, large de 150 m, qui sépare l'île de la lagune de Gialova.

Îlot de Pylos (Νησίδα Πύλος)

Au sud de Sfaktiria, ce rocher de 200 m de longueur est percé par la magnifique **arche de Tripitos★**, une avancée rocheuse creusée par la mer. En haut des falaises *(134 marches)* se trouvent un phare et le **monument français** élevé en 1890 à la mémoire des marins de la Royale morts à la bataille de Navarin.

★ Lagune de Gialova (Λιμνοθάλασσα της Γιάλοβας)

8 km au nord de la ville de Pylos, dépassez le village de Gialova, puis tournez à gauche, direction « Golden Beach », longez la plage entre deux haies d'eucalyptus, jusqu'à un chemin de terre, garez-vous et continuez à pied - accès libre.

Séparée de la mer au sud par la belle plage de **Golden Beach★**, cette zone humide de 24 km² est classée Natura 2000. Importante halte migratoire, elle accueille jusqu'à **270 espèces d'oiseaux** parmi lesquels le flamand rose et le cormoran *(tte l'année)*, le balbuzard pêcheur, l'**aigle impérial** et l'aigle pomarin *(en hiver)*, ou encore différents types de hérons *(de sept. à mai)*. Le site abrite aussi le **caméléon africain** *(Chamaeleo africanus)*, présent uniquement ici en Europe, et une zone de ponte de la tortue de mer caouanne *(Caretta caretta)*. L'idéal est de découvrir l'endroit au petit matin avec la lumière du levant.

Continuez vers le nord-ouest de la lagune en passant sous les vestiges de la forteresse franque de Palaiokastro afin d'atteindre la **plage de Voïdolika★★** qui dessine un parfait arc de cercle. De part et d'autre de celle-ci se trouvent la **tombe de Thrasymède** *(au nord)*, fils de Nestor, et la **grotte de Nestor** *(au sud)*, une cavité ornée de stalactites où le roi de Pylos aurait abrité ses vaches. *En voiture, prenez la direction de Korifasi, puis après environ 4 km, tournez à gauche vers Petrochori et suivez le fléchage Voïdolika/site archéologique.*

La rade de Navarin et l'île de Staktiria vues de la forteresse franque de Palaiokastro.
K. Wothe/Look/Photononstop

★ PALAIS DE NESTOR (ΑΝΑΚΤΟΡΟ ΝΕΣΤΟΡΑ) B3

Bien indiqué, le site archéologique se trouve 19 km au nord-est de Pylos - le musée qui lui est dédié est situé 4 km plus loin, dans le village de Hora (Χώρα) - comptez 2h.

Découvert en 1939, ce palais du 13e s. av. J.-C. a été renommé en l'honneur du mythique roi de Pylos. Il s'agit en fait du cœur de l'**ancienne Pylos**, capitale d'un des principaux centres de la culture mycénienne (17e-12e s. av. J.-C). Comme Mycènes et Tyrinthe, la ville fut brutalement détruite vers 1200 av. J.-C. Cet ensemble royalest l'un des palais mycéniens les mieux conservés. L'ancienne Pylos nous est surtout connue grâce aux 1 250 tablettes d'argile gravées en **linéaire B** qui aidèrent au déchiffrage de cette forme archaïque de grec ancien (1952). C'est aussi ici qu'à été mise au jour, en 2017, l'**agate du combat de Pylos**. Par sa finesse d'exécution, ce sceau royal, daté d'environ 1450 av. J.-C., ébranle les grandes thèses sur le développement artistique grec.

★ Site archéologique (Αρχαιολογικός χώρος)

Anc. rte nationale Pylos-Kiparissia - Ano Englianos (Hora) - ☎ 27630 314 37 - www.efames.gr - tlj sf lun. 8h-15h (en théorie jusqu'à 20h en été) - 6 € (-18 ans gratuit).

Posé sur une colline au milieu d'un océan d'oliviers, ce complexe de 105 pièces (170 x 90 m) est protégé par un auvent métallique qui dépare un peu le paysage. Mais le site, rénové en 2016, se révèle très « lisible » avec ses trois ailes, ses murs de 1 m de hauteur, ses vestiges d'escaliers et une surprenante absence de murs défensifs caractéristiques des cités mycéniennes.

Le **palais principal** s'ouvre par un propylée flanqué à droite par un corps de garde, et à gauche par une salle d'archives où furent découvertes les fameuses tablettes. Une cour lui fait suite, puis on pénètre dans la **salle du trône**, jadis richement décorée. On y reconnaît le foyer circulaire et les trous de quatre colonnes en bois qui soutenaient le plafond. À droite, un long corridor dessert des salles d'attente et des magasins, ainsi que les huit premières marches d'un escalier qui menait à l'étage. Derrière le corps de garde, où se situait un autre escalier, on rejoint la **chambre de la reine**, dotée d'un foyer circulaire et d'une salle de bains contiguë *(à droite)*, où subsiste la baignoire.

À gauche du palais principal, au-delà d'une cour pavée, s'étendent les vestiges d'un **palais plus ancien**, tandis que de l'autre côté se concentrent les **dépendances** : magasins pour l'huile et le vin, locaux administratifs et petit sanctuaire. En quittant le palais, à 100 m du parking, vous pourrez voir l'une des nombreuses **tombes circulaires à coupole** semblables à celles de Mycènes.

★ Musée archéologique (Αρχαιολογικό Μουσείο Χώρας)

R. Spirou Marinatou - Hora - ✆ 27630 313 58 - tlj sf lun. 9h-15h - 2 € (-18 ans gratuit).

Il rassemble les trouvailles faites au palais de Nestor et dans les tombes avoisinantes. La collection compte quelque 4 000 pièces datant de l'âge du cuivre à l'époque archaïque, mais seules des copies des tablettes gravées du linéaire B sont présentées, les originales se trouvant au Musée archéologique national d'Athènes. La première salle est surtout réservée aux **coupes en or★** et autres trésors découverts dans une tholos. La deuxième regroupe de magnifiques **fragments de fresques★** provenant du palais ainsi qu'une belle série de vases et de poteries votives. Dans la dernière salle sont exposés un énorme *pithos* (jarre) de près de 2 m de hauteur et deux cheminées du palais.

Revenez sur la **route côtière** menant à Olympie *(158 km au nord via Pyrgos)*. Passant au milieu des vignes et des oliviers, elle traverse le village de Filiatra, paré d'une **tour Eiffel miniature** de 26 m de hauteur, puis celui d'Agrilos *(à 6 km)*, célèbre pour son insolite **Château de conte de fées** *(ne se visite pas)*. Construits dans les années 1960-70, les deux monuments sont dus à Harry Fournier, médecin américain issu de la diaspora grecque. Un peu plus loin *(à 9 km)*, la **cité balnéaire de Kiparissia** possède une belle plage de sable et un château franc *(accès libre)* à visiter de préférence au coucher du soleil.

NOS ADRESSES DANS LA PÉNINSULE

INFORMATIONS UTILES

Distributeurs

Pylos – *Sur la grande place.*
Koroni – *Sur la pl. de la vieille ville.*
Kiparissia – *Sur la pl. principale.*

Police

Pylos – *✆ 27230 221 00/223 16.*
Koroni – *✆ 27250 220 03.*
Methoni – *✆ 27230 312 03.*

Police touristique

Pylos – *✆ 27230 237 33.*

Santé

Pylos (hôpital) – *✆ 27230 223 15.*
Koroni (centre de soins) – *✆ 27230 222 08.*
Methoni (centre de soins) – *✆ 27230 314 56.*

ARRIVER/PARTIR

En avion

Aéroport de Kalamata – *8 km au nord-ouest de la ville - ✆ 27360 638 00/05.* En saison, liaisons avec Paris-Roissy, Bruxelles, Genève, Nantes et Lyon (1/sem.), Athènes (1-2/j.), Thessalonique (3-6/sem.) et Héraklion (1/sem.)

TRANSPORTS

En bus

KTEL – *www.ktelmessinias.gr.*
La compagnie dessert la plupart des localités du Péloponnèse. De Kalamata, liaisons avec Athènes (2/j.), Koroni (6/j.), Methoni (7/j.) et Pylos (9/j.). De Pylos, liaisons avec Methoni (2/j.) et Kiparissia (4/j.).

En taxi

Pylos – ✆ *27230 225 55.*
Koroni – ✆ *27250 222 81.*
Methoni – ✆ *27230 313 33.*

HÉBERGEMENT

La péninsule compte de nombreux hôtels, campings, chambres et appartements.

Koroni

PREMIER PRIX

Camping Koroni – *Au nord de la ville, non loin d'un arrêt de bus - ✆ 2725 022119 - www.koronicamping.com - - empl. 21 € -* . Un beau terrain doté d'une piscine ombragée de palmiers, avec tout l'équipement nécessaire. Cuisine commune, réfrigérateurs et barbecue à disposition.

Finikounda

PREMIER PRIX

Camping Anemomilos – *✆ 2723 071360 - www.facebook.com/campinganemomilos.finikounda - empl. 20 €.* Bien situé, sur le promontoire dominant la plage et proche du village, un camping agréable, à l'équipement très complet.

Methoni

PREMIER PRIX

Castello – *Nonloindelacitadelle, à 50 mdelamer - ✆ 2723 031300 - www.castello.gr - 13 ch. 40/50 € - 5 €.* Cet hôtel, avec jardin, dispose de chambres simples et propres. Accueil sympathique. Les animaux sont acceptés. Bonne adresse.

Pylos

BUDGET MOYEN

Karalis – *26 r. Kalamata - ✆ 2723 022960 - http://hotelkaralis.gr - 35 ch. 58/102 €* . Installé dans une vieille demeure donnant sur la route côtière qui descend vers le centre-ville, Karalis est un hôtel charmant. Les chambres, petites mais confortables et dotées d'un balcon, sont décorées façon années 1930. Copieux petit-déjeuner.

POUR SE FAIRE PLAISIR

Karalis Beach – *Entre la forteresse et la plage - ✆ 2723 023021 - http://karalisbeach.gr - 14 ch. 125/140 €* . Sans doute le meilleur hôtel de la ville, fort bien situé : à l'extrémité d'une route, entouré de pins, au pied de la forteresse et à 20 m de la mer. Les chambres possèdent de grandes salles de bains et un balcon lorsqu'elles donnent sur la mer. Un petit bar en terrasse invite à boire un verre face au paysage.

Gialova

PREMIER PRIX

Camping Navarino Beach – *À l'entrée du village - ✆ 2723 022761 - www.navarino-beach.gr - empl. 20 €.* Les tentes sont installées à droite de la route en venant de Pilos. La réception et le restaurant se trouvent en bord de plage. Des équipements simples, une supérette et quelques jeux pour les enfants.

Camping Erodios – *✆ 2723 023269 - www.erodioss.gr - empl. 23 € -* . Un camping tout neuf situé à proximité de Golden Beach. Très bien équipé, il est accessible aux handicapés. On peut y louer des bungalows très confortables (60/80 €, de 1 à 4 lits). Une excellente adresse.

BUDGET MOYEN

Philip – *À la sortie de Pilos, vers Gialova - ✆ 2723 022741 - www.hotelphilip-pylos.com - 18 ch. 65/95 € - 8 € -* .
Très bien situé, en hauteur, cet hôtel dispose d'une taverne agréable.

3

POUR SE FAIRE PLAISIR

Zoe Resort – *Le long de la plage - ✆ 2723 022025 - www.zoeresort.com - - 28 ch. et 16 appart. 85/100 € -* . Une rangée de bananiers et de tamaris sépare la plage de cet hôtel chaleureux, rénové en 2010. Les tables du restaurant, installées sous les arbres, sont agréables. Zoé, la fille du fondateur, vous y accueillera...

Kiparissia

PREMIER PRIX

Camping Kiparissia – *Un très joli terrain au bout du village, en bord de mer - ✆ 2761 023491 - empl. 15 € -* . Les bâtiments en dur ont été construits dans le style du pays, et l'accueil (en français) est chaleureux. Avec ses jeux pour les enfants, le camping est bondé en août.

BUDGET MOYEN

Ionion – *Juste en face de la gare - ✆ 2761 022510 - www.ionionhotel.gr - 33 ch. 55/80 €* . Chambres propres et anonymes, surtout idéales pour une étape rapide.

Kiparissia Beach – *À 10 m du bord de mer, à l'entrée nord de la ville - ✆ 2761 024492 - www.kyparissiabeachhotel.gr - - 28 ch. 53/70 €* . Un hôtel récent avec une piscine bordée de bananiers et de palmiers. Plusieurs nuitées obligatoires en août.

RESTAURATION

Koroni

PREMIER PRIX

O Molos – *Sur la place au bout du village, proche de la forteresse - ✆ 2725 022211 - 15 €.* Les plats traditionnels cuisinés par la patronne sont excellents.

Methoni

PREMIER PRIX

Elena – *✆ 2723 071235 - 15 €.* Le meilleur établissement se trouve sur une place paisible, à l'extrémité de la ville, en bordure de la plage. Bons gigantès (gros haricots), salade d'aubergines et carte des viandes attrayante.

Pylos

BUDGET MOYEN

Gregorius – *Sur une petite place triangulaire, à droite de la place principale, en montant, lorsque l'on regarde la mer - ✆ 2723 022621 - 15/20 €.* Une taverne-jardin composée de plusieurs terrasses fleuries, où l'on vous sert aimablement une bonne cuisine sur fond de musique locale.

Kiparissia

PREMIER PRIX

To Petrino Balkoni – *À Kalo Nero, 8 km au nord de Kiparissia - ✆ 2761 072520 - 15 €.* Taverne en bord de mer, à la cuisine inventive. Accueil chaleureux et prix modérés.

ACTIVITÉS

Activités nautiques

Pêche, en été, sur les îles de **Sapientza** et de **Shiza**. *Rens. dans les agences touristiques de Methoni.*

Alpha Watersports – *Sur la plage en dehors du village de Finikounda - ✆ 2723 071133 - www.windsurfen-griechenland.de.* Cours et location de planches à voile, catamarans et kayaks.

Excursions

Promenades en caïque dans la rade de Navarin/Pylos (de 4 à 5h) : informations au kiosque situé au milieu du port ou dans le café à l'angle du port et de la place des Trois-Amiraux. Le prix est fonction du nombre de participants.

Dans les montagnes de l'Élide

★★

Le temple de Vassae ★★

Région de Grèce occidentale - Unité régionale d'Élide

Les vertes montagnes de l'Élide se dressent entre Tripoli et la mer Ionienne. À l'écart des sites archéologiques, la région a conservé un charme rustique et une authenticité rares. Au cœur des villages de pierre et de bois, serrés sur les pentes abruptes, la vie artisanale se révèle comme inchangée depuis des décennies. C'est dans ce majestueux écrin montagneux que se cache aussi l'un des monuments les mieux conservés du monde antique : le temple de Vassae.

NOS ADRESSES PAGE 232
Hébergement, restauration, achats, activités, etc.

S'INFORMER
Site Internet – *whc.unesco.org/fr/list/392 (en français).*

SE REPÉRER
Carte de région BC2 (p. 126-127).

À NE PAS MANQUER
Le temple de Vassae ; les villages perchés d'Andritsena, Karitena, Stemnitsa et Dimitsana.

ORGANISER SON TEMPS
Une voiture est indispensable pour sillonner cette région assez enclavée. Si vous êtes randonneur, partez à la découverte des gorges du Loussios.

3

Se promener Carte de région p. 126-127

★★ TEMPLE DE VASSAE (VASSÉS - ΒΑΣΣΕΣ) B2

Comptez 30mn. 31 km à l'est de Tholo. Prenez la direction de Figalia - ✆ 26240 225 29 - de 8h au coucher du soleil - 6 € (-18 ans gratuit).

Autant le savoir avant de venir : depuis 1987, ce joyau de l'Antiquité est entièrement **recouvert d'un immense velum** blanc soutenu par un échafaudage et des câbles en métal. Cette structure a été posée « à titre provisoire » pour protéger le calcaire des colonnades qui s'effritait sous l'effet des pluies acides. Malgré d'importants travaux de restauration et différents essais de traitement de la pierre, aucune solution durable n'a encore été trouvée et le monument, classé au Patrimoine mondial de l'Unesco en 1986, semble condamné à rester sous son voile protecteur pour de très longues années. Dommage car sa situation, à 1 130 m d'altitude au milieu d'un plateau encaissé, en faisait un sujet prisé des photographes et des peintres, comme Edward Lear qui l'immortalisa dans son écrin naturel en 1854. Autre regret, les plus beaux éléments de la **frise** du temple sont aujourd'hui exposés au British Museum à Londres. Malgré une certaine déception visuelle en découvrant le site au débouché d'une forêt de platanes et de résineux, le temple de Vassae (ou Bassae, du grec ancien *Βάσσαι* signifiant « ravins ») demeure l'un des plus beaux et les mieux préservés du monde grec. Selon Pausanias, qui le visita au 2e s. de notre ère, le monument fut bâti au milieu du 5e s. av. J.-C. par **Iktinos**, l'un des architectes du Parthénon. Il aurait été commandé par les habitants de l'antique Phigalie *(à côté de l'actuel village de Figalia, 14 km au sud-ouest)* pour remercier **Apollon Épikourios** (« celui qui aide ») de les avoir épargnés de la peste qui avait sévi pendant l'une des guerres du Péloponnèse.

Sous son vaste velum, le temple dévoile des **colonnades★★** blondes, d'une noblesse qui impose le silence. Ses caractéristiques s'avèrent assez inhabituelles au regard des canons classiques : une longueur singulière (15 colonnes sur les côtés et 6 en façade, au lieu des 13 sur 6 traditionnelles) ; un style dorique mâtiné de traits ioniques et corinthiens (une originalité à cette époque) ; une orientation nord-sud plutôt qu'est-ouest ; une ouverture sur le côté oriental, destinée à éclairer la statue d'Apollon ; enfin, dans la cella où trônait celle-ci, des colonnes ioniques reliées au mur par des contreforts. La frise (aujourd'hui exposée au British Museum, à Londres) courait sur l'entablement du temple, figurant le combat des Grecs et des Amazones, et celui des Lapithes (un peuple de Thessalie) et des Centaures.

En sortant de la tente, vous pourrez vous promener parmi les ruines environnantes de bâtiments archaïques et classiques, avant de monter vers la maison du gardien pour jouir d'une **vue d'ensemble★** sur les montagnes de l'Élide *(à l'ouest)* et celles de l'Arcadie *(à l'est)*.

★★ VILLAGES DES MONTAGNES

Du temple de Vassae, la **route★★** qui sinue traverse de beaux villages perchés dans les hautes vallées entre l'Élide et l'Arcadie.

Andritsena (Ανδρίτσαινα) B2

14 km au nord de Vassae.

Ce village s'étire le long de la rue principale, bordée de vieilles **échoppes** aux boiseries peintes où l'on peut encore dénicher quelques lampes à huile en métal et des sonnailles artisanales. Le centre du bourg, occupé par un gigantesque platane, s'ouvre sur la pittoresque place de la mairie, véritable agora où se retrouvent les habitants lors du marché du vendredi matin. En contrebas, le **Musée ethnographique** *(merc., vend.-dim. 12h-15h - 2 €)* rassemble meubles, outils et vêtements anciens. En amont, des ruelles pavées cachent des maisons et des tavernes sans âge.

Passé Andritsena, la route se tord comme un serpent.

Karitena (Καρύταινα) C2

30 km à l'est d'Andritsena.

Les maisons s'étagent le long d'étroites venelles, grimpant entre les ruines du château de Geoffroy de Briel (13e s.) et les vertigineuses **gorges de l'Alphée★★**, rivière mythique et plus long fleuve du Péloponnèse. Un **pont★**, bâti par les chevaliers champenois au 13e s., donne accès à la route qui mène à Mégalopoli. Restauré en 1439, il conserve quatre de ses arches originelles. Au-dessus veille une minuscule chapelle à laquelle on accède par un escalier de pierre.

Stemnitsa (Στεμνίτσα) C2

20 km au nord-est de Karitena.

Ancien centre métallurgique d'importance, Stemnitsa a conservé de cette période faste ses grosses maisons de pierre, bien rénovées, qui lui confèrent un air coquet. Non loin du centre, l'**église des Trois-Hiérarques** *(Trión Ierarchón)*, couverte de fresques datant de 1715, est l'une des plus intéressantes des 18 églises médiévales de la ville.

Les monastères Philosophos (premier plan) et Timios Prodromos, dans les gorges du Loussios.
R. Mattes/hemis.fr

★★ Gorges du Loussios (Φαράγγι του Λούσιου) C2

La petite rivière Loussios (ou Lousios) a creusé un impressionnant canyon de 15 km de longueur et 2 km de largeur avant de se jeter dans l'Alphée, près de Karitena. Le village de Stemnitsa est le point de départ de magnifiques randonnées dans ce décor sauvage de rocaille et de maquis *(carte des gorges en vente au kiosque de la place principale).*

Dépassez le village pour prendre la direction du monastère Timios Prodromou et prenez le premier chemin, à gauche, qui descend dans la vallée.

2h. Une belle promenade vous mènera au **monastère Timios Prodromos** (St-Jean-Baptiste), où les moines peignent des icônes. Puis la balade se poursuit vers l'ancienne Gortys/Gortyna *(2h30)*, une cité du 4e s. av. J.-C. perdue dans la vallée, où gisent les modestes vestiges d'un sanctuaire dédié à Asclépios ainsi qu'une petite église du 11e s. De là, vous pouvez soit revenir sur vos pas (mais le chemin est très pentu), soit vous rendre à Dimitsana (*comptez de 5 à 6h de marche supplémentaires*).

3

DES CHANTIERS DE QUARANTE JOURS

L'Élide fut longtemps réputée pour ses bâtisseurs, les *pelekani*. Non seulement ceux-ci travaillaient bien, mais surtout vite. Comme ailleurs dans les Balkans, les Ottomans n'autorisaient l'édification de nouvelles églises qu'à certaines conditions : pas de grand bâtiment, pas de cloche qui sonne et une durée de chantier limitée. On raconte qu'au début du 19e s., la plupart des églises du village de **Langadia** furent ainsi élevées en quarante jours, pas un de plus. De fait, un édit de Véli Pacha, fils du redoutable Ali Pacha de Ioannina, qui régnait sur la région, avait limité à quelques semaines le temps de construction de tout bâtiment orthodoxe. Érigée en 1808, l'**église des Taxiarches** (des Archanges), sur la rue principale de Langadia, en est un exemple. Vous la reconnaîtrez au bas-relief qui orne l'un de ses murs extérieurs : un Christ en Croix d'une touchante simplicité.

★ Dimitsana (Δημητσάνα) C2

10 km au nord-ouest de Stemnitsa.

Étalé sur deux collines se faisant face à 1 000 m d'altitude, ce gros bourg de montagne connut son âge d'or au 18e s. lorsque y fleurissaient les fabriques de poudre à canon. De cette prospérité, Dimitsana garde et rénove ses maisons patriciennes, bâtisses cossues ornées de balcons en fer forgé. Perdez-vous dans ses pittoresques ruelles pavées, en admirant les toits rouges qui, en contrebas, dessinent une mer de tuiles rondes.

Musée de l'Eau vive (Μουσείο Υδροκίνησης) – *1,5 km en bas du bourg - ✆ 27950 316 30 - de déb. mars à mi-oct. : 10h-18h ; reste de l'année : 10h-17h - fermé mar. et j. fériés - 3 € (-18 ans gratuit).* Un écomusée à ciel ouvert plutôt bien conçu. Il met en scène les diverses utilisations que l'on faisait en Élide de l'énergie apportée par l'eau des torrents : moulins, atelier de tannage…

Au nord de Dimitsana, la route se sépare.

★ Langadia (Λαγκάδια) C2

18 km au nord de Dimitsana (via Karkalou).

Ce village de 600 habitants est réputé pour ses églises et son artisanat traditionnel. Vous pourrez acquérir une canne, un tapis de laine colorés ou des nappes brodées.

NOS ADRESSES DANS LE MASSIF DE L'ÉLIDE

INFORMATIONS UTILES

Dimitsana

Banques – Un distributeur dans la rue principale.

Téléphone – OTE dans la rue principale.

Dispensaire – *À la sortie nord de la ville.*

Andritsena

Dispensaire - *✆ 26260 222 22.*

Police – *✆ 26260 222 09.*

TRANSPORTS

En bus – *www.ktelilias.gr.* Liaisons entre Andritsena et Pyrgos (2/j. sf w.-end), Andritsena et Tripoli (2/j. en sem., 1 le w.-end), et Dimitsana et Olympie (2/sem.).

HÉBERGEMENT

Quelques rares bonnes adresses. Sachez que la haute saison est l'hiver.

Andritsena

BUDGET MOYEN

Epikoureios Apollo – *Pl. Anagnostopoulou - ✆ 2626 022992 - 6 ch. 60 €* ☕. Sur la place du village, cet établissement propose des chambres spacieuses, très propres et d'un bon confort. Chauffage. Une bonne adresse, où il vaut mieux réserver.

Karitena

PREMIER PRIX

Arethoussa Polyhoros Pantazopoulou – *À Karvounari, à 1 km de la sortie de Karitena vers Soulos - ✆ 2791 029090 - 8 ch. 35/50 € - ☕ 8 €.* Dans cette maison d'hôte, les chambres sont agréables et décorées avec goût. Grande bâtisse fraîche construite à flanc de montagne avec pierres apparentes. Cheminée en hiver ou terrasse balcon avec vue sur la plaine en été.

Stemnitsa

POUR SE FAIRE PLAISIR

Trikolonion – *Au milieu du village - ✆ 2795 029500 - http://trikolonioncountry.gr - 18 ch. 90/140 €* ☕ - ✕. Dans cette grande maison typique, les chambres, simples, sont chauffées en hiver. Jacuzzi, sauna et salle de sport.

Dimitsana

BUDGET MOYEN

Xenonas Enastron – *Dans le village - ✆ 2795 031428 - www.xenonasenastron.gr - 3 ch. 70/90 €* ☕. Après de nombreuses années à Athènes, Dimitris et Dora sont retournés dans la région pour ouvrir ces magnifiques chambres d'hôte, très bien équipées, particulièrement confortables et décorées par un architecte. Petit-déjeuner savoureux, concocté par la maîtresse de maison et servi dans le chaleureux salon.

RESTAURATION

Tous les villages de montagne possèdent au moins une taverne où savourer des plats traditionnels, composés à partir des produits de la région. Goûtez en particulier la saucisse *(loukaniko)* de montagne.

Dimitsana

PREMIER PRIX

Tefthis – *Sur la rue principale - ✆ 2795 031514 -* - *15 €*. Portant le nom antique du bourg, ce restaurant propose une cuisine régionale simple et savoureuse : morue accompagnée de purée à l'ail, port fumé aux œufs et coq à la tomate. Agréable salle intérieure à haut plafond et parquet ancien.

Vitina

PREMIER PRIX

Ta Aidonia – *Dans la rue qui descend de la place principale, à droite de la boutique de souvenirs - ✆ 2795 022224 - 15 €.* C'est la meilleure adresse de la ville. Attablé dans un jardin arboré, on peut y goûter de la chèvre (katziki) à l'origan et au vin blanc légèrement résiné.

BOIRE UN VERRE

Andritsena

Taverne Tsigouri – *Au milieu des escaliers qui montent de la place principale - ✆ 2626 022197.* Une taverne à l'ancienne avec ses briki (pots à café) noircis, sa toile cirée et, en prime, le sourire de la patronne.

ACHATS

Artisanat

Stemnitsa et Vitina– Boîtes, cannes, jouets en bois sculpté.
Langadia – Tapis et broderies anciennes, cannes en bois sculpté.

Spécialités culinaires

La *mizitra*, un fromage blanc frais, mais aussi le miel et les pâtes de Dimitsana.

ACTIVITÉS

Activités sportives

En hiver, ski et autres sports de neige sont à l'honneur. Pour les amoureux de randonnées, la région offre aussi de nombreuses possibilités de balades à pied dans les montagnes.

Olympie

(Olymbia - Ολυμπία)

★★★

13 409 habitants - Région de Grèce occidentale - Unité régionale d'Élide

Emprunt de douceur et de sérénité, le berceau de l'olympisme conserve de magnifiques vestiges qui en font l'un des plus beaux sites archéologiques du pays. Le stade, ratissé de frais, les temples et les installations sportives sont les témoins des jeux qui étaient organisés tous les quatre ans en l'honneur de Zeus. Actif pendant plus d'un millénaire, l'antique sanctuaire revit tous les deux ans à l'occasion de la cérémonie de l'allumage de la flamme des Jeux olympiques modernes.

NOS ADRESSES PAGE 243
Hébergement, restauration, achats, activités, etc.

S'INFORMER

Sites Internet – *www.olympia-greece.org (site des hôteliers, en anglais); whc.unesco.org/fr/list/517 (en français).*

SE REPÉRER

Carte de région B2 (p. 126-127) et plan du site (p. 236).

À NE PAS MANQUER

Le Musée archéologique, en particulier la salle dite des frontons.

ORGANISER SON TEMPS

Commencez tôt la visite du site pour éviter la foule et réservez les musées pour les heures chaudes de la journée.

Découvrir

La ville moderne, officiellement appelée « Ancienne-Olympie » *(Archéa Olymbía)*, n'a guère de charme mais elle profite d'un très beau cadre naturel. La rue Praxitéli Kondýli est l'axe principal. Elle doit son nom à un officier de la ville mort en 1941 lors de la guerre gréco-italienne. C'est ici que se concentrent la plupart des restaurants, hôtels et magasins de souvenirs. Le site archéologique et les différents musées se découvrent facilement à pied.

★★★ Site archéologique (Αρχαιολογικός χώρος) Plan du site p. 236

Ancienne route nationale n° 74 (Palaiá Ethnikí Odós 74) - au sud-est de la ville moderne, à l'extrémité de la r. Praxitéli Kondýli, au niveau du parking, prenez à gauche la rte qui descend et enjambe la rivière Kladéos - ☎ 26240 225 17 - avr.-oct. : 8h-20h ; reste de l'année : 8h-15h - fermé certains j. fériés - billet combiné avec le Musée archéologique et le musée d'Histoire des Jeux olympiques : 12 € (-18 ans gratuit) ; 6 € (-18 ans gratuit) en nov.-mars - prévoyez env. 2h de visite.

Classé au Patrimoine mondial de l'Unesco en 1989, le site s'étend sur 105 ha. Il comprend trois grandes zones : le **sanctuaire**, au centre, large quadrilatère délimité par un mur, avec tout autour les bâtiments dits **annexes** – en quelque sorte le « village olympique » –, destinés à la fois à l'entraînement des athlètes et à l'accueil des prêtres, des délégations et des hôtes de marque (les simples pèlerins campaient à l'extérieur). Enfin, les **installations sportives** proprement dites, avec le stade et l'hippodrome, occupent l'extrémité est du site. La plupart des objets découverts ici sont présentés au Musée archéologique (*p. 238).*

La palestre du site archéologique d'Olympie.
Mauritius/Photononstop

Quartier des annexes – Le chemin longe d'abord le mur d'enceinte du sanctuaire *(à gauche)* et l'un des portiques qui encadraient le **gymnase** *(à droite)*. C'est dans cette vaste cour de 120 x 220 m datant du 2e s. av. J.-C. que s'entraînaient les athlètes dont les disciplines réclamaient de l'espace : lancer de javelot et de disque, course à pied… Les lutteurs, boxeurs et sauteurs se réservaient le bâtiment voisin, la **palestre★** (3e s. av. J.-C.), autre grande cour à péristyle de 66 m de côté, reconnaissable à sa double colonnade.

3

Au-delà, on débouche, à droite, sur les vestiges du **théokoléon** (4e s. av. J.-C.), bâtiment rectangulaire qui abritait les prêtres *(theokoles)* : les *manteis* donnant les réponses de l'oracle, les *spondophoroï* annonçant la trêve et le début des Jeux, les exégètes expliquant aux visiteurs les rituels des Jeux et les aulètes jouant de la flûte durant les sacrifices. À côté, se dresse une **église** byzantine érigée au 5e s. de notre ère sur une partie de l'**atelier de Phidias** (5e s. av. J.-C.). C'est dans ce lieu, identifié par les nombreux outils trouvés sur place, que l'illustre sculpteur réalisa la statue chryséléphantine du temple de Zeus. Quelques mètres plus loin, des rangées de chapiteaux ioniques délimitent l'emplacement du **Leonidaion**, une immense hôtellerie construite vers 330 av. J.-C. par l'architecte et donateur Léonidas de Naxos où étaient logés les athlètes et les hôtes de marque. Dans le fond, à la limite du site, on aperçoit les restes bien conservés d'anciens **thermes romains** *(hors plan)* successivement transformés en pressoir à vin et en fours à verre.

De retour sur le chemin principal, repérez les trois marches qui précèdent une porte flanquée de deux colonnes : celle-ci marque le début de la **voie des Processions** qui longe le sanctuaire. Créée par les Romains, elle est jalonnée par les restes d'ex-voto (bases) et de divers bâtiments arasés. Plus loin, à droite, se tient le **bouleutérion** (6e s. av. J.-C.) où siégeait le sénat olympique et où les athlètes prêtaient serment avant de concourir. Il est composé de deux ailes fermées chacune par une abside, dont on peut suivre le dessin au sol. Derrière le bouleutérion, le **portique sud** (v. 350 av. J.-C.) fermait le site. Tournez le dos au bouleutérion et pénétrez dans le sanctuaire.

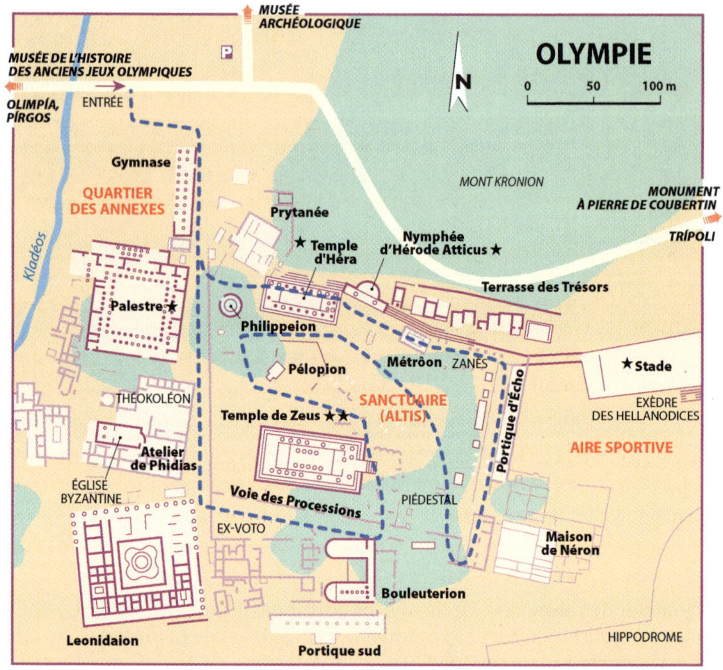

Sanctuaire (Altis) – C'est l'un des lieux les plus sacrés de l'Antiquité gréco-romaine. Constitué au départ par le « bois sacré » *(alsos)* de l'Altis, ce carré de quelque 200 m de côté fut utilisé de 776 av. J.-C. au 4e s. de notre ère pour accueillir des temples, autels et autres monuments dédiés au culte.

Élevé au milieu du 5e s. av. J.-C., le **temple de Zeus**★★ se devait d'être le plus grand et le plus fastueux. De fait, même mises à terre par un séisme au 6e s., les énormes tambours de ses colonnes, alignés comme des rondelles de saucisson dans un chaos cyclopéen, laissent pantois. Sur 70 m de longueur et 29 m de largeur, le temple alignait 6 colonnes doriques en façade et 13 sur chacun des grands côtés. Le décor était à l'avenant avec la colossale merveille de Phidias qui se dressait dans la *cella*, et les admirables métopes et frontons *(exposés au musée)* rehaussant l'extérieur. Juste au nord du temple, se trouve l'emplacement du **Pélopion** (6e s.av. J.-C.), espace pentagonal dédié à Pélops, le roi mythique fondateur des Jeux olympiques.

Au nord de l'Altis, trois colonnes dressées signalent le **temple d'Héra**★★ *(Héraion)*. Dédié à la femme et sœur de Zeus, il fut construit vers 600 av. J.-C. Plus ancien temple dorique du Péloponnèse, c'est lui qui servit de modèle à tous les temples grecs édifiés par la suite. Cet édifice de 50 m de longueur et 18,76 m de largeur possédait 6 colonnes en façade et 16 sur les côtés. Hautes de 5,21 m, elles étaient à l'origine en chêne. Elles furent progressivement remplacées par des colonnes de tuf jusqu'au 2e s. de notre ère. L'intérieur abritait notamment le célèbre Hermès de Praxitèle, l'un des joyaux du musée archéologique. Devant la façade orientale subiste la base de l'**autel d'Héra** toujours utilisé pour l'allumage de la flamme olympique. Côté ouest se dresse le **Philippéion**, tholos de 15 m de diamètre édifié par Philippe II de Macédoine après sa victoire face aux cités grecques, à Chéronée, en 338 av. J.-C.

Revenez sur vos pas et quittez l'Altis en suivant son côté droit (est) vers le sud pour parvenir aux vastes ruines de la **villa de Néron**. L'empereur romain avait fait bâtir ce palais de brique pour sa scandaleuse participation aux Jeux de l'an 67 : Néron avait non seulement fait avancer la date de l'olympiade de deux ans, imposé de nouvelles épreuves de poésie et de musique, mais aussi soudoyé les juges pour remporter lui-même 6 victoires. Dès sa mort, l'année suivante, il fut déchu de ses titres olympiques. Remontez ensuite le long des ruines du **portique d'Écho**, galerie à colonnades de 97 m de longueur construite au 4e s. av. J.-C. pour séparer le sanctuaire des installations sportives. Il doit son nom au fait que tout son émis était répété sept fois de suite.

Aire sportive – Seul vestige du site dévolu aux compétitions, le **stade★★** est le moment fort de la visite. C'est dans cet espace déblayé à partir de 1958 que se déroulaient les prestigieuses épreuves de course à pied, comme le *stadion* (sprint) et l'*hoplitodromos* (en armure). En 2004, c'est également ici qu'eurent lieu les épreuves de lancer de poids des JO d'Athènes.

Maintes fois remodelé, le stade a pris sa forme actuelle au milieu du 5e s. av. J.-C. On y accède par le **krypté** (3e s. av. J.-C.), couloir voûté de 32 m de longueur qui était réservé aux athlètes, aux juges et aux prêtres. On débouche alors directement sur le **dromos** (piste). Le tapis de sable s'étend sur 213 m de longueur et 34 m de largeur, mais la piste elle-même est délimitée par l'**aphésis** (ligne de départ), située devant le krypté, et la **terma** (ligne d'arrivée), à l'ouest. Entre les deux lignes toujours bien visibles et matérialisées chacune par un *balbis* (dalle de marbre taillée pour servir de « starting-block »), les coureurs parcouraient 192,27 m, c'est-à-dire 600 fois l'unité de mesure locale, le pied d'Olympie (32,04 cm). Les **talus** furent aménagés à la fin du 6e s. av. J.-C. pour accueillir jusqu'à 45 000 spectateurs. Les tribunes en bois de l'époque romaine et la plupart des sièges en pierre des officiels ont disparu. Toutefois, sur le talus sud, subsiste l'**exèdre des hellanodices**, espace rectangulaire en pierre où siégeaient les juges. En face, se dresse la base de l'**autel de Déméter Chamyné** (« celle qui dort à même le sol ») à côté duquel se tenait la prêtresse de la déesse, seule femme admise à assister aux Jeux.

3

Au sud du stade, s'étendait l'**hippodrome** (780 m de longueur), où se déroulaient les redoutables épreuves hippiques de quadrige. Enseveli par les changements du cours de l'Alphée, il n'a pas encore fait l'objet de fouilles.

Sortez du stade et continuez tout droit sur l'allée qui suit le côté nord de l'Altis. Creusée sur le versant du mont Kronion, la **terrasse des Trésors** s'ouvre en haut d'une large volée de marches, alignant les ruines de 12 « trésors », ces petits édifices commandés par certaines cités et colonies grecques pour abriter leurs offrandes aux dieux. Remarquez aussi les socles qui jalonnent le pied de la terrasse : ils supportaient des **Zanes**, statues de Zeus financées par les amendes que les arbitres des Jeux infligeaient aux tricheurs. Laissez sur votre gauche les vestiges du **Métrôon**, temple élevé au 4e s. av. J.-C. en l'honneur de Cybèle, la mère des dieux, et poursuivez jusqu'au bout de la terrasse des Trésors. Un large demi-cercle de pierre, bien conservé, marque l'emplacement du **nymphée d'Hérode Atticus★**. Achevée en 160, cette immense fontaine porte le nom de son commanditaire, un riche mécène grec et consul romain à qui Athènes doit l'odéon situé au pied de l'Acropole. Rehaussant ses deux bassins superposés, des niches accueillaient les statues d'empereurs ainsi que celles d'Hérode Atticus et de sa femme Regilla qui fut la prêtresse de Déméter Chamyné lors des Jeux de l'an 153. En quittant le sanctuaire par le temple d'Héra et le Philippeion, vous passerez encore, à droite, devant les vestiges du **Prytanée**, où siégeaient les administrateurs du sanctuaire, et où étaient organisés les banquets officiels. C'est là que brûlait, en permanence, le feu sacré.

★★★ Musée archéologique (Αρχαιολογικό Μουσείο)

Entrée principale par le parc situé derrière la billetterie du site archéologique - autre entrée : par un chemin descendant de la gare ferroviaire via le restaurant Ambrosia - ✆ 26240 227 42 - avr.-oct. : 8h-20h ; reste de l'année : 8h-15h - entrée comprise dans le billet du site archéologique - comptez 1h30 de visite minimum.

Moderne et bien agencé, il compte parmi les plus riches musées du pays. Ses 12 salles présentent les découvertes faites à Olympie par ordre chronologique. Face à l'entrée s'ouvre la grande salle centrale *(salle 5)*, majestueuse, réservée aux frontons et aux métopes du temple de Zeus.

Salle 1 – *À gauche après l'entrée.* Elle est consacrée aux découvertes datant de l'époque préhistorique jusqu'à l'époque mycénienne. Remarquez les **figurines en terre cuite** retrouvées dans les tombes des environs d'Olympie, ainsi que des fragments en bronze repoussé d'inspiration assyrienne (8e s. av. J.-C.).

Salle 2 – Parmi les objets des époques géométrique et archaïque, figurent la colossale **tête de sphynx★** (7e s. av. J.-C.), qui fut exhumée à proximité du temple d'Héra, et une collection d'éléments en bronze : armures, boucliers, chaudrons décorés de têtes de griffons… Notez aussi l'**acrotère discoïde**, restauré, en terre cuite qui ornait le sommet du fronton du temple d'Héra.

Salle 3 – Elle est principalement consacrée aux frontons de la terrasse des Trésors (6e s. av. J.-C) avec la **frise du trésor de Mégare** qui a pour thème la lutte des Dieux et des Géants, et celles du **trésor de Géla**, en terre cuite peinte.

Salle 4 – Elle regroupe des **acrotères en terre cuite** (5e s. av. J.-C.) de la terrasse des Trésors : dauphin bondissant, lion, tête d'Athéna et, l'une des pièces maîtresses du musée, **Zeus enlevant Ganymède**. Le jeune héros fut pris par Zeus alors qu'il gardait les troupeaux et emmené dans l'Olympe où il devint l'échanson des dieux. L'œuvre possède encore des traits archaïques (le sourire de Zeus), mais préfigure la période classique. Remarquez aussi le **casque de Miltiade** que portait le général athénien lors de la bataille de Marathon (490 av. J.-C.) et offert en offrande à Zeus.

Salle 5 – Le décor sculpté des deux **frontons★★ du temple de Zeus**, réalisés en marbre de Paros entre 470 et 456 av. J.-C., a été partiellement reconstitué. Sur le **fronton est★**, Zeus *(au centre)* préside aux préparatifs de la course de chars opposant Pélops à Œnomaos : aux extrémités se trouvent les figures allégoriques couchées du fleuve Alphée et de la rivière Kladeos. Le **fronton ouest★★★** représente le combat des Lapithes et des Centaures. De part et d'autre d'Apollon (3 m de hauteur), les Centaures, conviés aux noces de Pirithoos, roi des Lapithes, tentent, dans leur ivresse, d'enlever les femmes et les éphèbes lapithes. La salle abrite aussi les 12 **métopes★** de la frise de la

Salle 11 du Musée archéologique d'Olympie.
R. Mattes/Mauritius/Photononstop

cella du temple, représentant les Travaux d'Héraclès. Il s'agit du plus important ensemble de décors du style « sévère » (début de l'époque classique).

Salle 6 – Autre chef-d'œuvre magnifiquement mis en valeur et exemple type du « style orné », la **Niké★** (« victoire »), due au sculpteur Paionos, représentée au moment où elle touche gracieusement terre pour annoncer la victoire des Messéniens et des Naupactiens sur Sparte (en 425 av. J.-C.).

Salle 7 – Elle abrite les objets mis au jour dans l'**atelier de Phidias** (5e s. av. J.-C.), notamment des outils et moules en terre cuite ayant servi à la réalisation du Zeus chryséléphantin, dont on peut voir ici une vue d'artiste. Notez l'**œnochoé** (pichet à vin) portant l'inscription ΦΕΙΔΙΟΥ ΕΙΜΙ (« J'appartiens à Phidias »).

Salle 8 – Elle est consacrée au chef-d'œuvre connu sous le nom d'**Hermès de Praxitèle★★★**. Presque intacte, cette statue en marbre de Paros provient du temple d'Héra. Si elle est souvent attribuée au grand sculpteur athénien Praxitèle (4e s. av. J.-C.), elle pourrait avoir été réalisée par des disciples de celui-ci au 3e ou 2e s. av. J.-C. Hermès, le messager des dieux porte l'enfant Dionysos, fils de Zeus et de Sémélé, qu'il va remettre aux nymphes, hors de portée de la jalouse Héra. L'œuvre séduit par la perfection du modelé et l'harmonie des proportions.

Salle 9 – L'époque hellénistique (du 4e au 1er s. av. J.-C.) est représentée par une belle **tête d'Aphrodite** attribuée à Praxitèle. Mais la plupart des œuvres de cette période furent détruites ou déplacées à Constantinople au 4e s. apr. J.-C..

LA MERVEILLE DE PHIDIAS

Statue aujourd'hui disparue, le **Zeus chryséléphantin** (fait d'or et d'ivoire) figurait parmi les Sept Merveilles du monde. Étant donné ses proportions (13,50 m de hauteur), c'est sur place que Phidias exécuta son chef-d'œuvre destiné au temple de Zeus. Après avoir achevé l'Athéna Parthénos – elle aussi disparue – et les métopes du Parthénon d'Athènes, le grand maître du classicisme grec, s'attela à une tâche considérable qui lui prit pas moins de six ans, de 437 à 433 av. J.-C. La statue nous est connue grâce à de nombreux témoignages, dont celui très précis du voyageur et géographe grec **Pausanias** (2e s. ap. J.-C.). Taillées dans le bois, les parties nues du corps divin étaient revêtues d'ivoire, tandis que des feuilles d'or recouvraient les cheveux, la barbe et les accessoires. Assis sur un trône en ébène et en bronze rehaussé d'or, d'ivoire et de pierres précieuses, le dieu tenait dans la main gauche un sceptre surmonté d'un aigle, et dans la main droite une petite Victoire (« Niké »), elle aussi chryséléphantine. Transportée à Constantinople, la statue fut détruite dans un incendie en 475.

Une terre de victoires

L'ALTIS, BOIS SACRÉ D'HÉRACLÈS

Olympie occupe une fertile vallée arrosée par le fleuve Alphée – que, selon la mythologie grecque, Héraclès détourna pour nettoyer les écuries d'Augias –, et son affluent le Kladeos. Depuis le 3e millénaire av. J.-C., une forêt d'oliviers, de chênes et de pins y constituait un sanctuaire. Selon la légende, Héraclès y posa une clôture délimitant un bois sacré ou altis (« bosquet »). C'est là que furent d'abord honorés deux vainqueurs mythiques, **Zeus**, qui avait délogé de l'Olympe son père Cronos, et le roi **Pélops**, qui avait obtenu le trône du Péloponnèse en tuant le roi Œnomaos et en épousant sa fille Hippodamie.

La célébration de ces deux victoires est à l'origine des Jeux d'Olympie. Mais la date de leur fondation n'est pas connue. Selon la tradition, la première olympiade, mêlant épreuves sportives et cérémonies religieuses en l'honneur de Zeus Olympien, aurait eu lieu en **776 av. J.-C.** Toutefois, des traces d'offrandes et de sacrifices remontant au 10e s. av. J.-C. ont été découvertes sur place. D'ailleurs, la légende veut qu'en 884 av. J.-C., alors qu'une épidémie de peste ravageait la Grèce, **Iphitos**, roi d'Élide, consulta la Pythie de Delphes qui lui conseilla de créer des Jeux à Olympie afin d'apaiser la colère des dieux.

DOUZE SIÈCLES DE JEUX

Organisés tous les quatre ans, en été, les Jeux se déroulèrent pendant environ douze siècles, jusqu'en 393 de notre ère. Éminemment religieuses, les épreuves se disputèrent d'abord devant le **temple de Zeus**, avant que, le nombre des athlètes et des spectateurs augmentant, de nouvelles installations soient aménagées. Fédératrices, ces festivités attiraient une foule estimée à 150 000, voire 200 000 personnes. Mais, à l'exception de la **prêtresse de Déméter Chamyné**, seuls les hommes (grecs, barbares ou esclaves) pouvaient assister aux Jeux. Ceux-ci étaient l'occasion de divers événements commerciaux et culturels ainsi que de rencontres diplomatiques et de règlements de conflits intercités.

Quatre siècles furent nécessaires pour que le site prenne sa configuration définitive, au milieu du 4e s. av. J.-C., avec la construction du **portique d'Écho**. Séparant l'aire sportive de l'Altis, il symbolisait la transformation des Jeux en un rassemblement de plus en plus sportif et de moins en moins religieux. La réputation de l'Olympiade ne cessa de grandir.

L'événement est finalement victime de son succès avec l'organisation de Jeux concurrents à Rome, en 80 av. J.-C., où les athlètes grecs se voient offrir d'énormes sommes d'argent. Les empereurs n'hésitent pas non plus à soudoyer les juges d'Olympie pour faire gagner leurs champions ou pour s'imposer eux-mêmes, comme Tibère, en l'an 1, et, surtout, **Néron**, en 67. Les Jeux déclinent et ne parviennent plus à s'adapter aux nouvelles réalités d'un Empire dans lequel le Christianisme est devenu religion d'État en 380. En 369, se tient la dernière édition connue des Jeux. Ceux-ci ont toutefois certainement perduré jusqu'en 393. L'année suivante, **Théodose Ier** interdit l'événement, taxé de paganisme. Laissé à l'abandon, le sanctuaire est pillé par les Goths en 395, puis détruit par l'empereur byzantin Théodose II en 426, avant d'être touché par deux tremblements de terre et enseveli par les crues de l'Alphée et du Kladeos au 6e s.

PLACE AUX ATHLÈTES

D'abord réservés aux **cités grecques**, amies et ennemies – puis aux colonies les plus lointaines à partir du 5e s. av. J.-C. –, l'Olympiade donnait lieu à une **trêve sacrée** d'une durée d'une quarantaine de jours. Tous les quatre ans, avant le début des jeux, des hérauts allaient annoncer dans le monde grec le début de la trêve. Les athlètes partaient alors pour s'entraîner un mois dans la cité d'**Élis**, la plus proche du sanctuaire d'Olympie. Ensuite, pendant cinq jours, se déroulaient les Jeux proprement dits. Cette organisation fut conservée après la conquête romaine, et les athlètes romains purent participer à partir de 146 av. J.-C.

De multiples **processions cultuelles**, assorties de sacrifices de bœufs à Zeus et à Pélops, précédaient les épreuves. Avant de concourir, les athlètes se rendaient au **bouleutérion** pour jurer sur l'autel de Zeus respect et obéissance aux règles olympiques. Puis c'est nus, simplement oints d'huile d'olive, qu'ils se consacraient à leur spécialité. L'hippodrome accueillait les **courses de chevaux et de chars**, le stade s'ouvrait à l'aube pour les **courses à pied**, les compétitions de **lutte**, de **pugilat** (sorte de boxe) et de **pancrace** (mélange de lutte et de pugilat), et enfin pour le **pentathlon**, épreuve cumulant le lancer du disque et du javelot, la course, le saut et la lutte.

À l'issue de chaque épreuve, le vainqueur recevait une palme, puis le dernier jour des Jeux, en compagnie de tous les autres gagnants, il se voyait coiffé du **kallistephanos** (« belle couronne »), une tresse de rameaux d'olivier taillés avec une serpe d'or dans l'olivier sacré de l'Altis. Au cours du banquet donné en leur honneur, des poètes, tel **Pindare** (6e-5e s. av. J.-C.), chantaient leurs louanges et des sculpteurs les immortalisaient dans la pierre. Les cités, dont ils étaient originaires, élevaient à Olympie des ex-voto ou des trésors pour témoigner leur reconnaissance aux dieux, avant d'accueillir chez eux les vainqueurs comme de véritables demi-dieux.

OLYMPIE ET L'OLYMPISME RETROUVÉS

Enfoui sous 3 à 4 m de décombres, le site d'Olympie est identifié par l'Anglais Richard Chandler en 1766. Mais c'est en 1829, pendant la guerre d'Indépendance grecque, que des scientifiques français de l'**expédition de Morée** exhumeront les premiers fragments : trois métopes et des mosaïques du temple de Zeus… qu'ils transfèrent aussitôt au Louvre. Ému par ce pillage, le nouvel État grec fait interrompre les fouilles, avant de les confier à l'**Institut archéologique allemand d'Athènes** en 1875. C'est à lui que reviendra la mise au jour quasi complète du sanctuaire jusque dans les années 1950.

Le mérite d'avoir ressuscité les Jeux olympiques, revient au Français Pierre Frédy, **baron de Coubertin** (1863-1937). Convaincu que le sport est l'une des meilleures écoles pour l'apprentissage de la liberté et de la responsabilité collective, il met toute son énergie à la renaissance de cette noble institution. Le 16 juin 1894, il organise à la Sorbonne le « Congrès pour le rétablissement des Jeux olympiques » qui finit de convaincre les indécis. Saluée par 60 000 spectateurs, l'ouverture des premiers Jeux olympiques des temps modernes a lieu deux ans plus tard, le 5 avril 1896, dans le **stade panathénaïque d'Athènes**, reconstruit par ses soins avec les fonds du mécène grec **Georges Avérof**.

Olympie a renoué avec l'olympisme en 2004, dans le cadre des Jeux d'Athènes, avec les épreuves de lancer de poids organisées dans le stade antique. Le site revit aussi lors de la **cérémonie de la flamme olympique**, allumée tous les deux ans par les rayons du soleil devant le temple d'Héra.

Salles 10 et 11 – Elles sont consacrées à l'art romain (à partir du 3e s. av. J.-C.) avec de nombreuses statues d'empereurs, de nobles et de membres de leurs familles provenant du Métrôon, du temple d'Héra et du nymphée d'Hérode Atticus. Dans la salle 10 trône l'imposant **taureau de marbre★** (v. 150 av. J.-C.) dédié à Zeus par Regilla, prêtresse des Jeux et épouse d'Hérode Atticus.
Salle 12 – La dernière période d'occupation de la région est retracée à travers divers objets : outils, jouets, bijoux, vases en verre ou encore jarres en terre cuite provenant de tribus slaves installées dans le Péloponnèse à partir du 7e s.

★ Musée de l'Histoire des anciens Jeux olympiques (Μουσείο Ιστορίας των Ολυμπιακών Αγώνων της Αρχαιότητας)

4 r. Praxitéli Kondýli, au sud de la r. principale, accès par l'escalier au-dessus du parking - ✆ 26240 291 19 - avr.-oct. : 8h-20h ; reste de l'année : 8h-15h - entrée comprise dans le billet du site archéologique - explications en français.

Créé en 2004, cet agréable musée retrace la saga olympique depuis ses origines jusqu'au 5e s. apr. J.-C. Il est installé dans le **bâtiment néoclassique** conçu en 1895 par les archéologues Adler et Dörpfeld. Constituée à partir de découvertes de toute la Grèce, la collection comptait près de 500 objets, mais certaines pièces ont disparu lors d'un vol en 2012. Dans le hall, 4 **maquettes** permettent de visualiser l'évolution du site d'Olympie sur 11 siècles. L'exposition est constituée autour d'une grande salle en 14 étapes chronologiques et thématiques.
Origines – Les plus anciens objets datent du 15e s. av. J.-C. Il s'agit de **sceaux et bagues** des cultures minoenne et mycénienne portant les premières représentations de pratiques du sport dans le monde grec : course de chars, tauromachie et course à pied. Des compétitions s'organisent alors sous l'égide d'Héraklès. Le dieu apparaît ainsi dans son combat contre les Centaures sur un beau **vase à figure noire★** (5e s. av. J.-C.) du site d'Oisymé (Kavala).
Athlètes – Le **strigile** est présenté à travers plusieurs exemplaires mais aussi sur différents vases et stèles. Ce racloir en métal recourbé servait a retirer l'excédent d'huile dont les athlètes s'enduisaient le corps. Notez ce rare **disque de bronze** du 5e-6e s. av. J.-C., les lanceurs utilisant auparavant des projectiles en pierre ou en bois. Innovation des Jeux de 708 av. J.-C. : les **haltères en pierre**. Tenus dans chaque main, ils permettaient aux athlètes de gagner quelques précieux centimètres lors des épreuves de saut en longueur.
Honneurs – Les stèles, statues et **couronnes d'olivier en bronze** de vainqueurs sont exposés. Dans la section « Les femmes et le sport », remarquez l'**ex-voto de Cynisca**, première championne olympique en tant que propriétaire de l'attelage qui remporta la course de chars en 396 av. J.-C. Les sportifs étaient aussi honorés dans les arts comme en témoigne la remarquable **mosaïque romaine★★** (2e-3e s. apr. J.-C.) provenant d'une villa de Patra.
Autres Jeux antiques –L'exposition s'achève sur la présentation des 3 autres compétitions panhelléniques : Jeux pythiques, Jeux néméens et Jeux isthmiques. Notez la **statue d'Antinoüs**, favori de l'empereur Hadrien, qui inspira les *Antinoeia*, en 131 apr. J.-C., jeux réservés aux éphèbes.

À voir aussi

À l'entrée du Musée archéologique, un **jardin botanique olympique** *(accès libre)* regroupe des plantes utilisées durant l'Antiquité. En poursuivant 1 km sur l'ex-route nationale longeant le stade olympique, sur la gauche, se trouve le **monument à Pierre de Coubertin** (1938) où est conservé le cœur du créateur des Jeux modernes, en 1896. Dans la ville, le **musée des Jeux olympiques modernes** est fermé depuis 2010. Un projet de réouverture a été lancé en 2017.

NOS ADRESSES À OLYMPIE

INFORMATIONS UTILES

Police – *26240 221 00.*
Centre de soins – *Rue adjacente au musée des JO - 26240 222 22.*
Pharmacie – *26240 233 06/220 00.*

ARRIVER/PARTIR

En bus

Station – *Dans la rue principale (en face de l'office de tourisme) - www.ktelilias.gr.* Liaisons avec Athènes (10/j. en saison, durée 6h de trajet) *via* Tripoli, Pyrgos (ttes les 40mn en sem., un peu moins le w.-end), Tripoli (2/j., durée 3h), Andritsena (2/j. sf dim.), Kalamata, (2/j.), Dimitsana (2/sem., durée 2h30).

En train

Gare – *Au bout de la rue Douma.* Liaisons vers Pyrgos (2/j., durée 20mn) et Katakolo (1/j., 30mn).

TRANSPORTS

En taxi

26240 225 55.

HÉBERGEMENT

PREMIER PRIX

Camping Diana – *Au-dessus du village - 2624 022314 - www.campingdiana.gr - - empl. 20 € env.* Camping bien tenu. Piscine sous les arbres.

Camping Alphios – *À côté de l'hôtel Europa-Best Western - 2624 022951 - - empl. env. 20 €.* Bien situé, ombragé et avec une piscine, un lieu agréable comportant des équipements bien entretenus.

Pension Posidon – *9 r. Stefanopoulou - 2624 022567 - www.pensionposidon.gr - 10 ch. 51 €* . Les propriétaires de cet établissement accueillant, parlent français et vous proposent des chambres simples mais correctes, récemment rénovées. Agréable terrasse sur le toit pour le petit-déjeuner.

Kronio – *1 r. Tsoureka - 2624 022188 - www.hotelkronio.gr - 25 ch. 49/54 €* - . L'un des meilleurs rapports qualité/prix de la ville. Bon confort, chambres avec balcon et pratique, à l'angle de la rue principale.

BUDGET MOYEN

Olympion Asty – *Au-dessus de la ville (suivez Drouva) - 2624 023665 - www.olympionasty.gr - - 41 ch. 80/97 €* - . Perché sur une colline dominant Olympie et s'ouvrant sur la mer, au loin, cet établissement propose à ses hôtes un vaste domaine arboré et parfaitement tenu. Chambres simples et confortables avec terrasse entourée de verdure. Vaste piscine et terrains de tennis et de football.

POUR SE FAIRE PLAISIR

Hotel Europa – *Sur la colline qui domine Olympie, à 1 km en dir. de Krestena - 2624 022650 - www.hoteleuropa.gr - - 80 ch. 110 €* - . Le meilleur établissement de la ville, avec piscine, très calme, au milieu d'un parc boisé. Très belle vue sur la vallée de l'Alphée. Une halte à la taverne de l'hôtel, sous les arbres, est conseillée en saison.

Krestena

BUDGET MOYEN

Athina Olympia Hotel – *Village de Krestena, 15 km au sud d'Olympie - 2625 023150 - www.athinahotelolympia.com - - 52 ch. 60 €* - . À 5mn de la plage et des thermes de Kaiafas. Calme, très clair et agréable, avec piscine. Une bonne adresse dans le genre motel confortable.

Mirakas

BUDGET MOYEN

Bacchus – *2624 022298 - www.bacchustavern.gr - 9 ch. 63/75 €* - . À bonne distance de la foule d'Olympie, la maison de la famille Zapantis s'ouvre sur un paysage de collines encore vierges. Les chambres sont décorées de meubles peints en blanc et disposent d'un balcon ; les plus grandes (3-4 pers.) possèdent également un Jacuzzi. Taverne réputée offrant une cuisine excellente. Le propriétaire propose aussi deux jolis studios situés de l'autre côté de la route.

RESTAURATION

Vous aurez un peu de mal à bien manger à Olympie, surtout dans la rue principale…

PREMIER PRIX

Ambrosia – *A la sortie du site archéologique, côté musée - 2624 023414 - 15 €.* Un peu à l'écart de la rue principale et ses rabatteurs, cette terrasse abritée du restaurant fait le joie de ses clients. Produits locaux et cuisine un peu plus intéressante que la moyenne locale.

Floka

PREMIER PRIX

Thea – *2624 023264 - - 10/15 € - fermé à midi hors sais.* Une rare et belle surprise : tenue par un charmant couple gréco-suédois, Andreas et Erika, cette petite adresse sur les hauteurs offre une cuisine familiale savoureuse et très abordable : bœuf à la moutarde, lapin au citron, etc.

AGENDA

Festival de théâtre et de musique – *Rens. à l'office de tourisme.* Durant tout l'été.

Piste et tribunes dans le stade d'Olympie.
C. Chaudeau/Michelin

La côte nord du Péloponnèse

D'Olympie à Corinthe

Régions de Grèce occidentale et du Péloponnèse - Unités régionales d'Élide, d'Achaïe et de Corinthie

La côte nord du Péloponnèse n'est qu'une succession de villages balnéaires dont les plages, tantôt de sable, tantôt de galets, se succèdent le long du golfe de Corinthe. Sans doute l'arrière-pays ne manque-t-il pas de charme avec ses oliveraies et ses vignobles ondulant sur les contreforts des montagnes. Vous pourrez néanmoins vous arrêter pour profiter du panorama sur les îles Ioniennes au château franc de Hlemoutsi, le plus grand de toute la péninsule, et parcourir les belles gorges du Vouraïkos dans lesquelles sinue un petit train à crémaillère plus que centenaire.

NOS ADRESSES PAGE 249
Hébergement, restauration, achats, activités, etc.

S'INFORMER

Centre d'information touristique de Patra (Infocenter Patras) – *12 r. Ag. Andreou (près du port) - ✆ 26104 617 40 - www.infocenterpatras.gr - été : 8h-20h.* Le personnel, aimable, fournit quantité de renseignements sur les transports, les hébergements et les activités sportives et culturelles de la région. Possibilité de louer des vélos sur place. Autre point information, en été, au kiosque situé sur la place Trion Simachon, visible et facile à trouver sur les quais.

SE REPÉRER

Carte de région ABC1 (p. 126-127).

À NE PAS MANQUER

Le château franc de Hlemoutsi ; les gorges du Vouraïkos par le petit train de Kalavrita.

ORGANISER SON TEMPS

Comptez de deux à trois jours entre Olympie et l'Attique.

AVEC LES ENFANTS

Le petit train à crémaillère des gorges du Vouraïkos ; les lacs souterrains de la grotte de Kastria ; le château de Hlemoutsi.

Circuits conseillés Carte de région p. 126-127

D'OLYMPIE À PATRA

Circuit de 130 km tracé en rose sur la carte de région (p. 126-127).

En quittant Olympie, prenez la direction de Pyrgos *(15mn)* où rien de très intéressant ne vous arrêtera, et en quinze minutes de plus, vous atteindrez la mer Ionienne et ses côtes propices à la baignade.

Première plage en vue : celle de **Katakolo** (ou Katakolon). Ce port coloré constitue désormais une halte pour de nombreux navires de croisière dont les passagers se rendent à Olympie pour quelques heures.

Poursuivez en traversant la longue plaine agricole qui s'ouvre devant vous, et sortez à Gastouni pour rejoindre le village côtier de **Loutra Kilinis** *(43 km au nord-ouest de Pyrgos)*. Une somptueuse plage de sable fin vous y attend, la bien nommée **Golden Beach★★**, qui s'étire sur des kilomètres à l'ombre d'une épaisse pinède. Des bâtiments vides rappellent que le site accueillit une station thermale aux temps des colonels, laquelle périclita avec eux.

★★ Château de Hlemoutsi (Κάστρο Χλεμούτσι) A1

R. Chlemoutsi - sur les hauteurs du village de Kastro (sur la rte entre Loutra Kilinis et Kilinis) - ✆ 22610 950 33 - tlj sf lun. 9h-16h - 4 € (-18 ans gratuit) - parking gratuit.
Perché sur une colline dominant la mer, le village de **Kastro★** serre ses maisons à l'ombre de la citadelle franque la mieux préservée du Péloponnèse. Située à 226 m d'altitude, celle-ci impressionne avec ses murailles blondes découpant une couronne crénelée sur le ciel. Bâti entre 1220 et 1223 par le prince de Morée **Geoffroy Ier de Villehardouin**, le « château de Clermont » passa de main en main au fil des siècles, jusqu'à son abandon au début du 19e s. Cette vaste forteresse – appelée aussi Chlemoutsi ou Chloumoutzi – fait l'objet d'importants travaux de restauration depuis 2011.

Vous y accéderez par une **porte monumentale★** remodelée par les Ottomans au 16e s. Le château conserve toutefois son architecture médiévale française à laquelle se mêlent des éléments empruntés aux croisés de Terre sainte. La **première enceinte★** délimite une vaste « basse-cour ». Il n'en subsiste que quelques cheminées ainsi que des murs arasés, dont ceux d'une mosquée identifiable grâce à son mihrab. Un surplomb au-dessus du rempart ouest offre un large **point de vue★★** sur les îles Ioniennes. De gauche à droite : Zante, Céphalonie, Ithaque (deux collines escarpées) et Leucade.

Vous pénétrerez ensuite dans le **donjon** par un porche voûté d'une étonnante ampleur. À gauche, celui-ci dessert une chapelle à deux étages, tandis qu'à droite, s'ouvre une galerie voûtée longue de 70 m. En traversant la cour intérieure, on rejoint un logis seigneurial dont la grande salle voûtée a gardé ses élégantes fenêtres et sa cheminée. Ces trois espaces restaurés abritent aujourd'hui l'unique **musée** de Grèce consacré à la Morée franque (1205-1432). Il regroupe notamment des pierres sculptées d'armoiries, des pièces de vaisselle et des fragments de mosaïques et de fresques provenant du château et d'autres édifices francs de la région. Notez l'inscription en ancien français de la **tombe d'Agnès de Villehardouin** inhumée en 1286 à Andreville *(Andravída - 15 km à l'est, le long de la nationale menant à Patra)*, alors capitale de la Morée.

Dans les environs, il est possible de visiter les ruines de **Glarentza** *(800 m au nord-ouest du port de Kilinis - accès libre)*, ancien port des princes de Morée, où l'on devine encore la cathédrale fondée par les franciscains au 13e s.

Patra (Πάτρα) B1

Nœud routier et important port relié à l'Italie, la troisième ville de Grèce – après Athènes et Thessalonique – réunit tout ce que l'on fuit d'ordinaire en vacances : la foule, le bruit, la chaleur et la pollution. Si vous devez y passer quelques heures en attendant un bateau, vous pourrez trouver refuge au **kastro**, à l'extrémité de la ville, qui offre un peu de verdure et de fraîcheur. À défaut, posez-vous un moment à l'ombre des palmiers de la grande **place Trion Simarkon** (« des trois alliés »), envahie de terrasses de cafés (entre le port et la gare). Elle regroupe tous les services : banques, hôtels, poste…

Musée archéologique (Αρχαιολογικό Μουσείο Πάτρας) – *38-40 Nea Ethniki Odos Patron-Athina - ✆ 26104 206 45 - www.patrasmuseum.gr - avr.-oct. 8h-20h ; reste de l'année : tlj sf lun. 8h-15h - 4 € (-18 ans gratuit).* Ce musée, légèrement excentré en banlieue, a ouvert en 2009. Reconnaissable à son architecture futuriste, avec un dôme en titanium, il comprend quelque 1 300 pièces retraçant l'histoire de la région et de la ville, de la préhistoire à la fin de l'époque romaine, quand Patra devint un port stratégique de l'Empire. La visite illustre la vie privée et la vie publique avec la reconstitution de deux habitations et les cimetières avec une chambre funéraire. Les enfants apprécieront aussi la visite virtuelle dans la salle multi-média.

Le pont Rio-Antirio signé Berdj Mikaelian.
verve231/iStock

DE PATRA À ATHÈNES

Circuit de 210 km tracé en bordeaux sur la carte de région (p. 126-127).
En quittant Patra, évitez la nationale engorgée de camions et empruntez l'autre route à deux voies (à péage) qui se transforme en autoroute à la hauteur d'Égio. Elle dessert une série de petites cités balnéaires.

Pont Rio-Antirio (Γέφυρα Ρίου-Αντιρρίου) B1

℘ 26340 390 10 - www.gefyra.gr - péage 13,30 € aller simple (véhicule de tourisme).
Avec ses majestueux haubans qui fendent le détroit et son tracé légèrement courbé, cet ouvrage d'art attire irrémédiablement tous les regards. Le deuxième plus long pont de ce type dans le monde (2 252 m de portée contre 2 460 m pour celui de Millau) est de conception française. Surplombant les eaux de 150 m, les impressionnants piliers s'enfoncent également jusqu'à plus de 60 m sous le niveau de la mer. Mais la plus grande prouesse technique de l'ouvrage reste sa résistance aux vents et, surtout, aux séismes (jusqu'à 7,5 sur l'échelle de Richter), et ce grâce à des amortisseurs géants (4 par pilier). Visitez-le tôt le matin avant l'apparition des brumes de chaleur. Une salle d'exposition a été aménagée à proximité du péage, côté Antirio.

Égio (Αίγιο) C1

La modeste station balnéaire Égio s'étend sur la côte nord. C'est ici que Théo Angelopoulos tourna, dans les derniers mois de la dictature des colonels, *Le Voyage des comédiens*, film récompensé au festival de Cannes en 1975.
Musée archéologique (Αρχαιολογικό Μουσείο Αιγίου) – *℘ 26910 215 17 - tlj sf lun. 8h-15h - 2 €.* Installé dans un marché couvert néoclassique, il abrite notamment une belle statue de Zeus portant l'égide (peau de chèvre magique).
Entre plages et prairies d'oliviers, la route rejoint bientôt le paisible bourg de **Diakofto**, noyé parmi les citronniers et les orangers. Un cadre charmant, sans curiosités notoires, qui invite à une agréable pause. Mais le village est surtout le point de départ vers les célèbres gorges du Vouraïkos.

★★ Gorges du Vouraïkos (Φαράγγι Βουραϊκού) C1
En voiture, vous pourrez plus facilement atteindre le monastère Méga Spileo et la grotte de Kastria *(comptez 1h15 aller)*. Mais le chemin le plus spectaculaire est celui qu'emprunte le petit train à crémaillère.

Train à crémaillère – *Gare de départ : r. Anapafseos, dans le centre de Diakofto, à côté de la gare ferroviaire OSE - ☏ 2691 0 432 06 - www.odontotos.com - 9,50 € AS ou 19 € AR - entre 3 et 5 trains/j. - 1er dép. à 9h05.* Créé par des ingénieurs français en 1896, le petit **odondoto** (« avec des dents ») a repris du service en 2009. Posé sur une voie étroite (75 mm), il met 1h05 pour parcourir les 22 km qui séparent Diakofto de Kalavrita, franchissant au passage les vertigineuses **gorges du Vouraïkos**. Le train, le plus souvent une rame diesel-électrique, longe de vertes prairies et des pentes très raides (jusqu'à 17,5 % d'inclinaison). Il file à travers 55 ponts étroits, enjambe des à-pics sans fond ou disparaît dans 6 tunnels lilliputiens. Au bout de 40mn d'émotions, il fait halte *(10mn)* au village de **Zahlorou.**

Arrivez à l'avance pour avoir une place assise. Si votre visite se limite au monastère, ne prenez votre billet que jusqu'à la gare de Zahlorou/Méga Spileo. À Kalavrita, le dernier train repart à 15h28 *(à 17h23 le w.-e.)*, mais vous pouvez prendre un taxi pour visiter la grotte de Kastria et/ou redescendre vers Diakofto.

★ Monastère Méga Spileo – *Anc. rte Pountas-Kalavriton (env. 1h30 à pied de Zahlorou) - de 8h au coucher du soleil - fermé de 13h à 14h (de 12h à 13h en hiver) - entrée libre - tenue correcte exigée.* Installé au pied d'une falaise de 120 m de hauteur, ce monastère dédié à la Dormition de la Vierge semble suspendu au-dessus des gorges du Vouraïkos. Plusieurs fois détruit (la dernière fois en 1943) et reconstruit, Méga Spileo (« la grande grotte ») est composé d'un curieux assemblage de bâtiments en pierre ou en béton. À l'intérieur, on découvre d'abord la **grotte** où aurait été trouvée au 4e s. une icône miraculeuse de la Vierge. Dans les étages, on rejoint ensuite un petit **musée** (manuscrits enluminés, icônes, étoffes brodées, objets liturgiques), dominé par l'**église** (17e s.). Elle recèle de belles **fresques★★** du 17e s.ainsi que la fameuse **icône** attribuée à l'évangéliste saint Luc.

Kalavrita – Terminus du train, cette bourgade de se transforme l'hiver en camp de base pour skieurs. L'**horloge de l'église**, arrêtée à 14h34, rappelle l'heure à laquelle les soldats allemands fusillèrent les hommes de Kalavrita, le 13 décembre 1943, avant d'incendier le village. Dans le **mémorial** construit sur une hauteur, une pierre gravée énumère les noms des 1 436 martyrs qui étaient âgés de 12 à 80 ans. Sur la place centrale, un taxi peut vous conduire au monastère Agia Lavra ou à la grotte de Kastria.

Monastère Agia Lavra (Μονή Αγίας Λαύρας) – *Rte Kalavrita-Monastère Agia Lavra (6 km au sud-ouest de Kalavrita) - 8h-13h, 16h-17h ; en hiver 10h-13h, 15h-16h - entrée libre - tenue correcte exigée.* De cette imposante bâtisse de pierres blondes fondée en 961, peu d'éléments d'époque subsistent depuis son incendie en 1943. Mais c'est l'un des sites les plus vénérés du pays : selon la tradition c'est ici qu'aurait été lancée la **guerre d'Indépendance**, le 25 mars 1821.

★★ Grotte de Kastria – *Rte Kalavrita-Filia (14 km au sud de Kalavrita) - ☏ 26920 310 01 - www.kastriacave.gr - jui.-août : 9h-17h30 (18h30 le sam.) ; reste de l'année : 9h30-16h30 - 9 € (-18 ans 4,50 €) - chaussures antidérapantes conseillées.* Ce labyrinthe de 2 km de long cache 13 **lacs souterrains** dont l'eau bleu-vert reflète un impressionnant décor.

En route vers l'Attique, faites halte sur la plage de **Dervéni** ou échappez-vous dans l'arrière-pays vers **Sicyone** *(p. 130)* ou l'**ancienne Corinthe** *(p. 134)*.

NOS ADRESSES SUR LA CÔTE NORD

INFORMATIONS UTILES À PATRA

Poste

Poste centrale – *23 r. Zaimi (à l'angle avec la r. Mezonos) - ✆ 26102 247 03.*

Santé

Hôpital public général de Patra Ag. Andreas – *✆ 26102 238 12.*
Hôpital universitaire régional de Rio – *✆ 26109 991 11.*
Pharmacie de garde – *✆ 26102 780 63.*

Police

✆ 26104 331 81.

Police touristique

À l'angle des r. Iroon Polytechniou & Norman - ✆ 26104 518 33.

Consulats

Agence consulaire de France – *5 r. Patreos - ✆ 26102 268 89.*
Agence consulaire de Belgique – *43 r. Philopimenos - ✆ 26103 745 88.*
Agence consulaire de Suisse – *15 r. Ermou - ✆ 26103 776 88.*

Consigne

Sur le port (porte 6) et à la gare.

ARRIVER/PARTIR

En avion

Aéroport d'Araxos – *45 km à l'ouest de Patra - ✆ 26930 540 00 - www.araxos-airport.com.* Liaisons régulières avec Héraklion et Thessalonique.

En train

Gare – *27 r. O. Amalias (au milieu du port) - ✆ 26106 391 08/09 - www.trainose.gr.* Liaisons locales uniquement. La ligne avec Athènes est interrompue *(pour une durée indéterminée)* en attendant la modernisation du réseau du train de banlieue. La gare met à disposition des bus pour Kiato, près de Corinthe, où une ligne express mène vers Athènes et l'Eubée.

En bateau

Port de Kilini – *✆ 26230 922 11.* Liaisons quotidiennes en Ferry pour les îles Ioniennes : Zante (durée 1h30) et Céphalonie (durée 2h pour Poros, 3h30 pour Argostoli).
Port d'Égio – Liaisons en ferry avec Agios Nikolaos (à 35 km de Delphes, 8/j., durée 1h).
Port de Patra – *✆ 26103 410 02 - www.gtp.gr (horaires).* Liaisons intérieures quotidiennes avec Agios Nikolaos (30 km à l'ouest d'Itea, durée 1h), Igoumenitsa et les îles Ioniennes (Céphalonie, Corfou et Zante). Liaisons quotidiennes avec l'Italie : Ancône (durée 19h mini), Bari (durée 14h30 mini), Brindisi et Venise.
Superfast Ferries – *12 r. Othonos Amalias - ✆ 26106 225 00 - www.superfast.com.* Propose les liaisons les plus rapides avec les ports italiens.
Anek Lines – *R. Othonos Amalias - ✆ 26102 260 53 - www.anek.gr.*
Navifrance – *20 r. de la Michodière - 75002 Paris - ✆ 01 42 66 65 40 - www.navifrance.net.* Horaires et réservations.

En bus

Gare routière principale – *Sur le port, près de la porte 6 - ✆ 26106 238 87 - www.ktelachaias.gr.* Liaisons avec Athènes (ttes les 30mn, durée 4h), Pyrgos (10/j. en sem., correspondance pour Olympie), Kalamata (2/j.), Égio (ttes les h), Tripoli (2/j., correspondance pour Sparte), Kalavrita (3/sem.), Thessalonique (3/j.), Ioannina (2/j.), Volos (4/sem.).

TRANSPORTS

En train

Gare – *27 r. O. Amalias (au milieu du port) - ✆ 26106 391 08/09 - www.trainose.gr.* Patra dispose d'un train de banlieue qui dessert notamment Rio.

En taxi

Radio-taxi Express – *Près de la station de bus - ✆ 26104 500 00/513 00.*

En voiture

Pour traverser le golfe de Corinthe entre Rio (à côté de Patra) et Antirio, deux solutions : par le pont suspendu à péage de 2 300 m de long (13,30 €/voiture) ou en ferry (départ ttes les 30mn, durée 15mn, 6,50 €/voiture).

Location de voitures – **À** Patra, les agences sont concentrées au niveau du croisement des r. 28-Oktovriou et Ag. Andreou.

HÉBERGEMENT

Hôtels et chambres à louer ne manquent pas. Évitez toutefois de vous y présenter sans réservation pendant le carnaval de Patra, à Pâques, et autour du 15 août.

Kato Achaia

PREMIER PRIX

Camping Kato Alissos – *Env. 20 km au sud de Patra en bord de mer - ✆ 2623 071249 - www.camping-kato-alissos.gr - 6 €/ pers. (4-10 ans, 3,50 €) -* ✕. Camping ombragé avec taverne.

Arkoudi/Loutra Kilinis

Une petite station balnéaire contiguë à Loutra Kilinis, paisible, quoique assez prisée des groupes.

BUDGET MOYEN

Brati-Arkoudi – *Légèrement excentré, proche d'une zone boisée - ✆ 2623 096480 - www.brati-hotels.gr - 🏊 - 94 ch. 50/65 € ☕ -* ✕. À 300 m de la plage, cet hôtel récent est sympathique et confortable. Piscine doublée d'un bassin et de jeux pour enfants.

Kastro

BUDGET MOYEN

Paradise – *Le long d'une petite route, entre Kastro et Kilini - ✆ 2623 095209 - www.killiniparadisehotel.com - 🏊 - 46 ch. 50/60 €.* Un établissement moderne et agréable, avec une grande piscine et une aire de jeux pour enfants. Ski nautique et parachute ascensionnel au club voisin.

Patra

La plus grande concentration d'hôtels se trouve autour de la place Trion Simarkon, entre les rues Ag. Andreou et Ag. Nikolaos.

BUDGET MOYEN

Mediterranee – *18 r. Ag. Nikolaos - ✆ 261 027 9602 - www.mediterranee.gr - 96 ch. 47 € ☕.* Assez bruyant (il donne sur la rue piétonne), propre, mais sans cachet, cet hôtel est central. Préférez le petit-déjeuner à l'extérieur…

Diakofto

BUDGET MOYEN

Chris-Paul – *Au centre du village - ✆ 2691 041715 - www.chrispaul-hotel.gr - 🏊 - 25 ch. 55/60 € ☕.* Bien situé, à 80 m de la gare, cet hôtel confortable, avec piscine, est une bonne halte pour la nuit.

Kalavrita

En hiver, Kalavrita devient une station de ski : les rares hôtels sont alors vite complets.

BUDGET MOYEN

Ahillion – *3 r. Themistokleous - ✆ 2692 029111 - www.ahilion.gr - 20 ch. 50/55 € ☕.* Dans le centre de Kalavrita, un établissement fonctionnel, bien situé, auquel des cheminées ajoutent un certain charme en hiver.

RESTAURATION

Patra

☺ Pas d'étape gastronomique mais de plus en plus de fast-foods.

PREMIER PRIX

Diakofto

PREMIER PRIX

Kosta – *À l'entrée du village - ✆ 697 595 1711 - 10 €.* Kosta vous invite à choisir vos plats en cuisine. Grillades, feuilles de vignes farcies à la viande… sont servies sous les tonnelles.

Kastro

PREMIER PRIX

Castello – *Au centre du village - ✆ 2623 095360 - 10/15 €.* Une terrasse ombragée et une cuisine de qualité qui tranche avec la plupart des gargotes habituelles. Quelques inventions culinaires : bœuf en filo (feuilleté), viande grillée fondant sous la dent, tarama maison, le tout arrosé d'un vin blanc légèrement fumé.

ACHATS

Artisanat

Camara – *À Kastro, dans une rue qui descend du centre vers la gauche - ✆ 2623 095026 - www.greekartcamara.com.* Le magasin de Margarita présente de belles poteries, réalisées par un artisan de la région, tandis que son mari, Nicolas, vous proposera l'huile d'olive de sa production.

Gastronomie

Caves Achaia Clauss – *À Patra, à l'extérieur de la ville, bien indiqué quand on arrive à Patra depuis Pyrgos - ✆ 261 058 0100 - www.achaiaclauss.gr.* Lieu très fréquenté par les Grecs les dim. et j. de fête. Cette importante cave viticole, fondée au 19e s. par un Allemand, a fait sa réputation sur les vins rouges liquoreux tirés du cépage mavrodafni et sur le muscat de Patra. Aujourdhui, l'ensemble est plutôt sur le déclin mais on peut encore voir les impressionnants foudres en bois sculptés et goûter à la production.

Journaux français

À Patra, kiosques face à la gare et pl. Trion Simarkon.

AGENDA

Hlemoutsi

Festival de théâtre, danse et musique en **juil.-août**, dans le château.

Patra

Karnavali – De la mi-janv. au mercredi des Cendres, c'est l'un des carnavals les plus célèbres de Grèce. Parade monstre le dernier dimanche de la fête.

Festival international de Patra – De juil. à sept. Riche programmation (théâtre, arts…).

Festival international du théâtre d'ombre – En sept.

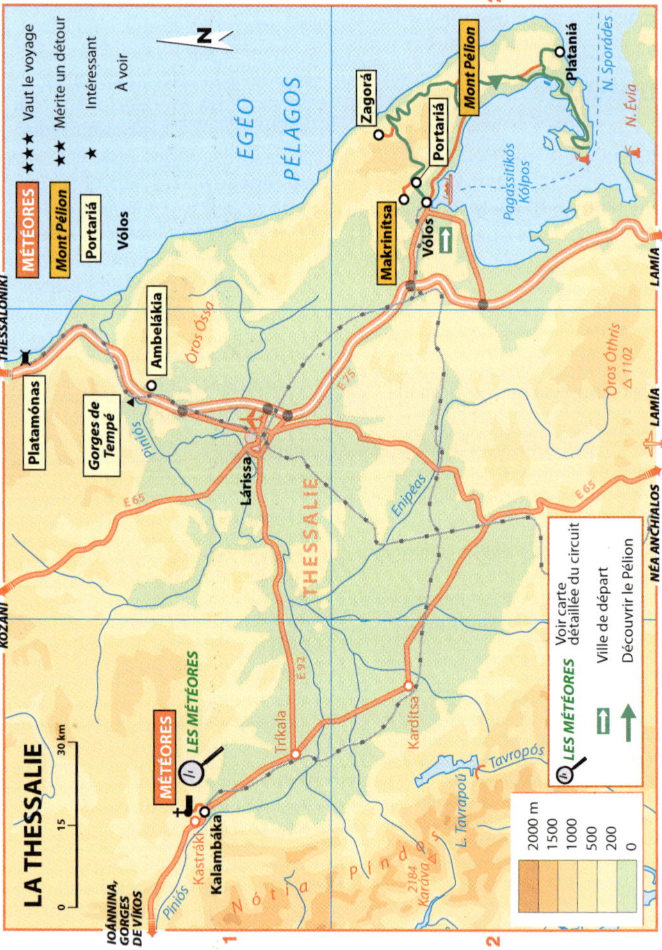
LA THESSALIE
0 15 30 km
MÉTÉORES ★★★ Vaut le voyage
Mont Pélion ★★ Mérite un détour
Portariá ★ Intéressant
Vólos À voir
EGÉO PÉLAGOS
THESSALONÍKI
Platamónas
Gorges de Tempé
Ambelákia
Óros Óssa
Piniós
Lárissa
E65
E75
THESSALIE
Enipéas
KOZÁNI
MÉTÉORES
LES MÉTÉORES
Kastráki
Kalambáka
Trikala
E92
Kardítsa
Tavropós
L. Tavrapoú
Nótia Píndos
2184 Karáva
IOÁNNINA, GORGES DE VÍKOS
Makrinítsa
Vólos
Portariá
Zagorá
Mont Pélion
Plataniá
Pagassitikós Kólpos
N. Sporádes
N. Évia
LAMÍA
Óros Óthris Δ 1102
LAMÍA
NÉA ANCHIALOS
LES MÉTÉORES Voir carte détaillée du circuit
Ville de départ
Découvrir le Pélion
2000 m
1500
1000
500
200
0
A
B
C
1
2

La Thessalie 4

À 151 km au sud-ouest de Thessalonique et env. 360 km au nord-ouest d'Athènes :

À 20 km au nord-ouest de Trikala et à 125 km à l'est de Ioannina :

Larissa et ses environs

(Λάρισα)

117 409 habitants - Chef-lieu de la région de Thessalie - Unité régionale de Larissa

Capitale de la Thessalie et important nœud de communication sur la rive droite du Pénée (Pinios), Larissa est édifiée au milieu d'une vaste plaine fertile, l'une des plus importantes du pays, située stratégiquement sur la route de la Macédoine : la cité abrita un important centre militaire durant la période ottomane, de 1389 à 1881. À la tête d'un grand marché agricole et de nombreuses industries alimentaires, la ville constitue aujourd'hui aussi une bonne base de découverte pour les sites archéologiques et naturels de la région.

NOS ADRESSES PAGE 257
Hébergement, restauration, achats, activités, etc.

S'INFORMER

EOT – *58 r. Epirou - ✆ 24106 181 89.*
Sites – *http://culture.larissa-dimos.gr (site officiel de la ville, en français) ; www.ambelakia.gr (site officiel, en français).*

SE REPÉRER

Carte de région B1 (p. 252).

À NE PAS MANQUER

Les gorges de Tempé ; le château de Platamonas.

Se promener

LARISSA

Quartier du fleuve

La rue Venizelou, principale artère piétonne du vieux quartier, a conservé ses maisons basses à auvent. Au coin de la rue Papanastasiou, ainsi qu'à droite en montant, on découvre les ruines d'un **théâtre** hellénistique. Plus haut, sur l'antique acropole, s'élève le **château médiéval** devant lequel des fouilles (en cours) ont mis au jour une basilique paléochrétienne comprenant quelques mosaïques et un caveau peint qui serait le tombeau de saint Achille. Au pied de la colline, à l'extrémité de la rue Venizelou, coule le Pénée au-delà duquel s'étend le parc Alkazar, lieu de promenade favori des citadins.

UNE COOPÉRATIVE CÉLÈBRE

Aux 17e et 18e s., Ambelákia possédait des ateliers de **tissage** (soie et coton) réputés pour leur coloris rouge écarlate, obtenu à partir de la garance. Une coopérative de production et de vente fut créée, la première de ce genre, qui entretenait des agences commerciales dans toute l'Europe. Comptant 6 000 membres, elle dut malheureusement être dissoute en 1811 en raison de la concurrence des manufactures industrielles anglaises, des entraves commerciales dues aux guerres napoléoniennes et des lourdes taxes exigées par Ali Pacha, pacha de Ioannina.

La vallée de Tempé.
Thomas_Zsebok_Images/iStock

Musée archéologique
2 r. 31-Avgoustou - ✆ 24102 885 15 - tlj sf lun. 8h-15h - gratuit.
Le Musée archéologique est aménagé dans une mosquée du 19e s. Ses collections comprennent un étonnant menhir, des vases du néolithique et de l'époque géométrique, ainsi que des sculptures hellénistiques et romaines et des mosaïques.

À proximité Carte de région B1 p. 252

★ Gorges de Tempé (Tempi - Τέμπη)
22 km au nord.
Entre la Thessalie et la Macédoine, la vallée du fleuve Pénée se resserre en une gorge sombre quoique verdoyante, qu'on nommait jadis « Gueule de loup ». Longue de 5 km, elle a pour origine une fracture sismique entre l'Olympe et l'Ossa qui créa un passage qu'emprunta le Pénée, issu du lac de Larissa.
Ces lieux, consacrés à **Apollon**, étaient célèbres dans l'Antiquité. En effet, le fils de Latone, après avoir tué le serpent Python, vint à Tempé se purifier dans les eaux du Pénée. Et là, il tomba amoureux de la nymphe **Daphné** qui, pour lui échapper, se changea en laurier. Apollon cueillit alors un rameau pour le planter à Delphes près de la fontaine Castalie : en souvenir, tous les huit ans, des pèlerins vinrent de Delphes à Tempé y cueillir une branche de laurier. Vantée par les Anciens pour sa fraîcheur entre les plaines de Macédoine et de Thessalie, torrides en été, la vallée séduisit l'empereur Hadrien qui la fit reconstituer dans le parc de sa villa de Tivoli, proche de Rome.
Visitez les gorges, qu'agrémentent des bosquets de platanes et de lauriers-roses. De Thessalonique, la plupart des parkings se trouvent en bordure nord de la route.
Source de Dafni (ou d'Apollon) – Site ombragé frais et reposant.
Agia Paraskevi – Important site de pèlerinage, sur la rive gauche du Pénée, au pied d'une impressionnante falaise. De la passerelle suspendue qui franchit

le fleuve, belle **vue★** sur la gorge et les frondaisons de platanes; on distingue sur un piton les restes d'un château médiéval, une des six forteresses qui gardaient la passe.

Source d'Aphrodite – Au niveau du Pénée, sous une voûte de platanes.

★ Ambelákia

32 km au nord.

Admirablement située sur les flancs du mont Ossa, au débouché des gorges du Tempé, Ambelákia, dont le nom signifie « petite vigne », jouit d'une vue étendue sur le bassin du Pinios et le massif de l'Olympe. Si aujourd'hui il n'y a plus là qu'un bourg avec quelques belles maisons et deux ou trois tavernes ainsi qu'une coopérative agrotouristique gérée par les villageoises, il ne faut pas oublier que jadis c'était une importante ville prospère.

La **maison de Georges Schwarz★** *(Archondiko Schwarz)*, superbe villa du 18e s. du président de la coopérative, est révélatrice de l'habitat thessalien de l'époque par ses étages en encorbellement, ses balcons et ses cloisons de bois tourné ou sculpté. L'intérieur, aux âtres semi-circulaires typiques, est richement décoré de peintures d'ornement et de paysages; les bureaux se trouvaient au rez-de-chaussée et les pièces d'habitation à l'étage.

★ Château de Platamonas

55 km au nord. Accès de la route Athènes-Thessalonique par un sentier, à hauteur de Néa Panteleïmónas - ☏ 23520 444 70 - mai-oct. : 8h-20h; reste de l'année : 8h-15h - 2 € (-18 ans gratuit).

Bénéficiant d'une position exceptionnelle, sur une colline de 200 m faisant face à la mer d'un côté, au massif de l'Olympe de l'autre, le château franc de Platamonas commande la route de Thessalonique. Construit à partir de 1204 par les croisés, sous Boniface de Montferrat, prince de Salonique, il portait alors le nom de la Chitre et constituait le fief du baron lombard Orlando Pischia. Au milieu du 13e s., il passa aux Byzantins, puis aux Ottomans.

Intéressant exemple d'architecture militaire médiévale, la **forteresse★** compte trois enceintes. Le rempart extérieur, jalonné de tours, comporte un mur dont la hauteur varie de 7 à 9 m et l'épaisseur de 1,20 m à 2 m.

Par un passage en défilé, on accède à une double porte, en arc brisé, qui faisait jadis partie d'un châtelet. Outre le donjon et plusieurs demeures d'officiers, il y avait à l'intérieur de l'enceinte cinq églises qui furent démolies par les Ottomans, sauf une qu'ils transformèrent en mosquée. Deux autres murs défendaient les approches du donjon, dont l'entrée, à 3,50 m du sol, n'était accessible que par des échelles; on remarquera les baies en plein cintre dont l'une est divisée par une colonnette centrale.

NOS ADRESSES À LARISSA

INFORMATIONS UTILES

Police touristique – *24106 231 54.*
Centre de santé – *24102 300 31/34.*

ARRIVER/PARTIR

En train

Gare – *24102 362 50.* Liaisons avec Athènes (9/j., durée 4h) et Thessalonique (9/j., durée 1h20).

En bus

Gare routière – *24105 377 54 - www.ktellarisas.gr.* Liaisons avec Athènes (4/j., durée 3h30), Thessalonique (9/j., durée 2h) et Volos (12/j., durée 1h).

HÉBERGEMENT

PREMIER PRIX

Hôtel Acropole – *142 r. Venizelou - 241 053 6315 - www.hotelacropol.gr - 14 ch. 50 €.* L'atout majeur de cet établissement, un peu vétuste, se situe dans son prix et sa situation.
Hôtel Elena – *13 r. 28 Oktovriou - 241 028 7461 - www.helena.gr - P - 47 ch. - 50 €.* Hôtel situé en plein centre-ville, à deux pas du quartier piétonnier. Il abrite des chambres confortables, meublées en style victorien.

BUDGET MOYEN

Grand Hôtel – *Pl. Makariou - 241 053 7251 - www.grandhotel-larisa.gr - 90 ch. 50 €.* Au cœur de la ville, un hôtel agréable aux chambres spacieuses et confortables. Petit-déjeuner buffet et accueil professionnel.

POUR SE FAIRE PLAISIR

Divanis Palace – *19 r. Papanastassiou - 241 025 2791 - www.divanis.com/larissa - - 69 ch. et 5 suites à partir de 90 € -* Hôtel de luxe à la décoration design et raffinée. Chambres tout confort avec accès Internet. Superbe piscine d'intérieur et restaurant gastronomique.

RESTAURATION

PREMIER PRIX

Adamos – *9 r. Panos - 241 053 0566 - 10/15 €.* Cette taverne du centre-ville existe depuis 1929. On se restaure à l'intérieur dans une jolie salle, décorée de vieilles photos, ou sur une agréable terrasse installée dans la rue. Spécialités de viande à la broche.
Mageirio tis Giagias – *9 r. Apollonos - 241 053 3351 - 10/15 €.* Sur une placette ombragée, loin du tumulte des voitures, une terrasse agréable pour déguster une cuisine traditionnelle. Bon accueil.

BUDGET MOYEN

Lucullus – *1 r. Manolaki - 10/15 €.* La plus vieille ouzérie de la ville, dixit le patron. Cuisine fraîche et savoureuse. Arrivez tôt si vous souhaitez y déjeuner.

PETITE PAUSE

– De nombreux cafés se trouvent sur la **place Makariou**, rendez-vous de la jeunesse de Larissa.

AGENDA

Platamonas

Festival de l'Olympe – *23510 760 41 - www.festivalolympou.gr - juil.-août.* Représentations théâtrales et concerts sont organisés dans le château.

4

Le Pélion

(To Pilio - To Πήλιο)

★★

Volos (Βόλος)

86 046 habitants - Région de Thessalie - Unité régionale de Magnésie

Au sud de Volos, la péninsule du Pélion dévoile une terre sauvage. Dans les forêts et montagnes se dessinent des pistes de ski et des villages aux belles maisons traditionnelles, tandis que le littoral abrite stations balnéaires et plages ensoleillées. Plus au sud s'étendent les oliveraies. Cette riche région est le lieu de villégiature privilégié des habitants de Volos.

NOS ADRESSES PAGES CI-CONTRE ET 265
Hébergement, restauration, achats, activités, etc.

S'INFORMER

Volos Info – *Angle des r. Lambraki et Sekeri, en face du terminal de bus - ✆ 24210 235 00/249 15.* Accueil efficace et brochures nombreuses.

Sites – *www.pelion.com.gr (en anglais), http://pelion.org (en anglais); www.volosinfo.gr (en anglais).*

SE REPÉRER

Carte de région C2 (p. 252) et carte du Pélion (p. 261).

À NE PAS MANQUER

Le Musée archéologique de Volos; les villages du Pélion.

ORGANISER SON TEMPS

Évitez de visiter Le Pélion le week-end, quand tous les hébergements sont pris d'assaut. Attention à la conduite sur les routes étroites et sinueuses.

AVEC LES ENFANTS

Le petit train du Pélion.

Se promener Carte du Pélion p. 261

VOLOS

Comptez une demi-journée.

Abritée au fond du vaste **golfe Pagassitikos**, Volos occupe le site de l'antique Iolkos. Victime de plusieurs séismes (le dernier en 1955), elle a la physionomie d'une ville moderne, dépourvue de patine. Troisième port de Grèce, elle s'affirme comme un grand centre d'exportation vers l'Europe (coton, tabac, olives, huile, vin, fruits) et le Proche-Orient (industrie). L'intérêt majeur de la ville se situe dans son musée (suivez les quais vers l'est).

★★ Musée archéologique

R. Athanassaki - ✆ 24210 252 85 - 8h-15h; fermé lun. - 4 € (-18 ans gratuit).

Il abrite une magnifique collection de stèles funéraires, parmi lesquelles les superbes **stèles de Demetrias** décorées de fresques très vivantes (3e s. av. J.-C.), et le sarcophage émouvant d'une enfant de 6 ans. Le musée possède également des objets du néolithique (habitat, figurines en pierre et en terre cuite, poteries, outils), un remarquable ensemble de **bijoux** en or (colliers, pendentifs, bagues, couronnes en feuilles d'or), des amphores, des **vases mycéniens** (2e millénaire av. J.-C.), des terres cuites et des poteries hellénistiques et romaines.

NOS ADRESSES À VOLOS

INFORMATIONS UTILES

Banques – Nombreuses à Volos.
Poste centrale – *209 r. Dimitriados - ✆ 24210 906 02.*
Police touristique – *179 r. du 28 Oktovriou - ✆ 24210 769 87.*
Police portuaire – *✆ 24210 388 88.*
Hôpital général – *134 r. Polymeri - ✆ 24210 942 00/20.*

Agence de voyages

Les Hirondelles – *19 r. Koumoundourou - ✆ 24210 321 71 - www.holidays-in-pelion.gr.* Billets d'avions et de ferries, hébergement, location de voitures, activités sportives (randonnée, VTT, plongée…).

ARRIVER/PARTIR

En avion

Aéroport de Volos/Néa Anhialos – *35 km au sud de Volos - ✆ 24280 768 86 - www.volosairport.gr.* Vols saisonniers uniquement.
Navette vers le centre-ville – *Rens. ktelvolou.gr.* Liaisons en bus avec le centre en fonction des vols.

En train

Gare – *R. Papadiamandi - ✆ 24210 240 56.* Liaisons avec Athènes et Thessalonique *via* Larissa.

En bus

Gare routière – *R. G. Lambraki - ✆ 24210 332 54 - www.ktelvolou.gr.* Liaisons avec Larissa (12/j., durée 1h), Thessalonique (8/j., durée 3h) et Athènes (11/j., durée 5h). Pour les Météores (Kalambaka), changement à Trikala (4/j.).

En bateau

Port – *R. Argonafton - ✆ 24210 767 10.* Liaisons en **ferry** avec Skiathos (1-3/j., durée 3h30), Skopelos et Alonissos (1-3/j., durée 4h30). En été, liaisons en **hydroglisseur** avec Skiathos (4/j., 1h15), *via* Skopelos (durée 2h) et Alonissos (durée 2h30).
Flying Dolphins - *Sur le port - ✆ 24210 216 26.*

TRANSPORTS

En voiture

Taxis – *✆ 24210 277 77.*
Location de voitures – Hertz - *à l'aéroport- ✆ 24210 225 44;* Europcar - *à l'aéroport- ✆ 24210 878 00.*

HÉBERGEMENT

PREMIER PRIX

Jason – *1 r. Pavlou Mela - l'hôtel donne sur le port - ✆ 2421 026075 - www.jason-hotel.gr - 36 ch. 45 €.* En dépannage. Rien à dire sur l'entretien des chambres mais le cadre est sans charme et bruyant à cause de la proximité du port. Pas de petit-déjeuner.

BUDGET MOYEN

Admitos – *5 r. A. Diakou - angle Dimitriados - ✆ 2421 021117 - www.admitos.gr - 33 ch. 50/70 € - ☕ 5 €.* Non loin du port, un hôtel calme proposant des chambres sobres, avec balcon. Plus cher le w.-end.
Electra – *24 r. Topali - ✆ 2421 032671 - www.hotelelectra.webnode.com - 38 ch. 55/70 € ☕.* Les chambres sont petites et sans caractère, mais d'une propreté et d'un confort irréprochables. L'hôtel se trouve dans une ruelle commerçante piétonnière du centre-ville.
Kipseli – *1 r. Ag. Nikolaous - ✆ 2421 024420 - www.hotelkipseli.*

4

gr - 33 ch. 70 € ☕. Rénové, cet hôtel sur le port offre des prestations impeccables. Et pour ne rien gâter, ses chambres donnent sur mer.

POUR SE FAIRE PLAISIR

Aegli – *24-26 r. Argonafton - ✆ 2421 024471 - www.aegli.gr -* 🅿 *- 77 ch. 73/99 €* ☕. Cet hôtel, à l'architecture néoclassique, propose des chambres agréables avec moquette, donnant sur le port, et donc relativement bruyantes.

RESTAURATION, BOIRE UN VERRE

Les restaurants de **fruits de mer** sont nombreux sur les quais. Les cafés ont élu domicile à l'extrémité est de la **rue Dimitriados**, sur le front de mer.

PREMIER PRIX

Trafolias – *40 r. Argonafton - ✆ 2421 027721 - 10/15 €.* Une des meilleures - et des plus anciennes - adresses de Volos selon les locaux. Grillades et bon tsipouro en option.

★★ Découvrir le Pélion Carte du Pélion p. 261

Circuit d'env. 200 km au départ de Volos tracé en vert sur la carte du Pélion (ci-contre) – Comptez 3 jours en voiture.

Étroite crête rocheuse étranglée entre le golfe Pagassitikos et la mer Égée, le Pélion prolonge au sud la province de Magnésie, dessinant un long crochet recroquevillé en son extrémité sur le golfe. Vous trouverez ici une végétation luxuriante unique en Grèce. La péninsule, qui culmine à 1 551 m d'altitude, révèle un paysage hésitant entre une flore méditerranéenne au sud (oliviers) et de moyenne montagne au nord (vergers, noyers, hêtres, chênes, châtaigniers, pins et fougères). Mais ce sont les villages, disséminés sur les versants des vallées, qui donnent à la région son caractère si fort : ici, l'habitat traditionnel domine encore – maisons à toit de lauzes coiffant l'encorbellement de l'étage –, et chaque bourg possède sa grande *platia*, placée sous la double protection d'un énorme platane et d'une vénérable église à campanile.

Anakassia (Ανακασιά)

5 km à l'est de Volos.

Musée Theophilos – *211 r. Theofilou - ✆ 24210 473 40 - lun.-vend. 7h-14h30 - gratuit.* La ravissante demeure de la famille Kontos (1830), au cœur du village, abrite ce musée. Les murs sont décorés de **fresques★** allégoriques sur la guerre d'Indépendance, réalisées par le peintre naïf Theophilos (1873-1934). La route continue son ascension, offrant de superbes points de vue sur le golfe de Volos.

★ Portaria (Πορταριά)

8 km au nord-est d'Anakassia.

À 600 m d'altitude, Portaria *(1 480 hab.)* étage son décor de maisons traditionnelles, de platanes, de tavernes tranquilles, de boutiques… et d'églises, dont la **chapelle de la Panagia**, couverte de belles fresques (16e s.), et l'**église Agios Nikolaos**, précédée d'un portique original.

★★ Makrinitsa (Μακρινίτσα)

3 km au nord-ouest de Portaria par une route à gauche. Laissez votre voiture à l'entrée du village

Jalonnée de boutiques regorgeant d'herbes et de fruits confits, une longue ruelle pavée mène à la superbe **place★★** du village *(1 118 hab.)*, bercée par

UNE TERRE DE LÉGENDES

La tradition veut qu'au cours de la gigantomachie – le combat qui opposa les dieux et les Géants, fils du Ciel et de la Terre, ces derniers défièrent l'Olympe en essayant d'empiler Pélion sur Ossa (les montagnes plus au nord) ! On raconte également que le fameux centaure, Chiron, vivait dans les profondeurs du massif. Détenteur de nombreux secrets, il instruisit Achille, l'un des héros de la guerre de Troie, ainsi que le dieu-médecin, Asclépios, et Jason. L'épopée de ce dernier est en effet étroitement liée au Pélion : c'est ici que le marin bâtit le navire avec lequel, à la tête de ses cinquante Argonautes, il se rendit en mer Noire pour chercher la Toison d'or *(voir p. 549)*.

le chant de la monumentale fontaine turque et par le souffle du vent dans les ramures des platanes. L'**église** (18e s.) renferme une iconostase ornée de belles icônes. Promenez-vous aussi dans le village pour admirer ses maisons. Certaines sont décorées de motifs en céramique. Poussez ensuite dans les hauteurs, où se perche l'**église de la Panagia** (18e s.), repérable à son joli campanile, et où l'on peut voir des inscriptions romaines et byzantines. De là, surtout, on jouit d'une **vue★★** magnifique, qui s'étend jusqu'à la mer.

Après Portaria, la route devient très sinueuse et le **panorama★★** est superbe. Du **col de Hania**, qui s'ouvre à 1 200 m d'altitude *(12 km à l'est de Portaria)*, vous pouvez rejoindre la station de sports d'hiver d'**Agriolefkes** *(à 2 km du col)*, ou prendre à gauche vers Zagora, sur le versant est du Pélion.

★ Zagora (Ζαγορά)

18 km au nord-est du col de Hania.

Noyé dans un épais couvert de forêt, le plus gros village du Pélion *(2 238 hab.)* fut jadis un grand foyer du réveil de la culture hellénique à l'époque ottomane, ainsi qu'un actif centre d'artisanat textile. Aujourd'hui, les vergers environnants procurent l'essentiel de ses revenus. Parmi ses églises, jetez un coup d'œil à celle d'**Agia Kiriaki**, près de la poste, et à celle d'**Agios Giorgios** *(après le carrefour pour Horefto)*, que précède une tour porche. Elle renferme une chaire ainsi qu'une **iconostase★** en bois très travaillée.

Du village, une route descend à la station de **Horefto** *(8 km au nord-est)*, bordée par une **plage★** qui s'étire à perte de vue.

★ Kissos (Κισσός)

18 km au sud de Zagora.

Cerné par la forêt, le village a su garder un certain art de vivre, que l'on savoure sur sa jolie place ombragée de platanes ou en contemplant la **vue★★** incomparable sur la mer Égée. À Kissos, la rudesse montagnarde, commune à tous les villageois de la région, dissimule une authentique chaleur.

Ne manquez pas de visiter la grande **église Agia Marina★** (18e s.), toute de raffinement. Coiffées de cinq coupoles, ses trois nefs s'ornent de fresques et abritent une **iconostase★** splendide.

Retour à l'ambiance méditerranéenne de la station d'**Agios Ioanis** *(6 km au nord-est de Kissos)*, dotée d'une longue **plage**. Après une pause baignade, regagnez la route principale à Mouressi.

★ Tsangarada (Τσαγκαράδα)

9 km au sud d'Agios Ioanis.

Ce beau village essaime ses maisons le long de sentiers boisés, qui exhalent une enivrante sensation de fraîcheur. Vous n'en manquerez pas non plus sous le **platane★** de la *platia* principale, véritable colosse réputé millénaire, dont la frondaison se déploie sur près de 30 m d'envergure !

UNE PÉNINSULE PROSPÈRE

Peuplée très tôt, la péninsule subit de nombreuses invasions avant de trouver enfin une paix relative sous les Byzantins, au 13e s. La côte restant cependant peu sûre, les villages se perchèrent, hors de portée des pirates. C'est sous les Ottomans, implantés à Volos et dans les villages de la côte, que le Pélion connaîtra son âge d'or (18e s.), grâce à l'épanouissement d'un artisanat original, celui de la soie. Jouissant d'un statut d'autonomie avantageux, la région devient un foyer de la renaissance hellénique, la bourgeoisie locale finançant la création de plusieurs écoles. Après la réunion du Pélion à la Grèce, en 1881, Volos capte tout le dynamisme économique de la péninsule, pénalisée par son isolement. Les combats et les destructions de la Seconde Guerre mondiale ne feront qu'accuser son déclin.

Le Pélion, côté mer.
R. Mattes/hemis.fr

Vous pouvez faire étape à Tsangarada ou au lieu-dit **Milopotamos** *(8 km au sud-est)*, qui s'accroche au bord des falaises, surplombant des criques auxquelles on accède par des escaliers.
À 10 km au sud de Tsangarada, un peu à l'écart de la route, le village de **Kalamaki** vaut le détour pour ses belles maisons dispersées, sa *platia* et sa taverne.

Miliés (Μηλιές)

22 km au sud de Tsangarada.
Ce splendide village, parcouru de ruelles dallées où résonne à tout instant le murmure rafraîchissant d'une fontaine, constitue une autre étape de choix ; et n'en partez pas sans avoir dégusté un *tiropsomo* (pain au fromage), la spécialité locale. Outre son charme, Miliés est surtout connu pour avoir été un centre du réveil hellénique sous les Ottomans.

4

Musée d'Art populaire – *✆ 24230 866 02 - mai-oct. : 10h-14h30, 18h-21h, w.-end 10h-17h ; reste de l'année : 10h-14h, w.-end 10h-15h - gratuit.* Amateurs d'histoire (sombre), vous pourrez visiter ce petit musée qui conserve des photos illustrant le tragique massacre perpétré ici par les troupes allemandes (1943), et d'autres sur le séisme de 1955. Il abrite également une exposition d'artisanat et des œuvres de peintres locaux.
Bibliothèque – *✆ 24230 862 60 - mar.-sam. 8h-14h.* Elle est dépositaire d'un fonds de 3 000 livres anciens hérités de la fameuse école de Miliés (18e s.).
Bel exemple d'architecture locale, l'**église des Taxiarques★** (17e s.) renferme une somptueuse **iconostase★** en bois doré et des fresques aux couleurs chatoyantes.
Enfin, allez voir la **gare**, située en contrebas du village *(20mn de marche)*, au cœur d'une végétation luxuriante.
En continuant sur la petite route au-delà de Miliés, on atteint la charmante bourgade de **Vizitsa★** *(2 km au nord-ouest)*, dont les nombreuses **maisons traditionnelles** sont dignes d'un décor de cinéma.

LE PETIT TRAIN DU PÉLION

Il est ainsi nommé car l'écartement de ses voies n'est que de 60 cm. Il commença à circuler entre Volos et Lechonia en 1895 pour poursuivre jusqu'à Miliés en 1903, couvrant ainsi une distance d'environ 29 km. Il fut conçu et réalisé par l'ingénieur italien Evaristo De Chirico, père du peintre surréaliste mondialement connu Georgio De Chirico qui naquit à Volos et passa les premières années de son enfance dans le Pélion, ce qui marqua son œuvre de façon non négligeable. Facilitant le transport des voyageurs et des marchandises, le train fut un élément important pour le développement économique d'une région jusqu'alors difficile d'accès, mais surtout il permit les échanges sociaux et culturels.
En 1971, l'exploitation de la ligne fut abandonnée car non rentable. Après vingt-cinq ans d'oubli, le petit train promène à nouveau, chaque week-end en été, ses minuscules wagons à claire-voie tirés par une pittoresque locomotive à vapeur entre Lechonia et Miliés, pour le bonheur, cette fois, des touristes de tous âges.
www.trainose.gr.

Côte ouest

De retour au carrefour important (4 km), prenez la route à droite qui descend en lacet vers la côte ouest.

Les stations balnéaires de la côte ouest, **Platanidia**, **Malaki**, **Kato Gatzéa**, **Kala Nera**, gagnent en charme à mesure que l'on s'éloigne de Volos. À la montagne omniprésente succède un paysage méditerranéen au relief plus doux.
Arrêtez-vous un moment à **Afissos** *(14 km au sud de Miliés)*, une agréable station, de dimension humaine, très vivante avec sa rangée de terrasses de cafés et de restaurants s'égrenant sur les quais. Détendez-vous sur sa petite place ombragée traversée par un ruisseau. Et pour une séance baignade, trois **plages** toutes proches vous attendent.
Petit port paisible où s'alignent hôtels et restaurants, **Horto** *(19 km au sud d'Afissos)* possède aussi deux **plages** dans les environs. Si vous souhaitez plus d'animation, préférez la station de **Milina** *(3 km au sud de Horto)*, où vous jouirez de la même belle **vue★** sur le golfe.
De Milina, enfin, vous pouvez faire une escapade à **Trikeri**, beau village perché à la pointe ouest de la péninsule *(30 km)*, ou rejoindre **Platania** *(17 km)*, posté sur la côte sud. Le bourg vit toute l'année au rythme de la pêche et revêt en été les habits d'une agréable petite station balnéaire.

NOS ADRESSES AU PÉLION

INFORMATIONS UTILES

Banques – Prévoyez des espèces, surtout pour faire le plein d'essence. Vous trouverez des distributeurs à Tsangarada, Kala Nera et Argalasti.

HÉBERGEMENT

Dans nombre de villages, vous trouverez des chambres chez l'habitant, parfois dans de magnifiques demeures, mais veillez à réserver en hiver et à Pâques (les prix augmentent sensiblement). Sur la côte, en revanche, la plupart des hôtels ferment en hiver et la haute saison est l'été. Possibilité de réserver à l'agence **Les Hirondelles** *(voir « Volos » p. 259).*

Makrinitsa

BUDGET MOYEN

Archontiko Routsou – *2428 099430 - 9 ch. 80/90 €.* Une pension toute simple, sans le charme des maisons traditionnelles, néanmoins agréable.

Diomidi – *derrière la place du village - 2428 099430 - www.archontikodiomidi.gr - 12 ch. 60 €.* Propose aussi des chambres agréables avec cheminée en hiver.

Archontika Karamarlis – *R. principale - sur la gauche - 2428 099570 - www.archontikakaramarlis.gr - 16 ch. 45 €.* Cette pension étonnante, aménagée dans un ensemble de maisons du 17e s. pleines d'escaliers, abrite des chambres peintes et meublées par le patron, décorateur de théâtre, et d'autres plus sobres. Petit-déjeuner sur la terrasse panoramique.

Horefto

PREMIER PRIX

Hagiati Beach Hotel – *Sur le front de mer - 2426 022405 - www.hagiati.com - 25 ch. 40/60 €.* Préférez les chambres, simples et bien tenues, donnant sur la mer. Le Cleopatra, voisin, offre une alternative similaire (www. hotelcleopatra.gr).

Kissos

BUDGET MOYEN

Kissos Rooms – *À gauche de l'église - 2426 031214 - 12 ch. 55/70 € -* Des chambres simples et confortables avec balcon donnant sur les montagnes. Une fois la glace brisée, l'accueil s'avère sympathique, et l'on vous servira une excellente cuisine familiale.

Tsangarada

POUR SE FAIRE PLAISIR

Paradisos – *R. principale - 2426 049209 - - 28 ch. 70/90 € -* Un hôtel simple, familial et accueillant. Les chambres côté route, plus bruyantes, bénéficient d'une belle vue. L'hôtel organise des randonnées équestres. Bon restaurant dont les produits viennent de la ferme familiale.

Vizitsa

BUDGET MOYEN

Stoïkos – *À l'entrée du village sur la gauche - 2423 086406 - www.hotelstoikos.gr - 16 ch. 60 €.* Les chambres de ce petit hôtel familial, réparties dans deux bâtiments, sont décorées avec goût dans le style traditionnel. La plupart ont un balcon offrant une très belle vue.

Archontiko Blana – *Depuis le parking, à 100 m dans la ruelle qui monte - ✆ 2423 086840 - 4 ch. 70 €* ☕. Une superbe maison ancienne, au décor de boiseries et de dalles en pierre. Beaucoup de charme et de confort (sauna, Jacuzzi). À l'étage, salon avec vue.

Afissos

BUDGET MOYEN

Rena Apartments – *le front de mer - ✆ 2423 033439 - www.apartments-rena.gr - 10 ch. 60 €.* Une pension familiale située face à la mer proposant des studios pour 2 à 4 pers. Un peu bruyants.

Maistrali – *Au bout du front de mer, près de la plage Abovos - ✆ 2423 033472 - www.maistralihotel.com - 10 ch. 50/65 €* ☕ - ✕. Des chambres confortables et bien tenues, avec un balcon face à la mer.

Katia Hotel – *Derrière la place principale - ✆ 2423 033423 - www.hotel-katia.com - 22 ch. 55/70 €* ☕. Idéalement placé dans le square central, ce petit hôtel propose des chambres tout confort, bien qu'un peu exiguës.

Platania

PREMIER PRIX

Drossero Akrogiali – *Sur le port - ✆ 2423 071210 - 30 ch. 40/50 € - ☕ 5 €.* Une longue bâtisse à étages, avec des chambres confortables mais sans vue sur la mer. Le sympathique patron gère aussi le restaurant du même nom, ainsi que le camping, à l'entrée du village.

Hôtel des Roses – *R. principale - avant le port - ✆ 2423 071268 - 14 ch. 45 €* ☕ - ✕. Spécialisé dans l'accueil des familles. Agréables studios (2 à 4 pers.) équipés. Intégré à un programme d'écotourisme, l'hôtel organise des activités de découverte dans les environs Possibilité de demi-pension.

RESTAURATION

Makrinitsa

PREMIER PRIX

Taverna Apaulafsi – *Pl. du village - ✆ 2428 090085 - 15 €.* Rôtisserie, poulets, spetsofaï (saucisses aux poivrons), toutes les spécialités locales sont au rendez-vous. Profitez de la terrasse sous le platane. Service rapide et sympathique.

Pantheon – *Pl. du village - ✆ 2428 099143 - 15 €.* Une bonne adresse pour déguster spetsofaï et soupe de haricots dans une grande salle ou sous les platanes. La patronne, française, se fera un plaisir de vous informer sur la région. Et quelle vue !

Miliés

PREMIER PRIX

To Panorama – *Rte principale - en face du musée - ✆ 2423 086128 - 15 €.* Spécialités de poulet, de porc au vin et tarte aux épinards. Magnifique panorama.

ACTIVITÉS

Excursions

En bateau – Des caïques peuvent vous emmener sur les plages isolées de la péninsule. **Les Hirondelles** – *Voir à Volos p. 259.*

En train – *✆ 2421 039723 - 10 € l'aller simple (6 € enf.).* Un train touristique se rend d'Ano Lechonia a Milies le vend. et le w.-end de mai a octobre.

Les Météores

(Meteora - Μετέωρα)

★★★

Région de Thessalie - Unité régionale de Trikala

À la frontière du Pinde et de la plaine de Thessalie jaillit un incroyable paysage de rochers aux parois lisses et vertigineuses, telle une colonie de pains de sucre plantés sur un tapis de verdure. D'étranges éminences qui, depuis le 11e s., servent de perchoirs entre ciel et terre aux monastères bien nommés des Météores : « suspendus dans les airs ». De fait, un site aussi singulier (inscrit au Patrimoine mondial de l'Unesco) ne pouvait qu'inspirer l'imaginaire des hommes qui, depuis la nuit des temps, l'ont chargé de cent légendes… Mais, si on les oppose souvent aux monastères du mont Athos, autre fief éblouissant de l'architecture monastique, la comparaison s'arrête là. Car les Météores ont cessé d'être un haut lieu de la spiritualité : des hordes de touristes s'y pressent chaque jour, et c'est presque un miracle si le site n'a rien perdu de sa magie, rassurez-vous, toujours intense.

NOS ADRESSES PAGE 273
Hébergement, restauration, achats, activités, etc.

S'INFORMER

Bureau touristique municipal de Kalambaka – *Place de la mairie - ✆ 24323 502 74*. Personnel efficace.
Sites Internet – *www.visitmeteora.travel/en (en anglais) ; http://whc.unesco.org/fr/list/455 (en français).*

SE REPÉRER

Carte de région A1 (p. 252) et carte des Météores (p. 271).

À NE PAS MANQUER

Le Grand Météore et Varlaam.

ORGANISER SON TEMPS

Visitez le Grand Météore et Varlaam le matin et un ou deux autres monastères l'après-midi. Évitez les périodes de forte affluence, à Pâques et à Noël. Adoptez une tenue décente (bras et jambes couverts).

4

Se promener Carte des Météores p. 271

Kalambaka (Καλαμπάκα)

Situé au pied des Météores, dont les majestueux rochers, omniprésents, sont visibles à chaque coin de rue, ce gros bourg animé est la principale base des milliers de touristes qui viennent visiter le site. S'étirant au fil de la rue Trikalon, longue artère qui traverse la **platia R. Ferraiou** (place principale), puis la **place de la Mairie**, il concentre pléthore de bars, restaurants, hôtels et boutiques de souvenirs.

En préambule à la découverte des monastères perchés, rendez-vous à la **cathédrale de la Dormition de la Vierge★** *(Mitropoli)*, au sommet du village, dans le prolongement de la rue Vlahava. Probablement bâtie au 12e s., l'église recèle un magnifique **ambon★★** en marbre – le seul de Grèce à être placé au centre de la nef – incrusté de réemplois d'époque paléochrétienne.

Des **mosaïques** de pavement appartenant à un sanctuaire plus ancien y ont été mises au jour et, dans la pénombre traversée de rais de lumière, on peut distinguer sur les murs des fresques des 13e, 14e et 16e s., hélas très noircies. La rue Trikalon file ensuite jusqu'au village voisin de **Kastraki** *(2 km au nord-ouest)*, situé de l'autre côté du premier massif. C'est là qu'il faut faire étape, l'endroit offrant un séjour plus calme et plus proche des monastères.

Circuit conseillé Carte des Météores p. 271

LES MONASTÈRES

Comptez une journée de visite. Attention : les six monastères ne sont pas tous ouverts les mêmes jours.

Outre les six grands monastères, le site des Météores cache nombre de sanctuaires abandonnés, prétexte à de belles randonnées ; mais attention à ne pas vous égarer ! Perchés sur les hauteurs, certains sont quasiment inaccessibles, à moins de suivre l'exemple de ces alpinistes émérites, qui n'ont pas peur de monter à l'assaut des parois les plus verticales.

★ Agios Nikolaos Anapafsas (Άγιος νικόλαος ανάπαυσας)

24320 223 75/791 38 - été : tlj sf vend. 9h-15h30 (14h reste de l'année) - 3 €.

Couronnant un étroit piton avec lequel il semble faire corps, ce monastère consacré à saint Nicolas remonte au 15e s., voire au 14e ou au 13e s.

Parvenu en haut des escaliers, on pénètre d'abord dans le **réfectoire**, qui sert de salle de réception, puis dans le **catholicon** (16e s.), église très étroite et coiffée d'un dôme sans fenêtre, l'étage supérieur abritant les cellules des moines. Par contraste, son narthex apparaît plus spacieux et plus lumineux. En l'absence de cour, il faisait d'ailleurs office de salle d'étude. Attardez-vous devant les **fresques**, chefs-d'œuvre d'harmonie, très expressives, du Maître Théophane le Crétois (16e s.), en particulier devant l'émouvante Vierge à l'Enfant, la Dormition de saint Éphrem le Syrien et la grande composition du Jugement dernier. À l'extrémité du piton, enfin, un superbe **panorama**★★ s'ouvre sur les Météores.

Roussanou, dit Ste-Barbe (Αγία Βαρβάρα)

24320 226 49 - été : tlj sf merc. 9h-18h (14h reste de l'année) - 3 € (-18 ans gratuit).

Également connu sous le nom d'Agia Varvara (Ste-Barbe), ce monastère occupe une position inexpugnable au sommet d'un rocher aux parois vertigineuses. Par bonheur pour les visiteurs, l'ancien système d'échelles volantes a fait place à un escalier escarpé débouchant sur deux **ponts de pierre** suspendus au-dessus du vide, petites touches qui ajoutent à la beauté du décor. Probablement bâti au 14e s., le monastère fut rénové au 16e s. et son **catholicon** à coupole renferme des fresques de belle facture (1561).

Il faut aussi grimper au sommet de la colline, toute proche, pour jouir d'une **vue** plongeante sur le monastère, noble silhouette rehaussée en toile de fond par la majestueuse chaîne du Pinde.

★★ Varlaam (Βαρλαάμ)

24320 222 77/753 86 - tlj sf vend. 9h-16h - 3 € (-18 ans gratuit).

Plus vaste que les précédents, ce monastère doit son nom au premier ascète qui, en 1350, s'installa au sommet de ce piton haut de 373 m. Élevé par les frères Aparas, des nobles de Ioannina (16e s.), le sanctuaire devint rapidement l'un des plus florissants. Meurtri par des bombardements durant la Seconde Guerre

Le monastère de la Sainte-Trinité (Agia Triada).
B. Morandi/hemis.fr

Des monastères inaccessibles

UNE FORÊT DE PIERRES

Le site des Météores ne compte pas moins d'une soixantaine de ces étranges tours rocheuses – certaines dépassent 300 m de haut –, sculptées et polies par l'érosion. Des blocs de grès ont résisté, bien plus durs que le calcaire du Pinde qui, lentement creusé par le Pénée et ses affluents, a fini par dessiner à leur pied un dédale d'étroits défilés, encore ravinés par le ruissellement des eaux. Au fil du temps, le socle de grès s'est retrouvé fragmenté en rochers épars, déchaussés et brossés pour donner ce surprenant paysage de tours naturelles dressées au-dessus de la plaine.

PLUS PRÈS DE DIEU...

C'est au 11e s. que les premiers moines s'établissent dans les Météores, inspirés par l'exemple de **Siméon le Stylite**, ascète syrien (5e s.), qui resta perché trente-six ans sur une colonne (en grec *stylos*), à 25 m au-dessus du sol. D'abord installés dans des cavernes propices à l'ascétisme et à l'exaltation mystique, les moines descendent chaque dimanche à Doupiani pour célébrer l'office en commun. Mais, au 14e s., une rupture intervient à l'instigation de saint Athanase, venu du mont Athos, qui fixe les règles de vie des anachorètes. Les Météores se hérissent alors de monastères, bâtis au-dessus de l'abîme dans des conditions d'extrême difficulté. Les Serbes orthodoxes, qui dominent la région à cette époque, se montrent des protecteurs dévoués et prodigues, et dès le 15e s. on ne dénombre pas moins de 24 monastères, décorés par les plus grands artistes du temps, dont **Théophane le Crétois**.
L'invasion ottomane n'entrave pas leur essor, les monastères bénéficiant même, au 16e s., de l'indulgence de Soliman le Magnifique. Mais une longue période de déclin s'ensuit, due aux impôts et aux rivalités entre les communautés quant à la gestion de leurs immenses propriétés foncières. Un déclin que l'intégration à la Grèce, en 1881, n'enrayera guère ; aussi, les moines se verront-ils confisquer leurs domaines dans les années 1920. En 1949, au lendemain de la guerre civile, certains monastères hébergent des réfugiés, et plus tard même des touristes ! Puis, grâce à l'action de **l'évêque Dionysios**, le monachisme connaît un renouveau et, de nos jours, cinq monastères demeurent en activité, ainsi qu'un couvent.

... ET DE LA MODERNITÉ

Mais les échelles amovibles et le système de nacelles, qui permettaient jadis aux moines de se faire hisser ou d'être ravitaillés, ont été abandonnés au profit d'escaliers... ouvrant droit les portes des Météores au **tourisme**, cependant longtemps refusé par les moines. Une nouvelle manne dont les substantiels revenus sont complétés par les aides de l'Union européenne pour la restauration des monastères. Bref, la vie monacale a quelque peu perdu de son austérité et désormais les moines ont ouvert leurs boutiques, proposant livres et souvenirs.

mondiale, il a été rénové et accueille à nouveau une communauté monastique. Une rampe creusée dans la roche permet d'y accéder sans difficulté. Selon la légende, vingt-deux années furent nécessaires pour rassembler les matériaux du **catholicon★** (1544). Tout en niches et recoins, il conserve une jolie **iconostase★** en bois, du mobilier incrusté de nacre et d'ivoire, ainsi que des **fresques** de Frango Catellano (1548), l'un des maîtres de l'art postbyzantin. Celles du narthex (1566), où reposent les tombeaux des Aparas, évoquent notamment le Jugement dernier et la Vie de saint Jean Baptiste. Dans la **chapelle des Trois Hiérarques**, à l'emplacement de l'oratoire originel, la Dormition de saint Jean Chrysostome et la Dormition de saint Éphrem le Syrien (17e s.) trahissent la double influence de l'école crétoise et du style occidental.

La visite se poursuit avec le trésor du **réfectoire★**, qui présente des vêtements liturgiques brodés d'or, des icônes, un **évangéliaire★★★** (960) ayant appartenu à l'empereur Constantin Porphyrogénète et des croix de bois sculptées. Enfin, passé le **cellier**, où trône un tonneau pouvant contenir 12 000 litres de vin, la visite s'achève par la tour qui a gardé son treuil.

★★ Grand Météore (Megalo Meteoro - Μεγάλο Μετέωρο)

☏ 24320 222 78/753 98 - mai-oct. : tlj sf mar. 9h-17h ; reste de l'année : tlj sf mar.-mer. 9h-15h - 3 € (-18 ans gratuit).

Perché sur un impressionnant rocher de 400 m, le Grand Météore, ou monastère de la Transfiguration, fut fondé par saint Athanase des Météores (1356). Son successeur et disciple, saint Joasaph, héritier du despotat serbe d'Épire, y passa quarante ans et le dota de somptueuses œuvres d'art. Bien qu'endommagé par des bombardements durant la guerre, il reste l'un des plus importants monastères de Grèce.

En gravissant les escaliers, vous passerez devant la **grotte** où Athanase avait son ermitage. Puis on arrive à la **tour**, par où était hissé le ravitaillement et d'où l'on jouit d'un **panorama★★** superbe, englobant le monastère de Varlaam.

Au centre du complexe se dresse le **catholicon**, église de plan cruciforme souligné de conques latérales. Une coupole le couronne, ornée d'un Christ sur fond d'or. Brillant exemple de l'art post-byzantin, les **fresques★★** furent réalisées par Théophane le Crétois ou ses élèves (16e s.). Passé l'exonarthex, aux murs incrustés d'assiettes de céramique, on pénètre dans le narthex, où reposent Athanase et Joasaph. Isolé de la nef par une iconostase aux remarquables **icônes★★**, le sanctuaire – seule partie d'origine de l'église (1388) – cache des fresques où s'alignent des saints guerriers.

Le monastère compte trois autres églises, mais c'est surtout le **réfectoire★** qui retiendra votre attention, avec son plafond en coupole et sa colonnade, ses icônes, ses manuscrits anciens, sa vaisselle et ses chandeliers posés sur d'immenses tables en bois. Juste à côté, la **cuisine**, avec ses ustensiles recouverts d'une fine poussière, semble avoir été subitement abandonnée. Ne manquez pas non plus le **magasin** où sont entreposés jarres, tonneaux et outils divers, ainsi que l'**ossuaire** qui renferme des crânes soigneusement rangés sur des étagères, et le **Musée folklorique**.

Agia Triada (Άγια Τριάδα)

☏ 24320 222 20 - été : tlj sf jeu. 9h-17h ; reste de l'année : tlj sf merc.-jeu. 10h-16h - 3 € (-18 ans gratuit).

Le site du monastère de la Ste-Trinité (14e ou 15e s.) est tout aussi spectaculaire que le site du Grand Météore. De la route, descendez d'abord un sentier avant d'attaquer les escaliers ménagés dans la roche. Vos efforts seront largement récompensés par la **vue★★** sur Kalambaka et les autres monastères. Selon la légende, il fallut soixante-dix ans pour hisser au sommet les matériaux des bâtiments ! Le monastère conserve intact son système de treuillage, près de la **chapelle St-Jean-Baptiste**, taillée dans le rocher. Joli petit édifice à coupole, le **catholicon** (15e s.) abrite de magnifiques **fresques★** ainsi qu'une iconostase couverte d'**icônes★** portables. Le fabuleux trésor qu'il recelait a hélas disparu, pillé par les Allemands lors de la Seconde Guerre mondiale.

★ Agios Stéfanos (Άγιος Στέφανος)

☏ 24320 222 79 - mai-oct. : tlj sf lun. 9h-13h, 15h-17h ; reste de l'année : 9h-13h, 15h30-17h - 3 € (-18 ans gratuit).

Pareil à un château fort, ce monastère se dresse sur un rocher séparé de la montagne par un ravin qu'enjambe un pont de pierre. Bâti à l'emplacement de l'ermitage de Jérémie (12e s.), sa prospérité date du 14e s., quand l'empereur byzantin Andronic Paléologue le combla de bienfaits en remerciement de l'accueil qu'il y avait reçu. Élevé au statut de patriarcat en 1545, il occupa une place importante dans la hiérarchie des Météores, mais il fut lui aussi pillé par les Allemands pendant la guerre. Depuis 1961, il abrite un couvent où les nonnes cultivent la tradition de la peinture d'icônes et du chant sacré. Refaites après la guerre, les **fresques** de l'église **Agios Haralambos** (18e s.), un peu vives sans la patine du temps, ont remplacé celles détruites lors d'un bombardement allemand ; mais la somptueuse **iconostase**★ en bois est d'époque, tout comme le reliquaire contenant le crâne vénéré du saint. La **chapelle Agios Stéfanos** (15e s.), à l'autre bout de la cour, ne se visite généralement pas, mais vous vous consolerez avec le **réfectoire**, où sont exposés de splendides **icônes**★★ (16e-19e s.), un **manuscrit**★★ du 6e s., une **lettre du patriarche de Constantinople**★★★ (16e s.), des encensoirs et des habits sacerdotaux.

Au bout du plateau, enfin, prenez le temps de contempler la **vue**★★, sans égale, sur Kalambaka et la plaine du Pénée.

NOS ADRESSES AUX MÉTÉORES

INFORMATIONS UTILES

Kalambaka

Banques – *Autour de la pl. R. Ferraiou et sur la r. Trikalon.*

Poste – *R. Trikalon - ✆ 24320 224 66.*

Téléphone/OTE – *R. Ioanninon - ✆ 24320 754 99.*

Police touristique – *57 r. Ioanninon, à l'entrée de la ville - ✆ 24320 780 00.*

Centre médical - *✆ 24320 222 22.*

ARRIVER/PARTIR

En train

Gare de Kalambaka – *Au sud de la ville - ✆ 24230 224 51.* Liaisons avec Athènes (4/j. dont un express, durée : 4h40), Larissa (4/j.) et Thessalonique (3/j.).

En bus

Terminal de Kalambaka - *R. Ikonomou - ✆ 24320 224 32 - http://ktel-trikala.gr.* Liaisons avec Trikala (ttes les h, durée 30mn) et Ioannina (2/j.), Volos (4/j.), Athènes (6/j.) et Thessalonique (5/j.), *via* Trikala.

TRANSPORTS

En bus

Navette des Météores – *Dép. place de la mairie de Kalambaka.* Service de bus (3/j. en été) desservant les principaux monastères des Météores : Megalo Meteoro, Agios Nikolaos, Varlaam et Roussanou. Liaisons fréquentes également entre Kalambaka et Kastraki.

En taxi

Station – *Sur la place de la mairie - ✆ 24320 223 10.* Comptez 5 € pour Kastraki et 10 € pour les Météores.

HÉBERGEMENT

Les hôtels pratiquent des prix raisonnables, mais avec une petite hausse en été. Vous pouvez choisir entre Kalambaka, le village plus paisible de Kastraki, au pied des Météores, ou encore Trikala, ville agréable et vivante à 18 km du site.

Kalambaka

BUDGET MOYEN

Aeolic Star – *4 r. A. Diakou - au-dessus de la place de la* *mairie - ✆ 2432 022325 - 24 ch. 35/50 €.* Situé en plein centre-ville, cet hôtel propose des chambres simples mais confortables, certaines avec balcon. Petit-déjeuner copieux.

Guest House Iridanos – *Ag. Triada (entrée est de la ville) - ✆ 2432 024552 - www.iridanos-guesthouse.gr - 9 ch. 60 €* ☕. Cette jolie maison en pierre locale abrite des chambres cosy très originales, avec superbes papiers peints à motifs, magnifiques boiseries rehaussées de dorures et carrelage de choix dans les salles de bains (toutes avec baignoire). Propreté irréprochable.

Dellas – *R. Kastrakiou - à la sortie de la ville, en dir. de Kastraki - www.dellasboutiquehotel.com - 19 ch. 70/85 €* ☕. Un établissement agréablement isolé entre Kalambaka et Kastraki, parfaitement tenu par Mary et son mari Antonis. Chambres confortables et spacieuses, toutes avec un joli balcon et la vue sur les rochers tout proches ou la verdure environnante. Accueil très soigné.

Monastiri Guest House – *R. Konstadinou & Elenis - ✆ 2432 023952 - www.monastiri-guesthouse.gr - 5 ch. et 1 suite 90/110 €* ☕. Cette impressionnante maison en pierre claire dissimule de belles chambres personnalisées et colorées, avec parquet laqué, tapis, frises peintes à la main, terrasse abritée (sauf une, mais avec vue panoramique) et cheminée pour certaines d'entre elles. Suite familiale composée de deux chambres.

Kastraki

PREMIER PRIX

Camping Vrachos-Kastraki – *À l'entrée du village, en face de l'hôtel France - ✆ 2432 022293 - www.campingkastraki.com/fr - 🏊 - 300 empl. 20 € - ✕.* Ouvert toute l'année, ce camping possède tout ce qu'il faut : supérette, cuisines et barbecues, machines à laver, une aire de jeux pour les enfants. Un accueil chaleureux et quantité d'informations sur les Météores. Arrêt de bus juste devant.

Tsikeli – *Dans le village, à gauche, sur la route principale qui monte vers les Météores - ✆ 2432 022438 - www.hotelskalambaka.gr - 18 ch. 70 €* ☕. Un petit hôtel accueillant, avec vue sur les Météores depuis la plupart des chambres. Petit-déjeuner dans le jardin. La patronne se mettra en quatre pour rendre votre séjour agréable. Bon rapport qualité/prix.

Doupiani House – *À la sortie du village, à gauche - ✆ 2432 075326 - www.doupianihouse.com - 20 ch. 79/99 €* ☕. Accueil sympathique dans cet hôtel calme et isolé, jouissant de la plus belle vue sur les Météores. Le patron vous fournira des informations pour découvrir les environs. Petit-déjeuner copieux en sus à déguster sur la terrasse.

France – *À l'entrée du village - ✆ 2432 024186 - 25 ch. 45 €* ☕. Un hôtel tenu par un Grec chaleureux et francophone qui peut vous indiquer de belles balades à faire hors des sentiers battus. Chambres impeccables, certaines avec vue sur les Météores.

BUDGET MOYEN

Guest House Patavalis – *Dans le village, à droite sur la route qui monte aux Météores - ✆ 2432 024000 - 6 ch. 50 €* ☕. Une pension familiale qui propose des chambres petites mais au confort correct. Terrasse avec vue très agréable. La patronne vous accueille avec des friandises grecques.

Kastraki – *À gauche, sur la route principale qui monte vers les*

Météores - ☏ 2432 075336 - www.hotelkastraki.gr - 27 ch. 84 € ☕ *-* ✕. Un hôtel moderne et très confortable. Des chambres claires et spacieuses, quelques-unes donnant sur les Météores. Bon accueil.

Spartacus House – *Sur la route principale, à droite - ☏ 2432 024037 - www.ziogasrooms.com - 10 ch. 50/80 €* ☕. L'accueil est sympathique et les chambres sont sobres et confortables, avec vue sur les Météores. Une adresse convenable.

Pirgos Adrachti – *☏ 2432 022275 - 14 ch. 60/75 €* ☕. Dissimulée au bout d'une petite route pentue filant en ligne droite vers les rochers, cette maison de charme tenue avec soin par Thanasis se trouve au cœur d'un cirque majestueux et verdoyant. Chambres chaleureuses où domine le bois, décorées d'un joli mobilier et grand lit. Calme absolu.

Trikala

BUDGET MOYEN

Achillion – *2 r. Asklipiou - ☏ 2432 028193 - 56 ch. 60/70 €* ☕. Une alternative pratique et agréable dans le centre de Trikala. Les chambres, fonctionnelles et très bien situées, ont vue sur la ville ou sur la rivière. Restaurant.

RESTAURATION

Kalambaka

PREMIER PRIX

Meteora – *Pl. de la Mairie - ☏ 2432 022316 - www.meteora-restaurant.gr - - fermé le soir hors saison - 15 €.* Une institution locale, fréquentée aussi bien par les groupes, les voyageurs indépendants que les locaux. En arrivant, la famille Gertsou vous invite à découvrir les marmites du jour. Vous aurez le choix entre deux salles, la première remplie de bibelots en tout genre (assiettes, bouteilles à bière, armes, etc.), la seconde beaucoup plus sobre, avec bois et pierre apparente.

Panorama – *R. Kastrakiou - à la sortie de la ville, en dir. de Kastraki - ☏ 2432 078128 - www.meteoronpanorama.gr - fermé en sem. hors saison - 15 €.* Ce restaurant à l'esprit brasserie, perché au-dessus de la ville, au pied d'un pain de sucre, porte bien son nom : la vaste terrasse (en partie abritée), comme la salle intérieure à l'arrière, s'ouvre sur un magnifique point de vue sur Kalambaka et les rochers qui l'enserrent.

Kastraki

PREMIER PRIX

Taverne Gardenia – *En dessous de l'église - ☏ 2432 022504 - 15 €.* Une jolie terrasse pour apprécier une cuisine fraîche et familiale. Accueil sympathique.

ACHATS

Marché – Le vendredi matin à Kalambaka.

AGENDA

Des danses folkloriques sont organisées à Kalambaka et Kastraki **le lundi et le mardi de Pâques**. En **mai**, à Trikala, les *Hatzipetria* sont l'occasion de danses et d'épreuves sportives.

L'Épire 5

Ioannina, Capitale de l'Epire.

J. Arnold/hemis.fr

Histoire de l'Épire

DES MOLOSSES AUX ROMAINS

Le premier grand royaume d'Épire fut celui des **Molosses** (4e s. av. J.-C.), fondé par les Éacides qui prétendaient descendre d'Achille. Rapidement passé sous le joug macédonien, ce royaume connaîtra son heure de gloire au siècle suivant, sous le règne de **Pyrrhus** (297-272 av. J.-C.). Mais, affaibli par des querelles de palais et des émeutes populaires, il disparaît vers 232 av. J.-C. Coincée pour son malheur entre les principales puissances de l'époque, Rome et la Macédoine, l'Épire tente en vain de préserver sa neutralité. Lors de la troisième guerre macédonienne (172-167), la région sert de champ de bataille aux belligérants. La victoire romaine de Pydna ouvre la voie à une période de pillages, de destructions et de règlements de compte sans égale en Grèce. Devenue province romaine en 146 av. J.-C., en même temps que la Thessalie, l'Épire subit de nouveaux troubles au siècle suivant. Les rivalités entre les différentes nations de la province ne cesseront qu'en 1265, après la restauration de l'Empire byzantin. Menacée de tous côtés, la dynastie d'Épire s'éteint en 1318. L'Épire et la Thessalie, occupées tour à tour par les Byzantins, les **Serbes** et les **Albanais**, connaissent alors une des périodes les plus sombres de leur histoire. Pour vaincre les Albanais, les Serbes commettent l'erreur de faire appel aux Ottomans.

L'ÉPIRE INSOUMISE

Conquise par les Ottomans en 1430, l'Épire ne sera jamais totalement pacifiée. Pendant toute la domination ottomane, ses montagnes servent de repaire à des bandes de bandits patriotes, qui tiennent tête à l'occupant, notamment lors de l'insurrection de 1821. À la même époque, le *pachalik* **Ali Pacha** défie lui aussi l'empire ottoman, avant de connaître une fin tragique. À l'issue des guerres balkaniques, en 1913, une partie de l'Épire est rattachée par la Grèce tandis que la zone septentrionale est annexée à l'Albanie. La minorité orthodoxe qui y vit fut la cause d'un regain de tension entre les deux pays au début des années 1990. Meurtrie par les Allemands et les Italiens pendant la Seconde Guerre mondiale, l'Épire a connu une forte émigration après la guerre, mais elle s'affirme aujourd'hui comme une région dynamique.

Le village de Metsovo avec la voie express Egnatia et les montagnes Pindos à l'arrière-plan.
P. Eastland/age fotostock

Metsovo

(Μέτσοβο)

★★

6 196 habitants - Région d'Épire - Unité régionale de Ioannina

Avec ses robustes maisons en pierre rehaussées de boiseries, Metsovo affiche un petit air de Suisse. Mais vous êtes bien au cœur de l'Épire, à mille lieues des plages ensoleillées. On vient dans ce fief de la communauté aroumaine pour humer le parfum d'une Grèce montagnarde, au caractère trempé par les rigueurs du climat, mais aussi pour explorer les nobles hauteurs alentour ou s'adonner aux joies des sports d'hiver.

NOS ADRESSES PAGE 281
Hébergement, restauration, achats, activités, etc.

S'INFORMER

Sites Internet – *www.epirushotels.gr; www.all-ioannina-hotels.com (sites des hôteliers, en anglais).*

SE REPÉRER

Carte de région B1 (p. 277).

À NE PAS MANQUER

La maison des Tositsa, le monastère Agios Nikolaos.

AVEC LES ENFANTS

Les ateliers de dessin de la pinacothèque Averoff.

Se promener

Comptez une journée.

En venant de Ioannina, l'autoroute Egnatia vous mènera à Metsovo en moins de 30mn. En revanche, comptez 1h30 si vous passez par l'ancienne route nationale dans la montagne mais le **panorama★★** vaut largement le détour. À partir des Météores, la route passe le **col de Katara** (1 705 m), qui marque la frontière entre la Thessalie et l'Épire. La **vue★★** porte là aussi jusqu'à Metsovo, accroché sur les flancs d'un gigantesque cirque montagneux.

On se repère facilement dans le village qui s'étire le long d'une grande rue en pente débouchant sur la **place principale**, où règne une atmosphère d'antan. Rituel immuable, les vieux de Metsovo s'y installent après la sieste, pour bavarder sur les bancs à l'ombre des arbres séculaires. Juste à côté de la place, l'**église Agia Paraskevi** abrite une **iconostase★** (18e s.) sculptée de riches motifs. Mais le charme du village se révèle surtout dans le dédale de ses ruelles bordées de **maisons en pierre★★** bien entretenues. Elles arborent encorbellements de bois et toits de lauzes.

★ Maison des Tositsa

De la rue principale, montez les escaliers près de la station Shell. Tlj sf jeu. 8h30-13h30, 16h-18h (hors saison 15h-17h) - visite guidée de 30mn, pendant ce temps la porte est fermée - 3 €.

Cette solide demeure, construite par le baron Michalis Tositsa au 19e s., a été aménagée en musée d'art populaire. Les tapisseries, les boiseries et les plafonds travaillés rendent à merveille le faste de cette illustre famille, dont l'un des membres fut ministre des Affaires étrangères de Constantin Karamanlis. Cuisine, salon décoré d'icônes, bibliothèque, chambres à cheminée, toutes méritent le coup d'œil. Admirez aussi la **collection** de bijoux, de costumes et d'objets d'artisanat local.

Pinacothèque Averoff

Le long du jardin public central - ✆ 26560 412 10 - www.averoffmuseum.gr - tlj sauf mar. 10h-18h30 (hors saison 10h-16h) - 3 € (-10 ans gratuit).

Les amateurs d'art visiteront ce musée fondé par l'homme politique et écrivain Evangelos Averoff (1910-1990). Il expose 250 tableaux et présente un intéressant panorama de la **peinture grecque** du 19e au 21e s. (Litras, Gyzis, Volanakis…). Des ateliers de dessin pour les enfants sont organisés le week-end pendant la période scolaire.

La campagne environnante invite à de très agréables promenades.

★ Monastère Agios Nikolaos

De l'hôtel Athènes, marchez 30mn en contrebas du village. Tlj 8h30-13h30, 16h-18h (hors saison 15h-17h) - don bienvenu.

Un sentier conduit au monastère caché dans les arbres à deux pas d'une source. Avec ses murs en pierre, le bâtiment évoque plutôt une bergerie. Probablement élevé au 14e s., il fut reconstruit vers 1700 et décoré de **fresques**. Notez aussi l'**iconostase** en bois doré. Les icônes byzantines les plus précieuses ont été transférées à la maison des Tositsa.

À proximité

★ Anilio

5 km au sud Metsovo.

Ce charmant village aroumain de 700 âmes a su préserver sa double identité. Il offre un beau point de vue sur Metsovo.

NOS ADRESSES À METSOVO

INFORMATIONS UTILES

Centre médical – *✆ 26560 411 11.*
Police – *✆ 26560 412 33.*

TRANSPORTS

En bus – *Grand-place - ✆ 26560 412 80 - www.ktelioannina.gr.* Liaisons avec Ioannina (2/j. en sem., durée 1h30).

HÉBERGEMENT

PREMIER PRIX

Anostro – *À 100 m de la place principale, après le poste de police - ✆ 2656 041806 - www.metsovohotels.com - 8 ch. 40 €.* Une pension propre, mais sans caractère, avec cuisine collective ou individuelle.

Olympic – *Prenez la rue qui monte de la place principale, puis suivez les indications - ✆ 2656 041337 - www.olympicmetsovo.com - 20 ch. 55 €* ☕. Des chambres confortables, lambrissées et moquettées, offrant une belle vue sur la vallée.

Apollon – *En contrebas de la place principale - ✆ 2656 041844 - www.metsovohotel.gr - 40 ch. 45 €* ☕ - ✕. Un vaste hôtel de 3 étages proposant des chambres agréables avec moquette et lambris (balcon et Jacuzzi en option).

BUDGET MOYEN

Archontiko Metsovou – *En contrebas de la place principale - ✆ 2656 029100 - www.metsovohotel.com* - 🏊 - *16 ch. 75 €* ☕ - ✕. Un hôtel de charme dont les balcons donnent sur la montagne. Petite piscine, hamac et Jacuzzi.

POUR SE FAIRE PLAISIR

Aroma Dryos – *En haut de la place principale - ✆ 2656 029008 - www.aromadryos.gr - 16 ch. 65 €* ☕. Labellisé « éco et design », cet hôtel élégant mêle architecture et fibre écologique. Et quelle vue !

Grand Forest – *Sur les hauteurs à l'est de Metsovo, sortie de l'autoroute 7A vers Anilio - ✆ 2656 029001 - www.grand-forest.gr - 62 ch. 90/130 €* ☕. Un complexe récent à 1 650 m d'altitude au milieu des pins. Spa, restaurant, activités.

RESTAURATION

PREMIER PRIX

Tsimbas – *En haut de la place principale - ✆ 2656 041951 - 3 €.* Les feuilletés de cette boulangerie, indispensables au pique-nique.

BUDGET MOYEN

Galaxias – *Pl. principale - dans l'hôtel du même nom - ✆ 2656 041202 - 15 €.* Pour goûter saucisses, pâtes et fromage locaux.

BOIRE UN VERRE

Café Petrino – *Grand-Place - ✆ 2656 042642.* Authentique café fréquenté par les joueurs de tavli.

ACHATS

Vin

Caves locales – *Excursion au départ de l'hôtel Katogi - ✆ 2656 042505 - http://katogiaveroffhotelandwinery.reserve-online.net - 10h-16h - gratuit.* Avant d'acheter : visite gratuite, projections de films et dégustations.

Ioannina

(Ιωάννινα)

★

80 371 habitants - Chef-lieu de la région d'Épire - Unité régionale de Ioannina

Au creux d'un vaste cirque montagneux, sur les rives verdoyantes d'un lac, Ioannina s'étend dans un cadre somptueux. Capitale de l'Épire, elle rayonne jusqu'au sud de l'Albanie et compte d'ailleurs une importante minorité albanaise musulmane. C'est aussi une cité moderne et dynamique, fière de sa double vocation universitaire et commerçante. Un parfum doucement oriental émane de ses ruelles et un charme suranné et tranquille s'échappe des monastères de Nissi Ioanninon. À l'image de la ville, le région possède aussi ses trésors : de la grotte de Pérama à l'oracle de Dodoni, en passant par les villages des Zagoria, impossible de quitter l'Épire sans un brin de mélancolie.

NOS ADRESSES PAGE 289
Hébergement, restauration, achats, activités, etc.

S'INFORMER

Office du tourisme d'Ioannina – *10 r. Moulemidou (près du Musée archéologique) - ✆ 26510 370 17 - www.travelioannina.com - lun.-vend. 7h30-15h30.* Il existe aussi un kiosque d'information, place Mavril *(9h-14h).*

Sites Internet – *www.epirushotels.gr.*

SE REPÉRER

Carte de région B1 (p. 277) et plan de la ville (ci-contre). Laissez votre voiture et visitez la ville à pied.

À NE PAS MANQUER

La citadelle de Ioannina et l'île au milieu du lac (Nissi Ioanninon) ; la grotte de Pérama ; le théâtre antique de Dodoni.

AVEC LES ENFANTS

La grotte de Pérama ; la traversée du lac vers Nissi Ioanninon.

Se promener Plan de ville

Comptez 2 jours, avec Nissi Ioanninon.

Empruntez la rue Averof, axe principal qui descend de la ville moderne à la ville basse, ou l'une des agréables rues piétonnes, pour vous rendre aux portes de la citadelle.

LES MUSÉES

★ Musée archéologique (Archaiologiko Mouseio - Αρχαιολογικό Μουσείο)

Dans le parc municipal, r. Averof - ✆ 26510 010 89 - www.amio.gr - tlj sf lun. 9h-16h - 4 € (-18 ans gratuit).

Répartie dans six salles, la muséographie, didactique, s'appuie sur un choix restreint d'objets agrémentés de textes, de vidéos, de photos et de dessins légendés en grec et en anglais. Elle met en avant les récentes découvertes et retrace l'histoire de l'Épire, du paléolithique à la période romaine.

SE LOGER			SE RESTAURER
Dioni ... 3	Hôtel du Lac ... 6		Agnanti ... 1
Egnatia ... 4	Kastro ... 7		Café Its-Kalé ... 2
Its Kale Boutique Hotel ... 8	Metropolis ... 1		O Gyros tou Kastrou ... 4
Filyra/Platonos ... 5	Olympic ... 9		
	Palladion ... 10		

Salle 1 – Elle abrite un **silex biface★** de 20 cm taillé il y a environ 200 000 ans – à ce jour le plus ancien outil trouvé en Grèce – et une collection de bronzes, poteries, armes et objets funéraires du néolithique provenant du site de **Doliana** et mis au jour dans les années 1990.

Salles 2 et 3 – Elles évoquent l'émergence des Molosses, la plus puissante des ethnè (tribus) de l'Épire qui atteignit son apogée sous Pyrrhus Ier (318-272 av. J.-C.), cousin d'Alexandre le Grand. Vous verrez un magnifique casque en bronze phrygien du 4e s. av. J.-C. et les **« trésors » de Votonosi et Dodoni**, découverts entre 1939 et 2001 : des pièces de monnaie et des biens précieux enterrés pour échapper aux pillages.

Salle 4 – Elle traite du culte des morts qui se développa durant la période hellénistique, avec notamment des objets finement travaillés provenant des tombes de Mihalitsi et du **Nekromanteion** (« oracle de la mort ») d'Archeron.

Salle 5 – Elle est consacrée aux rites funéraires romains, qui s'imposèrent dans la région à la fin du 3e s. av. J.-C., et présente les brèves victoires de Pyrrhus en Italie, suivies par l'anéantissement du royaume de l'Épire. Cette période s'achève par la destruction du sanctuaire de Dodoni.

Salle 6 – Elle met en valeur la pièce maîtresse du musée : la **série de tablettes oraculaires de Dodoni★★**, en plomb, où figurent les questions que les pèlerins

posaient à Zeus par l'intermédiaire de l'oracle. Souvent émouvantes (« Suis-je le fils de mon père ? »), elles révèlent aussi parfois des soucis plus prosaïques (« Timoxanos demande à Zeus s'il doit s'engager dans un commerce terrestre avec les bénéfices de sa mine d'argent ; la réponse est positive, il doit rester en ville et faire ce commerce »).
Pour poursuivre avec l'histoire de la région :

Musée folklorique

R. M. Angélou - ✆ 26510 780 62 - mar., jeu.-vend. 9h-14h, merc., sam. 9h-14h, 17h30-20h, fermé dim.-lun. - 2 €.
Il possède une belle **collection** de meubles, de bijoux et d'habits traditionnels de l'Épire datant du 19e et 20e s.

★★ KASTRO (ΚΑΣΤΡΟ)

Depuis le 11e s., Ioannina vit sous la garde de cette forteresse élevée sur la péninsule dominant le lac, au nord-est de la ville. Une fois franchie la lourde enceinte d'Ali Pacha (début du 19e s.), qui intègre des éléments d'époque byzantine, de vieilles **maisons ottomanes** à encorbellements de bois jalonnent de ruelles pavées. Au bout de la rue Ioustinianou siège la **synagogue**, unique vestige de la présence juive.

★ Acropole Its-Kalé

En haut de la r. P. Ioasaf - 8h-22h.
On accède à la « forteresse intérieure » (*Iç Kale* en turc) par une porte monumentale à côté de laquelle se trouvent l'ancienne **salle de garde** et les cuisines, belle bâtisse à toit de lauzes convertie en restaurant. De là, on débouche sur l'esplanade, où se dresse la mosquée **Fetiye** *(fermé au public)*, tel un gros cube blanc fiché en terre, flanquée d'un minaret. Élevée en 1611 sur les murs d'une église du 13e s., elle fut reconstruite par Ali Pacha en 1795. Juste devant, coiffée d'un bel ouvrage en ferronnerie, se tient la tombe d'Ali Pacha.

Musée byzantin

✆ 26510 395 80 - tlj sf lun. 8h30-17h - 4 € musée et annexe.
À droite de la mosquée, le musée occupe un élégant bâtiment construit à l'emplacement du sérail d'Ali Pacha. Couvrant une période allant de l'époque paléochrétienne au 19e s., il renferme des **objets funéraires**, des **sculptures**, des **icônes** et des poteries découverts en Épire. Surtout, n'oubliez pas de visiter l'**annexe du musée★** *(également sur l'esplanade)*, qui conserve une remarquable collection de croix en argent, de vaisselle et de bijoux.

UNE INCURSION À GJIROKASTRA, EN ALBANIE

Classée au patrimoine de l'Unesco depuis 2005, Gjirokastra est située 88 km au nord-ouest d'Ioannina. Facilement accessible en auto, la ville natale de l'écrivain **Ismail Kadaré** et du dictateur Enver Hoxha est la cité la mieux préservée d'Albanie avec ses hautes **maisons fortifiées** à toits en lauze (les *kula*) et ses vertigineuses ruelles pavées qui partent à l'assaut de l'imposante **forteresse** médiévale remodelée par Ali Pacha. On peut aussi y visiter la nouvelle maison-musée consacrée à Ismail Kadaré ouverte en 2016 et profiter des nombreux petits hôtels et restaurants pas très chers. Les habitants d'Ioannina y viennent fréquemment à la journée pour faire leurs emplettes (l'euro est accepté partout). On recommande d'y passer une nuit pour arpenter tranquillement les méandres de la « ville penchée ».
Voir « Nos adresses », p. 289.

Histoire d'Ioannina

Née sous Justinien (6e s.), Ioannina reste pendant des siècles à l'écart des grands événements. Mais l'Histoire s'emballe quand le Normand **Bohémond**, pourchassé par Alexis Comnène, se retranche dans la ville, qu'il entoure de remparts (1082). Après l'occupation de Constantinople par les Latins (1204), le Grec Michel Doukas fonde le **despotat d'Épire**, dont Arta devient la capitale. Il embellit Ioannina, deuxième ville de l'État, et fait élever les premiers monastères sur Nissi Ioanninon. Au début du 14e s., l'Empire byzantin reprend autorité sur la ville mais en lui concédant une certaine autonomie et le statut de métropole religieuse.

Un retournement survient à la fin du 14e s., lorsque la cité tombe sous le joug du **tyran serbe Preljubovi** qui fait de la ville la capitale de son despotat. Pour contrer la menace albanaise, celui-ci fait appel à de nouveaux venus sur la scène balkanique : les **Ottomans**. En 1430, Ioannina se rend à eux sans combattre, se préservant ainsi du pillage et conservant ses privilèges. Avec le 16e s., la région connaît une grande prospérité économique et artistique. Mais, en 1611, la rébellion de **l'évêque Dionysios** provoque une violente réaction de la part des Ottomans, qui abolissent les privilèges de la cité et expulsent les chrétiens de la citadelle.

Malgré tout, Ioannina conserve son dynamisme commercial. Au 17e s., elle se couvre d'églises, ses écoles acquièrent une grande renommée et, au siècle suivant, elle s'affirme comme l'un des centres grecs de la philosophie des Lumières. Nommé pachalik d'Épire en 1789, **Ali Pacha** mène une lutte sans merci contre les Souliotes révoltés. Inquiet de ses ambitions, l'empire ottoman envoie alors une armée de 50 000 hommes pour assiéger la ville qu'Ali Pacha a fait fortifier. Réfugié sur Nissi Ioanninon, ce dernier y sera finalement assassiné en 1822 après avoir soutenu les révolutionnaires grecs. Mais les nationalistes devront patienter jusqu'en 1913 pour voir l'arrivée des troupes grecques. Dernier sursaut de l'histoire, la **Seconde Guerre mondiale** marquera cruellement la cité, avec un bombardement allemand et la déportation de la communauté juive, présente depuis le 14e s.

La cession de la garnison ottomane d'Ioannina.
Grenville Collins Postcard Collection/Mary Evans Picture Library/Photononstop

La **tour** (1082) que l'on aperçoit derrière est le seul vestige du kastro des Normands.

Acropole Epano Goulas

Rejoignez le nord de la citadelle en suivant les panneaux « Musée municipal ».
Ancien domaine des palais byzantins, cette seconde acropole est désormais dominée par la silhouette élancée du minaret de la **mosquée Aslan Pacha★** (1618), élevée après la destruction de l'église St-Jean.
Musée municipal – *✆ 26510 263 56 - 9h-20h (15h en hiver) - 3 €.* Une galerie, qui fait le tour de l'ancienne salle de prière, a été transformée en musée. Les communautés grecque, turque et juive, qui ont cohabité à Ioannina jusqu'au 20e s., y sont évoquées à travers une très intéressante collection de costumes traditionnels, de parures féminines, d'armes et d'objets en argent, ces derniers ayant longtemps fait la renommée de la ville. De la terrasse, profitez aussi de la belle **vue★** sur le lac et les montagnes.

★★ ÎLE DE IOANNINA (NISSI IOANNINON - ΝΗΣΙ ΙΩΑΝΝΙΝΩΝ)

Embarcadère, au nord, place Mavili.
Si le trajet est plaisant, on doit aussi reconnaître que le **lac Pamvotida,** sale et pollué, n'est pas entretenu comme il le devrait. Heureusement, cette île de 800 m de longueur et 500 m de largeur a d'autres atouts. Outre ses monastères, chefs-d'œuvre de l'art postbyzantin, l'îlot abrite un village de pêcheurs aux ravissantes **maisons à toits de lauzes★**.
Du débarcadère, vous traverserez le village jusqu'au **monastère Agios Panteleimonas** du 16e s. *(été : 8h-22h ; hiver : 9h-20h)*, où Ali Pacha fut assassiné. Pour relater le souvenir de ce personnage, une jolie chaumière a été transformée en **musée** *(9h-21h - 3 €)*. Le plancher, troué, témoignerait des ultimes échanges de tirs.
Au-delà, le **monastère Agios Ioannis Prodromos** garde son église du 16e s., ainsi qu'une **grotte** aménagée en ermitage.
Amateurs de peinture byzantine, ne manquez pas le **monastère Philanthropini** *(Spanos, 8h30-15h)*, qui couronne une butte de l'autre côté du village *(pour les deux derniers monastères, demandez les clés aux gardiens qui vivent sur place)*. Bâti au 13e s. et remanié au 16e s., il renferme un superbe cycle de **fresques★** (16e s.) témoignant de l'inventivité sans limites qui animait les persécuteurs des chrétiens.

LE LÉGENDAIRE ORACLE DE DODONI

Selon une tradition rapportée par Hérodote, deux colombes parties de Thèbes, en Égypte, seraient à l'origine de l'oracle. L'une se rendit en Libye, où elle fonda le sanctuaire de Zeus Ammon, et l'autre traversa la Méditerranée pour se rendre à Dodoni. Perché sur un chêne, l'oiseau annonça aux habitants que Zeus habitait l'arbre. L'oracle, manifesté par le bruissement des feuilles, fut dès lors interprété par des devins qui dormaient sur place et ne se lavaient jamais les pieds, pour rester en contact avec la terre ! Le sanctuaire apparaît dans plusieurs légendes et textes classiques : notamment dans l'histoire de la Toison d'or, où Jason place une branche du chêne sacré à la poupe de son navire pour se prémunir des dangers, et dans *l'Odyssée*, où Ulysse vient consulter l'oracle pour trouver le chemin d'Ithaque.

La mosquée Fetiye sur l'acropole Its-Kalé, à Ioannina.
R. Mattes/hemis.fr

À 100 m de là, le ravissant monastère **Agios Nikolaos Dilios**★ *(Stratigopoulos)*, du début 14e s., jouit d'une **vue**★ superbe sur Ioannina. Outre une belle **iconostase** en bois, l'église abrite des **fresques**★ (16e s.) aux tons délicats et au sujet moins âpre : un cycle complet sur la vie de la Vierge, le seul de cette époque en Épire.

À proximité Carte de région B1 p. 277

★★★ Grotte de Pérama (Spilaio tou Peramatos - Σπηλαίο του Περάματος)

6 km au nord de Ioannina - ✆ 26510 815 21 - www.spilaio-perama.gr - 9h-17h (dernière entrée 16h30) - 7 € (6-18 ans 3,50 €) visite guidée - prévoyez un pull et de bonnes chaussures.

Les rues du village, embouteillées, rendent sa traversée difficile. Vous pouvez rejoindre le site en taxi ou en bus *(bus n° 8, près de la tour de l'horloge à Ioannina, départs toutes les 20mn, durée 15mn).*

La grotte, formée sous la colline de Goritsa il y a 1,4 million d'années, fut découverte lors de la Seconde Guerre mondiale par des villageois en quête d'un abri pour se protéger des bombardements. Un sentier de 850 m de longueur et un escalier de 163 marches mènent à l'étrange forêt de concrétions calcaires multicolores. Cette promenade souterraine sera l'occasion de découvrir stalactites et stalagmites aux formes surprenantes.

Après la visite, faites un détour par l'ancienne route nationale qui surplombe le lac puis prenez à gauche en direction de Ligiades.

Ligiades

Un monument sur la place principale de ce village martyr rappelle que le 3 octobre 1943, des dizaines d'habitants furent massacrés par les troupes allemandes. Sur la place principale, la terrasse du café laisse voir, sans doute, le plus beau **panorama**★★ sur Ioannina.

LE PLUS ANCIEN ORACLE GREC

L'oracle de Dodoni dériverait d'un culte rendu par les anciens Épirotes (3e millénaire), culte bien antérieur à l'arrivée des Grecs (16e s. av. J.-C.) qui lui substituèrent celui de Zeus. Les rites liés à la grande déesse de l'Abondance et de la Fertilité se maintinrent en parallèle, mais celle-ci prit le nom de **Dioné**. À la fin du 5e s. av. J.-C., le sanctuaire passa aux mains des Molosses, avant d'être pillé, malgré son caractère hautement sacré, par les Étoliens (219 av. J.-C.), puis par les Romains (168 av. J.-C.). L'oracle, pour finir, devait se taire à tout jamais au 4e s. apr. J.-C. lorsque Théodose imposa la fermeture des sanctuaires païens. Le site semble avoir été déserté à la suite d'invasions slaves. Les fouilles, effectuées en plusieurs étapes à partir de 1875, ont également révélé des ruines de basiliques des 5e-6e s.

Excursion Carte de région B1 p. 277

★★ DODONI (ΔΩΔΩΝΗ)

Comptez 1h de visite. 21 km au sud de Ioannina - ✆ 26510 822 87 - tlj sf lun. 8h30-17h (hors saison 8h-19h) - 2 € (- 18 ans gratuit).

Dans un magnifique cirque de montagne, dominé par les **monts Tomaros** (1 974 m et 1 816 m), l'antique sanctuaire de Dodone occupe un site empreint d'une sereine majesté, évocation subtile de son caractère sacré.

Les édifices officiels

Le **théâtre★★★** de Dodoni, remarquablement conservé, compta parmi les plus grands de la Grèce antique, pouvant accueillir 17 000 personnes. Bien qu'appuyé à la pente d'une colline, le poids de ses pierres et les dimensions de l'ouvrage imposèrent à ses bâtisseurs de surélever la partie supérieure des gradins et d'ajouter deux puissants murs de soutien latéraux. La scène, qui comportait deux étages, était précédée par un portique à treize colonnes, dont on aperçoit les restes. Bâti au début du 3e s. av. J.-C., sous Pyrrhus, le théâtre accueillait tous les quatre ans le réputé festival des Naïa. Mais la poésie grecque céda la place aux rugissements des fauves et aux hurlements des gladiateurs à l'époque romaine. Les premiers gradins furent alors enlevés et la piste fut séparée du public par un mur accompagné d'un canal d'évacuation des eaux.

Derrière les gradins, au sommet de la colline, s'étendait l'**acropole**, dont subsiste une partie de l'enceinte (4e s. av. J.-C.).

Au pied du théâtre, on distingue l'extrémité est du **stade** (fin du 3e s. av. J.-C.), où se déroulaient les compétitions athlétiques lors des Naïa. Au début du 2e s., ces jeux égalèrent en notoriété ceux d'Olympie et de Corinthe.

Puis le sentier passe entre les vestiges du **bouleutérion** *(à gauche)*, le Conseil de la cité, et du **prytanée** (fin du 3e s. av. J.-C.), l'assemblée des magistrats *(fouilles en cours)*. Le premier édifice, construit en hémicycle à flanc de colline, conserve une partie de sa colonnade dorique, mais il ne reste presque rien des gradins où prenaient place les membres du Conseil. On a néanmoins retrouvé des fragments de statues de bronze représentant des généraux épirotes (3e-2e s. av. J.-C.).

Le groupe des sanctuaires

Passé le temple d'Aphrodite et celui de Thémis, dont presque rien ne subsiste, vos pas vous mèneront au **sanctuaire de Zeus Naios** *(Hiera Oikia)*, où siégeait l'oracle. À l'origine (8e s. av. J.-C.), celui-ci était consulté en plein air, sous un chêne sacré autour duquel on disposait des chaudrons. Plusieurs temples ont succédé au premier édifice (4e s.) et, après la razzia des Étoliens, les Épirotes et les Macédoniens édifièrent un nouveau temple, monumental, avec un large vestibule tétrastyle (à 4 rangées de colonnes) précédé d'un propylée ionique. Ce sont les ruines de ce dernier édifice, brûlé par les Romains au 2e s. apr. J.-C., que l'on aperçoit aujourd'hui, autour d'un chêne que les archéologues ont planté. La visite s'achève par les ruines des deux **temples de Dioné** (4e et 3e s. av. J.-C.) et du **temple d'Héraclès**, en partie recouvert par les restes d'une basilique à trois nefs (5e-6e s. apr. J.-C.).

NOS ADRESSES À IOANNINA

INFORMATIONS UTILES

Banques – Nombreux distributeurs de billets dans le centre-ville.

Poste – *48 r. Makariou - ✆ 24210 831 61.*

Police touristique – *11 r. 28 Oktovriou, en face de l'EOT - ✆ 26510 659 22.*

Hôpital général – *Av. Panepistimiou - ✆ 26510 991 11.*

ARRIVER/PARTIR

En avion

Aéroport de Ioannina – *À 5 km du centre - ✆ 26510 836 00.* Liaisons avec Athènes (2/j.). Liaisons en bus avec le centre. Comptez 5 € en taxi.

Aegean Air – *✆ 21062 617 00 - www.aegeanair.com.*

En bus

Deux terminaux de bus Ktel à choisir en fonction de sa destination.

4 r. Zossimadon – *✆ 26510 262 86 - www.ktelioannina.gr.* Liaisons avec Athènes (7/j., durée 6h30), Thessalonique (5/j., durée 7h), Igoumenitsa (6/j., durée 2h), Metsovo (2/j.), Trikala (2/j., durée 3h30) et Konitsa, (5/j., durée 1h).

19 r. Bizaniou – *✆ 26510 250 14.* Liaisons avec Patra (2/j., durée 3h), Préveza (8/j., durée 2h) et Arta (8/j., durée 2h30).

TRANSPORTS

En voiture

Location de voitures – **Budget** - *109 r. Dodonis - ✆ 26510 439 01*; **Hertz** - *105 r. Dodonis - ✆ 26510 448 36*; **Avis** - *71 r. Dodonis - ✆ 26510 463 33*; **Tomaso** - *42 r. Dodonis - ✆ 26510 669 00.*

En taxi

Radio-taxi – *✆ 26510 467 77.* Taxis près de la tour de l'Horloge et aux terminaux de bus.

En bateau

Nissi Ioanninon – *Pl. Mavili - ttes les 30mn en été, ttes les h en hiver, de 7h à 23h30 - durée 15mn - 2 €.*

HÉBERGEMENT

Ioannina regorge d'hôtels car des colloques y sont régulièrement organisés. Il est donc conseillé de réserver, surtout le w.-end. Si vous souhaitez plus de charme, essayez de loger dans le kastro.

Ioannina

PREMIER PRIX

Camping Limnopoula – Hors plan - *10 r. Kanari - au nord de la ville, près du club nautique - ✆ 2651 025265 - avr.-oct. - 70 empl. 20 €.* Au bord du lac mais malheureusement bruyant.

5

BUDGET MOYEN

10 **Palladion** – *1 r. Noti Botsari - ✆ 2651 025856 - www.palladionhotel.gr - P - 111 ch. et 10 suites 60 € ☕ - ✕.* On retiendra cet hôtel pour sa situation dans le centre de la ville et le professionnalisme de son accueil en anglais.

4 **Egnatia** – *20 r. Aravadinou - angle Dagli - ✆ 2651 025667 - www.hotel-egnatia.gr - P - 52 ch. 40/50 € ☕.* Un hôtel bien tenu aux chambres confortables bien que sans caractère.

3 **Dioni** – *10 r. Tsirigoti - ✆ 2651 027864 - www.dionihotel.com - P - 52 ch. 50 € ☕.* Un hôtel moderne en centre-ville. Petites chambres propres et confortables avec loggia.

5 **Platonos et Filyra** – *11 et 18 r. Paleologou - ✆ 2651 083560 - www.hotelfilyra.gr - 9 studios (2-4 pers.) 70 €.* Deux maisons charmantes en pierre refaites à neuf, au cœur de la citadelle. Studios spacieux et tout confort.

7 **Kastro** – *57 r. Paleologou - dans la citadelle - ✆ 2651 022866 - http://hotelkastro.gr - 7 ch. 85 € ☕.* Installé dans une vieille maison en pierre, cet hôtel de charme jouit d'une excellente situation. Chambres confortables et bien tenues. Calme.

8 **Its Kale Boutique Hotel** – *64 r. Paleologou - dans le kastro - ✆ 2651 032777 - http://itskale-hotel.gr - 7 ch. 80 € ☕.* Dans une autre belle maison en pierre, d'élégantes chambres épurées et un petit-déjeuner maison. Jardin.

9 **Olympic** – *2 r. J. Melanidis - ✆ 2651 022233 - www.hotelolymp.gr - P - 54 ch. 70 € ☕ - ✕.* Sans charme particulier, cet hôtel bien situé propose des chambres correctes et un accueil professionnel.

POUR SE FAIRE PLAISIR

1 **Metropolis** – *33 r. Averof - ✆ 2651 030004 - www.metropolishotel.gr - 9 ch. 105/140 € ☕.* Chambres ravissantes au cœur d'une bâtisse néoclassique. Charme et confort au rendez-vous.

6 **Hotel du Lac** – *Entre A. Miaouli et r. Ikkou - ✆ 2651 059100 - www.hoteldulac.gr - 🏊 - 170 ch. 120 € ☕.* À proximité du lac mais un peu excentré, cet hôtel, prisé des congrès, possède une piscine et un Spa.

Gjirokastra (Albanie)

BUDGET MOYEN

Hotel Kalemi 2 – *Rruga Alqi Kondi - Albanie - http://hotelkalemi.tripod.com - 16 ch. 40/45 € ☕.* Situé en contrebas de la rue des artisans, cette élégante maison en pierre dispose de chambres décorées avec soin, notamment des plafonds en marqueterie typiques de l'Épire. Accueil en anglais et très bon petit-déjeuner traditionnel. Possibilité d'excursions avec guide. Réservation indispensable.

RESTAURATION

☺ – Outre la place Georgiou, la rue Stratarchou Papagou abrite de nombreux restaurants avec terrasses donnant sur le lac. On y sert à toute heure une cuisine correcte, mais sans surprise. Pour déguster une truite ou une anguille (la spécialité locale) au calme, rien ne vaut les tavernes de l'île.

Ioannina

PREMIER PRIX

2 **Café Its Kale** – *Dans la citadelle, à l'entrée de l'Acropole - ✆ 2651 064206 - 10 € env.* Quelques mezzes, des salades et des sandwichs à déguster dans la citadelle.

4 O Gyros tou Kastrou – *16 pl. Georgiou - face à l'entrée de la citadelle - ✆ 2651 038044 - 15 € env.* Cuisine grecque simple (grillades, rôtisserie), mais de qualité.

BUDGET MOYEN

1 Agnanti – *Sur le port, à gauche - ✆ 2651 022010 - www.toagnanti.com - 15/25 €.* Installé dans le port, ce restaurant, assez élégant, sert une bonne cuisine traditionnelle. La vue sur le lac, dont vous bénéficiez la journée, se révèle un atout supplémentaire.

Nissi Ioanninon

– Évitez les tavernes situées à l'embarcadère. Préférez celles du village.

PREMIER PRIX

Taverna Propodes – *✆ 2651 081214 - 10/15 €.* Sur la place du musée d'Ali Pacha, à l'ombre de quelques peupliers, cette taverne sert une cuisine simple mais roborative.

PETITE PAUSE

Diethnes – *2 pl. Mavril.* Cet agréable glacier sert aussi des pâtisseries locales à emporter. Une bonne adresse, surtout si vous voyagez avec des enfants.

ACHATS

Marchés, rues commerçantes

Marché de la r. Papafilou chaque matin sf dim. La rue M. Angelou concentre la plupart des librairies de la ville. La rue piétonne Lordou Vironos est entièrement vouée au commerce.

Produits locaux

Thavmastos – *41 r. K. Karamanli - ✆ 2651 069992.* Vaste choix de fruits confits, de pâtisseries et de confitures de l'Épire.

Gianniotikis Technis – *77 r. Averof - ✆ 2651 025437.* Un joli choix de bijoux en argent, d'icônes et de komboloïs dans ce magasin spécialisé dans l'art populaire.

BOIRE UN VERRE

– La place Mavili offre un vaste choix de bars avec terrasses ouvrant sur le lac.

Golfy's Backyard – *Stoa Liambei.* Plus authentique que son nom ne le laisse supposer, cet agréable bar est caché dans un dédale de stoa, des passages piétons discrets entre deux rues. Cocktails à base de tsipouro ou d'ouzo, ou bières.

ACTIVITÉS

Randonnées

Club alpin grec - EOS – *15 r. Smyrne - ✆ 2651 022138 - www.orivatikos.gr.* Randonnées dans la région, en particulier dans les Zagoria.

AGENDA

Fête du vin de Zitsa – *24 km au nord-ouest de Ioannina.* Fin du mois d'août. À ne pas manquer.

Festival de théâtre de rue – *Fin du mois d'août - www.streetheater.gr.* À ne pas manquer.

Le pays des Zagoria

(Ζαγόρια)

★

Région d'Épire - Unité régionale de Ioannina

Dispersés sur les flancs du massif du Timfi, les quarante-six villages de la région des Zagoria se fondent dans un paysage de montagnes, couvert de forêts et traversé de gorges et de torrents. La population vit au rythme des transhumances mais son vieillissement menace l'activité économique locale de certains villages, tels Papingo, Monodendri et Tsepelovo, qui ne doivent leur pérennité qu'au tourisme. Car tous ont largement de quoi séduire le visiteur, avec leurs maisons traditionnelles, leurs églises ornées de fresques et leurs vieux ponts de pierre jetés sur quelque rivière impétueuse.

NOS ADRESSES PAGE 295
Hébergement, restauration, achats, activités, etc.

S'INFORMER

Centre d'information du Parc national de Pindos – *À Aspraggeli, à l'entrée des Zagoria - ✆ 26650 222 41 - mar.-vend. 9h-14h45, w.-end 10h-15h30.*

Office de tourisme de Ioannina – *Voir p. 282.* Fournit des renseignements utiles.

Sites Internet – *www.epirushotels.gr.*

SE REPÉRER

Carte de région B1 (p. 277) et carte du pays des Zagoria (ci-contre).

À NE PAS MANQUER

Les gorges de Vikos ; les villages d'Aristi, Megalo Papingo et Mikro Papingo.

ORGANISER SON TEMPS

Comptez trois journées d'excursion minimum. La descente des gorges ne présente guère de difficulté, mais les randonnées en montagne exigent une bonne condition physique. Mieux vaut disposer d'un véhicule personnel.

Découvrir Carte du pays des Zagoria

Zagoria doit son nom à un terme d'origine slave signifiant « au-delà des montagnes ». Couverte d'un majestueux manteau de neige en hiver, la région échelonne ses sommets de 420 m à 2 456 m, embrassant le **massif du Timfi**, un fragment de la chaîne du Pinde du Nord. Un pays protégé, site du **Parc national Vikos-Aoos** qui englobe la plus grande partie du territoire. Traversée par l'Aoös et le Voïdomatis, une rivière à truites qui coule au fond des gorges de Vikos, il abrite un biotope exceptionnel – érables, chênes, saules, châtaigniers, cèdres et épineux –, où vivent des daims, des sangliers et des chèvres sauvages, mais aussi de rares ours, des loups et des chats sauvages.

Circuit conseillé Carte du pays des Zagoria

Circuit au départ de Ioannina tracé en vert sur la carte du pays des Zagoria (ci-contre).

À Ioannina, prenez la route de Konitsa, vers le nord. Parvenu à Metamorfosi/Karies *(15 km de Ioannina)*, à la sortie prenez à droite pour continuer jusqu'au

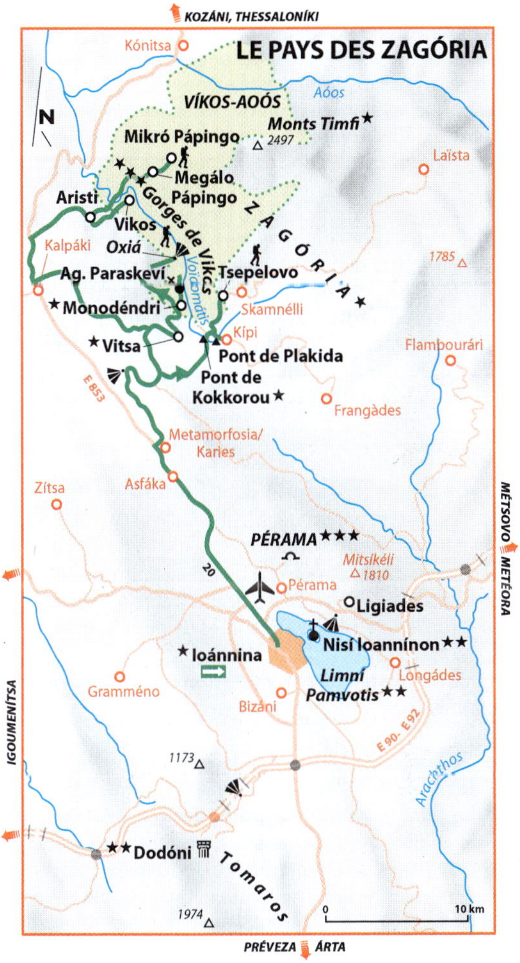

pont de Kokkorou★ *(Noutsou, à 15 km)*, bel ouvrage bâti en 1750.

Puis, juste avant Kipi, l'étrange silhouette du **pont de Plakida** (1814) surgit au fond d'une gorge, dessinant ses trois dos-d'âne élégants au-dessus de la rivière. Perché sur le flanc sud du massif, **Tsepelovo** attire moins de touristes que les gorges voisines de Vikos. Pourtant, ce gros bourg aux vieilles maisons de pierre jouit d'un magnifique **panorama**★ et de belles **randonnées** s'offrent à vous dans les montagnes environnantes.

Au-delà de Tsepelovo et Skamneli, la route traverse une sombre forêt de conifères d'où émerge, par endroits, les **monts Timfi**★, d'une beauté souveraine.

★ Vitsa

Cette localité se trouve dans un paysage superbe et conserve un bel ensemble de maisons traditionnelles. Des fouilles y ont mis au jour un village habité entre le 9e et la fin du 4e s. av. J.-C.

Poursuivre la petite route de montagne en direction de Monodendri, situé à 3 km.

UNE SOCIÉTÉ ORIGINALE

Traditionnellement, les classes sociales ont toujours été peu marquées en pays zagoria ; mais l'on distinguait trois groupes : ceux qui, occupant une position reconnue, avaient le droit de posséder des biens (marchands, érudits, prêtres…) ; les Arvanites et les Souliotes, assimilés à la communauté, qui assuraient la protection des villages et s'adonnaient à l'occasion au banditisme ; les Gitans, enfin, dépourvus de terre, vivant modestement comme forgerons, musiciens ou rempailleurs. L'économie reposait sur le bois, l'élevage, l'agriculture et les revenus envoyés au pays par les Zagoriotes émigrés depuis le 12e s. Avec la révolution industrielle, à la fin du 19e s., la région entama un déclin inexorable et, depuis, l'aspect des villages n'a guère évolué. Ils présentent une construction dense, avec un centre unique, le *mesochori*, qui regroupe les bâtiments publics (école, église, café). Au-delà, les maisons sont réparties en voisinages *(mahallas)* que parcourent tout un réseau de sentiers et de chemins muletiers empierrés *(kalderimia)*.

★★★ Gorges de Vikos (Farangi Vikou - Φαράγγι Βίκου)

Comme taillée à la hache par un géant, une faille vertigineuse, profonde de 1 000 m, déchire le flanc de la montagne, servant de lit à la rivière Voïdomatis. Jouissant du meilleur **panorama★★** de la région, **Monodendri★** sera le point de départ de votre randonnée. Mais, pour l'heure, offrez-vous une petite balade dans les ruelles du village encadrées de murs en pierre fleuris, avant de déguster une *pita*, la spécialité locale.

De l'**église Agios Minas**, gagnez à pied le **monastère Agia Paraskevi** (15e s.), saisissant petit bastion de pierres grises accroché à un éperon rocheux au-dessus de l'abîme.

Si vous disposez d'un véhicule, vous pouvez compléter votre découverte en prenant la piste *(7 km)* qui mène au lieu-dit **Oxia**, une formation rocheuse en surplomb des gorges qui offre un **point de vue★★★** à couper le souffle.

À partir de l'église Agios Athanasios, un sentier descend au fond des **gorges★★★** *(45mn)* dans un extraordinaire décor minéral aux parois vertigineuses, au cœur duquel on se sent lilliputien. On arrive ainsi sous le village de Vikos *(5h de marche)*, à l'extrémité nord, dans l'ombre omniprésente, presque oppressante, des falaises.

Puis, c'est la montée au village de **Vikos**, doté d'une jolie **église**, mais surtout d'un **panorama★★** hors pair sur les gorges et les monts Timfi, magnifique crête bleutée nimbée de rouge à l'heure du crépuscule. Un spectacle dont vous pourrez également profiter si vous y allez par la route, *via* **Aristi** *(44 km)*, village en plein essor et point de départ de nombreuses activités.

Poursuivez ensuite jusqu'à **Megalo Papingo** *(15 km)* qui a su préserver sa douceur de vivre, à l'écart du monde moderne. Prenez le temps de savourer la beauté sauvage du **site★★** autant que le charme de l'**architecture traditionnelle★★** des églises et des maisons. L'accueil est ici sobre mais chaleureux.

Planté au pied d'une falaise, **Mikro Papingo** *(2 km)* possède aussi une jolie **église** à galerie latérale, propre au style local. Promenez-vous au fil de ses ruelles pavées où résonnent les sabots des chevaux, des mulets, des chèvres ou des moutons… Les grappes de raisin qui pendent çà et là sous les treilles, gonflés de jus, servent à faire un délicieux petit vin de table. De quoi vous tonifier pour une des nombreuses **randonnées** auxquelles invitent les environs !

NOS ADRESSES DANS LE PAYS DES ZAGORIA

INFORMATIONS UTILES

Banque/change – Attention, pas de distributeurs dans les villages !
Centre WWF – *À Mikro Papingo - ✆ 26530 410 71 - www.wwf.gr.* Il fournit des informations sur la faune et la flore, ainsi que sur ses projets de recherche sur les chamois et sur la rivière Voïdomatis, la plus propre d'Europe. Exposition permanente.

TRANSPORTS

En bus

Terminal – *R. Zosimadon à Ioannina.* L iaisons entre Ioannina et les Zagoria : Monodendri (lun., jeu.), Papingo (vend. et dim.) et Tsepelovo (lun., merc. et vend.).

En voiture

Taxi de Konitsa – *✆ 26550 224 71.*
Taxi de Ioannina - *✆ 26510 467 77.* À Vikos, si vous ratez le dernier bus, il vous faudra faire appel à un taxi.
Location de voitures – *Voir Ioannina p. 289.*

HÉBERGEMENT

Malgré le bon choix d'hôtels et de pensions aménagées dans des maisons de caractère de la région, il vaut mieux réserver. À Aristi, l'offre reste encore peu connue, profitez-en ! Les prix indiqués augmentent en hiver et à Pâques.

Aristi

POUR SE FAIRE PLAISIR

Aristi Mountain Resort – *À l'entrée du village - ✆ 2653 041330 - www.aristi.eu - 23 ch. 150 €* ☕. Le rêve : des maisonnettes avec vue sur les montagnes, Spa, piscine intérieure et accueil francophone. Si vous n'y logez pas, venez juste y manger ou boire un verre (voir « Restauration »). L'hôtel fait aussi partie depuis 2015 du très sélectif réseau des « National Geographic Unique Lodges of the World ».

Koukouli

POUR SE FAIRE PLAISIR

Koukouli Guesthouse – *Pl. centrale - ✆ 2653 071627 - 10 ch. 100 €* ☕. Dans ce minuscule village, une jolie pension installée dans 3 maisons traditionnelles, dont l'ancienne école. Les chambres (2 à 4 pers.) sont confortables et décorées de couleurs chaudes. Accueil sympathique en français et des conseils pour les randonnées à faire dans les environs.

Tsepelovo

BUDGET MOYEN

Pension Gouris – *À droite juste avant d'arriver à la place principale, remontez la ruelle et tournez au panneau - ✆ 2653 081214 - 8 ch. 30/50 €.* Un petit établissement familial et confortable, tenu par une patronne adorable. Prix très modérés.
Drakolimni – *À l'entrée du village - ✆ 2653 081318 - www.drakolimni.com - 31 ch -50 €* ☕ - ✕. Le plus grand hôtel du village, au confort irréprochable, fonctionne surtout avec des groupes (adieu hospitalité, adieu tranquillité…).
Pension Fanis – *En haut du village - ✆ 2653 081271 - 7 ch. 40/60 €.* Une demeure ancienne, rustique mais confortable, à l'accueil familial. Le patron possède aussi l'hôtel Tsouka Rossa (8 ch.), un établissement neuf situé juste en face (la vue est superbe) où il est possible de prendre le petit-déjeuner.

Monodendri

BUDGET MOYEN

Monodendri – *Dans la partie haute du village - ✆ 2653 071300 - www.monodendrihotel.com - 22 ch. 70 €* ☕ - ✕. Une magnifique bâtisse du 17e s., un restaurant excellent et un accueil chaleureux ; bref, l'adresse idéale. La partie la plus ancienne du bâtiment a plus de charme, mais la salle de bains est à l'extérieur. Des travaux ont récemment agrandi l'hôtel qui dispose désormais de 15 chambres supplémentaires.

Ladia – *À l'entrée du village - ✆ 2653 071483 - www.ladiasmonodendri.com - 18 ch. 40/50 €* ☕. Un nouvel hôtel, bâti dans le style local. Les chambres, avec cheminée et balcon, sont bien tenues et confortables. Petit-déjeuner dans la salle à manger ou sur la terrasse.

Vitsa

BUDGET MOYEN

Selini – *✆ 2653 071350 - 8 ch. 55 €* ☕ - ✕. Avant Vitsa, prenez le chemin, à droite, qui mène à ce petit hôtel isolé, jouissant d'une vue superbe. Confort et propreté irréprochables. L'établissement dispose aussi d'un minibus pour vous emmener sur les départs de randonnées ou venir vous chercher aux aéroports de Ioannina et Préveza.

Mikro/Megalo Papingo

BUDGET MOYEN

Kalliopi Resort – *Megalo Papingo, prenez à droite de l'église - ✆ 2653 041081 - 7 ch. 60/80 €* - ✕. Ce petit hôtel familial et accueillant possède divers types de chambres, toutes rénovées en 2011 et certaines avec cheminée et salle de bains avec hydromassage. Le soir venu, on déguste les produits du potager sur la terrasse du restaurant en admirant la vue sur la vallée…

RESTAURATION

Aristi

BUDGET MOYEN

Salvia – *À l'entrée du village - ✆ 2653 041330 - 25/40 €*. Le restaurant de l'Aristi Mountain Resort mérite le détour pour sa terrasse, la vue, sa carte simple et des prix tout à fait abordables. Mais surtout, pensez à réserver !

Monodendri

PREMIER PRIX

I Pita Tis Kikitsas – *Pl. centrale - ✆ 2653 071340 - 10 €*. Un excellent endroit pour déguster la meilleure pita de la région (à commander à l'avance), à l'ombre d'un platane.

Megalo Papingo

PREMIER PRIX

Nikos Tsoumanis – *✆ 2653 041893 - www.tsoumanisnikos.gr - 15 €*. À côté de la guest-house du même nom. Spécialité de tartes salées.

ACTIVITÉS

Randonnées

Robinson Expeditions – *Village de Kipi - ✆ 2653 071517 - www.robinson.gr*. Cette agence, spécialisée dans la visite du pays des Zagoria, organise toutes sortes d'activités (randonnées, VTT, escalade, parapente, canyoning).

Rafting

No Limits – *Village de Konitsa - ✆ 2655 023777 - www.nolimits.com.gr*. Cette agence propose une descente (facile) du Voïdomatis.

Sur la côte Ionienne

★

Région d'Épire - Unité régionale de Préveza

Comme un contrepoint aux rudes terres montagnardes de l'arrière-pays, la côte Ionienne offre une variante adoucie de l'Épire, dédiée au soleil et aux plaisirs balnéaires. Vertigineuses falaises plongeant dans la mer, petites criques baignées d'eaux turquoise, ports de pêche nichés au creux d'admirables abris naturels… le littoral occidental n'a rien à envier aux îles de la mer Égée. Et malgré l'afflux touristique, vous y découvrirez toujours une station à taille humaine et une plage loin de la foule où poser votre serviette. Fenêtre de la Grèce sur l'Italie, la région a entretenu pendant des siècles une relation intime avec Venise, sensible à Préveza et à Parga. Mais son passé remonte bien plus loin que le Moyen Âge : vous le découvrirez au Nekromanteion d'Efira, site d'un oracle renommé, consacré aux dieux des Enfers, qui jette un éclairage passionnant sur l'univers mystique des anciens Grecs.

NOS ADRESSES PAGE 301
Hébergement, restauration, achats, activités, etc.

S'INFORMER

Office du tourisme d'Igoumenitsa – *Sur le vieux port - ☏ 26650 222 27 - tlj sf w.-end 7h-14h.*

Informations touristiques de Parga – *Pl. V. Vassilia, dans les locaux de la mairie - ☏ 26840 321 07 - www.parga.com.*

EOT de Préveza – *R. Balkou, dans un bâtiment tout neuf de la municipalité - ☏ 26820 210 78 - été : 9h-13h, 18h-21h.* Informations sur les horaires de bus, les sites culturels de la région, plan de la ville.

Sites Internet – *www.visit-preveza.com (site officiel de l'unité régionale, en anglais) ; www.parga.net (en anglais).*

SE REPÉRER

Carte de région A1-2 (p. 277).

À NE PAS MANQUER

Flâner dans les rues de Parga ; visiter le Nekromanteion d'Efira et Nikopoli.

ORGANISER SON TEMPS

En venant d'Italie, réservez bien à l'avance votre ferry pour Igoumenitsa.

5

Circuit conseillé Carte de région p. 277

D'IGOUMENITSA À PRÉVEZA

Circuit au départ d'Igoumenitsa tracé en mauve sur la carte de région (p. 277).

Igoumenitsa A1

Principal port d'embarquement des ferries entre la Grèce et l'Italie, et pour les îles Ioniennes, Igoumenitsa n'a pas de charme particulier, mais ses innombrables hôtels, restaurants et agences de voyages en font une étape pratique. Vous pouvez ensuite gagner directement Parga *(51 km)* ou prendre le chemin des écoliers – notre option – en suivant la côte et ses stations balnéaires. Première étape de votre balade, **Plataria** *(à 12 km)* s'étire le long d'une plage au fond d'une large baie. La route s'élève ensuite sur le flanc abrupt de la montagne, suspendue au-dessus de la mer, offrant un magnifique **panorama★** qui s'étend jusqu'à Corfou.

Sivota A2

À 10 km de Plataria.

La paisible station de Sivota comporte un petit port de plaisance que protègent deux **îlots**. Aux alentours s'égrènent de nombreuses plages invitant à la baignade.

★ Arilas A2

À 12 km de Sivota.

Les maisons dispersées ondulent sur les collines enserrant une crique enchanteresse. La petite ville abrite aussi un **port de plaisance** et les environs cachent quelques petites plages isolées.

La route traverse ensuite un somptueux **paysage★★** de collines couvertes d'oliviers, alternant avec des criques ourlées de plages. Puis, peu avant Parga, levez le nez vers les hauteurs, où se dresse la grande **citadelle d'Anthousa** *(à 12,5 km).*

★★ Parga (Πάργα) A2

Comptez une journée.

Parga *(2 505 hab.)* occupe un site unique, à cheval sur deux petites baies fermées par un îlot rocheux où la mer semble se faire lac. Cet ancien village de pêcheurs a su conserver son charme malgré l'irruption du tourisme de masse. Placé sous la protection d'un fort vénitien, un dédale de ruelles dévale la colline jusqu'au port, cœur de la vie de Parga d'où la circulation automobile a été bannie ; l'anse voisine, beaucoup plus calme, dispose d'une agréable plage.

Témoin d'une histoire mouvementée, la **citadelle** (1572) couronne la péninsule rocheuse, cernée par les cyprès et les pins. Du sommet, on a une **vue★** superbe sur la ville, et l'on aperçoit même les chapelles et le fortin français de l'**île de Panagia**.

Prenez aussi le temps d'explorer les plages des environs, dont celle de **Valtos** (de l'autre côté de la citadelle, à pied ou en caïque), assez grande, mais surtout celle de **Lihnos★**, ravissant ruban de sable *(3 km au sud de Parga, tavernes, hôtels)* ourlant une baie dominée par des falaises et des collines couvertes d'oliviers et de cyprès.

HISTOIRE DE PARGA

Occupé en permanence depuis l'ère mycénienne, le site de Parga devient au Moyen Âge le centre de toutes les convoitises, faisant figure de poste avancé du monde chrétien face aux Turcs. Lors de la prise de Constantinople par les croisés, la ville passe sous la domination des **Normands**, qui la conservent jusqu'en 1400. Pour se libérer, elle fait appel aux **Vénitiens**, avec lesquels un traité est signé en 1401. La présence de la Sérénissime durera ainsi 400 ans, assurant la prospérité et la liberté de Parga. Et ce en dépit des attaques de la Sublime Porte, qui la détruisent à plusieurs reprises au 16e s. Après le traité de Passarowitz (1718), de nombreux Grecs de la région y trouveront refuge, tandis qu'une nouvelle menace pointe en la personne d'**Ali Pacha**, qui n'aura de cesse de la conquérir. Attribuée à la France par le traité de Campo Formio (1797), la ville passe sous la coupe des Anglais en 1816, mais ceux-ci la revendent finalement aux Turcs (1819), provoquant l'exode de la population. Parga a rejoint la nation grecque le 22 mars 1913.

Le port de Parga.
R. Mattes/hemis.fr

Au sud de Parga, la route longe la côte, découvrant une succession de croissants de sable à peine fréquentés.
À Messopotamos *(20 km au sud de Parga)*, tournez à gauche avant la rivière et continuez sur 2 km.

★ Nekromanteion d'Efira (Νεκρομαντείο) A2

26840 412 06 8h 20h en été (reste de l'année : 8h 15h) 8 € (18 ans gratuit).
Vous voici aux portes des Enfers ! Sur une petite colline aux cyprès évocateurs (l'arbre funéraire par excellence), dominant le confluent de l'**Achéron** – « le fleuve qui roule les douleurs » – et du **Cocyte** – « abreuvé par les larmes des morts laissés sans sépultures » –, se tenait l'un des plus fameux oracles de la Grèce antique, consacré à Hadès et Perséphone. Là, les vivants pouvaient entrer en relation avec les âmes des morts…
Protégé par une enceinte dont il ne reste que le soubassement, ce sanctuaire se présente sous l'aspect d'un vaste complexe aux épais murs de pierre. Divers couloirs menaient au cœur des lieux, qui comprenaient plusieurs salles ainsi qu'une **crypte voûtée**, où les prêtres rendaient les oracles au milieu de vapeurs de soufre. Là se cachait une puissante machinerie permettant de hisser d'étranges figures censées évoquer les âmes. Afin de les préparer à l'épreuve, les pèlerins étaient enfermés au préalable, durant plusieurs jours, dans des pièces secondaires noyées dans l'obscurité et le silence, où ils ne consommaient que des substances hallucinogènes. Étape par étape, ils se rapprochaient ainsi du **labyrinthe sacré**, où ils franchissaient enfin les trois portes des Enfers. Un sanctuaire primitif existait déjà à l'époque mycénienne, mais le site connut ses heures de gloire aux 3e et 2e s. av. J.-C. – les vestiges datent de cette époque –, avant d'être entièrement détruit par les Romains. Les objets mis au jour sont exposés au musée de Ioannina *(voir p. 282)*.
Quittez l'antre d'Hadès et prenez la route qui suit le littoral, et ses longues **plages★★**, jusqu'à Préveza. Vous ne résisterez pas à une pause impromptue sur le sable de **Vrahos** ou de **Kastrossikia**.

5

★ Nikopoli (Νικόπολη) A2

8 km avant Préveza. ✆ *26820 898 92 - 8h-20h en été (reste de l'année : 8h-15h) - 8 € (-18 ans gratuit).*

Conseil – *Le site étant très vaste, comptez 1h30 et commencez par le musée.*

Fondée en 31 av. J.-C. par Octave après la **bataille d'Actium** *(voir encadré ci-contre)*, Nikopoli, la « ville de la victoire » *(niki)* aurait été visitée par saint Paul en 64. De fait, elle devint rapidement un actif foyer du christianisme et vit naître le pape saint Éleuthère (2e s.). Détruite par les Vandales et les Goths au 6e s., la cité fut rebâtie par Justinien pour connaître un nouvel âge d'or, avant d'être rasée une fois encore par les Bulgares, au 11e s. En 1798, les troupes françaises et les Souliotes y furent massacrés par l'armée d'Ali Pacha.

La route longe une puissante **enceinte byzantine★** (6e s.) flanquée de tours. Puis, dans le virage, un sentier conduit derrière les remparts où gisent les ruines de la **basilique de Doumetios** (vers 575), qui a gardé quelques mosaïques de pavement (généralement protégées par du sable).

Faites une visite au **musée** qui expose quelques belles pièces hellénistiques et romaines : un lion funéraire (3e s. av. J.-C.), un tombeau en marbre, une **statue de Minerve** (4e s. av. J.-C.), une autre au somptueux drapé, ainsi qu'une délicate urne en verre. La pièce maîtresse étant la **base en marbre★** d'une statue d'empereur romain, ornée d'un remarquable bas-relief.

Poursuivez votre exploration du site par ce qui fut la merveille de Nikopoli, toute de raffinement et de faste, l'ancienne cathédrale ou **basilique d'Alkison** *(à 300 m, de l'autre côté de la route menant au théâtre)*, édifiée aux 5e-6e s. De ses cinq nefs, il ne reste malheureusement plus rien, hormis ses mosaïques.

À 1,5 km de là, sur la route d'Arta, le **théâtre d'Auguste** déploie son bel éventail de pierre et de briques à flanc de coteau. Il fut utilisé jusqu'à la fin du 3e s. Du sommet, le **panorama★** s'étend sur tout le site, jusqu'à la mer.

De l'autre côté de la route, les ruines d'un portail annoncent l'entrée du **stade**, dont on devine encore le tracé de la piste adossée au talus.

Enfin, si vous avez le temps, prenez la petite route jusqu'au sommet de la colline, où se dressent les vestiges du **monument** érigé par Octave, qui marque l'endroit d'où il dirigea la bataille d'Actium *(fouilles en cours)*.

Préveza (Πρέβεζα) A2

Comptez une journée. 56 km au sud de l'embranchement pour Parga.

LES PORTES DES ENFERS

Après un parcours tourmenté à travers des gorges sauvages, l'Achéron aborde la plaine de Fanari, où s'étalait dans l'Antiquité le lac marécageux d'Acheroussia. Ce dernier passait pour être l'une des portes des Enfers, lagune mystérieuse et inaccessible que les ombres des défunts devaient franchir pour gagner le royaume infernal d'Hadès et de son épouse Perséphone. Les morts qui n'avaient pas été ensevelis selon les rites en usage étaient condamnés à errer sans fin dans ses forêts de roseaux. Les autres, après avoir remis l'obole de rigueur au passeur Charon, prenaient place à bord de sa barque pour rejoindre les entrailles de la terre, gardées par Cerbère, le chien à trois têtes. Seuls deux êtres vivants parvinrent à pénétrer dans le royaume des morts : Héraclès, qui signa là l'un de ses douze travaux, et Orphée, qui réussit, grâce à sa lyre, à arracher la nymphe Eurydice des griffes des divinités infernales… mais qui la perdit pour l'avoir regardée avant d'être sorti des Enfers.

LE JOUR OÙ SE JOUA LE DESTIN DE ROME

Le 2 septembre de l'an 31 av. J.-C., l'entrée du golfe d'Arta fut le théâtre de l'une des plus célèbres batailles navales de l'Histoire : Actium. L'idée de génie d'Octave et de son général Agrippa, qui avaient établi leur quartier général près de Nikopoli, fut de refuser le combat là où la flotte d'Antoine l'attendait, d'abord au nord-ouest de Préveza, puis dans le golfe, près de l'embouchure marécageuse du Louros. Agrippa en profita pour s'emparer de l'île de Leucade, coupant ainsi Antoine de ses arrières, et entraîna celui-ci en haute mer, où ses navires légers et rapides firent merveille. Défaits, Antoine et sa compagne Cléopâtre furent contraints d'abandonner leur flotte, et s'enfuirent à Alexandrie. La voie était libre pour le fils adoptif de César, qui prit dès lors le titre d'Auguste et instaura l'empire.

Postée à l'entrée du vaste golfe d'Arta, Préveza est à la fois un port de plaisance et le point d'embarquement pour Aktio et l'île de Leucade.

Apparue tardivement dans les chroniques (15e s.), cette ville passa sous la coupe vénitienne à la fin du 16e s. et le resta pendant trois siècles, à l'exception de quelques intermèdes ottomans. En 1797, la ville fut attribuée à la France par le traité de Campo Formio, mais dès l'année suivante, Ali Pacha parvint à s'en emparer. Elle resta turque jusqu'en 1912.

Cette petite cité balnéaire de 17 494 habitants ne présente guère d'intérêt, mais peut devenir un agréable lieu de séjour, scandé par des escapades sur les plages environnantes ou au site de Nikopoli. Gagnée par une joyeuse animation le matin, à l'heure du retour des pêcheurs, elle s'égaie à nouveau le soir, quand toute la ville se donne rendez-vous aux terrasses des cafés. Trois axes la traversent du nord au sud. La **rue Irinis**, par où vous arriverez en venant d'Arta, la **rue Ethnikis Anti-stasis**, piétonnière sur la plus grande partie, qui affiche une vocation commerçante, et enfin la **rue Venizelou**, en bord de mer, où vous passerez le plus clair de votre temps.

La **citadelle vénitienne**, à l'extrémité nord du quai, en face du port de plaisance, restaurée par Ali Pacha, offre un beau panorama sur le golfe.

NOS ADRESSES SUR LA CÔTE IONIENNE

INFORMATIONS UTILES

Igoumenitsa

Capitainerie – *☏ 26840 994 60.*
Police – *Sur le port - ☏ 26840 222 22.*
Centre de santé - *50 m à l'ouest de l'église - ☏ 26650 224 20.*
Poste – *R. Evangelistrias.*
Banques – *Sur le front de mer.*
Agences de voyages – *Sur le front de mer.*

Parga

Capitainerie – *☏ 26840 312 27.*
Police – *R. Alexandrou Baga, près du terminal - ☏ 26840 312 22.*
Centre de santé - *☏ 26840 312 33.*
Banque – *R. Spirou Livada.*
Poste – *R. Alexandrou Baga.*
Agence de voyages – **ITS** - *4 r. Sp. Livada - ☏ 26840 318 33/315 15 - www.parga.net - 8h30-12h, 17h-0h.* Billetterie, hôtels…

Préveza

Banque – *À l'angle des quais et de la r. Theofaniou, près de la poste.*
Poste – *R. Venizelou.*
Police touristique – *☏ 26820 222 25.*
Santé – *☏ 26820 228 71/72.*
Agences de voyages – **Alkisson** - *8 r. Speliadou, en face du port de*

5

plaisance - ✆ *26820 282 24 - tlj sf dim. 9h-14h30, 18h-21h.* Accueil en français et service efficace d'Olga la patronne. Billetterie avions et ferries, location de voitures, chambres à louer. **Nikopoli Hellas** - *17 r. Speliadou* - ✆ *26820 248 10.* Location de voitures et de voiliers, randonnées, excursions.

TRANSPORTS

Igoumenitsa

En ferry – En juil.-août, réservez si vous voyagez en voiture et achetez votre billet auprès d'un transporteur plutôt que dans une agence de voyages.

Pour Corfou : départs ttes les h environ, de 5h à 22h (1h30).

Pour l'Italie : Présentez-vous 2h avant le départ ; liaisons pour Brindisi (8/j., 11h), Bari (2-4/j., 13h), Ancône, Otrante, Venise et Trieste. Certains ferries font escale à Corfou.

En bus – *Station : 49 r. Ag. Martyrou* - ✆ *26650 223 09 - www.ktel-thesprotias.gr.* Liaisons pour Ioannina (6/j., durée 2h) ; Thessalonique, (2/j., durée 8h) ; Parga (4/j., durée 1h) ; Préveza (1/j., durée 2h30) ; Athènes (4/j., durée 8h).

Location de voitures/motos : **Europcar**– *17 r. Pargas* - ✆ *26850 252 77.*

Parga

En bus – *Station à l'entrée de la ville, au déb. de la r. Spirou Livada* - ✆ *26840 312 18 - www. ktelprevezas.gr.* Pour Igoumenitsa (4/j., durée 1h) ; Préveza, (4/j., durée 2h) ; Ioannina et Athènes : au départ de Préveza.

En bateau – *49 r. Ag. Martyrou* - ✆ *26640 314 39 - www. pargagreece.com - dép. mar. et jeu. à 10h, retour à 17h30.* Un bateau d'excursion pour Paxos.

Location de voitures/motos : **Avis** – *2 Spirou Livada* - ✆ *26840 327 32.*

Préveza

En avion – *Aéroport de l'autre côté du détroit, à Aktio, 5 km au sud de la ville* - ✆ *26820 261 13.* Pour Athènes 1 vol/j. en été et 5/sem. en hiver. Liaisons en bus ou en taxi *(20 €).*

En bus – *Terminal : r. Irinis, à l'angle de la r. Bizaniou* - ✆ *26820 222 13 - www.ktelprevezas.gr.* Liaisons pour Lefkada (6/j., durée 30mn) ; Parga (2/j., durée 2h) ; Igoumenitsa (1/j., durée 2h30) ; Ioannina (8/j., durée 2h) ; Arta (3/j., durée 1h) ; Athènes (4/j. avec avec correspondance, durée 6h) ; Thessalonique (2/j. avec correspondance, durée 8h).

HÉBERGEMENT

Igoumenitsa

PREMIER PRIX

Aktaion – *17 Agion Apostolon - en face de l'embarcadère pour Corfou* - ✆ *2665 022707* - CC - *18 ch. 55 €.* Un établissement bien tenu et bien situé. Les chambres disposent d'un réfrigérateur.

Astoria – *149 Agion Apostolon - en face du nouveau port* - ✆ *2665 022217 - www.hotel-astoria.gr - 45/68 €.* D'autres chambres confortables en face des terminaux des ferries.

Angelika Pallas Hotel – *63 Agion Apostolon* - ✆ *2665 026100 - www. angelikapallas.gr - 38 ch. 65/90 €* ☕. L'établissement abrite un restaurant, et surtout une petite agence de voyages qui peut se révéler bien utile.

Parga

☺ Les tarifs indiqués sont ceux de l'été, de 50 à 100 % supérieurs à ceux de la basse saison (réservation indispensable).

PREMIER PRIX

Camping Parga – *A 2 km de Parga, près de la plage de Valtos - ✆ 2684 031287 - www.campingvaltos.com - avr.-oct. - 60 empl. 20 € -* ✕. A 50 m de la plage avec des infrastructures correctes.

BUDGET MOYEN

Paradise – *30 r. Sp. Livada - ✆ 2684 031229 - www.paradise-palatino.com - - 18 ch. 80/100 €.* Un bel hôtel à deux étages avec des chambres agréables disposant d'un balcon. À l'arrière une terrasse et une piscine ensoleillées. Hammam, sauna, hydromassages. Accueil chaleureux du patron qui parle français. Très bonne adresse.

Pension Vergos – *8 r. Ag. Athanassios - ✆ 2684 031958 - www.parga-vergos.gr - mai-oct. - 11 ch. et 1 appart 80 €.* Studios simples mais bien tenus, avec balcon ou terrasse. Pas de petit-déjeuner.

POUR SE FAIRE PLAISIR

Acropol – *4 pl. Ag. Apostolon - indiqué à partir de la place de l'église - ✆ 2684 031239 - 10 ch. dont 2 suites 80 € -* ✕. Le plus vieil hôtel de la ville, dixit le patron, avec Jacuzzi dans toutes les chambres, s'il vous plaît. On y parle français.

San Nectarios – *2 r. Ag. Marinas - à l'entrée de la ville - ✆ 2684 031150 - www.nect.gr - CC - 20 ch. 50 €.* Un hôtel à deux étages, rénové, comprenant des chambres simples et correctes, d'un bon rapport qualité/prix.

Villa Koralli – *7 r. Ag. Athanassios - ✆ 2684 031069 - www.villacoralli.com - avr.-oct. - 21 ch. 90/120 €* . Une grande bâtisse blanche au confort plus proche de l'hôtel que de la pension, accueillante et impeccablement tenue. Un bon rapport qualité/prix. On prend son petit-déjeuner sur une terrasse face à la plage.

Préveza

PREMIER PRIX

Kalamitsi – *À 4 km de Préveza, sur la route de Parga - ✆ 2682 022192 - www.campingkalamitsi.eu - - 116 empl. 20 € -* ✕. Un camping arboré, très accueillant et bien tenu, à 3 km de Nikopoli. Emplacements pour caravanes. Plage à 100 m.

Avra – *19 r. E. Venizelou - sur le front de mer - ✆ 2682 021230 - www.hotelavra.net - 22 ch. 45/60 € - 5 €.* Un hôtel agréable, installé dans un immeuble blanc de trois étages. Des chambres sobres, mais une vue superbe sur le golfe. Bon accueil.

POUR SE FAIRE PLAISIR

Dioni – *Pl. Th. Papageorgiou - ✆ 2682 027381 - http://masthotels.gr/boutiquehoteldioni - P - 27 ch. 100 €* . Situé en retrait des quais, dans une ruelle calme du quartier piétonnier et commerçant.

Préveza City – *61 r. L. Irinis - ✆ 2682 027370 - http://masthotels.gr/prevezacity CC P - 51 ch. 70/90 € -* ✕. Cet hôtel bénéficie de chambres modernes et confortables. Le double-vitrage est un plus pour se préserver du tumulte de la rue.

RESTAURATION

Parga

PREMIER PRIX

Rudis – *Sur le front de mer - ✆ 697 271 0565 - www.rudisrestaurant.com - 15 €.* Préférez les terrasses ou le roof garden, avec vue sur les bassins du port de plaisance, pour déguster des plats d'inspiration méditerranéenne. Bar à vins.

BUDGET MOYEN

Castello – *Dans l'hôtel Acropol - mai-oct. - 15/20 €.* Un restaurant

5

très couru, souvent complet, où l'on sert une bonne cuisine grecque, italienne ou française. Grand choix de vins.

Préveza

Ambrosios – *R. Grigoriou - angle r. N. Lappa - ✆ 2682 027192 - 15 €.* Cette taverne, l'une des plus anciennes de Préveza, sert une cuisine simple mais bonne, qui attire la foule. Dégustez-y un poisson arrosé de vin blanc, à l'ombre de la treille.

To Steki to Gregori – *1 r. N. Lappa.* Dans une ruelle ombragée perpendiculaire aux quais, un petit restaurant où l'on sert poissons, soupes et salades à un prix raisonnable.

BOIRE UN VERRE

Parga

☺ Parmi les nombreux bars de Parga, vous pouvez tenter le **Belvedere**, sur les hauteurs, à côté de la citadelle : vue sur la ville, la baie et ses îlots.

Préveza

Cafe-pizza Profil – *12 r. E. Venizelou.* Pour un petit-déjeuner robuste ou pour boire un verre.

EN SOIRÉE

Nikopolis Club – *15 km au nord de Préveza, sur la route de Parga - ✆ 694 407 4879 - www.nicopolisclub.gr.* La plus célèbre discothèque de toute l'Épire, avec ses piscines et ses immenses terrasses, fait aussi restaurant la journée : vue magnifique sur la mer.

ACTIVITÉS

Excursions – Au départ de Parga, des navettes desservent les **plages** de Sarakiniko (départ 11h, retour 17h) et Lichnos (départs ttes les h de 10h à 14h et retours ttes les h de 14h à 18h), et des bateaux mènent à **Paxos** et **Antipaxos** (départ à 9h30 et retour à 16h). Vous pouvez aussi opter pour une balade en bateau de 1h à la **grotte d'Aphrodite**.

Des agences organisent aussi des sorties en bus au **Nekromanteion d'Efira**, à 45mn.

Le pont d'Arta.
F. Olimpio/Sime/Photononstop

Arta

(Άρτα)

★★

27 330 habitants - Région d'Épire - Unité régionale d'Arta

Établie dans une boucle de l'Arachthos, aux marches méridionales de l'Épire, Arta, paisible bourgade à l'architecture moderne, recèle quelques joyaux de l'art byzantin n'ayant rien à envier aux édifices qui firent la splendeur de Constantinople. Sa faible fréquentation touristique en fait une destination authentique.

NOS ADRESSES PAGE 307
Hébergement, restauration, achats, activités, etc.

S'INFORMER
EOT – *Pl. Kristalli -*
✆ 26810 785 51.
Site Internet – *www.epirushotels.gr (site des hôteliers, en anglais).*

SE REPÉRER
Carte de région B2 (p. 277).

À NE PAS MANQUER
L'église de la Panagia Parigoritissa ; le monastère des Vlachernes.

Se promener

Comptez 2h.

La rue Skoufa, en partie piétonnière, est l'artère la plus animée de la **vieille ville**. La jeunesse comme les familles y déambulent ou s'attardent dans les cafés de la **place Ethnikis Antistasis**. Juste à côté, vous pouvez visiter le petit

musée Skoufas d'Arts et Traditions populaires *(tlj sf lun. 9h-13h30 - 2 €)*, avant de prendre un verre dans l'un des **cafés** alentour.

★ Église de la Panagia Parigoritissa

✆ 26810 246 37 - tlj sf lun. 8h30-15h - 3 €.

Joyau de la ville, elle est dédiée à la Vierge consolatrice. Elle présente un aspect massif, tel un gros cube coiffé d'une coupole et de tourelles, que rehausse un délicat jeu de briques et de pierres. Bâtie en 1290, elle révèle une architecture mixte, inspirée des sanctuaires de Constantinople, mais originale à plus d'un titre : à la base, elle se déploie suivant un plan octogonal, tandis que les étages épousent la forme d'une croix. Remarquez l'étonnante **élévation de la coupole★★**, sur pendentifs : trois niveaux de colonnes se succèdent en encorbellements, les deux derniers, raccordés aux piliers par des poutres horizontales, ne touchant pas le sol. La **mosaïque★★** de la coupole, réalisée par les meilleurs artisans de Constantinople, représente le Christ entouré de prophètes. La brique des murs apparaît aujourd'hui presque partout à nu, mais l'on distingue encore quelques **fresques★**, en particulier dans l'abside (16e s.). L'église renferme aussi de remarquables **icônes** (18e s.), notamment celles de la Vierge et du Christ, sur l'iconostase. Du templon originel, qui séparait la nef du chœur, ne subsiste que la base en marbre.

Remontez la rue Pirrou Vassilis et tournez dans la rue Plastira.

Église Agia Theodora

7h-13h, 17h-20h.

Beaucoup plus petite que l'église de la Panagia Parigoritissa, mais non moins charmante, elle vaut aussi le détour. Édifiée aux 11e et 12e s., elle présente un élégant appareillage de briques. Cette basilique à trois nefs, couverte d'une charpente en bois, faisait autrefois partie d'un couvent. Elle fut agrandie et décorée à la fin du 13e s. À l'intérieur, prenez le temps de détailler les **chapiteaux** corinthiens, très ouvragés, provenant d'édifices paléochrétiens, ainsi que le **sarcophage** en marbre sculpté de Théodora. De facture récente, l'iconostase comporte quelques fragments du 11e s.

Prenez la rue Kiprou en direction de la citadelle.

★ Église Agios Vassilios

✆ 26810 246 36 - 8h30-15h.

Frises dentelées ou ondulantes, carreaux de faïence se découpant sur le rouge de la brique, les mille arabesques dansant sur les murs de ce sanctuaire du 14e s. composent un ravissant décor. À l'intérieur, notez les peintures qui colorent l'abside (17e ou 18e s.) et les deux plaques de terre cuite vernissée, incrustées dans le mur voisin (15e s.), figurant la Crucifixion et les trois Hiérarques.

En rejoignant le centre-ville, jetez encore un coup d'œil aux fortifications de la **citadelle** (13e s.) qui se dressent à deux pas de là.

LES DEUX ÂGES D'ARTA

Fondée par Corinthe (8e s. av. J.-C.), qui cherchait une tête de pont dans le nord de la Grèce, l'antique Ambracie passa dans le giron macédonien quatre siècles plus tard. Elle connut son heure de gloire sous le roi Pyrrhus, au 3e s. av. J.-C., avant d'être pillée par les Romains en 189 av. J.-C., puis abandonnée par ses habitants lors de la fondation de Nikopoli, au siècle suivant. La ville ne ressuscita qu'aux 13e-14e s., quand les despotes d'Épire décidèrent d'en faire leur capitale, la parant de somptueuses églises. Mais Arta fut prise par les Turcs en 1449, qui la conservèrent jusqu'en 1881.

Musée archéologique

☏ 26810 211 91 - 8h-15h - 4 € (-18 ans gratuit).
Ne manquez pas de visiter ce musée. Situé dans un bâtiment moderne (2009) longeant l'Arachthos, à la sortie ouest de la ville, il conserve diverses **œuvres romaines** : moules et statuettes en bronze, statues en marbre, nombreux objets en terre cuite, ainsi que d'étonnantes **marionnettes** provenant de tombes d'enfants. Le long bâtiment de plain-pied qui ferme la cour, derrière l'église *(fouilles en cours)*, abritait les cellules des moines.
À la lisière de la ville, le majestueux **pont★** aux quatre arches (17e s.) étire sa silhouette en dos d'âne au-dessus de l'Arachthos.

À proximité Carte de région p. 277

Monastère des Vlachernes (Βλαχέρνα) B2

10 km au nord. Suivez la route de Préveza et tournez à droite au premier grand carrefour, puis empruntez la route qui part sur la droite, 3 km plus loin. Continuez encore sur 3 km environ jusqu'au village de Vlacherna. Clé au kiosque sur la place.
Planté sur une colline au nord de l'Arachthos, d'où l'on aperçoit Arta, le monastère des Vlachernes offre un passionnant témoignage de l'architecture épirote. Le sanctuaire d'origine, fondé vers 900, fut intégré au 13e s. dans une basilique à trois nefs coiffée d'un dôme.
Les gracieux **bas-reliefs★** en marbre sont des remplois d'époque romaine, paléochrétienne et médiévale, dont un superbe **archange Michel** (13e s.). Outre le tombeau du despote Michel II, l'église renferme de très belles **fresques** du 13e s., en particulier dans le narthex, malheureusement très endommagées. Leur ampleur et l'expressivité des personnages trahissent l'influence des grands centres artistiques de ce temps, notamment Constantinople. Admirez aussi le sol, paré d'un bel *opus sectile* (marqueterie de marbre).

NOS ADRESSES À ARTA

INFORMATIONS UTILES

Banque nationale de Grèce – *Près de l'hôtel Cronos.*
Poste – *41 r. Katsimirou.*

ARRIVER/PARTIR

En bus
Terminal – *À l'est de la ville (à l'extérieur des remparts) - ☏ 26810 276 92 - www.ktelartas.gr.* Liaisons avec Ioannina (8/j., 1h30), Préveza (3/j., 1h), Athènes (6/j., 5h) et Thessalonique (2/j., 7h30).

HÉBERGEMENT, RESTAURATION

Hors saison, les prix indiqués ici baissent d'au moins 25 %. Restaurants places Kilkis, E. Antistasis et 24 Iouniou.

BUDGET MOYEN

Amvrakia – *13 r. Priovolou - ☏ 2681 028311 - www.amvrakiahotel.gr - 35 ch. 50 €* ☕. Des chambres propres et confortables, mais entrée et couloirs sinistres.
Cronos – *Pl. Kilkis - ☏ 2681 022211 - www.hotelcronos.gr - 55 ch. et 2 suites 50 € - ☕ 5 €.* Des chambres claires et confortables, dont certaines donnent sur la place centrale et la statue de Pyrrhus.

LES ÎLES IONIENNES

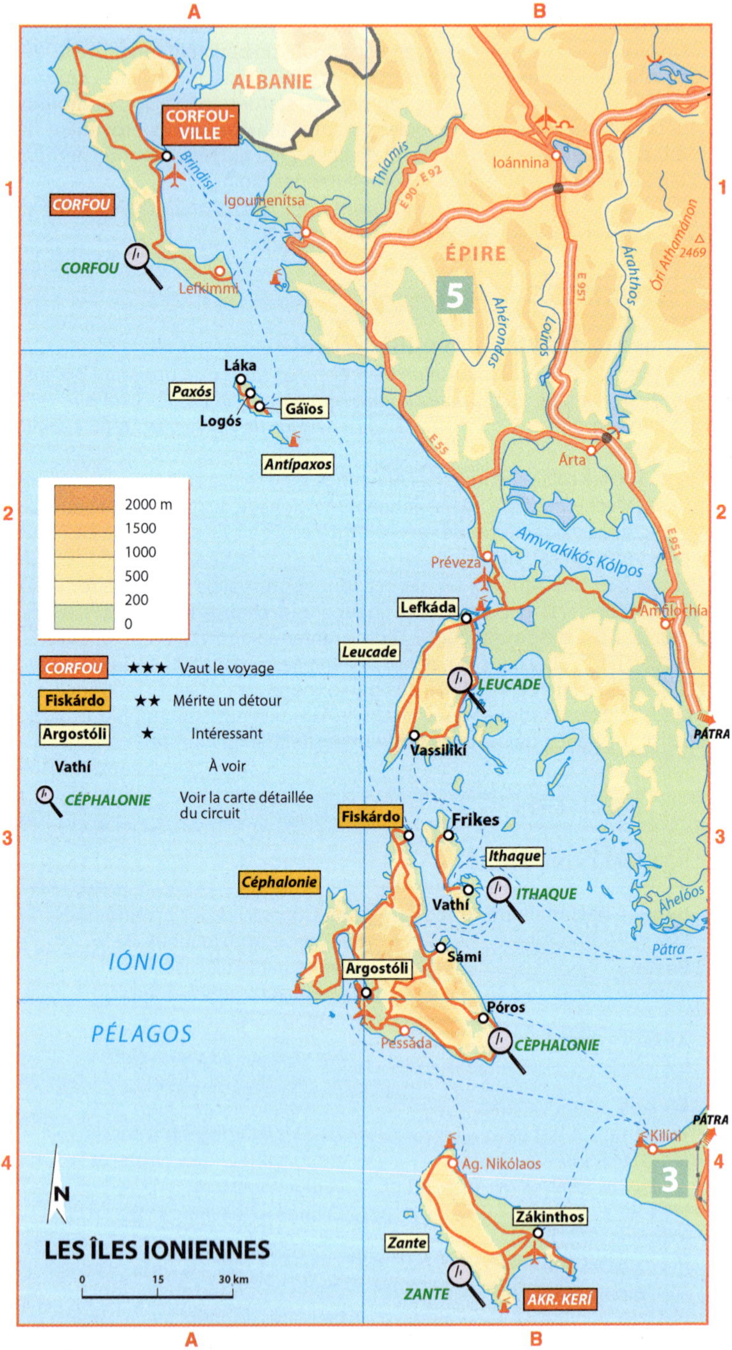

Les îles Ioniennes 6

À la différence des Cyclades, les îles Ioniennes ne sont pas toutes reliées entre elles par des services réguliers de ferries, à l'exception de certaines dessertes locales. Pour aller à Leucade ou en Céphalonie depuis Corfou ou Paxos, il vous faudra donc repasser par le continent et prendre un autre bateau ou un avion au départ de l'aéroport d'Athènes. De même pour la septième île Ionienne, Cythère *(p. 194)*, qui, située au sud du Péloponnèse, est aujourd'hui rattachée à la région de l'Attique.

Céphalonie

(Kefalonia - Κεφαλλονιά)

★★

35 801 habitants - 737 km2 - Îles Ioniennes - Unité régionale de Céphalonie

La plus grande des îles Ioniennes séduit tout d'abord par ses paysages grandioses. Céphalonie est un immense rocher sculpté de péninsules, de caps saillants et de criques profondes bordées de croissants de sable. Île mystérieuse, Céphalonie est dominée par une impressionnante crête noire, le mont Enos, point culminant de l'archipel Ionien (1 628 m d'altitude). Cette île est austère et aride dans les hauteurs, où les chèvres à poil long ont taillé leur territoire. À l'inverse, elle se révèle douce et sereine sur ses rivages couverts d'une végétation luxuriante. Dans le sud, les cyprès rivalisent avec les oliviers, les arbres fruitiers et les vignes d'où les habitants tirent le savoureux robola. De telles richesses pourraient suffire à assurer le charme de Céphalonie. C'est compter sans le romantisme qui émerge des émouvants vestiges d'un passé chargé d'histoire avec, çà et là, un clocher lézardé se détachant des pins, ou le portail en ruine d'une villa vénitienne ouvrant sur les broussailles.

NOS ADRESSES PAGE 319
Hébergement, restauration, achats, activités, etc.

S'INFORMER

EOT – *R. Provlita Teloniou (près du port) - Argostoli - ☎ 26710 222 48.* Accueil très sympathique et avisé. Brochures, plan d'Argostoli, carte de l'île.

Ainos Travel – *14 av. G. Vergoti (juste à droite de l'entrée du théâtre) - Argostoli - ☎ 26710 223 33 - www.ainostravel.gr.* Une agence très efficace où l'on planifie les réservations d'hôtel, excursions et locations de voitures directement au port ou à l'aéroport.

Bureau d'information de Sami – *Pl. Konstanton (face à l'entrée du port) - Sami - ☎ 26740 232 80.* Brochures et informations sur les excursions de la région.

Sami Star – *16 r. Posidonos - Sami - ☎ 26740 230 07/228 13 - www.samistar.com.* Location de voitures, de chambres, horaires et tickets de ferries, excursions à Ithaque en bateau

Sites Internet – *www.kefalonia-online.gr (site officiel de l'île, en anglais) ; www.kefalonia-ithaca-hotels.gr (site officiel des hôteliers, en anglais).*

SE REPÉRER

Carte de région AB3-4 (p. 308) et carte de l'île (ci-contre).

À NE PAS MANQUER

Une baignade sur la plage de Mirtos ; les petits ports de Fiskardo et d'Assos ; l'ascension du mont Enos et, enfin, se laisser séduire par le charme tranquille de la capitale Argostoli.

ORGANISER SON TEMPS

Comptez quatre jours de visite. Louez une voiture : l'île étant très découpée, c'est le meilleur moyen de la sillonner en toute liberté et sans perdre de temps.

Se promener Carte de l'île

★ ARGOSTOLI (ΑΡΓΟΣΤΟΛΙ)

Comptez une demi-journée de visite.

Dévasté par le terrible séisme de 1953, le chef-lieu de l'île n'a plus rien de l'élégante cité fondée par les Vénitiens en 1757. Certes, la nouvelle Argostoli (*8 932 hab.*) se veut verte et fleurie, arborant une agréable promenade en front de mer et des immeubles de taille modeste aux façades pastel. Mais Argostoli vous séduira davantage pour son atmosphère tranquille, sans prétention.

La ville borde l'étroite **lagune de Koutavos**, qui offre aux petits paquebots et voiliers de plaisance un excellent mouillage. Au ras de l'eau, le **pont de Bosset**★ *(ou pont des Anglais, fermé à la circulation)* relie les deux rives de la lagune. Long de 650 m, il fut construit en 1810 par le major Charles-Philippe de Bosset, un Suisse alors gouverneur de l'île pour le compte des Anglais.

Parallèle au front de mer s'étire la rue Lithostrotos, l'artère commerçante de la ville, piétonne et très animée. En la remontant, vous passerez devant **l'église Agios Spiridon**, rare vestige du passé. Peu avenante de l'extérieur, elle cache une superbe **iconostase** de bois doré que vous pourrez admirer aux heures des offices. En revenant vers le nord, la rue débouche sur une place sans ombre.

Musée archéologique – *℘ 26710 283 00 - provisoirement fermé pour travaux (se rens.) - 3 €.* Ce petit musée rassemble les trouvailles faites dans l'île, provenant notamment des sites mycéniens de Metaxata et Mazarakata *(voir p. 315 et 316)* : poteries, bijoux et armes en bronze, ainsi qu'une tête en bronze du 3e s. apr. J.-C. mise au jour à Sami.

★ **Musée Corgialenios** – *www.corgialenios.gr - lun. 9h-12h et 18h-21h, mar.-ven. 9h-14h et 18h-21h, sam. 10h-14h - 3 €.* Non loin, en remontant la rue Rokou Vergoti, perpendiculaire au front de mer, ce musée, du nom de son donateur, retrace la vie quotidienne des insulaires du 19e s. jusqu'en 1953 : images de l'ancienne Argostoli, costumes, reconstitutions d'intérieurs bourgeois et d'ateliers d'artisans, ainsi que de remarquables éléments d'une église disparue. Le musée est assorti d'une riche **bibliothèque** *(lun.-vend. 8h30-20h30, sam. 8h30-14h)* conservant de nombreux écrits historiques sur Céphalonie.

Le soir venu, l'animation de la **place Valianou★** vous attend (à moins que vous ne préfériez l'ambiance paisible, mais plus touristique, des quais). Cette grande place carrée est le cœur de la ville, offrant, la journée, l'ombre de ses palmiers aux terrasses des cafés et des restaurants qui l'entourent, où la jeunesse se retrouve pour écouter de la musique, boire un café frappé et papoter jusque tard dans la nuit.

UNE GRANDE ÎLE TRÈS CONVOITÉE

Selon Homère, les habitants de Céphalonie prirent part à la guerre de Troie. Les archéologues ont découvert qu'elle était déjà peuplée il y a 50 000 ans et qu'elle fut très prospère à l'époque mycénienne. Au 5e s. av. J.-C., Thucydide raconte qu'il y avait quatre grandes cités dans l'île. Puis elle fut occupée par les Romains et par Byzance. Au 11e s., elle devient possession des Normands de Sicile, avant de passer à la principauté franque de Morée, dont elle constitue l'un des « grands fiefs », le comté de Céphalonie, qui englobe Zante et Ithaque. L'île passe ensuite sous la tutelle de seigneurs italiens, d'abord les Orsini (1155-1356) puis les Tocchi, jusqu'en 1478. Les Ottomans, eux, n'y restent que vingt ans, vite chassés par les Vénitiens qui donnent à l'île son âge d'or. Aidée par les troupes espagnoles de Gonzalve de Cordoue, dit « le grand capitaine », la Sérénissime conserve Céphalonie jusqu'en 1797. À partir de 1808, les Anglais s'y établissent, marquant une ère de grands travaux dirigés par Sir Charles Napier. Les Céphaloniens s'engagent dans la guerre d'Indépendance avec une grande ardeur, vantée par Lord Byron, qui conduit l'île à rejoindre la nation grecque en 1864. Foyer de marins, de soldats, d'émigrés et d'aristocrates lettrés, Céphalonie voit naître aussi des savants et des hommes politiques, tel Ioannis Metaxas (1871-1941).

En 1943, quand le maréchal Badoglio (successeur de Mussolini) signa l'armistice avec les Alliés, les 9 000 Italiens de la division alpine Acqui durent résister durant neuf jours à l'aviation et aux blindés allemands. Forcés de se rendre, les survivants, soit 341 officiers et 4 750 soldats, furent fusillés sur ordre de Hitler. Seuls 34 hommes en réchappèrent. Le beau roman de Louis de Bernières, *La Mandoline du capitaine Corelli*, retrace l'histoire de l'occupation de l'île pendant la guerre et des séismes qui la ravagèrent.

Plage de Petani.
Borut Trdina/iStock

Au nord d'Argostoli, la péninsule qui ferme la lagune est ponctuée de petites plages de galets ombragées de pins, jusqu'aux **katavothres** (« petits gouffres »), qui en occupent la pointe : beau **point de vue★** sur le golfe d'Argostoli et Lixouri. Très aménagé, l'endroit n'a d'autre intérêt que le phénomène lui-même : l'eau de la mer s'engouffre dans des crevasses pour se perdre sous terre et ressurgir à l'autre bout de l'île, à une vingtaine de kilomètres de là, dans le lac souterrain de Melissani *(voir p. 317)*. La force hydraulique générée servit jadis à mouvoir des roues à aubes, dont il reste là un exemplaire.
De la pointe de la péninsule, la route se poursuit sur la rive ouest pour rejoindre **Lassi**, le pendant balnéaire d'Argostoli, grosse station bondée et sans charme, qui attire une clientèle principalement anglo-saxonne.

Circuits conseillés Carte de l'île p. 311

★ PÉNINSULE DE PALIKI

Circuit tracé en vert foncé sur la carte de l'île (p. 311) – Comptez une journée.
En bordure du golfe bleu d'Argostoli, la péninsule de Paliki est considérée comme le jardin de Céphalonie, avec ses collines tapissées d'arbres fruitiers, de vignes et d'oliviers. Le bac accoste à **Lixouri** *(6 000 hab.)*, deuxième ville de l'île, presque en face de la grand-place centrale, vaste esplanade moderne encadrée de restaurants et de commerces. L'animation des rues alentour – épiciers, et maraîchers – ne manque pas d'un certain cachet. L'occasion de faire vos emplettes pour un pique-nique sur la **plage de Petani★★**, superbe crique encaissée entre de hautes falaises blanches, ouvrant sur les eaux turquoise de la mer Ionienne *(12 km au nord-ouest, par une route en lacet très pentue)*.
En poursuivant le long de la côte vers le sud *(au village de Kaminarata, tournez à droite)*, la **route★★** surplombe bientôt le **monastère Kipouraion★** *(12 km env.)*, petit carré de murs blancs perché juste au bord de l'abîme, dans un somptueux décor de vignes et d'oliviers ondulant jusqu'à la mer.

Ourlé de belles plages, le sud de la péninsule invite encore à la détente et à la baignade. Vous pourrez choisir entre le long croissant de sable de **Megas Lakkos**★ *(tournez à droite à Vouni)* ou la petite anse abritée de **Lepeda**★ *(côté golfe, 4 km au sud de Lixouri)*, délicieuse au coucher du soleil *(taverne en retrait)*.

★★ BALADE DANS LES HAUTEURS

Circuit tracé en vert clair sur la carte de l'île (p. 311) – Comptez un après-midi.
Quittez Argostoli, contournez la baie pour prendre la route qui grimpe dans la montagne, direction Sami. Une fois le pont franchi, la route s'élève aussitôt, sinuant au flanc des collines toutes hérissées de cyprès. Çà et là de magnifiques **points de vue**★★ plongent sur la lagune de Koutavos et le golfe d'Argostoli. Puis la route redescend, découvrant un vaste plateau intérieur où se perdent quelques villages.
Passé Razata, tournez à droite à 4 km en direction de Fragata et Valsamata.
★ **Monastère Agios Gerasimos** – *11 km à l'est d'Argostoli - ✆ 26710 863 85 - 8h-13h, 16h-20h*. Une route ombragée de grands arbres mène à ce paisible monastère précédé d'un imposant **porche-campanile**★. À l'intérieur de l'église, qui n'a plus rien d'ancien (notez tout de même les belles icônes), les habitants viennent honorer les reliques de Gérasime de Céphalonie, saint patron de l'île, conservées dans une énorme **châsse en argent**★.
Surtout, ne négligez pas l'**église moderne**★★ qui se dresse à côté, imposant gâteau de brique rose reprenant à la lettre la tradition architecturale byzantine. Elle renferme un somptueux décor de **fresques**★★, exécutées avec talent par un jeune artiste. Un énorme **lustre**★★ occupe la croisée du transept, devant une ample iconostase de marbre blanc. Outre la beauté de l'endroit, que l'on peut admirer en montant au niveau des tribunes, vous apprécierez aussi sa fraîcheur.
Reprenez la route principale et poursuivez sur 5 km. Suivez ensuite à droite la route qui grimpe doucement dans la montagne, sur 3 km.
Les amateurs de randonnée et de beaux points de vue pourront faire l'ascension du **mont Enos**★ (ou Ainos), point culminant de l'archipel Ionien (1 628 m d'altitude), émergeant d'une épaisse forêt – protégée – de sapins noirs endémiques. La route atteint d'abord l'**observatoire** et ses immenses paraboles

UN CÉPHALONIEN À LA COUR DU ROI DE SIAM

En Grèce, les Céphaloniens ont la réputation d'être de brillants esprits et de hardis voyageurs. L'un de ces aventuriers est **Constantinos Gerakis**. Né à Céphalonie en 1647, il rejoint à l'âge de 12 ans la Compagnie britannique des Indes orientales. Il change son nom en Falcon, ou **Phaulkon**, car *gerakis* signifie « faucon » en grec. Vers 1675, il s'embarque sur un navire de commerce anglais qui, traversant l'océan Indien, le mène jusqu'au royaume de Siam. Là, Phaulkon brille par son talent pour les langues étrangères. Bientôt, il devient familier de la cour du roi de Siam et y travaille comme traducteur. S'initiant aux rouages des intrigues de palais, il finit par accéder à la charge de premier conseiller du roi de Siam. Cette ascension fulgurante ne peut que susciter des jalousies à la Cour, d'autant plus que le Céphalonien est soupçonné d'être l'un des instigateurs d'une expédition française contre le Siam, menée en 1685 sous l'égide de Louis XIV. L'aventurier connaît bientôt un destin tragique. À la suite d'un coup d'État, il est arrêté puis exécuté en 1688. Plus de trois siècles se sont écoulés. Aujourd'hui, les ruines de son palais sont visibles dans le centre de la Thaïlande, sur le site de Lopburi.

(4 km), puis elle fait place à une bonne piste jusqu'à l'entrée du **parc naturel**, où elle se fait plus cahoteuse *(8 km, comptez 35mn de montée lente)*.

2h de marche facile AR. Laissez votre voiture au virage avant les antennes de télécommunications et prenez à pied le chemin à gauche qui suit la crête du massif vers le sud (300 m). Au panneau suivant, perché sur la droite, un sentier de randonnée bien balisé (jaune et vert) grimpe jusqu'au sommet sous les sapins, à la fraîche, dans un chaos de rochers. Puis le décor se fait totalement minéral. Le cairn marquant le sommet se profile devant vous, au-dessus d'une vertigineuse pente striée de coulées rocailleuses. Seule trace de vie : des chèvres escaladent les pentes abruptes. Enfin, contemplez le **panorama★** qui embrasse tout le sud de l'île.

★ SUD DE L'ÎLE

Circuit tracé en bleu sur la carte de l'île (p. 311) – Comptez 2 jours, baignade comprise.

Plaine du Livatho

Petit circuit d'environ 35 km.

Quittez Argostoli par le sud, direction Peratata/Skala. Suivez la route qui longe la lagune et poursuivez tout droit sur 5 km. Passé la pointe de la lagune, noyée dans la forêt, la route débouche sur la plaine verdoyante du Livatho, semée d'oliviers centenaires. De nombreux villages y composent un véritable dédale où il faut prendre le temps de se perdre. Tous ont été ravagés par le séisme de 1953 et, comme pour compenser l'absence de belles architectures, ils rivalisent entre eux par un foisonnement de fleurs, bouquets de lauriers roses et blancs, incendies violacés de bougainvilliers illuminant ruelles, jardins et façades. C'est d'ailleurs là tout le charme du Livatho, avec les superbes points de vue qui s'offrent de place en place sur la plaine déclinant vers la mer.

Sentinelle avancée, la **forteresse d'Agios Georgios★** *(tlj sf lun. 8h30-15h - gratuit)* apparaît d'abord, couronne de pierre grise cerclant le sommet d'une butte rocheuse de 320 m de haut

À la patte-d'oie située au pied de la colline, prenez la route qui y grimpe, à gauche. Longue de 600 m, son enceinte est percée d'une unique **porte voûtée★**, très bien conservée. Trois bastions défendent ce *kastro*, construit au 13e s. et remanié par les Vénitiens, qui abrita la capitale de l'île jusqu'en 1757 et compta jusqu'à 15 000 âmes. Dévasté par un tremblement de terre en 1636, il fut alors abandonné pour Argostoli. En cours de restauration, ses portes demeurent closes, mais tentez de vous les faire ouvrir si quelqu'un y travaille. L'intérieur garde de belles ruines éparses des anciens bâtiments – églises, habitations… – et le **point de vue★★** du chemin de ronde et du bastion nord s'étend jusqu'à Zante.

De retour à la patte-d'oie, en bas de la colline, prenez cette fois la voie de droite, vers Peratata *(suivez les panneaux de l'hôtel Ionis)*. Juste après l'hôtel, avant le village de Peratata, prenez la petite route à droite vers Metaxata, puis à gauche.

Monastère Agios Andréas Milapidiás – *26710 693 98 - 7h-14h, 17h-21h - gratuit.* Juché sur une éminence plus modeste, il conserve une remarquable petite église du 17e s., épargnée par les séismes et aménagée en **musée ecclésiastique** *(tlj sf lun. 8h-14h - 3 €)*. Ses jolis murs de pierre renferment des fragments de **fresques**, dont certaines provenant de l'église voisine de Milapidia, aujourd'hui disparue, une magnifique **iconostase** en bois du 17e s., divers objets liturgiques précieux et des **icônes** sur bois et sur métal. Du monastère, on a un très beau **point de vue** sur la forteresse d'Agios Georgios.

Revenu sur la route de Metaxata, prenez à gauche la direction de Pessada. Un court chemin sur la droite de la route conduit *(au bout de 100 m)* à la **nécropole mycénienne de Mazarakata** *(tlj sf lun. 8h-15h - gratuit)*. Les passionnés d'archéologie n'hésiteront pas à pénétrer à l'intérieur des nombreux caveaux qui s'alignent là, à fleur de terre, entièrement creusés dans la roche. Desservis par d'étroits couloirs, ils abritent en tout une centaine de tombes, serrées les unes à côté des autres.

Rebroussez chemin vers la route de Metaxata, et prenez à droite vers le village de **Lakithra**.

Installée sur la crête aplatie d'une petite chaîne de collines, la place centrale du village, où trône l'église, offre un spectaculaire **belvédère★★** d'où l'on peut contempler toute la plaine du Livatho et ses villages blancs, nappe verte hérissée de cyprès que la mer rehausse en toile de fond de son bleu le plus profond.

Si vous ne résistez pas à l'envie de plonger, rejoignez la **plage d'Avithos★** *(de retour à Metaxata, prenez à droite et poursuivez au-delà de Kourkoumelata)*, très belle courbe de sable blond, parfaitement orientée *(taverne, douches)*. Elle offre un cadre sauvage de petits rochers, face à l'île de Zante qui se découpe au loin.

★ Côte Sud de l'île

Circuit d'environ 35 km. Revenez sur la grand-route de Skala, au pied de la forteresse Agios Georgios. Au village de Vlachata, une route à droite descend vers le village de Lourdata et la mer.

Dans la verdure, **Lourdata** séduit surtout par sa fraîcheur. À l'ombre d'un imposant platane coule une source et une minuscule place parvient à réunir une agence de tourisme, une épicerie, une taverne et même un brocanteur. De là, la route dégringole vers la grande **plage de Trapezaki★** *(2 km)*, séparée en deux par un petit promontoire rocheux. Tout à côté s'étire la **plage de Lourdata**, autre grande baie de sable et de galets, paisible, quoique moins sauvage que sa voisine.

Vers Skala, la **route★★** se fait de plus en plus belle, courant sur une crête entre mer et montagne. Elle rejoint bientôt la **plage de Káto Kateliós★**, que les dunes protègent d'une petite plaine marécageuse où poussent (sous les pylônes !) quelques hôtels sans âme. Plusieurs belles plages se succèdent au-delà, jalonnant la grande baie de Kato Katelios : **Kaminia** puis **Potamakia** *(accès par une petite route qui finit en piste)*, agréables croissants de sable cernés de verdure.

Occupant la pointe méridionale de l'île, la station balnéaire de **Skala** possède une superbe **plage★★** frangée d'une épaisse pinède. On s'y attarderait bien,

Le port de Fiskardo.
SIME/M. Ripani/Simeone/Photononstop

mais l'endroit est devenu le fief des vacanciers anglais et il est très difficile d'y trouver un logement, la plupart des chambres étant réservées d'une année sur l'autre. Jetez tout de même un coup d'œil sur la petite **villa romaine** et ses mosaïques du 3e s. apr. J.-C., mises au jour à l'entrée du bourg *(fléchage - 9h30-14h, 17h30-19h - entrée libre).*

Vous aurez un peu plus de chance à **Poros**, petite station balnéaire au décor plus ordinaire, très fréquentée en saison. Caché derrière un rocher, le port (ferries) s'avère plus agréable.

Chemin faisant, arrêtez-vous à **Tzanata** *(5 km avant Poros, en venant d'Argostoli)*, où l'on a découvert, en 1991, une grande **tombe mycénienne à tholos (circulaire) de 6,80 m de diamètre où étaient enterrées 70 personnes** *(tlj sf lun. 8h-15h - 1,50 €).*

★★ NORD DE L'ÎLE

Circuit tracé en marron sur la carte de l'île (p. 311) Comptez 2 jours pour ce circuit d'env. 110 km. Quittez Argostoli en direction de Sami.

La grotte de **Drogarati** *(2 km avant d'arriver à Sami, prenez le chemin à gauche - ✆ 26740 233 02 - 8h-20h en été sinon 16h- 5 €)*, découverte il y a quatre siècles, est ouverte au public depuis 1963. Enterrée à 60 m sous terre (escalier), une immense salle de 1 000 m² se déploie sous un dôme de stalactites. Les stalagmites, qui ont été rasées, laissent place à un vaste cercle qui accueille des concerts de musique classique, l'acoustique de la grotte étant exceptionnelle.

Sami (Σάμη)

Troisième ville de Céphalonie, la très animée Sami s'étire le long d'une vaste baie abritée, face à Ithaque. Tandis que les terrasses des restaurants touristiques s'alignent sur le front de mer, les derniers hôtels colonisent les collines, laissant le centre du bourg, très commerçant, à son agitation.

À l'est, fermant la baie de Sami, s'avance le promontoire rocheux de **Dihalia★★**. Couvert de forêt, ce cap sauvage accueille les maigres ruines de l'antique **Antisamos**, ainsi que le petit **monastère Agrilion★**, dominé par une fière tour médiévale.

★ **Grotte de Melissani** – *Panneau « Melissani Lake » ; 3 km au nord-ouest par la route d'Agia Efimia, juste à la sortie de Karavomilos par un chemin à gauche ; le site est privé - ✆ 26740 229 97 - http://melissani-cave.com - mai-oct. : 9h-19h ; reste de l'année : jeu. et w.-end 10h-16h- 7 €.* De Sami, ne manquez pas de faire un tour à la grotte de Melissani. Un escalier descend dans un goulet jusqu'au bord d'un lac souterrain, éclairé par un large trou ouvert dans la voûte effondrée. On s'y promène en barque *(20mn)*, pour admirer l'intensité des bleus de l'eau sous la lumière, l'écho et la clarté ambiante qui donnent à l'endroit une singulière atmosphère. Sur les côtés de la grotte, constituée de deux salles, des galeries d'eau communiquent avec les *katavothres* d'Argostoli.

★★ Fiskardo (Φισκάρδο)

Quittez Sami pour Agia Efimia (7 km au nord). De là, pour aller à Fiskardo, veillez à prendre la bonne route : au bout du port, prenez à gauche au panneau Mirtos, puis tout de suite à droite la ruelle qui monte ; elle débouche sur la route de Fiskardo, qui file au-dessus du village, parallèle à celle de Mirtos.

Petit port au creux d'une anse profonde, Fiskardo *(38 km au nord de Sami)* est le seul village de l'île à avoir été épargné par le séisme de 1953, et il a conservé tout son charme d'antan avec ses vieilles maisons colorées, serrées face aux voiliers. La plus ancienne d'entre elles (occupée par un bar), à droite des marches montant vers l'église, date du 17e s. Fiskardo doit son nom au chevalier normand Robert Guiscard, l'un des fondateurs du royaume de Sicile, qui y mourut en 1085. Cet aventurier qui, selon la légende, ne serait autre que le mythique Robert le Diable, est peut-être enseveli dans l'**église en ruine** qui dresse ses deux tours normandes de l'autre côté de l'anse. Charme oblige, le village attire aujourd'hui beaucoup de visiteurs, mais l'endroit a perdu un peu de son authenticité avec la multiplication des restaurants (plutôt chers), des bars branchés et des boutiques de souvenirs.

Aussi, lui préférerez-vous sans doute **Assos★**, un peu plus loin sur la côte ouest *(22 km au sud de Fiskardo)*. La route qui y mène s'élève pour révéler des **vues★★★** splendides sur la mer et les hauteurs de l'île, peuplées de troupeaux de chèvres. En contrebas apparaît bientôt le village, posté à l'entrée d'une petite péninsule couronnée par une forteresse vénitienne (16e s.). Moins touristique, moins surfait que Fiskardo, Assos occupe de surcroît un **site★★★** de toute beauté. Noyées dans les pins et les lauriers odorants, ses quelques maisons se déploient autour d'un lagon bleu, dans une délicieuse quiétude. Sur la place de Paris – rebâtie à l'identique après 1953 grâce aux dons de la ville de Paris – il est agréable de s'asseoir à la terrasse d'une des tavernes, en contemplant la vue sur la **forteresse** *(entrée libre)*. Une mauvaise piste de 2 km (mais carrossable) conduit devant sa belle porte d'entrée en chicane. L'intérieur, immense, est complètement ruiné. Tantôt ombragé de pins, tantôt pelé, il cache en contrebas, côté mer, les quelques cultures et habitations d'un hameau isolé de tout.

Plus au sud, ne manquez pas de faire une halte à la **plage de Mirtos** *(13 km d'Assos, par une route à droite descendant en pente raide vers la mer)*, sans conteste la plus belle de l'île *(très fréquentée en été)* avec ses eaux turquoise encadrées de majestueuses falaises blanches. Au-delà de Mirtos, la route redescend à flanc de montagne dans un somptueux **paysage** dominant la mer, jusqu'aux rivages scintillants du golfe d'Argostoli où elle rejoint le pont Bosset et le chef-lieu de l'île *(30 km au sud de Mirtos)*.

NOS ADRESSES À CÉPHALONIE

INFORMATIONS UTILES

Argostoli

Banques – *R. Ioanis Metaxa.*
Poste – *R. Lithostrotos - ✆ 26710 223 12.*
Police – *R. Ioanis Metaxa - ✆ 26710 222 00.*
Police touristique – *En face de l'office de tourisme - ✆ 26710 228 15.*
Hôpital général - *À l'entrée d'Argostoli, par la r. Souithias - ✆ 26710 246 41/46.*
Agence de voyages – Ainos Travel - *14 av. G. Vergoti - ✆ 26710 223 33/269 00 - www.ainostravel.gr.* Efficace et francophone, réservation d'avions, bateaux, hôtels et location de voitures.

Sami

Poste – *Derrière l'église - ✆ 26740 220 12.*
Police – *✆ 26740 221 00.*
Centre médical – *✆ 26740 222 22.*
Agence de voyages – Sami Star - *16 r. Posidonos - ✆ 26740 230 07/228 13/231 10 - www.samistar.com.* Location de voitures, de chambres, horaires et tickets de ferries, excursions à Ithaque en bateau.

Fiskardo

Police – *✆ 26740 414 60.*

Skala

Centre médical – *✆ 26740 832 22.*

ARRIVER/PARTIR

« La côte nord du Péloponnèse », p. 245.

En avion

Aéroport – *✆ 26710 415 10/11.* Liaisons quotidiennes avec Athènes.
Olympic Air – *✆ 26710 415 10 - www.olympicair.com.*

En bateau

Port d'Argostoli – *✆ 26710 222 24 - www.gtp.gr (horaires).* Liaisons en ferry avec Patra (2/j. en été, 1/j. en hiver) et Kilini (2/j.).
Port de Poros – *Au sud de l'île.* Liaisons en ferry avec Kilini (2/j.).
Port de Sami – *✆ 26740 220 31.* En saison, quelques liaisons avec Bari et Brindisi en Italie. Liaisons en ferry avec Leucade (Vassiliki, 1/j.) et Ithaque : Pisso Aetos (5/j.) et Vathi (2/sem.).
Port de Fiskardo – *✆ 26740 414 00.* Liaisons avec Leucade (Vassiliki, 1-4/j.) et Ithaque (Frikes, 1/j.).

TRANSPORTS

En voiture

L'idéal est de circuler en voiture car le réseau de bus reste assez limité et l'île est un vrai dédale de petites routes.
Hertz – *✆ 26710 421 42 (aéroport) - www.hertz.gr.*
Europcar – *✆ 26710 421 60 (aéroport) - 26710 420 20 (Argostoli) - www.europcar.com.*
Ainos Travel – *À Argostoli, à droite de l'entrée du théâtre - ✆ 26710 223 33/269 00 - www.ainostravel.gr.*

En bus

Attention, presque aucun bus ne circule le dimanche, et en semaine ils sont parfois peu fréquents ou très matinaux.
Gare centrale d'Argostoli – *R. Ioanis Metaxa (à côté du port) - ✆ 26710 222 76/222 81.* Une jolie gare dans le style d'antan, sans doute l'un des plus beaux immeubles reconstruits de la ville ! Dépliant à disposition avec tous les horaires de bus de l'île et les excursions (les moins chères de Céphalonie).

En bateau

Péninsule de Paliki – Le bateau est la meilleure solution. Liaisons quotidiennes en ferry entre Kyllini et Argostoli et en bac entre Lixouri et Argostoli (ttes les heures le matin, ttes les 30mn l'après-midi, 8h-23h). À Argostoli, suivre les panneaux « To Lixouri ».

HÉBERGEMENT

Argostoli

PREMIER PRIX

Camping Argostoli – *2671 023487 - www.camping-argostoli.gr - 400 empl. 20 € -* . À Fanari, à la pointe nord d'Argostoli, à côté du moulin des Katavothres. Supérette, Wifi, lave-linge et réfrigérateurs à disposition. 4 bus /j. en été pour Argostoli et la plage de Makris Gialos.

Miramare – *2 av. Metaxa - 2671 025511 - 58 ch. 80/130 €* . Bien situé à la sortie de la ville, au calme, au bout du front de mer. Un vaste hôtel de bon standing, pour une clientèle essentiellement grecque. Les chambres sont impeccables et spacieuses, certaines offrant une magnifique vue sur la mer. Bar et cafétéria.

King Agamemnon – *36 r. Metaxa - derrière le front de mer - 2671 024260 - - 15 ch. dont studios de 2 à 3 pers. 45/75 €* . Sous son enseigne « Family Hotel », cet établissement propose des chambres avec balcon, claires et fraîches, un petit bar réservé aux hôtes et une agréable terrasse pour le petit-déjeuner. Une cuisine équipée est mise à disposition. Une bonne adresse.

BUDGET MOYEN

Mouikis – *3 r. Vironos - 2671 023454 - http://mouikis.com.gr - 42 ch. 60/115 €* . Un hôtel fréquenté par une clientèle essentiellement anglaise. Chambres spacieuses et confortables. Terrasses privatives à partir du 3e étage.

Mirabel – *Central Square - 2671 025381 - www.mirabelhotel.com - 33 ch. 75/90 €* . Un hôtel très bien situé, avec des chambres spacieuses et agréablement meublées, très propres, toutes avec terrasse. Attention, certaines donnent sur la place bruyante. Bar dans le vestibule et dans la cour, sous une treille. Accueil sympathique du patron, qui parle français.

POUR SE FAIRE PLAISIR

Tourist – *109 r. Antoni Tritsi - 2671 022510 - www.hoteltourist-kefalonia.gr - 22 ch. 80/130 €* . Tout près du centre, ce petit hôtel de front de mer à la façade rose et aux volets verts propose des chambres claires et très confortables, certaines offrant une vue magnifique sur la baie.

Skala

À la pointe sud de l'île, Skala, avec sa longue plage bordée d'hôtels, est le fief des voyagistes anglais. Cependant, hors saison, juin compris, certains hôteliers conservent quelques chambres pour les visiteurs individuels.

POUR SE FAIRE PLAISIR

Tara Beach – *Face à la plage, juste en arrivant du village - 2671 083250 - www.tarabeach.gr - - 56 ch. et maisonnettes 70/90 € -* . Chambres avec balcon dans de coquets pavillons blancs d'un étage s'échelonnant de part et d'autre d'une jolie cour fleurie. Billard. Jacuzzi. Aire de jeux pour les enfants et qualité de l'accueil. Une bonne adresse.

Paspalis – *Au bout du front de mer - 2671 083140 - www.paspalishotel.com - - 43 ch.*

80/110 € ☕ - ✂. Chambres avec balcon ou terrasse distribuées dans de gros pavillons blancs d'un étage. Confort, propreté et clarté. Agréable bar en terrasse. L'ensemble est attenant à une taverne. Bon rapport qualité/prix mais à condition de rester parfois une semaine.

Kefalonia Grand – *82 r. Antoni Tritsi ☎ 2671 024981 - ☎ 2671 024984 - http://kefaloniagrand.gr - 42 ch. 205/315 €* ☕. Sur le front de mer, un hôtel moderne et élégant. Chambres impeccables, spacieuses, avec double vitrage et agréables petits balcons. Buffet pour le petit-déjeuner, bar.

Poros

BUDGET MOYEN

Georges Studios – *De la place, en tournant le dos à la mer, montez vers la droite, 100 m après la pharmacie traversez le pont métallique puis suivez les panneaux - ☎ 2674 072508 - mai-oct. - 2 ch., 3 studios et 2 appart. 60 €.* Dans une grande maison à flanc de colline, des studios simples, clairs et spacieux, avec balcon et vue sur la mer. Très bon accueil, en français, de Georges.

Oceanis – *En haut du village - ☎ 2674 072581 - www.hoteloceanis.gr - 🏊 - 16 ch. 75/95 €* ☕. Perché sur le promontoire rocheux qui ferme le port des ferries, l'hôtel jouit d'une vue superbe. La patronne parle bien le français. Chambres très bien tenues, spacieuses, claires, dotées de balcons et réfrigérateurs.

Sami

PREMIER PRIX

Karavomilos Beach – *Sur la plage, à l'ouest du bourg - ☎ 2674 022480 - www.camping-karavomilos.gr - 🏊 - fermé hors saison - 243 empl. 25 € -* ✂. Bien situé, au calme tout en étant proche de la ville. Beau terrain arboré (eucalyptus et lauriers), bien entretenu avec l'électricité. Supérette. Accueil très sympathique.

BUDGET MOYEN

Melissani – *☎ 2674 022464 - www.melissanihotel.gr - 15 ch. 50/65 €* ☕. Bien situé dans le centre de Sami et en retrait de l'agitation du front de mer. Chambres petites, fonctionnelles, propres et claires, avec balcon. Accueil aimable, familial.

POUR SE FAIRE PLAISIR

Sami Beach – *À Karavomilos, le village à l'ouest de Sami, sur la grande plage - ☎ 2674 022802 - www.samibeachhotel.gr - 🏊 - 49 ch. 75 €* ☕ - ✂. Un hôtel où l'on se sent bien : accueil aimable et professionnel, atmosphère familiale malgré le standing du lieu. Réparties dans de sobres pavillons pastel, les chambres sont confortables, bien tenues, dotées de TV satellite. Grande piscine, bar, tennis, jeux pour enfants.

Fiskardo

Au-dessus des tavernes et boutiques se trouvent des chambres à louer. Parmi elles :

BUDGET MOYEN

Nicolas – *En face du port - ☎ 2674 041307 - www.nicolasrooms.com - 6 ch. 75/100 € -* ✂. À flanc de colline et à l'abri de l'agitation, des chambres sobres, aux murs et au carrelage blanc, avec vue sur la mer. Le restaurant, avec sa terrasse, est un véritable poste d'observation sur le port. On y déguste des spécialités de Céphalonie.

Fiscardo Studios – *☎ 690 652 9799 - www.fiscardostudios.com - 6 ch. 75/105 € -* ✂. Un hôtel saumon, situé sur le front de mer, au-dessus du restaurant Apagio.

Six studios (2 à 4 pers.) spacieux, modernes, très confortables et impeccables, chacun doté d'une grande terrasse privative d'où vous pouvez observer le port et la vie nocturne de Fiscardo.

POUR SE FAIRE PLAISIR

Regina – *Entrée sur le parking du village - ☏ 2674 041125 - www.regina-studios-boats.gr - 15 ch. 55/80 €* ☕. Avec ses balcons roses et ses volets bleus, cette grande maison récente domine le village. Chambres spacieuses et bien tenues. Préférez celles donnant côté port. Cuisine commune. Atmosphère familiale et bon accueil.

Archontiko – *Sur le port devant la mer - ☏ 2674 041342 - www.archontiko-fiskardo.gr - 12 ch. 100/120 €*. Au-dessus d'un bazar, une jolie maison de maître à l'ancienne avec sa façade ocre rouge. Chambres tout confort décorées avec goût. Nécessaire à petit-déjeuner et réfrigérateur dans chaque chambre.

Assos

POUR SE FAIRE PLAISIR

Kanakis Apartments – *À gauche sur la route qui descend dans le village - ☏ 2674 051631 - www.kanakisapartments.gr - 🏊 - 6 appart. 150 €*. Des appartements spacieux pour 2 ou 4 pers. décorés avec goût et jouissant d'une terrasse avec vue splendide sur la mer et sur la forteresse. Piscine agréable. Accueil sympathique de Vassilis et Marilena.

RESTAURATION

Argostoli

Préférez les restaurants implantés dans les rues intérieures, près du square Valianou, à ceux du front de mer.

PREMIER PRIX

Tzivras – *1 r. Vandorou - entre le marché aux fruits et la Banque nationale - ☏ 2671 024259 - 15 €*. Des spécialités grecques à déguster dans un décor simple.

BUDGET MOYEN

To Arkontiko – *5 r. Pizospatou - ☏ 2671 027213 - 20 €*. À deux pas du square Valianou, ce joli restaurant à la salle et à la terrasse lambrissées propose une cuisine fraîche et savoureuse, dont de belles tartes aux épinards et fromage. Grand choix de vins grecs. Service efficace et attentionné.

Casa Grec – *12 r. Metaxa - ☏ 2671 024091 - 20 €*. Dans une rue parallèle au front de mer au niveau de l'hôtel Olga. Une cuisine grecque et italienne très soignée, servie dans un agréable jardin ou dans une salle ornée de gravures anciennes. Ambiance feutrée, service attentif. Une bonne adresse.

Lixouri

PREMIER PRIX

Zorbas – *À l'angle de Grigoriou Labraki et 25 Martiou - ☏ 2671 093129 - 15 €*. Dans une agréable cour ombragée, Fanos Athanassios et sa famille vous servent, avec diligence, une très bonne cuisine grecque : poissons frits, skordalia, saganaki...

Poros

PREMIER PRIX

Fotis – *Sur le square bordant le front de mer - ☏ 2674 072972 - de Pâques à fin oct. - 15 €*. Une charmante terrasse en surplomb de la mer et de la place. Cuisine familiale et accueil sympathique.

O Tzivas – *Côté port - 15 €*. Une jolie taverne, surplombant le port des ferries. Bons plats de poisson, spécialités grecques agrémentées d'une touche de cuisine française.

Sunset – *✆ 2674 072526 - 15 €.* Prenez la route qui monte vers l'hôtel Océanis ou les escaliers depuis le port des ferries, puis suivez les panneaux. L'ascension en vaut la peine! Cette belle terrasse étincelante, au vert et au calme, est idéale pour dîner face au coucher du soleil sur la baie. La patronne, qui est aussi chanteuse, donne parfois des concerts.

Sami

Vous trouverez pléthore de tavernes sur le front de mer, qui se ressemblent toutes.

Fiskardo

PREMIER PRIX

Lagoudera – *Sur une placette en retrait des quais, dans un angle du port - ✆ 2674 041275 - 20 €.* Spécialités de grillades, à déguster sur une petite terrasse ombragée bordant une jolie maison rose et bleue. Bonne cuisine locale.

BUDGET MOYEN

Lord Falcon – *En retrait de l'angle du port près de l'Alphabank - ✆ 2674 041072 € env.* Dans le cadre inattendu d'un jardin asiatique, une excellente cuisine mariant avec succès les gastronomies grecque et thaï, sous la direction d'un chef venu de Thaïlande. Une belle adresse dédiée à la mémoire de l'aventurier Constantinos Gerakis, alias Lord Falcon, natif de Céphalonie.

Tselenti – *✆ 2674 041344 - 25 € env.* Une taverne installée dans l'une des plus belles maisons du village, légèrement en retrait du port, avec une terrasse sur une placette très agréable. L'intérieur, évidé de son 1er étage, forme une salle magnifique, dotée d'un superbe bar à l'ambiance feutrée.

PETITE PAUSE

Argostoli

Plusieurs pâtisseries sur le front de mer : grand choix de nougats et de gâteaux.

Premier – *Pl. Valianou - ✆ 2671 023280.* De superbes glaces pour tous les goûts.

Argostoli

Metropolis et **Antico**, rue piétonne Lithostrotos, où se retrouve la jeunesse ; **cafés de la place Valianou** qui s'animent beaucoup le soir. Au menu : musique, cafés frappés et glaces.

Rock Café – *Sur les quais, non loin du marché - ✆ 2671 028809.* Pour siroter un verre sur la baie.

Fiskardo

The Fish Bone – À deux pas de là, dans un décor très british tout en boiseries, la bière et le whisky coulent à flot dès la nuit venue.

ACTIVITÉS

Plongée

Scuba Diving Center – *À Agia Efimia, au nord de Sami - ✆ 2674 062006 - www.aquatic.gr.* Un club très sympathique pour débutants et plongeurs confirmés.

Corfou

(Kérkira - Κέρκυρα)

★★★

101 113 habitants - 590 km2 - Îles Ioniennes - Unité régionale de Corfou

En inscrivant Corfou sur la liste du Patrimoine mondial pour son caractère « exceptionnel », l'Unesco célèbre sa mosaïque de cultures. Ses héritages grec et byzantin se sont ainsi enrichis, à partir du 14e s., de l'empreinte du lion de Venise, des Français au 19e s. ou de ses protecteurs britanniques. Pourtant Corfou reste grecque et cultive son identité. Et même si aujourd'hui le tourisme de masse est plutôt envahissant, il ne tient qu'à vous de sortir des sentiers battus pour découvrir l'authenticité de l'île.

NOS ADRESSES PAGE 341
Hébergement, restauration, achats, activités, etc.

S'INFORMER

Office de tourisme – *À côté de l'entrée du Vieux Fort - lun.-vend. 9h-16h.* Ce petit bureau nous a été signalé fermé en août 2018.

Ionian Travel – *R. Ethnikis Paleokastritsas - ✆ 26610 994 04 - www.ionian travel. gr.* Une agence efficace face au nouveau port.

Sites Internet – *www.corfuvisit. net (site de promotion de l'Unité régionale) ; whc.unesco.org/fr/list/978 (site de l'Unesco, en français).*

SE REPÉRER

Carte de région A1 (p. 308), carte de l'île (p. 335), carte de la presqu'île de Kanoni (p. 332) et plan de ville (p. 328-329).

À NE PAS MANQUER

La vieille ville de Corfou ; les plages rocheuses de la côte ouest ; les panoramas spectaculaires de Pelekas, Paleokastritsa et du mont Pantokrator.

ORGANISER SON TEMPS

Comptez quatre à six jours de visite. Prenez le temps de flâner sur les routes désertes de l'intérieur des terres.

AVEC LES ENFANTS

Plage et balades en mer à la découverte de la faune sous-marine et des dauphins, à bord d'un bateau à coque vitrée ; Aqualand Corfu, le parc d'aventure aquatique.

★★★ Ville de Corfou Plan de ville p. 328-329

Comptez une journée.

Pour éviter (un peu) le flot des touristes, suivez notre itinéraire.

La vieille ville de Corfou s'étend de l'Esplanade (est) au Fort neuf (ouest) suivant un plan complexe : d'abord sagement alignées, perpendiculaires à **Kapodistriou**, la grande artère où bat le cœur de la cité, les rues deviennent sinueuses à l'approche du vieux port, qui révèle un dédale de *kantounia*, ces ruelles où l'on se perd immanquablement. En s'éloignant du centre vers le sud-ouest, les rues s'élargissent à nouveau, fleuries de bougainvilliers et de treilles chargées de raisin. Dans les avenues plantées d'acacias, où les Corfiotes cherchent la fraîcheur, les frondaisons vibrent du concert des cigales. Jusqu'au soir, où la ville résonne alors du ballet des avions. Corfou, ville cosmopolite, mêle ainsi calme et agitation.

Vue plongeante sur Corfou et le vieux port.
Y. Travert/Photononstop

★★ Esplanade (Spianada - Σπιανάδα)

Plantée d'arbres par les Français au début du 19e s., la Spianada, ancienne place défensive aménagée à l'époque vénitienne devant la citadelle, est aujourd'hui le poumon de la ville, agréable lieu de promenade où vous ramèneront souvent vos pas. C'est là que tous les Corfiotes se donnent rendez-vous, où l'on aime à se montrer, chacun attendant en grignotant des *kalambokia* (maïs grillé) avant de s'installer aux terrasses des cafés, à la nuit tombée.

Divers monuments l'égayent, dont la **rotonde de Maitland**, érigée à la gloire d'un haut-commissaire anglais. Autre héritage britannique : un terrain de cricket, encore utilisé certains dimanches d'été. En bordure de l'Esplanade, le **Liston★** aligne ses élégantes arcades, édifiées de 1807 à 1814 par les Français, nostalgiques de la rue de Rivoli, sous la direction de Mathieu de Lesseps, dont le fils Ferdinand sera le maître d'œuvre du canal de Suez.

★★ Ancienne citadelle (Palaio Frourio - Παλαιό Φρούριο)

Comptez 40mn de visite. ✆ 26610 483 10 - été : 8h-20h ; hiver : 8h-15h - 6 € (-18 ans gratuit) - 14 € billet combiné valable 3 j. avec le Musée archéologique, le Musée byzantin et le musée d'Art asiatique.

Allez-y le matin : le soir, le soleil, de face, gêne la vue sur la ville.

Bâtie à l'origine sur la presqu'île de Kanoni, la cité antique de Corfou fut déplacée au 6e s., pour se protéger des incursions des Goths. C'est dans cette citadelle – ou **Vieux Fort** –, juchée sur son rocher, que s'épanouit la ville byzantine. Au 15e s., les Vénitiens la renforcèrent de murailles, ceinturant le **château de terre** et le **château de mer**. Ils creusèrent aussi un profond fossé au pied du rocher, donnant au fort l'aspect d'un véritable îlot. Entre deux sièges ottomans (en 1537 et en 1716), la citadelle fut ensuite dédiée à un rôle strictement militaire. Devenue alors trop exiguë, elle perdit ses derniers habitants, qui s'installèrent à ses pieds pour fonder la ville actuelle.

De l'Esplanade, on franchit le fossé vénitien par un pont. Juste après la porte, ne manquez pas, dans le bâtiment à droite, les **bas-reliefs** et les **mosaïques byzantines★** (5e-6e s.) représentant des animaux. Les amateurs d'art militaire trouveront aussi d'intéressantes explications sur les forts byzantins d'Angelokastro et de Gardiki. Après un fossé à sec, on débouche sur la place d'armes ornée de beaux **reliefs vénitiens** abrités sous des arches. Elle précède la terrasse supérieure, où veille une imposante **tour carrée à horloge**. De là, vous faites le tour du fort, en découvrant, côté droit, la sévère **église Agios Georgios** (1840), fade temple dorique, tandis que, côté gauche, se mêlent bâtiments militaires anglais, poudrières et entrepôts navals vénitiens. Pour atteindre le sommet du fort, prenez le passage à droite de l'horloge, puis le raidillon pavé de galets, le long des casernes anglaises. On rejoint ainsi le château de terre et son **phare** (1822), d'où l'on a une très belle **vue★★** sur la ville et la mer. À droite du fort, les eaux cristallines bordent une minuscule plage de galets.

Cœur de la ville

De l'Esplanade, prenez la rue Evgeníou Voulgáreos, la deuxième à droite face à l'hôtel Arcadion,à l'angle sud des arcades du Liston. La rue Guilford (du nom d'un lord philhellène), première rue à gauche longe la **mairie★★** et sa façade Renaissance, aux élégantes fenêtres cintrées ornées de médaillons. Édifié entre 1663 et 1691, l'ancien théâtre San Giacomo fut un temps le lieu de rencontre de la noblesse de l'île, d'où son nom de Loggia Nobilei. Le soir, profitez des terrasses de la **place de la Mairie**, toujours très animées. Sur le côté gauche se dresse l'**église Agios Iakovos** *(St-Jacques)* (1553) et en haut de la place, le **Palais de l'archevêché catholique** (17e s.), qui abrite à présent une annexe de la Banque de Grèce.

Poursuivez dans la rue Guilford – réputée pour ses restaurants aux agréables terrasses. Dans la rue Moustoxídi, à droite, la **maison Ricci★**, une belle demeure patricienne soulignée de sept arches ornées de mascarons, abrite aujourd'hui une école française et le **Musée serbe** *(tlj sf dim. 8h-14h, 4 €)* en souvenir de l'armée serbe qui trouva refuge à Corfou durant la Première Guerre mondiale. De son balcon, le provéditeur vénitien suivait les courses de chevaux dans la Strata Larga, alors principale rue de la ville. Quelques mètres plus loin s'élèvent les colonnes doriques de l'ancien **Parlement ionien** (1855) où fut voté en 1863 le rattachement des îles Ioniennes à la Grèce.

Revenez sur vos pas, et prenez la rue Ioniou Voulis à gauche d'une maison rose qui vous ramènera sur la place de la Mairie. Tournez cette fois à gauche de la mairie, pour prendre la rue Michális Theotóki (attention : il existe à Corfou pas moins de quatre rues répondant au nom de Theotoki !). Passez la place Vrachlioti dotée d'un puits, poursuivez jusqu'à la rue Nikiforou Theotoki.

À gauche, s'étend le quartier juif. La **synagogue** *(signalée au début de la rue Palaiologou)* se blottit dans un dédale de ruelles adorables. Une plaque rappelle qu'Albert Cohen, l'auteur de *Belle du seigneur*, est né ici en 1895.

Revenez ensuite jusqu'à la place Kypriakoú Agónos où pointe le clocher jaune et rouge de la **Panagia ton Xénon** (« Vierge des Étrangers »). Cette basilique à trois nefs, ornée d'un plafond peint de Nicolas Koutouzis (18e s.), appartenait aux Épirotes réfugiés à Corfou pendant la période ottomane. Ils y ont laissé de nombreux ex-voto.

De l'autre côté de la rue Nikifórou Theotóki, jetez aussi un coup d'œil à la petite **église Agios Ioannis Prodromos★** *(St-Jean-Baptiste)*, sobre basilique à nef unique flanquée d'un exonarthex (16e s.). Tout son charme réside dans l'émouvante simplicité de sa façade rose. Vous pourrez y admirer une **iconostase★** en marbre et des **icônes** dues au talent de Georgiós Chrysolorás. Dans le vestibule précédant la nef, il faut aussi aller voir l'incroyable « musée », véritable bric-à-brac d'icônes, de croix, de candélabres…

Le joyau des Ioniennes

UNE COLONIE CORINTHIENNE

Corfou ne fait son entrée dans l'Histoire qu'en 734 av. J.-C., lorsque les Corinthiens établissent une colonie à Paléopolis, au sud de la capitale actuelle. L'île, qui se nomme alors **Corcyre**, connaît une prospérité rapide. Au 5e s. av. J.-C., elle possède même la deuxième flotte grecque après Athènes. De conflits en combats, le déclin s'annonce cependant rapidement, jusqu'à la guerre du Péloponnèse (431 av. J.-C.) qui laisse l'île exsangue. Affaiblie, elle passe ainsi de main en main, avant d'être annexée par Rome en 229 av. J.-C.
En échange de l'utilisation de ses ports, Rome accorde à Corcyre une large autonomie, et l'île retrouve un peu de sa prospérité, se parant de prestigieux bâtiments. Après Dioclétien (284-305), qui tente en vain de réprimer l'évangélisation initiée par Jason et Sosipater, disciples de Paul, l'île est bientôt rattachée à l'Empire d'Orient et suit le destin de Byzance, de 395 à 1267. L'Église de Corfou devient alors une des douze grandes métropoles orthodoxes de Grèce. Cependant, sans cesse assiégée par les Goths, les Sarrasins, les Vandales et autres Barbares, la capitale est transférée sur un site mieux protégé, l'actuelle citadelle, dont les deux promontoires qui valent à l'île un nouveau nom : *« Ton Koryphon »*, la cité aux « deux cimes ». Peine perdue : Corfou et sa citadelle subissent encore les invasions normandes, vénitiennes et épirotes… avant de tomber en 1267 aux mains des **Angevins de Naples**. Une seule solution pour échapper à leurs diktats : à la mort de Charles II de Naples, l'île accepte de passer sous la protection de sa puissante voisine, Venise, qui achète Corfou en 1386 pour 30 000 ducats d'or.

SOUS LA BANNIÈRE DE LA SÉRÉNISSIME

Restée à l'écart de l'emprise ottomane, Corfou subit ainsi le joug de la Sérénissime, qui laisse une certaine autonomie aux insulaires et leurs privilèges à la noblesse. Les Vénitiens favorisent également le commerce et la culture de l'olivier. Mais le poids du labeur et de l'impôt conduit les paysans à de multiples **révoltes,** dont les conséquences, ravageuses, conjuguées à la **peste** et aux **attaques turques** (1537 et 1716), déciment la population. L'hémorragie ne s'achève qu'avec l'arrivée des Crétois, fuyant eux-mêmes les Turcs : ils apportent à l'île un nouveau dynamisme, et le talent de leurs peintres, dont **Emmanuel Tsanès** (1610-1690).

LA CORFOU MODERNE

La République de Venise est renversée en 1797 par **Bonaparte**, qui s'empare dans la foulée des îles Ioniennes. Corfou suit dès lors le destin de ses sœurs, tour à tour sous domination française, turque, russe puis britannique. Le 19e s. sera pour l'île une période d'intense développement culturel, avec la création de l'**Académie ionienne**, qui forme savants et poètes, dont le fameux **Solomos**, auteur de l'hymne national. Lors du rattachement des îles Ioniennes à la Grèce (1864), Corfou, qui a dû démanteler ses fortifications, est proclamée, avec Paxos, territoire neutre. Ce qui n'empêche pas les Français et les Serbes de s'y installer pendant la guerre de 1914-1918, suivis des Italiens en 1923. Et de 1943 à 1945, les Allemands bombardent la capitale à deux reprises. À la fin de la guerre, Corfou retrouve enfin la paix… avant l'invasion des touristes, qui y viennent chaque année du monde entier.

Musée du Billet de banque – *✆ 26610 415 52 - été : tlj sf lun. et mar. 9h-14h, 17h30-20h30 ; reste de l'année : tlj sf lun. et mar. 8h-15h - gratuit.* De l'autre côté de la place, sur la gauche, l'ancien bâtiment de la Banque ionienne accueille une collection de billets de banque unique en son genre en Grèce. L'exposition apporte un éclairage très instructif sur la fabrication du papier et sur les techniques de gravure.

Une porte latérale, au fond à gauche de la place, ouvre sur le monument le plus emblématique de la ville, **Agios Spiridonas**, reconnaissable à son horloge et son dôme de couleur rouge. Bâtie en 1589, l'église porte le nom du patron de Corfou, originaire de Chypre, où il fut évêque au 4e s. Jusqu'à une date récente, un garçon sur deux baptisés dans l'île portait son prénom. Transféré à Corfou lors de la prise de Constantinople (1453), le corps momifié du saint repose depuis 1590 dans la crypte (à droite du sanctuaire), protégé par une **châsse d'argent** du 19e s. Il fait l'objet d'une pieuse vénération. Une grande procession a lieu également le 11 août, qui commémore ce jour de 1716 où, selon la légende, Spiridon apparut aux Corfiotes, brandissant une torche qui fit fuir les assiégeants ottomans. L'église montre un saisissant contraste entre la sobriété de sa façade et de son campanile – le plus haut de l'île –, et l'exubérance de sa décoration intérieure. Levez les yeux vers le beau **plafond**, copie du 19e s. de toiles baroques dues à Panayiótis Doxarás (1727), les originaux ayant été détruits par l'humidité. Admirez aussi les quatre

icônes du narthex, œuvre du Corfiote Spiridon Sperantzas, les **ex-voto** et les deux **candélabres** d'argent du 18e s.

Ressortez de l'église par la porte opposée, rue Agios Spiridonas, et tournez à gauche. La première rue à droite serpente parmi les marchands de bibelots en bois exotique douteux. Prenez, à gauche avant les escaliers, la rue Filélinon, au dallage de pierre beige. Elle débouche sur la place Pestos et ses restaurants en terrasse ; prenez alors Agios Theodoras, la ruelle tout de suite à droite, puis la rue Komninon *(deuxième à gauche)*.

★★ Autour de la place Kremasti

Une voûte unissant deux anciennes bâtisses, puis quelques marches conduisent à la charmante place Lili Desilla qui vous plonge instantanément en plein 17e s. vénitien. Blottie entre de vieilles demeures aux volets verts et la façade rose fané de l'église de la **Panagia Kremasti** (16e s.), elle est ornée d'un **puits** richement sculpté (1699). L'église *(fermée)* doit son nom à une icône de la Vierge pendue *(kremasti)* au mur, et non placée traditionnellement sur un support.

Revenez sur vos pas jusqu'à la place Pestos, et descendez à gauche vers la place Mitropolis et sa vaste église rose et blanche, la **Panagia Spiliotissa** *(7h30-13h30, 17h-20h)*, datant de 1577. Derrière son imposante façade Renaissance s'ouvre une vaste basilique à trois nefs. Elle renferme les reliques de sainte Théodora, jadis conservées à Constantinople, ainsi qu'une **iconostase byzantine**, accompagnée de superbes **icônes** des écoles crétoise et ionienne (16e-18e s.), la plus ancienne étant la Panagia tis Dimossianas, peinte à Ioannina au 14e s.

Empruntez l'escalier qui descend vers le vieux port, puis la première rue à gauche, et tout de suite à droite. Semée de manèges, la place aux pelouses défraîchies, qui jouxte le port, est un des lieux de prédilection du Corfou populaire. Prenez à droite la rue Donzelot, puis la rue Arseniou, qui longent la mer. Au milieu de la rue Arseniou, un panneau indique, à droite, une ruelle qui monte vers le Musée byzantin.

Musée byzantin – *✆ 26610 383 13 - www.antivouniotissamuseum.gr - 8h-15h - 4 € (-18 ans gratuit) - 14 € billet combiné valable 3 j. avec l'ancienne citadelle, le Musée archéologique et le musée d'Art asiatique.* Bâtie au 15e s. et magnifiquement restaurée, l'**église de la Panagia Antivouniotissa** abrite ce musée qui présente une très belle collection d'icônes des 16e et 17e s. Outre les œuvres majeures de Michel Damaskinos et d'Emmanuel Tsanès, dont le superbe **Noli me tangere★★** et le trio **saint Serge**, **saint Bacchus** et **sainte Justine**, ne manquez pas la **Lapidation de saint Étienne** (17e s.), d'un cruel réalisme, ni cette curieuse

CAPO D'ISTRIA, UN PRÉCURSEUR DE L'EUROPE MODERNE

Figure emblématique de l'histoire mouvementée de l'île au début du 19e s. – Corfou changea six fois de mains entre 1797 et 1816 –, le comte **Giovanni Antonio Capo d'Istria** (1776-1831) apparaît comme un Européen bien avant la lettre. Jugez plutôt : il étudia le latin à Venise, les sciences à Padoue, fut médecin à Corfou, secrétaire d'État des îles Ioniennes sous la domination russo-turque (1803), diplomate à Bucarest et, enfin, ministre des Affaires étrangères de Russie (1816-1822). Il se battit pour l'indépendance de la Grèce et tenta de persuader les grandes puissances de la nécessaire unification de l'Europe. Président de la toute jeune République grecque (1827-1831), il s'attacha à mettre en place un réseau de santé et d'éducation, jetant les bases de la nouvelle nation. Mais son autoritarisme et sa réputation d'agent russe le rendirent impopulaire. Assassiné à Nauplie en 1831, il repose dans le couvent de Platitera.

Trinité du 16e s. où le Père et le Fils couvrent le globe terrestre de leurs mains réunies. Plus loin, remarquez une **Lamentation** (16e s.) originale, couchée dans une sorte de palanquin, et d'autres œuvres illustrant la vie de saint Jean Baptiste. Le 1er étage abrite une sacristie (évangéliaires, vaisselle) et une exposition de vêtements liturgiques. L'église a gardé plusieurs fragments de ses fresques, ainsi qu'un somptueux **plafond★★** en bois doré. Enfin, vous pourrez voir – privilège rare – le Saint des Saints, où officie le pope, habituellement caché derrière un rideau. Observez encore la **Descente aux Enfers** (16e s.), où le Christ sépare sans appel les bienheureux et les damnés.

Bien que la ville de Corfou ne soit guère réputée pour ses plages, elles existent ! Arrivé à l'angle de Kapodistriou et Arseniou, descendez en contrebas de la promenade du palais royal au vieux port. Une petite **plage publique** est aménagée sur la droite. On peut aussi se baigner de la terrasse du café En Plo, ou encore sur une adorable plage de galets devant une petite chapelle derrière le café.

Redescendez ensuite vers la rue Arseniou et poursuivez le long de la mer sur votre droite. Au détour d'un virage, sur la corniche, apparaît la silhouette massive de l'**ancienne préfecture de Corfou** (19e s.), caractéristique du style en vigueur sous le protectorat britannique. Elle fut construite à l'emplacement de la maison natale de Jean Capo d'Istria, fondateur de l'État grec et haute figure de l'histoire de Corfou *(lire encadré ci-dessus)*.

Musée d'Art asiatique – *✆ 26610 304 43 - tlj sf lun. 8h-15h - 6 € (-18 ans gratuit), 14 € billet combiné valable 3 j. avec l'ancienne citadelle, le Musée archéologique et le Musée byzantin.* Il est installé dans le **Palais St-Michel et St-Georges★** ou Vieux Palais *(Palaiá Anáktora)*. Œuvre de l'architecte anglais Whitmore (1819-1829), ce bâtiment néoclassique fut la demeure des gouverneurs britanniques. Il doit son nom à l'ordre de St-Michel et St-Georges, qui récompensait les services rendus à la Couronne britannique en Méditerranée. Il abrita ensuite le Sénat ionien, avant de devenir la résidence d'été de la famille royale grecque, en 1864. Derrière le portique dorique courant sur la façade, un large vestibule orné de frises évoquant l'Odyssée distribue tout un dédale de pièces où les portraits des présidents du Sénat ionien et du roi Georges IV d'Angleterre veillent sur les rares visiteurs. À l'étage, la **salle du trône** et la **salle des banquets** évoquent les fastes d'antan. Plus loin, vos pas résonneront sous la coupole à caissons dorés de la **salle de bal★**, désormais silencieuse. Aménagé dans les murs du palais, le musée d'Art asiatique rassemble les vastes collections de céramiques de deux diplomates grecs. L'une des salles fait une présentation, très bien documentée, de l'histoire de la civilisation japonaise.

En sortant, à droite du palais royal, ne manquez pas la lilliputienne **église de la Panagia Mandrakina★★** (1700), si troublante avec son clocher rouge sang. En la contournant côté droit, un escalier mène au mouillage des bateaux de plaisance, aménagé dans le fossé extérieur du vieux fort.

Et si vous avez le temps…

★ **Fort neuf** – *☏ 26610 273 70 - 9h-20h - 3 € - comptez 30mn.* Vous pouvez compléter votre découverte de la ville par une promenade dans ce fort érigé par les Vénitiens entre 1576 et 1588 pour défendre les faubourgs nord-ouest de la ville contre les raids turcs. On y accède par la rue Solomou, puis par un escalier pavé de galets qui longe l'**église de la Panagia** aux jolis clochers italiens. Le principal attrait de ce monstre de pierre est surtout la **vue★** qu'il offre sur la ville, de la citadelle à l'église Agios Spiridonas, jusqu'aux côtes albanaises. Passé plusieurs portes fortifiées, bastions et passages voûtés, on atteint la **place d'armes**, où se tiennent les concerts du festival de musique (l'été). Ses casernements abritent un café *(10h-16h)* et une galerie d'art. Un escalier et une échelle sans âge mènent au sommet du bastion, où flotte le drapeau grec, aux côtés d'une immense croix surchargée d'ampoules électriques.

★ **Musée archéologique** – *1 r. Vralia Armeni - ☏ 26610 306 80 - fermé pour rénovation, réouverture espérée en 2019 (se rens.).* Les amateurs d'histoire iront voir cette remarquable collection d'antiquités, allant du paléolithique à l'époque romaine : fragments de céramiques, statues, jarres funéraires, bronzes et monnaies… L'œuvre la plus intéressante restant le **fronton du temple d'Artémis★★**, dit **de la Gorgone**, mis au jour sur la presqu'île de Kanoni. Cet impressionnant relief de 17 m de large compte parmi les plus anciens témoignages de la statuaire grecque (6e s. av. J.-C.). Dans la salle nord, vous verrez la partie gauche d'un autre **fronton** découvert à Figaréto (500 av. J.-C.). Il représente Dionysos et un jeune éphèbe nu, attablés pour un banquet. Citons encore le **lion de Ménécratès**, sculpture corinthienne du 7e s. av. J.-C. provenant de la nécropole de Garitsas, un bronze représentant un **cômaste** – joyeux compagnon – (570 av. J.-C.) et la petite tête d'un **kouros** (530 av. J.-C.) découverts à Mon Repos *(voir plus loin)*. Dans la salle sud, jetez aussi un coup d'œil aux étranges lamelles de plomb : les usuriers de Paléopolis y gravaient les reconnaissances de dettes.

À l'ouest de la ville (rue Polihroniou Konstanda), vous pouvez encore visiter le **monastère de la Panagia Platitera**, qui abrite les tombes de Jean Capo d'Istria et de l'historien corfiote Moustoxydis. Les bâtiments actuels n'ont pas grand intérêt, mais vous pourrez y admirer de splendides **icônes★★** postbyzantines.

★★ Presqu'île de Kanoni (Κανόνι)

Carte de la presqu'île p. 332

Circuit tracé en vert sur la carte de la presqu'île (p. 332) – Comptez une bonne demi-journée pour voir tous les sites.

En voiture, longez la baie de Garitsa, au sud de Corfou, en direction de Kanoni.

Au sud de Corfou s'étire la presqu'île de Kanoni, qui doit son nom à une batterie de canons abandonnée par les troupes napoléoniennes. C'est là que s'établissait la première cité de Corcyre, avec ses deux ports (Garitsas et Halikiopoulos), avant d'être transférée dans la citadelle, au 5e s. apr. J.-C. Les habitations s'étendaient sur le versant ouest, les sanctuaires sur la façade est. Promenez-vous à la recherche de ses vestiges. Ils jaillissent çà et là au détour d'un pâté de maisons, jusqu'au cœur de quelque parc tranquille.

Bon point de repère en retrait de la corniche : l'**obélisque de Douglas**, érigé en l'honneur de Ward Douglas, haut-commissaire anglais de 1835 à 1841. La rue à droite du monument conduit au seul reste de la nécropole antique, le **tombeau de Ménécratès** (6e s. av. J.-C.), qui fut consul de Corcyre *(entrée libre)*. Selon une tradition contestée, une lionne, visible au Musée archéologique, surmontait ce tumulus circulaire couronné de pierres massives.

★ **Église St-Jason et St-Sosipater** *(Agíon Iásonos kai Sosipátrou) – 9h-15h - entrée libre*. Un peu plus loin, une route à gauche mène à cette église dédiée aux disciples de l'apôtre Paul qui évangélisèrent l'île en 48 apr. J.-C. Construit avec des matériaux antiques, ce joyau byzantin du 13e s. séduit d'abord par le charme de son appareillage alternant la pierre et la brique (le campanile est une adjonction vénitienne). À l'intérieur, la récente rénovation a, hélas, laissé des traces : éclats de mortier sur les fresques, stucs blessés par les échafaudages…

Revenez sur vos pas et suivez les panneaux « Paleopolis » *(fléchage à droite)*.

Basilique Agia Kerkira – *✆ 26610 383 13 - 8h-15h - entrée libre*. À **Paleopolis**, arrêtez-vous un instant devant les ruines de ce grand sanctuaire. Il ne reste qu'une de ses cinq nefs. Bâtie avec des pierres antiques de réemploi, cette église byzantine du 5e s. s'élevait sur l'emplacement de l'agora de Corcyre. Détruite par les bombardements allemands de 1943, vous y verrez néanmoins de délicates **mosaïques**, assez bien conservées.

À droite de l'église, la rue Dörpfeld mène au **couvent Agii Theodori** et au **temple d'Artémis**. Seuls le fronton ouest, dit de la Gorgone (exposé au Musée archéologique), l'autel monumental (25 m de long) et quelques fondations témoignent de l'ampleur de ce temple dorique élevé en 590-580 av. J.-C.

Parc archéologique de Mon Repos – *✆ 26610 209 80 - avr.-oct. : 8h-19h ; reste de l'année : 8h-15h - parc entrée libre - musée 4 €*. En face de Paleopoli s'ouvre ce site qui garde, à l'ombre d'arbres centenaires, les vestiges d'une cité antique. L'élégante villa néoclassique qui trône au centre fut la résidence d'été des hauts-commissaires britanniques, puis la propriété de la famille royale grecque (le prince Philippe d'Édimbourg, grec, y naquit en 1921). Prenez le chemin qui fait face à la villa. Il conduit, sous les frondaisons, aux ruines de deux temples (prenez à gauche après une église blanche) : à 50 m, d'abord, apparaît le **temple d'Héra** (7e s. av. J.-C.), le plus important de la cité antique, détruit par Agrippa au 1er s. av. J.-C., 300 m plus loin, derrière les pins qui frangent le littoral, en contrebas, les belles ruines du **temple de Kardaki**★ (6e s. av. J.-C.) sommeillent dans une solitude parfaite. Cet édifice de 25 m de long est le mieux conservé des temples de l'île. Au milieu du chaos de ses colonnes doriques, on découvrit des ex-voto dédiés à Apollon et une statue de Cybèle.

Le monastère des Vlachernes.
Mauritius/Photononstop

MONASTÈRE DES VLACHERNES (MONI TON VLACHERNON - ΜΟΝΗ ΤΩΝ ΒΛΑΧΕΡΝΩΝ)

Accès par une volée de marches à gauche du café. 8h-22h - gratuit - promenade en caïque jusqu'à Corfou : 4 € AR.

Allez-y au lever du soleil : le soir, le soleil se couche sur le flanc du monastère, et la vue est moins belle.

Malgré les avions, le site est vraiment de toute beauté, avec son **église★** (17e s.) d'une blancheur immaculée qui semble flotter sur les eaux calmes de la lagune. Du monastère, un caïque vous conduira au minuscule îlot voisin de **Pondikonissi**, qui doit son nom à sa forme évoquant celle d'une « souris ». Et derrière son rideau de cyprès se cache la jolie **église du Pantokrator** *(10h-22h)*, bâtie au 11e s.

★★ Nord de Corfou Carte de l'île p. 335

Circuit tracé en violet sur la carte de l'île (p. 335) – Comptez une bonne journée, surtout si vous grimpez sur le mont Pantokrator.

Quittez Corfou par le nord, en suivant les panneaux indiquant Gouvia. À part l'ascension du Pantokrator, le nord de l'île offre essentiellement une succession de **plages** qui ont fait sa réputation, les villages de l'intérieur y gagnant en tranquillité… Au nord et à l'ouest de la ville de Corfou, le littoral est en effet sous la haute emprise du tourisme, et le site n'a guère d'attrait, sauf si vous logez dans un des complexes hôteliers de Dafnila ou Ipsos (côte est). C'est là, aussi, que se regroupent la plupart des campings de l'île (entre Ipsos et Pirgi).

★★ BAIE DE PALEOKASTRITSA (ΠΑΛΑΙΟΚΑΣΤΡΙΤΣΑ)

La route qui mène à Paleokastritsa *(1 km après Gouvia, à gauche)*, sur la côte ouest, est à l'image de l'immense baie : les massifs de lauriers et les derniers oliviers masquent à grand-peine les tavernes à touristes et le défilé des autocars, et ce qui fut sans doute le plus beau paysage de l'île voit désormais se déverser des charters entiers de visiteurs, qui altèrent pour le moins le plaisir de la contemplation. Reste tout de même **six criques** sablonneuses léchées par une mer translucide, que cernent des falaises creusées d'une multitude de grottes et soulignées par le trait vert des pins et des oliviers.

★ **Monastère de la Panagia Theotokos** – *Avr.-oct. : 7h-13h, 15h-20h - jupes longues fournies.* Ce monastère du 18e s., aux murs d'un blanc étincelant, fut fondé en 1228, puis reconstruit aux 18e et 19e s. Même si ses bâtiments n'offrent guère d'intérêt, on tombe sous le charme de la cour voûtée et des terrasses fleuries, d'où l'on jouit d'une **vue**★★ magnifique sur la baie. Au large se dresse le **rocher Kolivri**, qui passe pour être le vaisseau d'Ulysse, pétrifié par Poséidon. Jetez aussi un coup d'œil à l'**église** (1722), qui abrite un musée rassemblant icônes byzantines, objets liturgiques et vêtements sacerdotaux.

Les amateurs de **plongée** pourront s'adonner à leur passion dans la baie. Pour les autres, prenez de la hauteur en gagnant le village de **Lakones**, qui jouit de la plus belle **vue**★ sur le site, loin des hordes de touristes.

Reprenez la route de Corfou, puis à l'embranchement en épingle à cheveux, 2 km plus loin, tournez à gauche. Après Lakones, poursuivez sur la même route, jusqu'à **Makrades**. Une randonnée vous attend à partir de ce village, réputé pour son vin rouge : prenez le chemin (à gauche, en direction de Krini) qui grimpe aux ruines du **château St-Ange** *(Angelokastro)*, une forteresse byzantine érigée au 13e s. par le tyran d'Épire Ange Comnène, pour défendre l'île des pirates. La **vue**★★ offerte récompensera vos efforts. Les moins courageux se contenteront d'admirer le château de loin en poursuivant sur la route qui serpente sur les hauts plateaux.

Continuez sur la voie principale, qui traverse les villages de Prinilas et Agios Georgios. Suivez ensuite les panneaux « Agios Georgios Beach ». Au cœur d'une majestueuse crique encadrée de rochers, la **plage** de sable d'**Agios Georgios**★ *(5 km de long)* offre l'un des sites les plus agréables de la côte ouest pour se baigner, de surcroît assez peu fréquenté, même en saison.

Poursuivez sur la même route jusqu'au camping, puis tournez 500 m plus loin à gauche (panneau « Arilas »). Au carrefour suivant, prenez ensuite à droite. Le village d'**Arilas** s'enorgueillit lui aussi de deux plaisantes plages de sable, mais ventées : **Arilas Beach**, flanquée d'un curieux groupe de rochers planté dans la mer, et **Agios Stefanos** *(2 km au nord)*, cernée de collines boisées.

La route vers Sidari traverse de paisibles villages, assoupis à l'ombre des oliviers.

UNE EXCURSION CULTURELLE AU « PAYS DES AIGLES »

Plusieurs agences locales organisent des excursions, originales et inoubliables, à la journée, en **Albanie**. Elles desservent la station balnéaire de Saranda pour se rendre ensuite au superbe – et encore assez méconnu – site archéologique et Parc national de Butrint, classés au patrimoine mondial de l'Unesco. Cette ville antique, dont il reste encore un magnifique théâtre et une acropole, fut construite sur une colline au bord d'un lac et connut son apogée au 4e s.

Si vous avez le temps, le « pays des aigles », désormais ouvert aux touristes, mérite davantage qu'une excursion de quelques heures. Ainsi, vous pouvez prévoir, avec ou sans agence de voyages *(voir p. 345)*, d'y passer trois jours pour visiter tranquillement le sud du pays : la ville de Girokastra (également classée à l'Unesco, *voir p. 284*), le village grec de Himara et quelques belles plages. Seule formalité nécessaire : un passeport.

6

BAIE DE SIDARI (ΣΙΔΑΡΙ)

Changement d'atmosphère en arrivant à Sidari, qui n'a pas échappé aux ravages de l'industrie hôtelière. Dommage, car la baie, découpée d'une multitude de criques, est fort belle. La mer y a patiemment sculpté d'étroits chenaux, dont le célèbre **canal de l'amour** *(du village, suivez les panneaux « To Great Beach »)* : la légende promet à qui le traversera à la nage de rencontrer l'élu de son cœur !

La grande plage à l'est de Sidari, **Agios Ioanis**, s'avère sans attrait, et tous les hôtels y sont réservés à l'année par des agences britanniques. Préférez-lui celle de **Peroulades**, moins fréquentée *(3 km à l'ouest ; prenez à Sidari la route qui* *longe la plage, sur la gauche, puis les deux embranchements successifs. Dans le village, suivez les panneaux « Sunset Beach » puis « Restaurant Panorama »).* Si la mer y est assez troublée, les falaises grises et ocre qui dominent son étroite bande de sable vous séduiront par leur charme sauvage (accès par des escaliers). Profitez aussi de la belle **vue★** sur les îles diapontiques, dont **Othoni**, la plus grande, qui passe pour avoir été l'île de la nymphe Calypso, qui retint Ulysse dans ses rets pendant huit ans.

Rebroussez chemin jusqu'à Sidari, où vous prendrez la route vers **Karoussades★** *(3 km à l'est)*, qui est un des plus jolis villages du nord de l'île : maisons blanchies à la chaux, ruelles étroites, rien n'a changé depuis des lustres. De là vous pourrez gagner **Roda** *(4 km à l'est)*, où les archéologues ont exhumé un temple du 5e s. av. J.-C., dont certains fragments sont exposés au Musée archéologique de Corfou. À sa plage très fréquentée, préférez celle d'**Aharavi**, rendez-vous de la jeunesse corfiote *(1,5 km à l'est)*. Une multitude de tavernes jalonnent ce long ruban de sable et de galets, mais il est difficile de s'y loger.

Poursuivez sur la même route pendant 4 km, jusqu'à Agios Spiridonas, où vous tournerez à gauche pour suivre les panneaux « Taverna Lagoon ». La **plage d'Agios Spiridonas★** a su préserver un charme intact. Outre la **vue★** sur les côtes albanaises toutes proches, on profite d'une mer superbe, aux reflets changeants, du vert tendre au bleu lagon. À la chapelle ocre, posée sur la plage, répond en écho un rocher pointu émergeant des flots. Même si vous ne vous baignez pas, vous pourrez savourer une brochette de poisson frais à la terrasse de l'unique taverne, les pieds dans l'eau.

Remontez sur la route principale, puis à gauche en direction de Kassiopi (bien indiqué). La route de corniche dévoile de splendides **panoramas★★**

LES PLAGES DE CORFOU

Elles sont nombreuses et magnifiques, mais fréquentées à l'extrême en été… Parasols et chaises longues en recouvrent la plupart. Le choix de sports nautiques est très vaste. Voici les plus belles (et les plus célèbres). Elles sont répertoriées sur la carte et classées ici dans le sens des aiguilles d'une montre au départ de Corfou-ville :

Benitses : face à l'Épire, plage très touristique.

Vitalades : longue étendue de sable au pied d'une falaise.

Agios Georgios : plage sablonneuse de 5 km de long. Ses dunes se sont solidifiées, ce qui les fait ressembler à des rochers.

Paramona : plein ouest, au pied du joli village d'Agios Matheos, bâti en amphithéâtre, elle est fréquentée par les Grecs.

Agios Gordios : longue plage de 5 km. Un rocher jaillissant de la mer rappelle un peu l'aiguille d'Étretat.

Pelekas : en contrebas du village éponyme, cette plage encadrée de rochers est l'une des plus proches de Corfou-Ville.

Mirtidiotissa : difficile d'accès, petite plage au fond d'une crique superbe.

Paleokastritsa : plusieurs criques très belles… et très fréquentées.

Arilas, Agios Stefanos : plages ventées, dans un décor de rochers et de collines verdoyantes.

Peroulades : étroite bande de sable dominée par des falaises gris et ocre.

Sidari : une multitude de criques dans un somptueux décor de rochers.

Agios Spiridonas : non loin des côtes albanaises, belle plage sauvage avec une chapelle posée sur le sable.

Ipsos : grande station balnéaire dotée de belles plages.

Ile de Corfou, baie de Paleokastritsa.
J. Sierpinski/hemis.fr

sur la mer. Dominé par les maigres restes d'une forteresse angevine, le port de **Kassiopi**, désormais voué au tourisme de masse (plongée, balades en mer), n'invite guère à y faire étape. Jetez tout de même un œil à l'**église de la Panagia Kassiopitissa** (1590), qui abrite une belle icône de la Vierge par Poulakis. Du port, des caïques desservent les petites îles voisines d'Othoni, d'Erikoussa et de Mathraki.

Poursuivez sur la route principale, en direction de Kouloura (bien indiqué). On traverse une pointe vallonnée, entre pins et cyprès, qui offre sans doute les plus belles **vues★★** maritimes de toute l'île. Apparaissent bientôt les maisons blanches du port de **Kouloura★**, caché dans une crique rocheuse. Un cadre enchanteur, où le tintement des gréements des bateaux de pêche répond à celui des cloches de la vieille église. La même quiétude devait baigner le port voisin de **Kalami**, où l'écrivain anglais **Lawrence Durrell** rédigea *L'Île de Prospero*. Mais l'endroit est désormais bien trop fréquenté.

La route longe ensuite de nombreuses criques, et autant de ports et de villages pittoresques : **Gimari** et ses vieilles maisons aux « bolets » (sorte d'avant-toits) couverts de vignes, **Nissaki** *(embranchement à gauche pour la jolie plage d'Agni Bay)*, puis **Barbati★** et sa plage de galets blancs, fil de lumière entre le vert sombre des collines pelées et le bleu cristallin de la mer. Ne vous laissez pas rebuter par le chemin qui y mène, assez peu engageant (constructions abandonnées) : la plage, au bout, est fort agréable.

2 km après Barbati, prenez, dans le village de Pirgi, l'embranchement à droite en direction de Spartilas.

Le village de **Spartilas★** *(3 km plus haut)* détache ses vieilles maisons blanches sur le flanc sombre de la colline, au milieu des figuiers et des genêts. Dans les ruelles, on croise encore de vieilles femmes coiffées d'un élégant foulard de dentelle blanche.

Plus loin, au détour d'un haut plateau aride, apparaît le village de **Strinilas★**, autre havre de paix. Sur la place centrale, plusieurs tavernes étalent leurs tables à l'ombre d'un orme séculaire où s'ébattent des nuées d'oiseaux.

★ MONASTÈRE DU PANTOKRATOR (ΜΟΝΗ ΠΑΝΤΟΚΡΑΤΟΡΟΣ)

6 km au nord-est de Strinilas. La route en ciment va jusqu'au sommet. Mais nous vous conseillons, vu la très forte côte, de vous garer dès que possible et de finir à pied. Avr.-oct. : 7h-12h30, 14h30-20h. Jupes longues prêtées à l'entrée. Petit snack.

Perché au sommet du point culminant de l'île (906 m), le monastère du Pantokrator vous réserve un **panorama★★** exceptionnel. C'est d'ailleurs le principal intérêt de l'escapade : le site serait lui-même superbe si la télévision n'y avait installé ses gigantesques antennes qui chevauchent sans vergogne les bâtiments conventuels et l'église.

Fondé en 1347, le monastère fut remanié au 17e s. Son **catholicon** abrite une **iconostase** du 18e s., des icônes postbyzantines et de superbes **fresques★** couvrant la voûte de la nef. Ne manquez pas l'**icône recouverte d'argent★** *(à droite)*, d'une troublante beauté. Après quoi, contemplez le paysage alentour : plateaux désertiques, quasi lunaires d'un côté ; la mer et les lacs albanais de l'autre. Et si vous êtes à Corfou du 1er au 7 août, profitez de la fête votive.

Si vous avez le temps, faites un petit crochet jusqu'au mont Pantokrator. La route en lacet qui y monte révèle des **panoramas★★** somptueux : oliviers en terrasses, murets en pierre sèche, et la baie bleue de Gouvia.

★ Sud de Corfou Carte de l'île p. 335

Circuit tracé en marron sur la carte de l'île (p. 335) – Comptez une journée (l'idéal étant d'arriver à Pelekas au coucher du soleil).

Quittez Corfou par le sud, en longeant la corniche en direction de l'aéroport, et suivez les panneaux indiquant Lefkimi. Attention à l'essence, difficile à trouver le dimanche.

Après la sortie de la ville, la route en lacet offre les premiers **points de vue★** sur la côte. Beaucoup moins fréquentée que le nord, la partie méridionale de l'île réserve d'agréables surprises au voyageur qui sait prendre son temps. Soyez prudents toutefois : hormis la route qui va à Kavos par Moraïtika, toutes les autres sont sinueuses et s'achèvent souvent sans prévenir en pistes caillouteuses. Prenez la route de Benitses, jusqu'au village de **Gastouri**, en laissant la route côtière qui traverse Perama, fief des gros complexes touristiques.

★★ ACHILLEION (ACHILIO - ΑΧΙΛΛΕΙΟ)

Comptez env. 1h de visite. 13 km au sud de Corfou. En bus (bleu n° 10), départ près de la place San Rocco. ✆ 26610 562 45 - www.achillion-corfu.gr - avr.-oct. 8h-20h ; reste de l'année : 9h-16h - 7 € (-18 ans 2 €).

Essayez d'y aller tôt, avant la foule des touristes.

Disons-le sans détour : l'Achilleion compte au nombre des sites anéantis par le tourisme de masse. Après une heure passée à louvoyer entre des grappes humaines pour apercevoir quelques peintures de style pompier, même les visiteurs romantiques, pétris de rêves nostalgiques en Technicolor, maudiront Sissi… **Élisabeth d'Autriche** *(voir encadré p. 339)* mit pourtant un soin particulier à la décoration de cette luxueuse villa néoclassique de style pompéien, construite de 1889 à 1891 par deux architectes italiens. Elle dédia ce palais à son héros favori, Achille, qui, écrivait-elle, « représente l'âme grecque, la beauté de la terre ». Après les épreuves de sa vie tumultueuse, elle chercha souvent ici l'apaisement, étudiant le grec et les poèmes d'Homère.

Seules les pièces du rez-de-chaussée se visitent, de part et d'autre d'un vestibule monumental, au plafond couvert d'une fresque de l'Italien Galopi, *Les*

Quatre Saisons et les Heures. Vous y verrez aussi le célèbre **portrait de Sissi** par Winterhalter. À gauche de l'escalier, inspiré de celui de l'opéra Garnier, la **salle à manger** de l'impératrice livre ses murs bleus semés d'angelots en stuc. La partie droite de la villa abrite la **chapelle** et deux salons chargés de souvenirs d'Élisabeth (photographies, lettres, bibelots) et de l'empereur Guillaume II d'Allemagne, qui racheta l'Achilleion en 1907. Hôpital militaire français pendant la Première Guerre mondiale, quartier général italien puis allemand pendant la Seconde, l'Achilleion fut laissé à l'abandon, avant de devenir, de 1962 à 1992, le casino municipal de Corfou.

Promenez-vous ensuite dans les **jardins**, ponctués de nombreuses statues. Ils offrent une **vue**★★ superbe sur la campagne et la lagune. Du patio en terrasse, agrémenté lui aussi de statues hellénisantes, vous apercevrez par une baie vitrée le **triomphe d'Achille**, immense fresque pompier de Franz Matsch.

AU FIL DU LITTORAL

De l'Achilleion, rejoignez la route côtière vers Benitses; 2 km après le **pont du Kaiser** *(géfyra tou Káizer)*, construit par Guillaume II pour accéder directement à la plage voisine des jardins de sa villa, apparaît le port de pêche de **Benitses** et ses jolies barques multicolores. Happé par l'industrie hôtelière, ce village au milieu des citronniers a perdu beaucoup de son attrait, de même que **Moraïtika** (*7 km au sud*), dont les plages sont noires de monde en été. Attendez la côte ouest pour vous baigner.

1 km après Moraïtika, la route principale tourne à droite et traverse le village de Vranganiotika. 3 km plus loin et à 30 km de l'agitation de la capitale, le vieux village de **Hlomos**, lui, a su garder tout son charme d'antan. On y parvient par une route qui serpente à l'ombre des oliviers. Accrochées à la colline, ses maisons veillent sur un paysage minéral strié de murets en pierre sèche et de parcelles arides hérissées de figuiers de Barbarie.

Après ce détour, redescendez sur la route principale, que vous reprendrez vers la gauche, direction Argirades. Si vous souhaitez vous rafraîchir avant de poursuivre vers le sud, faites un crochet par la plage de sable d'**Agios Georgios**★ *(embranchement à 1 km à droite)*, très fréquentée, mais assez longue pour diluer la foule des baigneurs : elle s'étend jusqu'au **lac Korissia**, plus au nord. Le sable s'y est solidifié en dunes compactes, qui ressemblent à des rochers. Reprenez ensuite la direction d'**Argirades**, un village oublié du temps où de souriantes grands-mères en fichu noir s'amusent à observer les déboires des touristes dans les ruelles étroites, peu praticables en voiture. Remarquez

SISSI, UN DESTIN TRAGIQUE

Élisabeth d'Autriche (1837-1898), qui fut une des plus jolies princesses de son temps, partageait avec plusieurs membres de sa famille (et notamment son cousin Louis II de Bavière) une névrose profonde, qu'accentuèrent les épreuves de sa vie, de la mort de sa fille Sophie à celle de sa sœur, brûlée vive, à Paris, dans l'incendie du Bazar de la Charité… sans oublier le suicide de son fils Rodolphe à Mayerling en 1889. Séparée de son mari, l'empereur François-Joseph, elle traîna son mal de vivre à travers l'Europe, passant l'essentiel de son temps au château de Gödöllö, près de Budapest, et à l'Achilleion de Corfou. Esprit épris de beauté et de liberté, elle rechercha à Corfou l'apaisement de son âme tourmentée, loin des intrigues de la cour des Habsbourg. Elle fut assassinée à Genève en 1898 par un anarchiste italien.

certaines **maisons traditionnelles**, qui ont conservé des éléments d'architecture d'époque vénitienne.

Restez sur la route principale, qui traverse les villages de Marathias et de Perivoli. 500 m après Perivoli, la route tourne à gauche (ne prenez pas l'embranchement de droite pour **Vitalades**, sauf si vous souhaitez un bain de soleil solitaire sur sa **plage** bordée de falaises). Avec 5 000 habitants, **Lefkimi** *(5 km à l'est)* est la principale ville du sud. Entourée de vignes et d'oliviers, elle se blottit sur les berges, jalonnées de tavernes, de la rivière qui la traverse et que remontent chaque soir les barques des pêcheurs.

Faites un détour vers les **marais salants d'Alikes** *(panneau « Alikes-Molos » à gauche)* : la route s'achève face aux bâtiments en ruine et aux wagonnets rouillés qui servaient jadis pour l'extraction du sel. Au sol, l'herbe rase, brûlée par les cristaux, dessine un paillasson blanchâtre, qui crisse sous les pas du promeneur. Derrière une chapelle blanche commencent les marais proprement dits, qui s'étendent jusqu'au cap Lefkimi. On peut s'y baigner fort loin sans que l'eau ne dépasse la taille.

Retour au nord, sans s'arrêter à Kavos : reprenez la direction de Corfou, en repassant par Argirades. 9 km plus loin, vous traversez le village de Vranganiotika : prenez à gauche de la station BP la direction de Pelekas et Agios Mathéos. À la sortie d'**Agios Matheos**, joli bourg en amphithéâtre (tavernes), une route à gauche descend vers la **plage de Paramona**. Poursuivez sur la route principale, dans un ravissant décor d'oliviers où des bataillons de cyprès montent la garde. 3 km après le village de Vouniatades, prenez à gauche (*panneau « Kato Karouna »*) puis 500 m plus loin à droite (*panneau « Agios Gordios »*).

Encadrée de rochers ciselés, la **plage d'Agios Gordios★** étire ses 5 km de sable, fréquentés mais bien agréables. Une dent plantée dans la mer, l'**Ortholithi**, rappelle en miniature l'aiguille d'Étretat. Hélas, un hôtel d'un rose kitsch absolu est venu rompre l'harmonie du tableau, note discordante face au bleu si pur des flots, le vert des collines et l'ocre changeant des falaises. Passez devant l'abominable façade de cet hôtel incongru, et poursuivez votre chemin tout droit sur 3 km.

Avec ses maisons basses aux murs pastel et ses *kafeneia* sans âge, **Sinarades★★** est l'un des villages les plus pittoresques de Corfou.

★ **Musée d'Art populaire** – *Accès par la ruelle à gauche de l'église rose, au centre du village; panneaux « Folklore Museum » - ☏ 26610 549 62 - tlj sf lun. 9h30-14h - 1,50 €.* Ne manquez pas de visiter ce petit musée installé dans une vieille maison qui mérite à elle seule le détour. Vous y verrez une reconstitution d'un intérieur corfiote, des costumes traditionnels et divers objets du quotidien, dont une embarcation en roseau : le *papyleri*.

Prenez la route à gauche vers Pelekas, puis 50 m plus loin, de nouveau à gauche *(panneau « Pelekas 5 km »)*. Après 3 km, tournez à gauche au panneau « Yaliskari Palace Hotel » puis poursuivez 50 m par la piste (bonne) à gauche de l'hôtel. La piste plonge vers la longue **plage de Pelekas★★**, une baie encadrée de rochers, idéale pour une baignade d'après-midi. 2 km plus loin se niche le village de **Pelekas★★**, réputé pour ses magnifiques couchers de soleil. Devant l'église, prenez la ruelle à droite, et grimpez au sommet de la colline. Elle dévoile une **vue★★★** admirable, à 360°, sur toute l'île, dont on mesure l'étendue en apercevant la mer des deux côtés. Tout en haut, siège le **« Trône du Kaiser »**, un rocher d'où l'empereur Guillaume II admirait le crépuscule.

Poursuivez sur la même route, puis 1 km plus loin à gauche, vers Glifada. De là, vous rejoindrez Mirtidiotissa en remontant vers le nord jusqu'à une piste caillouteuse à gauche. Garez-vous sur le petit parking, et poursuivez à pied

(10mn). Si **Glifada** est l'une des plages favorites des touristes grecs (desservie depuis Corfou par les bus verts), préférez-lui celle de **Mirtidiotissa★**, difficile d'accès mais bien plus sauvage : dans une crique superbe, cette petite plage de sable fin entourée d'un paysage de collines verdoyantes rassemble le meilleur de ce que vous pourrez voir dans toute l'île. Les peintres ne s'y sont pas trompés, d'ailleurs, qui viennent y planter leur chevalet pour croquer la **chapelle** blanche, les flots opalescents, la plage semée de rochers…

Le **monastère de la Panagia Mirtidiotissa**, qui se découpe dans les hauteurs, doit son nom à une icône de la Vierge trouvée… parmi les myrtes. Trois moines y vivent encore *(visite possible, sonnette à l'entrée)*.

Reprenez à gauche la route goudronnée, puis tournez 100 m plus loin à droite (*panneau « Corfou »*). Au carrefour suivant, prenez à gauche jusqu'à Ermones. La légende y situe l'endroit où Ulysse, rejeté par les flots, rencontra Nausicaa, mais la **plage d'Ermones** n'a guère d'attrait avec son gros sable et ses galets, sauf pour les plongeurs et les véliplanchistes, qui y trouvent un **spot** de choix *(voir « Activités », p. 345)*.

NOS ADRESSES À CORFOU

INFORMATIONS UTILES

Police – *✆ 26610 386 61.*

Autorités portuaires – *✆ 26610 326 55 (liaisons domestiques) ou ✆ 26610 30 481 (liaisons internationales).*

Banques – Elles sont nombreuses à Corfou-Ville, notamment dans l'avenue qui conduit à la poste centrale. Attention, elles ferment toutes à 14h ou 15h.

Poste/téléphone – *26 r. Alexandras - ✆ 26610 435 07.* Timbres et cartes téléphoniques. Change pour les chèques postaux et de voyage (American Express).

Hôpital – *R. Ioulias Andreadi, près de la pl. San Rocco - ✆ 26610 882 00.*

Journaux étrangers – Plusieurs kiosques sur l'Esplanade et dans la rue Kapodistriou.

ARRIVER/PARTIR

En avion

Aéroport – *à 3 km du centre - ✆ 26610 896 00.* Liaison quotidienne avec Athènes (50mn). En saison, liaisons directes avec Paris (3/sem.), Bruxelles-Charleroi (3/sem.), Luxembourg (1/sem.) et Zurich (2/sem.).

Liaisons avec le centre-ville – En bus et en taxi (comptez env. 10 €).

Olympic Air – *✆ 21035 505 00 - www.olympicair.com.*

Aegean Airlines – *✆ 21062 610 00 - www.aegeanair.com.*

Air Berlin – *www.airberlin.com.*

Easy Jet – *www.easyjet.com*

Helvetic Airways – *www.helvetic.com.*

Jetairfly – *www.jetairfly.com.*

Luxair – *www.luxair.lu.*

TUIfly – *www.tuifly.com.*

En bateau

Port de Corfou – *✆ 26610 326 55.* Liaisons en ferry avec Igoumenitsa (ttes les h en été, durée 1h30) et en hydroglisseur ou ferry avec Paxos (3/j., durée entre 50mn et 1h30). Liaisons en ferry avec l'Italie : Brindisi (4/sem.), Bari (6/sem.), Ancône ou Venise *via* Igoumenitsa.

En bus

Station – *Pl. San Rocco - Corfou-Ville - ✆ 26610 399 85 - www.ktelkerkyras.gr.*

Liaisons pour Athènes (1/j.), Thessalonique (1/j.), les Météores (2/sem.), Larissa (1/sem.).

TRANSPORTS

En bus

Il existe deux sortes de bus : les bleus pour la ville de Corfou et ses environs, et les verts pour les plus longues distances sur l'île.
Bus bleus – *station - pl. San Rocco - ✆ 26610 399 85 - www.ktelkerkyras.gr.* Liaisons interurbaines locales avec avec Paleokastritsa (11/j.), Sidari (8/j.).

En voiture

Les principales compagnies de location de voitures sont présentes à l'aéroport et ont une agence face au nouveau port.
Budget – *132 Ioanou Theotoki - ✆ 26610 220 62 - www.budget.com.*
Océanis – *22 r. E. Venizelou - ✆ 26610 440 17 - www.oceancar.gr.*

En taxi

Principales stations au vieux port et sur l'Esplanade.
Radio-taxis – *✆ 26610 324 00.*

En calèche

Au pied de l'ancienne citadelle. Le circuit est invariable, mais les tarifs négociables : comptez 35 €.

HÉBERGEMENT

Ville de Corfou

Si la plupart des hôtels sont bien placés et proches de l'Esplanade ou du port, il est recommandé de réserver car l'offre reste limitée.

BUDGET MOYEN

Atlantis – Hors plan - *48 r. Xenofontos Stratigou - ✆ 2661 035560 - www.atlantis-hotel-corfu.com - 61 ch. 75/95 € - ☕ 10 €.* Un hôtel assez moderne, sans grand caractère mais confortable et juste en face du nouveau port, sur lequel donnent la plupart des chambres (balcon). Idéal pour prendre un ferry tôt le matin.

5 **City Marina Hotel** – *15 r. Donzelot - ✆ 2661 039505 - www.citymarina.gr - 54 ch. 90/105 € ☕.* Pas le plus charmant mais récent, moderne et avec des prestations correctes. Relativement bon marché, il a aussi l'avantage d'être calme (avec du double vitrage) et bien situé près du front de mer.

POUR SE FAIRE PLAISIR

4 **Cavalieri** – *4 r. Kapodistriou - ✆ 2661 039041 - www.cavalieri-hotel-corfu-town.com - 50 ch. 120/150 € ☕.* Aménagé dans un hôtel particulier du 17e s., cet établissement a conservé un charme un peu désuet. Très bien situé, il possède des chambres avec vue sur la mer tout comme l'agréable bar panoramique en terrasse.

1 **Arcadion** – *2 r. Vlasopoulou - ✆ 2661 030104 - www.arcadionhotel.com - 33 ch. 120/150 € ☕.* Au-dessus d'un établissement de restauration rapide, face à l'Esplanade et à deux pas de la vieille ville, cet hôtel bien tenu propose des chambres confortables au mobilier classique, dont certaines avec balcon.

3 **Bella Venezia** – *4 r. Zambeli - ✆ 2661 046500 - www.bellaveneziahotel.com - 30 ch. et 1 suite 130/150 € ☕.* Une décoration italienne raffinée, avec des plafonds à caissons, des lits à baldaquin…, caractérise cet hôtel de charme, aménagé dans une belle demeure du 19e s. Un agréable jardin, où est servi un excellent petit-déjeuner à base de produits frais et locaux, agrémente le séjour.

6 **Siorra Vittoria** – *26 r. Padova - ✆ 2661 036300 - www.siorravittoria.com - 9 ch. 150/250 €* ☕. Ce « Boutique hôtel », ouvert dans les années 2010, occupe un manoir restauré : une offre rare. Demandez la chambre du « grenier », la plus grande, car elle ménage une vue sur la nouvelle forteresse et la mer.

Paramona

BUDGET MOYEN

Paramonas – *✆ 2661 076595 - www.paramonas-hotel.com - 22 ch. 70/100 €* ☕ - ✕. Au-dessus de la plage, un hôtel simple et propre avec des chambres blanches toutes fraîches, au sol en marbre. Grandes terrasses donnant sur la mer.

Pelekas

POUR SE FAIRE PLAISIR

Levant – *✆ 2661 094230 - www.levantcorfu.com - 🏊 - 24 ch. 90 €* ☕ - ✕. Les plages de Glifada et de Mirtidiotissa sont à 3 km, équitation et golf à 4 km. Au calme sur une colline, en amont du village et à côté du « Trône du Kaiser », fréquenté jadis par l'impératrice Sissi. Surplombant un magnifique paysage, cet hôtel de charme est aménagé dans une villa néoclassique aux parquets luisants. Jardin et belle piscine pour les enfants et les familles. Les chambres sont magnifiquement décorées et l'accueil, chaleureux, est francophone. Le restaurant sert une cuisine grecque à prix raisonnable et dispose d'une belle carte de vins de Corfou. En bref, une étape inoubliable !

Glifada

POUR SE FAIRE PLAISIR

Menigos Resort – *✆ 2661 094563 - www.corfu-glyfada-menigos.com - 🏊 - 163 apparts. 90/140 €*. En retrait d'une grande plage très familiale, de grands bungalows en terrasse dont certains sont dotés d'un grand jardin. Tous sont différents, meublés et équipés (kitchenette), et disposent d'un balcon avec vue sur la mer. Deux types : pour 3/4 pers. (35 m²) et pour 5/6 pers. (de 60 à 80 m²). Petite piscine, supermarché, snack et tennis possible au grand hôtel voisin.

Lakones

POUR SE FAIRE PLAISIR

Golden Fox – *✆ 2663 049101 - www.corfugoldenfox.com - 🏊 - mai-oct. - 10 appart. 90/140 €* ☕ - ✕. Encombrée de boutiques touristiques, l'entrée est peu engageante. Mais l'hôtel dispose de chambres confortables avec kitchenette et balcon. Vue imprenable sur la baie de Paleokastritsa. Un restaurant avec une carte de plats végétariens. Réservation recommandée.

Dafnila

BUDGET MOYEN

Nefeli – *✆ 2661 091033 - www.hotelnefeli.com - 🏊 - 45 ch. 80/120 €* ☕ - ✕. À 8 km au nord de Corfou, un hôtel de charme au milieu des oliviers, dans un joli bâtiment néoclassique rose et blanc. Chambres spacieuses avec balcon donnant sur la mer ou sur les collines. Plage à 800 m.

RESTAURATION

Ville de Corfou

☺ Les tavernes et établissements à *gyros* ne manquent pas, les plus touristiques étant sur Kapodistriou, derrière Liston et sur la place de la mairie. Vous en trouverez de plus populaires dans le quartier du vieux port, où règne une ambiance bon enfant. Les Grecs dînant vers

22h, vous pourrez vous restaurer jusque tard dans la nuit. Voici quelques adresses choisies pour leur authenticité ou le charme de leur cadre.

PREMIER PRIX

4 **Pane e Souvlaki** – *77 r. Guilford - ✆ 2661 020100 - 10 €.* Des souvlakis, du tzatziki, mais aussi de très bonnes frites maison et quelques salades.
Très simple et très bon ; une petite adresse parfaite pour une halte gourmande. Le plus : on sert ici les deux bières locales, la Corfu et la Ionian.

2 **Mouragia** – *15 r. Arseniou - ✆ 2661 033815 - 15 €.* Très prisée des locaux, cette taverne sert les grands classiques corfiotes comme la pastitsada et le sofrito. On y revient !

BUDGET MOYEN

3 **En Plo** – *Angle Kapodistriou et Arseniou, en contrebas de la promenade qui va du palais royal au vieux port - ✆ 2681 081813 - www.enplocorfu.com - 20 €.* On vient ici pour la cuisine mais aussi pour l'emplacement : la terrasse donne sur des rochers où l'on va volontiers se détendre à la mi-journée avant de se baigner.

1 **Del Sole** – *17 r. Guilford - ✆ 2661 032411 - seult le soir - 20/25 €.* Pour changer, une excellente cuisine italienne dont de délicieuses pâtes fraîches maison. La présentation soignée des assiettes et les nappes blanches n'enlèvent rien au plaisir des lieux. En terrasse ou dans une salle intérieure climatisée.

POUR SE FAIRE PLAISIR

5 **The Venetian Well** – *Pl. Kremasti - ✆ 2661 044761 - www.venetianwell.gr - lun.-sam. 19h-2h - 30/40 €.* Au calme, loin des rumeurs du port pourtant tout proche, la plus belle terrasse de Corfou, sur une placette fleurie où se trouve un magnifique puits vénitien. La cuisine est à l'image du cadre : raffinée, créative et mêlant avec bonheur les gastronomies grecque et orientale. Ne manquez pas le délicieux filet de porc aux épices et aux kumquats. Réservez.

Lakones

PREMIER PRIX

Taverna Boulis – *✆ 2663 049429 - avr.-oct. - 15 €.* À l'entrée du village. Une taverne toute simple, loin des friteries indigestes de Paleokastritsa. Plats frais et copieux, servis en salle ou en terrasse : tzatziki, keftedes (boulettes de viande hachée), saganaki (fromage frit), poulet et grillades irréprochables.

POUR SE FAIRE PLAISIR

Taverna Kouloura – *✆ 2663 091253 - de Pâques à fin oct. - 25 €.* Très belle terrasse sur le port tranquille, où déguster de délicieuses spécialités de poisson. Accueil et cadre agréables.

BOIRE UN VERRE

Vous trouverez de nombreux cafés et bars animés pour boire un verre le soir autour de la place du Liston.

Ville de Corfou

Aktaion – *✆ 2661 037894.* La vue sur le fort et la baie que ménage la terrasse de ce bar, installé à l'entrée de la citadelle, justifie largement une halte.

Hôtel Cavalieri – *4 r. Kapodistriou.* Bar et restaurant sur la terrasse panoramique du 6e étage qui offre une vue splendide sur la citadelle et la mer, surtout à la tombée de la nuit. Venez tôt, dès 18h, pour profiter de la lumière et choisir une des meilleures vues…

Mikro Café – *42 r. Theotoki - dans un renfoncement donnant sur la rue Kotardou - ✆ 2661 031009.* Jolie terrasse en escalier lovée sous une agréable tonnelle.

EN SOIRÉE

Boîtes de nuit

Toutes les boîtes techno branchées, fréquentées par la jeunesse, se pressent à la sortie nord de la ville, dans le faubourg de Mandouki, après le nouveau port. Certaines valent le coup d'œil pour leur décor carton pâte, des plus kitsch, notamment l'extravagante **Apocalypsi**.

ACTIVITÉS

Balades en mer

Kalypso Star – *41 Xen. Stratigou - sur le nouveau port - ✆ 2661 046525.* Pour découvrir la faune des fonds marins et les dauphins grâce à la coque vitrée d'un bateau. En été, départ chaque heure de 10h à 18h.

Parc d'aventure aquatique

Aqualand Corfu – *À Agios Ioannis - sur la route de Glifada - ✆ 2661 058351 - www.aqualand-corfu.com - de mi-mai à mi-oct. : 10h-18h - 20/28 €, gratuit pour les moins de 4 ans, tarif réduit pour tous après 15h.*

Excursions en Albanie

Ionian Cruises – *Sur le nouveau port - ✆ 2661 038690 - www.ionian-cruises.com.* Excursions et rotations avec les îles voisines et même Saranda en Albanie.

Albanie Vacances – *www.vacancesalbanie.com.* Si beaucoup proposent de brèves excursions de Corfou, cette agence francophone et très fiable, gérée par un Français en Albanie, vous aidera à prolonger votre séjour « en face »…

AGENDA

En **juillet-août**, la municipalité organise une série de concerts (musique classique ou traditionnelle) dans l'ancienne forteresse.

Festival de guitare – En **été**, concerts au Fort neuf et à l'ancienne citadelle.

Visite dans le parc de l'Achilleion.
slava296/iStock

6

Ithaque

(Ithaki - Ιθάκη)

★

3 231 habitants - 96 km2 - Îles Ioniennes - Unité régionale d'Ithaque

Le royaume d'Ulysse : deux péninsules montagneuses, telles deux îles distinctes aux côtes tortueuses, reliées par une étroite bande de terre et séparées de la grande Céphalonie par un étroit chenal. Ithaque peut sembler rude de prime abord mais ses maisons villageoises accrochées à flanc de colline, ses murets de pierre sèche, ses beaux sentiers de randonnée et ses habitants d'une gentillesse sans pareille sauront séduire les visiteurs épris de douceur de vivre.

NOS ADRESSES PAGE 349
Hébergement, restauration, achats, activités, etc.

S'INFORMER
Sites Internet – *www.ithaki.gr (site officiel de l'île, en anglais) ; www.kefalonia-ithaca-hotels.gr.*

SE REPÉRER
Carte de région B3 (p. 308), carte de Céphalonie-Ithaque (p. 311).

À NE PAS MANQUER
Le port et la baie de Kioni, encore préservés.

ORGANISER SON TEMPS
Comptez deux à trois jours de visite. En saison, réservez votre chambre.

Circuits conseillés Carte de Céphalonie-Ithaque p. 311

★ PÉNINSULE NORD

Circuit tracé en bordeaux sur la carte de Céphalonie-Ithaque (p. 311).

Frikes (Φρίκες)

Flanqué des ruines de deux moulins, ce minuscule port aux eaux claires a des airs de décor de théâtre : quatre ou cinq tavernes, une quinzaine de vieilles maisons alignées le long du quai et derrière, le crépitement des cigales et la montagne couverte d'oliviers. Frikes se révèle, après Kioni, le lieu de résidence le plus agréable de l'île, bien moins chaud que Vathi en saison.
Quittez Frikes par la route qui longe le port, à droite en regardant la mer. Sur la route de Kioni, vous trouverez plusieurs **criques de galets** agréables.

★ Kioni (Κιόνι)

4 km au sud-est de Frikes.

Annoncé par les ruines de **moulins** veillant sur sa rade, cet adorable petit port s'étage au pied de trois collines, ses vieilles maisons ondulant sur leurs flancs entre les feuillages des lauriers et des eucalyptus. Une paix infinie s'en dégage : en journée pas un chat, des voiliers qui se balancent nonchalamment sur les flots et la meilleure taverne de l'île *(voir « Restauration » p. 350).* Une étape préservée à découvrir absolument.

Bateau de pêche à Kióni, Ithaque.
LatitudeStock - TTL/Gallo Images/Getty Images

Stavros (Σταυρός)

Env. 6 km au sud de Kioni.

Gros bourg commerçant et rural, Stavros s'étage sur une colline, au carrefour des routes du Nord. Sur la place principale trône une lourde **église** à dômes rouges et dans le square se dresse un **buste d'Ulysse**.

De l'église, une route descend à droite vers la **baie de Polis** où sommeillent quelques bateaux de pêche devant la plage de galets blancs. Polis passe pour avoir été le port de la capitale d'Ulysse. De fait, de nombreux objets datant de cette période ont été retrouvés dans la **grotte-sanctuaire de Loizos**.

Musée archéologique de Pelikata – *1 km à la sortie du bourg, sur la route de Frikes ; fléché à droite ; rue parallèle à la route - tlj sf dim.-lun. 9h30-15h - gratuit.* Il rassemble une modeste collection de figurines et de trépieds en bronze (9e-8e s. av. J.-C.), ainsi que des céramiques, statuettes, vases et lampes à huile provenant de la grotte de Polis et de la colline de Pelikata, où des fouilles ont révélé d'importants vestiges mycéniens, qui pourraient correspondre à l'acropole de la ville d'Ulysse.

★ CAP AU SUD

Circuit tracé en orange sur la carte de Céphalonie-Itaque (p. 311).

6

★ De Stavros à Vathi

De Stavros, deux routes mènent à Vathi, la capitale de l'île.

La première passe par l'intérieur des terres et par le village d'**Anogi**, connu pour les **fresques byzantines★** (16e s.) l'église de la Dormition de la Vierge (12e s.). Faites une halte *(4 km plus au sud)* au **monastère de la Panagia Katharon** (18e s.), d'où l'on jouit d'un superbe **panorama★★**.

La seconde route longe en corniche la côte ouest, offrant de splendides **points de vue★**. Elle dessert le village d'Agios Ioanis et de charmantes plages, notamment celle d'**Aspros Gialos★**, surplombée par un moulin ruiné *(4 km au sud* *de Stavros, juste après la sortie du village de Lefki, prenez la route à droite, qui débouche sur une piste au bout de 2 km; finissez à pied par le sentier de droite).* Les deux routes se rejoignent pour traverser l'isthme, découvrant alors des **paysages**★★ d'une beauté saisissante : grands rochers de calcaire gris rehaussé par le bleu limpide de la mer et le vert soutenu des arbustes nains.

Vathi (Βαθύ)

La capitale d'Ithaque n'a pas le charme de Kioni, ses maisons ayant beaucoup souffert du tremblement de terre de 1953. Mais le port et les tavernes qui le bordent animent agréablement les lieux.

Musée archéologique – *✆ 26740 322 00 - tlj sf lun. 9h-16h - gratuit.* À gauche de l'EOT, le bâtiment moderne abrite de belles poteries aux motifs géométriques, des statuettes et des miniatures en bronze, principalement du 8e au 5e s. av. J.-C., issues des fouilles entreprises dans les années 1930 par des archéologues anglais qui cherchèrent – en vain – à localiser le palais d'Ulysse.

★ **Musée d'Art populaire et de la Mer** – *✆ 26740 333 98 - tlj sf dim.-lun. 10h-14h,*

17h-21h - 1,50 €. Sur le côté gauche de la place principale, ce joli musée reconstitue des intérieurs traditionnels avec de beaux objets.

En sortant, allez voir aussi l'**église des Taxiarques**, qui abrite une icône du 18e s. attribuée au **Greco**.

À l'ouest de Vathi, la **grotte des Nmphes**, où Ulysse aurait caché le trésor des Phéaciens, est fermée.

★ Paleohora (Παλαιοχώρα)

3,5 km au sud de Vathi, par la route de Perahori. Au village, prenez la route fléchée « Upper Village ». Arrivé à une église au clocher bariolé, poursuivez à pied sur 50 m jusqu'à une église en réfection; de là, prenez le sentier qui part à droite, derrière le bâtiment (10mn de marche).

Capitale fortifiée pour protéger ses habitants des pirates, Paleohora fut au Moyen Âge le village le plus peuplé de l'île. Il n'en subsiste que quelques ruines dominant la baie de Vathi – jolie **vue**★ –, dont une église décapitée, cachant de belles **fresques**★ byzantines.

4,5 km au sud de Perahori s'ouvre le sauvage **plateau de Marathias**, où la tradition situe les porcheries d'Eumée (où Ulysse, déguisé en mendiant, se fait reconnaître de son ancien porcher). Assez difficile d'accès, il offrira un délicieux but de promenade aux bons marcheurs.

ULYSSE, UN HOMME EN COLÈRE

Après plus d'un siècle de querelles d'experts, les archéologues s'accordent enfin pour identifier l'actuelle Ithaque au royaume d'Ulysse, l'île « bonne pour les chèvres » qu'évoque Homère dans les 12 210 vers de son *Odyssée*. Une île que le héros dut quitter à contrecœur pour rejoindre Agamemnon et délivrer Hélène devant la ville du roi Priam. Dix ans de siège dont il sortit vainqueur grâce à la fameuse ruse du cheval de Troie. Mais son retour devait prendre encore dix ans, ponctué de tempêtes, de combats épiques et d'épreuves multiples : le Cyclope Polyphème, la magicienne Circé, les Sirènes et leur chant maléfique, Charybde et Scylla et les huit années de « douce captivité » chez la nymphe Calypso. L'époux de la vertueuse Pénélope retrouvera enfin son trône, convoité par les prétendants, qu'il tuera sans pitié. D'où, sans doute, le sens de son nom : « en colère ».

TRADITIONS MARITIMES ET MIGRATIONS

L'histoire de l'île se lit dans sa démographie, miroir d'un peuple aux fortes traditions maritimes : occupée continûment dès l'époque mycénienne (1400 av. J.-C.), Ithaque compta plusieurs milliers d'habitants jusqu'à l'ère byzantine. Sa population, décimée au Moyen Âge par le harcèlement incessant des pirates, progressa ensuite de façon constante jusqu'à atteindre 14 500 habitants en 1862, la flotte commerciale de l'île prospérant sous le protectorat britannique. Depuis, cependant, l'émigration a sans cesse augmenté, vers la Grèce continentale, mais aussi jusqu'en Australie et aux États-Unis. Un exode accru par le violent séisme de 1953, qui ruina les plus anciennes maisons de l'île. Mais cette importante diaspora compte beaucoup dans le développement actuel d'Ithaque, les migrants adressant régulièrement de l'argent à leurs familles.

NOS ADRESSES À ITHAQUE

INFORMATIONS UTILES

Banques – *Vathi - place principale.*
Poste/téléphone – *Vathi - place principale.*
Police – *✆ 26740 322 05.*
Stations-service – Une station à Frikes et deux à Vathi, près de l'EOT et à l'entrée de la ville.

Santé

Centre médical de Vathi – *✆ 26740 322 22.*
Centre médical de Stavros – *✆ 26740 312 07.*

Agences de voyages

Location de voitures, tickets de ferries, billets d'avion, location de chambres.
Polyoctor – *À Vathi - sur la place principale - ✆ 26740 331 20 - www. ithakiholidays.com.*
Delas Tours – *À Vathi - sur la place principale - ✆ 26740 321 04 - http://delasithaca. blogspot.gr.*

ARRIVER/PARTIR

En bateau

Les horaires changent chaque année et parfois d'un mois sur l'autre.
Port de Vathi – *✆ 26740 329 09 - www.gtp.gr (horaires).* Liaisons en ferry avec Patra (1/j.) et l'île de Céphalonie (Sami, 2/sem.).
Port de Pisso Aetos – Liaisons avec Patra (1/j., 4h) et la **Céphalonie** (Sami, 5/j., 50mn).
Port de Frikes – Liaisons avec la **Céphalonie** (Fiskardo, 1/j., durée 1h) et **Leucade** (Vassiliki ou Nidri, 1/j., durée 2h45).

TRANSPORTS

En bus

Terminus de Vathi – *Sur la place principale.* Liaisons avec Kioni *via* Frikes (2/j.).

En voiture

En taxi – *Vathi - place principale - ✆ 26740 330 30.* Comptez 25 € de Frikes à Vathi avec bagages. Prix négociable si l'on est le seul passager. Environ 12 € la course de Vathi à Pisso Aetos.
Location de véhicules – **Polyoctor** et **Delas Tours** – *Voir ci-contre.*

HÉBERGEMENT

Attention, l'infrastructure hôtelière est peu développée. Vous trouverez des appartements

à louer (*rens. dans les agences de voyages, voir ci-avant*), souvent réservés à l'année par des tour-opérateurs britanniques, et des chambres chez l'habitant dans les principaux villages (Frikes, Vathi, Kioni, Stavros). Quoique assez chères – manque de concurrence oblige –, elles sont prises d'assaut en août et septembre.
Donc, réservation impérative en saison.

Vathi

POUR SE FAIRE PLAISIR

Mentor – *✆ 2674 032433 - www.hotelmentor.gr - 32 ch. et 4 suites 75/150 €* ☕. Un hôtel un peu rétro, à 200 m du port. Chambres avec balcons et vue sur la mer. Installations sanitaires pour les plaisanciers.

Omirikon – *Sur le front de mer, à l'extrémité de l'anse - ✆ 2674 033596 - www.omirikonhotel.com - avr.-oct. - 10 studios 130 €* ☕. Studios confortables, à la décoration raffinée. Vue magnifique sur la baie. Terrasse arborée ou jardin, Jacuzzi.

Frikes

POUR SE FAIRE PLAISIR

Nostos – *À l'entrée du village - ✆ 2674 031644 - www.hotelnostos-ithaki.gr - 🏊 - 31 ch. 110/130 €* ☕ - 🍴. Grand hôtel aux chambres spacieuses, claires et bien meublées, avec balcon. Atmosphère familiale et très bon restaurant.

RESTAURATION

Vathi

PREMIER PRIX

Taverna Kalnakis – *Pl. Polixetion - 12 € env.* Une taverne populaire où viennent déjeuner ou dîner les habitants de Vathi. Plats grecs que l'on choisit en cuisine.

Kioni

BUDGET MOYEN

Calipso – *Grande terrasse sur le port - ✆ 2674 031066 - 15 €.* Une étape gourmande à ne pas manquer ! Créateur du pâté ionien (trois fromages, crème, jambon cru et fumé), dont vous trouverez ailleurs de pâles copies, ce restaurant s'illustre par une cuisine inventive et authentique.

Frikes

PREMIER PRIX

Rementzo – *Sur le port - ✆ 2674 031719 - 10/15 €.* Une cuisine très appréciée par les gens du pays.

BOIRE UN VERRE

Vathi

Sirines – *✆ 2674 033001.* Sur le port, une grande villa jaune aux volets bleus, à l'ambiance très « colonies ». Délicieux jardin ombragé de palmiers et de pins.

ACTIVITÉS

Balades à pied

Ithaque est l'île idéale pour les amateurs de randonnée. Vous trouverez des cartes détaillées dans les agences de l'île.

Leucade

(Lefkada - Λευκάδα)

★

23 693 habitants - 305 km2 - Îles Ioniennes - Unité régionale de Lefkada

Si les hautes falaises de la côte ouest lui ont donné son nom grec Lefkada, c'est-à-dire « la blanche », ce sont ses magnifiques plages de sable qui font la renommée de cette île. Deux mondes s'y côtoient : au centre, dominé par le mont Stavrota (1 158 m), s'épanouissent de vieux villages agricoles, avec leurs maisons bâties comme de petits fortins ; sur le littoral, la pêche en mer et le tourisme de masse nourrissent l'économie locale. De quoi satisfaire tous les appétits.

NOS ADRESSES PAGE 359
Hébergement, restauration, achats, activités, etc.

S'INFORMER

EOT – *Sur la marina - ✆ 26450 252 92.*
Sites Internet – *www.lefkada.gr (site officiel, en anglais) ; www.lefkashotels.gr (site officiel des hôteliers, en anglais).*

SE REPÉRER

Carte de région B2-3 (p. 308), carte de l'île (p. 353).

À NE PAS MANQUER

La plage de Porto Katsiki ; le village d'Agios Nikitas ; un tour en caïque dans les îlots de la baie de Nidri.

ORGANISER SON TEMPS

Comptez trois jours de visite. Soyez prudent : routes de montagne difficiles.

Se promener

★ **LEFKADA-VILLE** Carte de l'île p. 353

Comptez une journée.
Serrée entre mer et lagune, Lefkada a le charme suranné d'une ville de province. Il faut la découvrir à la nuit tombée, lorsque les façades de ses maisons colorées s'adoucissent à la lueur des réverbères, et que la foule – évanouie l'après-midi – revient subitement égayer les rues et le port. Dans le calme

L'ÎLE DES POÈTES

À partir de la seconde moitié du 19e s., la vie littéraire connut à Leucade un brillant essor, sans pareil en Grèce. Portée par le mouvement nationaliste et la recherche d'une identité grecque, elle eut pour figures de proue les grands poètes Aristotelis Valaoritis (1824-1879) et **Angelos Sikelianos** (1884-1951), qui ressuscita le festival de Delphes et donna de la culture antique une vision moderne, optimiste et ludique. Cet héritage est encore très sensible et illustré par nombre d'associations d'amateurs de théâtre et surtout par le Festival de la musique, des arts et des lettres qui réunit poètes, dramaturges et musiciens *(voir p. 361)*. À proximité du pont routier, un jardin municipal est dédié aux poètes originaires de Leucade.

SE REPÉRER
L'activité se concentre sur trois axes : à l'est, le long du port, animé des mouvements des yachts et du trafic de la gare routière ; à l'ouest, côté lagune, où la jeunesse de l'île investit les nombreux bars en terrasse ; enfin, sur la rue piétonne qui scinde la ville en deux, où se concentrent hôtels, tavernes et commerces.

des rues adjacentes, où les discussions vont bon train sur le pas des portes, vous découvrirez d'antiques échoppes : bazars poussiéreux cachant mille trésors, vendeurs d'icônes et de candélabres, *kafeneia* minuscules, dont certains semblent ne pas avoir bougé depuis des lustres, jusqu'à la boutique d'un marchand de cercueils, lesquels s'empilent jusqu'au plafond !

Visite de la ville

Un kilomètre avant l'entrée de la ville, couronnant un étroit îlot, le **fort Ste-Maure** *(Agia Mavra)* commande l'accès au continent. Bâti au début du 14e s. par Jean Orsini pour protéger l'île des pirates, il fut remanié par les Vénitiens au début du 18e s. Il englobait alors toute la ville primitive, qui ne s'étendit au-delà de ses murailles qu'au siècle suivant. Dévasté en 1888 par l'explosion d'une poudrière, l'intérieur n'offre plus grand intérêt.

À gauche en venant du pont routier, un petit jardin des poètes est consacré aux nombreux hommes de lettres originaires de l'île. En empruntant la rue principale, la rue Dörpfeld (Derifela), qui part en face du pont, on débouche sur la **place Agios Spiridonas**, le cœur de la ville. Les fanfares locales y viennent régulièrement animer les terrasses bondées des cafés. Sur le côté nord, l'**église Agios Spiridonas** (17e s.) dresse son élégante façade vénitienne, richement ouvragée. Vous y verrez une belle iconostase en bois due à Groppas, un sculpteur de l'île de Zante.

★ **Musée de l'Art populaire** – *2, r. Stefanitsis - avr.-oct. : tlj sf lun.10h-13h, 19h-22h ; nov.-mars : 11h-13h30 - 2 €.* Au nord-ouest de la place, cet intéressant musée abrite photographies, costumes, broderies et objets de la vie quotidienne, dans une ancienne maison dont quelques pièces reconstituent les intérieurs typiques de Leucade.

Musée du Phonographe – *Signalé dans la rue principale et ouvert sur demande - ✆ 26450 210 88 - 10h-14h, 19h-0h - gratuit.* Il rend hommage aux musiciens disparus de Leucade, au travers de photos, instruments et… phonographes.

100 m plus loin, la rue Zabelion conduit sur la gauche aux églises **Agios Nikolaos**, puis **Agios Dimitrios** (1688), inspirées du baroque italien. Les trois icônes du 18e s. que renferme cette dernière, représentant la vie du Christ, seraient les plus anciennes de l'île.

Reprenez la rue piétonne ; elle s'élargit bientôt, sinuant entre marchands de primeurs, librairies et cafés, jusqu'à l'**église Agios Minas** (1707) qui cache une impressionnante **iconostase** baroque, toute dorée. Vous y verrez aussi des peintures de Konstantinos Kontarinis, qui mêlent harmonieusement tradition orthodoxe et influence vénitienne. Longez la lagune à partir du pont sur 500 m.

Musée archéologique – *✆ 26450 216 35 - tlj sf lun. 8h-15h - 3 €.* Ne manquez pas ce **centre culturel**. Terres cuites, statuettes, moulins archaïques en pierre, stèles funéraires hellénistiques, objets divers, présentés par thèmes (la maison, le culte des morts…) retracent la vie dans l'île, de la préhistoire à l'Antiquité. Une salle est également consacrée aux découvertes archéologiques faites au début du 20e s. par l'architecte allemand **Wilhelm Dörpfeld** (il repose sur l'île, près du village de Nidri).

Circuits conseillés Carte de l'île

★ PETITE ESCAPADE DANS LES TERRES

Circuit de 26 km AR au départ de Lefkada-ville tracé en vert sur la carte de Leucade (p. 353). 1 km au sud de Lefkada, prenez à droite, puis à gauche 1 km plus loin. Passez la localité de Lazarata (env. 7 km au sud) puis, à Asprogerakata (1 km à l'ouest), tournez à gauche jusqu'à Karia, situé 3 km plus loin.

Avant de partir à la découverte des côtes de l'île, vous pouvez faire une courte échappée à l'intérieur des terres jusqu'au charmant village de **Karia**, niché dans des montagnes qui semblent l'isoler du temps. La **route**★ qui y mène, magnifique, traverse de hauts plateaux déserts. Autour de la place principale du village, les maisons traditionnelles s'étagent sur les collines couvertes d'oliviers et de cyprès, à l'ombre de moulins en ruine. Malgré l'exode rural, Karia reste le principal village au cœur des terres et il est connu pour ses broderies et ses tissages, que vous pourrez admirer au petit **musée** *(tlj en été)* ou bien acheter dans la rue principale.

★ OUEST DE LEUCADE : LES PLAGES SAUVAGES

Circuit au départ de Lefkada-ville tracé en bordeaux sur la carte de Leucade (p. 353) – Comptez une journée.

C'est à l'ouest que se cachent les plus belles plages de l'île. Leur accès parfois difficile et les dangers d'une mer plus agitée que sur la côte est *(prudence en vous baignant)* les ont en effet longtemps laissées à l'abri de l'avidité des promoteurs. Aussi, même si les infrastructures fleurissent peu à peu, le décor reste sauvage. Profitez-en vite.

Quittez Lefkada par le sud-ouest, en suivant la direction d'Agios Nikitas. À 3 km des faubourgs, la route grimpe en lacet dans les hauteurs, révélant de belles échappées sur la ville. Un embranchement à droite conduit au **monastère de la Panagia Faneroméni (« la Vierge qui est apparue »)**, important centre de pèlerinage fondé au 17e s. Rebâtis au 19e s. à la suite de deux incendies, les bâtiments offrent peu d'intérêt, mais il faut s'y arrêter pour le **panorama★★**, qui embrasse toute la côte nord.

Peu après le paisible village rural de **Tsoukoulades**, la route replonge vers la mer, et les pins succèdent aux oliviers. En contrebas, on aperçoit l'immense **plage de Pefkoulia** *(accès par une petite route à droite).*

Changement d'atmosphère en rejoignant la côte. Malgré l'afflux touristique grandissant, **Agios Nikitas★** *(12 km au sud-ouest de Lefkada)* a su garder toute son âme d'ancien village de pêcheurs, et le centre est même protégé. Sur la colline qui domine le port, les **maisons★** étagent leurs jolis balcons de bois peints. Avant de déguster un poisson grillé dans l'une des tavernes du port, prenez le temps de vous promener autour de la rue pavée qui y descend. Et pour une baignade, vous trouverez votre bonheur au-delà du promontoire rocheux qui garde le côté gauche du port, où s'étirent les deux belles plages de sable de **Milos** et de **Kathisma**.

De la plage, une route en lacet monte vers la route principale. À 2 km, un embranchement à droite conduit par une route très sinueuse à **Kalamitsi** *(9 km au sud de Kathisma)*, qui se cache sur les pentes du mont Rahi, refuge choisi par ses premiers habitants pour se dissimuler aux yeux des pirates rôdant le long des côtes. Réputé pour ses tissages, le bourg sommeille à l'ombre de quelques moulins ruinés.

Passé Kalamitsi, on rattrape au bout de 3 km une route plus importante, que l'on quittera 1 km après le village de Hortata. Là, prenez l'embranchement à droite vers Porto Katsiki. Du village suivant, **Athani**, vous pourrez vous rendre

UNE ARCHITECTURE ANTISISMIQUE

Comme nombre d'églises de Leucade, Agios Minas *(voir p. 352)* est coiffée d'un curieux clocher métallique. Cette structure, plus légère, plus souple et moins dangereuse que la pierre en cas de séisme, apparut principalement après le tremblement de terre de 1948. De même, les maisons de Lefkada ont adopté, sur une assise de pierre, des façades en bois ou en tôles, plates ou ondulées, qui, rehaussées de couleurs vives, confèrent à la ville une étonnante atmosphère.

LEUCADE OU ITHAQUE ?

Disciple de l'archéologue Schliemann, qui établit que *l'Odyssée* se basait en partie sur des faits historiques, **Dörpfeld** vit en Leucade la patrie d'Ulysse et chercha toute sa vie à en percer le mystère, en s'appuyant sur la description – fort imprécise – d'Homère. Or, si des fouilles ont révélé à Leucade des traces significatives d'une principauté mycénienne (notamment près de Nidri), c'est l'actuelle île d'Ithaque que les spécialistes considèrent aujourd'hui comme le site de l'ancien royaume de Laërte.

aux agréables **plages de Gialos et d'Egremni**, peu fréquentées. L'accès n'est pas très facile *(route assez raide pour chacune, complétée d'un sentier pédestre - comptez 10mn)*. Plus accessible, la **plage de Porto Katsiki**★ *(43 km au sud-ouest de Lefkada; accès en voiture jusqu'à un parking peu engageant, puis, sur la gauche, une centaine de marches conduisent à la plage)*, renommée dans tout l'archipel. Il faut dire que le cadre vaut le détour : le contraste entre cette belle nappe de sable et la falaise blanche qui la surplombe compose un tableau de toute beauté. Toutefois, malgré le séisme de novembre 2015 qui a profondément modifié l'aspect du site (une partie de la falaise s'est effondrée), les caïques continuent d'y déverser leur flot de touristes venus de toute l'île (Agios Nikitas, Vassiliki et même Nidri, sur la côte est).

De Porto Katsiki, revenez sur vos pas pour prendre à 1,5 km de là l'embranchement à droite. Par une mauvaise route, on atteint le bord d'une haute paroi blanche surplombant la mer de plus de 70 m. Redoutée des marins de l'Antiquité, cette pointe rocheuse surmontée d'un phare (1890) est connue sous le nom de cap Doukato ou **Kavo tis Kiras**★. Le site offre une **vue**★★ magnifique sur les îles de Céphalonie et d'Ithaque. Au coucher du soleil, surtout, l'instant est à la contemplation *(voir encadré p. 357)*… De la mer, le point de vue sur la falaise est également impressionnant, une option qui vous évitera de surcroît la fatigue de la route *(en prenant l'un des caïques qui partent de Vassiliki)*.

SUR LA CÔTE EST

Circuit au départ de Lefkada-Ville tracé en rose sur la carte de Leucade (p. 353) – Comptez une journée.

Plus verdoyant que son versant occidental, l'est de Leucade présente aussi un relief moins tourmenté, dégageant de longues plages de sable aisément accessibles par la route. Un terrain idéal pour le développement d'une infrastructure touristique assez dense… qui a considérablement enlaidi le littoral.

Quittez Lefkada par le sud-est, en longeant le port en direction de Nidri. À 2 km de Lefkada, à la sortie du village de Kaligoni, s'étendent les modestes **ruines de Nirikos**, l'ancienne capitale de l'île jusqu'à l'ère byzantine : quelques portions de murs cyclopéens, des colonnes et les vestiges d'un petit théâtre se perdent au milieu des champs et des oliviers.

Plus loin, on rejoint **Kariotes** *(4 km au sud de Lefkada)* et les derniers **marais salants** de Leucade, qui comptèrent longtemps parmi les principales richesses de l'île. Ils s'étendaient jusqu'à Lefkada, dont la partie sud s'est bâtie sur d'anciennes exploitations. La route aborde ensuite le petit port de **Ligia**, peuplé de caïques multicolores, puis elle longe le littoral, découvrant de beaux **points de vue**★ sur le continent. Celui-ci semble si proche que la mer, nappe d'eau tranquille, évoque irrésistiblement un lac.

Passé **Nikiana** *(9 km au sud)* et sa longue plage de sable *(en contrebas de la route ; nombreux hôtels)*, la route traverse le village de **Perigiali** et pénètre

LA SENTINELLE CAPTIVE

Détachée du continent par un étroit chenal creusé, d'après Strabon, par les Corinthiens en 650 av. J.-C., Leucade occupe une position stratégique qui lui valut de tout temps la pressante sollicitude de ses voisins : ennemis puis alliés des Acarnaniens (petit royaume occupant la pointe en face de Lefkada), les habitants de l'île passent tour à tour sous domination romaine, franque, turque (1479-1684), puis vénitienne (1684-1797), et l'île changera cinq fois de mains entre 1797 et 1810 ! Avidité des conquérants et harcèlement constant des pirates sur ses côtes, ajoutés aux maigres ressources naturelles de l'île, dont l'histoire est ponctuée de séismes dévastateurs (les plus violents en 1769 et 1948), Leucade semble marquée d'un destin difficile… Seul répit : après le protectorat britannique et le rattachement à la Grèce en 1864, elle vit une période de relative prospérité, qui s'achève, hélas, dès 1900, avec la ruine des vignobles due à un parasite. S'ensuit un exode massif vers les États-Unis. Ce n'est qu'à la fin des années 1970 que le tourisme, drainant les villageois des montagnes vers la côte, donne à Leucade un nouveau souffle.

bientôt dans la **baie de Nidri★**, anse profonde semée d'îlots verdoyants, posés tels des nénuphars sur une mer d'un bleu intense. Un cadre idéal pour les véliplanchistes et les amateurs de plongée. La ville, hélas, n'a rien d'engageant : accablée de touristes venus du monde entier (en été), ce n'est qu'une vilaine succession d'agences de voyages, de tavernes et de boutiques de souvenirs. Nidri sera donc surtout le point de départ de nombreuses **excursions en caïque★** vers les îlots voisins *(renseignements sur le port)*. **Skorpios** était la propriété de l'armateur Aristote Onassis, avec la chapelle blanche où il épousa Jacqueline Kennedy (en 1968). Le site ne se visite pas, mais les caïques y accostent pour une brève baignade. Autre propriété privée, l'**îlot de Madouri** abrite la villa à l'italienne du poète Aristotelis Valaoritis (1824-1879), célèbre pour ses vers évoquant la résistance à l'occupation ottomane. La côte sud-ouest de **Meganissi** montre de hautes falaises découpées de criques. Sur la belle plage d'**Agios Ioanis** accostent de nombreux caïques pour une baignade. Des grottes marines s'ouvrent également çà et là, dont la plus intéressante est celle de **Papanikoli**, qui reflète ses parois dans une eau turquoise. Elle doit son nom à un sous-marin grec qui s'y serait dissimulé en 1941, lors de ses raids victorieux contre la marine italienne.

À 3 km au nord-ouest de Nidri, deux **chutes d'eau** peuvent être le but d'une promenade rafraîchissante *(du centre de la ville, suivez les panneaux « Rachi », puis « Waterfalls » ; arrivé à un petit parking, prenez le sentier en face, pour 15mn de marche)*. Le chemin longe d'abord un minuscule canal, puis serpente, au frais, dans une gorge calcaire semée d'arbustes rabougris. Telle une porte, une arche rocheuse précède les chutes, qui se découvrent l'une après l'autre. La seconde se mérite au prix d'une petite escalade. Elle se déverse dans un bassin naturel où vous pourrez vous baigner (avec d'autres).

EN POURSUIVANT AU SUD

Circuit au départ de Nidri tracé en orange sur la carte de l'île (p. 353).

Plus épargné que l'est, le sud de l'île recèle quelques plages très agréables, telles Poros et Sivota, au fond d'étroites baies, et il faut aussi aller flâner sur le port de Vassiliki qui, en dépit d'un succès touristique accru, conserve beaucoup de charme.

Vue sur la baie de Nidri.
SIME/ M. Ripani/Simeone/Photononstop

Au-delà de Nidri, la route surplombe la **baie de Vliho** aux eaux tranquilles, bien protégées par la longue presqu'île d'Agia Kiriaki. Près de la petite chapelle repose l'Allemand **Wilhelm Dörpfeld**. Tout au fond de la baie s'abrite **Vliho** *(3 km au sud de Nidri)*, adorable port de pêche où les caïques sont encore construits selon un savoir-faire réputé dans toute l'île.
3 km après Vliho, une route cimentée *(à droite)* mène au village haut perché de **Katahori**, d'où vous profiterez d'une **vue★★** superbe sur toute la baie de Vliho. Redescendez vers la route principale et poursuivez à gauche vers Poros, 1 km plus loin. Autre village baigné de paix, **Poros★** *(27 km de Lefkada)* tourne le dos à la mer pour étager ses jolies maisons sur une colline couverte d'oliviers. Les ruines d'une **tour de guet** du 4e s. av. J.-C. en couronnent le sommet. À l'entrée du village, la route de droite conduit à **Mikros Gialos** *(panneaux « Poros Beach »)*, agréable plage de galets blancs bordée de tavernes, peu touchée par le tourisme *(chambres à louer et camping)*. Au large, on aperçoit l'île d'Arkoudi.

LE SAUT DE L'AMOUR

Le cap Doukato ou **Kavo tis Kiras★** est associé au *katapontismos* (« saut dans la mer »), sinistre pratique attestée dès 1200 av. J.-C., qui consistait à précipiter des individus du haut de la falaise, en guise de sacrifice. À l'âge classique, les innocents firent place aux criminels à qui l'on offrait une sorte de jugement de Dieu, leur laissant la vie sauve s'ils en réchappaient. Ce saut est également associé au culte d'Apollon, dont un petit temple (en ruines) s'élevait à l'emplacement actuel du phare. Dieu de la purification, **Apollon** inspira une vertu plus tardive du *katapontismos* : celle de guérir du mal d'amour. Par ses vers, la poétesse Sapho donna prise à la légende selon laquelle elle-même aurait sauté pour se guérir de son amour malheureux pour le beau Phaon… et se serait tuée. D'où le surnom du rocher, « *Kavos tis Kiras* » : le cap de la dame.

DE LEUCADE À L'EMPIRE DU SOLEIL LEVANT

L'un des plus grands passionnés de culture japonaise, de ses mythes et de son folklore est un natif de Leucade. L'histoire a de quoi surprendre. Elle n'en est pas moins authentique. En effet, c'est sur l'île de Lefkada, dont il tient son prénom, que **Lafcadio Hearn** naquit en 1850 d'une mère grecque et d'un père irlandais. Après une enfance passée en Irlande et une carrière chaotique aux États-Unis, ce journaliste embarque en 1890 pour un pays alors très mystérieux : le Japon. Loin de Leucade, dans la charmante ville côtière de Matsue, il épouse la fille d'un samouraï dont il adopte le patronyme et la nationalité. Parvenu à maîtriser le japonais, il s'attache à fixer sur le papier les légendes du folklore nippon qu'il craint de voir disparaître des mémoires. Le pays est alors, en effet, en plein bouleversement. Il en tire de nombreux ouvrages et essais qu'il signe sous le nom de Koizumi Yakumo. Son œuvre connaît un vif succès dans l'archipel, mais aussi en Occident. Elle révèle une compréhension intime et lucide du Japon qui, encore aujourd'hui, demeure d'actualité. C'est ainsi qu'un enfant de Leucade a servi de « passeur » entre le Japon et l'Occident. Le buste de Lafcadio Hearn est visible dans le Jardin des poètes et, non loin de là, une rue porte le nom de Koizumi Yakumo.

Revenez sur la route principale, que vous prendrez à gauche. 8 km plus loin, tournez encore à gauche au virage en épingle à cheveux *(panneau « Sivota Bay »)*. **Sivota** s'offre le luxe d'une longue baie découpée comme un fjord. Baignée d'eaux particulièrement calmes et chaudes, c'est l'ancrage favori de nombreux yachts, même en basse saison. Dans les tavernes du port, on sert de délicieux poissons grillés, qu'on vous fera choisir dans des nasses plongées dans l'eau. Une petite plage s'ouvre au nord de la baie.

De retour sur la route principale, poursuivez vers la gauche, direction Vassiliki. La route se faufile entre les montagnes grises et pelées du sud de l'île, traversant deux charmants villages : **Marandohori**, près duquel se dresse l'église de l'ancien monastère **Agios Georgios** *(à droite)*, aux fresques du 16e s. (très dégradées), et **Kondarena**.

Deuxième grand pôle touristique de l'île après Nidri, **Vassiliki** *(40 km au sud-ouest de Lefkada)* s'étale au bord d'une immense baie, paradis des véliplanchistes et des amateurs de voile. Ils y trouveront une école, tout le matériel nécessaire et surtout un vent idéal, de mer le matin (force 2 à 3), de travers l'après-midi (force 5) pour les plus expérimentés. Mais si le port a gardé du charme avec les eucalyptus et les oliviers qui le surplombent, le moutonnement anarchique des constructions modernes a largement défiguré le site. Belle **vue★**, en revanche, sur Céphalonie et Ithaque. Restent d'agréables **excursions en bateau** vers ces deux îles, ainsi que vers celles de Skorpios et Meganissi *(rens. au port - départ tlj le matin à 9h30, retour à 19h - comptez 15 € pour voir plusieurs îles)*. Un service de caïque régulier *(ttes les h - 3 €)* dessert en 10mn la superbe **plage d'Agiofili★★**, petit bijou de galets blancs enchâssé entre d'abruptes falaises. La mer y est translucide, d'un « bleu piscine » assez incroyable… Enfin, d'autres caïques desservent les **plages d'Egremni** et **Porto Katsiki**, sur la côte ouest.

NOS ADRESSES À LEUCADE

INFORMATIONS UTILES

Banques – Plusieurs distributeurs dans les rues principales de Lefkada, de Nidri et d'Agios Nikitas.

Santé

Hôpital de Lefkada – *✆ 26450 382 00.*

Centre de soins de Vassiliki – *✆ 26450 310 65.*

Agences de voyages

Borsalino Travel – *À Nidri - ✆ 26450 925 28 - www.borsalinotravel.gr.* Billetterie, chambres à louer, excursions vers les îles.

Samba Tours – *À Vassiliki - ✆ 26450 315 20 - www.sambatours.gr.* Billetterie avions et ferries, location de voitures et de bateaux, chambres à louer.

ARRIVER/PARTIR

En avion

Aéroport de Preveza – *18 km au nord de Lefkada.* En saison, liaisons avec Berne et Bruxelles-Charleroi.

Helvetic Airways - *www.helvetic.com.*

Ryanair - *www.ryanair.com.*

En bateau

Port de Vassiliki – Liaisons avec la Céphalonie (Fiskardo, 1-4/j.) et Ithaque (Frikes, 1-2/j.).

Port de Nidri – Liaisons avec la Céphalonie (Fiskardo, 1-4/j.) et Ithaque (Frikes, 1-2/j.).

En bus

Gare routière - *Face au port, à environ 800 m vers le sud depuis le pont - ✆ 26450 223 64 - www.ktel-lefkadas.gr.* Liaisons avec Athènes (4/j.), Thessalonique (1/j.), Patras (2/sem.), Igoumenitsa (1/j.), Préveza et l'aéroport d'Aktio (6/j.).

En voiture

Depuis qu'un pont relie Leucade au continent (1987), l'accès à l'île par la route est très aisé depuis le reste de la Grèce.

TRANSPORTS

En bus

Gare routière - *Voir « Arriver/Partir ».* En été, liaisons quotidiennes avec les villages (2/j.) et les centres touristiques (6/j.) : Nidri, Ag. Ioanis, Vassiliki, 2/j. pour les villages.

En voiture

Budget – *À Lefkada, 16 r. F. Panagou (face au jardin des poètes) - ✆ 26450 252 74.* **Europcar** – *À Lefkada, r. F. Panagou - ✆ 26450 235 81.*

En taxi

✆ 26450 246 00/920 00/265 55 - www.lefkasradiotaxi.gr.

HÉBERGEMENT

Lefkada

BUDGET MOYEN

Nirikos – *✆ 2645 024132 - www.nirikos.gr - 43 ch. 55/115 € ☕ - ✕.* Un hôtel convenable, dressé en face du pont reliant l'île au continent. Des chambres confortables dont la plupart ont vue sur le port et la lagune.

POUR SE FAIRE PLAISIR

Pirofani – *Dans la rue principale - ✆ 2645 025844 - www.pirofanilefkada.com - 18 ch. 95/135 €.* Une pension offrant des chambres spacieuses à la décoration colorée, très confortables et dotées de magnifiques salles de bains. Pas de petit-déjeuner mais une cafetière dans chaque chambre. Bon accueil.

Aigli – *4 r. Pinelopis et r. Gazi - ✆ 698 696 0000 - www.theaigli.gr - 9 suites 120/160 €* ☕. À deux pas de l'église Agios Spiridonos, dans une très jolie maison ancienne au calme, un hôtel de charme au luxe exceptionnel. Chaque suite, dont la suite « Honeymoon », est dotée d'une décoration personnalisée et raffinée ; lustres vénitiens, grandes baignoires hydromassage, machine à expresso. Le petit-déjeuner, très copieux, est servi dans un magnifique jardin. Une vraie folie !

Nidri

BUDGET MOYEN

Athos – *✆ 2645 092384 - www.athoshotel.com - 🏊 - 43 ch. 45/90 €* ☕ - ✗. Un hôtel tout blanc au bout du port, à 500 m de la plage, au sud de Nidri. Chambres fraîches avec balcon, réparties dans plusieurs bâtiments. Piscine, animations et excursions possibles sur les îles de Skorpios, Meganissi… Atmosphère familiale. Réservation impérative.

Vassiliki

BUDGET MOYEN

Vassiliki Bay – *✆ 2645 031077 - www.hotelvassilikibay.gr - 30 ch. 80 €* ☕. L'hôtel le plus récent de Vassiliki, au cœur de la ville, à 70 m de la plage. Chambres spacieuses, lumineuses, déco agréable et terrasses privatives, très calmes. Accueil charmant, on vous aide à organiser vos sorties en caïque vers les plages de Porto Katsiki et d'Agiofili. Une très bonne adresse.

Agios Nikitas

😊 Vous trouverez deux bons hôtels, dans la rue principale qui descend vers le port :

BUDGET MOYEN

Nefeli – *À l'entrée du village, à 100 m de la plage - ✆ 2645 097400 - www.nefelihotel.gr - 20 ch. dont 4 studios équipés 80/100 €* ☕. Derrière deux grands palmiers se cache ce charmant hôtel aux volets verts. Chambres claires, très fraîches, certaines avec vue sur la mer. Sanitaires impeccables, minibar. Trois terrasses, dont deux donnant sur un jardin. Accueil chaleureux, et en français, des patrons.

POUR SE FAIRE PLAISIR

Odyssey – *✆ 2645 097351 - www.odysseyhotel.gr - 🏊 - 37 ch. 75/120 €* ☕. Cet établissement moderne cache ses trois étages en terrasses dans la verdure et les fleurs. Chambres claires avec balcon. Agréable piscine sur le toit dominant le village et la baie. La plage est à 100 m. Possibilité de louer des appartements (3-5 pers.).

Poros

PREMIER PRIX

Camping Poros Beach – *✆ 2645 095452 - www.porosbeach.com.gr - 🏊 - 70 empl. 25 € -* ✗. Ce camping se trouve juste au-dessus de la plage de Mikros Gialos, à l'ombre des oliviers. Supermarché, machines à laver, location de bateaux, petite piscine et bar. 40 bungalows tout équipés (à partir de60 €) sont également disponibles.

RESTAURATION

Lefkada

😊 Attention, la ville est calme à l'heure du déjeuner et de nombreuses tavernes ne servent que le soir. La rue principale concentre la plupart des tavernes où l'on peut dîner jusque tard. Vous trouverez même… de nombreuses crêperies ! Les tavernes du port ont leurs terrasses au bord de la route et manquent de charme.

BUDGET MOYEN

Taverna Light House – *14 r. Philharmonikis - parallèle à la rue principale derrière la Banque de Grèce - ✆ 2645 025117 - 15 €.* Depuis 1979, M. Ventouras et sa femme servent de bonnes grillades, d'honnêtes poissons, précédés d'entrées simples et fraîches. On dîne au calme, sous une jolie tonnelle couverte de lierre, à deux pas du théâtre en plein air.

Agios Nikitas

PREMIER PRIX

Taverna Lefteris – *Dans la rue principale, à droite, un peu avant d'arriver à la mer - ✆ 2645 097495 - 15 €.* Une cuisine fraîche et de qualité, servie sur une grande terrasse ventilée. Spécialités de poissons, spaghetti à la langouste et bonnes pâtisseries. Accueil efficace et courtois.

Nidri

PREMIER PRIX

Ionion – *✆ 2645 093094 - 10/15 €.* Au bout du port, à droite en regardant la mer. Une bonne cuisine locale, accompagnée de vins secs, servie avec beaucoup de gentillesse sous une belle terrasse-pergola fleurie d'une ipomée mauve géante. Plus calme que les tavernes du centre.

EN SOIRÉE

Lefkada-Ville

Les bars sont nombreux et, dès la nuit tombée, animent la rue Sikelianou, le long de la lagune.

AGENDA

Festival international de danse folklorique – Pendant la dernière quinzaine d'août, concerts tous les soirs à 21h30 au centre culturel (à 500 m en longeant la lagune depuis le pont).

Festival de la musique, des arts et des lettres – *Rens. au centre culturel ou sur www.lefkada.gr.* De juin à août : performances théâtrales et concerts (classique, jazz…) au fort Ste-Maure et au théâtre de plein air *(fléché « Garden Theater » depuis la rue principale).*

Terrasses de cafés sur le port de Lefkada.
milangonda/iStock

Paxos et Antipaxos

(Παξοί)

★

2 300 hab. - 25 km2 (Antipaxos 3 km2) - Îles Ioniennes - Unité régionale de Corfou

En venant de la trépidante Corfou, la petite île de Paxos – et sa voisine Antipaxos – apparaît comme un havre de paix. De belles façades vénitiennes ocre ou roses se reflètent dans les eaux paisibles des petits ports pittoresques de Gaïos, Logos ou Laka. La côte ouest est sculptée de falaises et de grottes marines, paradis des plongeurs. Dans les terres, les oliveraies règnent sans partage. La promenade est ponctuée de vieilles maisons villageoises en pierre sèche, de moulins en ruine et d'interminables murets de calcaire blanc. Les chanceux s'y rendront hors saison pour éviter la foule, goûter à la solitude des plages de galets blancs et profiter de la chaleureuse hospitalité des habitants.

NOS ADRESSES PAGE 365
Hébergement, restauration, achats, activités, etc.

S'INFORMER

Routsis Holidays – *À Laka - 26620 318 07/311 29 - www.routsis-holidays.com.*

Site Internet – *www.paxi.gr (site officiel de l'île, en anglais).*

SE REPÉRER

Carte de région A2 (p. 308).

À NE PAS MANQUER

Le tour de l'île en caïque et la grotte d'Ipapandi ; le port de Logos ; les plages de sable d'Antipaxos (à Paxos, il n'y a que des galets).

ORGANISER SON TEMPS

Comptez deux jours de visite. Réservez votre hébergement à l'avance.

AVEC LES ENFANTS

Découvrir le musée bric-à-brac de l'ancien lycée de Gaïos ou s'amuser à repérer les figures zoomorphes sur les falaises et dans les grottes de la côte ouest.

Circuit conseillé Carte de région A2 p. 308

DE GAÏOS À LAKA

Circuit de 9 km. Les distances étant très modestes, vous pouvez aussi opter pour l'un des nombreux sentiers pédestres qui sinuent dans les collines.

★ Gaïos (Γαϊός)

Qu'on se le dise, l'été, la capitale de l'île (qui compte 500 habitants !) n'est plus grecque, mais italienne : tous les commerçants et restaurateurs vous aborderont dans cette langue. Bercé par le cliquetis des yachts et une atmosphère de douce nonchalance, Gaïos a des airs de St-Tropez. Vous y verrez quelques belles maisons vénitiennes, rescapées du tremblement de terre de 1953 ; la plus élégante étant l'ancienne **maison du gouverneur** (18e s.), au nord du port, reconnaissable à son toit couronné de trois petites arches. Le charme des lieux est saisissant dès le débarquement depuis Corfou : la mer d'un bleu-vert

Près de Voutoumi, à Antipaxos.
J. Huber/Sime/Photononstop

translucide, semée de voiliers, les côtes rocheuses, et la ville enfin, protégée par deux îlots qui la dissimulent au regard : d'un côté **Agios Nikolaos**, réserve naturelle plantée de pins d'où émergent les ruines d'une forteresse du 15e s. *(☎ 26620 321 00 - visite sur autorisation de la mairie)* ; de l'autre un îlot plat couronné d'un minuscule monastère, **Moni Panagia**, coupole bleue et murs blancs sur le rocher *(accès en caïque - le 15 août, lors de la fête de l'Assomption ; en dehors de ce jour, demandez la clé au musée).*

Musée – *Sur le port, dans l'ancien lycée de Gaïos - ☎ 26620 325 66 - www.paxos-greece.com/museum.htm - été : 11h-13h, 19h30-22h30 - 2 €.* Ne manquez pas cet adorable **musée** bric-à-brac ! Créé en 1996 par un groupe de jeunes très dynamiques, il rassemble une foule d'objets – des silex taillés du néolithique à la TSF de grand-papa, en passant par des poteries, costumes, photos – qui donnent une idée pittoresque de la vie dans l'île. Une cuisine et une chambre traditionnelles y sont reconstituées, et les guides bénévoles se feront un plaisir de vous conter l'histoire de chacun des trésors du musée.

À l'extrémité sud du port s'élève la statue du marin paxiote **Giorgios Anemoïanis**, héros de la guerre d'Indépendance de 1821, pendu à 23 ans par les Turcs dont il tenta d'incendier les vaisseaux à Nafpaktos.

Avant d'entamer votre circuit dans le nord de l'île, vous pouvez faire une escapade au sud de Gaïos. La route qui longe la côte dessert des criques rocheuses où vous pourrez prendre un délicieux bain solitaire *(attention aux oursins)*. Puis elle rejoint le petit port de **Sputzo**, où les randonneurs trouveront prétexte à une balade romantique en partant à la recherche des ruines de deux basiliques chrétiennes : **Agia Marina** (visible sur la droite avant le port) et **Agios Stefanos**, dont l'abside s'ouvre au milieu d'un champ. Du port de Sputzo, une route assez caillouteuse conduit en face de l'**îlot de Mongonissi**, ourlé d'une jolie plage *(traversée de l'étroit chenal en caïque).*

Revenez à Gaïos. Dans le centre du bourg, prenez l'unique route qui monte vers le nord par l'intérieur des terres, sur 1,5 km, puis tournez à droite et poursuivez tout droit sur 3 km. Du village de **Magazia**, une route à gauche conduit

ÎLE D'ASILE

Peuplée à l'origine d'Épirotes et de Phéniciens, Paxos fut ensuite angevine, comme Corfou, avant de suivre pour l'essentiel le destin des autres îles Ioniennes, jusqu'à son rattachement à la Grèce en 1864. À bien des reprises, elle servit de terre de refuge : en 1819, elle accueillit les habitants de Parga qui fuyaient les Turcs, apportant avec eux icônes et traditions. À leur tour, les patriotes grecs y trouvèrent asile pendant l'insurrection de 1821, puis les élus nationalistes du Parlement ionien, et encore, en 1922, les réfugiés d'Asie Mineure après la débâcle des forces grecques.

à l'**église Agii Apostoli** *(à 1,5 km)*, perchée au bord des **falaises blanches d'Eremitis**. De là-haut, le **point de vue★** est superbe, surtout au couchant, quand le soleil embrase toute la mer.

Passé Magazia, poursuivez sur 2 km vers le nord jusqu'au panneau indiquant à gauche « Ipapandi ». Si vous ne faites pas ce détour, Laka est à 2 km. Le hameau de **Gramatikeika** possède la seule église ionienne à double coupole : flanquée d'un joli clocher baroque (1772), l'**église d'Ipapandi** fut élevée en 1601 par de riches familles locales. La tradition veut qu'une galerie souterraine la relie à la grotte d'Ipapandi *(voir ci-contre)*.

Laka (Λάκκα)

Cachée tout au fond d'une crique resserrée, à laquelle on accède par un étroit chenal, Laka est, en été, à peine moins agitée que Gaïos. Dans le port, que côtoie un bout de plage, les nombreux yachts jouxtent les petits chalutiers des pêcheurs locaux, alignés face aux tavernes.

Reprenez la route de Gaïos. À 2 km, tournez à gauche, puis tout de suite à droite (panneau).

Délimitée par une butte calcaire, toute blanche, la rade du minuscule village de **Logos★** *(à 3 km)* attire en nombre les plaisanciers. Moins fréquenté dans la journée, le port et ses quelques tavernes s'animent le soir avec l'arrivée des voiliers, tandis que le silence règne au milieu des ruines voisines de la **fabrique d'huile d'olive**, témoignage des temps prospères où l'or vert paxiote s'exportait jusqu'en Russie. À 500 m de part et d'autre de Logos, vous trouverez aussi de belles **plages** : **Glifada** au nord, et surtout **Levrehio★**, au sud.

Pour rejoindre Gaïos, quittez Logos par la route qui longe le port vers le sud. Une succession de jolies plages de galets jalonne la côte, notamment celle de **Kipiadi★**, accessible par un embranchement à gauche puis un sentier pédestre, ou par une route de crête offrant de belles vues sur la mer. Suivent, enfin, les petites **plages de Kaki Lagada** et de **Kloni Vouli**.

Se promener Carte de région A2 p. 308

★★ TOUR DE L'ÎLE EN CAÏQUE

Plusieurs départs le matin. La balade dure env. 2h, puis le caïque vous dépose à Antipaxos pour une baignade; retour l'apr.-midi à 17h30 ou 18h30. Renseignez-vous auprès des bateaux, sur le port. Comptez 15 €.

Le bateau longe d'abord la côte orientale, basse et rocheuse, jusqu'à Logos. Passé Orkos, dominée par l'élégante villa du propriétaire de Campari, la côte se fait plus découpée jusqu'à la longue échancrure du port de Laka. Dépassant le seul phare de l'île, le caïque se faufile ensuite dans des criques superbes, encadrées de falaises blanches, caractéristiques de la côte ouest. Rongés par les vagues, les rochers y prennent des figures zoomorphes et se creusent d'innombrables cavités. La plus belle est la **grotte d'Ipapandi★★**, véritable cathédrale de craie de 70 m de long. Plus au sud se dressent encore les blanches **falaises d'Erimitis★**, striées et comme talquées par les rayons du soleil. Puis on atteint la grande **crique d'Ahai★**, où une grotte se cache derrière trois arches taillées par la mer. 200 m au sud, enfin, le rocher pointu d'**Ortholithos** jaillit des flots, marquant l'entrée d'une vaste grotte où le bateau manœuvre avant de poursuivre sa route.

★ Antipaxos (Αντίπαξοι)

2 km au sud de Paxos - 15mn de caïque au départ de Gaïos.

Hors saison, ne partez pas sans avoir fait un tour à Antipaxos, la petite île voisine. Couverte de vignes et de cultures maraîchères, elle est le verger des Paxiotes. Vous y trouverez aussi de magnifiques **plages de sable★**, qui changent agréablement des galets de Paxos. Pour se restaurer : deux tavernes à **Vrika**, où accostent la plupart des caïques, avant une dernière baignade à **Voutoumi** ou à **Agrapidia**. Au cœur de l'été, toutes ces plages sont envahies par la foule.

NOS ADRESSES À PAXOS ET ANTIPAXOS

INFORMATIONS UTILES

Banques – Plusieurs banques et distributeurs sur l'île. À Gaïos.

Centre de soins de Bogdanatika – *à 2 km de Gaïos - ✆ 26620 314 66.*

Agences de voyages

Gaïos Travel – *✆ 26620 320 33 - www.gaiostravel.co.uk.*

Routsis Holidays – *À Laka - ✆ 26620 318 07/311 29 - www.routsis-holidays.com.*

Paxos Thalassa Travel – *À Logos - ✆ 26620 316 62 - www.paxos-holidays.gr.*

New Plans – *À Gaïos - ✆ 69803 447 59 - newplans.gr.*

ARRIVER/PARTIR

Les horaires changent chaque année et parfois d'un mois sur l'autre.

Port de Gaïos – *✆ 26620 322 59.* Liaisons en ferry avec Corfou *via* Igoumenitsa (3h) ou directes en hydroglisseur avec Corfou (1h).

TRANSPORTS

En bateau

Antipaxos – Navette régulière entre Paxos et Antipaxos (durée 15mn). Liaisons moins fréquentes hors saison. Se renseigner sur les ports.

Location de bateaux à moteur - **Spiros Makris** - *À Gaïos - ✆ 26620 320 31.*

En bus

Gare de Gaïos – *En haut de la rue principale (à 5mn de la place de l'église).* Liaisons avec les trois principaux villages Gaïos, Laka, Logos (4-5/j.). Les horaires sont affichés à la station.

En voiture

En taxi – Pas de station de taxi, ni de central téléphonique, mais des numéros individuels de téléphones portables : Christos - *✆ 69774 727 47*; Tassos - *✆ 69766 484 86*; Nikos - *✆ 69842 200 11*; Kostas - *✆ 69740 022 36*; Haris - *✆ 69741 356 60.*

Location de voitures – Alpha Hire - *À Laka, sur le front de mer - ✆ 26620 325 05 - port. 69778 673 13 ;* Ionian - *À Laka, entre l'église et la gare routière - ✆ 26620 325 53.*

En deux-roues

Location de scooter – Plusieurs loueurs à Gaïos, mais aussi à Laka et Logos.

HÉBERGEMENT

L'île de Paxos abrite deux hôtels de luxe, situés tout deux à Gaïos, et dispose de chambres, de studios, d'appartements et de villas à louer. Ceux-ci ne sont pas répertoriés et souvent complets. Renseignez-vous auprès des agences. Attention, tout est fermé hors saison (oct.-avr.) et les chambres sont prises d'assaut en été. C'est une excursion qu'il vaut mieux préparer tôt !

Gaïos

POUR SE FAIRE PLAISIR

Paxos Beach – *✆ 2662 032211 - www.paxosbeachhotel.gr - - 42 ch. 120/170 € - .* À 500 m de Gaïos, au calme dans un cadre enchanteur bordant la mer, des bungalows de pierre agréablement aménagés s'étagent parmi les pins et les oliviers. La plupart ont vue sur la mer. Parmi les prestations de cette belle adresse : restaurant à prix raisonnable, bar, piscine, minigolf, tennis et terrain de jeux pour les enfants et plage de galets privée. Arrangement du transport depuis Corfou sur demande, navette pour le port. Possibilité de demi-pension. Réservation impérative.

UNE FOLIE

Paxos Club – *À 1 km de Gaïos vers l'intérieur des terres - ✆ 2662 032450 - www.paxosclub.gr - - 32 appart. dont 11 suites : 105/195 € - .* Ce luxueux hôtel moderne est constitué de plusieurs pavillons dans un jardin parmi les oliviers. Un bar, un Jacuzzi et un restaurant gastronomique bordent la piscine. Navettes gratuites pour Gaïos et les plages. Réservation impérative.

RESTAURATION

Nombreuses tavernes à Gaïos, Laka et Logos.

Gaïos

PREMIER PRIX

George's corner – *Pl. de l'Église - ✆ 697 237 0469.* Souvlaki ou gyros à emporter ou à déguster sur place, accompagnés d'une salade et d'une bière glacée. Copieux et bon marché.

Taverna Mambo – *Sur le quai le long du port - ✆ 2662 032670 - 15 €.* Cuisine légère et fraîche à savourer en terrasse. Goûtez au lapin en sauce ou à l'agneau rôti. Accueil très chaleureux.

BUDGET MOYEN

Genesis – *Sur le quai face à la statue de Georgios Anemoïanis - ✆ 2662 032495 - 20 €.* Une agréable terrasse réputée pour ses poissons et ses fruits de mer. Goûtez aux délicieuses crevettes à la tomate et au fromage frit saganaki.

Logos

BUDGET MOYEN

Taverna Vassilis – *✆ 2662 030062 - http://vassilisrestaurant.com - 15 €.* Dans une belle maison ocre, juste avant l'ancienne fabrique d'huile d'olive. Une salle très joliment décorée et quelques tables sur le quai où déguster des poissons frais et des langoustes. Une belle carte où figurent, entre autres, un fromage frit saganaki aux baies rouges et un soufflé au chocolat blanc.

Laka

PREMIER PRIX

La Rosa di Paxo – *2662 031471 - www.larosadipaxos.gr - 15/20 €.* Une cuisine grecque traditionnelle, de bons plats de poisson frais et des spécialités italiennes sont servis dans ce restaurant.

PETITE PAUSE

Café-crêperie

Volcano – *Sur la place de l'église - 2662 032044.* Idéal pour prendre un verre, manger une crêpe ou une glace. Petite terrasse à l'étage qui offre la plus belle vue sur le clocher de l'église.

BOIRE UN VERRE

Roxi Bar – *à Logos, au bout de la jetée - 2662 030088 - 10h-2h.* Très animé le soir.

Akis Bar – *à Lakka, au bout du port, vers l'ouest - 2662 031665.* Une grande salle avec un billard, un point Internet et une terrasse au bord de l'eau.

AGENDA

Fête nationale des îles Ioniennes – Le 21 mai.

Jour de Gaïos et fête de l'île – Le 29 juin.

15 août – Processions.

Festival de musique pop-rock – Une semaine de la fin juin à début juillet.

Festival de musique classique – *Rens. Association culturelle, sur le port de Gaïos ou www.paxosfestival.org.uk.* En septembre, jeunes musiciens et concertistes renommés.

Paxos, le village et le port de Gaios.
J. Bayne/Robert Harding Picture Library/age fotostock

Zante

(Zakinthos - Ζάκυνθος)

★

40 759 habitants - 406 km2 - Îles Ioniennes - Unité régionale de Zante

Zante s'incline à l'est en une vaste plaine ourlée de plages, tandis qu'à l'ouest, la chaîne des Vrachionas dessine un spectaculaire paysage de falaises blanches percées de grottes et d'arches, uniquement accessibles par la mer. À l'image de ses consœurs ioniennes, l'île à deux visages : l'intérieur, encore tapissé de pins, d'oliviers et de vignes contraste avec les abords des plages envahis de centres commerciaux et d'hôtels sans charme. Les forces et les faiblesses d'une destination balnéaire au climat toujours favorable.

NOS ADRESSES PAGE 374
Hébergement, restauration, achats, activités, etc.

S'INFORMER

Site Internet – *www.zanteweb.gr (en anglais).*

SE REPÉRER

Carte de région B4 (p. 308), carte de l'île (ci-contre).

À NE PAS MANQUER

La baie du Naufrage (Navagio) et les eaux limpides de Gérakas ; le tour de l'île en bateau ; le coucher de soleil au bord des falaises de Keri.

ORGANISER SON TEMPS

Comptez trois jours de visite. Louez un deux-roues pour sillonner l'île en toute liberté.

Se promener Carte de l'île

★ ZAKINTHOS-VILLE

Comptez une demi-journée de visite.

Encadrée par la colline escarpée de **Sirani**, qui inspira au poète **Dionysios** Solomos (1798-1857) quelques vers de son hymne national, et par la colline de **Bohali** que couronne une forteresse vénitienne, Zakinthos aligne ses petits immeubles sur la **Strata Marina** (quai Lombadou), face aux ferries qui occupent la rade.

Au premier abord, avec son front de mer encombré et bruyant, la ville ne séduit guère le visiteur car le terrible tremblement de terre de 1953, suivi d'un incendie, a détruit presque tous les monuments anciens de la ville. Mais le regard est vite attiré vers la **place Solomos**, vaste esplanade plantée de palmiers qui s'ouvre en retrait, à l'extrémité nord de la ville.

Musée byzantin – *✆ 26950 427 14 - tlj sf lun. 8h-15h - 4 € (-18 ans gratuit).* Deux élégants bâtiments néoclassiques reconstruits à l'identique occupent les côtés de la place, encadrant la statue du poète et ses parterres fleuris. L'un d'eux accueille ce musée, qui rassemble une intéressante collection d'icônes, de peintures religieuses illustrant l'art postbyzantin des îles Ioniennes, et surtout d'**iconostases** en bois du 17e au 19e s., provenant des églises de l'île ruinées par la catastrophe.

Perpendiculaire au musée, l'autre bâtiment abrite la bibliothèque et un café où l'on peut savourer des *mezzes* en terrasse, sous les arcades de la façade.

À ses côtés, l'**église Agios Nikolaos tou Molou**★ *(St-Nicolas du Môle)*, rare vestige de la cité vénitienne (16e s.), tranche avec ses pierres blondes et son architecture toute simple (joli clocher).

Entre les deux bâtiments, la courte avenue Vassileos Giorgiou débouche au cœur de la ville, sur la très populaire **place Agios Markos**★★. Copie quasi conforme de ce qu'elle était avant le tremblement de terre de 1953, elle a des allures de décor de cinéma avec ses façades italiennes aux tons pastel et ses arcades un peu trop parfaites. Jadis rendez-vous de la bourgeoisie locale, c'est aujourd'hui le lieu de rencontre favori de la jeunesse et des touristes, ses cafés et ses restaurants en terrasse s'animant tous les soirs. À gauche du petit clocher pointu de l'église catholique se dresse celui du **musée Dionysios Solomos** *(✆ 26950 289 82 - 9h-14h - 4 €)*, où repose le poète, aux côtés d 'Andréas Kalvos.

De la place Agios Markos débute la **rue 21 Maiou**★, elle aussi très animée. Piétonne sur une grande partie, elle s'étire jusqu'à l'autre bout de la ville, parallèle au front de mer, égrenant ses cafés, boutiques de souvenirs et de mode sous son enfilade d'arcades ombragées.

En revenant sur le front de mer par les rues latérales, on rejoint l'autre grande place de Zakinthos, côté sud, dominée par le haut campanile de l'**église Agios Dionysios**. Il rappelle celui de St-Marc, à Venise, veillant tel un phare sur la rade. L'église, construite en 1925, n'offre guère d'intérêt, bien qu'elle renferme les reliques du saint patron de l'île, conservées dans une châsse d'argent devant laquelle défilent chaque jour de nombreux fidèles *(jupes longues et pantalons de rigueur; on vous en prête à l'entrée)*. Attardez-vous plutôt devant les beaux

murs extérieurs de l'**église Fanéromenis★**, toute proche, autre vestige de la cité vénitienne (17e s.) qui se dresse à l'ombre d'un énorme platane.
Tentez aussi de vous faire ouvrir les portes de l'**église Kiria ton Angelon★★** *(demandez les clés à la Métropole, la grosse église voisine)*, ravissante chapelle vénitienne demeurée intacte. Derrière sa **façade Renaissance★★**, « Notre-Dame des Anges » cache une magnifique **iconostase★★** en bois doré du 17e s.
Citadelle vénitienne – *Kastro; 15mn à pied par le sentier qui sinue sous les arbres à flanc de colline, ou par la route fléchée - été : tlj sf lun. 8h-20h ; reste de l'année : tlj sf lun. 8h-15h - 3 €.* Elle offre un beau **panorama★**. Ses murs d'enceinte ne protègent plus qu'une forêt de pins où il est agréable de se promener. Vous pouvez aussi prendre un verre sur l'esplanade de l'église en contrebas, en regardant la ville s'illuminer.

Circuits conseillés Carte de l'île p. 369

★ POINTE DE SKOPOS

Circuit au départ de Zakinthos-Ville tracé en vert sur la carte de l'île (p. 369) – Comptez une journée, baignades comprises.
Quittez la ville par le sud, en passant devant l'église Agios Dionysios, *via* Argasi. Au-delà de la colline de Sirani, une belle route sinue à flanc de montagne, dominant la mer et une multitude de petites plages.
Passé celle de **Porto Zoro**, qui s'allonge en contrebas de la route (un peu trop aménagée), vous pourrez faire étape à **Banana Beach★**, longue écharpe de sable s'étirant jusqu'au cap d'Agios Nikolaos. Les *chaises longues* et les parasols n'y sont pas trop nombreux, et on se baigne dans un cadre sauvage de dunes, de rochers et de pins *(petite taverne)*. Au sud, les rochers du **cap Agios Nikolaos** ferment la jolie plage de **Plaka**. De l'autre côté du promontoire, une chapelle blanche veille sur la plage du même nom, bondée et très aménagée, territoire d'un Water Sport Center proposant jet-ski, planche à voile…
Vous retrouverez plus de calme à **Porto Roma** *(16 km au sud de Zakinthos, à gauche en arrivant à Vassilikos)*, une agréable crique cernée de falaises basses, dotée d'une taverne installée sous des chaumes face à un beau **point de vue**.
Au-delà de Porto Roma, la pointe de Skopos s'achève en une étroite crête rocheuse s'avançant dans la mer. Elle protège côté ouest la magnifique **plage de Gérakas★**, longue courbe de sable à peine aménagée (seulement au centre, l'une des extrémités s'offre même aux naturistes) bordée d'une eau limpide. Attardez-vous pour admirer le coucher de soleil sur l'étrange crête de tuf qui prend alors de superbes teintes orangées. C'est aussi le moment d'explorer le **cirque** qui s'ouvre à la pointe ouest de la plage *(vers la gauche)*, où des rochers de tuf érodés émergent du sable parmi des buissons d'épineux.
Plus au sud, enfin, une mauvaise piste descend de la route principale vers la **plage de Dafni**, autre site sauvage en partie réservée aux **tortues caouannes** *(Caretta caretta)*, qui viennent y pondre leurs œufs.

LE SAUVETAGE DES JUIFS DE ZANTE

En 1944, les Allemands demandèrent au maire, Loukas Karrer, de produire la liste des juifs de l'île. Mais la liste qu'il remit ne comportait que 2 noms : le sien et celui de l'évêque Chrysostome. Ainsi, aucun des 275 juifs de Zante, qui furent cachés dans diverses familles, ne fut déporté.

La baie du Naufrage sur la côte ouest.
Simeone/Photononstop

★★ CAP AU SUD : AUTOUR DU GOLFE DE LAGANAS

Circuit au départ de Zakinthos-Ville tracé en marron sur la carte de l'île (p. 369) – Comptez une journée, baignades comprises. Environ 25 km aller. Quittez la ville par la route de Maherado/Kiliomeno (laissez le premier embranchement à gauche pour l'aéroport).

Au sud-est de l'île se déploie le golfe de Laganas, encadré par les deux **pointes de Skopos** (c'est le même nom pour les deux caps !). Aménagées en parc national marin, ses eaux sont devenues l'un des sanctuaires de la tortue caouanne, des dauphins et de quelques phoques moines.

De Zakinthos, la route file à l'intérieur des terres à travers un vaste plateau tapissé d'oliviers et de vignes, face à la crête bleutée des Vrachionas (756 m). Dans un petit vallon en contrebas de la route, le village de **Maherado** *(11 km au sud-ouest)* attire surtout des touristes grecs venus se recueillir devant l'icône miraculeuse de l'**église Agia Mavra★★** (1873). Dotée d'une large iconostase en bois doré et couverte de fresques – un foisonnement de couleurs et de dorures presque baroque –, elle est flanquée d'un impressionnant campanile plus ancien, dont les cloches donneraient le son le plus mélodieux de tout le pays (Fête de l'église, le 3 mai). Mais ne négligez pas l'émouvante **église Ipapandi★** (« de la Présentation »), dévastée par le tremblement de terre. Perchée sur une butte à la sortie du bourg *(légèrement sur la gauche après Agia Mavra)*, elle garde aussi un remarquable campanile orné de deux amples volutes.

Revenez dans le centre-ville, passez devant le chevet d'Agia Mavra et longez le parking pour prendre la route de Lithakia, qui file droit vers le sud. À **Pandokratoras** *(2,5 km)*, prenez à gauche la petite route qui descend vers la côte. Dominant une mer d'oliviers et d'arbres fruitiers, la **maison de Sarakina★**, seule villa seigneuriale vénitienne (18e s.) encore debout, dresse son étrange façade ruinée au milieu de nulle part. De là, inutile de poursuivre vers la mer.

De retour sur la route principale, traversez Lithakia *(à 2 km)* et poursuivez au sud sur environ 5,5 km avant de prendre à gauche la petite route qui descend sous les oliviers vers **Limni Keri★** *(à 1 km)*. Ce minuscule port de pêche, isolé au bout de la côte sud, n'a rien d'autre à offrir qu'une délicieuse douceur de vivre, qui invite à se poser pour un jour ou deux. Protégé par l'**îlot de Marathonissi★**, gros rocher souligné d'un trait de sable blanc, ses quelques maisons bordent un petit quai tranquille où s'alignent barques de pêche et caïques de promenade. On peut ainsi embarquer pour explorer les alentours où évoluent quelques tortues, et profiter de la plage de l'îlot.

En fin de journée, vous pourrez grimper dans les hauteurs pour rejoindre la pointe sud-ouest de l'île où se perche **Keri★**, un village tout simple, empreint lui aussi d'une grande quiétude : une placette fleurie, un *kafeneion*, une épicerie et de vieilles maisons de pierre dégringolant les flancs escarpés de la montagne, jusqu'au fond d'un vallon verdoyant où se cache une jolie église.

Du village, une petite route rejoint le **cap Keri★★★** et son phare, majestueux promontoire rocheux couvert de bruyères mauves d'où l'on peut comtempler le coucher du soleil sur les hautes falaises de la côte ouest. Tout proche, côté sud, se découpent les impressionnants récifs jumeaux des **Mizithres★★**, deux lames de pierre blanche côtoyant l'à-pic, battues par le vent et les vagues.

★★ TOUR DE L'ÎLE PAR LE NORD

Circuit au départ de Zakinthos-Ville tracé en violet sur la carte de l'île (p. 369) – Comptez une journée, baignades comprises.

Quittez Zakinthos en suivant la côte, par le cap Krionéri et Akrotirio. Au nord de la ville, la grande plaine côtière essaime ses vergers et ses marais salants aux eaux grises, peu à peu dévorés par les stations balnéaires du littoral. Les plages de sable sont toutes très aménagées et bondées en été.

Pour retrouver des sites plus sauvages, il faut pousser au-delà d'**Alikes** *(16,5 km)* et de **Katastari**. La côte se fait plus rocheuse et découpée, cachant quelques criques mêlant sable et galets, telle **Makris Gialos** *(10 km au nord de Katastari)*, charmante plage encaissée dans de blancs rochers.

Juste après apparaissent les caïques de **Kokinou**, un port lilliputien au pied d'un petit cap rocheux. Une très agréable taverne surplombe ses eaux azur, d'où l'on attend d'embarquer pour les fameuses **grottes bleues** *(galazies spilies - 1h30 AR)*. L'occasion d'une plaisante balade en bateau jusqu'à la pointe nord de l'île, où s'aligne, en fait de grottes, une remarquable succession d'arches creusées par les flots dans la falaise. La mer, par réfraction de la lumière, y prend une étonnante teinte turquoise, presque phosphorescente, comme si l'eau était éclairée par le fond.

En prenant un des bateaux de Kokinou, vous éviterez ainsi de faire la route, longue et sans attrait qui conduit à **Agios Nikolaos** *(à 4,5 km de Kokinou)*, le port des ferries pour Céphalonie.

Au-delà d'Agios Nikolaos, la route redescend vers le nord par l'ouest, laissant aux vents le **cap de Skinari★** qui surplombe les grottes bleues. Les amoureux d'horizons marins pourront prendre la petite route qui y conduit, du hameau de **Korithi** *(à droite - 3 km)*. Elle file à travers un paysage aride et désolé, pour découvrir tout au bout un **panorama★★** sans égal sur Céphalonie.

De Kokinou, vous pouvez couper par Askos et Skinaria, avant Agios Nikolaos, pour éviter le nord de l'île et quelques kilomètres un peu fastidieux.

Premier (et plus haut) village des hauteurs, **Volimes** *(11 km au sud-ouest de Kokinou)*, vous accueille par une haie de **tapis** – l'artisanat local – alignés sur les murets de pierre qui encadrent la route. Dans un ample décor de collines pelées, ses modestes maisons peintes à la chaux se serrent le long de la rue

L'ÎLE DES POÈTES

Lorsque Zante passe sous la coupe de la Sérénissime, en 1489, s'ouvre pour elle une longue période de prospérité, non seulement économique, mais aussi intellectuelle. Fuyant l'oppression ottomane, de nombreux artistes crétois viennent s'y réfugier (1669), posant les fondements de l'École ionienne de peinture, qui mêle la tradition byzantine et la Renaissance vénitienne. L'influence de cette dernière se fera également sentir dans l'architecture. Rues à arcades, campaniles : la ville de Zakinthos prend des airs d'Italie. Au début du 19e s., quand l'île passe aux Anglais, sa réputation de foyer littéraire en fait le territoire privilégié des poètes, des écrivains et des musiciens, aristocrates conjuguant les cultures hellénique et italienne. Parmi eux, Ugo Foscolo (1778-1827) s'affichera comme l'un des chefs de la littérature romantique italienne, tandis que le Grec Dionysios Solomos (1798-1857) se fera le chantre de l'indépendance grecque, accompagné par le poète et infatigable voyageur Andréas Kalvos (1792-1867).

centrale, ouvrant çà et là sur des courettes ombragées et fleuries. Par une ruelle descendant sur le côté droit du village, ne manquez pas de jeter un coup d'œil à la petite **église Agia Paraskevi★★**, en contrebas. Elle montre une délicate architecture vénitienne du 17e s.

En poursuivant vers la côte ouest, on atteint un embranchement vers la droite *(à 2,4 km)* conduisant à un remarquable **point de vue★★★** sur la fameuse baie d'Agios Giorgios, désormais rebaptisée **baie du Naufrage★★★** *(Navagio; panneau « Ship-wrek »)*. De fait, on reste saisi par le spectacle : au pied d'une falaise abrupte se cache une crique baignée d'une eau d'un turquoise presque laiteux. Et sur le sable immaculé gît l'épave rouillée d'un navire, le *Panayotis*, qui s'y échoua le 2 octobre 1980 après une tempête. Une petite passerelle a été aménagée pour surplomber le site, mais les plus téméraires (bien chaussés) longeront le bord de la **falaise★★★** jusqu'à la petite pointe d'où l'on peut embrasser toute la crique. Le lieu est désormais fréquenté par les amateurs de base-jump, qui sautent de la falaise pour n'ouvrir leur parachute qu'au dernier moment. Seul moyen d'atteindre ce lieu paradisiaque : prendre un bateau, l'idéal étant (si le temps est calme) d'embarquer à bord de l'un des caïques de **Porto Vromi**, 5,5 km au sud.

De retour sur la route principale, juste après l'embranchement pour le point de vue, le **monastère d'Agios Giorgios★★** se cache derrière un bosquet de pins, isolé de tout. Une atmosphère des plus sereines se dégage de l'endroit, plein de charme avec son imposant donjon et sa cour baignée de lumière où s'alignent les anciennes cellules des moines. Un joli **porche★** précède l'église, petit vestibule couvert cerné d'une banquette en pierre.

Le monastère **Anafonitria** *(3,5 km au sud - en saison : 8h-13h; hors saison : tant qu'il y a du monde)* abrite quelques fresques du 16e s. Flanqué d'une massive **tour médiévale★** transformée en clocher, Anafonitria est le plus ancien monastère de l'île. C'est là que mourut en 1622 le patron de Zante, saint Denis (Agios Dionysios), dont on peut voir la cellule.

Au-delà, plusieurs villages se succèdent : **Maries★** *(3 km au sud)* et ses jolies maisons anciennes en pierre, **Exo Hora et Agios Leon**, perdus dans un paisible décor de collines couvertes d'oliviers et de pins résonnant du chant des cigales.

Les toits rouges de **Kiliomeno** *(7 km au sud-est d'Agios Léon)* se découpent au creux d'un vallon. Sa grande église, dont l'imposant **campanile★★** est remarquablement ouvragé, semble avoir subi moins d'outrage que d'autres sur l'île. Le village se targue aussi de posséder la plus ancienne maison de Zante (la dernière en contrebas), datée de 1630. Elle héberge une taverne au charme rustique, l'**Alitzerinoi**, où vous pourrez prendre un verre de *verdéa*.

NOS ADRESSES À ZANTE

INFORMATIONS UTILES

L'avenue Vassileos Giorgiou et les abords de la place Agios Markos concentrent nombre de services : locations de scooters, banques, ainsi que des restaurants et des bars.

Banques – Autour de la place Agios Markos et sur le front de mer.

Poste – *R. Tertseti (parallèle à 21 Maiou) - ✆ 26950 448 75.*

Police touristique – *Sur le front de mer - ✆ 26950 273 67.* Totalement inefficace pour des renseignements touristiques.

Hôpital général – *Sur la colline qui domine la ville - ✆ 26950 491 11/12/13.*

Presse – Nombreux libraires rue 21 Maiou.

Agence de voyages

BesTour – *25 r. Stravopodi - ✆ 26950 248 08 - www.bestour.gr.* Change, l ocation de voitures, randonnées, plongée, croisières, paiement par carte de crédit.

ARRIVER/PARTIR

Voir aussi « La côte nord du Péloponnèse » p. 245.

En avion

Aéroport de Zante - *2 km au sud de Zakinthos, par la route de Lithakia - zante.gr/airport.* Liaisons avec Athènes, (1-2/j.) et en saison, avec Berne, Bruxelles et Zürich. Un bus dessert l'aéroport. Station de taxi sur place.

Olympic Air - *✆ 26950 286 11/426 17 - www.olympicair.com.*

Helvetic Airways - *www.helvetic.com.*

Jetairfly - *www.jetairfly.com.*

En bateau

Port de Zakinthos – *✆ 26230 922 11 (Killini).* Liaisons en ferry avec Killini (juil.-sept. : 7/j. ; hors saison : 6/j., dim. 4/j., durée 1h).

Port d'Agios Nikolaos – *À la pointe nord de Zante.* En été, liaisons avec la Céphalonie (Pessada, 2/j., durée 1h15).

Ionian Ferries - *✆ 26950 220 83 - www.ionianferries.gr.*

TRANSPORTS

En bus

Terminal de Zakinthos – *À Kamaras (près de l'hôpital, à 10mn à pied du centre) - ✆ 26950 426 56 - www.ktel-zakynthos.gr.* Liaisons avec les villages d'Argasi, Kalamaki, Laganas, Tsilivi, *via* le port (ttes les h).

En voiture

Vous trouverez de nombreux loueurs à Zakinthos et dans les centres un peu touristiques de l'île.

Avis – *✆ 26950 427 44 - www.avis.gr.*

Europcar – *Pl. St Lucas - ✆ 26950 415 41 (aéroport ✆ 26950 228 53) - www.europcar.com.*

Hertz – *38 r. Lombardou - ✆ 26950 457 06 (aéroport ✆ 26950 242 87) - www.hertz.gr.*

En taxi

Radio-taxi - *✆ 26950 484 00.* Comptez 40 € entre Zakinthos et Agios Nikolas.

En deux-roues

En principe, c'est l'idéal car l'île est petite et le réseau routier en très bon état, mais on signale beaucoup d'accidents car les îliens roulent comme des fous. Casque obligatoire. Tarifs négociables pour plusieurs jours. En moyenne, comptez 20-25 €/24h. Attention à la franchise de 300 € si vous avez le moindre pépin.

HÉBERGEMENT

Zakinthos

Toutes nos adresses (hors campings) se situent dans le quartier nord, autour de la place Agios Markos.

PREMIER PRIX

Zante – *Sur les plages de Katragaki-Amboula, 9 km au nord de Zakinthos - 2695 061710 - - mai-oct. - 150 empl. 20 € -* . Séparé en deux par une valleuse, le terrain est plus arboré d'un côté que de l'autre, celui en contrebas de la réception étant le moins avenant. Piscine, supérette, Internet et agréable café-bar sur la plage. Plusieurs bus par jour.

Paradise – *À Gerakari, sur la côte est, 11 km au nord de Zakinthos, bien situé près de la plage de sable de Psarou - 2695 061888 - http:// https://paradisecamping.gr - 20 mai-30 sept. - 54 empl. 20 € -* . Laverie, supérette, barbecues à disposition, électricité. Un camping bien tenu, calme, coquet, bien ombragé et un bon accueil.

Yria – *4 r. Kapodistriou - 2695 044682 - www.yriahotels.gr - 32 ch. 40/60 €* . Un hôtel moderne et accueillant, à deux pas de la place Ag. Markos. Des chambres spacieuses dans les tons beige et brun, toutes avec balcon. Accueil charmant et efficace. Un bon rapport qualité/prix.

BUDGET MOYEN

Strada Marina – *14 r. Lombardou - 2695 042761 - www.stradamarina.gr - - 112 ch. 75/110 €* - . Hôtel en front de mer, avec une superbe terrasse sur le toit, une (petite) piscine et un bar-restaurant. Les chambres, colorées, sont spacieuses et confortables. Balcon-terrasse pour celles donnant sur le port mais qui sont les plus bruyantes.

Diana – *Pl. Agios Markos - juste à côté de l'église catholique - 2695 028547 - www.dianahotels.gr - 45 ch. dont 1 suite 90/130 €* . Très bien situé. Un hôtel rénové, bien tenu, avec un accueil très sympathique. Hall en marbre, bois et tentures dans un style marin. Belles chambres. Grand buffet pour le petit-déjeuner.

Tsilivi

BUDGET MOYEN

The Balcony – *Au-dessus de la plage de Tsilivi, à droite sur la route d'Alikes en venant de Zakinthos - 2695 026179 - http://balconyhotel.gr - 33 ch. 110/140 €* . Cet hôtel récent, construit dans le style italien, occupe une position stratégique au-dessus de la mer, avec une belle terrasse panoramique et un accès direct à la plage de Tsilivi. La plupart des chambres, avec vue sur mer, sont claires, impeccables et très confortables.

Vassilikos-Agios Nikolaos

BUDGET MOYEN

Christina's Apts – *À gauche sur la rue principale - 2695 035474 - http://christinasapts.gr - 6 ch. 40 € et 6 appart. 50/100 €* . Une adresse de charme : un petit immeuble aux lignes agréables, doté de très confortables appartements équipés de cuisine et meublés avec des lits en métal blanc façon jardin. Balcon, service quotidien comme à l'hôtel (draps, serviettes). Une villa de deux étages avec deux salles de bains est aussi disponible.

Limni Keri

PREMIER PRIX

Tartaruga – *Au bord de la mer, 4 km au sud de*

Lithakia - ✆ 2695 051967 - www.tartaruga-camping.com - 101 empl. 20 € - ✗. Un joli camping isolé dans les eucalyptus et les cyprès. Vue magnifique sur la baie de Laganas et l'île de Marathonissi. Plage (galets) privée en contrebas où viennent nicher les tortues caretta deux mois par an. Sanitaires impeccables.

BUDGET MOYEN

Seaside – *Sur le port, juste à côté du Rock Café (pour le petit-déj.) - ✆ 2695 043297 - www.seaside.net.gr - de déb. mai à mi-oct. - 8 appart. dont 4 pour 3 pers., 2 pour 4 pers. et 2 villas pour 6 pers. 70 €/2 pers.* L'adresse de charme par excellence. Olympia, une artiste-peintre (qui parle anglais), vous accueille avec chaleur dans son petit immeuble neuf, aussi plaisant à l'extérieur qu'à l'intérieur. Elle met tout son cœur et ses idées pour décorer confortablement chaque appartement. Spacieux, impeccables et très bien conçus, avec une très agréable terrasse. Le tout à un prix imbattable.

Villa Phoenix – *En retrait du port, en remontant quelques mètres sur une petite route qui grimpe vers Keri-village - ✆ 2695 049175 - http://https://villa-phoenix.com - 9 appart. dont 4 pour 4 pers. 50/100 €.* Un autre établissement de charme tenu par une amie d'Olympia, Hélène, qui parle italien. Un vrai havre de paix : les studios s'alignent dans un jardin soigné, aménagé au milieu des oliviers. Spacieux, bien équipés et dans un calme total, tous ont leur terrasse. Réservation impérative.

RESTAURATION

En été, l'île souffre d'une pénurie d'eau : évitez l'eau du robinet.

Zakinthos

Vous trouverez des tavernes sur la place Agios Markos, mais aussi près de l'église Agios Dionysios, au sud du port.

Vassilikos-Agios Nikolaos

PREMIER PRIX

Ammos – *Sur la plage d'Agios Nikolaos - ✆ 2695 035000 - 15 €.* Sous une immense tonnelle, un bar branché où il est agréable de prendre un verre, ou même de déjeuner, en écoutant une excellente musique, discrète et choisie (grecque et internationale, jazz…). Bonne cuisine. Prix parfois un peu plus élevé qu'ailleurs, décor oblige.

PETITE PAUSE

Zakinthos

To Nostimo – *83 r. Kolivia - à deux pas de la r. Ag. Markos - jusqu'à 22h.* Vaste choix de pâtisseries orientales.

EN SOIRÉE

Bars

À Zakinthos, les places Agios Markos et Dimokratias regorgent de bars aux décors « design » et sont le point de rendez-vous de la jeunesse.

Café Filion – *À Zakinthos, r. du 21 Maiou.* Décoré de boiseries, dans la maison où vécut le poète D. Salomos (voir médaillon sur une des colonnes).

Rock Café – *À Limni Keri, sur le port - ✆ 2695 023401.* Une architecture moderne très réussie, en pierre et en bois, avec un beau mobilier et une terrasse, où vous pourrez déguster un café frappé, un ouzo ou un jus d'orange frais. Musique locale et internationale.

Discothèque

Logos Café Bar – *Sur la route de Vassilikos-Agios Nikolaos, à gauche, noyé dans les pins - ✆ 2695 035296 - à partir de 22h.*

ACTIVITÉS

Dolphin – *✆ 2695 083248 - http://goldendolphin.gr.* L'agence organise toutes sortes d'activités : excursions en bateau, randonnées à VTT, safaris-photos, cours de grec et de cuisine grecque, et location de bateaux à moteur pour 2 à 8 pers.

Cavo Grosso – *22 quai Lombardou - à Zakinthos-Ville - ✆ 2695 048308 - www.cavogrosso.gr.* Tour-opérateur sérieux qui propose à peu près tout ce qu'on peut faire sur l'île : excursions en bateau, tour de l'île, découverte des tortues, plongée... Prix variables selon la saison.

Excursions en bateau

☺ De Limni Keri, balades en bateau vers les grottes alentour (2h, départs ttes les h de 9h à 18h ; comptez 15 €/pers.) et l'île de Marathonissi. Adressez-vous directement sur le port au capitaine. Une négociation s'impose.

Tour de l'île – Incontournable. À Zakinthos. On remonte le long de la côte est par le nord et le cap Skinari, site des **grottes bleues**, puis on longe les impressionnantes falaises de la côte ouest, cachant çà et là de délicieuses plages, dont celle de la **baie du Naufrage** *(Navagio)*, où le bateau fait escale.

Pour la baie du Naufrage – Elle se trouve sur la côte ouest (baie d'Agio Giorgios). Par temps calme, l'idéal est de prendre l'un des petits caïques qui partent de **Porto Vromi**, de **Limni Keri**, ou bien de **Kokinou** *(voir ci-dessous)*. Vous aurez ainsi plus de chances de passer hors des « heures de pointe » des gros tonnages venant de Zakinthos.

Pour les grottes bleues – Sur la côte est, au nord de Zakinthos, le petit port de **Kokinou** est un bon point de départ (1h d'excursion). Autres départs du cap Skinari.

Plongée

Turtle Beach Diving Center – *À Limni Keri - ✆ 2695 049424 - www.diving-center-turtle-beach.com.* Découverte des tortues caretta sous l'eau. Tous niveaux.

Vassilikos Beach Hotel – *À la plage d'Agios Nikolaos - ✆ 2695 035325 - www.hotelvasilikosbeach.gr.* Plongée, planche à voile, bateaux.

La Macédoine et La Thrace 7

Gorges de l'Enipeas, parc national du mont Olympe.

L. Montico/hemis.fr

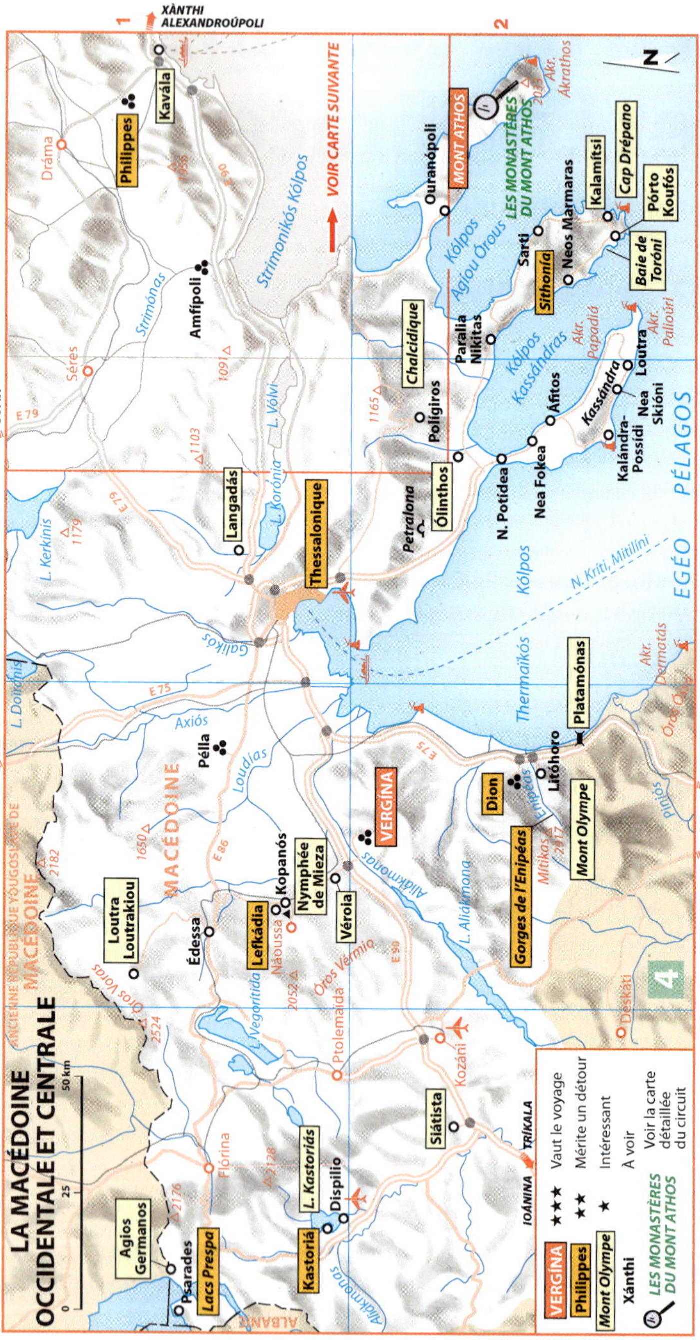
LA MACÉDOINE OCCIDENTALE ET CENTRALE
0 25 50 km
VERGÍNA
Philippes
Mont Olympe
Xánthi
★★★ Vaut le voyage
★★ Mérite un détour
★ Intéressant
À voir
LES MONASTÈRES DU MONT ATHOS
Voir la carte détaillée du circuit
XÀNTHI
ALEXANDROÚPOLI
SOFIA
SKOPJE
IOÁNINA
TRÍKALA
LÁRISSA
VOIR CARTE SUIVANTE
ANCIENNE RÉPUBLIQUE YOUGOSLAVE DE MACÉDOINE
ALBANIE
MACÉDOINE
Psarades
Agios Germanos
Lacs Prespa
Kastoriá
L. Kastoriás
Dispilio
Flórina
Siátista
Kozáni
Ptolemaïda
Loutra Loutrakiou
Édessa
Lefkádia
Náoussa
Kopanós
Nymphée de Mieza
Véroia
Óros Vérmio
Óros Voras
Pélla
Axiós
Loudias
Aliákmonas
L. Aliákmona
Dion
Litóhoro
Platamónas
Gorges de l'Enipéas
Enipéas
Mitikas 2917
Mont Olympe
Piniós
Óros Ossa
Akr. Dermatás
Deskáti
L. Doïránis
L. Kerkinis
Galikós
Thessalonique
Langadás
L. Korónia
L. Vólvi
Thermaïkós Kólpos
N. Kriti, Mitilíni
EGÉO PÉLAGOS
Petralona
Ólinthos
N. Potídea
Nea Fokea
Áfitos
Kassándra
Kalándra-Possídi
Nea Skióni
Loutra
Akr. Paliouri
Kólpos Kassándras
Akr. Papadiá
Polígiros
Chalcidique
Paralia Nikitas
Sithonía
Sarti
Neos Marmaras
Baie de Toróni
Pórto Koufós
Cap Drépano
Kalamítsi
Kólpos Agiou Órous
Ouranópoli
MONT ATHOS
LES MONASTÈRES DU MONT ATHOS
Akr. Akrathos
2033
Strimonikós Kólpos
Strimónas
Amfípoli
Séres
Dráma
Kavála
Philippes
E 79
E 75
E 86
E 90
A B C D
1 2
4

LA MACÉDOINE ORIENTALE ET LA THRACE
0
25
50 km
Ville de départ
Tour de Thássos
Au nord de Xánthi
La plaine côtière
Les champs d'oliviers
La vallée de l'Évros
SOFIA
THESSALONIQUE
PLOVDIV
ISTANBUL
HAVSA
TEKIRDAĞ
BURSA
CANAKKALE
BULGARIE
MACÉDOINE
THRACE
TURQUIE
Rhodope oriental
Lagune Vistonída
Monastère St Nicolas
Forêt de Dadiá
Delta du Néstos
Delta de l'Évros
Philippes
Kavála
Liménas
Thássos
Chalcidique
VOIR CARTE PRÉCÉDENTE
THRAKIKÓ PÉLAGOS
Strimonikós Kólpos
N. THÁSOS
N. SAMOTHRÁKI
N. Límnos
Saros Körfezi
Dimário
Echínos
Miki
Xánthi
Stavroúpoli
Komniná
Villages Pomaques
Geniséa
Porto Lágos
Ávdira
Abdère antique
Myrodatou Beach
Fanári
Platanitis Beach
Komotiní
Marónia
Mesimvría
Mákri
Alexandroúpoli
Soufli
Dadiá
Didimotiho
Pythio
Amfípoli
Ouranópoli
Polígiros
Séres
Dráma
Keramotí
Ormós Prínou
Xilaganí
Mésti
Féres
Loutrós
Ládi
Edirne
Keşan
Gelibolu
Goljam Perelik 2191
Óros Falakró 2232
Óros Lekanis
Ór. Rodópi
Koúla 1827
1456
1262
1400
1483 Papíkio
1267 Meg. Livadi
Sílo 1067
Ismaros 678
1127
1956
1103
1091
1165
Árda
Arda
Várbica
Krumovica
Néstos
Filiouri
Diavolórema
Erythropotamos
Árdas
Évros
Ergene N.
Strimónas
L. Vólvi
E 79
E 85
E 90
E 80
E 84
E 87
E 87-90
E 85-E 90
E
F
G
H
1
2

Histoire de la Macédoine

La Macédoine entre dans l'Histoire avec son premier grand souverain, Alexandre Ier Philhellène, qui étend ses territoires et la porte sur la scène hellénique en participant aux Jeux olympiques (496 av. J.-C.). Mais c'est **Philippe II** (360 av. J.-C.) qui, par ses conquêtes, impose l'hégémonie macédonienne sur toute la Grèce. Son œuvre sera parachevée par son fils **Alexandre le Grand** qui va soumettre l'empire perse… L'arrivée des Romains en mer Égée marque la fin du royaume, la Macédoine et la Thrace passant sous la tutelle de Rome (168 av. J.-C.).

Si le nord de la Grèce reste hellénique, l'installation de colons et la création de la Via Egnatia – voie romaine qui traverse les Balkans – dessinent un contexte nouveau : à la charnière des époques romaine et byzantine, la région acquiert une importance neuve du fait de sa position au carrefour des voies terrestres, et elle s'affirme bientôt comme l'une des premières terres d'accueil du **christianisme** en Europe. Au début du 4e s., l'empereur romain Galère transfère sa capitale à Thessalonique, qui devient la deuxième ville de l'Empire, et la fondation de Constantinople (323) déplace le centre de gravité du monde hellénique au nord de la mer Égée. Mais cette proximité place la Macédoine en première ligne face aux menaces qui pèsent autour de Constantinople : les **Turcs** s'emparent de Thessalonique en 1430.

L'arrivée des **Juifs** chassés d'Espagne à la fin du 15e s. apporte une nouvelle pierre à cet édifice ethnique complexe. Grâce à leur savoir-faire (orfèvrerie, tissage), ils contribuent au dynamisme économique de la région jusqu'au début du 19e s.

Durant la seconde moitié du 19e s., la Macédoine devient la principale pomme de discorde entre Grecs, Turcs et Bulgares, et la **première guerre balkanique** (1912) met aux prises presque toutes les nations de la région contre un Empire ottoman moribond. Grand bénéficiaire du conflit, la Grèce obtient Thessalonique et, à l'issue de la Première Guerre mondiale, elle récupère la Thrace occidentale.

Les années 1990 furent pour la Macédoine, proche de la Yougoslavie en guerre, à la fois celles de l'ouverture et celles d'un regain de tension.

Thessalonique

(Thessaloniki - Θεσσαλονίκη)

★★

260 080 habitants - Chef-lieu de la région de Macédoine centrale

Avec 23 siècles d'histoire, son agglomération de 1 million d'habitants et son aéroport international, la capitale de la Macédoine n'a guère à envier à Athènes. Sauf sa notoriété. Méconnue (moins de 1 % des touristes francophones venant en Grèce y passent), elle se révèle pourtant d'une incroyable richesse. Deuxième ville des empires byzantin et ottoman, grand foyer des trois religions du Livre, principal port des Balkans et premier pôle universitaire du pays, elle a hérité d'un fantastique patrimoine architectural, culturel et culinaire. Meurtrie par les grandes catastrophes du 20e s., Thessalonique commence à peine à prendre conscience de ses atouts. Elle offre le visage d'une Grèce à la fois humble, bouillonnante, authentique et très accueillante.

NOS ADRESSES PAGE 402
Hébergement, restauration, achats, activités, etc.

S'INFORMER

Office du tourisme – B3 - *Pl. Aristotelous - ✆ 23102 792 82 - www.thessaloniki.travel- mai-oct. : tlj 9h-21h - fermé le reste de l'année.* On y trouve une abondante documentation et de bons conseils pour visiter la ville et ses environs.

Autre adresse – Hors plan - *À l'aéroport - ✆ 23104 711 70 - tte l'année : lun.-vend. 8h30-20h - fermé w.-end et j. fériés.*

Sites Internet – *www.tha. gr (site officiel des hôteliers, en anglais) ; www.thessaloniki.gr (site de la municipalité, en anglais) ; thessaloniki4all.gr (riche site en français sur les monuments de la ville par l'éditeur Methexis).*

SE REPÉRER

504 km au nord d'Athènes.
Carte de région C1 (p. 380) et plan de ville (p. 384-385).

À NE PAS MANQUER

Le musée Archéologique et celui de la Culture byzantine, la Tour blanche et une promenade sur le nouveau front de mer, une balade sur les hauteurs d'Ano Poli et le long des remparts, au coucher du soleil.

ORGANISER SON TEMPS

Profitez du front de mer et des visites de la ville tôt le matin ou en fin d'après-midi et réfugiez-vous pendant les fortes chaleurs dans les tavernes et les musées climatisés.

Se promener Plan de ville p. 384-385

Les importants travaux qui se déroulent dans la ville basse sont ceux de la construction du futur métro, commencés en 2006 et dont la fin, régulièrement annoncée, reste encore indéterminée (sans doute pas avant 2020). Le chantier a été retardé par des découvertes archéologiques de taille, comme la mise au jour, 5 m sous terre, d'un quartier commerçant du début de l'Empire byzantin (4e au 9e s.). La compagnie du Métro bataille pour avancer… en promettant leur exposition dans un futur musée.

KAVÁLA
MUSÉE D'ÉTAT D'ART CONTEMPORAIN
ÉDESSA
KATERÍNI, VÉRIA
Koloniári
St. Dragoumánou
Langadá
Monastiríou
Klavdianoú
Pronías
Remparts
Pl. S. N. Moshoundi
Sahini
Agii Apóstoli
Agía Ekateríni
Papadopoúlou
ANO
Áthonos
Olympiádos
Agíou Dimitríou
Kassándrou
Olympíou
Kleious
Profítis Ilías
Pl. Dimokratías
Karaóli
Dimitríou
Pl. Kiprion Agonistón
28 Oktovríou
Ágios Dimítrios
Andigonídon
Singrou
Bit Bazar
Ptolémaion
Filípou
Karmpola
Egnatía
Dragoúmi
Agora romaine
Dodekanissou
Politehníou
Nav. Kountourióti
Sofoú
Frágon
Hamza Bey-Alcazar
Venizélou
Pl. Dikastiríon
Bedesten
Halkéon
Panagía Halkéon
Bey Hamam
Plátonos
Ag. Sofías
Pl. Morichovou
Salamínos
Basiléos
Ermoú
Tsimiskí
Musée du Judaïsme
Agora Modiano
LADÁDIKA
Íonos
Panagía Achiropitos
Musée de la Photographie
Katoúni
Oplopíou
Iraklíou
Yahudi Hamam
Pl. Eleftherías
Aristotélous
VILLE
Egnatía
KENDRIKÓ LIMÁNI
Leofóros
Komninón
Karoloudi
Agía Sofía
Pl. Aristotélous
Makenzi King.
A. Svolou
Mitropóleos
Agías Sofías
Lésvos, Kiklades, Dodekánissa, Kríti
Pal. Patrón Germanoú
Pávlou Melá
Musée de la Lutte macédonienne
Koromilá
Nikis
Pl. Fanariotón
Tour blanche (Lefkós Pírgos)
SE LOGER
Augustos 2
ABC Hotel 13
City Hotel 3
Colors Central Ladadika 4
Daios 6
Egnatia Palace 8
Electra Palace Hotel 9
Hostel Arabas 20
Hotel Amalia 10
Hôtel Olympia 11
Hôtel Plaza 12
Little Big House 14
Luxembourg 15
Orestias Kastorias 17
The Excelsior 22
SE RESTAURER
Inochós 6
Mourga 4
Néa Foliá 3
Opsopión Manganíai. 5
Rediviva 7
Sebriko 8
Ticho-Ticho 9
To Inglis 2
To Meteoro vima tis garidas 11
Tsaroúchas 1

D
E
THESSALONIQUE
0
150
300 m
N
1
2
3
4
Messologíou
Eptapírgio
Agráfon
Kímonos
Citadelle
Mouskou
Haral.
Klathmónos
POLI
Óssios
Davíd
Eptapirgíou
Tour
d'Andronic II
Porte d'Anne Paléologue
Trigonion
Akropóleos
Theofílou
Akropóleos
Alatza
imaret
Leóforos
Olympiádos
Moreás
Ágios
Nikólaos
Orfanos
Kassándrou
Irodótou
Pávlou
TOUR D'HORMISDAS
Ag. Dimitríou
Ioulianoú
Zográfou
Musée de
Kemal Atatürk
Filípou
Apostólou
Vizinoú
BASSE
Rotónda
Pl.
Pávlou Melá
Ág. Panteleímonas
Arc de
Galère
UNIVERSITÉ
Agíou Dimitríou
Anáktora
Galeríou
D. Gounari
Pl.
Ipodromíou
A.
Svolou
Ethnikís Amínis
Musée macédonien
d'Art contemporain
Angeláki
Tsimiskí
N. Foká
HELEXPO
Pl.
H.A.N.TH.
PARC DE LA
TOUR BLANCHE
Strátou
Trítis Septemvríou
Egnatía
STADE
KAFTADZÓGLIO
Katsimídou
MUSÉE
ARCHÉOLOGIQUE
Musée
de la Civilisation
byzantine
TOÚMBA
Agíou Dimitríou
Kaftadzóglou
Sculpture des
«Parapluies»
M. Alexándrou
Vas. Georgíou
Zérva
Nap.
Konítsis
AGÍA TRIÁDA,
MUSÉE ETHNOLOGIQUE DE MACÉDOINE
HALKIDIKÍ, POLÍGIROS,
AG. TRIÁDA

LA VILLE BASSE

Comptez deux journées de visite.
Totalement reconstruit après l'incendie de 1917, le centre-ville forme le cœur moderne et actif de la cité. Délimité par la rue Olympiados (nord) et la côte (sud), il est traversé d'est en ouest par la rue Egnatia, une artère bruyante que l'on s'empressera de fuir pour gagner, les boutiques élégantes de la rue Tsimiski, les églises paléochrétiennes ou le golfe Thermaïque. Le front de mer a en effet fait l'objet d'un ambitieux (et très réussi) programme de réhabilitation : Nea Paralia, une esplanade bordée de parcs qui s'étend sur 5 km avec une agréable piste cyclable.
Unesco : 14 monuments paléochrétiens et byzantins de Thessalonique ont été inscrits au Patrimoine mondial en 1988.

Place Aristotélous (Platía Aristotélous - Πλατεία Αριστοτέλους) B3

Le grand philosophe macédonien donne son nom à cette élégante esplanade bordée de cafés et d'hôtels. Centre névralgique de la cité, elle a été dessinée après le grand incendie de 1917 par l'archéologue et urbaniste français Ernest Hébrard. S'ouvrant sur le golfe Thermaïque, la place est bordée de bâtiments, édifiés dans les années 1930 et 1960, qui dévoilent des influences européennes mais aussi néobyzantines. À l'ouest, l'élégant Electra Palace fait face à l'Olympion, qui abrite en novembre le Festival international du film. Au centre, l'office de tourisme (avr.-oct. - voir page ci-contre) offre de précieux conseils de visite. Au nord, la place se prolonge sur 700 m avec l'agréable et large rue piétonne Aristotélous menant à l'Agora romaine. Et, au sud, l'avenue Nikis, prend chaque soir des allures de promenade *barcelonaise*, lorsque la jeunesse se retrouve aux terrasses des bars du bord de mer.
Remontez la r. Aristotélous sur 300 m et tournez à droite dans la r. Ermou. Empruntez celle-ci sur 500 m jusqu'à la pl. Agia Sofia.

★ Église Agia Sofia (Αγία Σοφία) C3

Pl. Agia Sofia - ✆ 23102 702 53 - www.agiasofia.info - 8h30-13h, 17h30-20h - entrée libre.
Comme son illustre modèle de Constantinople, l'église Ste-Sophie est dédiée à la « Sagesse Divine ». Reconnaissable à ses murs ocre, le bâtiment actuel (19e s.) est le fruit d'une longue et tumultueuse histoire entamée au 5e s. avec la construction d'une première basilique dont subsistent certains éléments.

LA MACÉDOINE, UNE TERRE DE CONQUÉRANTS

La Macédoine a donné au monde une extraordinaire galerie de personnages, conquérants ou religieux, qui ont en commun d'avoir acquis leur gloire loin de leur terre natale, sans jamais y revenir. Né à Pella, Alexandre le Grand conquiert la Phénicie, l'Égypte et la Perse, traverse les montagnes d'Afghanistan et pénètre au Penjab avant de mourir à Babylone, plus de dix ans après son départ. Les frères Cyrille et Méthode (9e s.), moines originaires de Thessalonique, ont laissé une œuvre immense. Évangélisateurs des Slaves, ils traduisirent la Bible en slavon grâce à leur alphabet glagolitique, ancêtre du cyrillique. Au 19e s., Méhémet Ali, Albanais de Kavala, défie les grandes puissances avant d'installer en Égypte une dynastie qui règne un siècle. Plus près de nous, Atatürk, né à Thessalonique, fonde la Turquie moderne sur la dépouille de l'Empire ottoman.

Place Aristotelous.
Lambros Kazan/iStock

À ce titre, elle fait partie des monuments paléochrétiens et byzantins de Thessalonique inscrits au Patrimoine mondial de l'Unesco. Le plan carré et le choix d'un système en voûte (au lieu d'un toit en charpente) indiquent un style transitoire, entre la basilique et l'église cruciforme. Elle servit de métropole (cathédrale) de 1204 jusqu'à sa conversion en mosquée, en 1585. Passé le narthex, décoré de fresques du 11e s., on pénètre dans l'espace central, divisé en trois nefs que séparent des piliers et des colonnes. Remarquez les beaux **chapiteaux corinthiens★** aux feuilles d'acanthe et la **mosaïque** sur fond d'or de la coupole, illustrant l'Ascension du Christ (9e s.). Mais c'est surtout la **Vierge portant l'Enfant★★**, dans l'abside, qui produit la plus forte émotion.
Derrière l'église, empruntez la r. Alexandrou Svolou sur 250 m, puis tournez à droite dans la r. Apellou qui donne sur la pl. Navarinou.

★★ Complexe de Galère (Galerianó Synkrótima - Γαλεριανό Συγκρότημα) C3

Le long de la r. piétonne Dimitriou Gounari qui s'étend sur 500 m du sud au nord entre la pl. Navarinou et la Rotonde - ✆ 23133 104 00 - galeriuspalace.culture.gr - possibilité de visite guidée des différents édifices du complexe sur réserv.
Cet ensemble architectural noyé dans le tissu moderne de la ville fut construit entre 297 et 307, quand l'empereur Maximus Galerius, dit Galère, choisit Thessalonique comme siège de la partie orientale de l'Empire romain. Couvrant une superficie de 15 ha, il constitua le centre de la cité jusqu'au début 6e s. Ses importants vestiges font partie des 14 monuments paléochrétiens et byzantins de Thessalonique classés au Patrimoine mondial de l'Unesco. Depuis 2016, le complexe bénéficie d'un effort de mise en valeur.

★ Palais de Galère (Anáktora tou Galériou - Ανάκτορα του Γαλέριου) – *Pl. Navarinou, entrée du site au sud de la pl., au niveau de la r. Lordou Vironos - tlj sf lun. 8h30-15h - gratuit.* Ce palais de 30 m de largeur sur 40 m de longueur fut conçu pour accueillir, avec tout le confort dû à leur rang, les empereurs romains lorsqu'ils siégeaient à Thessalonique. Constituant le cœur du complexe

De la ville impériale à la métropole moderne

DE CASSANDRE À GALÈRE

Les historiens débattent encore sur l'emplacement de Thermé (ou Thermae), le noyau primitif de Thessalonique, que certains situent dans le quartier de Toumba. Quoi qu'il en soit, c'est en 315 av. J.-C. que le roi macédonien **Cassandre** fonde la cité qu'il baptise du nom de sa femme, Thessaloniké, demi-sœur d'Alexandre le Grand. Principal port marchand et place forte de la Macédoine, la ville attire quantité d'étrangers et établit des relations avec les grands centres de l'hellénisme.

Loin de marquer un coup d'arrêt, l'**invasion romaine** (168 av. J.-C.) ouvre une ère nouvelle. Promue capitale de la province de Macédoine, Thessalonique assure sa prospérité grâce à sa position sur la Via Egnatia, la principale liaison entre l'Orient et l'Occident. Pompée en fait son quartier général avant la bataille de Pharsale, Cicéron s'y exile et saint Paul y établit en 49-50 l'une des premières communautés chrétiennes d'Europe. Au 3e s., la ville obtient les statuts de métropole et de colonie romaine. Le tétrarque **Galère**, qui la couvre d'édifices publics, passera à la postérité avec la réputation d'un grand persécuteur de chrétiens dont **Démétrios**, le saint patron de Thessalonique, exécuté en 304.

THESSALONIQUE BYZANTINE

Deuxième cité de l'Empire romain d'Orient après Constantinople, l'omniprésente voisine, Thessalonique se voit dotée d'un port par **Constantin**, puis de murailles par **Théodose Ier**. Poigne de fer dans une main de velours, celui-ci fait massacrer 7 000 habitants rebelles et instaure le christianisme comme religion officielle (380). Dès lors, la ville tourne le dos à son passé païen et se hérisse d'églises, pour rayonner bientôt dans tout le monde chrétien.

Mais une période sombre s'annonce, marquée par les attaques des **Ostrogoths** (479), des **Huns** (540) et des **Slaves** (6e-7e s.)… et par les séismes de 610 et 630. Le pillage de Thessalonique par les **Sarrasins** (904), qui vendent 22 000 habitants comme esclaves sur les marchés de Crète et d'Orient, frappe une ville en plein renouveau. Puis, aux 10e et 11e s., elle subit les assauts répétés des **Bulgares**. Sous les **Comnènes** (11e-12e s.) pourtant, la capitale macédonienne renaît de ses cendres : les arts et le commerce fleurissent, et la cité, qui compte 100 000 âmes, se pare de nombreuses églises. Mais l'invasion des **Normands** de Sicile (1185) laisse la ville exsangue après un an d'occupation. En 1204, quand l'Empire byzantin est morcelé lors de la **quatrième croisade**, la Macédoine échoit à Bernard de Montferrat. Libérée par le despotat grec d'Épire (1223), elle revient finalement à l'Empire byzantin ressuscité par les Paléologues, en 1261. Mais les Ottomans investissent la ville en 1387.

LES TEMPS OTTOMANS

Après un intermède **vénitien** (1423-1430), Thessalonique retourne aux mains des Ottomans, qui la pillent et massacrent sa population. Sous ses nouveaux maîtres, la ville change d'aspect : les églises sont converties en mosquées et l'on édifie des bains et des bazars. Turcs dans les hauteurs, Juifs et Grecs dans les quartiers de la ville basse, les communautés s'évitent. Les Romaniotes,

Juifs hellénisés sont rejoints en 1492 par les Sépharades qui par milliers sont chassés d'Espagne et du Portugal. Les sultans leur offrent leur protection et les invitent à s'installer dans la ville. Dès lors, la Selanik ottomane va devenir un des principaux foyers du judaïsme européen et une ville majoritairement juive jusqu'à son rattachement à la Grèce en 1912. Après les persécutions menées par l'État grec envers les communautés non-hellènes (voir ci-après), et de nombreux départs pour la Palestine, les 54 000 Juifs restants seront en grande majorité assassinés dans le cadre de la « solution finale » en 1943.
Au 18e s. le port de Salonique a retrouvé sa prospérité. Sensible aux idéaux de la Révolution française combattus aussi bien par les Ottomans que par l'église orthodoxe, la région devient un important **foyer de résistance**, mais celle-ci est réprimée dans le sang (1821). Une nouvelle révolution s'amorce cependant, celle de l'industrie, qui bouleverse la physionomie de la cité : des avenues sont tracées et les remparts maritimes sont rasés. Thessalonique est reliée au réseau ferré européen en 1888, et profite aussi pleinement de l'essor de la navigation à vapeur. Au début du 20e s., pourtant, elle devient l'un des points névralgiques de la fièvre qui frappe les Balkans. Revendiquée par les Grecs et les Bulgares (alors à égalité dans la ville en termes de population), elle subit une vague d'attentats menée par deux groupes rivaux : l'Ethnikí Etairía (Société nationale) soutenue par Athènes et la VRMO (Organisation révolutionnaire intérieure macédonienne) des militants slaves. La révolte des **Jeunes-Turcs** (1908), conduite par un groupe d'officiers ottomans réformateurs et nationalistes, amène une brève accalmie. Pendant quatre jours, Grecs, Bulgares, Juifs et Turcs fraternisent, mais les rivalités reprennent vite le dessus et le désordre règne jusqu'au rattachement à la Grèce, le 26 octobre 1912. Une véritable politique d'épuration ethnique se met alors en place, conduisant à l'expulsion rapide des habitants turcs et slaves de la ville.

LE CŒUR EUROPÉEN DES BALKANS

Au début de la Première Guerre mondiale, faisant fi de l'opposition du roi, le Premier ministre **Elefthérios Venizélos** autorise le passage des troupes franco-anglaises venues prêter main-forte aux Serbes. Il forme un gouvernement provisoire et entre en vainqueur à Athènes en 1917, l'année même où un terrible **incendie** ravage le centre de Thessalonique, quatorze jours durant. Reléguée au rang de cité provinciale quand le rideau de fer s'abat sur l'Europe de l'Est, la capitale macédonienne devra attendre son heure.
Après la **chute du mur de Berlin** (1989), Thessalonique est enfin redevenue le débouché maritime naturel des Balkans. Les projets d'autoroutes fleurissent, tandis que le boum des affaires s'accompagne d'une frénésie de consommation. En conséquence, la ville s'affirme comme un pôle d'attraction majeur pour ses voisins en crise après leur détachement du système socialiste (on estime à plus de 100 000 les Albanais qui se sont établis à Thessalonique dans les années 1990). En outre, le passage des Casques bleus envoyés au **Kosovo** (1999) a été mal perçu par la population, liée aux Serbes orthodoxes par une solidarité séculaire et toujours prompte à manifester son antiaméricanisme.
Métropole européenne moderne, tant sur le plan commercial que culturel, Thessalonique fut choisie comme **capitale culturelle de l'Europe** en 1997. De fait, de nombreux festivals et autres manifestations s'y déroulent chaque année. La Foire internationale de Thessalonique est devenue l'un des événements économiques de la Grèce. La ville est également le siège d'institutions internationales et européennes. Par ailleurs, la ville n'a cessé de développer ses infrastructures en matière de foires et de congrès.

de Galère, il en subsiste de larges fondations en brique et de splendides **mosaïques★★** aux motifs géométriques. Le palais s'articule autour d'une cour à péristyle ouverte au sud par une entrée monumentale qui donnait sur le port. Au centre, se dressent les anciennes habitations. Au sud-est, un couloir orné de mosaïques mène aux ruines de la basilique et des bains. De l'autre côté, l'**octogone★** fut le principal édifice du palais. Ses 30 m de diamètre et les restes de son décor en marbre suggèrent une salle du trône. Sous le soleil, la place cernée d'immeubles sans charme prend des allures de *dolce vita* avec ses chats se prélassant dans les ruines au bord des terrasses de café.

Au nord-est de la pl. Navarinou, à l'angle de la r. Dimitriou Gounari, prenez la r. Stilianou Gonata qui mène (60 m) à la pl. Ippodromiou.

Hippodrome (Ippodromíou - Ιπποδρομίου) – *Pl. Ippodromiou - accès libre.* Il ne reste presque rien du cirque romain qui s'étendait sur 450 m de longueur entre les actuelles rues Mitropoleos (sud) et Egnatia (nord) et qui fut utilisé jusqu'au 6e s. Mais la place Ippodromiou, longue de 220 m, en a conservé le tracé : elle est constituée de deux rues parallèles qui suivent exactement l'axe des deux pistes sur lesquelles concouraient carceres (chars), lutteurs et athlètes. Le terre-plein central correspond quant à lui à la spini qui séparait les deux pistes. Quelques vestiges sont visibles, notamment ceux du sphendone (entrée des spectateurs), sur la place Fanarioton (au sud de la *r. D. Gounari).*

Revenez sur la pl. Navarinou. Prenez la r. Dimitriou Gounari vers le nord (80 m) et traversez la r. Alexandrou Svolou.

Centre d'information – *r. Dimitriou Gounari, à l'angle de la r. Alexandrou Svolou - ✆ 23102 048 68 - 8h-14h45 - fermé dim.-lun. - gratuit.* Ce lieu d'accueil est installé en sous-sol, à l'emplacement de l'ancienne salle absidiale du palais de Galère. Il comprend un petit musée qui permet de visualiser l'ensemble du complexe grâce à des plans et reconstitutions des monuments en vidéo. Une partie de l'exposition retrace l'histoire des fouilles qui ont débuté en 1917 sous la direction du français Ernest Hébrard (1881-1933).

Remontez la r. Dimitriou Gounari sur 70 m et traversez la r. Egnatia.

★ **Arc de Galère (Apsída tou Galériou - Αψίδα του Γαλέριου)** – R. *Dimitriou Gounari, à* l'angle de la r. Egnatia - accès libre. Cette arche monumentale est l'ultime vestige d'un tétrapyle érigé pour célébrer la victoire de Galère sur les Perses (299). Aujourd'hui connu sous le nom de Kamara, l'édifice comprenait à l'origine deux triples arcs parallèles de 37 m de long, réunis par une coupole. L'arche principale donnait sur la Rotonde, tandis que les percées latérales avec la rue. Seule subsiste une partie de l'arc ouest avec 3 piliers. Les **bas-reliefs★** narrent les hauts faits de Galère. Au deuxième registre du pilier près de la rue, Dioclétien (à gauche) et Galère (à droite) assistent à un sacrifice commémorant la victoire. La femme de gauche symbolise l'Univers, sur laquelle la Paix, à droite, pose sa main. La guerre est relatée dans le registre inférieur, tandis que, dans le troisième registre, l'Arménie et la Mésopotamie, personnifiées par des femmes, offrent leur reddition. Dans le registre supérieur, enfin, les habitants d'une ville accueillent Galère monté sur un char.

Poursuivez sur 120 m dans la r. Dimitriou Gounari.

★★ **Rotonde (Rotónda - Ροτόντα)** – *Pl. Agiou Georgiou, à l'extrémité de la r. Dimitriou Gounari, entrée par l'ouest de la pl., en face de la r. Filippou - ✆ 23102 136 27 - avr.-oct. : 8h-19h ; reste de l'année : 8h-17h - 2 € (-18 ans gratuit) ; 1 € en nov.-mars.* Bâti à la fin du 3e s. sur le modèle du Panthéon de Rome (1er s.), ce vaste bâtiment circulaire a été restauré entre 1978 et 2016. Tout en sobriété, il dégage une idée de puissance sereine malgré l'usage de la brique, matériau peu noble. Ses dimensions impressionnent : 29,80 m de hauteur, 24,50 m de

L'Arc de Galère et la Rotonde (ou l'église Agios Giorghos) en arrière-plan.
F. Guiziou/hemis.fr

diamètre et des murs de 6,30 m d'épaisseur. Mais c'est dans l'immense **nef★**, illuminée par l'éclat des mosaïques que se révèle toute sa splendeur.

L'usage inital de la Rotonde est mal connu. On ne sait s'il s'agissait d'un temple païen dédié à Zeus ou destiné à servir de mausolée à Galère – finalement inhumé à Felix Romuliana, en Serbie. Le bâtiment a ensuite connu plusieurs vies. Il fut converti en baptistère dédié aux Archanges par Constantin vers 326. À cette occasion, l'une des huit niches fut transformée en abside, le mur circulaire fut doublé et l'on ajouta un narthex. L'intérieur fut, lui, recouvert de mosaïques. Il en subsiste deux ensembles de périodes distinctes. Trois grandes voûtes conservent des mosaïques du 4e s. constituées de motifs géométriques et de représentations d'oiseaux du Paradis. Au 6e s., la coupole et son tambour reçurent des **mosaïques à fond d'or★★.** Celles-ci comptent parmi les chefs-d'œuvre de l'art paléochrétien de par leur richesse chromatique, le mouvement et l'expression des personnages. Les sept panneaux figurent des martyrs de la persécution de Dioclétien (303-304). Quant à la mosaïque de la nef, disparue, elle pourrait avoir représenté un Christ pantocrator ou l'empereur Constantin, symbole de la réconciliation entre Rome et les Chrétiens. L'abside conserve pour sa part une fresque de l'Ascension du 9e s.

Plus tard dédiée à saint Georges, la Rotonde devint la métropole (cathédrale) de la ville entre 1524 et 1591, date à partir de laquelle elle fut transformée en mosquée avec l'ajout d'une fontaine et d'un minaret★ de 35,85 m de hauteur, le seul aujourd'hui conservé à Thessalonique. Le bâtiment reçu alors le nom de Hortaç Süleyman Efendi, en hommage au père spirituel des derviches du village macédonien de Dysoro (Hortaç en turc) et devint l'un des centres du soufisme ottoman. Désacralisé depuis 1912, l'édifice accueillit des réfugiés grecs d'Asie Mineure dans les années 1920. Appelée église Agios Georgios et parfois utilisée pour certaines cérémonies orthodoxes, la Rotonde demeure surtout le monument le plus emblématique de l'histoire de Thessalonique.

En sortant de la Rotonde, prenez à gauche la r. Patriarchou Ioakim qui débouche aussitôt sur la r. Agiou Pantelimonos.

Église Agiou Pantelimonos (Αγίου Παντελεήμονος) (C3)

3 r. Agiou Pantelimonos - ✆ 23102 041 50 - tlj 7h30-15h - entrée libre.

Cette église de la fin du 13e s. abrite de belles fresques d'époque. Son architecture en croix inscrite, typique de la période Paléologue, mêle la pierre et la brique. Dédiée à saint Pantaléon de Nicomédie, elle fait partie des monuments inscrits au Patrimoine mondial de l'Unesco. De sa transformation en mosquée au 16e s. subsistent la base du minaret et une fontaine de marbre.

En sortant, prenez à gauche et traversez la r. Leonida Iasonidou. Juste en face de l'église, la r. Makrigianni (250 m) vous mène directement à l'église suivante.

Église de l'Achiropitos (Αχειροποίητος) C2

56 r. Agias Sofias - ✆ 23102 273 69 - tlj sf dim. 8h-12h, 17h-19h - entrée libre.

Ancienne basilique bâtie en 448 sur des bains romains dont le pavement de mosaïques affleure dans la nef nord, il s'agit de la plus ancienne église conservée de la ville. Elle fait partie des monuments de Thessalonique classés au Patrimoine mondial de l'Unesco. Son nom évoque l'icône de la Vierge (à gauche en entrant), exécutée, selon la légende, « non par la main de l'homme » *(achiropítos)*. Elle comprend trois nefs séparées par des colonnes. Maintes fois remaniée, elle a perdu l'essentiel de son décor originel. Vous pourrez néanmoins admirer les **chapiteaux corinthiens** réalisés par les meilleurs artistes de Constantinople, ainsi que les **mosaïques**★ (5e s.) d'une grande richesse chromatique (arcs des galeries et des colonnades, et dans le narthex). L'église renferme aussi de rares **fresques** (13e s.) illustrant les Quarante Martyrs de Sébaste.

Continuez dans la r. Agias Sofias et tournez à droite dans la r. Agiou Dimitriou.

★ Église Agios Dimitrios (Άγιος Δημήτριος) C2

97 r. Agiou Dimitriou - ✆ 23102 705 91 - www.inad.gr - tlj 8h-22h - crypte : mar.-jeu. 8h-15h, vend. 8h-13h30, 19h-22h, w.-end 7h30-14h30 (fermé lun.) - entrée libre.

Voici la plus grande église de la ville et le principal sanctuaire dédié à son saint patron, Démétrios, élevée sur le lieu présumé de son martyre vers l'an 306. Elle fait partie des monuments de Thessalonique classés au Patrimoine mondial de l'Unesco. Le bâtiment actuel, rebâti après l'incendie de 1917, conserve le plan originel et des éléments des églises construites ici dès le 4e s. L'intérieur comprend **cinq nefs** coiffées chacune d'un toit en charpente. Côté nord, les vestiges d'un minaret rappellent que l'église servit de mosquée de 1493 à 1912. À gauche de l'entrée, ne manquez pas le **sarcophage florentin** (15e s.), encastré dans le mur, et la petite chapelle adjacente. L'église conserve des fresques, sur le bas-côté droit et sur les colonnes de l'entrée, ainsi que dans la **chapelle Agios Efthymios**★, à droite de l'abside (1303). Les colonnes, en marbre rouge, vert ou blanc, proviennent d'édifices antérieurs. Leur différence de taille est compensée par les chapiteaux, à feuilles d'acanthe ou en tête de bélier.

Chefs-d'œuvre de l'art byzantin, quelques **mosaïques**★★ ont survécu au feu. Datées pour la plupart du 7e s., elles révèlent une remarquable finesse de trait et de coloris. Sur le pilier droit qui précède l'abside, on reconnaît saint Démétrios entre les deux donateurs, puis saint Serge orant (priant) et le patron de la ville accompagné d'un diacre portant l'évangile. Le pilier gauche montre cette fois Démétrios en compagnie de deux enfants, ainsi que la Vierge et un saint (9e s.).

À droite du chœur, un escalier mène à la **crypte**. Cet ancien bain romain comporte une abside qui daterait du 4e s. La **rotonde** à sept colonnettes est flanquée de bassins de marbre où coulait, selon la tradition, l'huile sacrée produite par le corps de Démétrios.

En sortant de l'église, traversez la r. Agiou Dimitrou et prenez, en face, la r. Agnostou Stratiotou, puis tournez à droite dans la rue Olympou.

LE GÉNOCIDE DE 1943

À la veille de la Seconde Guerre mondiale, les 60 000 Juifs de Thessalonique forment une communauté d'artisans, de commerçants, d'ouvriers et de dockers gagnés aux idées socialistes. Ils parlent grec, mais surtout ladino, un espagnol médiéval mâtiné d'expressions hébraïques. La communauté est aussi très largement francophone et francophile, et possède deux quotidiens en français. En février 1943, les nazis organisent la solution finale et en six mois 54 000 Juifs sont déportés dans les camps de la mort et 98 % d'entre-eux sont assassinés. Un monument a été érigé en 1997 à la mémoire des victimes sur la place Eleftherias, le long de l'avenue Nikis.

Agora romaine (Romaïkí Agorá - Ρωμαϊκή Αγορά) C2

71 r. Olympou - ✆ 23133 104 00 - 8h-15h - fermé lun.-mar. - 4 € (-18 ans gratuit).

Découverte dans les années 1960, l'agora est en fait un forum romain bâti (2e s. apr. J.-C.) sur une agora hellénistique. Grande place dallée de 145 m sur 90 m, elle était bordée sur trois côtés par un portique à double colonnade abritant des boutiques. Celui du sud s'élevait sur un cryptoportique ouvrant sur la rue ; une façon ingénieuse d'exploiter la déclivité du terrain. Devant le portique est, qui garde son pavement de mosaïques, l'odéon fut aménagé au Bas-Empire pour accueillir des combats de gladiateurs. Un intéressant musée caché au sous-sol retrace l'histoire du site et de la ville.

En sortant du musée, prenez la r. Mak. Aminis qui descend sur la pl. Dikastirion.

Bey Hamam (Μπέη Χαμάμ) C2

10 r. Mitropolítou Gennadiou, sur la pl. **Dikastirion, à l'angle de la** r. Egnatia - ✆ 23105 891 41 - mar.-sam. 8h-15h - fermé dim.-lun. - entrée libre.

Il s'agit des premiers bains turcs construits (1444) par les Ottomans après la conquête de la ville en 1430. Considérés comme les plus grands de Grèce, ils se composaient de deux sections, réservées l'une pour les hommes, l'autre pour les femmes. Ils ont fonctionné jusque 1968 sous le nom de *Loutrá Parádisos* (Bains du Paradis). Restauré en 1980, le lieu accueille de fréquentes expositions.

Traversez la pl. Dikastirion en longeant la r. Egnatia et la statue d'Elefthérios Venizélos, Premier ministre de la Grèce au début du 20e s.

★ Église de la Panagia ton Chalkeon (Παναγία των Χαλκέων) B2

2 r. Chalkeon, sur la pl. Dikastirion, à l'angle de la r. Egnatia - *✆ 23102 729 10 - 7h30-12h - entrée libre.*

Bâtie en 1028, elle servait de paroisse aux chaudronniers du quartier, d'où son nom de « Vierge des Chaudronniers ». Utilisée comme mosquée après 1430, elle conservera le même nom en turc (Kazantzilar). Sa structure est typique des églises byzantines de la période macédonienne (9e-11e s.) : un plan en croix, une coupole centrale, un toit de tuiles et un appareillage en brique qui lui vaut le surnom d'église Rouge (Kókkini Ekklisía). Malgré différentes transformations et des dégâts causés par le tremblement de terre de 1932, la plupart des éléments décoratifs d'origine ont été préservés. Mais les fresques sont en mauvais état. L'église fait partie des monuments paléochrétiens et byzantins de Thessalonique classés au Patrimoine mondial de l'Unesco.

Poursuivez sur la r. Egnatia vers le nord-ouest jusqu'au prochain croisement.

Mosquée Hamza Bey (Hamzá Béi Tzamí - Χαμζά Μπέη Τζαμί) B2

R. Egnatia, à l'angle de la r. Eleftheriou Vezizelou - pas de visite.

Construite en 1467 à l'emplacement d'un couvent orthodoxe, elle fut nommée en l'honneur de l'amiral ottoman d'origine albanaise Hamza Bey qui joua un

rôle décisif lors des prises de Thessalonique (1430) et Constantinople (1453). La salle de prière, surmontée d'une coupole, est flanquée à l'ouest d'un grand portique entourant la cour intérieure. Abandonnée après le départ des derniers habitants turcs en 1925, elle abrita dans les années 1930 le cinéma l'Alcazar – surnom toujours donné à la mosquée de nos jours. Le bâtiment devrait recevoir la station centrale du futur métro de la ville en 2020.
Juste en face, se trouve le Bezesteni (21-23 r. E. Venizelou), ancien bezistan (marché aux tissus) typique de l'urbanisme ottoman. Construit en 1459 en brique et en pierre, et surmonté des six coupoles, il constitua longtemps le centre commercial de la ville. Il abrite toujours des boutiques de lingerie.
Descendez la r. E. Vezizelou sur 500 m et tournez à droite dans la r. Agiou Mina.

Musée juif (Evraïkó Mousío - Εβραϊκό Μουσείο) B2

13 r. Agiou Mina - ✆ 23102 504 06 - www.jmth.gr - 10h-15h, merc. 10h-15h, 17h-20h, dim. 10h-14h - fermé sam. - 5 €.

Géré par la communauté juive de Thessalonique (aujourd'hui environ 1 200 personnes), ce musée est situé au cœur de l'ancien quartier commerçant ottoman. Ouvert en 2005, il retrace l'histoire du judaïsme en Macédoine et en Thrace : de l'installation des Romaniotes au 2e s. av. J.-C. au génocide de 1943 (voir encadré ci-dessus) en passant par l'arrivée de Séfarades d'Espagne en 1492. L'exposition revient sur les grandes heures de la Jérusalem des Balkans, les Juifs représentant la plus grande communauté de Thessalonique jusqu'au rattachement à la Grèce en 1912. À noter : un musée de l'Holocauste devrait être créé en 2019 dans le quartier de l'ancienne gare (1 km à l'ouest).
Remontez la r. E. Vezizelou sur 50 m et tournez à droite dans la r. Vasileos Irakliou.

Yahudi Hamam (Γιαχουντί Χαμάμ) B2

9 r. Fragkini, à l'angle des r. Vasileos Irakliou et Komninon - pas de visite.

Ces bains surmontés de 12 coupoles ont été bâtis au début du 16e s. dans un style mêlant architectures ottomane et byzantine. Le nom « hamam juif », provient de leur localisation dans le quartier juif. Ils ont cessé de fonctionner vers 1912 et sont en partie occupés par le marché aux fleurs Louloudadika.
Poursuivez dans la r. V. Irakliou.

★ Marché Modiano (Agorá Modiáno - Αγορά Μοδιάνο) B2

28 r. Vasileos Irakliou (autres entrées r. Ermou et Komninon).

Avec 140 boutiques, cette halle couverte d'une verrière fut le « ventre » de la Thessalonique post-ottomane. Elle fut construite en 1930 par l'architecte Eli Modiano, membre d'une illustre famille juive de la communauté italienne (dont est issu le père de l'écrivain Patrick Modiano). Depuis l'essor du marché de gros en périphérie ouest, l'endroit est moins actif.
Descendez la r. Komninon jusqu'au front de mer, tournez à gauche droite sur l'av. Nikis, puis à gauche sur le premier embarcadère de la zone portuaire.

★ Musée de la Photographie (Mousío Fotografías - Μουσείο Φωτογραφίας) A2

Apothiki A (entrepôt A), sur le port - ✆ 23105 667 16 - www.thmphoto.gr - tlj sf lun. 11h-18h (vend. jusqu'à 22h) - 2 € (-18 ans gratuit).

Installé dans un entrepôt en brique des anciens docks, c'est le seul musée de la photographie de Grèce. On y trouve les travaux de photographes grecs contemporains mais également d'après-guerre, comme **Socrates Iordanides**, et des années 1960-1970 avec **Yiannis Stylianou** et **Takis Tloupas**.
Longez le front de mer par l'av. Nikis sur 1,5 km en dir. du sud-est.

Parapluies de Giorgios Zogolopoulos, 1997 sur la promenade de mer à Thessalonique.
Wagner Santos/World Pictures/age fotostock/ADAGP, Paris 2018

★ Tour blanche (Lefkós Pýrgos - Λευκός Πύργος) C4

Av. Nikis, sur le front de mer - ✆ 23102 678 32 - www.lpth.gr - avr.-oct. : 8h-20h ; reste de l'année : 9h-16h - 8 € (-18 ans gratuit) ; 4 € en nov.-mars - billet combiné avec le musée de la Culture byzantine et le musée archéologique 15 € (nov.-mars 8 €).

Isolé du reste des remparts depuis la destruction de la façade maritime (1866), le monument le plus célèbre de la ville domine le front de mer de sa silhouette imposante et sévère. Construite par les Ottomans (15e s.), cette tour ronde de 23 m de diamètre et 34 m de hauteur servit de prison au 18e s. et acquit le surnom de tour du Sang après le massacre des janissaires en 1826. Elle abrite un restaurant (6e étage) et le musée de l'Histoire de Thessalonique. Celui-ci bénéficie d'une présentation moderne mais ne présente guère d'objets. Du sommet, on jouit d'un beau **panorama★** sur le golfe Thermaïque.

Poursuivez sur 300 m vers le sud-ouest par l'agréable promenade de Nea Paralia.

Statue d'Alexandre le Grand (Ágalma Megálou Alexándrou - Άγαλμα Μεγάλου Αλεξάνδρου) C4

Nea Paralia.

Située entre la Tour blanche et les Parapluies, cette représentation du conquérant chevauchant Bucéphale a été créée par Evangelos Moustakas en 1974. Installée sur un piédestal en marbre, la sculpture en bronze culmine à 6,15 m de hauteur, ce qui en fait la plus haute statue d'Alexandre le Grand en Grèce.

Continuez sur Nea Paralia sur 300 m.

★ Sculpture des « Parapluies » (Ombréles - Ομπρέλες) C4

Nea Paralia.

Empreinte de légèreté et de poésie, cette sculpture monumentale composée de 40 parapluies et 12 mâts en acier inoxydable a aujourd'hui presque éclipsé la Tour blanche comme symbole de la ville. Créée par l'artiste athénien Georges Zongolopoulos (1903-2004), cette œuvre de 13 m de hauteur a été installée ici en 1997. Magnifiquement illuminés le soir, les Parapluies sont un lieu de rendez-vous prisé et le monument le plus photographié de Thessalonique.

Traversez les av. Megalou Alexandrou et Vasileos Georgiou pour remonter entre l'hôtel de ville et le parc Anthokomikis, puis tournez à droite dans l'av. Stratou.

★★★ Musée de la Culture byzantine (Mousío Vyzantinoú Politismoú - Μουσείο Βυζαντινού Πολιτισμού) D4

2 av. Stratou - ✆ 23133 064 00 - www.mbp.gr - avr.-oct. : 8h-20h ; reste de l'année : 9h-16h - 8 € (-18 ans gratuit) ; nov.-mars 4 € - billet combiné avec le Musée archéologique et la Tour blanche 15 € (nov.-mars 8 €).

Ouvert en 1997, ce musée propose une présentation particulièrement soignée de la culture byzantine en Macédoine de la période paléochrétienne au 19e s. L'élégant bâtiment de béton et de brique abrite une boutique et un très agréable café-restaurant avec terrasse aux tarifs toutefois élevés.

Période paléochrétienne – Salles 1 et 2. Magnifiques éléments architecturaux des premières églises de la ville : vaste mosaïque (6e s.), ambon et chapiteaux corinthiens (5e s.), **mosaïque au paon**★ d'Agios Dimitrios (5e-6e s.), etc. Dans la salle 2, remarquez les **tuniques brodées** importées d'Égypte (6e-8e s.).

Rites funéraires – Salle 3. Sont ici regroupées certaines des plus anciennes œuvres de l'art chrétien : fresque de la Résurrection de Lazare (3e s.), **tombe de sainte Suzanne**★ (5e s.). On note la persistance de rites païens, les défunts étant enterrés avec des bijoux selon l'antique tradition macédonienne. Dans le **tombeau d'Eustorgios**★ (4e s.), les peintures murales mêlent motifs païens (culte du défunt) et paléochrétiens comme le paon, symbole de résurrection.

De la crise iconoclaste aux Comnènes – Salle 4. Thessalonique s'affirme entre le 7e et 12e s. comme le principal centre d'évangélisation des Slaves avec les saints Cyrille et Méthode, mais aussi comme un important pôle industriel. En témoignent les céramiques à glaçure et bijoux exposés ici, dont une magnifique paire de **bracelets en cloisonné**★★ faits d'or et d'émail (10e s.).

Salles 5 et 6 – Elles ont avant tout un intérêt pédagogique : chronologie des dynasties byzantines au travers d'une petite **collection numismatique** *(salle 5)* ; présentation des châteaux forts byzantins de la région (salle 6).

Crépuscule de Byzance – Salle 7. De la conquête de Constantinople par les Croisés (1204) à la prise de Thessalonique par les Ottomans (1430), cette période n'en demeure pas moins florissante avec, ici, une collection de **vases en verre**★ (13e-14e s.), des éléments décoratifs d'Agia Sofia ou encore de belles icônes.

Collections privées – Salles 8 et 9. La **collection Ekonomopoulos**★ *(salle 9)* est la plus riche avec aussi bien des poteries, des pièces de monnaie qu'une soixantaine d'icônes des 13e-19e s., principalement des représentations de la Panagia (Vierge) et de saint Georges. Notez cette **Adoration des Mages**★ (déb. 16e s.) clairement influencée par la Renaissance italienne.

UN CERCUEIL ENIVRANT

Présenté au musée archéologique dans le cadre de l'exposition permanente sur l'or des Macédoniens *(voir p. 399)*, le **cratère de Derveni**★★★ (fin 4e-déb. 5e s. av. J.-C.) est tout à fait exceptionnel. Le terme « cratère » (dérivé du grec ancien *krati*, « vin ») désigne un vase conçu pour mélanger le vin à l'eau et aux aromates lors de célébrations. Fait rare, sinon unique, l'usage de celui-ci a été détourné pour servir d'urne funéraire à un aristocrate thessalien. Haut de 90,5 cm et pesant 44 kg, ce cratère est aussi tout à fait remarquable dans sa conception. Il est constitué d'un alliage de cuivre et d'étain savamment dosé qui lui donne un aspect doré sans pour autant renfermer la moindre parcelle d'or. Son décor est somptueux : motifs végétaux, animaux, satyres et défunt représenté en train d'accomplir son devoir conjugal.

Diadème en or provenant de la tombe royale de Philippe II à Vergina. Musée archéologique de Théssalonique.
DEA Picture library/De Agostini Editore/age fotostock

Période post-byzantine – Salle 10. Durant la période ottomane, l'Église orthodoxe grecque conserve autonomie et puissance. En attestent les riches objets religieux présentés ici, comme la monumentale **iconostase** en bois sculpté (16e-19e s.) de l'église Agios Athanasios. Parmi les **icônes**, se détache la Panagia Galaktotrofousa★ (« Vierge allaitante ») réalisée en 1784 par Makarios, grand maître de l'école du mont Athos. À l'extrémité de la salle, une petite icône de la Cène (18e s.) révèle l'imprégnation de la culture ottomane : le Christ et les Apôtres ne sont pas disposés autour d'une table rectangulaire, mais ronde comme le *yer sofrası*, pièce de mobilier turc par excellence. Enfin, admirez les broderies du **sakkos**★ (19e s.) de l'évêque de Melnik (ville de l'actuelle Bulgarie).
Salle 11 – Très didactique, cette dernière salle détaille les techniques de conservation et revient sur la construction du musée.
Longez l'av. Stratou (traversée par l'av. 3is Septemvriou) en dir. du centre-ville.

★★★ Musée archéologique (Archaiologikó Mousío - Αρχαιολογικό Μουσείο) D4

6 r. Manoli Andronikou - ✆23108 305 38 - www.amth.gr - avr.-oct. : 8h-20h ; reste de l'année : 9h-16h - 8 € (-18 ans gratuit) ; nov.-mars 4 € - billet combiné avec le musée de la Culture byzantine et la Tour blanche 15 € (nov.-mars 8 €).

Ce musée est l'un des plus riches de Grèce. Les collections permanentes présentent l'histoire de la Macédoine, de la préhistoire à l'époque romaine. Le bâtiment, construit en 1962, est conçu à la manière d'une antique villa macédonienne autour d'un atrium qui accueille les **expositions temporaires** *(env. 4/an)*.

Préhistoire – Reléguée au niveau inférieur et mal indiquée, cette double salle bénéficie toutefois d'une présentation soignée. Elle abrite le moulage du crâne fossilisé de l'**homme de Petralona**. Découvert en 1960 dans la grotte du même nom, cet *homo erectus* fut considéré par certains comme « le plus vieil homme d'Europe ». Âgé de 200 000 ans pour les uns ou 700 000 ans pour les autres, sa datation continue de faire débat, même si, depuis, des fossiles du genre *Homo* plus anciens (1,8 million d'années) ont été identifiés en Géorgie.

LE PLUS ANCIEN LIVRE EUROPÉEN

Le **papyrus de Derveni★★** a été inscrit au Registre international Mémoire du monde de l'Unesco en 2015. Considéré comme le plus ancien livre européen (vers 350 av. J.-C.), il est présenté au **musée archéologique**, au sein de l'exposition sur l'or des Macédoniens. Ce document exceptionnel est constitué d'un ensemble de 266 fragments calcinés découverts dans une tombe aristocratique de la nécropole de Derveni en 1962. Brûlé lors de l'inhumation du défunt, le papyrus a été parfaitement conservé durant des siècles. Si bien que les chercheurs ont pu récemment, grâce aux techniques récentes d'imagerie multispectrale, lire le texte qui cite et commente un poème orphique (courant mystique de la religion grecque antique).

Âge de fer – Situé à côté de la billetterie, le petit espace nommé « Vers la naissance des villes » présente sept sites archéologiques de Macédoine datés de 3000 à 600 ans av. J.-C. avec quelques objets, en particulier un **vase funéraire** décoré de scènes de chasse (8e-7e s. av. J.-C.) provenant de Mende, cité fondée par des colons grecs d'Érétrie (île d'Eubée).

Macédoine antique★★ – Intitulée « La Macédoine du 7e s. av. J.-C. à l'Antiquité tardive », cette succession de 6 salles est bien conçue et très didactique *(vidéo et bornes interactives dès l'entrée)*. La salle 1 s'intéresse à l'organisation de la société avec de très fins **vases funéraires** de Pydna (5e s. av. J.-C.), des flûtes en os et l'évocation de l'art militaire (casques, pierres de jet, pointes de flèches et de lances de la phalange). Dans la salle suivante consacrée au commerce, remarquez ce magnifique **vase en bronze** (6e-4e s. av. J.-C.), les amphores marquées d'un sceau prouvant l'origine des produits transportés – l'ancêtre du code-barre ! – et les magnifiques **fioles en verre bleu★** obtenues à partir du natron provenant du lac de Pikrolimni (30 km au nord). La salle 3 dévoile la vie privée des Macédoniens avec un nécessaire de beauté, des bijoux et la reconstitution d'un **symposium** (espace réservé aux hommes). La sexualité est discrètement abordée avec de petites plaquettes de marbre ou de céramique représentant Eros, Aphrodite et un couple faisant l'amour. La monumentale **porte de marbre★★** du grand tombeau d'Agia Paraskevi (4e s. av. J.-C.) marque l'entrée de la salle 4 consacrée à l'art funéraire. Les objets exposés ici ont d'autant plus de valeur que la plupart des tombes ont été pillées dès l'Antiquité : **lits de marbre** richement décorés de Potidaia (4e s. av. J.-C.), miniatures d'attelages et de chevaux en bronze, couronne de feuilles d'or, **tablettes de défixion** en plomb portant des messages adressés aux Dieux. Le thème des divinités et des mythes est développé dans la salle 5 : **cratère du sanglier de Calydon** (6e s. av. J.-C.), table d'offrande en marbre du temple de Déméter à Derveni (4e s. av. J.-C.), sculptures de marbre, dont l'impressionnante **tête d'Asclépios★**, dieu de la médecine (4e s. av. J.-C.), et un bas-relief votif dédié à Dionysos représentant une paire d'oreilles (2e s. av. J.-C.). Les arts et lettres sont abordés salle 6 avec des masques de comédien, des vases décorés d'instruments et quelques sculptures comme cette tête du dieu gréco-égyptien **Sarapis** (2e s av. J.-C). La pièce majeure est cette très rare pierre gravée des symboles des **notes de musique macédoniennes★** (35 av. J.-C.).

Thessalonique antique – La ville fondée en 315 av. J.-C., peu après la mort d'Alexandre le Grand, a connu un fort développement durant la période romaine, devenant en 146 av. J.-C. la capitale de la province de Macédoine. La salle 1 plonge le visiteur dans la vie privée des habitants avec de nombreuses **mosaïques** et d'élégants **flacons de parfum en verre★ en forme d'oiseau**. La salle 2 rassemble les découvertes provenant des nécropoles pré-chrétiennes, notamment les **bijoux** et objets précieux avec lesquels les défunts étaient inhumés. Notez enfin ce masque mortuaire d'un homme réalisé au 3e s. av. J.-C. La salle 3 relate la vie publique. Celle-ci était organisée autour du forum et des bains romains. Aux abords se dressaient le théâtre et les temples d'où proviennent les sculptures exposées ici : stèle funéraire de comédien dédorée de masques, grande **statue de l'empereur Auguste** (1er s. av. J.-C.), musculeux Titan **Atlas** (v. 150 av. J.-C.) et tête de jeune homme gracile (200-175 av. J.-C.) parfois identifiée comme celle d'Alexandre le Grand. Un espace est réservé au **Sarapeion**, sanctuaire où étaient honorées les divinités d'Égypte et du Proche-Orient qui ont prospéré après les conquêtes d'Alexandre. Remarquez la **statue d'Harpocrate★** (2e s. av. J.-C), adaptation de l'enfant dieu égyptien Horus, qui a conservé des hiéroglyphes le geste innocent du doigt dans la bouche. L'exposition se termine avec la reconstitution d'un **temple d'Aphrodite★** du 6e s. av. J.-C. reconstruit plus tard par les Romains près du forum.

« L'or des Macédoniens »★★ – Dans trois grandes salles sont rassemblés de véritables trésors provenant d'une dizaine de nécropoles de Macédoine des périodes archaïque et classique. Le musée possède ainsi la plus riche collection au monde de **couronnes et diadèmes de feuilles d'or** retrouvés dans les tombeaux de membres de l'aristocratie. Le plus bel exemplaire se trouve dès l'entrée. Il s'agit d'une **couronne de myrte fleuri★★★** en or datant de 350-300 av. J.-C. Découverte lors de fouilles illégales effectuées dans la région de Serrès en 1990 et vendue au musée Getty de Los Angeles, elle n'a été restituée à la Grèce qu'en 2007. D'une finesse incroyable, l'ornementation réalisée en feuilles et fils d'or reproduit fidèlement les feuilles et fleurs du myrte sauvage de Macédoine. Le travail des artisans (martelage, découpe, lissage et ciselure) est brièvement abordé dans la vitrine n° 11. À proximité, deux panneaux avec cartes donnent des explications sur les sites des nécropoles (Agia Paraskevi, Derveni, Sindos, Europos…) et sur les mines d'or qui firent la richesse du royaume. Plusieurs autres exemplaires de couronnes d'or sont présentés, notamment dans les vitrines nos 27 et 43. Dans cette dernière, remarquez aussi le magnifique **bracelet en fil d'or★** provenant du site d'Europos (fin 4e-déb. 3e s. av. J.-C.). Enfin, l'exposition présente deux objets particulièrement précieux même s'ils ne sont pas en or : le **cratère de Derveni★★★** *(voir encadré p. 396) et* le **papyrus de Derveni★★** *(voir encadré ci-contre).*

Jardin – *Accès libre.* Il abrite des **sarcophages** et stèles funéraires ainsi qu'une villa gréco-romaine reconstituée où sont présentés d'authentiques **mosaïques★** et éléments décoratifs des 2e et 4e s. apr. J.-C..

À droite en sortant du musée, traversez l'av. Stratou pour entrer au Helexpo.

Musée macédonien d'Art contemporain (Makedonikó Mousío Sínchronis Téchnis - Μακεδονικό Μουσείο Σύγχρονης Τέχνης) D3

154 r. Egnatia - ✆ 23102 400 02 - www.mmca.org.gr - jeu. 10h-22h, vend.-sam. 10h-18h, dim. 11h-15h - fermé lun.-merc. et j. fériés - 4 € (-18 ans gratuit).

Établi dans l'enceinte du parc des expositions *(Helexpo)*, ce centre s'attache à présenter dans le cadre d'expositions temporaires les œuvres d'artistes étrangers de diverses époques et à faire connaître celles de jeunes artistes grecs contemporains. La collection permanente est riche de plus de 1 500 pièces (tableaux, sculptures, gravures et photographies). Boutique et beau café.

Ressortez du Helexpo par l'av. Egnatia. Vous pouvez rejoindre le centre-ville en bus (arrêt Scholi Axiomatikon juste en face).

★★ ANA POLI (ΑΝΩ ΠΟΛΗ) ET LES REMPARTS

Comptez une journée.
Le parcours qui longe les remparts mène au plus charmant quartier de Thessalonique : Ano Poli, « ville haute », aux ruelles pavées bordées de maisons à encorbellement. Cette promenade est ponctuée de six églises byzantines remarquables, qui, comme les fortifications font partie des monuments de la cité classés au **Patrimoine mondial de l'Unesco**.

★ Remparts byzantins (Vyzantiná tíchi - Βυζαντινά τείχη) BD1-2

Circuit de 6 km au départ de la r. Moskof, située à gauche au bout de la r. Egnatia.
Véritable saignée dans la ville moderne, de larges portions des anciens remparts restent visibles. À l'origine long de 8 km, ce sytème défensif fut érigé par les Byzantins à partir du 4e s. sur la base d'éléments hérités du roi Cassandre et des Romains. Exemple unique (à l'exception de Constantinople) de fortification byzantine ponctuée d'une **soixantaine de tours**, la muraille alterne pierre et mortier avec de larges bandes de brique. Cet ensemble fut renforcé par les Ottomans jusqu'à son abandon en 1866. En remontant jusqu'à Ano Poli, les remparts laissent découvrir une facette plus populaire de Thessalonique.
Entre la place Elefteria et le port, au sud-ouest du centre-ville, la forteresse **Top Hane** marque le début de notre promenade. Cet édifice ottoman du 16e s., attribué par certains au grand architecte Mimar Sinan (1490-1588), conserve la tour du Vardar et des murs en brique abritant aujourd'hui des bâtiments administratifs. De là part vers le nord le **rempart ouest**. De larges portions sont visibles en suivant sur 800 m les rues Moskof, Irinis, Klavdianou et Meteoron. Le rempart remonte ensuite « en escalier » vers Ano Poli et disparaît entre les habitations. Pour le retrouver, dans la rue Meteoron, il faut prendre à droite la rue A. Papadopoulou, puis tourner aussitôt à gauche dans la rue Evrou. Celle-ci longe sur 800 m le rempart jusqu'à la **tour d'Andronic II Paléologue** (14e s.). Ce magnifique édifice est situé à l'angle du rempart nord, très bien conservé, qui s'étend sur 1 km en longeant la rue Eptapyrgiou jusqu'à la jusqu'à la belle **tour du Trigonion** (15e s.). Au pied de cette dernière, vous jouirez d'un superbe **panorama★** sur la ville. Le tracé du **rempart est** descendait à l'origine sur 2 km *(le long des r. E. Zografou et Ethnikis Aminis)*, passant près du complexe de Galère pour terminer à la **Tour Blanche**.
La promenade peut se poursuivre sur les hauteurs de la ville. Juste avant la tour du Trigonion, la **porte d'Anne Paléologue** donne sur l'agréable **quartier de l'Acropole** entouré d'une enceinte longue de 2 km ajoutée par les Ottomans au 16e s. Cette « excroissance fortifiée » se parcourt en longeant les remparts ou en traversant de paisibles rues qui mènent à la **citadelle Eptapyrgion** ou Yedi Kule *(mar.-vend. 8h-15h - entrée libre)*. Son nom, en grec et en turc, indique qu'elle est défendue par « sept tours ». Utilisée comme prison jusqu'en 1989, on y distingue encore le parloir et la promenade des détenus.

★ Église Agii Apostoli (Άγιοι Απόστολοι) B1

Pl. Dodeka Apostolon - ☎ 23105 379 15 - 8h30-12h, 17h-19h - entrée libre.
L'église des Sts-Apôtres (14e s.), dresse sa coupole, entourée par une galerie fermée sur trois côtés et précédée d'un narthex, au-dessus d'un plan en croix. Aux murs de brique extérieurs, très soignés, répond un somptueux décor intérieur. Par leur réalisme et leur dramatisation, caractéristiques du style local, les **mosaïques★★** constituent un sommet de l'art paléologue. Contemplez aussi les **fresques★★** du portique, du chœur et de la nef, qui figurent notamment des scènes de la vie de la Vierge et l'Arbre de Jessé (extrémité est du portique sud).

Vue de Thessalonique, des remparts byzantins, ainsi que du golfe de Thermaikos et du Mont Olympe en arrière-plan.
k_samurkas/iStock

★ **Église Agia Ekaterini (Αγία Εκατερίνη)** B1

R. Sahini - ✆ 23102 255 80 - 7h30-11h30, 17h30-19h - entrée libre.

Cette église dédiée à sainte Catherine a été construite entre la fin du 13e s. et le début du 14e s. Transformée en mosquée durant la période ottomane, elle se distingue par ses cinq coupoles et son bel appareillage de briques. Antérieure à l'église Agii Apostoli, elle présente le même plan en croix.

Église Profitis Ilias (Προφήτη Ηλία) C1

R. Olympiados - ✆ 23102 353 98 - lun.-sam. 11h-13h - fermé dim. - entrée libre.

Consacrée au prophète Élie, elle est pourvue d'un délicat appareillage de briques. Sa coupole coiffe un plan en croix inscrite rehaussée de trois conques. Construite au 14e s. à l'emplacement d'un ancien palais byzantin, elle fut convertie en mosquée en 1430, mais elle a gardé ses belles **fresques★** d'origine.

★ **Église Osios David (Όσιος Δαβίδ)** C1

R. Mironos - ✆ 23102 613 76 - tlj sf lun. 10h-17h (dim. jusqu'à 14h) - entrée libre.

Située au cœur d'Ano Poli, cette **église** appartenait à l'ancien monastère de Latomou (fin du 5e s.). Son dessin – difficile à lire en raison des modifications apportées lors de la transformation de l'église en mosquée au 16e s. – annonce le plan cruciforme à coupole qui dominera l'architecture byzantine durant des siècles. Une gardienne vous ouvrira les portes du sanctuaire, où vous pourrez admirer une rare **mosaïque★** du 6e s. qui a échappé aux destructions des périodes iconoclaste (8e-9e s.) et ottomane : le Christ, jeune et imberbe, se tient assis sur un arc-en-ciel au-dessus des quatre fleuves du Paradis, entouré des animaux symboles des Évangélistes. À gauche, le prophète Ézéchiel, extatique, assiste au miracle, tandis qu'à droite le prophète Habacuc se recueille. Unique exemple de la peinture du 12e s. conservé à Thessalonique, les **fresques** de la Nativité et du Baptême préfigurent l'explosion picturale des deux siècles suivants. Revenue au culte orthodoxe en 1921, l'église est depuis consacrée à saint David de Thessalonique (5e-6e s.), l'un des patrons de la ville.

Monastère Vlatadon (Μονή Βλατάδων) C1

64 r. Eptapyrgiou - ✆ 23102 463 57 - 7h-11h, 17h30-20h - entrée libre.

Situé le long du rempart nord, ce monastère doit son nom à son fondateur, Dorotheos Vlatis, métropolite de Thessalonique au 14e s. Le catholicon, légèrement endommagé lors de sa brève transformation en mosquée (15e s.), est décoré de fresques originales, notamment une puissante représentation du **Christ Pantocrator** sur la coupole. Les bâtiments modernes du complexe abritent un centre d'études patristique réputé pour ses recherches sur les textes antiques des Pères grecs de l'Église. Dans l'agréable cour, à côté des tombes des higoumènes et de la volière où s'ébattent une dizaine de paons, un promontoire offre un beau panorama sur les jardins d'Ano Poli et toute la ville.

★ Église Agios Nikolaos Orfanos (Άγιος Νικόλαος Ορφανός) D2

1 r. Irodotou - ✆ 23102 144 97 - tlj sf lun. 8h30-14h45 -entrée libre.

En descendant le long du rempart est, au milieu d'un petit jardin arboré, cette église du 14e s. dédiée à « saint Nicolas des Orphelins » s'inscrivait dans un monastère dont subsistent les vestiges du propylée. Des deux côtés de l'espace central, où trône un templon en marbre, une jolie ouverture partagée par une colonne corinthienne communique avec la galerie. Chose rare à Thessalonique, l'église ne fut jamais convertie en mosquée, et elle garde, presque intactes, de remarquables **fresques**. Leur richesse chromatique, la puissance des compositions et le modelé des visages désignent un art parvenu à son apogée. Disposées par registres, elles couvrent une grande variété de thèmes : fêtes liturgiques, Passion, Résurrection et miracles du Christ, vie de la Vierge, vies de saint Nicolas et de saint Gerasimos de Céphalonie, Annonciation...

Musée Atatürk (Mousío Atatoúrk - Μουσείο Ατατούρκ) C2

151 r. Agiou Dimitriou - ✆ 23109 650 70 - tlj sf lun. 10h-17h - entrée libre.

En bas d'Ano Poli, le long du rempart est, cette belle demeure à encorbellement du 19e s. vit naître en 1881 Mustapha Kemal, dit Atatürk (1881-1938), fondateur de la Turquie moderne (1923). Aujourd'hui intégré au consulat turc, le musée n'abrite hélas presque aucun objet ayant appartenu à l'homme d'État – celui-ci n'a en fait jamais résidé ici.

À proximité Plan de ville p. 384-385

Autour du Musée ethnologique, flânez pour découvrir çà et là quelques belles villas. Elles appartenaient au quartier « des Campagnes » (en français), construit dans les années 1900 par de riches habitants de toutes confessions lors de la première extension de la ville en dehors des murailles.

★ Musée ethnologique (Ethnologikó Mousío - Εθνολογικό Μουσείο) D4 en direction

68 r. Vassilis Olgas (2 km au sud de la Tour blanche, 4 km au sud de la pl. Aristotélous) - ✆ 23108 89 840 - www.lemmth.gr - tlj sf jeu. 9h-15h50 (mer. 21h30) - 2 € - accès : bus 5, 6 et 33 (départ ttes les 5mn de la pl. Aristotélous).

Le musée est établi dans un grand hôtel particulier de style Art nouveau, connu sous le nom de **Villa Modiano**. Le bâtiment fut dessiné par Eli Modiano (à qui l'on doit les halles centrales) à son retour de Paris pour son père, le

Vue sur la ville de Thessalonique.
bortnikau/iStock

banquier Jacob (Yako) Modiano, et construit en 1906. Il servit de demeure au roi des Héllènes Constantin Ier en 1913, puis accueillit une école militaire. Depuis 1970, il héberge le Musée folklorique et ethnologique de Macédoine et de Thrace.

Au 1er étage, l'exposition se concentre sur les technologies préindustrielles des sociétés traditionnelles basées sur l'énergie hydraulique jusqu'au 20e s. Le 2e étage présente par régions l'habillement traditionnel (1860-1960), essentiellement des costumes de fêtes. Ainsi y voit-on des costumes de carnaval et les **vêtements des Sarakatsans**, bergers nomades des montagnes. Des expositions temporaires se déroulent au rez-de-chaussée et dans un bâtiment plus récent construit au cœur du **jardin**, un des plus charmants de Thessalonique.

Musée national d'Art contemporain (Kratiko Mousío Sinchronis Téchnis - Κρατικό Μουσείο Σύγχρονης Τέχνης) A1 en direction

21 r. Kolokotroni, à Stavroúpoli (3 km au nord-ouest de la pl. Aristotélous) - ☎ 23105 891 40/1 - www.greekstatemuseum.com - 10h-18h - fermé dim.-lun. et j. fériés - 3 € (-18 ans gratuit) - accès : bus 34 et 27 (départ ttes les 10mn de la pl. Aristotélous).

Le musée se trouve dans l'ancien **monastère des Lazaristes** *(Moní Lazaristón)*, construit en 1861 par la congrégation St-Vincent-de-Paul. D'abord transformé en orphelinat, le bâtiment servit ensuite d'asile aux réfugiés d'Asie Mineure puis comme hôpital. Il a été transformé en musée en 1997 et rassemble désormais plus de 1 200 peintures, dessins et installations avant-gardistes russes, provenant de la **collection Georges Costakis.** Vous y découvrirez des œuvres de **Malevitch**, Tatline, **Kandinsky**, Rodchenko, Rozanova… Un espace d'exposition est également dédié au port de Thessalonique. Le lieu abrite en outre un complexe culturel où se tient le Festival Moni Lazariston consacré au théâtre et à la musique (sept. - *www.monilazariston.gr).*

NOS ADRESSES À THESSALONIQUE

INFORMATIONS UTILES

Consulats

France – Hors plan - *27 r. Evzonon - ✆ 69368 898 58 (urgence 24h/24) - www.ambafrance-gr.org/-Consulat-Thessalonique. Bus : arrêt Evzonon.*

Belgique – AB2 - *8 r. Dodekanissou - ✆ 23105 381 57 et 2394 568 00 - diplomatie.belgium.be.*

Suisse – BC3 - *47 r. Leoforos Nikis - ✆ 23102 822 14- www.eda.admin.ch.*

Canada – Hors plan - *19 r. Kountouriotou - ✆ 23102 563 50 - www.canadainternational.gc.ca.*

Banques

Le centre-ville regorge de banques et de distributeurs.

National Bank of Greece – B3 - *6 r. Aristotélous - ✆ 23102 502 15.*

Police touristique

AB2 - *4 r. Dodekanissou - ✆ 23105 548 74/71.*

Poste

Poste centrale – B3 - *38 r. Vassileos Irakliou - ✆ 23102 774 34/23102 689 54 - 7h30-20h30, sam. 7h30-14h30, dim. 9h-13h30.*

Agences de voyages

InThessaloniki – *6 r. Ilektras - ✆ 69811 795 83 - www.inthessaloniki.com.* Cette agence est spécialisée dans les visites guidées de la ville et du nord de la Grèce. Site internet très riche en informations et application smartphone gratuite pour parcourir Thessalonique.

Zorpidis – *7 r. Egnatia - ✆ 23102 444 00 - www.zorpidis.gr.*

Mango Travel – *19 r. Kountouriotou - ✆ 23105 440 38 - www.taxidiotikografeio-thessaloniki.gr.*

ARRIVER/PARTIR

En avion

Aéroport de Thessalonique-Macédoine – *18 km au sud du centre-ville - ✆ 23109 850 00 - www.thessalonikiairport.com. Vols internationaux :* liaisons régulières avec les grandes villes européennes, dont Bruxelles-Charleroi et Paris-Beauvais ; nombreuses liaisons saisonnières, y compris au départ de Bruxelles-National, Genève, Mulhouse-Bâle et Paris (Orly et Charles-de-Gaulle). Vols domestiques : liaisons régulières avec Athènes, la Crète (Hania et Héraklion), Chios, Corfou, Irakia, Kalamata, Mytilène, Rhodes, Samos et Skyros ; saisonnières avec les îles.

Navette en bus – *24h/24 - 2 €.* La ligne X1 relie le centre-ville (durée 40mn), la gare ferroviaire et la gare routière KTEL Makedonia.

Taxi – Pour le centre-ville, comptez 15/20 €.

Aegean Airlines – *✆ 23104 764 70 - www.aegeanair.com.*

Olympic Air - *✆ 23104 088 88 - www.olympicair.com.*

Astra Airlines – *✆ 23104 893 92 - www.astra-airlines.gr.*

Easyjet – *www.easyjet.com.*

Transavia – *www.transavia.com.*

Ryanair – *www.ryanair.com.*

En train

Gare – A1 - *R. Monastiriou - ✆ 23105 175 17 - www.trainose.gr - ouv. 24h/24.* - guichets 6h-22h. Liaisons avec Athènes (7/j. durée 5h), Alexandroupoli, Komotini, Larissa, Volos….

TrainOSE – *18 pl. Aristotélous - ✆ 23105 981 26 - www.trainose.gr - lun.-vend. 8h-15h30. Informations et vente de billets.*

En bateau

Port – A3 - ✆ 23105 931 18 - *www.thpa.gr.* Liaisons en saison (de mi-juin à déb. sept.) en hydrofoil avec Skiathos, Skopelos et Alonissos, et en ferry vers les Cyclades et le Pirée.

En bus

La ville possède trois gares routières..

KTEL Makedonia – *244 r. Giannitson (4 km au nord-ouest du centre-ville) - ✆ 23105 954 00 - www.ktelmakedonia.gr.* Bus pour toute la Grèce (sf la Chalcidique) : Athènes (11/j.), Veroia (lun.-vend. 15/j.), Naoussa (lun.-vend. 15/j.), Kavala (15/j.), Xanthi (9/j.), Larissa (9/j.), Igoumenitsa (2/j.), Kastoria (6/j.), Corfou (2/j.), Zante (2/sem.), etc. Liaisons internationales : Albanie, Macédoine du Nord, Bulgarie, Turquie, etc.

KTEL Chalkidikis – À Pilea, *8 km au sud du centre-ville, sur la rte nationale en dir. de la Chalcidique - ✆ 23103 165 65* - www.ktel-chalkidikis.gr. Liaisons pour la Chalcidique.

KTEL Monastiriou – *R. Monastiriou, devant la gare ferroviaire - ✆ 23105 001 11 - ktelthes.gr.* Bus pour Athènes seult.

TRANSPORTS

En bus

Organisme des transports urbains de Thessalonique (OASTH) – ✆ 23109 811 00 - *www.oasth.gr - ticket AS 1 € - avec 2 correp. 1,20 € (valable 1h10), 3 corresp. 1,50 € (1h30) ou 4 corresp. 2 € (2h).* Les 80 lignes de bus desservent la ville et la périphérie, dont 37 lignes urbaines (5h-23h pour la plupart) et 1 ligne de nuit (X1). Les tickets s'achètent dans les kiosques (periptera) et dans les bus (distributeurs automatiques, faire l'appoint). 3 lignes de métro, en travaux depuis 2006, doivent ouvrir pour 2020 (se rens.).

Circuit culturel : la ligne 50 « On the Go ! » du réseau OASTH relie la Tour blanche au quartier d'Ano Poli avec commentaires en anglais (juin-sept. : 14 bus/j. partant à heure fixe de 8h à 20h - reste de l'année : 8 bus/j. de 9h à 16h - 2 €).

En taxi

Les taxis (bleus) sont nombreux. Principales stations : r. Egnatia (B2) et r. Mitropoleos et Tsimiski, au niveau de la pl. Aristotélous (B3).

Makedonia – *✆ 23105 505 00.*

Lefkos Pyrgos – *✆ 23102 461 04.*

Taxiway – *✆ 18300, 69890 183 00.*

En voiture

Mieux vaut éviter de se déplacer en voiture : bouchons endémiques, stationnement payant et souvent compliqué.

Parkings souterrains – Près de la mairie (r. 3 Septemvriou), au Helexpo (r. 3 Septemvriou) ou près de la pl. Aristotélous (31-33 r. Mitropoleos). Tarifs : 1re h 4 €, 2e h 2 €, puis 2 € ttes les 2h.

Avis – *5 r. Papandreou - ✆ 23108 881 00 ; aéroport - ✆ 23104 738 58 - www.avis.com.*

Hertz – *4 r. Salaminos - ✆ 23105 285 25 - 130, rue Georgikis Scholis - ✆ 23104 762 70 ; aéroport - ✆ 23104 739 52 - www.hertz.gr.*

En bateau

Thessaloniki Waterways – *thessalonikiwaterways.gr - juin-sept. : départs du port et de la Tour blanche - 4 € - trajet 1h.* Une douzaine de rotations par jour avec les plages les plus proches (Nei Epivates et Perea).

À vélo

ThessBike – ✆ 69780 081 41 - *www.thessbike.gr* - Location de deux-roues et système de vélos partagés (iBike) avec 7 stations le long du front de mer.

HÉBERGEMENT

Les hôtels se concentrent autour de la bruyante rue Egnatia (B2) et près de la place Aristotélous (B3).

PREMIER PRIX

20 **Hostel Arabas** – B1 - *28 r. Sahtouri - ✆ 231 551 4511 - ✆ 231 556 9444 - http://hostelarabas.gr - 12 ch. 12/36 € par pers. ou 44/55 € pour deux* ☕. Dortoirs et chambres doubles, cuisine commune.

14 **Little Big House** – D2 - *24 r. Andokidou - ✆ 231 301 4323 - www.littlebighouse.gr - 17/19 €/pers. en dortoir ou 48 € pour une chambre double.* Cette élégante auberge de jeunesse propose des chambres cosy pour 2, 4 ou 6 pers., et cuisine équipée.

13 **ABC Hotel** – C3 - *41 r. Aggelaki - ✆ 231 026 5421 - www.hotelabc.gr - 100 ch. 60/85 €* ☕. Malgré des chambres petites et un peu vétustes, cet hôtel satisfera les petits budgets souhaitant loger près des grands musées et de la Tour blanche, où l'offre est rare.

10 **Amalia** – B2 - *33 r. Ermou - ✆ 231 026 8321 - www.hotelamalia.gr - P - 66 ch. 60/65 €* ☕. Si le bâtiment manque de charme, le voyageur sera comblé par l'accueil professionnel et la situation, à deux pas de la place Aristotélous et du marché Modiano.

2 **Augustos** – B2 - *4 r. Eleni Svoronou - ✆ 231 052 2550 - www.augustos.gr - 14 ch. 60/80 €* ☕. Derrière sa belle façade 1920, cet hôtel traditionnel abrite des chambres correctes, pour certaines avec commodités à l'étage (meilleur marché), mais toutes bien tenues et décorées avec goût.

17 **Orestias Kastoria** – C2 - *14 r. Agnostou Stratioti - ✆ 231 027 6517 - www.okhotel.gr - 37 ch. 60 €* ☕. L'hôtel occupe un joli bâtiment classé, à deux pas de l'église byzantine de St. Demetrios et avec vue sur le site archéologique de l'Agora romaine.

BUDGET MOYEN

12 **Hôtel Plaza** – A2 - *5 r. Pangaiou - ✆ 231 052 0120 - www.hotelplaza.gr - 40 ch. 63/113 €* ☕. Dans le quartier de Ladadika, un city hôtel de 40 chambres et suites chaleureuses. d'un bon rapport qualité/prix.

4 **Colors Central Ladadika** – B2 - *1 r. Oplopiou & Katouni - ✆ 231 600 7676 - www.colorscentral.gr - 12 ch. 66/75 €* ☕. Dans le quartier animé de Ladadika, avec ses tavernes et cafés, et à deux pas du port, ce nouvel hôtel joue la carte des aplats de couleurs vives et d'une décoration minimaliste.

11 **Hôtel Olympia** – C2 - *65 r. Olympou - ✆ 231 036 6466 - www.hotelolympia.gr - P - 97 ch. 72/83 €* ☕ - ✕. Idéalement situé dans une rue calme à proximité de l'Agora romaine, l'établissement a pris possession depuis les années 1960 des bâtiments d'anciens bains et hammam des années 1930. Petit-déjeuner buffet très copieux, bar et restaurant ouverts tard.

POUR SE FAIRE PLAISIR

8 **Egnatia Palace** – C2 - *61 r. Egnatias - ✆ 231 022 2900 - www.egnatiapalace.gr - 32 ch. et 11 suites 66/85 €* ☕. Donnant sur la principale rue de la ville, un hôtel Art déco, avec piscine et Spa. Les chambres classiques restent un peu petites. En hiver, demandez la chambre avec cheminée.

15 **Luxembourg** – B3 - *6 r. Komninon - ✆ 231 025 2600 - www.hotelluxembourg.gr - 41 ch. 80/97 €* ☕. Un hôtel idéalement situé non loin du front de mer et installé dans un bel immeuble Art déco restauré. Les chambres au

mobilier classique, avec plancher ou carreaux de faïence au sol, ont pour certaines un lit à baldaquin. L'un des établissements les moins chers du quartier dans sa catégorie.

3 **City Hotel** – B2 - *11 r. Komninon - ✆ 231 026 9421 - www.cityhotel.gr - 125 ch. 75/110 €* ☕ - 🍴. Les papiers peints façon trompe-l'œil (murs de pierre, cascade de plantes…) et les coussins, rideaux, dessus-de-lit verts ou aux motifs floraux créent une atmosphère de fraîcheur. Comme en pleine nature mais au cœur de la ville, cet hôtel moderne possède aussi un centre de fitness et un Spa…

UNE FOLIE

9 **Electra Palace Hotel** – B3 - *9 pl. Aristotélous - ✆ 231 029 4000 - www.electrahotels.gr - 🏊 - 130 ch. et 8 suites 145/180 €* ☕ - 🍴. Unique par sa situation et son élégante façade de style byzantin, cet hôtel propose tout le confort souhaité. Le personnel, très professionnel, parle français. Préférez les chambres en étage avec vue sur la place et le front de mer. Piscines d'été et d'hiver, bar panoramique.

6 **Daios** – C3 - *59 r. Leoforos Nikis - ✆ 231 025 0200 - www.daioshotels.com - 148/170 €* ☕ - 🍴. Situé au bord de la mer, près de la Tour blanche, cet hôtel de construction moderne se donne des airs de paquebot. Demandez une chambre avec vue sur le golfe de Thermaïkos et partez en croisière… Petit-déjeuner buffet et cuisine méditerranéenne et internationale.

22 **The Excelsior** – B3 - *10 r. Komninon & 23 r. Mitropoleos - ✆ 231 002 1020 - www.excelsiorhotel.gr - 24 ch. 125/145 €* ☕. Un hôtel de luxe à deux pas de la place Aristotélous installé dans un magnifique bâtiment du début 20e s. Décoration raffinée et prestations à la hauteur des tarifs. Petit-déjeuner sur le roof garden.

À proximité

PREMIER PRIX

Retzikas – Hors plan - *✆ 2392 044786 - www.retzikas.gr - 13 €/pers., 45 € pour un bungalow.* Des options diverses (chambres, bungalows ou camping) dans la région d'Epanomi.

RESTAURATION

Capitale gastronomique du pays, Thessalonique offre un large choix de restaurants, en tout genre et pour tous les budgets. C'est autour ou dans le **marché couvert** (B2) et dans la ville haute, en particulier **rue Papadopoulou** (C1), que vous trouverez les ambiances les plus populaires et les prix les plus raisonnables. Dans le quartier de **Ladadika** (A-B2), à l'ouest de la place Elefthérias, les anciens ateliers et entrepôts ont été transformés en restaurants ou bars. Les étudiants se retrouvent aux terrasses du **Bit Bazar** (B2), ancien marché à ciel ouvert datant de 1928 (accès par le 72 r. Venizelou ou le 74 r. Olympiou).

PREMIER PRIX

Giótis – hors plan - *Mark. Mpotsari 150 - ✆ 231 094 3666 - tlj 11h-2h - gyros 2,50 €.* Perdu dans les quartiers sud, ce psitopolío est réputé préparer le meilleur gýros de Thessalonique. On peut se faire livrer quelques-uns de ces merveilleux petits sandwichs pita à la viande de porc fondante.

7 **Rediviva** – B2 - *70 r. Papadopoulou - ✆ 231 306 7400 - www.facebook.com/rediviva.thess - tlj 13h-23h - 15 €.* Cette coopérative, avec son agréable terrasse, propose une carte savoureuse et originale, avec plats aux influences méditerranéennes. Produits locaux, souvent bio.

2 To Ínglis – D2 - *32 r. Irodotou - tlj 12h-22h - 15 €.* La taverne classique d'Ano Poli (1914), est aujourd'hui dirigée par une jeune équipe. Dans un cadre adorablement vieillot ou sous la tonnelle, on savoure des plats soignés aux arômes d'Anatolie.

BUDGET MOYEN

11 To Metéoro Víma tis Garídas – B2 - *31 r. V. Irakliou - dans le marché Modiano - ✆ 231 027 9867 - tlj 11h30-15h - env. 12/15 €.* Avec son nom en forme d'hommage à Theo Angelopoulos (« Le pas supendu de la… crevette » !), cette psarotavérna propose des poissons extra-frais et – parfois –des concerts de rebetiko.

1 Tsaroúchas – C2 - *78 r. Olympou - ✆ 231 027 1621 - tlj 24h/24 - 15 €.* Fondé en 1952, Tsarouchas est une institution. Si la déco est devenue un peu trop pimpante, on y sert toujours la soupe de tripes (patsás). Les soutzoukákia (boulettes de viande à la sauce au vin) et les lachanodolmádes (feuilles de chou farcies) restent parmi les meilleures du pays.

9 Tícho Tícho – D1 - *1 r. Polidorout - ✆ 231 024 5351 - tlj 10h-2h.* Mezzebar branché d'Ano Poli, avec vue sur la muraille (tícho) et la mer.

6 Inochós – C2 - *39 r. K. Melenikou - ✆ 231 020 6863 - tlj 13h-1h - 20 €.* Près de la Rotonde, le « sommelier » porte bien son nom avec un large choix de vins, dont certains assez rares. Cuisine grecque classique, nappes blanches et soirées musicales.

8 Sébriko – A2 - *2 r. Fragon - ✆ 231 055 7513 - tlj sf lun. 13h-0h - 15 €.* Des spécialités crétoises et de toute la Grèce sublimées par un collectif de chefs bien inspiré. Fromages, charcuteries ou pâtes sont aussi en vente sur place.

3 Néa Foliá – C2 - *4 r. Aristomenous - ✆ 231 096 0383 - tlj 13h-23h - 15 €.* Cette vieille ouzerie à la devanture fatiguée propose des mezzes au goût d'antan présentés avec chic.

POUR SE FAIRE PLAISIR

4 Mourga – C2 - *12 r. Christopoulou - 546 35 Thessaloniki - ✆ 231 026 8826 - tlj 13h-23h - 20 €.* Passé par les meilleurs restaurants de poisson de la ville, Ioannis Loukakis propose une cuisine de la mer au sommet de la vague : bar frit aux tomates fraîches, espadon et riz à l'encre de seiche, fava aux algues, etc. Rançon du succès, la petite salle, dénuée de toute décoration, est souvent bondée. Le mieux : venir le midi, en semaine, pour s'attabler devant les fourneaux.

5 Opsopión Manganíai – C4 - *5 r. Emiliou Riadi - ✆ 231 088 9699 - www.maganie.gr - mar.-sam. 14h-23h, dim. 14h-17h30 - fermé lun. - 25/35 €.* Situé à deux pas des Parapluies, ce restaurant semi-gastro revisite avec bonheur les classiques grecs. Mention particulière pour les viandes grillées et les salades, d'une finesse incroyable. La cave est à l'avenant avec de superbes rouges bio du mont Athos. Cadre intimiste et service soigné. Réservation indispensable.

BOIRE UN VERRE

En saison, des « bateaux-bars » proposent des balades dans le golfe de Thermaïkos (30mn) au départ de la Tour blanche.

De Facto – *19 r. Pavlou Mela - ✆ 231 026 3674 - 8h30-3h du matin.* Ce café classique, avec un petit air français, du centre-ville est une référence depuis trente ans. Service de qualité, expositions de peinture ou de photographie, magazines culturels à disposition attirent une clientèle raffinée. La musique résonne jusque tard la nuit.

Kitchen Bar – *Sur le port - ✆ 231 050 2241 - 9h-2h.* Dans un ancien entrepôt du port, ce bar-restaurant offre une vue magnifique sur la baie.

ACHATS

Marché Modiano – *28. V. Irakliou - 9h-13h, 5h-21h, sam. 5h-21h, dim. 8h-15h.* Un peu à l'abandon, les halles abritent encore de bons poissonniers et torréfacteurs. Tout autour, des échoppes vendent miel, herbes, olives et confitures (voir p. 393).

Antiquités – À dénicher dans le fameux Bit Bazar (B2) ainsi que dans les rues Karmpola, Venizelou, Olympou et Tositsa.

Ianos – B3 - *7 pl. Aristotélous - ✆ 231 027 7004.* Un vaste choix de magazines et de livres d'art ou d'histoire, en anglais et en français.

EN SOIRÉE

Le soir, la population déambule sur le front de mer..

Bars, cafés

On the Road – *61 r. Nikis - ✆ 231 027 1240.* Un des plus anciens cafés de la ville se distingue par son décor en bois de style bateau et sa vue sur les flots. Il donne l'impression d'être en pleine mer.

Tésseris Epochés – *2 r. Païkou - ✆ 231 054 0913 - tlj 11h-5h (dim. 11h-0h).* Le jour, le « 4 Saisons », attire les artistes venus boire un café, un tsipouro, ou grignoter de délicieux mezzes. La nuit, on y danse aussi bien sur du rebetiko que du reggae ou du rock.

O Koukouvágia – *1 r. Peloponissou - ✆ 231 301 0892 - tlj 12h-3h (dim. 12h-0h).* Le bar « le hibou » organise expos, concerts et happenings. On y sert raki, tsipouro, bières et autres boissons de petits producteurs.

Bord de l'Eau – *45 r. Egnatia - ✆ 231 052 0911 - www.bdl.gr - galerie : lun.-vend. 11h-15h, 17h-21h, sam. 11h-18h - bar : tlj 11h-3h.* Cette galerie d'objets design abrite la Drink Room, un bar où passent les meilleurs DJ de la très créative scène electro de Thessalonique.

AGENDA

L'Institut français est partenaire de nombreux événements culturels (à suivre sur www.ift.gr).

Foire internationale de Thessalonique – *Helexpo, 154 r. Egnatia - tif.helexpo.gr -10 j. en sept.* C'est LE grand rendez-vous économique du pays depuis 1926.

Dimitria – *Le 26 octobre. Fête et jour férié local* en l'honneur du patron de la ville, saint Démétrios. Concerts, pièces de théâtre…

Festival international du film – www.filmfestival.gr - 10 j. *déb. nov.* Créé en 1960, c'est le plus grand festival de cinéma du pays. Dirigé par la Française Élise Jalladeau depuis 2016, il se déroule dans les belles salles de l'Olympion (pl. Aristotélous) et sur le port.

Festival du documentaire – tdf.filmfestival.gr - *10 j. en mars. Festival international* créé en 1999.

Le mont Olympe

(Όρος Όλυμπος)

★

Dion (Δίον) ★★

1 424 habitants - Région de Macédoine centrale - Unité régionale de Piéria

Si la plupart des touristes se ruent vers les stations balnéaires de la région, un nombre croissant de randonneurs part chaque année à l'assaut du point culminant du pays, le mont Mitikas ou mont Olympe, 2 917 m d'altitude, en quête d'une nature sauvage, de somptueux panoramas… et, peut-être, de quelques fragments d'éternité à voler aux dieux. Les passionnés de vieilles pierres, quant à eux, trouveront leur bonheur dans les rues de marbre de la paisible Dion, étendue au pied de la demeure céleste de Zeus.

NOS ADRESSES PAGE 415
Hébergement, restauration, achats, activités, etc.

S'INFORMER

Sites Internet – *www.dion-olympos.gr (site officiel de Litohoro, en anglais) ; www.olympusfd.gr (site du Parc national, en anglais).*

SE REPÉRER

Carte de région B2 (p. 380) et plan du site de Dion (p. 412).

À NE PAS MANQUER

Le site de Dion, en particulier la villa de Dionysos, le sanctuaire d'Isis et le musée.

ORGANISER SON TEMPS

Comptez trois jours en tout si vous faites l'ascension avec une nuit en refuge.

Découvrir Plan du site de Dion p. 412

★★ DION, LA CITÉ DE ZEUS (ΔΙΟΝ ΠΙΕΡΙΑΣ)

Comptez 3h de visite.

À l'est du village de Dio-Olympos, le long de la route entre Karitsa et Platanakia - ☏ 23510 478 83 (site archéologique) - www.ancientdion.org - avr.-oct. : tlj 8h-18h reste de l'année : 8h-15h - billet combiné avec le musée archéologique de Dion 8 € (-18 ans gratuit), gratuit 1er dim. du mois en nov.-mars.

Le nom de Dion, dérivé de Dios (Zeus), exprime le glorieux patronage de la cité, qui fit son entrée dans l'Histoire sous le règne d'Archélaos de Macédoine (413-399 av. J.-C.). Celui-ci instaure des festivités qui, chaque année, réunissent pendant neuf jours les meilleurs athlètes et comédiens du monde grec. Plus qu'une ville, Dion se révèle un lieu de pèlerinage renommé durant toute l'Antiquité. Les rois macédoniens y célèbrent leurs victoires, ou viennent y chercher la protection des dieux, tel Alexandre à la veille de sa campagne d'Asie. Dévastée par les Étoliens sous Philippe V, Dion est rapidement reconstruite. L'arrivée du consul romain Philippus (169 av. J.-C.) marque le début d'une longue ère de prospérité. Celle-ci s'achève au 4e s. apr. J.-C. avec la mise à sac par les Ostrogoths. Commencées en 1928, les fouilles ont été menées de manière systématique à partir des années 1970 et elles se poursuivent aujourd'hui.

Le mont Olympe.
Georgios Alexandris/iStock

Dans les ruines de la cité

Les nombreux vestiges dispersés à l'ombre de l'Olympe évoquent encore le faste de cette petite cité qu'honorèrent tous les grands rois de Macédoine.

De l'entrée du site, une allée mène d'abord aux **remparts de Cassandre** (4e s. av. J.-C.), reconstruits plusieurs fois, qui ne protègent plus qu'un champ de ruines quadrillé de rues dallées.

Une fois à l'intérieur de l'enceinte, on rejoint à gauche les grands **thermes romains** (vers 200 apr. J.-C.), précédés d'une rangée de boutiques. Friands des bienfaits du bain et des loisirs qui l'accompagnent, les Macédoniens y passaient volontiers des journées entières, à se délasser ou à pratiquer quelque sport, à converser ou même à prier. Les thermes, reconnaissables aux piles de brique du chauffage par hypocauste, étaient dallés de marbre, tandis que les autres pièces étaient décorées de riches mosaïques.

Tout proche, le petit **odéon**, dédié aux concerts et aux lectures publiques, accueillait probablement aussi les réunions du Conseil de la cité. Le parcours longe ensuite les fondations d'une **basilique paléochrétienne** épiscopale (4e s.), qui conserve d'intéressants pavements de mosaïques.

De retour vers la rue principale, vous apercevrez en chemin les ruines de la **maison Euboulos**, parée de beaux sols en mosaïques. Ne manquez pas non plus, au croisement avec la rue à droite, le mur incrusté de **bas-reliefs** alternant bustes et boucliers (4e s. av. J.-C.).

Mais la curiosité majeure de Dion est assurément la fastueuse **villa de Dionysos★** *(parvenu à la rue principale, tournez à gauche par le sentier)*, véritable complexe comprenant plusieurs îlots d'habitations accompagnés de boutiques, d'une salle de banquets, d'un temple, de divers atriums, d'une bibliothèque et de bains. Bâtie vers 200 apr. J.-C., elle fut sans doute détruite lors d'un séisme, mais on en lit encore très clairement le plan au sol, grâce à ses fondations exhumées. La villa a également livré plusieurs statues, l'œuvre majeure restant la magnifique **mosaïque de pavement★★★** de la salle de banquets : elle représente Dionysos émergeant des flots, debout sur un char

LES JEUX DES MUSES

En décidant que durant neuf jours, Dion rendrait hommage à Zeus, le roi des dieux, et aux Muses, **Archélaos** donna à sa ville une place de première importance au cœur de la Macédoine. Chaque journée était consacrée à la célébration d'une des neuf Muses, filles de Zeus et de Mnémosyne (la Mémoire) : Calliope (l'Éloquence), Clio (l'Histoire), Polymnie (la Poésie lyrique), Euterpe (la Musique), Terpsichore (la Danse), Érato (l'Élégie), Melpomène (la Tragédie), Thalie (la Comédie) et Uranie (l'Astronomie). Protecteur des arts, le roi Archélaos accueillit également le tragédien Euripide à sa cour.

tiré par deux panthères et deux centaures. Six panneaux figurant des masques rehaussent la composition, dont un étonnant satyre.

Des dieux et des jeux

À l'extérieur de l'enceinte, dans le prolongement de la rue principale, s'étalent les ruines du **temple de Déméter**, le plus ancien sanctuaire macédonien connu, en activité du 6e s. av. J.-C. au 4e s. de notre ère. À la saison des semences, de grandes fêtes nocturnes y célébraient la déesse des Céréales et sa fille Perséphone.

Une grande poésie émane du **sanctuaire d'Isis**, envahi par les eaux d'où émergent, telle une végétation de pierre, quelques colonnes et autels. Initialement dédié à Artémis, déesse de la Fécondité, il fut reconstruit sous les empereurs Sévère (2e s. apr. J.-C.) pour servir le culte d'Isis, déesse égyptienne, avant de s'effondrer lors d'un séisme (4e s.). Sa mise au jour nécessita d'importants travaux de drainage.

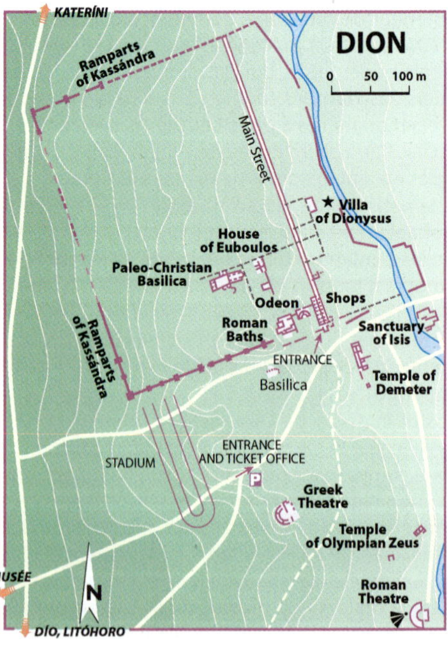

Une allée processionnelle conduit d'abord au **sanctuaire d'Isis Lochia**, précédé d'un autel. Une élégante colonnade habillait sa façade (il en reste les bases), tandis que deux petits temples secondaires le flanquaient, l'un consacré à Éros (à gauche), l'autre à Aphrodite Hippolympidia (à droite), où trône la copie d'une statue exposée au musée.

Le quatrième sanctuaire, posté en avant des autres (à gauche), recèle une source sacrée placée sous la garde d'**Isis Tyché**, déesse de la Fortune, dont la statue a été retrouvée encore debout sur son piédestal.

Revenez au temple de Déméter et poursuivez la visite vers le sud. Le long de l'allée pavée gisent les ruines du **temple de Zeus olympien★★** *(fouilles achevées)*, où Alexandre le Grand rendit hommage au dieu avant de partir à la conquête de l'Asie. Plus loin se déploie le petit théâtre romain (2e s. apr. J.-C.), restauré, d'où l'on jouit d'une **vue★★** superbe sur l'Olympe.

Le **théâtre grec** *(en revenant vers le parking)* ne conserve qu'une rangée de gradins en pierre; ceux en bois ont été ajoutés pour les besoins du festival de l'Olympe). D'après les textes anciens, les esprits des mondes enfouis – les Enfers – émergeaient à la surface par l'« échelle de Charon », un passage souterrain conduisant de la scène à l'orchestra.

Musée archéologique de Dion

Eparchiaki Odos Katerinis *(dans le village) - ✆ 23520 532 06 - www.ancientdion.org - avr.-oct. : 8h-15h; reste de l'année : 8h30-15h - fermé lun. - billet combiné avec le site archéologique 8 € (-18 ans gratuit), gratuit 1er dim. du mois en nov.-mars - comptez 1h de visite.*

Au rez-de-chaussée, vous découvrirez toutes les richesses provenant des divers sanctuaires et bâtiments publics de l'antique cité. Les grands bains, notamment, ont livré une rare série de statues représentant les **six enfants d'Asclépios★** (Esculape). Du sanctuaire d'Isis proviennent une statue de la déesse ainsi que le curieux socle d'un portrait en pied de Cassandre – plaque gravée d'empreintes de pieds dédiée à Aphrodite. Le temple de Déméter s'illustre quant à lui par plusieurs têtes en marbre de la déesse et d'Aphrodite, accompagnées de figurines en terre cuite, de bijoux et d'un vase sacré en verre. De nombreux objets d'art ont également été retrouvés dans les autres sanctuaires du site – statues **d'Hygie★★**, de Némésis et de Médée –, et dans les nécropoles de Dion, en particulier une stèle du 5e s. av. J.-C. figurant avec beaucoup de sensibilité une **mère et son enfant★★★**.

Deux autres salles couvrent l'ère paléochrétienne. Mais attardez-vous plutôt à l'étage, où sont exposés, outre des bronzes, des stèles funéraires, des statues de philosophes et des céramiques, un très rare **orgue hydraulique★★★** en bronze du 1er s. av. J.-C.

La visite s'achève au sous-sol, consacré à la vie quotidienne (monnaies, amphores, mobilier) et aux techniques de la sculpture et de la mosaïque, cette dernière étant illustrée par de remarquables **mosaïques romaines**.

LE PANTHÉON OLYMPIEN

Après avoir vaincu les Titans, puis les Géants et Typhon, les dieux élurent domicile au mont Olympe, caché à la vue des hommes par les nuages. Dans ce nid d'aigle à leur mesure, Héra, Poséidon, Hadès, Athéna, Apollon, Aphrodite, Artémis, Arès, Héphaïstos, Hermès, Hestia, Déméter et Dionysos tenaient conseil sous la présidence suprême de Zeus. C'est là que, entre deux festins animés par le chant des Muses, ils décidaient du sort des héros et des mortels, pions sur un échiquier céleste.

À voir aussi Carte de région p. 380-381

MONT OLYMPE (ΟΡΟΣ ΟΛΥΜΠΟΣ) B2

Au sud de Katerini, des stations balnéaires jalonnent la côte jusqu'à **Platamonas★** *(à 35 km)* – la plus importante –, placée sous la protection d'une **forteresse** bâtie par les croisés (1204).

Dominée par le majestueux mont Olympe, la région livre son charme à mesure que l'on remonte les gorges de l'Enipéas *(voir plus loin)*. À cheval sur la Macédoine et la Thessalie, le massif de l'Olympe ne compte pas moins de neuf sommets dépassant 2600 m. Si les lions qui peuplaient ses forêts à l'époque antique ont depuis longtemps disparu, la région reste un biotope exceptionnel – d'ailleurs protégé –, qui ravira les randonneurs amoureux de nature. On y trouve aussi la station de ski d'Elatohori (ou Elatochori).

Accroché au flanc sud de la montagne, à 300 m d'altitude, le gros bourg de **Litohoro** constitue un excellent point de départ pour explorer le massif. Avant l'ascension, prenez le temps de vous balader entre ses maisons de pierre grise, à partir d'Agiou Nikolaou (la rue principale), jusqu'à la **platia Kentriki**, place la plus animée. Cependant, le tourisme a beaucoup altéré son authenticité.

À l'assaut du domaine des dieux

Comptez 2 jours minimum d'ascension, avec 1 nuit en refuge.

Réalisée pour la première fois en 1913, cette ascension ne présente aucune difficulté technique, mais elle requiert une bonne condition physique. Prenez garde aux brusques changements de temps et prévoyez des vêtements chauds ainsi qu'une protection contre le soleil.

De Litohoro, plusieurs routes s'offrent à vous, mais celle de Priona *(à 18 km de Litohoro ; en voiture ou en taxi par une route forestière en partie asphaltée)* présente tous les avantages. Deux kilomètres avant l'arrivée, un chemin sur la gauche conduit au **monastère d'Agios Dionysios** (16e s.), reconstruit après sa destruction par les Turcs (1828), puis par les Allemands (1942) qui y soupçonnaient la présence de résistants.

Les plus courageux opteront pour la remontée aisée des **gorges de l'Enipéas★★** à pied *(4h de marche à partir de Litohoro ; les autres rejoindront en voiture le point de départ de la randonnée)*, encaissées entre deux hautes murailles hérissées de sapins.

Arrivé à **Priona**, village perché à 1 100 m d'altitude, à la lisière du Parc national, vous pourrez profiter du restaurant avant d'entamer l'ascension proprement dite. Suivez le sentier jusqu'au **refuge de Spilios Agapitos** (3h), à 2 100 m d'altitude. De là, rejoignez le **plateau des Muses** (3h), où vous trouverez le **refuge C** puis celui de l'**EOS**. La dernière partie de la montée vers le sommet est plus éprouvante, le terrain devenant plus raide et rocailleux. Mais vous serez largement récompensé de vos efforts par l'admirable **panorama★★★**.

NOS ADRESSES AU MONT OLYMPE

INFORMATIONS UTILES

Litohoro

Banque – Distributeur sur la place Kentriki.

Poste/téléphone – *À gauche de la place Kentriki - ✆ 23520 842 22.*

ARRIVER/PARTIR

En train

Gare de Katerini - *✆ 23510 237 09.* La liaison Thessalonique-Athènes passe par Katerini (8 trains), Plaka et Leptokaria (4 trains). De là, prendre un bus pour Litohoro.

En bus

Terminus de Katerini – *✆ 23520 233 13 - www.ktelpierias.gr.*

Terminus de Dion – Liaisons avec Katerini (ttes les h, durée 20mn).

Terminus de Litohoro – *En face du poste de police - ✆ 23520 812 71.* Liaisons avec Katerini (ttes les h, de 5h30 à 21h30, durée 20mn), Thessalonique (ttes les h, durée 1h30) et Athènes (3/j., durée 5h30).

TRANSPORTS

En taxi

✆ 23520 823 33.

HÉBERGEMENT

Dion

Dion possède un hôtel et plusieurs restaurants, mais mieux vaut dormir sur la côte, ou à **Litohoro**, pour être plus près du mont Olympe et profiter du cadre, bien plus beau.

Litohoro

En général, le petit-déjeuner n'est pas compris. Durant la saison estivale, il est conseillé de réserver.

BUDGET MOYEN

Papanikolaou Guest House – *1 r. Kitrous - fléché depuis la rue qui monte de la pl. Kentriki - ✆ 2352 081236 - www.xenonas-papanikolaou.gr - 18 ch. 60 €.* Les chambres, claires et spacieuses, équipées d'une kitchenette, sont réparties dans deux agréables maisons hautes, entourées d'arbres et de fleurs. Balcon ou terrasse pour chaque chambre avec vue sur les montagnes et le village. Accueil sympathique. Excellent rapport qualité/prix.

Enipeas – *2 r. Enipéos - ✆ 2352 084328 - http://hotel-enipeas.gr - 20 ch. 65/80 €* ☕. Un établissement familial, calme, qui bénéficie d'une belle vue sur le mont Olympe. Petit-déjeuner en option sur la terrasse qui domine la place.

Arhontiko Aphrodite – *Pl. Kentriki - ✆ 2352 081415 - www.arhontiko-aphrodite.gr - 25 ch. 55/80 €* ☕. Un hôtel cosy et très bien tenu, en retrait de la place Kentriki. Chambres claires et confortables, au mobilier classique. Certaines ont vue sur la montagne.

Mirto Hotel – *5 r. A. Nikolaou - à droite sur la rue principale, juste avant la place centrale - ✆ 2352 081398 - www.hotelmirto.gr - 31 ch. 50/60 €* ☕. Des chambres claires et bien tenues, avec balcon donnant sur la montagne. Joli salon lambrissé sous les toits. Une bonne adresse.

Villa Pantheon – *Prenez la route qui monte de la pl. Kentriki, puis suivez les panneaux - ✆ 2352 083931 - www.villapantheon.gr - 12 ch. 65/75 €* ☕. Installé dans une bâtisse blanche visible du village, cet hôtel propose des chambres avec balcon, d'un confort et d'un entretien impeccables.

Le mont Olympe

PREMIER PRIX

Refuge A « Spilios Agapitos » – *☎ 2352 081800 - www.mountolympus.gr - 110 places 15 €/pers -* ✕. Le refuge de Maria Zolota ouvre de la mi-mai à fin oct., de 6h à 22h. Réservation souhaitée.

RESTAURATION

Litohoro

PREMIER PRIX

To Pazari – *R. 28 Oktovriou - ☎ 2352 082540 - 15 €.* Une petite taverne qui propose viandes grillées et poissons.

Olympos – *Pl. Kentriki - ☎ 2352 084282 - 10/15 €.* Une cuisine sans surprise mais servie dans un cadre agréable, avec une vue magnifique sur la montagne.

ACTIVITÉS

Ski

Station d'Elatohori – *37 km au nord-est de Dion - ☎ 2331 092092 - www.elatohori-ski.gr.* Comptant 7 pistes et 5 remontées mécaniques, cette station de ski est généralement ouverte de décembre à mars.

Randonnée

EOS – *À droite après le poste de police (au bout du chemin après le parking) - ☎ 2352 082444.* Cet organisme gère plusieurs refuges et fournit un grand nombre d'informations sur le mont Olympe.

AGENDA

Festival de l'Olympe – *Juil.-août - festivalolympou.gr.* Représentations théâtrales et concerts à Dion, à Katerini et dans le château de Platamonas.

Randonneur sur le Mont Olympe.
L. Montico/hemis.fr

Vergina

(Βεργίνα)

★★★

Véroia (Βέροια) et Lefkadia ★★ (Λευκάδια)

Région de Macédoine centrale - Unité régionale d'Imathia

Aux confins de la plaine macédonienne occidentale, dominée par la haute silhouette du mont Vermio (2 052 m), s'étend un large paysage de vignes et de vergers. Mais, au-delà de sa beauté, la région invite surtout à un fascinant voyage à travers l'histoire antique : cachés au regard des hommes pendant plus de deux millénaires, les nobles tombeaux de Vergina et de Lefkadia offrent aujourd'hui l'une des plus fortes évocations de la civilisation macédonienne et de sa splendeur. Riche en églises byzantines et en vieilles demeures ottomanes, Véroia mérite beaucoup plus qu'une simple étape. Edessa offre un point de départ agréable pour rayonner dans la région, sur les traces du grand Philippe II de Macédoine et de la non moins légendaire école d'Aristote.

NOS ADRESSES PAGE 421
Hébergement, restauration, achats, activités, etc.

S'INFORMER

Site Internet – *whc.unesco.org/fr/list/780 (site officiel de l'Unesco, en français).*

SE REPÉRER

Carte de région B2 (p. 380).

À NE PAS MANQUER

Le musée de Vergina ; les églises et le Musée byzantin de Véroia ; les tombes macédoniennes de Lefkadia.

Se promener

★★★ VERGINA, L'ANTIQUE AIGAI (ΒΕΡΓΙΝΑ)

Comptez une demi-journée de visite. 76 km au sud-ouest de Thessalonique. 23310 923 47 - www.aigai.gr - avr.-oct. : tlj 8h-20h (lun. à partir de 12h) ; reste de l'année : tlj sf lun. 9h-17h - 12 € (-18 ans gratuit) - 14 € le billet combiné avec les musées archéologique et byzantin de Véroia.

Bâtie à flanc de colline, à la sortie d'un défilé séparant la chaîne du Piérian du massif du Vermio, l'antique Aigai domine la plaine où sinue l'Aliakmonas. La première capitale macédonienne – dont l'emplacement a suscité la curiosité de générations d'archéologues – a livré d'irremplaçables témoignages sur ce qui fut l'un des brillants royaumes de l'Antiquité. Si les accès à la cité antique ont été suspendus à cause d'importants travaux de restauration d'une durée encore indéterminée, la nécropole d'Aigai (qui abrite notamment la somptueuse tombe de Philippe II) ravira à elle seule les passionnés d'Antiquité.

★★ Tumulus royal

Au pied de la cité, la nécropole d'Aigai dessine sur la plaine un large terre-plein hérissé de 300 tumuli. Le site, qui est encore loin d'avoir livré tous ses secrets, cache des tombes de plusieurs époques, les plus anciennes, datées de 1000 av. J.-C., appartenant à une société encore mal connue.

Le principal intérêt de ce site est incontestablement le tumulus royal, situé à l'ouest, qui couvre plusieurs tombes de hauts personnages. Reconstituée après l'achèvement des fouilles, cette butte, de 13 m de haut sur 100 m de large, abrite désormais un somptueux **musée★★★**. L'élégante muséographie, dans une semi-obscurité (où les photos sont absolument interdites) crée une ambiance quasi mystique qui invite au recueillement. Les tombeaux eux-mêmes sont fermés au public, mais on peut admirer leurs superbes **façades** décorées, ainsi que les exceptionnels **trésors** qu'on y a découverts, rapatriés du Musée archéologique de Thessalonique pour être exposés in situ, dans une atmosphère impressionnante où l'on circule entre les tombeaux.

Sur la gauche en entrant dans le tumulus, vous apercevrez d'abord la tombe I, très endommagée, qui ne conserve qu'une colonnade (vers 300 av. J.-C.). Puis apparaissent les ruines d'un **petit temple**, sans doute un *heroon*, à la gloire des héros morts.

Près de là, la **tombe de Perséphone★** garde entier le mystère de l'identité de son occupante. Pillée dès l'Antiquité, c'est une pièce vide que les archéologues ont trouvée, mais elle a gardé ses superbes **fresques★★★** (4e s. av. J.-C.), d'une exquise délicatesse de tons et de traits, dont vous pourrez admirer des reproductions à l'extérieur. Outre la scène de l'enlèvement de Perséphone par Pluton, le dieu des Mondes souterrains, on y voit la déesse Déméter pleurant la disparition de sa fille, ainsi que trois délicats portraits de femme.

Au cœur du tumulus, la **tombe de Philippe II de Macédoine** dresse sa haute et majestueuse **façade** (5,60 m). Flanquée de colonnes doriques engagées, elle est soulignée d'une **frise** représentant une scène de chasse où vous distinguerez de nombreuses traces de peintures polychromes. L'intérieur comprend une

L'ANTIQUE AIGAI

C'est guidé par l'oracle de Delphes que Perdikas Ier, fondateur de la dynastie macédonienne, décida d'établir sa capitale sur ce site admirable. Point de départ de l'extension du royaume, au 6e s. av. J.-C., la cité conservera son prestige même après le transfert de la capitale à Pella (fin du 5e s. av. J.-C.), et elle continuera à accueillir les grands événements de la cour… avec ses fastes et ses tragédies : elle verra en effet l'assassinat de Philippe, lors des noces de sa fille avec le roi d'Épire (336 av. J.-C.), mais aussi l'intronisation de son fils, Alexandre le Grand. Hélas, le déclin d'Aigai, entamé après la conquête romaine (2e s. av. J.-C.), sera parachevé par les invasions barbares, et la brillante cité sombrera dans l'oubli pour des siècles.

Les premières fouilles, commencées au 19e s. par l'archéologue français **Léon Heuzey**, seront interrompues dans les années 1920 par l'arrivée massive des Grecs de Turquie, une immigration qui aura des conséquences désastreuses pour le site, les réfugiés y prélevant quantité de matériaux pour bâtir le village de Vergina. Les recherches reprendront cependant dans les années 1930, sous la houlette de Constantinos Romaios. Puis, en 1968, l'Anglais Nicholas Hammond émet pour la première fois l'hypothèse qu'il s'agit là de l'antique Aigai. Mais c'est à **Manolis Andronikos** que reviendra le privilège de la découverte – prodigieuse – du tombeau de Philippe II, en 1977. Avec elle, les dernières fouilles, effectuées récemment autour du palais et de l'agora, ont permis de réévaluer la civilisation des Macédoniens… que les anciens Grecs considéraient comme barbares ! Un site aujourd'hui inscrit au Patrimoine mondial de l'Unesco.

Le larnax d'or de Philippe II de Macédoine.
DEA/G. Dagli Orti/De Agostini Editore/age fotostock

chambre et une antichambre, celle-ci étant peut-être destinée à Cléopatra, la dernière femme du grand roi. Vous pourrez contempler à loisir son **trésor**, d'une exceptionnelle richesse. Tout ce que contenait le sarcophage du père d'Alexandre le Grand, resté inviolé pendant vingt-quatre siècles, se trouve là, sous vos yeux, exposé dans des vitrines : cuirasse d'or et de fer, carquois d'or et d'argent, vaisselle d'or et de bronze, cercueil serti d'un bas-relief miniature en ivoire rehaussé d'or, couronnes et diadèmes de feuillages en or, jusqu'à l'urne funéraire en or frappée d'un soleil – l'emblème de la dynastie – et au linceul même qui enveloppait les dépouilles royales, étoffe pourpre brodée de fils d'or. Le plus bel objet, devenu l'emblème du musée, est incontestablement le **larnax en or★★★** (un petit coffret utilisé pour recueillir des restes humains ou des cendres) contenu dans le sarcophage en marbre découvert dans la chambre funéraire de Philippe II. Le couvercle est frappé de l'étoiles à seize branches, symbole de la Macédoine, et les côtés décorés de frises de lys et palmettes et de rosaces remarquablement conservées.
À quelques pas de là, à droite, la **tombe du prince** *(tombe III)* montre une **façade** tout aussi élégante, quoique plus petite, ornée de boucliers de pierre en guise de colonnes. Sa frise peinte, réalisée sur du bois ou du cuir, a disparu, mais à l'intérieur les archéologues ont découvert une **hydrie d'argent** (vase funéraire) coiffée d'une couronne de feuilles d'or. Tout porte à croire que ce tombeau serait celui d'Alexandre IV, le fils d'Alexandre le Grand et de Roxane, assassiné à l'âge de 15 ans avec sa mère (311 av. J.-C.) par Cassandre.

Cité antique

Perché sur une terrasse à flanc de colline et inaccessible durant d'importants travaux de restauration *(se rens.)*, le **palais royal** (4e s. av. J.-C.) n'a conservé que ses premières assises, mais ses impressionnantes dimensions donnent une idée du faste de la cour macédonienne. Percée d'une entrée monumentale, l'aile est comportait deux étages abritant probablement les appartements royaux. Avant d'accéder à la grande cour à portiques, les visiteurs pénétraient dans la **tholos**, la pièce la plus sacrée du complexe, une rotonde dédiée à Héraklès

BANQUET FUNÈBRE
Par leur architecture, leurs trésors et leurs peintures, les tombes macédoniennes (hypogées) constituent les plus remarquables monuments funéraires de la Grèce antique. L'ouvrage, dont l'aspect rappelle celui d'une maison, d'un théâtre ou d'un temple, est couvert d'une voûte propre à supporter le poids du tumulus qui la dissimule (à moins d'être creusée dans la roche). Dans les tombeaux les plus importants, la façade s'orne de demi-colonnes engagées et de fresques d'une richesse chromatique exceptionnelle. Après la crémation rituelle, les cendres étaient déposées dans une urne, placée dans la chambre mortuaire avec les offrandes (armes, bijoux, couronnes, etc.). Conçu comme une résidence éternelle, le tombeau se devait également d'être un lieu confortable, voire luxueux, où les défunts les plus éminents pouvaient décemment recevoir la visite des dieux. Aussi, la chambre mortuaire prenait-elle l'allure d'une salle de banquet, avec ses vivres et ses nombreux ustensiles de la vie quotidienne.

Patros qui servait aussi de forum politique. Côté sud, dans les salles pavées de splendides **mosaïques** à motifs végétaux (désormais recouvertes pour les protéger) se tenaient les fameuses libations macédoniennes, les *symposia*. Côté ouest, les immenses vestibules tapissés de délicats **pavements** en *opus sectile* (marqueterie de marbre) devaient quant à eux accueillir les banquets. L'aile nord était précédée d'une large véranda d'où le souverain et ses hôtes pouvaient contempler la cité et la plaine.
Au pied du palais, les archéologues ont mis au jour en 1982 les maigres restes du théâtre, qui compta pourtant parmi les plus grands du monde grec (4e s. av. J.-C.). Très arasées, ses ruines évoquent avec peine les jeux d'antan (il faut dire que seul le premier gradin était en pierre ; le reste, en bois, ayant disparu), mais l'endroit requiert un intérêt historique exceptionnel, car c'est là que Philippe II trouva la mort.

À proximité Carte de région p. 380.

★ VÉROIA OU VÉRIA (BEPOIA) B1

Comptez 4h de visite. 10 km au nord-ouest de Vergina - en.discoververia.gr.
Deuxième ville de la province, Véroia fait figure d'étape obligée sur la route de Vergina. Profitez-en pour visiter ses très belles églises byzantines, l'ancien quartier juif ainsi que ses deux musées.

Balade byzantine
C'est l'époque byzantine qui a imprimé sa marque sur Véroia : la ville ne conserve pas moins d'une cinquantaine d'églises !
Dans la rue Mitropoléos (principale artère) trône l'Ancienne Métropole (Palaiá Metrópoli) vaste cathédrale du 12e s. restaurée en 2016 *(tlj 8h30-15h)* qui comprenait trois nefs – celle du sud étant détruite. Plus haut dans la même rue, ne manquez pas la belle **église Sotiros Christos** *(de la Résurrection du Christ Sauveur)*. Bâtie entre la fin du 13e s. et le début du 14e s., elle abrite de superbes **fresques** originales du grand peintre Georges Kaliergis *(tlj sf lun. 8h30-15h)*.
À deux pas de là, l'église **Agii Kirykos kai Ioulitta (Sts-Cyr-et-Juliette)** se cache au milieu de vieilles maisons. Le sanctuaire, inclus dans un plus vaste édifice, montre un beau décor en maçonnerie cloisonnée. Son plan initial (14e s.) fut modifié au 18e s. par l'adjonction d'une galerie, et les fresques originelles

ont subi un repeint au 16e s. De là, vous pouvez continuer votre visite du vieux **quartier de Kyriotissa★★**.

Poussez plus au sud dans la rue Perdika, jusqu'à l'église **Agios Vlasios** (St-Blaise de Sébaste), du 14e s. D'un genre plus dépouillé, là aussi, les divers ajouts ont modifié son plan initial, mais elle conserve de remarquables **fresques** d'origine. Rebroussez chemin et prenez à gauche la rue Mitilika, puis à droite une rue qui mène aux **remparts**.

★ **Musée byzantin**– *R. Thomaïdi, en contrebas de la r. Kyriotissis - ✆ 23310 258 47 - mai-oct. : mar.-dim. 8h-20h (lun. 12h-20h); reste de l'année : tlj sf lun. 9h-16h - 4 € (2 € en nov.-mars, -18 ans gratuit); billet combiné avec le Musée archéologique de Véroia et le site de Vergina 14 €.* Installé dans un moulin à eau (début 20e s.), parfaitement réhabilité, il réserve son vaste rez-de-chaussée à des expositions temporaires. Les deux étages supérieurs présentent des collections de mosaïques et surtout une remarquable série d'**icônes** datant du 7e au 19e s. À noter, l'émouvante et lumineuse représentation de saint Procope (14e s.) volée dans l'église éponyme de Véria et rachetée par un collectionneur qui en fit don au musée en 2011. Au dernier étage, une évocation intéressante de l'architecture des périodes byzantine et ottomane.

Musée archéologique – *R. Anixeos - ✆ 23310 249 72 - tlj sf lun. - 9h-17h - 4 € (billet combiné avec le musée archéologique et le site de Vergina 14 €).*Dans la cour, gisent quelques stèles et autels romains et, surtout, une colossale **tête de Méduse** (2e s. av. J.-C.), éléments qui furent incorporés ultérieurement dans les remparts de la ville. La première salle présente des poteries, des figurines et des urnes funéraires issues des cimetières anciens des environs. Puis sont exposées des stèles funéraires, peintes ou sculptées, des sculptures et bas-reliefs hellénistiques – remarquez le **torse d'Aphrodite★**. La dernière salle, enfin, est consacrée à la sculpture romaine.

★ Quartier Varvouta

Au bord de la rivière Tripotamos, ce quartier légèrement excentré abritait la population judéo-grecque (romaniote) de Véroia jusqu'au 19e s. Les maisons des notables construites de part et d'autre de la rue Olganos forment comme

UNE MÉTROPOLE COMMERCIALE PUIS RELIGIEUSE

Véroia apparaît pour la première fois dans les chroniques sous la plume de Thucydide, à propos du siège mené en vain par les Athéniens (432 av. J.-C.). Berceau de la dynastie macédonienne des **Antigonides** aux 3e-2e s., elle connaît un premier âge d'or, dont subsistent peu de vestiges. Après la défaite de Pydna (168 av. J.-C.), son destin se trouve lié à celui de Rome; en 50 apr. J.-C., l'apôtre Paul y reçoit un accueil chaleureux. La ville obtient le statut de métropole en l'an 56, tirant parti de son commerce et de sa richesse agricole. Les somptueuses festivités organisées en l'honneur des empereurs lui valent alors une grande renommée.

Après les fastes du 3e s. commence une période noire, marquée par les séismes et les invasions barbares. L'âge byzantin donne cependant à la ville une importante aura spirituelle et, promue au rang de métropole religieuse, elle se couvre d'églises. Mais une nouvelle ère s'ouvre avec la conquête ottomane (1397), qui voit la transformation de ses sanctuaires en mosquées et l'installation d'une communauté turque. À la fin du 15e s., enfin, les Juifs chassés d'Espagne apportent avec eux l'art du tissage, qui assurera la nouvelle prospérité de la cité. Véroia deviendra grecque le 16 octobre 1912.

un mur de défense naturel. Unique exemple de ce type en Europe, ce quartier (demandez une visite à la municipalité) a conservé une synagogue bâtie peu avant 1850, d'une décoration intérieure remarquable.

★★ LEFKADIA B1

Comptez 2h de visite. 12 km au nord-ouest de Véroia, jusqu'à Kopanos.
Amateur d'archéologie, si les trésors de Vergina vous ont ému, le site de l'antique Mieza ne devrait pas vous décevoir. Florissante aux époques hellénistique et romaine, cette cité a livré, outre les vestiges de ses édifices publics *(fermés)*, un ensemble de tombes macédoniennes d'un intérêt historique et artistique hors pair, toutes mises au jour en rase campagne.

★★ Tombes macédoniennes

23320 411 21 - avr.-sept. : 9h-16h ; reste de l'année : 7h-15h - visite sur demande seult.
Une petite route à droite, après Kopanos, mène à la **tombe du Jugement** (4e ou 3e s. av. J.-C.), l'une des plus belles sépultures macédoniennes connues. L'ouvrage, construit en pierre de poros (tuf), comprend une chambre et une antichambre. Son imposante **façade**, haute de 8,60 m, offre un superbe décor mêlant colonnes doriques et ioniques, relevé de bas-reliefs et de fresques. Les quatre tableaux peints sont de toute beauté. De là, faites-vous accompagner par le gardien à la **tombe des Palmettes**★★ (3e s. av. J.-C.). La blancheur des demi-colonnes enduites de chaux, la fraîcheur du décor peint confèrent à la **façade**★★ une grande harmonie de tons et de lignes, rehaussée par les trois palmettes qui couronnent le fronton. L'antichambre, dont la voûte s'orne d'une superbe **fresque florale**★★★ aux thèmes oniriques, était autrefois séparée de la chambre par une lourde porte en marbre, qui gît à terre.
De retour sur la route principale, en direction de Lefkadia, vous apercevrez sur la droite la **tombe de Kinch** (3e s. av. J.-C.). Restaurée dans les années 1970, elle offre cependant moins d'intérêt que les précédentes : sa sobre façade, de style dorique, est dépourvue de colonnes, et la plupart des fresques ont malheureusement disparu.
En revanche, la **tombe de Lyson et Kalliklès** (3e ou 2e s. av. J.-C.), que l'on rejoint par un chemin de l'autre côté de la route, a gardé de superbes **peintures** aux tons éclatants. Outre l'emploi peu courant de la perspective (piliers et armes), leur intérêt réside dans le choix des thèmes. Le motif de la guirlande végétale, par exemple, s'associe au culte de Déméter. Dans l'antichambre, le bassin d'eau accompagné d'un serpent enroulé autour d'un autel évoque le rituel de purification et de sacrifice attachés à la mort. Au-dessus des niches, où l'on entreposait les urnes funéraires, figurent les noms des défunts.

★ École d'Aristote

De Kopanos, prenez la route de Naoussa sur 3 km - accès libre.
Également connu sous le mon de **nymphée de Mieza**, c'est en ce lieu que le jeune Alexandre le Grand, alors âgé de 13 ans, reçu l'enseignement d'Aristote à partir de 343 av. J.-C. Pendant trois ans, dans des grottes aménagées au bord d'un ruisseau (et toujours visibles), le philosophe forma le futur conquérant et ses condisciples à l'éthique et à la doctrine politique. Le roi Philippe II souhaitait en effet soustraire son fils à l'influence de sa mère. En fait de vestiges, le site, aujourd'hui un peu laissé à l'abandon, ne conserve que les restes d'un portique. Mais on se laisse sans peine gagner par le charme du cadre et l'évocation de la rencontre entre ces deux êtres d'exception.

NOS ADRESSES À VERGINA ET VÉROIA

INFORMATIONS UTILES

Banque nationale de Grèce – *R. Mitropoleos, en face de l'église Agios Christos, à Véroia.*
Poste – *33 r. Mitropoleos, à Véroia.*
Police touristique – *À Vergina - ✆ 23310 920 61.*

ARRIVER/PARTIR

En train

Gare de Veroia – *✆ 23310 244 44* - Liaisons avec Thessalonique (6/j., durée 1h) et Edessa (6/j., durée 1h).

En bus

De Thessalonique, prenez un bus jusqu'à Véroia (1h), puis un second pour Vergina. 11 bus de 6h30 à 20h. Les départs ont lieu toutes les 2h env. pour Edessa (1h). Terminal, rue Trebesinas.

HÉBERGEMENT

L'infrastructure hôtelière est peu importante. Pensez à réserver.

Vergina

PREMIER PRIX

Pension Vergina – *55 r. Aristotélous - ✆ 2331 092510 - 12 ch. 50/60 €* ☕. Les chambres sont très propres et confortables. Une adresse sans grand charme mais tranquille.

BUDGET MOYEN

Ktima Kalaitzi – *5 km à l'est de Vergina - ✆ 2331 092092 - www.ktima-kalaitzi.gr - 11 ch. 50/60 €* ☕ - ✕ *18/27 €.* Situé en pleine nature sur une colline dominant la vallée d'Imathia et le lac Aliakmonas, cet élégant domaine viticole propose des chambres de caractère avec boiseries. Vue panoramique sur les environs de Vergina. Agréable restaurant avec terrasse.

Véroia

BUDGET MOYEN

Villa Elia – *10 r. Elias - ✆ 2331 026800 - www.hotel-villaelia.gr - 27 ch. 70 €* ☕. Situé en plein centre-ville, non loin de la corniche, cet hôtel propose des chambres confortables et bien tenues.

RESTAURATION

Vergina

PREMIER PRIX

Olympiada – *Dans la rue piétonne à droite en remontant après le musée - ✆ 2331 092432 - http://olympiada-vergina.gr - 15 €.* Attention, plusieurs bars ou restaurants portent ce nom dans le village ! Une salle un peu guindée mais le jardin, à l'arrière, est fort agréable, et la cuisine délicieuse.

Veroia

PREMIER PRIX

Vergiotiko – *2 r. Thomaidou - ✆ 2331 074133 - 15 €.* Certainement la meilleure adresse de la ville, chaudement recommandée par les locaux. Laissez-vous tenter par les excellents souvlakis grillés et les croquettes de fromage.

ACHATS

Gastronomie

Pâtisserie Lido – *À Véroia, 61 r. Mitropolis.* Faites une halte dans cette pâtisserie artisanale, qui propose de délicieuses pâtisseries aux amandes et des petites bouchées au chocolat portant le doux nom de « Mon Amour ».

Edessa

(Έδεσσα)

Le site antique de Pella (Πέλλα)

25 179 habitants - Région de Macédoine centrale -
Chef-lieu de l'unité 179 de Pella

À la lisière d'une rangée de falaises, Edessa occupe une position peu commune. Sillonnée de torrents, elle résonne à chaque coin de rue de l'écho de ces flots impétueux qui vont se jeter avec fracas dans la plaine. Injustement négligée par les touristes, cette petite ville animée est une étape bien agréable pour qui veut se ressourcer. La douceur du climat, le panorama des cascades et le charme du vieux quartier ottoman constituent autant d'attraits que vous pourrez encore agrémenter d'une visite à la cité antique, ou d'une incursion aux sources chaudes voisines des monts Voras.

NOS ADRESSES PAGE 427
Hébergement, restauration, achats, activités, etc.

S'INFORMER

Office de tourisme – *Dans l'un des kiosques du parc des Cascades - ℘ 23810 203 00 - edessacity.gr.* Le site fournit d'excellentes informations.

Site Internet – *www.edessa.gr (site officiel, en anglais).*

SE REPÉRER

Carte de région B1 (p. 380).

À NE PAS MANQUER

Le quartier ottoman ; les cascades ; les sources chaudes de Loutra Loutrakiou.

Se promener Carte de région p. 380

Comptez une demi-journée.

Trois artères concentrent presque toute l'animation de la ville : la **rue Filipou**, qui conduit au cœur du bourg, et sa parallèle, la **rue Egnatia**, qui mène à la route de Pella, sans oublier la **rue Dimokratias**. Prenez le temps d'y flâner et rejoignez le **parc des Cascades★**, situé au bord des parois rocheuses. C'est l'un des meilleurs endroits pour contempler les **chutes d'eau** et le panorama sur la plaine. Un sentier aménagé le long des cascades conduit à une grotte.

Le vieux **quartier ottoman de Varosi** invite à la promenade à travers les ruelles bordées de belles maisons à encorbellement.

Musée d'Art populaire – *R. Megaro Alexandrou - ℘ 23810 287 87 - tlj sf lun. 10h-18h - 1,50 € (-12 ans gratuit).* Il présente une très belle collection de costumes traditionnels d'Edessa et des villages de la région, ainsi que divers outils et métiers à tisser.

Église Kímisis tis Theotókou – *R. Alexandrou - ℘ 23810 243 56 - tlj sf lun. 9h-16h (ou clé à l'office de tourisme).* Juste à côté du musée, cette ancienne cathédrale dédiée à la Dormition de la Mère de Dieu abrite des fresques du 14e s.

Des six mosquées que comptait Edessa, trois ont disparu, l'une sert de cinéma, l'autre d'église, et la **Yeni Tzami** (dérivé du turc Yeni Cami, « Nouvelle mosquée »), construite ne 1904, sert d'entrepôt aux collections archéologiques.

HISTOIRE D'EDESSA

Probablement occupé dès la préhistoire, le site prit, sous le règne de Philippe II de Macédoine (4e s. av. J.-C.), l'aspect d'une petite ville, que fortifièrent les successeurs d'Alexandre le Grand. Edessa s'étendait alors entre le plateau (l'acropole) et la plaine (Logos, la ville basse). Au 3e s. apr. J.-C., pour contrer les Wisigoths, les habitants élevèrent en toute hâte des bastions sur l'acropole et consolidèrent les murs de la ville basse à l'aide de matériaux issus de bâtiments anciens. Mais Logos fut finalement abandonnée à la suite de raids slaves et avars (6e-7e s.). Seule subsista la cité haute. Grecque depuis octobre 1912, Edessa garde le souvenir d'une brève occupation par les Français, lors de la Première Guerre mondiale.

En face d'un moulin à eau rénové, un ascenseur à flanc de falaise permet d'atteindre sans effort le **musée de la Corde**. La balade vaut le détour, ne serait-ce que pour admirer ce bâtiment à l'architecture typique de la révolution industrielle (1908).
Prenez ensuite la route de Pella et tournez à gauche vers Logos Edessas *(2 km)*. Rien ne subsiste de l'antique Edessa, ensevelie par le bourg moderne. Seule la ville basse de **Logos** a conservé quelques vestiges de son enceinte monumentale. L'élément le plus intéressant, la porte sud, ouvre sur l'antique Via Colonnata, encore jalonnée de quelques colonnes. De là, vous pouvez poursuivre la promenade par un sentier bucolique.

À proximité Carte de région p. 380

★ Loutra Loutrakiou (Λουτρά Λουτρακίου)

31 km au nord.
Faites surtout un tour au pied des **monts Voras**, jusqu'à cette station thermale, sise dans un cadre enchanteur (plusieurs hôtels). La baignade dans les eaux fumantes du torrent – à 37 °C ! – qui serpente au fond d'une gorge boisée promet un moment de bonheur.

PELLA (ΠΕΛΛΑ)

49 km à l'est.
Perdue au cœur d'une morne plaine dénuée de charme, sur la route d'Edessa à Thessalonique, l'ancienne capitale d'Alexandre le Grand n'invite guère à un séjour prolongé. On n'y trouve quasi aucune possibilité d'hébergement et deux tavernes sans grand intérêt. Pour les passionnés d'histoire, cependant, elle est une étape incontournable.

Site archéologique

Au sud-est de la ville - ✆ 23820 311 60 - www.pella-museum.gr - avr.-oct. : 8h-20h (lun. jusqu'à 18h) ; reste de l'année : 8h-16h - billet combiné avec le musée 8 € (-18 ans gratuit) ; 4 € en nov.-mars ; gratuit le 1er dim. de chaque mois en nov.-mars.
L'illustre capitale de Philippe II et Alexandre n'est plus que ruines ; mais la dimension de l'agora et la beauté des mosaïques *(exposées au musée,* *page suivante)* évoquent tout de même avec force sa splendeur passée. Protégée par de puissantes fortifications, la ville suivait un plan en damier organisé autour de l'agora, à l'exception du palais, perché sur une colline, au nord, mais qui était parfaitement intégré au tissu urbain. Plusieurs nécropoles (du 5e s. av. J.-C. à l'époque romaine) ont été également mises au jour récemment, à l'est du site.

HISTOIRE DE PELLA

Initialement située en bord de mer, Pella est reléguée à l'intérieur des terres dès l'époque classique sous l'effet des alluvions fluviales. Son entrée dans l'Histoire date de la fin du 5e s. lorsque Archélaos y installe la capitale de la Macédoine. Dès lors, la cité attire les plus grands lettrés et artistes de Grèce, tels Euripide, qui y crée sa pièce *Les Bacchantes*, ou le peintre Zeuxis. Plus tard, Philippe II la fortifie et la dote d'un nouveau palais, tandis que la renommée de son fils Alexandre se répand à travers tout le monde connu. Désireux d'affirmer son pouvoir après la mort de son valeureux prédécesseur, le roi Cassandre (305-297 av. J.-C.) redessine entièrement la cité. Son œuvre sera parachevée par ses successeurs, qui couvrent Pella de prestigieux édifices et la relient à la mer par un canal. Centre artistique et politique majeur, son influence s'étend à toute la Grèce sous Antigonos Gonatas (277-239 av. J.-C.). Mais un séisme, puis la **conquête romaine** (168 av. J.-C.) mettent un terme à la gloire de Pella. Reléguée au rang de capitale provinciale, elle s'efface alors devant Thessalonique et, affaiblie par une série d'invasions, elle sombre dans l'oubli.

À droite, après l'entrée, gisent les fondations de la **maison de Dionysos** (fin du 4e s. av. J.-C.), vaste résidence à étage dont l'un des péristyles à colonnes ioniques a été partiellement reconstitué. La plupart de ses mosaïques se trouvent désormais au musée.

À gauche s'ouvre la **maison de l'enlèvement d'Hélène**, qui a livré elle aussi de somptueuses mosaïques de pavement, notamment la **scène de chasse au cerf**, d'une grande délicatesse de tons, première œuvre signée (Gnosis) de l'histoire de cet art. L'**enlèvement d'Hélène**, remarquablement expressive, montre la jeune femme terrorisée tandis qu'on la hisse sur un char.

Juste au nord s'étend un vaste chaos de pierres envahi d'herbes folles, site de l'**agora** (200 m sur 182 m), ancien cœur de la cité. De chaque côté, une colonnade distribuait les divers édifices : fabriques de terre cuite (aile est), boutiques (sud), ateliers (ouest) et bâtiments administratifs (nord). Le coin sud-ouest servait aux archives tandis qu'un sanctuaire (détruit) dédié à Aphrodite et à la mère des dieux jouxtait la place au nord.

Musée archéologique

Dans la partie ouest de la ville moderne, 1 km au nord-ouest du site archéologique - mêmes horaires et billet que pour le site archéologique.

La visite de ce musée moderne se révèle encore plus intéressante que celle du site, notamment avec les **mosaïques★** provenant des maisons dites de Dionysos et de l'enlèvement d'Hélène. Parmi les statues les plus remarquables figurent un **chien assis**, une tête **d'Alexandre**, une représentation du roi en **dieu Pan** (4e s. av. J.-C.), la stèle funéraire d'un homme avec son chien (5e s. av. J.-C.) et un petit Poséidon en bronze. L'exposition permanente présente également des vases, dont une **hydrie★** représentant la dispute entre Athéna et Poséidon (v. 400 av. J.-C.), du mobilier, des éléments architecturaux, des figurines en terre cuite, des bijoux en or, divers objets du néolithique ainsi que le mur peint d'une maison de Pella. Dans la dernière salle, vous verrez les mosaïques de la maison de Dionysos ; l'une montre **Dionysos** alangui sur une panthère élancée, composition d'une grande harmonie, et l'autre une **chasse au lion** d'une forte intensité dramatique (certains archéologues y voient l'épisode où Alexandre le Grand, menacé par un lion, est sauvé par son ami Cratère).

NOS ADRESSES À EDESSA

INFORMATIONS UTILES

Banque nationale de Grèce – *2 Platia Dimokratias.*
Poste – *R. Pavlou Mela, près du terminal.*

Téléphone
OTE – *R. Á. Dimitriou.*

ARRIVER/PARTIR

En train
Gare – *À l'extrémité est de la r. 18 Oktovriou - ✆ 23810 235 10.* 6 trains/j. relient Edessa à Véroia (50mn) et Thessalonique (2h) et 3 autres relient Florina (2h). Pour Athènes, 6/j. avec correspondance à Platy (7h30).

En bus
Du terminal principal (*✆ 23810 235 11 - www.ktelpellas.gr*), à l'angle des r. Filipou et Pavlou Mela, 1 bus/h pour Thessalonique (1h45), 6/j. pour Veroia (1h), 3/j. pour Naoussa (45mn) et Athènes (8h). Du terminal situé à l'angle des r. Egnatia et Pavlou Mela, 4 bus/j. pour Florina (1h30) et 2 pour Kastoria (2h30).

HÉBERGEMENT

Le prix des hôtels varie peu suivant la saison. Le petit-déjeuner est rarement inclus.

PREMIER PRIX

Domatia Olympia – *51 r. 18 Oktovriou - proche de la gare - ✆ 2381 023544 - 16 ch. 30/40 €.* Chambres sans caractère, mais propres et d'un bon rapport qualité/prix.

BUDGET MOYEN

Kataraktes – *18 r. Karanou - ✆ 2381 022300 - 44 ch. 60 € - ☕ 5 €.* Confortable, bien tenu mais un peu vieillot, cet établissement de standing se trouve à 100 m env. des chutes et de la plupart des restaurants.

Varosi – *45-47 Archiereos Meletiou - ✆ 2381 021865 - 8 ch. 50/60 € ☕.* Ce nouvel hôtel de charme réserve un accueil familial et chaleureux. Chambres petites, mais confortables et joliment décorées.

Alpha – *28 r. Egnatias - ✆ 2381 022291 - 45 ch. 65/90 € - ☕.* Idéalement situé dans le centre-ville, cet établissement propose des chambres élégantes et confortables.

RESTAURATION

PREMIER PRIX

Katarraktes – *Dans le parc - ✆ 2381 027810 - 15 €.* Agréablement situé au milieu du parc des Cascades, ce vaste établissement municipal propose une cuisine sans surprise.

BOIRE UN VERRE

Les bars se concentrent dans le centre-ville et à proximité du parc des Cascades.

Café En Plo – *43 r. Konstantinoupoleos.* Une agréable terrasse cernée par deux torrents.

Kastoria

(Καστοριά)

★★

Les lacs Prespa★★ (Límnes Prespón - Λίμνες Πρεσπών)

16 958 habitants - Région de Macédoine occidentale - Chef-lieu de l'unité régionale de Kastoria

Sa nature puissante et sauvage tranche avec les images paisibles de la Grèce égéenne. Grand foyer de l'art religieux jusqu'au 18e s., cette ville campée au bord du lac d'Orestiada, aux portes de l'Albanie et de la Macédoine du Nord, affiche un caractère résolument balkanique. Pour s'imprégner de son atmosphère, il faut se promener dans le dédale des ruelles pentues, qui finissent toujours par mener au lac. Kastoria s'anime surtout le soir, aux terrasses de la rue Megalou Alexandrou et des abords du musée. Peut-être croiserez-vous des Russes venus acheter une fourrure, spécialité de la ville depuis le 17e s.

NOS ADRESSES PAGE 434
Hébergement, restauration, achats, activités, etc.

S'INFORMER

Office du tourisme de Kastoria – *Kiosque près du lac - ✆ 24670 244 84.*

Centre d'information des lacs Prespa – *À l'entrée du village d'Agios Germanos - ✆ 23850 518 70 - www.fdedp.gr.*

Site Internet – *www.kastoria.gr (site officiel de l'unité régionale, en anglais).*

SE REPÉRER

80 km au sud-est de Korça (Albanie), 190 km à l'ouest de Thessalonique.

Carte de région A1 (p. 380) et plan de ville (p. 431).

À NE PAS MANQUER

Les églises byzantines et les maisons traditionnelles de la ville ; le Musée byzantin ; une excursion aux lacs Prespa.

ORGANISER SON TEMPS

Évitez de circuler en voiture dans la ville haute. En été, réservez votre hôtel si vous souhaitez passer la nuit aux lacs Prespa.

Se promener Plan de ville p. 431

Comptez au moins 2 jours.

LA VILLE BYZANTINE

La ville compte pas moins de 75 **églises byzantines**. Vous pouvez partir à leur rencontre au cours d'une promenade dans la ville ou vous adressez au musée qui organise une visite gratuite *(3h)* des plus belles.

Musée byzantin (Vizantinó Mousío - Βυζαντινό Μουσείο)

Pl. Dexamenis - ✆ 24670 267 81 - www.bmk.gr - tlj sf lun. 8h30-15h30 - 4 € (-18 ans gratuit), gratuit le 1er dim. du mois en nov.-mars.

Situé sur les hauteurs de la presqu'île, il abrite une collection de 700 **icônes★** du 12e au 17e s. provenant des différentes églises de la ville, dont certaines réalisées par les peintres de l'« école de Kastoria » et par le grand maître albanais Onufri (16e s.). La présentation à la fois chronologique et thématique des œuvres met en valeur les différences entre les styles byzantin (très expressif) et postbyzantin (plus formel et hiératique).

Patrimoine religieux

Commencez votre balade près de la place Omónia (de la Concorde) : à deux pas, la minuscule **église de la Panagia Koubelidiki★** (Vierge des dômes, 11e s.) dresse son étroite coupole effilée au beau milieu d'un parking. Toute de brique et de pierre, selon un plan cruciforme, elle dévoile sous son porche de belles **fresques** du 15e s. Mais le trésor est à l'intérieur : une magnifique **Dormition de la Vierge**, contemporaine des œuvres de Giotto (13e s.), qui frappe par l'éclat de ses couleurs et la richesse de sa composition.

En contrebas de la place, l'**église Agios Nikolaos Kasnidzi** renferme, elle aussi, de remarquables **fresques** (12e s.), notamment un portrait du donateur et de son épouse (dans le narthex), ainsi qu'une série de saints guerriers et une autre Dormition de la Vierge (dans la nef).

Descendez ensuite la rue Manolaki et tournez à gauche dans une ruelle. La **Taxiarchis Mitropoleos** (11e s.) servit sans doute de chapelle funéraire aux notables dont les portraits ornent les murs extérieurs. L'église, formée de trois nefs séparées par des colonnades – beaux **chapiteaux** paléochrétiens –, conserve des **fresques** originelles dans le narthex et le bas-côté est. Ailleurs, d'autres œuvres du 14e s. illuminent, grâce à d'expressives scènes de la Passion, la partie haute de la nef et l'abside, où figure une belle Vierge entourée d'anges.

Construite à la fin du 9e s., l'ancienne église épiscopale **Agios Stefanos★** *(au nord-est de la ville, r. Paleologou)* fut complétée au 16e s. par deux porches latéraux. Dans la partie supérieure du narthex, le décor originel apparaît encore partiellement, tandis que la voûte de la nef, très haute, est couverte de **fresques du 12e s.** représentant la Nativité et la Présentation au Temple.

Semblable à Agios Stefanos, mais en plus imposant, l'**église Agii Anargyri★** du 10e s. *(r. Vitsiou, près de la précédente)* est dédiée à Côme et Damien, connus pour soigner bénévolement les malades (*anargyri* signifie « sans argent »). Les deux saints figurent sous le porche de l'édifice. La plupart des **fresques** intérieures, en partie effacées, datent des 11e et 12e s. Par endroits, cependant, une couche du 10e s. affleure encore (têtes des saints Basile et Nicolas, sur le côté droit du narthex) et, dans la galerie gauche, vous pourrez même distinguer trois couches d'époques différentes. Plus près de la nef, on reconnaît le couple des donateurs, les Limniotis, encadrant la Vierge. Surtout, ne manquez pas la très belle **Lamentation★★** du mur nord, qui préfigure les pietà de l'art occidental.

UNE CITÉ MULTI-ETHNIQUE ET PROSPÈRE

Il ne reste rien de la cité fondée, selon la légende, par Oreste. Après sa destruction lors des invasions (4e-5e s.), l'empereur Justinien la dote d'une forteresse (6e s.), dont le temps n'a laissé que de rares vestiges. En revanche, Kastoria conserve une grande part de son patrimoine médiéval, époque faste où elle s'affiche comme l'une des plus riches cités de l'Empire byzantin. Réputée pour sa vie artistique, elle sera ballottée entre Bulgares, Francs, despotes byzantins de l'Épire, Serbes et Albanais. À partir de 1387, elle passe sous contrôle ottoman. Ville multi-ethnique (Grecs, Slaves, Turcs, Juifs et Aroumains), elle prospère grâce aux liens commerciaux qu'elle entretient avec la Russie et l'Occident. La Première Guerre balkanique, en 1912, mettra un terme à 525 ans de présence ottomane.

L'HÉRITAGE OTTOMAN

Les quartiers est *(rive nord, et entre la r. Orestiados et la pl. Emanouil)* abritent plusieurs **archondika**, nobles maisons à colombages et encorbellements bâties par de riches fourreurs entre le 17e et le 19e s. Au-dessus de la réserve du rez-de-chaussée, l'étage intermédiaire accueille les pièces à vivre et l'atelier, le dernier niveau – le plus lumineux – étant dévolu aux réceptions et aux séjours d'été. Certaines archondika ont été rénovées et transformées en musée.

★ Musée d'Art populaire (Laografikó Mousío - Λαογραφικό Μουσείο)

10 r. Kapetan Lazou - ✆ 24670 286 03 - tlj sf lun. 8h30-17h - 2 € (-18 ans gratuit).
La **maison Nerantzis Aïvazis** recrée à merveille le cadre de vie de la bourgeoisie macédonienne du 17e s. Un vaste hall pavé distribue les pièces de service (réserve, cuve à vin, pétrin, four à pain, cuisine) et l'atelier de fourrure. Dans la cour, où sont entreposés une barque et du matériel de pêche (à l'origine, la maison était si près du lac que l'on pouvait pêcher du balcon), on trouve même un puits et une distillerie. La visite continue à l'étage par les toilettes, dotées d'un passage secret. Dans le fastueux **salon**, les invités prenaient place sur des fauteuils ou des banquettes, selon leur rang, que les jeunes filles de la maison pouvaient épier de leur chambre, à travers un moucharabieh. Le même système leur permettait de guetter la réception du prétendant dans la salle de séjour : notez les délicates **fresques★★**.

★ Musée du Costume (Mousío endymatologías - Μουσείο ενδυματολογίας)

R. Vizandiou - ✆ 24670 226 97 - dim. et j. fériés 11h-13h ou sur réserv. - 2 €.
La **maison Emanouil** a conservé peu d'éléments de son mobilier, mais offre un très bel exemple d'architecture intérieure. Il faut aussi voir la collection de **fourrures et de vêtements brodés★★**, dont certaines pièces datent du 17e s.

À proximité

★ Monastère de la Panagia Mavriotissa (Moní Panagías Mavriótissas - Μονή Παναγίας Μαυριώτισσας)

▶ 3 km au sud-est - accès libre du lever au coucher du soleil.
Une route étroite chemine entre le lac et la colline aride qui garde l'extrémité de la péninsule. Cette promenade bucolique, arpentée par les pêcheurs et les badauds, conduit à ce monastère érigé à l'emplacement d'une bataille

CASTORS ET VISONS

La communaute judéo-grecque (romaniote) de Kastoria serait à l'origine du commerce des fourrures, au 15e s. L'activité pourrait remonter à l'époque byzantine, quand les artisans locaux vendaient aux riches familles de Constantinople des fourrures rapportées de Russie. Quoi qu'il en soit, sous les Ottomans les fourrures et les pelisses de Kastoria se vendent d'un bout à l'autre des Balkans et de l'Europe centrale, s'arrachant à la foire de Leipzig. De nos jours, la tradition perdure, mais les peaux proviennent surtout d'Amérique du Nord et de Scandinavie. Restent tout de même les élevages de vison locaux, qui représentent 25 % de la production mondiale ! Dans les années 1990, la pelleterie a subi de plein fouet les campagnes d'opinion contre le port de fourrures, et la production a diminué de moitié.

remportée par les Byzantins face aux Normands en 1083. L'édifice principal, un joli catholicon à toit de tuiles et aux murs blanchis à la chaux (12e s.), conserve des **fresques** des 12e et 13e s. Celle du mur extérieur représente l'Arbre de Jessé, avec la Vierge entourée des prophètes, tandis qu'à l'intérieur figurent le Jugement dernier (mur est du narthex), la Passion, la Pentecôte et la Dormition de la Vierge (mur ouest), ainsi que la Vierge entourée des Évangélistes (abside). Au sud-est de l'église, la **chapelle Ioanis Theologos** fut ajoutée au 16e s.

Écomusée de Dispilio (Ikomousío Dispíliou - Οικομουσείο Δισπήλιου) A1

7 km au sud, sur les bords du lac Orestiada, à l'est du village de Dispilio - 24670 219 10 - 9h-17h - 2 € - possibilité de *visite guidée (45mn, 4 €).*

Dans un magnifique paysage, sept cabanes ont été construites en 1996-2000 au bord de l'eau, sur pilotis, afin de reconstituer une partie du grand village lacustre du néolithique habité entre 5600 et 5000 av. J.-C. Découvert en 1932, le site original qui a servi de modèle se trouve juste à côté, sous les eaux du lac d'Orestiada (28 km2). Le résultat des fouilles menées sur place jusqu'en 2004 est présenté dans un petit musée : jarres, plats, outils en bois, os ou pierre, flûte en os de pélican, idoles. L'exposition revient également sur la principale découverte faite ici en 1993, la tablette de Dispilio (conservée à l'abri). Cette plaquette en bois porte des gravures cunéiformes inscrites vers 5260 av. J.-C., et considérées comme le plus ancien alphabet européen.

Excursions Carte de région

★ Siatista (Σιάτιστα) A2

59 km au sud-est de Kastoria, 28 km à l'ouest de Kozani.

Du 16e au 18e s., Siatista fut connue comme marché de vins et de cuirs. Les vignes étant atteintes par le phylloxéra, la ville s'est reconvertie au début du 20e s. dans la fabrication et le négoce des fourrures. Siatista est une ville très pittoresque divisée en deux quartiers, chacun dominé par un haut campanile. La ville haute possède plusieurs maisons de maîtres *(archondika)* du 18e s. La plupart sont sous la garde du Service archéologique, abrité dans la maison **Neranzopoulou★** qui possède de beaux plafonds peints et des fenêtres à vitraux. Un peu plus bas se trouvent la maison **Manousia** et la maison **Poulkidia** aux magnifiques plafonds et murs peints. La maison **Chatzimihali Kanatsouli** *(430 r. Mitropoleos)*, près du campanile, est encore habitée.

★★ SUR LES RIVES DES LACS PRESPA A1

Comptez une journée. 64 km au nord-ouest.

Aux confins de la Grèce, de l'Albanie et de la Macédoine du Nord, les lacs Prespa et leur cirque montagneux offrent un spectacle d'une grande beauté, sauvage et austère. Cette région isolée, où une poignée de pêcheurs et de bergers maintiennent un semblant de présence humaine, est le royaume des pélicans et des hérons.

UN ESPACE TRANSFRONTALIER CLASSÉ

Suspendus à 850 m d'altitude, les deux lacs se déploient sur trois pays, isolés par les monts Barnous et Bernon, qui culminent à environ 2 000 m. Le Grand lac Prespa, le plus vaste (273 km²), est divisé entre la Macédoine du Nord, l'Albanie et la Grèce. Une étroite langue de terre le sépare du Petit lac Prespa (48 km²), qui se partage entre l'Albanie et la Grèce. La région, inscrite sur la liste indicative du Patrimoine mondial de l'Unesco en 2014, abrite de nombreux monuments byzantins et post-byzantins. Cet ensemble transfrontalier de 4 462 km² fait également partie du Réseau mondial des réserves de biosphère de l'Unesco depuis 2012. On n'y compte pas moins de 1 500 essences végétales et 260 espèces d'oiseaux (hérons, aigrettes, grues, pélicans et de rarissimes cormorans de Dalmatie), ainsi que des buffles, des loups, des chamois et des ours.

Le village et le lac de Kastoria.
vlas2002/Fotolia.com

★ Grand lac Prespa (Límni Megáli Préspa - Λίμνη Μεγάλη Πρέσπα)

Il est partagé entre l'Albanie, la Macédoine du Nord et la Grèce qui en possède 38 km² (sur 273 km²). Ce lac est séparé du petit lac Prespa par un long cordon de sable sur lequel passe la route ; à son extrémité ouest, une petite plage est aménagée sur la rive du grand lac dont l'eau, en été, atteint 24 °C. Aucune liaison routière directe n'existe entre la Grèce et la Macédoine du Nord, mais il est possible de longer la partie sud-ouest en passant par Korça et Bilisht, en Albanie. Côté grec, au fond d'une crique s'ouvrant sur le lac, **Psarades** est un charmant village qui possède un hôtel et plusieurs tavernes. Les pêcheurs proposent des excursions en barque à moteur *(1h30)* vers l'Albanie toute proche, pour découvrir la petite **île de Maligrad** (5 ha) qui abrite la formidable église rupestre serbe Shën Mërisë (14e s.) dédiée à la Vierge Mère de Dieu.

★ Petit lac Prespa (Límni Mikrí Préspa - Λίμνη Μικρή Πρέσπα)

Ce lac de 48 km² est partagé entre la Grèce (43 km²) et l'Albanie comporte l'îlot d'Agios Achillios et celui, inhabité, de Vidronisi. Perché dans les collines à la frontière avec la Macédoine du Nord, le village d'**Agios Germanos★** bénéficie d'un cadre agréable et d'un beau panorama sur le lac. La petite **église Agios Germanos★** abrite de très belles **fresques★★**. Commencées dès le 11e s., elles témoignent du travail séculaire des peintres jusqu'au 18e s. On y voit aussi la tombe de saint Germanos, patriarche de Constantinople (8e s.).

★★ Île d'Agios Achillios (Νησίδα Άγιος Αχίλλειος)

Sur le Petit Prespa - accès par une passerelle flottante de 850 m de long - canots d'excursion et d'observation ornithologique, au départ du village de Mikrolymni.

Peuplé d'une vingtaine d'habitants, cet îlot de 1,6 km de long sert de refuge à une espèce endémique de **buffles d'eau** et à des colonies d'oiseaux. Sur le rivage, se serrent les vieilles maisons de pierre et de torchis d'un village oublié. Autour de l'île, on découvre un ravissant **panorama★★** sur le lac et les vestiges de ce qui fut la capitale de l'éphémère Empire bulgare de Samuel Ier au début du 10e s. Sortez du village vers la gauche et marchez 500 m : ici se dresse la dernière demeure du tsar Samuel, la **basilique Agios Achillios★** (10e-11e s.). À l'origine composée de trois nefs, elle n'a gardé que son abside et les arcs de la galerie gauche, qui se découpent sur le ciel, à deux pas des flots. Continuez au bout de l'île, jusqu'au **monastère de la Panagia Porfira** (16e s.), érigé près d'une berge envahie de roseaux. Endommagé par un bombardement allemand, en 1941, il a cependant conservé son église et ses **fresques**.

NOS ADRESSES À KASTORIA

INFORMATIONS UTILES

Kastoria

Banque nationale de Grèce - *R. 11 Noemvriou*. Distributeur. Autres distributeurs place Davaki.

Poste/téléphone – *Au nord de la r. Meg. Alexandrou.*

ARRIVER/PARTIR

En avion

Aéroport Aristoteles – *10 km au sud - ℘ 24670 425 15.*

Sky Express – *℘ 28102 238 00 - www.skyexpress.gr.* 5 liaisons/sem. avec Athènes *via* Kozani.

En bus

Terminal - *R. Ath. Diakou, au sud de la ville - ℘ 24670 834 55 - www.ktel-kastorias.gr.* Liaisons pour Thessalonique (7/j., durée 4h) *via* Véroia ou Edessa ; Kozani, (5/j., durée 2h) ; Athènes (3/j., durée 9h) Ioannina (4/sem., durée 3h).

Pour Florina – De Kastoria, changez à Amindeo. En semaine, 1 bus part de Florina pour Agios Germanos (1h30). Le service entre les 2 villes s'effectue, habituellement, dans l'après-midi.

TRANSPORTS

En bateau – Une navette relie la rive nord à la rive sud plusieurs fois/j.

En taxi – *℘ 24670 423 33.*

Aux lacs Prespa

Lacs Prespa

Les lacs étant difficiles d'accès, mieux vaut disposer d'un véhicule personnel pour passer les frontières (assurance supplémentaire pour les véhicules de location).

En taxi – *À Agios Germanos - ℘ 23850 512 07.*

HÉBERGEMENT

Kastoria

BUDGET MOYEN

(4) **Orestion** – *1 pl. Davaki - ℘ 2467 022257 - www.hotelorestion.gr - 16 ch. 50/65 €* . Les chambres de cet hôtel sont un peu bruyantes, mais bien tenues et confortables et disposant d'un réfrigérateur.

(2) **Europa** – *12 r. Agiou Athanassiou - ℘ 2467 023827 - www.europahotelkastoria.gr - - 36 ch. 60 €* . Cet hôtel propose des chambres confortables et modernes. Petit balcon.

(5) **Villa Venetula** – *6 r. Ag. Theologon - ℘ 2467 022446 - www.venetula.gr - 7 ch. 55/70 €* . Les parquets dans les chambres participent du charme à cette adresse. Une terrasse offre une vue sur les toits de Kastoria.

(3) **Kastoria** – *122 r. Nikis - ℘ 2467 029453 - www.hotel-kastoria.gr - 37 ch. 40/60 €.* Situé à l'écart, sur la rive nord, cet hôtel de bon confort propose des chambres sobres et élégantes avec balcon et vue sur le lac. Seul inconvénient : les bruyantes soirées du centre nautique voisin les soirs de fête et de week-end.

POUR SE FAIRE PLAISIR

(1) **Anesis** – *10 r. Gramou - ℘ 2467 083908 - www.anesishotelkastoria.gr - 21 ch. 48/80 €* . Cet hôtel, bien entretenu, propose des chambres correctes avec balcon, mais un peu bruyantes. Préférez celles qui donnent sur l'arrière.

Lacs Prespa

Mieux vaut résider sur place ou effectuer la visite dans la journée à partir de Kastoria. En plus des adresses proposées ici, vous trouverez des chambres à louer, notamment à Agios Germanos (renseignez-vous auprès des habitants).

PREMIER PRIX

Agios Achilios – *Île d'Agios Achilios - ✆ 2385 046601 - http://agiosahilios.gr - 7 ch. 40/50 €* ☕ - 🍴. Cette pension, installée dans une robuste maison traditionnelle, possède un agréable salon avec cheminée.

BUDGET MOYEN

Mimallones – *Laimos - ✆ 2385 051422 - www.mimallones.gr - 12 ch. 50/70 €* ☕ - 🍴. Hôtel familial et très bien tenu. Préférez une chambre avec vue sur le lac. Vaste salle à manger avec feu de cheminée en hiver. Terrasse en été. Cuisine régionale et grillades.

Agios Germanos – *Agios Germanos, à droite de la place du village - ✆ 2385 051397 - www.prespa.com.gr - 10 ch. 50/60 €* ☕ - 🍴. Deux bâtiments traditionnels abritent d'agréables et spacieuses chambres avec chauffage. Les repas se prennent dans le petit logis fermant la cour. Bon petit-déjeuner.

RESTAURATION

Kastoria

PREMIER PRIX

7 **Krontiri** – *13 r. Orestiados - près du lac - ✆ 2467 028358 - 15 €.* Une excellente carte, qui change avec les saisons. Les lieux ménagent une superbe vue sur le lac.

8 **Ta Kymata** – *Quartier Psaradika, au bord du lac, côté nord - ✆ 2467 028887 - 15 €.* Un petit restaurant de poisson et de fritures, simple et bon marché au bord du lac, côté nord.

6 **Doltso** – *2. Tsakali, près de la place Doltso - ✆ 2467 023377 - 15/20 €.* Cet établissement concocte des plats traditionnels macédoniens que l'on accompagnera de vins rouges et blancs à choisir parmi une vaste carte.

Psarades

Plusieurs restaurants déroulent leur terrasse au bord de l'eau.

I Sintrofia – *✆ 2385 046107 - www.syntrofia-prespes.gr - 15 €.* Cette taverne propose des plats à base de poissons du lac, comme la tsironia (sorte d'ablette) préparée dans une sauce à la tomate, ou encore, le toursi, des légumes marinés provenant pour l'essentiel du jardin des propriétaires. L'établissement dispose aussi de 6 chambres (30/40 €).

ACHATS

Fourrures et cuirs

La fourrure reste la principale activité de Kastoria. De grands magasins spécialisés présentent, sur plusieurs étages, tous types de modèles et de qualités de fourrure à des prix très intéressants.

Marco Varni – *6 km au sud, en dir. de Dispilio - ✆ 2467 081501 - www.marcovarni.com.* Un vaste choix de fourrures pour les amateurs.

AGENDA

Ragoutsaria – *Du 6 au 8 janv.* Un carnaval très coloré à l'occasion de l'Épiphanie.

River Party – À Nestorio (27 km au sud-ouest) - people.gr/riverparty - *1er w.-end d'août.* L'un des plus grands festivals musicaux du pays, le long du fleuve Aliakmon.

La Chalcidique

(Halkidiki - Χαλκιδική)

★

105 908 habitants - Région de Macédoine centrale - Unité régionale de Chalcidique

Telles les pointes acérées d'un trident, les trois péninsules de la Chalcidique s'avancent profondément dans l'Égée. Cette terre parfois ingrate, bombée de montagnes et dardée de forêts possède toutefois un atout : 500 km de côtes, jalonnées de plages. Contrastant avec l'animation des stations balnéaires de Kassandra et Sithonia, le mont Athos demeure cependant dédié à la vie spirituelle.

NOS ADRESSES PAGE 440
Hébergement, restauration, achats, activités, etc.

S'INFORMER

Office de tourisme de Chalcidique - *✆ 23713 514 25 - www.visit-halkidiki.gr. Voir aussi l'office de tourisme de Thessalonique (p. 382).*

Site Internet – *www.halkidiki-hotels.gr (site officiel des hôteliers, en français).*

SE REPÉRER

Carte de région CD2 (p. 380).

À NE PAS MANQUER

Les plages de Sithonia, surtout entre Neos Marmaras et Kalamitsi.

ORGANISER SON TEMPS

Évitez de vous rendre à Kassandra et à Sithonia le week-end.

Circuits conseillés Carte de région p. 380

DE THESSALONIQUE À POLIGIROS C1-2

À moins de vouloir se poser sur une plage au plus vite, il est très agréable de prendre la direction de Poligiros (ou Polygyros) à la sortie de Thessalonique pour rejoindre la Chalcidique par l'intérieur des terres.

Monastère d'Agia Anastasia (Μονή Αγίας Αναστασίας)

42 km au sud-est de Thessalonique, à gauche après le village de Vassilika - ✆ 23960 224 40 - moniagiasanastasias.gr - tlj du lever au coucher du soleil - 2 €.
La tradition veut que ce vaste et majestueux monastère ait été fondé par l'impératrice byzantine Théophano, épouse de Léon VI le Sage (règne 886-912), afin d'accueillir les reliques de sainte Anastasie d'Illyrie, dite Pharmacolytria (« la Guérisseuse »). C'est plus vraisemblablement au 16e s. que le moine futur saint Théonas, venu du monastère du **Pantocrator** au mont Athos, lança la construction du complexe qui accueillit jusqu'à 300 religieux. En grande partie détruit par les Ottomans en 1821 pour son rôle actif dans le déclenchement de la guerre d'Indépendance grecque, le monastère conserve des bâtiments du 16e s. *(ailes sud et ouest)*. Son catholicon, une basilique à trois nefs, date de 1832. Le monastère possède une importante collection de manuscrits rares. En revanche, les reliques de sainte Anastasie ont été volées en 2012.

L'une des splendides plages de Sithonia.
SIME/G. Gräfenhain/Sime/Photononstop

Musée archéologique de Poligiros (Archaiologikó Mousío Polygýrou - Αρχαιολογικό Μουσείο Πολυγύρου)
Pl. Iroon, à Poligiros (66 km au sud-est de Thessalonique ou 91 km en passant par la côte) - ☏ 23710 221 48 - 8h-15h - fermé sam.-lun. - 2 €.
Ce musée rassemble divers objets provenant des grands sites archéologiques de Chalcidique. Parmi les plus belles pièces figurent des **terres cuites polychromes** de Sani, dont une ravissante statue ailée, des vases du 7e s. av. J.-C., un sarcophage en poros (calcaire tendre) d'Akanthos (6e s. av. J.-C.) ainsi qu'une série de délicats bijoux en or des périodes archaïque, hellénistique et romaine. Du site de l'ancienne Olynthe (*page suivante*) proviennent notamment des objets en bronze : un bouclier massif, un brasero sur un socle bas et des pointes de flèche. Parmi ces dernières remarquez celle portant l'inscription *« Philippo »* : elle fut peut-être utilisée par Philippe II de Macédoine lorsque celui-ci fit détruire Olynthe en 348 av. J.-C. À noter également, un kouros inachevé de la période archaïque retrouvé en mer, dans la petite baie de Liotopi, face à l'antique Stagire.

UN DÉTOUR CHEZ ARISTOTE

C'est dans la cité antique de Stagire (Stágeira - Στάγειρα), près d'Olimpiada, 73 km au nord-ouest de Poligoros, qu'est né Aristote en 384 av. J-C. Une ville à laquelle le philosophe doit son surnom de « Stagirite ». C'est aussi là, selon les récits, que le disciple de Platon fut ramené après sa mort en Eubée en 322 av. J.-C. Régulièrement – et pas plus tard qu'en 2016 –, des archéologues locaux affirment avoir découvert ici la tombe du précepteur d'Alexandre le Grand. Mais aucun élément scientifique n'est encore venu étayer cette hypothèse. Sur place, outre les ruines, une statue récente rappelle le souvenir de l'illustre enfant du pays.
Site archéologique de Stagire – *☏ 23710 220 60 - tlj 8h-15h - sur RDV.*

VERS LA PRESQU'ÎLE DE KASSANDRA (ΚΑΣΣΑΝΔΡΑ) C2

Quittez Thessalonique par le sud en longeant la côte en direction de Néa Kallikrátia.

Lieu de villégiature favori des habitants de Thessalonique, le littoral de Kassandra aligne marinas, restaurants et hôtels de différents standings. De plage en plage, pourtant, quelques sites valent le détour.

Grotte de Petralona (Spílaio Petralónon - Σπήλαιο Πετραλώνων)

Au niveau de Néa Kallikrátia (43 km au sud de Thessalonique), prenez la route secondaire à gauche et continuez sur 12 km - 23730 733 65 - www.petralona-cave.gr - juin-sept. : 8h-20h ; reste de l'année : 9h-15h - 8 € (-18 ans gratuit) avec visite guidée de la grotte (20-30mn), musée et liaison en petit train.

À 300 m d'altitude, dans la montagne Katsika, cet antre béant de 10 400 m² abrite de belles concrétions dans un environnement où la température reste constamment à 17 °C. Un parcours aménagé de 1 500 m de longueur permet d'admirer de nombreuses stalagmites et stalactites, ainsi que des parois couvertes d'argile rouge où figurent de nombreux restes fossiles de mammifères. Un an après sa découverte, en 1959, c'est ici que fut mis à jour le crâne fossilisé de l'homme de Petralona (*Musée archéologique, à Thessalonique, p. 397*). Le musée attenant revient sur cette découverte et présente des fossiles de fauves, hyènes, ours, éléphants et bisons provenant de la grotte.

★ Olynthe (Archaía Ólynthos - Αρχαία Όλυνθος)

À côté d'Olinthos (ou Néa Olynthos), 11 km au nord-est de Néa Moudania - 23710 220 60 - tlj sf lun. 8h-15h - 4 € (-18 ans gratuit).

Grand centre politique de la Chalcidique aux 5e et 4e s. av. J.-C., l'antique Olynthe (« figue tardive » en grec ancien) se distingue par ses mosaïques et son **plan hippodamien** hérités de la période classique. Bien préservé, le tracé de ses rues figure aujourd'hui parmi les meilleurs exemples de l'urbanisme antique en Méditerranée. Bien que seuls 10 % du site aient été mis au jour depuis 1914, les vestiges s'étendent sur pas moins de 3 ha, à cheval sur deux collines (30-40 m d'altitude) et sans guère de zone ombragée.

Histoire – Placé dans dans une plaine fertile du golfe de Kassandra, 2,5 km au nord du rivage, le site est habité à la fin du néolithique (3000-2000 av. J.-C), puis abandonné jusqu'à l'installation de la tribu thrace des Bottiens au 7e s. av. J.-C. Àpartir de milieu du 5e s. av. J.-C., Olynthe s'oppose à l'expansionnisme athénien aux côtés de Perdiccas II de Macédoine. C'est dans ce contexte qu'elle connaît son plus fort développement : en 432 av. J.-C., la ville accueille les habitants des cités côtières de la région, trop exposées aux attaques de la marine athénienne. Une « ville nouvelle » voit le jour, conçue selon les plans d'Hippodamos de Milet. À la tête de la ligue de Chalcidique, Olynthe participe aux guerres du Péloponnèse (431-404 av. J.-C.) entre Sparte et Athènes. Passant d'un camp à l'autre, elle parvient à préserver son indépendance, y compris face à l'hégémonie grandissante des Macédoniens. Mais en 348 av. J.-C. Philippe II rase la ville et réduit ses habitants en esclavage.

Visite – Après la billetterie, l'ancienne avenue principale de la ville longe d'abord un alignement de sarcophages indiquant l'emplacement du cimetière. En 10mn, on parvient à la **colline nord★**. S'ouvre ici un vaste champ de ruines. Il s'agit des fondations de la « ville nouvelle » élaborée par Hippodamos. Elle suit un plan orthogonal rigoureux : entre les cinq avenues de 7 m de largeur (deux ont été mises à jour), un quadrillage de rues perpendiculaires délimite

des blocs d'habitations de 86,20 m de longueur sur 36 m de largeur. Chacun comporte 10 maisons (5 tournées vers le nord et 5 vers le sud). Parmi la centaine d'habitations identifiées, presque toutes suivent le même modèle : une surface au sol de 320 m², un portique d'entrée *(pastas)*, une cour centrale dotée d'un puits et, le plus souvent, deux niveaux. Celles appartenant à l'aristocratie se situent dans la partie est de la colline. C'est ici qu'ont été découvertes les **mosaïques** parmi les plus anciennes de la civilisation gréco-romaine, réalisées entre 432 et 348 av. J.-C. Au nombre de 18 et réparties entre 15 maisons, elles sont bien indiquées sur les panneaux et plans du site. Toutes placées dans l'*andron* (pièce de réception), elles sont constituées de galets noirs et blancs pour les motifs géométriques et avec parfois l'ajout de pierres colorées pour celles représentant des scènes de la mythologie grecque. Les plus belles mosaïques, sont celles de la **maison du Bellérophon★★** et celles la **villa de la Bonne Fortune★★** *(à l'écart du plan en damier et de plus grandes dimensions)*.
La **colline sud** *(15mn)* abrite quelques vestiges de la ville archaïque, délimitée par deux axes principaux *(à l'est et à l'ouest)* croisant des rues bordées des vestiges de maisons et magasins. Les espaces publics se trouvent au nord de la colline, où ont été mis au jour l'agora et le *presbytérion* (sanctuaire).
Enfin, le petit **musée** du site propose des reconstitutions en vidéo de la ville et de son plan hippodamien. La plupart des objets découverts à Olynthe sont quant eux conservés au Musée archéologique de Poligiros *(➲ p. 437)*.

Nea Potidea (Νέα Ποτίδαια)

14 km au sud d'Olynthe, 67 km au sud-est de Thessalonique.
Aussitôt après le **canal de Potidée**, qui marque l'entrée dans la presqu'île de Kassandra, la route débouche sur ce village portuaire créé en 1922 par des réfugiés grecs d'Asie Mineure. Parmi les hôtels et restaurants subsistent les vestiges de **remparts byzantins** érigés au 6e s. par Justinien. Mais les sites des antiques villes de Poditée (fondée par les Corinthiens au 7e s. av. J.-C.) et Cassandrée (4e s. av. J.-C.) – qui donne son nom à la péninsule –, n'ont encore fait l'objet d'aucune fouille. Le canal lui-même, long de 500 m, fut creusé par les Romains au 2e s. et renforcé par les Vénitiens au 15e s.
Sur la côte est de la presqu'île, la route rejoint **Afitos** *(15 km au sud de Nea Potidea)*, bourg perché sur une falaise dominant une plage bordée de tavernes. À partir de Kalithea *(3 km plus au sud)*, hôtels, restaurants et boutiques se succèdent jusqu'à Pefkohori. À l'extrémité sud, à flanc de colline au milieu des pins, **Loutra** *(30 km au sud-est de Kalithea)* domine l'une des plages les plus agréables de la péninsule. En remontant vers Nea Potidea par la côte ouest, on trouve encore de belles plages près du port de **Nea Skioni** et le long de la station balnéaire de Kalandra-Possidi qui jouxte le luxueux complexe de Siviri.

UN ARCHITECTE VISIONNAIRE

À la fois mathématicien, philosophe et physicien, Hippodamos de Milet (498-408 av J.-C.) est surtout le plus grand urbaniste de la Grèce antique. Il est en effet le premier à généraliser l'usage du plan en damier d'origine sumérienne. Il œuvre d'abord pour les Athéniens, en aménageant Le Pirée et la colonie de Thourioi (Italie). Il supervise ensuite les plans de sa ville natale, Milet (aujourd'hui en Turquie), et ceux d'Olynthe, puis conçoit la nouvelle cité-État de Rhodes vers la fin de sa vie. Dans les années qui suivent, le principe du plan hippodamien sera appliqué à Halicarnasse, Alexandrie et Antioche avant d'inspirer les urbanistes de monde entier, comme en témoigne le tracé rectiligne des rues de Nancy, Pékin et Chicago.

★★ PRESQU'ÎLE DE SITHONIA (ΣΙΘΩΝΙΑ) CD2

Comptez une journée.

Moins courue que Kassandra, la péninsule de Sithonia abrite des stations balnéaires à taille humaine. Une magnifique **route côtière★★** permet d'en faire le tour *(110 km)*, ondulant sur les collines couvertes de pinèdes.

À l'entrée de la péninsule, sur la côte ouest, **Nikitis** est un petit bourg agréable avec une plage bordée de pins, des tavernes et des chambres à louer. D'autres plages vous attendent à **Neos Marmaras** *(20 km au sud de Nikitis)*. Cette localité fondée en 1924 par des réfugiés grecs l'île de Marmara (aujourd'hui en Turquie) est la plus importante station balnéaire de Sithonia. On y trouve un *métochi* (dépendance) du monastère Grigoriou *(p. 444)*, établi en 1880, et l'église Pammegíston Taxiarchón (1937), dédiée aux Archanges, qui abrite les icônes et le précieux mobilier ecclésiastique apportés par les réfugiés.

C'est après les tours en béton de Porto Carras que l'on trouve un littoral encore préservé, autour du **cap Papadia★★** *(14 km au sud de Neos Marmaras)*. Sur quelques kilomètres, la côte rocheuse et boisée est vierge de constructions. Un réseau de pistes, parfois très abîmées, suit le littoral où alternent criques et plages peu fréquentées. Plus loin, sur la **baie de Toroni★** *(20 km au sud de Neos Marmaras)*, une longue écharpe de sable s'achève au pied d'un petit promontoire portant les ruines d'une forteresse antique et d'une basilique paléochrétienne. La plage de **Porto Koufos★** *(4 km au sud de Toroni)* occupe quant à elle un site de toute beauté, au fond d'une crique ouverte par un étroit chenal qui semble taillé d'un coup de hache dans les collines rocheuses. À la pointe sud, la route offre de superbes **panoramas★★** sur le **cap Drépano★**, alors qu'à l'horizon se profile le mont Athos. Puis, sur la côte est, la petite station romantique de **Kalamitsi★** *(14 km à l'est de Toroni)* est dotée d'une magnifique plage de sable blanc. Quoique plus anonyme, la station de **Sarti** *(16 km au nord de Kalamitsi)* offre elle aussi de belles plages. Vous en trouverez d'autres sur la route qui rejoint Ormos Panagias *(42 km au nord de Sarti)*.

NOS ADRESSES EN CHALCIDIQUE

INFORMATIONS UTILES

Banques – À Poligiros et dans les stations de Chalcidique, les banques possèdent souvent un distributeur.

Agence de voyages – Sithon Travel – *À Sarti - 23750 202 11/940 66 - www.sithontravel.gr.* Location de véhicules et d'appartements, excursions, etc.

ARRIVER/PARTIR

En bus – Au départ de Thessalonique, liaisons avec les stations de Kassandra (13/j.) et en été, 1 bus, ttes les 30mn, pour Kalithéa *via* Nea Fokea (1h30).

Terminal de Sithonia – Liaisons avec Poligiros (8/j., durée 1h30), Neos Marmaras (3/j., durée 2h30) et Sarti (3/j., durée 3h30).

TRANSPORTS

Taxi de Neos Marmaras – *Sur le port - 23750 715 00.*

Location de voitures – *À Thessalonique (p. 404) ou sur place, dans les stations balnéaires.*

HÉBERGEMENT

La plupart des hôtels en bord de mer ferment entre octobre et avril. Mais Poligoros est une bonne base pour rayonner dans la région toute l'année.

Poligoros

PREMIER PRIX

Mariela – *À l'angle des r. Polytechniou et Charilaou - Trikoupi - ✆ 2371 025088 - www.marelia.gr - 5 ch. 65 € ☕.* Face à la mairie, cette belle maison en pierre abite un chaleureux café et d'élégantes chambres. Formules petit déjeuner variées avec d'excellentes confitures maison.

Porto Koufos

PREMIER PRIX

Eolis Rooms – *✆ 2375 051421 - www.aiolis-studios.gr - 7 ch. 65/85 €.* Une maison blanche et pimpante face à la mer. Les chambres sont petites mais confortables et équipées d'une kitchenette. Pas de petit-déjeuner.

POUR SE FAIRE PLAISIR

Porto Koufo – *✆ 2375 051094 - www.portokoufohotel.gr - 36 ch. 90 € ☕, 3 suites et 10 studios 120/160 € ☕.* Situé face à l'entrée de la baie, à l'écart du village, cet hôtel bénéficie d'un emplacement de rêve. Les chambres, avec balcon, sont bien confortables. L'accueil et le service sont à la hauteur.

Neos Marmaras

BUDGET MOYEN

Marmaras – *À 200 m du port - ✆ 2375 072185 - 15 ch. 50/80 € - ☕ 5 €.* Un petit hôtel agréable et confortable avec des chambres dotées de balcons sur la mer.

Kalamitsi

BUDGET MOYEN

Kalamitsi Appartments – *✆ 231 066 3140 - www.kalamitsi-halkidiki.gr - 12 ch. 55/80 € - ✕.* Un immeuble situé face à la mer, avec une cafétéria au rez-de-chaussée. Propose quelques appartements (avec kitchenette).

RESTAURATION

Poligiros

POUR SE FAIRE PLAISIR

I Marigoula – *7 r. Konstantinoupoleos - ✆ 2371 023171 - www.marigoula.gr - 20 €.* Un inomagirío (restaurant spécialisé dans les plats à base de vin) au décor classique proposant une cuisine grecque raffinée, parfois matinée d'influences asiatiques. On vient de loin pour déguster le poulpe au vin rouge et à la sauce miso ou l'agneau au fenouil et olives de Chalcidique.

Neos Marmaras

PREMIER PRIX

Christos – *✆ 2375 071211 - 15 €.* À gauche de la baie quand vous êtes face à la mer (l'entrée est à peine visible). Un vaste choix de poissons et fruits de mer servis en salle ou sur une jolie petite terrasse sur pilotis.

Porto Koufos

PREMIER PRIX

Nikos Tavern – *À l'extrémité du port - ✆ 2375 051280 - 15 €.* L'occasion de déguster quelques sardines grillées sur une agréable terrasse.

Paralia Nikitas

PREMIER PRIX

Kyani Akti – *✆ 2375 022908 - 15 €.* Un restaurant de fruits de mer en bord de plage, servant du poisson frais.

Sithonia

PREMIER PRIX

O Pefkos – *✆ 2375 051206 - 15 €.* Un autre restaurant de fruits de mer, avec une sympathique terrasse sous les pins. Poisson excellent.

Le mont Athos

(Agion Oros - Άγιον Όρος)

★★★

1 811 habitants - République monastique du mont Athos

Longue de 50 km et large d'à peine 10 km, la plus orientale des péninsules de Chalcidique cache l'un des lieux les plus sauvages et les plus mystérieux de la Méditerranée : la République monastique autonome de la Sainte-Montagne. Au pied du mont Athos (2 030 m d'altitude), 20 monastères et leurs dépendances perpétuent le monachisme orthodoxe dans sa plus pure tradition. Véritable relique de l'Empire byzantin, cet ensemble constitue un site unique – inscrit au Patrimoine mondial de l'Unesco depuis 1988 –, dont les trésors et l'atmosphère comptent parmi les souvenirs les plus forts d'un voyage en Grèce. Du moins pour les rares visiteurs qui y pénètrent, car le mont Athos ne s'ouvre qu'aux détenteurs du « diamonitirion » et reste interdit aux femmes.

NOS ADRESSES PAGE 449
Hébergement, restauration, achats, activités, etc.

S'INFORMER

Bureau des pèlerinages *(Agioritiki Estia) – 109 r. Egnatia, à Thessalonique – ✆ 23102 633 08 - www.agioritikiestia.gr - lun. et merc. 9h-16h, mar. et jeu.-vend. 9h-20h, sam. 9h-14h - fermé dim. et j. fériés. L'endroit incontournable pour obtenir le diamonitirion, permis d'entrer sur le territoire du mont Athos (pour les démarches et le bureau d'Ouranoupoli, p. 447).*

Sites Internet – *www.inathos.gr (site officiel de la République, en anglais) ; whc.unesco.org/fr/list/454 (page de l'Unesco, en français).*

SE REPÉRER

Carte de région D2 (p. 380) et carte du mont Athos (p. 444).

À NE PAS MANQUER

Les monastères de Simono Pétra et de la Grande Lavra.

ORGANISER SON TEMPS

Pour vous rendre au mont Athos, vous devez demander un permis plusieurs semaines ou mois à l'avance. Ceux (et surtout celles !) qui n'auront pas la chance d'accéder au mont Athos pourront se consoler en longeant la côte ouest de la péninsule en bateau.

Circuits conseillés Carte du mont Athos p. 444

MONASTÈRES DE LA CÔTE OUEST

Circuit tracé en vert foncé sur la carte du mont Athos (p. 444). Croisière au départ d'Ouranoupoli. Escale à Dafni puis poursuite en bus ou en bateau (p. 449).

Ouranoupoli (Ουρανούπολη)

Gardant l'entrée de la péninsule, cette petite station est le port d'embarquement pour la péninsule du mont Athos, accessible en bateau seulement. Avant de partager l'austérité de la vie monacale athonite, profitez de l'animation bon enfant qui y règne en été et des agréables plages alentour.

Les collections d'art chrétien du **musée de la Culture byzantine** *(juin-oct. : tlj sf lun.-dim. 9h30-16h - gratuit)* sont exposées actuellement dans une maison à droite de la belle **tour** du 14e s. *(en cours de restauration)*.

Du bateau qui mène à Dafni, les premiers monastères apparaissent bientôt, perchés çà et là dans les hauteurs ou accrochés aux rochers du littoral pour dominer la mer.

UN FEU STOPPÉ PAR LES CIEUX

Le mont Athos a été touché en août 2012 par un incendie qui a ravagé environ 1 500 ha de forêts, d'oliviers et de vignes, à proximité du monastère de Chelandari. Il a été miraculeusement stoppé par une pluie nocturne.

Monastère de Dochiariou (Δοχειαρίου)

✆ 23770 236 33.

Entouré de collines boisées, à deux pas de la grève, le monastère (11e s.) a des allures de château fort avec sa tour crénelée et sa haute façade en pierre. Son catholicon (16e s.) abrite de belles fresques de l'école crétoise.

Monastère Xenofondos (Ξενοφώντος)

✆ 23770 232 45.

Un petit port précède le monastère de Xenophon, lui aussi posté près du rivage. Fondé vers 1010, il fut reconstruit après un incendie qui le ravagea en 1817. Son nouveau catholicon est le plus grand du mont Athos. L'ancien catholicon reste néanmoins plus intéressant avec ses belles fresques du 16e s. et une iconostase d'une grande élégance.

Monastère Agios Panteleimonos (Αγίου Παντελεήμονος)

✆ 23770 232 52.

Au détour d'un cap surgit l'imposant monastère russe de St-Pantéleimon, reconnaissable à ses bulbes verts couronnés de croix dorées. Fondé par des moines russes au 11e s., il perpétue la tradition slave avec des chants liturgiques anciens, d'une grande spiritualité. Au pied du clocher s'ouvre le réfectoire, qui peut accueillir 800 convives. Le monastère peut aussi se targuer de posséder l'une des **bibliothèques** les plus riches du mont Athos.

Port d'arrivée des ferries, **Dafni** dispose d'un restaurant, de boutiques et d'un poste de police portuaire. De là, vous pouvez soit prendre un bus pour Karies, dans les terres, soit poursuivre le long de la côte ouest, en bus ou en bateau.

Monastère de Simono Pétra (Σίμωνος Πέτρας)

✆ 23770 232 54.

Joyau de l'architecture athonite, l'édifice se dresse sur un éperon vertigineux, ses hauts murs de pierre accrochés au rocher tel un temple tibétain. La tradition veut que ce site – splendide – fut choisi au 13e s. par le saint Simon le Myroblite, guidé un soir de Noël par une lumière divine. Agrandi au 14e s. grâce aux donations d'un prince serbe, il fut ravagé en 1582 et en 1626 par des incendies, puis traversa une grave crise économique dont il ne se releva qu'au 18e s. De nouveau la proie des flammes en 1891, Simono Pétra bénéficia alors de fonds russes qui permirent d'édifier le spectaculaire **bâtiment de sept étages** que l'on aperçoit de la mer. Véritable défi à la pesanteur, une multitude de galeries en bois s'étagent sur ses façades, suspendues à 200 m au-dessus du vide. Tout l'intérêt du monastère est d'ailleurs là, puisqu'il a conservé peu d'éléments anciens (son catholicon date de la fin du 19e s.). Mais les récents travaux d'agrandissement attestent de sa vitalité.

Monastère Grigoriou (Γρηγορίου)

✆ 23770 236 68 - *portes fermées de 13h à 17h.*

Autre nid d'aigle, il étire son élégante façade à galeries qui surplombe la mer. Passé la première cour, tapissée de vigne vierge, on pénètre dans la cour où trône le **catholicon★** (18e s.). Orné de fresques, il recèle une magnifique iconostase décorée de scènes de l'Ancien Testament, ainsi que de remarquables icônes anciennes. Mais l'essentiel du trésor a disparu lors de l'incendie de 1761.

Monastère Dionysiou (Διονυσίου)

✆ 23770 236 87.

Bâti par saint Denis de Korisos et ses disciples à la fin du 14e s., il dresse ses murs sur les rochers du rivage, à 80 m au-dessus des flots. Au 16e s, des princes moldaves financèrent sa reconstruction et lui adjoignirent une tour défensive. Le **catholicon**, coiffé de cinq coupoles, renferme des fresques du 16e s., chefs-d'œuvre de l'école crétoise, ainsi qu'une iconostase richement ornée.

Karies (Καρυές)

Blottie au creux des collines, la capitale administrative du mont Athos n'est qu'un gros village où les rares commerces et ateliers d'artisanat sont tenus par des moines ou des laïcs. Au centre du bourg, l'**église du Protaton** (10e s.), renferme de superbes **fresques★★** (14e s.) attribuées à Manuel Pansélinos, ainsi qu'une étonnante **iconostase★★** en marbre et une **icône miraculeuse de la Vierge** (10e s.) censée assurer la protection du mont Athos. Le campanile date du 16e s. Une certaine mélancolie émane de la vaste **skite St-André** *(Agios Andreas)*, à 200 m au nord du bourg, jadis bastion du monachisme russe. Délabrée et envahie par les herbes folles, elle abrite néanmoins quatre moines qui y maintiennent un semblant d'activité. L'intérieur de sa grande **église baroque** – la seule du mont Athos – recèle une énorme iconostase.

Monastère de Koutloumousiou (Κουτλουμουσίου)

À 15mn de Karies, par le sentier menant au monastère d'Iviron - ✆ 23770 232 26.

Bâti à flanc de colline, le monastère (10e-11e s.) est bâti dans un cadre bucolique. Ayant sombré après le pillage des Catalans, il connut un renouveau au 14e s. grâce aux donations de princes moldaves, et de nombreux moines roumains s'y installèrent. Dressé au centre d'une cour soulignée de galeries, le catholicon (1540) cache, là encore, d'émouvantes fresques de l'école crétoise, malheureusement repeintes. Avec un peu de chance, vous pourrez admirer le **trésor** (icônes, vêtements sacerdotaux, croix...) et la passionnante **bibliothèque**.

MONASTÈRES DE LA CÔTE EST

Circuit tracé en vert clair sur la carte du mont Athos (ci-contre).

Du monastère Vatopedi (Βατοπεδίου) au monastère d'Iviron (Ιβήρων)

Accroché à une éminence boisée, le **monastère Vatopedi** *(✆ 23770 414 88)* expose sa longue façade rouge aux vagues du rivage. Probablement fondé au 10e s., il occupe le 2e rang dans la hiérarchie athonite. Après avoir souffert des incursions des pirates et des Catalans, il se releva au 13e s. grâce au soutien des empereurs Paléologues et des princes serbes, puis, au 18e s., grâce à celui des tsars russes et des princes balkaniques. Plusieurs fois remanié (adjonction d'un exonarthex et d'un clocher au 15e s.), le **catholicon** remonte aux origines. À l'intérieur, les fresques du 14e s sont recouvertes d'un repeint du 18e s., mais les **mosaïques** – les seules du mont Athos – et le magnifique **pavement de marbre** sont d'origine. En face, le réfectoire (12e s.) est orné de fresques du 18e s. Mais c'est à son exceptionnel **trésor** que Vatopedi doit sa notoriété : vêtements sacerdotaux rehaussés d'or, icônes portables, manuscrits des Évangiles, morceau de la Vraie Croix, Ceinture de la Vierge..., ainsi qu'à sa précieuse **bibliothèque** *(visite suivant le bon vouloir des moines).*

Juché sur un rocher battu par les flots, le **monastère du Pantocrator** (Παντοκράτορος Χριστού - *✆23770 238 80*), fondé au 13e s., conserve, malgré plusieurs incendies, une impressionnante **tour** et un petit catholicon (14e s.) dont les fresques ont subi un repeint au 19e s.

Avec sa tour de défense crénelée et ses hauts murs dressés sur un promontoire surplombant la mer, le **monastère de Stavronikita** (Σταυρονικήτα - *✆23770 232 55*) a tout d'un château médiéval. Le petit **aqueduc** que l'on aperçoit en arrivant date du 17e s. Mentionné dès 1012, le monastère fut déserté du 13e s. au 16e s. suite aux incursions des pirates et des croisés. Son catholicon, le plus

> **AU RYTHME DE BYZANCE**
>
> Le mont Athos vit littéralement à l'heure byzantine, qui commence au coucher du soleil (à l'exception du monastère d'Iviron, converti à notre système chaldéen). De même, le calendrier julien, en retard de treize jours sur notre calendrier grégorien, reste en vigueur. La journée d'un moine comporte trois périodes de 8h, consacrées à la prière, au repos et au travail. La plupart des prières communes (vêpres, complies, offices du matin), annoncées par le bruit sourd d'une planche en bois (simandre) frappée par le koudonovroustis, se déroulent la nuit.

Un site empreint de spiritualité et de mystère

« AGION OROS », LA SAINTE MONTAGNE

Mentionnée par Homère et Eschyle, le mont Athos n'apparaît dans l'Histoire qu'au 7e s., lorsque des moines d'Orient, chassés par l'avancée arabe, choisissent de s'y établir. Deux siècles plus tard, en 885, une chrysobulle de l'empereur Basile Ier entérine son statut religieux. Le principal fondateur du monachisme athonite est cependant **Athanase**, confesseur de l'empereur **Nicéphore Focas**, qui crée en 963 le monastère de la Grande Lavra. Rompant avec la tradition de rigueur et d'austérité des ascètes, il lui substitue une vie communautaire dans de vastes domaines tolérant un certain faste. En 1046, Constantin IX Monomaque formalise les règles de la vie cénobitique et proscrit toute « présence femelle – humaine ou animale – et de tout eunuque, enfant, imberbe… ». Dès lors, moines géorgiens, arméniens et latins affluent. Cependant, la prise de Constantinople par les **Latins** (1204) va marquer la rupture avec le monde catholique, qui y maintenait une présence malgré le grand schisme de 1054. Après le départ des Francs, le règne d'**Andronic II** (1282-1328) ouvre un nouvel âge d'or, interrompu par les sanglantes incursions de mercenaires catalans. Mais, grâce aux donations des empereurs byzantins et des rois serbes, le mont Athos se relève.
Après la prise de Thessalonique par les Ottomans (1430), la **Sainte Montagne** conserve ses privilèges. Mais les taxes et les confiscations entraînent de graves difficultés économiques. Soucieux de récupérer l'héritage de Byzance, les princes des Balkans, de Russie et d'Ukraine soutiennent alors financièrement les monastères et invitent les moines à leur cour. Le mont Athos s'affirme ainsi peu à peu comme le foyer spirituel et intellectuel du réveil hellénique, qui aboutira à l'insurrection de 1821… et à une occupation temporaire par les Ottomans. Au 19e s., l'influence prépondérante de Moscou se manifeste par l'installation de nombreux moines russes, jusqu'à la révolution bolchévique de 1917. Aujourd'hui, en dépit d'un renouveau récent, elle est loin d'avoir recouvré son lustre d'antan : les monastères du mont Athos ne comptent plus que 2 000 moines, contre 7 000 au début du 20e s.

UNE RÉPUBLIQUE THÉOCRATIQUE

Le mont Athos a toujours joui d'un statut autonome, actuellement défini par la Constitution grecque de 1926. Vis-à-vis de l'Église orthodoxe, il n'en réfère au patriarche de Constantinople que pour les questions spirituelles. Dépositaire du pouvoir administratif, la **Sainte Communauté**, élue pour un an, comprend vingt délégués et un secrétaire, tandis que le pouvoir législatif, aux mains de la Sainte Assemblée, regroupe les vingt **higoumènes** (supérieurs des monastères). Le pouvoir exécutif appartient aux quatre membres de la **Sainte Épistasie**, élus pour un an, qui élisent en leur sein le **protos**, chef de la confédération. Quant à la sécurité publique, elle dépend du ministère des Affaires étrangères grec, représenté à Karies par une poignée de fonctionnaires de police. Mais, aujourd'hui encore, l'État monastique autonome de la Sainte-Montagne jouit d'une quasi indépendance vis-à-vis de la Grèce et de l'Union européenne. Une situation qui a récemment provoqué des débats houleux concernant l'interdiction faite aux femmes de pénétrer le territoire, les avantages fiscaux concédés par Athènes en pleine crise économique, ou encore, l'accueil de criminels de guerre serbes dans certains monastères.

Les bulbes verts d'Agios Panteleimonas.
SIME/M. Ripani/Simeone/Photononstop

Depuis le début des années 1990, tous les monastères obéissent aux mêmes règles strictes de l'**organisation cénobitique** : les moines vivent en autarcie sous l'autorité d'un higoumène élu à vie. Toutes les activités se font en commun et chaque moine se voit confier des responsabilités très précises. Outre les monastères, la Sainte Montagne compte une douzaine de *skites* (petits monastères), des centaines de *kellia* et de *kalyves* (fermes isolées disposant d'une église) dépendant d'un monastère et, enfin, de multiples ermitages isolés, parfois de simples grottes aménagées *(hésychastéries)*. On rencontre même des moines mendiants appelés les « itinérants » (*gyrovagues)*..

LE CONSERVATOIRE DE L'ARCHITECTURE BYZANTINE

L'organisation des monastères du mont Athos est restée fidèle à celle des origines, invitant à un véritable voyage dans le temps, au cœur de l'âge byzantin. De l'**arsana**, petit port parfois doté d'une tour de défense faisant office d'entrepôt, on accède au monastère par un sentier. Son **enceinte** lui donne l'aspect d'une forteresse médiévale, impression renforcée par la **tour de défense** qui le domine. Dans la **cour principale**, les bâtiments de fonction – infirmerie, bibliothèque, cellules – sont parcourus de galeries en encorbellement, généralement en bois. Quant aux murs rouges, ils signalent immanquablement le **catholicon** (l'église principale), coiffé de coupoles et précédé d'un narthex et d'un exonarthex. À l'exception de ceux de Protaton et de Stavronikita, tous reproduisent le modèle de la Grande Lavra (963). Inspirés des églises inscrites en croix, dotée d'une coupole centrale, ils en diffèrent par leur plan triconque, issu de la transformation des nefs latérales en absides. L'espace intérieur traité en mouvement ascendant – propice à l'élévation de l'âme – s'anime de fresques, icônes, iconostases sculptées empreintes de spiritualité. Devant l'entrée se dresse une **phiale** en marbre (bénitier) abritée sous un baldaquin à coupole et colonnettes. Le **réfectoire** *(trapeza)*, dont les murs sont parfois couverts de fresques, constitue souvent la partie la plus ancienne du monastère, avec le catholicon.

petit du mont Athos, cache de remarquables **fresques** du Maître Théophane et de son fils, dont un portrait du patriarche Jérémie Ier. Les fresques du réfectoire appartiennent également au style crétois.

Échoué au milieu d'une petite rade, le **monastère d'Iviron** *(✆23770 236 43)* arbore une haute façade harmonieuse côté terre, qui tranche avec le caractère hétéroclite de sa façade marine. Fondé à la fin du 10e s. par un moine géorgien, le monastère occupe le 3e rang dans la hiérarchie athonite. Une douce sérénité baigne la cour intérieure, gardée par une tour. Au centre, une phiale se découpe joliment sur les murs du **catholicon**. Bâti au 11e s., celui-ci fut remanié au 16e s. Des origines, il a conservé son dallage en marbre, ainsi que des remplois de chapiteaux antiques à feuilles d'acanthe et têtes de bovins. Les fresques (16e s.), en revanche, ont subi un repeint au 19e s. Iviron possède l'un des plus somptueux **trésors** du mont Athos : croix, mitres, vêtements liturgiques brodés d'or, et sa **bibliothèque** regorge d'ouvrages exceptionnels : manuscrits, incunables, chrysobulles du 10e s… Quant au petit port du monastère, il se trouve sous la garde d'une tour bien conservée datant de 1626.

Monastère de la Grande Lavra (Megisti Lavra - Μεγίστη Λαύρα)

✆23770 237 54.

Le berceau du mont Athos : le plus ancien et le plus grand monastère de la Sainte Montagne occupe le 1er rang dans l'ordre hiérarchique athonite. Perché sur les hauteurs boisées du sud-est de la péninsule, la Grande Lavra (ou Grande Laure) domine un majestueux **panorama★★** sur la mer. Fondée par Athanase (963), elle abrita jusqu'à 700 moines au 11e s., avant d'entamer un long déclin, du 14e au 17e s. De prime abord, le monastère évoque plutôt un gros bourg fortifié, gardé par une puissante tour carrée. Divers bâtiments à étages encadrent un espace morcelé où s'élèvent églises et chapelles. Ne manquez pas le vaste **catholicon**, dédié à saint Athanase (sa dépouille y repose) : il abrite des **fresques** de toute beauté de Théophane le Crétois (16e s.), considérées comme l'œuvre maîtresse du peintre, ainsi que de remarquables icônes portables. À l'entrée trône, une **phiale** cernée d'une colonnade garnie de marbres sculptés et de fresques. Le **réfectoire** voisin n'est pas en reste avec ses multiples **fresques** figurant la Cène, l'échelle de Jacob et la vie de Marie, accompagnées des portraits de philosophes grecs. Le **trésor** est d'une richesse à faire pâlir les plus grands musées du monde. Si un moine accepte de vous en ouvrir les portes, vous découvrirez, non sans quelque émotion, la couronne et le manteau de l'empereur Nicéphore Focas, entouré d'un carquois antique et de toutes sortes d'objets et d'habits ecclésiastiques des plus précieux. La **bibliothèque**, incomparable, garde la plus importante collection d'ouvrages anciens de la Sainte Montagne, dont l'**Évangéliaire au Trésor** (dit de Focas).

LES AUTRES MONASTÈRES

Monastère d'Esfigmenou (Εσφιγμένου) – sur la côte nord - ✆ 23770 237 54. Monastère serbe de Hilandar (Χιλανδαρίου) – près de la côte nord - ✆ 23770 237 97. Monastère de Philotheou (Φιλοθέου) – au sud de Karies - ✆ 23770 232 56. Monastère Agiou Pavlou (Αγίου Παύλου) – sur la côte sud-ouest - ✆ 23770 237 41. Monastère de Xeropotamou (Ξηροποτάμου) – sur la côte ouest, près de Dafni - ✆ 23770 232 51. Monastère de Konstamonitou (Κωνσταμονίτου) – au centre du mont Athos, près de la côte ouest - ✆ 23770 232 28. Monastère bulgare de Zographou (Ζωγράφου) – au centre du mont Athos, près du monastère Vatopedi - ✆ 23770 232 47.

NOS ADRESSES AU MONT ATHOS

INFORMATIONS UTILES

Bureau des pèlerinages (Agioritiki Estia) –
À Thessalonique – *p. 383.*
À Ouranoupoli – *Près de la station-service, à l'entrée du village - 23770 714 22 - tlj 7h30-13h* - coût du permis : entre 30 et 50 €.

Inutile d'espérer pénétrer dans le secteur monastique si vous êtes une femme ou si vous ne possédez pas le *diamonitirion*, le permis requis à demander au bureau des pèlerinages à Athènes. Le nombre de non-orthodoxes étant très limité, mieux vaut vous y prendre longtemps à l'avance pour faire votre demande, en évitant la période estivale. Envoyez une photocopie de votre passeport en indiquant la date souhaitée. Il vous sera demandé quelle est votre religion. Si vous parvenez à obtenir l'accord, réservez dans les monastères où vous souhaitez séjourner. Après avoir retiré sur place le récépissé de votre demande, présentez-vous muni de ce document et de votre passeport au bureau d'Ouranoupoli, qui vous remettra le *diamonitirion*. Ce sésame donne droit à un séjour de quatre nuits au mont Athos et vous sera demandé dans certains monastères.

Visiter le mont Athos requiert une attitude discrète et un habillement de circonstance (membres couverts et tête découverte). Si vous souhaitez prendre des photos, n'utilisez pas de flash et sollicitez un accord avant de photographier, à l'intérieur des monastères, les lieux et leurs habitants. Assez rares sont les moines qui parlent une langue étrangère, mais il existe ici et là des moines français. Votre présence à la messe sera appréciée. Les non-orthodoxes y assistent parfois depuis le narthex. Ensuite, le repas est servi dans un silence que seule rompt la voix du moine récitant.

Dans la plupart des monastères, un verre de *tsipouro* accompagné d'un loukoum vous sera servi à votre arrivée. Le premier contact peut sembler froid, mais ne vous y fiez pas, vous êtes examiné. Adoptez une attitude respectueuse, et sans impatience, notamment pour la visite du trésor ou de la bibliothèque.

À emporter – Une lampe de poche, une serviette de toilette, un pull, une bouteille d'eau et quelques provisions qui permettront de compléter les repas frugaux servis dans les monastères.

ARRIVER/DÉPART

En bus et en bateau – De Thessalonique, départ des bus de la station pour la Chalcidique *(voir p. 403 ; 9/j. pour Ouranoupoli - 6h-20h, 2h30, retour 5h30-18h15)*. Prenez le bus du matin pour la correspondance avec le bateau de Dafni. Au retour, l'idéal est de dormir à Ouranoupoli afin de prendre le premier bateau pour Dafni (2h). Au retour, le bateau quitte Dafni vers midi.

TRANSPORTS

À pied – La marche est le meilleur moyen de découvrir la péninsule et de s'imprégner de son atmosphère. Entre les monastères, il existe un réseau de sentiers très étendu, mais compliqué. Munissez-vous d'une carte précise *(en vente à Ouranoupoli)*. Les chemins côtiers, en revanche, sont faciles à suivre.

Durée approximative des parcours entre les principaux monastères : 2h entre Dafni et Simono Pétra, 2h entre Simono Pétra et Grigoriou, 2h entre Grigoriou et Agiou Dionisiou, 3h entre Dafni et Karies, 2h entre Karies et Iviron, 1h entre Iviron et Stavronikita, 1h entre Stavronikita et Pantocrator, 2h entre Pantocrator et Vatopedi, 3h entre Vatopedi et Karies, 1h entre Xéropotamou et St-Pantéleimon.

En minibus – Concession à la modernité, les moines se déplacent souvent en minibus, mais les routes ne sont pas asphaltées et les liaisons irrégulières. À Dafni, vous pouvez prendre un minibus pour Simono Pétra (départ vers midi) ou pour Karies (départ à 10h30, durée 45mn). De Karies, des minibus se rendent à la Grande Lavra (1h30), *via* Iviron, ainsi qu'au monastère de Vatopedi.

En bateau – Le bateau d'Ouranoupoli à Dafni fait escale aux monastères de Dochiarou, Xenofondos et St-Pantéleimon. De Dafni, un bateau dessert tous les monastères de la côte sud-ouest jusqu'à Skiti Theotokou (départ vers 13h). Sur la côte nord, les liaisons dépendent de la météo.

HÉBERGEMENT

Le « camp de base » pour le mont Athos est Ouranoupoli.

Ouranoupoli

BUDGET MOYEN

Makedonia – *Prenez la 2e rue à gauche après l'hôtel Akrogiali (même propriétaire) - 2377 071085 - www.hotel-makedonia.gr - 18 ch. 50/60 €.* Un petit hôtel confortable et tranquille à 100 m du bord de mer.

Xenios Zeus – *Dans la rue principale, côté mer - 2377 071274 - www.ouranoupoli.com/zeus - 20 ch. 55/65 €.* Cet hôtel propret, qui mélange les styles traditionnel et moderne, accueillit dans les années 1960 le philosophe Herbert Marcuse, figure emblématique des révoltes étudiantes de 1968. L'endroit offre un bon rapport qualité/prix. Préférez les chambres avec vue sur la mer.

Akrogiali – *À 100 m de l'arrêt de bus, sur la gauche, au bord de la mer - 2377 071201 - www.ouranoupolis-akrogiali.gr - 15 ch. 60/80 €.* Des chambres confortables, pour la plupart avec balcons et vue sur la mer. Terrasse pour le petit-déjeuner où l'on vous servira le miel récolté par le patron.

POUR SE FAIRE PLAISIR

Xenia – *À l'entrée du village - 2377 071412 - www.xeniaouranoupolis.com - - 88 ch. et bungalows 80/140 €.* Très agréable, calme et confortable, avec une plage privée et 2 piscines. Le service est très professionnel, mais les prix sont élevés (importante remise en basse saison). Demi- pension possible.

Mont Athos

À quelques exceptions près, les monastères exigent une réservation. Pour y dormir, arrivez avant le crépuscule. Le confort des cellules est sommaire, mais l'hébergement est gratuit.

RESTAURATION

Ouranoupoli possède plusieurs restaurants de fruits de mer.

ACHATS

Icônes

Les œuvres des moines sont en vente dans les boutiques d'Ouranoupoli et de Karries.

Amfipoli

(Αμφίπολη)

2 615 habitants - Région de Macédoine centrale - Unité régionale de Serrès

Amfipoli n'a rien d'une belle endormie. Stratégiquement située entre la Macédoine et la Thrace, à l'embouche du Strymon, cette ancienne colonie athénienne a rayonné pendant près d'un millénaire : patrie des amiraux d'Alexandre le Grand, elle accueillit saint Paul avant de devenir un puissant évêché byzantin. Ce vaste site se parcourt aujourd'hui comme un livre d'histoire. Dernier chapitre en date : la mise à jour du gigantesque tumulus de Kasta, en 2015.

NOS ADRESSES PAGE 454
Hébergement, restauration, achats, activités, etc.

S'INFORMER

Offices du tourisme de Thessalonique et de Kavala – *Voir p. 382 et 453.*

Sites Internet – *amphipolis.gr (partiellement en français), www.amfipolis.com (en anglais) et www.theamphipolistomb.com (en anglais), trois sites animés par des chercheurs grecs travaillant sur les différents sites d'Amfipoli.*

SE REPÉRER

Carte de région D1 (p. 380).

À NE PAS MANQUER

Le Musée archéologique, l'acropole, le gymnase, les murailles.

ORGANISER SON TEMPS

Visitez Amfipoli à partir de la route de Kavala. Véhicule conseillé. Procurez-vous le livret en vente au musée. Il contient la carte du site.

Se promener

Comptez 3h de visite.

Sur la route de Kavala, prenez à gauche la direction de Serrès, puis, 2 km plus loin, tournez encore à gauche par la petite route conduisant au village d'Amfipoli.

De la colline qui domine les rives du Strymon à l'embouchure du fleuve, le site, très vaste, essaime nombre de vestiges embrassant plusieurs époques, de l'Antiquité au Moyen Âge. Un paradis pour les archéologues ! Et Amfipoli est encore loin d'avoir livré tous ses secrets : si les fouilles ont déjà révélé de nombreux sanctuaires, le principal reste à découvrir.

Musée archéologique

À l'entrée du village d'Amfipoli - *✆ 23220 324 74 - avr.-oct. : 8h-20h ; reste de l'année 8h-15h - fermé j. fériés - billet combiné avec le site 6 € (-18 ans gratuit).*

Avant votre promenade à travers les ruines, prenez le temps de visiter ce musée. Ouvert en 1995, il rassemble la plupart des découvertes du site, sur une période allant du néolithique tardif (objets en bronze, outils en terre cuite) et de l'âge du fer (bijoux en or, armes) à l'époque byzantine. Passé l'entrée, où trône un **ossuaire en argent** surmonté d'un diadème à feuilles d'or, on rejoint la section hellénistique qui présente trois remarquables **hydries funéraires★★** (cruches à trois anses) du 4e s. av. J.-C., en argent, en céramique à peinture noire et en céramique polychrome.

Le **trésor d'une tombe macédonienne** (diadème à feuilles d'or, bagues…), accompagné de divers objets usuels (lit, lampe à huile, semelles…), jette un éclairage émouvant sur la vie quotidienne dans l'Antiquité. Vous y verrez également des stèles funéraires, des statues en marbre et des statuettes en terre cuite, notamment un buste du bel Attis, le dieu que Cybèle rendit fou pour le punir de son infidélité et qui se castra lui-même. L'**époque romaine** est évoquée par des sculptures, de la verrerie, des céramiques et des mosaïques de pavement, tandis que chapiteaux et stèles du 6e s. illustrent la période paléochrétienne.

★ Acropole

Tournez à gauche 200 m après le musée et continuez sur 1 km. Perchées sur un plateau désolé au-dessus du village, les ruines mélancoliques des basiliques d'Amfipoli (4e-5e s.) contemplent la plaine. La plupart comportaient des éléments provenant d'édifices antiques, mais, aujourd'hui, seuls restent visibles les premières assises des murs et des fragments de mosaïques (parfois cachées).
De la grande **basilique G** *(à gauche de l'entrée)*, datant de la seconde moitié du 5e s., ne subsistent que quelques bases des colonnes qui séparaient les trois nefs. Mais elle a conservé le beau **pavement en mosaïques** du vaisseau central, à motifs géométriques ou animaliers, semblable à celui de l'atrium.
La **basilique A** *(juste à droite)*, autre édifice de taille, datant du milieu du 6e s., comprenait également trois nefs et un atrium, avec narthex et exonarthex. Ses colonnades n'ont laissé ici que quelques **chapiteaux corinthiens**, gisant çà et là aux côtés de morceaux de colonnes de marbre vert. Mais ne manquez pas les très belles **mosaïques★** de la nef sud, qui figurent, l'une des paons, l'autre des cerfs s'abreuvant au milieu de cygnes, symboles typiques des premiers siècles du christianisme. D'autres mosaïques à motifs animaliers ornent les pièces annexes.
À l'est de la basilique A s'élève une partie des murs du vaste **palais épiscopal**, mise au jour en 2004. Les trois compartiments visibles à l'angle sud-ouest de l'édifice servirent vraisemblablement de citerne à l'époque paléochrétienne.
Le palais jouxte la **basilique D** *(plus loin, à droite)*, de la seconde moitié du 5e s., qui reprend le plan des basiliques voisines, en plus modeste.
Attardez-vous devant les ruines de l'**église à plan central★** *(à l'est)*, exemple rare de ce type d'architecture (6e s.) : évoquant la forme d'un coquillage, elle s'articule autour d'un hexagone cerné d'une large galerie circulaire qu'interrompt une abside côté est. L'église, qui devait avoir deux étages, ouvrait autrefois sur un atrium à portiques. Elle conserve une partie de son élégant **dallage de marbre** blanc et noir à motifs géométriques.
Dernier édifice de l'acropole, la **basilique B** *(juste au nord)*, qui date du 6e s., a gardé elle aussi quelques **mosaïques**. Au sud-ouest de son atrium gît la margelle d'un puits en marbre, autrefois relié à une citerne souterraine.

THUCYDIDE, LE PREMIER HISTORIEN

Commandant en chef de la flotte athénienne lors de la prise d'Amfipoli par les Spartiates en 422 av. J.-C, Thucydide (v. 465-395 av. J.-C.) fut tenu pour responsable par Athènes de cette défaite catastrophique, tournant décisif de la guerre du Péloponnèse. Condamné à l'exil, Thucydide se tourna alors vers l'écriture, entreprenant la rédaction de La Guerre du Péloponnèse. Cette brillante description des mécanismes de la guerre est soutenue par des sources variées et une chronologie détaillée, l'auteur s'abstenant en outre de recourir aux explications mythologiques. Pour sa grande rigueur, l'ouvrage est considéré aujourd'hui encore comme l'œuvre annonciatrice de la science historique.

Quittez l'acropole et prenez un sentier sur 200 m en direction du sud-ouest. Les basiliques ne sont pas les seules à se parer de mosaïques : dans les ruines d'une **villa romaine** *(jouxtant les vestiges arasés d'un probable gymnase romain)*, les archéologues ont découvert trois œuvres d'un grand raffinement, dont la plus célèbre, *L'Enlèvement d'Europe par Zeus*, a été déposée au musée de Kavala. Les deux autres **mosaïques de pavement★** (2e-3e s. apr. J.-C.) représentent *Les Trois Âges de la femme* et des scènes de la mythologie grecque.

De là, poursuivez jusqu'à l'**enceinte occidentale**, imposante muraille de 80 m de long, flanquée de deux tours de défense. Puis, de retour à l'acropole, prenez le sentier qui descend vers la mer (sud-est) et continuez 300 m après les vestiges de la maison hellénistique *(fermée au public)*.

★ Gymnase

Mis au jour en 1982 sur le flanc est de la colline, ce vaste complexe fut édifié à la charnière des époques classique et hellénistique (4e s. av. J.-C.), puis remis en état au début de l'époque impériale à la suite d'un incendie. Avec ses murs massifs en gros blocs de tuf, la **palestre** (47 m sur 36 m) constitue le bâtiment principal, où l'on enseignait aux éphèbes l'art de devenir des braves. Côté est, un escalier monumental donnait accès aux diverses salles du complexe sportif, agencées autour d'une cour centrale à portiques, où les athlètes s'affrontaient. Dans les thermes (nord-est), quelques bassins en marbre attendent depuis des siècles d'hypothétiques baigneurs.

Quantité d'objets ont été trouvés *in situ (exposés au Musée archéologique)*, notamment la **stèle hermaïque★★** d'un jeune homme (au corps remplacé par une console à pans coupés), chef-d'œuvre de style classique, ainsi qu'une stèle gravée de 2,65 m de haut, qui a livré de riches informations sur les règles de vie des gymnastes.

La partie nord du complexe comprenait des citernes, ainsi qu'une piste couverte, partiellement mise au jour, où les athlètes pouvaient s'entraîner par mauvais temps.

Muraille nord

De retour au village, prenez la route qui descend au fleuve Strymon, vers le nord.

À l'époque classique, deux enceintes en blocs de tuf furent élevées, autour de l'acropole (2 200 m de longueur) et de l'agglomération (7 500 m). Tours, portes et bastions se déroulaient en un ensemble monumental dont vous pourrez vous faire une idée en visitant les fondations de la muraille nord.

La section ouest (108 m de longueur), qui comprend la porte B ainsi qu'une tour ronde inscrite dans une tour carrée hellénistique, longe les ruines d'un édifice à colonnes antérieur à la muraille. Constamment menacée par les crues du Strymon, la portion suivante (qui relie le pont au système de défense) était parcourue de conduits de drainage. Un peu plus loin se dresse la porte-pont G, la plus importante des remparts avec des murs de 2 m d'épaisseur !

Mais le plus étonnant vestige reste sans conteste la superstructure du **pont** mise au jour sur la berge asséchée du fleuve : telle la carcasse d'un navire échoué, des centaines de pieux hérissent le sol, couverts de sédiments, dont les couches les plus profondes remontent à l'époque classique (5e s. av. J.-C.).

Vers l'est, la route longe le Strymon et passe en contrebas d'une **tour byzantine** (1367) incrustée de colonnes et de marbres antiques. Bâtie par deux frères, les généraux Alexis et Jean, la porte d'accès fut percée à 2 m du sol pour des raisons de sécurité.

Bâtie à flanc de colline, la **section est des remparts** (167 m de longueur), qui dépassent 7 m de hauteur par endroits, comprend deux entrées, l'une

KASTA, LA FIN DU MYSTÈRE

Grosse déception pour le petit monde l'archéologie : le tombeau de Kasta *(3,5 km au nord-est d'Amfipoli)*, plus vaste sépulture jamais découverte en Grèce, n'est pas celui d'Alexandre le Grand. Pire : il a déjà été visité par des pilleurs. En août 2014, l'ouverture de ce tumulus de 497 m de circonférence et de 30 m de hauteur avait pourtant fait les gros titres. Les archéologues grecs se montraient alors optimistes, émettant l'hypothèse d'y trouver la dépouille du conquérant macédonien. Finalement, après un long suspense, la responsable du chantier annonçait, en octobre 2015, qu'il s'agissait vraisemblablement de la tombe du général Hephaestion, amant d'Alexandre, mort un an avant lui en Mésopotamie, en 324 av. J.-C. Déception, certes. Mais le tombeau, même vidé de ses précieux trésors, n'en demeure pas moins d'une grande valeur. À l'intérieur, ont notamment été découverts deux sphinx en marbre d'environ 2 m de hauteur gardant l'entrée, deux cariatides s'élevant à 3,67 m de hauteur, une fresque aux couleurs partiellement préservées, une mosaïque représentant l'enlèvement de Perséphone par Hadès, mais aussi les squelettes de 5 personnes non identifiées. Une ouverture du tumulus au public est prévue à partir de 2020.

hellénistique, l'autre classique, obstruées par les alluvions du fleuve. D'étroits boyaux trapézoïdaux ménagés dans le mur laissaient s'échapper les eaux, sans permettre pour autant le passage d'ennemis. Probablement antérieur à l'enceinte, le petit *thesmophorion* (sanctuaire dédié à une divinité féminine) qui la côtoie a livré de nombreux vases votifs et figurines d'argile.

De la porte A, rejoignez la route de Serrès et tournez à droite, vers le sud, puis une nouvelle fois après le village, pour continuer jusqu'au fleuve. Le fameux **lion d'Amfipoli★** (4e s. av. J.-C.), altière statue de fauve dressée sur un piédestal moderne, fut découvert lors de la Deuxième Guerre balkanique (1912-1913), par des soldats qui creusaient une tranchée. Ce lion de marbre d'une hauteur de 5,30 m fait partie des mystères d'Amfipoli, puisque son origine n'est pas connue. Désormais rejetée, une hypothèse était que la statue avait été conçue pour trôner au sommet du **tumulus de Kasta**. Le lion attendra, car ce sont les fouilles menées dans ce gigantesque tombeau qui ont récemment attiré l'attention des médias et des archéologues. Situé 3,5 km au nord-est d'Amfipoli, à l'écart de la route menant à Nea Mesolakkia, le tumulus est pour l'heure fermé aux visites. On peut toutefois s'en approcher pour en apprécier les proportions et apercevoir, au loin, les deux sphinx qui en gardent l'entrée.

NOS ADRESSES À AMFIPOLI

ARRIVER/PARTIR

En bus

De Thessalonique, prenez un bus pour Kavala et demandez à descendre à Kerdilia, d'où vous rejoindrez Amfipoli à pied (3 km) ou en taxi.

RESTAURATION

Le village d'Amfipoli compte de petits cafés-restaurants, dont un en face du Musée achéologique. Vous trouverez davantage de choix parmi les nombreuses tavernes du littoral (la plupart fermées hors saison).

Kavala

(Καβάλα)

★

58 788 habitants - Région de Macédoine orientale-Thrace - Chef-lieu de l'unité régionale de Kavala

Située aux confins de la Macédoine orientale, Kavala se déploie à perte de vue sur les collines, succession de baies et de pointes, plongeant directement dans les eaux bleues de l'Égée. La ville, moderne, affiche un dynamisme sans complexe, vivant de la pêche, de la confection et de la production de raisin et de miel. Elle se découvre en arpentant les quais ou les rues escarpées; mais nulle part mieux que dans le vieux quartier de Panagia, le long de l'aqueduc de Kamares et de la citadelle, vous ne sentirez flotter son parfum d'antan. La ville est aussi un point de départ idéal pour une excursion à Philippes (Filipi) et sur l'île de Thassos. À moins que vous ne préfériez passer un moment sur les plages de Kalamitsa, Tosca, Palio, Nea Iraklitsa ou Nea Peramos.

NOS ADRESSES PAGE 458
Hébergement, restauration, achats, activités, etc.

S'INFORMER

Centre d'information touristique – *Pl. Eleftherias - ✆ 25102 310 11 - www.visitkavala.gr - tlj sf dim. 8h-21h (jusqu'à 20h30 entre nov. et mars).* L'office de tourisme municipal est une mine de renseignements.

Site Internet – *www.kavala.gov.gr (site officiel de la municipalité, en anglais).*

SE REPÉRER

Carte de région F2 (p. 381) et plan de ville (p. 456).

À NE PAS MANQUER

Le quartier ottoman et le Musée archéologique.

ORGANISER SON TEMPS

Visitez la ville à pied, pour éviter les problèmes de trafic et de stationnement.

Se promener Plan de ville p. 456

Comptez une journée.

Artères principales où bat le cœur de la cité moderne, les rues Eleftheriou Venizelou et Erithrou Stavrou courent parallèlement au front de mer jusqu'à la **platia Eleftherias**. Du côté opposé de la place, vers l'est, on rejoint à pied le vieux quartier de Panagia, accroché à un promontoire rocheux dominant le port.

MUSÉES

Musée archéologique

17 r. Erithrou Stavrou - ✆ 25102 223 35 - tlj sf lun. 8h-15h - 4 € (-18 ans gratuit).

Ce passionnant musée se consacre à la Macédoine orientale, et couvre la période allant du néolithique à l'Empire romain. Passé une première cour où

gisent diverses pièces d'architecture romaine, on pénètre dans la salle consacrée à l'antique Néapolis (voir encadré ci-contre). Elle rassemble des objets provenant du sanctuaire de la déesse Athéna Parthenos. Le couloir face à l'entrée présente une série de **sculptures en marbre** mises au jour à Amfipoli (voir p. 449), ainsi que des objets en pierre et en terre cuite du néolithique et de l'âge de bronze. C'est de cette cité que proviennent également les tombeaux, stèles votives gravées et sculptures exposées dans la 2e cour. Au fond, la salle d'Amfipoli évoque la splendeur de cette ville aux époques classique, hellénistique et romaine : **stèles funéraires**, sculptures, vases, terres cuites et **bijoux** en or. À l'étage s'alignent des vases, des figurines en terre cuite, des bijoux, ainsi qu'un sarcophage.

MÉHÉMET ALI, OU LE RÉVEIL ARABE

Fascinante destinée que celle de cet Albanais natif de Kavala (1769-1849), qui défia les grandes puissances et fonda une dynastie appelée à régner sur le Nil jusqu'en 1952. Envoyé par les Ottomans en Égypte à la tête d'un corps albanais pour combattre Bonaparte, il se fait proclamer vice-roi après le départ des Français, massacre les Mamelouks, chasse les Wahhabites d'Arabie, s'attaque aux pirates de la mer Rouge et fonde Khartoum ! En 1827, sa flotte mate la rébellion grecque, mais elle est vaincue à Navarin. Furieux de n'avoir pas obtenu la Syrie, Méhémet Ali conquiert la Palestine. En 1839, il se retourne contre les Ottomans avec l'appui de la France. Sous la pression anglaise, il doit se replier en Égypte et au Soudan, terres qu'il reçoit en héritage et où il finira ses jours. Bien que jugé tyrannique par les Égyptiens, Méhémet Ali reste considéré comme le fondateur de l'Égypte moderne et le précurseur de la renaissance arabe.

Musée du Tabac (Mousío Kapnoú - Μουσείο Καπνού)
4 r. Konstadinou Paleologou - ✆ 25102 233 44 - www.tobaccomuseum.gr - juin-sept. : 8h-16h, jeu. 17h-21h, w.-end 10h-14h ; reste de l'année : tlj sf dim. 8h-16h, sam. 10h-14h - 2 € (-7 ans gratuit).
Ce musée est installé dans l'entrepôt néoclassique (1810) de l'ancienne manufacture d'État de tabac, fermée dans les années 1980. À travers 7 salles abritant de nombreux objets d'époque, l'exposition revient sur ce qui fut une des principales activités de Thrace et Macédoine. De l'introduction des premiers plants de tabac orientaux « basma » par les Ottomans au début du 19e s., la production passe à une échelle industrielle dans les années 1850, entraînant aussi bien le développement du commerce maritime que l'essor du syndicalisme, le négociant turc Kizi Mimin employant jusqu'à 15 000 personnes à Kavala au début du 20e s. Remarquez en particulier cette machine à rouler les cigares de 1925 ou les presses « tonga » utilisées pour compacter les feuilles.

★PANAGIA (ΠΑΝΑΓΙΑ)

Deux monuments ottomans marquent la limite de la vieille ville surplombant la mer : l'**église Agios Nikolaos**, ancienne mosquée reconvertie en lieu de culte orthodoxe en 1926, et le majestueux **aqueduc de Kamares★★** qui doit son nom à ses trois rangées d'arches superposées. Tous deux furent érigés vers 1520-30 par Ibrahim Pacha, grand vizir de Soliman le Magnifique. On pénètre ensuite sur la péninsule escarpée du quartier de la « Vierge » *(Panagia)*, qui, avec ses **maisons à encorbellement** le long des ruelles en escalier et des rues pavées, évoque immanquablement l'Orient. Une impression qui se renforce dans l'**imaret**, établissement de charité musulman construit en 1817, rue Poulidou, semblable à un caravansérail avec ses coupoles, ses cheminées et ses cours intérieures. Il est aujourd'hui transformé en hôtel de luxe *(« Nos adresses », p. 458)*. On peut le visiter *(10h-16h30 - 5 € - interdit aux -12 ans)*, y prendre un verre au bar ou au salon de thé et admirer la **vue★** sur le port.

LE PORT DE LA VILLE DE PHILIPPES

L'antique Néapolis, qui correspond à l'actuel quartier de **Panagia**, fut fondée au 7e s. av. J.-C. par les colons des îles de Thassos et de Paros. Proche des mines d'or du Pangée, la cité prospère. Mais sa position lui vaut d'être attaquée par les Perses, puis par Philippe II de Macédoine, qui en fait le port de Philippes. Quatre siècles plus tard, c'est à Kavala que **saint Paul** foule pour la première fois le sol européen. Rebaptisée Christoúpolis (ville du Chist) au 9e s., la ville subit les raids des Slaves jusqu'au 14e s., des Catalans et des **Normands de Sicile** (1185), avant de succomber aux **Ottomans** (1391). Kavala vivote alors grâce au commerce des chevaux (qui lui donnent son nom), jusqu'à l'arrivée d'une population juive transférée de Hongrie par les Ottomans en 1529. La ville connaît alors un nouvel essor, tandis que **Soliman le Magnifique** la dote de fortifications et d'un aqueduc. Au 18e s., elle profite de l'influence de Méhémet Ali pour nouer des liens commerciaux avec les Grecs de Smyrne, Marseille et Alexandrie. Au siècle suivant, grâce à la production du tabac, elle s'épanouit et déborde des limites de Panagia. Intégrée à la Grèce en 1913. Kavala subit ensuite de profonds bouleversements. En 1922, elle accueille 25 000 réfugiés grecs d'Asie mineure. Lors de l'occupation bulgare de 1941-1944, 1 800 juifs de la ville sont déportés et assassinés. La libération se solde par le départ de la communauté slave, accusée d'avoir collaboré avec l'occupant.

Musée Méhémet Ali (Μουσείο Μεχμέτ Αλή)

Pl. Mehmet Ali - ✆ 25106 205 15 - www.moha.center - avr.-nov. : 9h-15h, 18h-21h ; reste de l'année : merc.-dim. 9h-15h - 3 € (-18 ans 2 €).

Puissante bâtisse (1780), la maison de Méhémet Ali (*encadré p. 454*) offre un bel exemple d'architecture ottomane avec la zone privée réservée à la famille, le quartier des femmes *(haremlık)* et celui des hommes *(selamlık)*. Propriété du centre Moha – qui possède aussi les murs de l'imaret –, le lieu accueille de fréquentes expositions d'art islamique et dispose d'un agréable café.

Forteresse (Froúrio - Φρούριο)

R. Isidorou - ✆ 25108 386 02 - www.castle-kavala.gr - mai-sept. : 8h-21h ; avr. et oct. : 8h-20h ; reste de l'année : 8h-16h - 2,50 € (-18 ans 1,50 €).

L'acropole surmontée de remparts crénelés offre un beau **panorama★** sur la ville. Élevée par les Byzantins entre le 5e et le début du 14e s., la forteresse fut remaniée par les Ottomans (1425). À l'intérieur subsistent un arsenal, une citerne souterraine et une tour de défense. La cour abrite un théâtre en plein air.

NOS ADRESSES À KAVALA

INFORMATIONS UTILES

Banques – Rues Stavrou et Venizelou, place Eleftherias : banques et distributeurs.

Poste principale – *8 r. Metropolitou Chrisostomou, à l'angle de la r. Stavrou - ✆ 25108 333 30.*

Police – *✆ 25102 237 20.*

ARRIVER/PARTIR

En avion

Aéroport Megas Alexandros – *34 km à l'est - ✆ 25910 523 70.* Liaisons quotidiennes avec Athènes (2/j.). Liaisons avec le centre en bus (durée 30mn).

Aegean Airlines – 1 r. Erithrou Stavrou - *✆ 25102 290 00.*

En train

Gare de Drama – *37 km au nord-ouest - www.trainose.gr.* Liaisons avec Thessalonique (2/j.), Xanthi (2/j.), Alexandroupoli (2/j.) et Athènes (1/j.).

En bus

Gare routière – *4 r. Mitropolitou Chrisostomou (près du port)- ✆ 25102 222 94 - www.ktelkavalas.gr.* Liaisons avec Thessalonique (ttes les h, durée 2h), Athènes (1/j., durée 12h), Kéramoti (ttes les h, durée 1h) et Xanthi (ttes les 30mn, durée 1h). Pour Philippes (Filipi), prenez le bus de Drama (toutes les 30mn, durée 30mn) et demandez à descendre devant le site.

En bateau

Port de Kavala – *✆ 25102 236 91 - www.portkavala.gr.* Pour Thassos, 2/3 ferries par j. (durée 1h15) et, également en été, 5 hydrofoils par j. (durée 40mn). Mais les liaisons sont plus rapides, plus nombreuses et moins chères au départ de Keramoti (40 km au sud-est par la route passant par l'aéroport). Autres liaisons : Limnos (4/6 sem., durée 4h30), Lesbos (2/3 sem. durée 8h15), Chios (2/4 sem. durée 12h) et 1/2 sem. pour Patmos, Syros, Naxos, Paros et Mykonos avec les ferries reliant Le Pirée (se rens.). À noter, les liaisons pour Samothrace se font à présent uniquement au départ d'Alexandroupoli.

Aneth Lines – *✆ 25930 223 18 - www.anethferries.gr.*

Seaways Miliadis Maritime Agency - *32 r. Karaoli - ✆ 25102 261 47 - www.miliadou.gr.*

TRANSPORTS

La municipalité propose un petit train gratuit entre la place Eleftherias et Panagia (*été : tlj sf dim. 8h-14h - 1 ttes les h*), des vélos en libre service (rens. sur kavala. easybike.gr) et un site Internet donnant des infos sur les bus, le trafic routier et les parkings (transport.kavala.gov).

En taxi – *25102 301 30/320 01.*

En voiture

Europcar – *24 r. Venizelou - 25102 228 40 - www.europcar-thassos.com.*

Hertz – *32 r. Stavrou - 25108 383 10 - www.hertz.gr.*

HÉBERGEMENT

Les hôtels sont concentrés dans la ville basse, il est très difficile d'y trouver une chambre calme. Remises hors saison.

PREMIER PRIX

4 **Nefeli** – *50 r. Stavrou - 251 022 7441 - www.nefeli.com.gr - 100 ch. 40/50 € 5 €* -. Un hôtel confortable, avec un service honnête. Roof garden.

BUDGET MOYEN

2 **Esperia** – *44 r. Stavrou - 251 022 9621 - www.esperiakavala.gr - 105 ch. 65/75 €* -. Un vaste hôtel aux chambres très confortables, mais impersonnelles. Celles sur cour sont plus calmes.

5 **Oceanis** – *32 r. Stavrou - 251 022 1981 - www.oceaniskavala.gr - 166 ch. et 2 suites 50/65 €* -. Ce paquebot luxueux de sept étages est un îlot de tranquillité au milieu de l'agitation.

1 **Akropolis** – *29 r. Venizelou - 251 022 3543 - www.hotel-acropolis.com - 14 ch. 50/60 €*. Ouvert depuis 1925, cet hôtel entièrement rénové propose des chambres avec cafetière et frigo. La plus grande avec terrasse bénéficie d'une vue superbe sur le port. Pas de petit-déjeuner.

POUR SE FAIRE PLAISIR

3 **Airotel Galaxy** – *27 r. Venizelou - 251 022 4821 - www.airotel.gr - 149 ch. 72/100 €* -. Un grand hôtel entièrement rénové en 2011 : cette chaîne propose des chambres spacieuses dont certaines avec balcon. Réductions sur Internet.

UNE FOLIE

6 **Imaret Mohamed Ali** – *30-32 r. Poulidou - 251 062 0151 - http://imaret.gr - - 26 ch. 300/1 200 €* -. Le magnifique imaret a été restauré en 2001 pour devenir l'un des plus prestigieux – et plus chers – hôtels de Grèce. Chambres superbement aménagées et nombreux services. On apprécie la vue sur le port, les jardins, la cour, la pisicine et le restaurant, ainsi que les visites guidées offertes de l'imaret et de l'Institut Mohammed Ali.

RESTAURATION

La rue Poulidou, à Panagia, offre un bon choix de restaurants.

PREMIER PRIX

1 **Kanados** – *27 r. Poulidou - 251 083 5172 - 10 €*. Quelques plats de poisson prisés par les locaux.

2 **Apiko** – *2 r. Er. Stavrou - 251 022 7173 - 15 €*. Une adresse bon marché et sympathique, où l'on sert de bonnes grillades de poisson.

ACHATS

Marché – Le samedi matin sur Ethnikis Antistasis (front de mer).

Philippes

(Filippi - Φίλιπποι)

★★

11 711 habitants - Région de Macédoine orientale-Thrace - Unité régionale de Kavala

Ce site archéologique s'étendant sur 87 ha a été classé au Patrimoine mondial de l'Unesco en 2016. Ville fondée par Philippe II de Macédoine et occupée jusqu'au 15e s., Philippes conserve de beaux vestiges qui s'étalent au pied d'une acropole fortifiée. Située sur la Via Egnatia, aux avant-postes de la grande plaine de Macédoine orientale, l'antique cité a vu par deux fois fois se jouer le sort de l'Occident : c'est ici qu'Antoine et Octave défirent les armées de Brutus et de Cassius – prélude à l'établissement de l'Empire romain – et que saint Paul prêcha pour la première fois en Europe la foi chrétienne.

NOS ADRESSES PAGE 464
Hébergement, restauration, achats, activités, etc.

S'INFORMER

Centre d'information touristique – *À Kavala (p. 453).*

Sites Internet – *whc.unesco.org/fr/list/1517 (page du site de l'Unesco, en français), odysseus.culture.gr (site du ministère de la Culture, en anglais) et www.kavalagreece.gr (site de la municipalité de Kavala, en anglais).*

SE REPÉRER

Carte de région D1 (p. 380) et plan du site (p. 462).

À NE PAS MANQUER

Le théâtre, le forum, la basilique B, la basilique octogonale.

ORGANISER SON TEMPS

Passez la nuit à Kavala et visitez Philippes le matin.

Découvrir Plan du site p. 462

18 km au nord de Kavala - ☏ 25105 162 51 - avr.-oct. : tlj 8h-20h ; reste de l'année : tlj 8h-15h - billet combiné pour le musée et le site 6 € (-18 ans gratuit) - comptez de 2 à 3h de visite.

Situé près du village de Krinides, le site archéologique est coupé en deux par la route nationale Kavala-Drama, qui reprend le tracé de la Via Egnatia.

★ ZONE NORD

On aborde le site par un passage ménagé dans l'enceinte qui part à l'assaut de la colline, serpent de pierre de 3 500 m de long. Une partie des fondations de Philippe II reste visible, en particulier la **porte de Neapolis** (4e s. av. J.-C.), mais la plupart des vestiges datent de l'empereur Justinien (6e s.).

Immédiatement sur la droite, adossé aux remparts et à la pente, le **théâtre★** déploie sa large conque de gradins blancs. Bâti par Philippe II vers 356 av. J.-C., il fut modifié à l'époque romaine pour accueillir des combats de gladiateurs et d'animaux sauvages. Aujourd'hui, il sert de cadre aux représentations du festival de Philippes (*« Nos adresses » p. 464*). L'un des piliers de l'entrée porte

Les ruines du forum.
P. Klagyivik/Fotolia.com

des bas-reliefs figurant Mars et une Victoire, ainsi qu'un magnifique bucrane.
À l'époque romaine, des temples rupestres dédiés à diverses divinités furent aménagés sur le chemin de l'acropole, à flanc de colline, modestes niches creusées à même le rocher. Sur le petit épaulement faisant saillie sur la pente, peu avant la basilique A, apparaît le bas-relief du **sanctuaire d'Artémis**, qui montre la déesse chassant un daim. Les trois niches voisines formaient probablement le **sanctuaire de Silvanus**, que les historiens associent aux inscriptions latines gravées dans la roche (à droite), mentionnant ses donateurs (2e-3e s.).
Il subsiste peu de choses de la **basilique A** érigée vers 500 à l'emplacement des temples du capitole de la colonie romaine. Ses murs arasés évoquent encore l'ampleur des trois nefs, le narthex et l'emplacement de l'atrium. Seules deux colonnes relevées rompent la vision mélancolique des blocs de marbre et de beaux chapiteaux épars.
Dans le prolongement ouest, on aperçoit les fondations massives d'un bâtiment composé de deux pièces : **heroon** hellénistique (monument aux héros) ou édifice d'époque romaine, la question divise les historiens. Seule certitude : les Byzantins le convertirent en citerne.
En contrebas, près de la route, vous verrez une autre citerne, romaine cette fois, qui fut transformée plus tard en lieu de pèlerinage. La tradition en a fait la **prison de saint Paul**.
Avant de traverser, parcourez quelques dizaines de mètres vers le nord-ouest jusqu'à la **basilique C**, dite **« hors les murs »** (fin du 5e s.), qui conserve un beau pavement de marbre. Après sa destruction, le narthex fut converti en cimetière.
Juste à côté, **le musée** présente les trouvailles faites depuis 1914 par l'École française d'Athènes à Philippes, mais aussi sur les sites préhistoriques de Dikili Tash *(1,5 km à l'est de Philippes)* et Sitagri *(42 km au nord-ouest)*.
Au départ du musée, enfin, vous pouvez prendre le sentier qui gravit la colline de l'**acropole** : entre les ruines des deux tours carrées byzantines, vous aurez un beau point de vue sur le site.

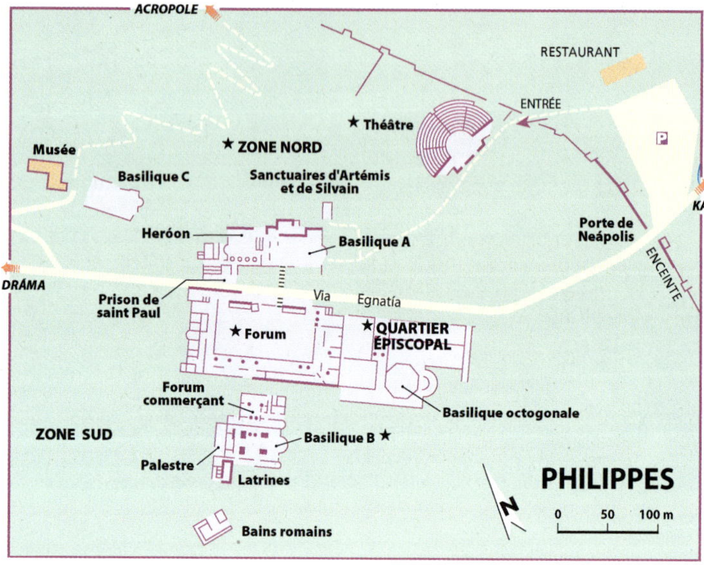

ZONE SUD

La visite continue de l'autre côté de la route nationale.

Au pied de l'escalier que l'on emprunte pour redescendre, on distingue bien les ornières creusées par les chars dans le dallage de l'antique Via Egnatia, qui longe le **forum★**. Ancien cœur de la cité, cette vaste place dallée de marbre (100 m de longueur sur 50 m de largeur) est fermée sur trois côtés par des gradins et des portiques. Aménagée sous Marc Aurèle au 2e s., elle distribuait les grands édifices publics : le temple et la bibliothèque, à gauche, et la curie, à droite. Du côté de la Via Egnatia, on devine encore les fontaines monumentales et la tribune d'où les orateurs haranguaient la foule. En face, côté sud, quelques colonnes en place signalent l'ancienne **agora**, en partie recouverte

SAINT PAUL, « APÔTRE DES GENTILS »

Juif né à Tarse, en Cilicie (Asie Mineure), Paul grandit dans un milieu hellénisé avant d'aller étudier à Jérusalem, auprès du rabbin Gamaliel l'Ancien. Grand persécuteur de chrétiens, il est envoyé à Damas vers l'an 33 pour mater les agitateurs mais, en chemin, une vision du Christ l'ébranle et le convainc de se faire aussitôt baptiser. Dès lors, il parcourt le monde pour fonder des communautés chrétiennes, en Asie Mineure, en Macédoine et en Grèce. Prototype du missionnaire zélé, haranguant la foule sous les quolibets, il connaît la prison. Son influence est déterminante lors du « concile de Jérusalem », qui marque la rupture avec le judaïsme et sa tradition. Paul préconise l'abandon de la circoncision, obstacle à la propagation de la foi chez les païens. Par crainte de créer des chrétiens de seconde zone, il rejette aussi la loi de pureté, qui interdit aux juifs de partager leur table avec des non-juifs. Protagoniste de la séparation d'avec le Temple, Paul insistera pourtant toujours sur l'origine juive de la foi chrétienne. Sa citoyenneté romaine lui vaudra de ne pas être crucifié mais décapité, à Rome, vers 66.

Histoire de Philippes

Fondée en 360 av. J.-C. par un groupe de Thassiens sous la conduite de Callistrate, un Athénien banni, la petite cité de **Krénides** n'a pas le temps de se forger une histoire : dès 356, elle passe sous le joug de Philippe de Macédoine, qui lui donne son propre nom. Maîtresse du passage entre la Thrace intérieure et la côte, la ville prend une importance considérable, dopée par l'exploitation des mines d'or du Pangée, une manne providentielle pour affirmer son autonomie. De gigantesques travaux de drainage permettent bientôt d'ouvrir la plaine aux cultures, et la ville s'agrandit.

UNE PROSPÈRE CITÉ ROMAINE

Passée dans le giron romain, Philippes est le théâtre, en 42 av. J.-C., d'un affrontement aux conséquences incalculables : la victoire d'Octave et d'Antoine sur les républicains Brutus et Cassius scelle le destin de Rome et précipite la fin de la République. Après la bataille, les vétérans s'établissent dans la cité, qui reçoit le statut de colonie. Désormais, les habitants jouissent des mêmes droits que les Romains d'Italie, et le latin devient la langue officielle. Grâce à sa situation sur la Via Egnatia, grande route commerciale, Philippes connaît une formidable prospérité, qui culmine au 2e s. apr. J.-C.

ÉPÎTRE DE SAINT PAUL AUX PHILIPPIENS

Mais une autre pièce va se jouer. Lors d'un premier passage en l'an 49-50, au cours duquel il est emprisonné, l'apôtre Paul jette les jalons du christianisme. De retour à Philippes, six ans plus tard, l'« Apôtre des Nations » entretient des liens privilégiés avec la cité, comme l'illustre son épître aux Philippiens (sans doute envoyée de Rome en 64). Aidé par le rayonnement de Constantinople au 4e s., le christianisme s'impose dans la région, qui opère ainsi un retour à l'hellénisme et à la langue grecque. Siège du Métropolite, dont relèvent plusieurs évêchés, Philippes se pare de quelques basiliques.

CHRONIQUE D'UN DÉCLIN ANNONCÉ

Mais de nombreuses incursions barbares ébranlent la ville. Après les Goths (à la fin du 4e s.), c'est au tour des Slaves (7e-8e s.) et des Bulgares (9e s.) de ravager Philippes. Au 10e s., l'empereur byzantin Nicéphore Focas restaure les remparts et élève les tours de l'acropole, donnant à la ville un statut de forteresse. Elle n'est plus le grand centre religieux d'autrefois, mais sa position sur la Via Egnatia lui permet encore d'entretenir une intense activité commerciale. Cependant, le passage des Francs, au début du 13e s., marque le début d'un long déclin. Après la conquête ottomane, en 1387, les habitants désertent peu à peu Philippes, qui tombe en ruine. Il faudra attendre les fouilles menées par l'École française d'Athènes (1911-1937), puis par les services archéologiques grecs, pour arracher la glorieuse cité à l'oubli.

par la basilique B. Contemporain du forum administratif, ce vaste marché se dotait d'une cour centrale à péristyle, sous lequel s'ouvraient des boutiques. Impressionnant édifice paléochrétien, la **basilique B★** (550), aussi appelée **« basilique des Colonnes »**, domine tout le site. Son tracé se lit nettement au sol, les murs en ruines dessinant les trois nefs et l'abside, précédées du narthex et de l'atrium. Le bâtiment resta probablement inachevé : trop ambitieuse, la coupole voulue par les architectes s'effondra et le narthex fut alors converti en sanctuaire principal, doté d'une petite abside. Demeurent l'**arche de marbre** ouverte dans le mur qui sépare le narthex de la nef et, surtout, les quatre énormes piliers qui supportaient la coupole, composés de remplois antiques. Quelques colonnes donnent une idée de la splendeur de l'édifice : fûts en marbre vert de Thessalie, coiffés de chapiteaux byzantins à feuilles d'acanthe. Outre l'esplanade du marché, la basilique a également entamé l'aire de la **palestre** (à l'ouest), vaste cour servant à l'entraînement sportif (2e s.), dont ne subsistent guère que les **latrines**. Plus au sud, les ruines des **bains romains** (3e s.), reconvertis en ateliers d'artisans après le passage des Goths, cachent quant à elles de belles mosaïques de pavement.

★ QUARTIER ÉPISCOPAL

Jouxtant le forum, à l'est, le quartier épiscopal est l'un des mieux conservés parmi ceux des anciennes cités des Balkans. De la Via Egnatia, sur la droite, une majestueuse *stoa* (voie à portiques) conduit au narthex de la **basilique octogonale**, l'ancienne cathédrale de Philippes. Construite vers 400 sur la basilique primitive de Paul, elle fut détruite au 7e s. et l'on n'en voit plus que la base des murs, montrant un plan original : un octogone inscrit dans un carré, ceint d'un déambulatoire, le tout autrefois coiffé d'une coupole ou d'une toiture à pans coupés. Seules saillies sur l'extérieur : le narthex et l'abside (à l'est), occupée par un *synthronon*. Au 6e s., le bâtiment reçut également quatre exèdres, niches semi-circulaires aménagées dans les angles. La basilique a miraculeusement conservé quelques **pavements en mosaïques★★** et une partie de ses **dallages en marbre★★**, de toute beauté.
Le tombeau macédonien mis au jour à côté reste malheureusement fermé au public, de même que le quartier d'habitations, juste à l'est, en cours de fouilles. En quittant le quartier épiscopal, vous passerez près de la résidence de l'évêché.

NOS ADRESSES À PHILIPPES

ARRIVER/PARTIR

En bus
Liaisons avec Kavala (dir. Drama, arrêt devant le site, durée 20mn).

HÉBERGEMENT

PREMIER PRIX

Yannis – *Laspoloutra, sur la route de Krinides à Kavala (à 22 km de Kavala) - ☏ 251 051 6450 - http://www.yannis.gr - 🏊 - 34 ch. 40/48 € - ☕ 4 € - ✕.* Une adresse sans charme, mais aux chambres propres, claires et spacieuses, avec balcon sur la campagne. Le must : un bain de boue chaude dans la « mare », connue pour ses vertus thérapeutiques qui, avec son eau thermale à 29 °C, attire une clientèle plutôt âgée.

AGENDA

Festival de Philippes – *☏ 25105 164 70 - philippifestival.gr.* En juil.-août, dans le théâtre de Philippes.

Thassos

(Θάσος)

★★

13 770 habitants - 380 km2 - Nord de l'Égée - Région de Macédoine orientale-Thrace - Unité régionale de Thassos

À 10 km des côtes de la Thrace, Thassos dessine une silhouette montagneuse au-dessus des eaux turquoise de la mer Égée. Dominé par les flancs couverts de pins odorants du mont Ipsari (1 127 m d'altitude), le littoral égrène ses écharpes de sable et ses criques encaissées. Île verte aux rivages ensoleillés et dotée d'excellentes infrastructures, elle attire désormais de très nombreux vacanciers en été, notamment serbes et bulgares. Mais, bien avant de devenir une simple destination touristique, elle fut l'un des foyers les plus dynamiques du nord de la Grèce, dont témoignent encore les ruines de marbre de Liménas.

NOS ADRESSES PAGE 469
Hébergement, restauration, achats, activités, etc.

S'INFORMER

Office de tourisme (Go Thassos) – *À Liménas, 350 m au sud-est de l'arrivée des ferries - ✆ 25930 229 66 - www.go-thassos.gr - lun.-vend. 9h-17h (jusqu'à 14h hors saison).*

Sites Internet – *www.thassos-view.com (guide conçu par des professionnels du tourisme, en anglais); www. thassos-hotels.com (site officiel des hôteliers, en anglais).*

SE REPÉRER

Carte de région F2 (p. 381) et carte de l'île (p. 468).

À NE PAS MANQUER

Les plages de Golden Beach et de Paradise; la crique d'Aliki.

ORGANISER SON TEMPS

Comptez quatre jours de visite.

Se promener Carte de l'île p. 468

★ LIMÉNAS (ΛΙΜΕΝΑΣ)

Comptez 1 jour de visite.

En sortant du ferry, profitez du **vieux port** *(sur la gauche)*, pour boire un verre en terrasse en observant les bateaux revenir de la pêche. Sise au pied d'une colline boisée où s'élevait acropole, Liménas a gardé de nombreux vestiges antiques. C'est là le seul charme de cette petite ville moderne entièrement vouée au tourisme, où l'atmosphère est malgré tout bon enfant.

Ancienne agora (Archaía Agorá - Αρχαία Αγορά)

R. Axioti Petrou - 8h-18h30 - gratuit - comptez 2h de visite à pied.

Située juste derrière le vieux port, au milieu des habitations, l'ancienne **agora** dessine un vaste quadrilatère envahi par les herbes. Après l'entrée, sur la gauche, son **portique sud-ouest**, d'époque romaine, conserve quelques colonnes, dont les bas-reliefs sont exposés au musée du Louvre. Poursuivez encore vers le coin sud jusqu'aux vestiges d'un autel monumental, puis revenez vers les ruines du **portique nord-est**, dont trois colonnes ont été relevées.

Musée archéologique (Αρχαιολογικό Μουσείο)
R. Axioti Petrou, en face de l'entrée de l'agora - ☏ 25930 221 80 - avr.-oct. : 8h-20h ; reste de l'année : 8h-15h ; fermé lun. - 2 € (-18 ans gratuit).
Rénové en 2010, ce musée vous donnera l'occasion de compléter votre découverte de l'agora, d'autant que les indications sont en français (les fouilles ont en effet été réalisées par l'École française d'Athènes à partir de 1911 - *informations sur www.efa.gr*). Parmi les sculptures, remarquez l'impressionnant **kouros** de 6 m de hauteur (6e s. av. J.-C.) et la **tête de Silène**, très réaliste. Le musée présente également les trouvailles provenant du temple d'Artémis (même époque), dont un manche de miroir en bronze et une extraordinaire **tête de lion en ivoire★**. Notez aussi les deux têtes de l'école de Skopas (4e s. av. J.-C.).
Derrière le vieux port, un sentier longe les murailles à flanc de colline, surplombant le port antique, dont les ruines se dessinent au fond de l'eau. Puis, à mi-chemin, le **théâtre** surgit dans un cadre bucolique. En cours de restauration et fermé aux visites, il demeure cependant bien visible. D'époque hellénistique, il fut modifié par les Romains pour accueillir des combats de fauves. En haut de la colline, le sentier débouche sur la triple **acropole★**, au milieu des pins. On aperçoit d'abord la citadelle, bâtie par les Génois avec les matériaux du sanctuaire d'Apollon Pythien. Puis apparaissent les restes d'un temple dédié à Athéna (5e s. av. J.-C.), couronnant le deuxième sommet. Arrivé au troisième, enfin, on découvre, en contrebas, un petit sanctuaire rupestre de Pan. Une **vue★★** incomparable s'étend jusqu'à l'île de Samothrace, que l'on aperçoit au loin à l'est. Puis, vous pouvez poursuivre la balade vers le sud, le long des remparts.

Circuit conseillé Carte de l'île p. 468

★★ TOUR DE L'ÎLE

Circuit d'env. 130 km au départ de Liménas tracé en vert sur la carte de l'île (p. 468) – Comptez 3 jours.
La route sinue entre mer et collines boisées, le long d'un littoral où alternent plages, criques et corniches.
Préférez les plages de l'est et du sud à celles de la côte ouest.

UNE SITUATION GÉOPOLITIQUE FAVORABLE

Peuplée depuis le néolithique, Thassos voit très tôt éclore une civilisation de marins, qui s'épanouit à l'âge du bronze grâce au commerce des métaux, de la laine, du vin et de l'huile. À une époque où la navigation se limite au cabotage, sa situation géographique, entre la mer Noire et les grands centres économiques du Sud, représente en effet un atout majeur. Au 7e s. av. J.-C., les premiers colons venus de l'île de Paros (Cyclades) s'installent sur le site actuel de Liménas, profitant des richesses agricoles de la plaine, des comptoirs établis en Thrace et des gisements d'or du Pangée. L'île s'affiche alors comme une **puissance maritime de premier ordre**. Une prospérité que Thassos parviendra à maintenir et à faire respecter de ses divers agresseurs : Perses, Athéniens, Macédoniens et Romains, ces derniers offrant au commerce du vin et du marbre un nouveau dynamisme. Mais, après une brève occupation génoise, au 15e s., Thassos passe sous la coupe des Ottomans (1462). En 1820, elle devient la propriété personnelle de Méhémet Ali (*encadré p. 456*) et connaît alors un fort développement. L'île est rattachée à la Grèce en 1912.

Lagon de Giola, au sud de l'île.
miljko/iStock

Panagia (Παναγία)

17 km au sud-est de Liménas.

Ce gros village, qui fut un temps la capitale de l'île, garde un charme pittoresque malgré sa floraison d'hôtels et de boutiques de souvenirs. De jolies **maisons à toit de lauzes** s'alignent au fil des ruelles et sur les places ombragées de platanes, dévoilant çà et là une belle **vue**★ sur **Golden Beach**★★, long ruban de sable qui s'étire en contrebas, bordé lui aussi d'hôtels et de restaurants *(on rejoint la plage par une route panoramique qui descend sur 4 km).*

Potamia (Ποταμιά)

3 km au sud de Panagia.

Moins touristique, mais sans l'attrait de sa voisine, Potamia possède tout de même un intéressant **musée** *(9h30-12h30, 18h-21h, dim. et fêtes 9h30-12h30 - fermé lun. - gratuit)* qui rend hommage à son fils le plus célèbre, le sculpteur **Polygnotos Vagis** (1892-1965).

Passé le village, redescendez à l'autre bout de la baie vers **Skala Potamias**, puis **Kinira** *(11 km au sud-est de Potamia)*. Au pied de collines verdoyantes (hélas partiellement ravagées par des incendies), ce village jouit d'un **site**★★ magnifique, et vous y trouverez nombre d'établissements agglutinés près de la plage de galets. Mais profitez plutôt de **Paradise Beach**★★, une très agréable petite plage de sable qui fait face à un îlot.

Aliki (Αλυκή)

11 km au sud de Kinira.

À cheval sur une presqu'île bordée de chaque côté par une **plage** (celle de l'est est la plus agréable) baignée d'eaux bleues, Aliki est un véritable éden. Difficile de résister à l'appel des quelques tavernes aux murs blancs et aux toits de lauzes qui se dressent au milieu des pins et des oliviers. Une courte marche permet de découvrir les ruines d'une **cité antique** et une carrière de marbre abandonnée, ainsi que les vestiges de deux **basiliques paléochrétiennes**.

Passé Aliki, la côte sud de Thassos livre quelques magnifiques **paysages★★**, hélas souvent meurtris par les derniers incendies. Planté sur un rocher dominant la mer, le **monastère Archangelos** *(5 km à l'ouest d'Aliki)* offre un panorama exceptionnel, plongeant sur la **crique de Kalamari★** et sa délicieuse plage de sable fin.

Côte ouest

À Potos *(14 km à l'ouest du monastère Archangelos)*, avant de poursuivre sur la côte ouest, prenez à droite la route qui s'enfonce dans les terres. Perdu dans un décor de rocaille, **Theologos** *(10 km au nord-est de Potos)* est sans conteste le plus beau village de l'île avec ses **maisons★** blanches à toits de lauzes, serrées le long d'étroites ruelles. Préservé du tourisme, il offre matière à une escapade bucolique.

Retour à **Potos**, gros bourg plutôt plaisant avec ses nombreux hôtels et restaurants en bord de mer. Mais pour plus de charme, logez plutôt à **Pefkari** *(1,5 km*

au nord), une petite station dotée d'une poignée d'hôtels cachés au milieu des pins, en face d'une plage.
Inutile de vous attarder à **Limenaria** *(2,5 km au nord-ouest de Pefkari)*, importante station balnéaire doublée d'un port de pêche. De Limenaria, en revanche, par la route de **Kalivia**, vous pourrez faire une autre escapade à l'intérieur des terres jusqu'au charmant village de **Maries** *(11 km au nord de Limenaria)*.
Au-delà de Limenaria, la côte ouest égrène son chapelet d'échelles *(skala)* et de plages, mais sans le charme du sud. Le village de pêcheurs de **Skala Maries** *(8 km au nord-ouest de Limenaria)*, encore assez peu fréquenté par les touristes, fait cependant exception. Vous pourrez prendre un bain de soleil en toute tranquillité sur sa plage ou aux environs.
La route remonte ensuite vers le nord, en passant par Skala Kalirahis, Skala Sotira et Skala Prinos *(16 km au nord de Skala Maries, 16 km à l'ouest de Liménas)*, le deuxième port de l'île, puis Skala Rahoniou. Avant de rejoindre Liménas, enfin, vous pourrez déjeuner à **Pahis** *(ou Pachis, 10 km à l'ouest de Liménas)*, bordée d'une agréable plage.

NOS ADRESSES À THASSOS

INFORMATIONS UTILES

Banque/change – Nombreux distributeurs à Liménas.
Bureau de poste – *R. G. Alexandrou (du port, prenez la r. Theogenous et tournez à droite au carrefour) - ✆ 25930 221 14.*
Communications (OTE) – *R. 18 Oktovriou, près de l'hôtel Amfipolis.*
Police touristique – *En face du débarcadère - ✆ 25930 231 11.* Informations sur Thassos et possibilité de réserver une chambre dans un hôtel.
Dispensaire – *✆ 25930 711 00/01.*
Agence de voyages – Thassos Tour – *Liménas - ✆ 25930 225 46 - www.thassostours.gr.*

ARRIVER/PARTIR

En ferry – Aneth Lines - *✆ 25930 223 18 - www.anethferries.gr.* Liaisons Kavala-Skala Prinos (2/j., durée 1h15) et Keramoti-Liménas (jusqu'à 1/h en été, de 7h à 22h, durée 40mn).
En hydrofoil – *Horaires à la capitainerie du port.* Liaisons entre Liménas et Kavala (5/j. en été, durée 40mn).
Capitainerie du port – *✆ 25930 221 06.*

TRANSPORTS

En bus

Gare routière centrale – À Liménas, *en face du débarcadère - ✆ 25930 221 62.* Le service de la compagnie KTEL de Thassos est efficace. Un bus fait le tour de l'île dans le sens des aiguilles d'une montre (8/j. en été, durée 2h). Liaisons aussi avec Skala Prinos (12/j.). Il existe de nombreuses liaisons par l'ouest avec Golden Beach, Limenaria…

Location de deux-roues

Babis Bike – *À Liménas (sur le port) - ✆ 25930 228 91 - www.babis-bikes.4ty.gr.* Location de vélos.
Crazy Roll – *À Skala Prinos - ✆ 25930 714 44 - www.crazyrollers.gr.* Location de motos.

Location de voitures

Les loueurs de voitures sont nombreux, faites jouer la concurrence.
Avis – *À Liménas - ✆ 25930 230 00 - www.avis.com.*

Europcar – *À Liménas - 25930 237 76. À Potos - 25930 532 50.*

En taxi

25930 226 75/225 72 - À Liménas, face au débarcadère des ferries.

HÉBERGEMENT

Vous trouverez des hôtels dans tous les villages de la côte. Attention, la plupart ferment d'octobre à mai.

Liménas

PREMIER PRIX

Vicky – *2593 022314 - www.vickyhotel.gr - 20 ch. 40/50 € - 4 €.* Des chambres confortables et lumineuses, dans un petit immeuble à trois étages planté au milieu d'une pelouse. La plupart sont équipées d'une kitchenette. Une bonne adresse.

Acropolis – *Prenez la rue au sud de la place centrale - 2593 022488 - www.acropolis-hotel.com - 13 ch. 50/60 € - 6 €.* Une jolie maison du début du 20e s., repérable à sa façade jaune. Précédée d'un jardin, elle dispose d'un agréable salon bourgeois. Les chambres sont simples, mais un peu bruyantes. Accueil très sympathique.

POUR SE FAIRE PLAISIR

Timoleon Hotel – *Sur le port, près de l'arrêt de bus - 2593 022177 - www.hotel-timoleon.gr - 30 ch. 80/95 €.* Une grosse bâtisse proposant des chambres quelconques, mais confortables, avec balcon donnant sur le port. Navette jusqu'à la plage d'Isteri (3 km).

Pegasus – *Au début de la r. K. Dimitriadou - 2593 022061 - www.thassos-pegasus.com - 27 ch. 90/135 € - 7/10 €.* Un hôtel confortable et parfaitement entretenu, avec une salle de sport, un Jacuzzi et un hammam. Possibilité de loger dans l'un des 3 petits appartements (130/150 €).

Panagia

BUDGET MOYEN

Thassos Inn – *2593 061612 - www.thassosinn.gr - 17 ch. 50/70 € - 6 €.* L'endroit idéal pour séjourner à Panagia, en haut du village, près d'une église (fléchage). Les chambres sont confortables, avec un réfrigérateur, et certaines avec balcon. De la terrasse ombragée, belle vue sur le village.

Golden Beach

PREMIER PRIX

Camping Golden beach – *2593 061472 - www.camping-goldenbeach.gr - empl. 25 €.* Camping situé au bord de la plage et ombragé de platanes. Minimarket. Café-bar. Arrêt de bus à l'entrée.

BUDGET MOYEN

Dionysos – *2593 061822 - www.hotel-dionysos-thassos.gr - 34 ch. 50/60 €.* Un peu en retrait de la plage, à flanc de colline, cette bâtisse à toit de lauzes jouit d'une superbe vue sur la mer. Les chambres sont simples, lumineuses et confortables (avec réfrigérateur).

Hotel Fedra – *2593 061474 - www.hotel-fedra.com - 11 ch. 50/70 € - 6/10 €.* Des chambres propres et confortables avec vue sur la mer. L'essentiel de la clientèle est constitué de groupes de touristes anglais.

Potos et Pefkari

BUDGET MOYEN

Esperia – *2593 051342 - www.hotel-esperia.gr - 38 ch. 80/100 €.* Voisin de l'Akti, et d'un standing équivalent, cet établissement propose en outre des formules en demi-pension.

Akti – *2593 051877 - www.hotel-akti-thassos.gr - 25 ch. 65/80 € -* . Voisin de l'Esperia, ce petit immeuble blanc entièrement rénové l'hiver 2013, au milieu des pins, est doté de chambres agréables avec balcon donnant sur la mer.

POUR SE FAIRE PLAISIR

Potos – *2593 051416 www.hotelpotos.com - 40 ch. 75/125 €* - . Chambres impeccables, avec minibar et balcon. Possède aussi de petits appartements pour les familles.

Limenaria

PREMIER PRIX

Ralitsa – *2593 051578 - www.hotelralitsa.gr - 24 ch. et 5 appart. 50 €* - . Situé près de l'Asterias, cet hôtel accueille surtout des groupes. Les chambres sont confortables mais sans grand charme. Certaines ont été rénovées.

Asterias – *2593 052497 - www.hotelasterias.com - 19 ch. 50/95 € - 5 € -* . Un petit hôtel en front de mer comme on en trouve beaucoup à Asterias. Les chambres sont confortables et munies d'une petite cuisine. Possibilité de demi-pension (12 €/pers.).

Skala Potamias

BUDGET MOYEN

Miramare – *Au bout du quai, puis à droite près du port - 2593 061040 - www.hotelmiramare.gr - - 30 ch. 65/90 €* - . Installé au milieu des pins, à 150 m de la plage, au calme. Les chambres sont plaisantes, la piscine agréable et le personnel très professionnel.

RESTAURATION

Liménas

Un bon choix d'établissements en ville, en particulier sur le vieux port.

PREMIER PRIX

Ta Platanakia – *Vieux port - 2593 022145 - - 15 €.* Bonne cuisine et prix doux, mais l'ambiance est un peu touristique.

BUDGET MOYEN

I Simi – *À côté du précédent - 2593 022517 - - 15/20 €.* Délicieux poissons, mais l'accueil varie suivant l'affluence.

Golden Beach

BUDGET MOYEN

Restaurant Vigli – *À l'extrémité nord de la plage - 2593 061500 - 15/20 €.* Superbement situé, sur un promontoire rocheux dominant la baie, on y propose mezzes, grillades, pizzas et fruits de mer.

EN SOIRÉE

Bars, boîtes de nuit

Aqua Beach Bar –*À Liménas - 25930 232 51.*

ACTIVITÉS

Excursions en bateau

Eros II – *À Liménas - 2593 300515 - juin-sept. : tlj sf lun. - départ du vieux port à 10h, retour à 17h45 ou 18h30.* Le petit bateau Eros II effectue un circuit à la journée, avec arrêts pêche, baignade et plongée sous-marine dans les plus beaux coins de l'île.

Thassos Cruises – *À Skala Potamias - 2593 022433 - http://thassoscruise.gr.* Départ de Golden Beach pour des excursions sur la côte est ou pour l'île de Kinira.

Xanthi

(Ξάνθη)

63 083 habitants - Région de Macédoine orientale-Thrace - Unité régionale de Xanthi

Porte d'entrée de la Thrace, Xanthi dévoile un aspect méconnu de la Grèce. Elle a conservé la plus grande partie de ses habitants musulmans, turcs, tziganes et pomaques, qui représentent environ la moitié de la population de la ville. Son cachet apparaît surtout dans le vieux quartier ottoman, l'un des rares à avoir survécu aux séismes de 1870 et 1910. Ailleurs, la ville moderne déroule son tapis ordinaire d'avenues bordées de boutiques et de terrasses de café.

NOS ADRESSES PAGE 477
Hébergement, restauration, achats, activités, etc.

S'INFORMER

Site Internet – *www.pexanthis.eu (site officiel du nome de Xanthi, renseignements succincts sur la version en anglais en cliquant sur « Tourist information »).*

SE REPÉRER

Carte de région F1 (p. 381).

À NE PAS MANQUER

Le quartier ottoman de Xanthi ; les montagnes du Rhodope.

ORGANISER SON TEMPS

De Kavala, vous pouvez visiter Xanthi et ses environs dans la journée.

AVEC LES ENFANTS

La descente du Néstos en canoë.

Se promener

★ Vieille ville, cité ottomane

Point de repère incontournable, la rue du 28-Octobre (28is Oktovriou) traverse Xanthi du sud au nord *(en sens unique)*, en passant par la **platia Eleftherias**, puis la **platia Kentriki**, la place centrale dominée par une tour-clocher.

Juste au nord de la Platia Kentriki s'ouvre la petite **platia Antika**, l'une des plus agréables, qui s'anime le soir quand les terrasses des restaurants se remplissent. Prenez la rue pavée qui monte dans le quartier ottoman. Le long des **rues Antika et Venizélos**, de vieilles maisons pastel à colombages

UNE COMMUNAUTÉ À PART

Peuple slave islamisé, les **Pomaques** (ou Pomaks) constituent un tiers des musulmans de la Thrace grecque. Cette communauté de 30 à 50 000 personnes se concentre dans les nomes (départements) de Xanthi et de Rhodope. À l'origine montagnards, ils sont aussi présents en Thrace turque, en Macédoine du Nord (ARYM) et en Bulgarie. Leur pratique de l'islam (principalement le bektashisme, une des branches du soufisme) révèle des syncrétismes avec le christianisme, comme la vénération de saint Georges. S'ils parlent un dialecte bulgare, leurs enfants sont contraints de suivre un enseignement en grec et en turc. Selon le traité de Lausanne (1923), l'État grec ne reconnaît en Thrace qu'une seule minorité musulmane dite « turque » qui englobe à la fois les Turcs, les Tziganes et les Pomaques.

Vue aérienne du lac et de la lagune de Porto Lagos.
D2020/iStock

et encorbellements voisinent avec les demeures néoclassiques bâties au début du 20e s. par les marchands de tabac. Des femmes coiffées du hijab rappellent que Xanthi héberge une importante communauté musulmane, à la fois turque, pomaque et tzigane.

Musée d'Art populaire – *7 r. Antika, près de la Métropole - ☎ 25410 254 21 - tlj sf lun. 9h30-14h30 - 2 € (-18 ans gratuit).* Une élégante maison bourgeoise (1877), ayant appartenu aux frères Kougioumtzoglou – des négociants de tabac –, accueille ce musée où vous pourrez voir une belle collection de costumes traditionnels, de tissus, de bijoux, de meubles et d'objets en cuivre.

Circuits conseillés Carte de région p. 381

AU NORD DE XANTHI

Circuit de 110 km, de Xanthi à Dimário puis à Komniná, tracé en vert sur la carte de région (p. 380-381).

★ Rhodopes orientales AB1

Les Rhodopes sont une chaîne montagneuse de près de 250 km d'est en ouest et de plus de 80 km du nord au sud. Atteignant 1 600 m d'altitude près des sources du Néstos et marqué de grandes vallées, elles forment une frontière naturelle entre la Thrace grecque et la Bulgarie, entre le monde égéen et le monde balkanique. C'est au pied de deux de ses passages les plus aisés que sont nées les villes de **Xanthi** et de **Komotiní**, au croisement avec la Via Egnatia reliant Rome à Constantinople. Couvertes de forêts de hêtres, de chênes et de conifères, parmi les mieux conservées d'Europe, on y trouve aussi des clairières et des cascades.

À flanc de coteau, on cultive un tabac exporté dans le monde entier. Les champs étagés en terrasses adoucissent le paysage souvent très escarpé et créent des perspectives sublimes sur les montagnes.

Histoire de la Thrace

ENTRE RHODOPE ET ÉGÉE

Délimitée au nord par les montagnes du Rhodope et au sud par la mer Égée, à l'est par le delta de l'Évros et à l'ouest par celui du Néstos, la Thrace est constituée de deux ensembles distincts. De Xanthi à Komotini, le faible dénivelé du terrain a donné une **plaine littorale marécageuse** et peu habitée, l'insuffisance des fonds marins pour la venue des bateaux complétant le peu d'attrait des côtes. À partir d'Alexandroupoli, la vallée de l'Évros, avec ses collines, est une zone plus clémente à l'habitat, même si les crues dévastatrices du fleuve ont poussé les villages à s'installer en hauteur. Ouverte aux vents du nord, les hivers y sont plus rudes.

À LA CROISÉE DES EMPIRES

Comme le montrent les nombreuses cités antiques découvertes sur ses côtes, l'hellénisation de la Thrace aurait commencé dès le 8e s. av. J.-C., par l'implantation de colonies en provenance de **Thassos** et de **Samothrace**. Selon Homère, elle n'était habitée à cette époque que par une centaine de tribus, éleveurs de porcs et de chevaux. Au début de notre ère, les côtes étaient complètement hellénisées. Envahie successivement par les Goths, les Huns, les Slaves et les Arabes dès le 6e s., elle constitue très tôt une zone de contact entre l'Empire byzantin et les Bulgares, qui s'y implantent entre le 9e et le 13e s. À cette époque déjà, la composition ethnique de la population est un enjeu politique. À sept reprises, entre 602 et 1020, les dirigeants politiques byzantins vont tenter de peupler la Thrace avec des paysans soldats, déplacés d'Arménie ou de Syrie. Cette méthode sera reprise par les sultans de l'Empire ottoman, du 14e à la fin du 19e s. Devenue bulgare, comme une bonne partie de la Macédoine, à la suite d'un soulèvement soutenu par les Russes contre l'Empire, à la fin des années 1870, ce n'est qu'en 1923 qu'elle devient grecque, avec le traité de Lausanne.

LE TRAITÉ DE LAUSANNE

Pas moins de neuf tracés sont nécessaires pour mettre d'accord la Grèce, la Bulgarie et la Turquie sur une frontière, satisfaisant aussi les intérêts des grandes puissances. La Grèce, dans le camp des vainqueurs de la Première Guerre mondiale, prépare le traité qui est signé à Lausanne en 1923 et qui lui garantit la Macédoine et la Thrace. Les **échanges de populations** réalisés alors entre les trois États constituent la plus vaste opération de « clarification » ethnique des Balkans. Mais la Thrace est exclue du traité d'échange obligatoire en contrepartie du maintien du patriarcat de la minorité grecque de Constantinople, ce qui explique la forte présence des musulmans dans la région.

UNE RÉGION EN PLEINE MUTATION

Jamais la Thrace n'avait été isolée des Balkans et de l'Orient. Située au point de jonction entre les deux continents européen et asiatique et donnant accès à la mer Égée, elle avait toujours été traversée par des routes commerciales, telle la **monastère** reliant Rome à Constantinople. Coupée de la Turquie et de la Bulgarie, excentrée d'Athènes, elle a vu son développement compromis. Aujourd'hui encore, nombre d'investisseurs hésitent à s'installer en Thrace. Pourtant, une ville comme **Xanthi** laisse entrevoir ce qu'une mise en valeur commune des patrimoines grec, bulgare et turc pourrait apporter à la région.

Villages pomaques A1-2

50 km au nord de Xanthi.

En direction du nord, le long d'une route étroite et tortueuse, les villages de Miki, Echínos ou Dimário abritent les Pomaques. Ces Bulgares islamisés ont conservé leurs vêtements traditionnels très colorés. Sur les hauteurs, à proximité de la frontière bulgare, ne manquez pas **Dimário**, un village blanc à l'architecture épurée.

Revenez sur vos pas puis tournez à droite en direction de Stavroúpoli.

À la frontière de la Macédoine du Nord A2

37 km à l'ouest de Xanthi.

La route mène jusqu'aux villages grecs de **Stavroúpoli** et **Komniná**, à l'ouest, où des tombes macédoniennes du 2e s. ont été découvertes.

★ Delta du Néstos A2

Les amoureux de la nature s'offriront une descente du Néstos jusqu'à son delta en canoë : une expérience inoubliable.

PLAINE CÔTIÈRE

Circuit de 90 km, de Xanthi à Komotiní, tracé en rouge sur la carte de région *(p. 380-381).*

Geniséa (Γενισέα) A2

12 km au sud-est de Xanthi.

Ville refuge des habitants de Xanthi après le séisme de 1829, elle ne connut pas le même développement en raison du climat humide de sa plaine marécageuse. Située sur la route migratoire des cigognes, la ville accueille nombre de leurs gigantesques nids, installés en haut des lampadaires municipaux.

Avdira (Άβδηρα) A2

10 km au sud de Geniséa.

Ce village agricole a hérité du nom d'une des plus importantes cités de Thrace de l'Antiquité, **Abdère**, dont les ruines subsistent vers le rivage. Fondée par des colons grecs d'Asie Mineure au 7e s. av. J.-C., elle fut le lieu de naissance de Démocrite et de Protagoras. Elle prospéra jusqu'à l'envasement de son port durant la période romaine. Au Moyen Âge, une nouvelle ville est créée parmi les anciens temples, Polystylon (« aux nombreuses colonnes »), mais elle disparaît en perdant définitivement son accès à la mer au 16e s.

Site archéologique – *6 km au sud - ✆ 25410 510 03 - 8h-15h - 4 € (-18 ans gratuit).* Seules quelques fondations d'Abdère et de Polystylon subsistent : une acropole, un théâtre, l'enceinte hellénistique, des ateliers, des magasins, des villas et des thermes romains. Sur la colline, de l'autre côté de la route, la basilique byzantine offre un beau **panorama★** sur la mer. Les découvertes sont exposées aux musées de Komotiní, de Kavala et à celui du village d'Avdira *(lire-ci-après).*

★ **Musée archéologique** – *Dans le village - ✆ 25410 510 03 - 8h-15h (billet combiné avec le site antique).* Il réunit les découvertes les plus significatives faites sur le site d'Abdère. Regroupées autour de la vie publique, la vie privée et les coutumes funéraires, les collections couvrent l'ensemble de l'histoire de la ville antique et byzantine. Les stèles gravées de la première salle montrent le degré de développement législatif de la cité. Les collections de la deuxième salle dressent un tableau évocateur du quotidien d'un citoyen d'Abdère. La dernière salle, consacrée aux coutumes funéraires, est la plus émouvante.

Si les délicates offrandes mortuaires et les sarcophages décorés sont intéressants, les reconstitutions de **sépultures★★**, elles, sont saisissantes. Vous découvrirez, dans trois sarcophages et une énorme amphore funéraire, des squelettes entourés des objets accompagnant les défunts dans la tombe : poteries, **statuettes★**, **fioles★**, outils, armes, **bijoux★**...
En longeant la mer pendant 5 km à l'est par la petite route qui part en face des ruines, vous arriverez à une plage de sable fin peu fréquentée, **Myrodatou Beach**, où vous pourrez vous restaurer et vous rafraîchir.

Porto Lagos (Πόρτο Λάγος) B2

20 km au nord-est d'Avdira.

25410 966 46 - lun.-vend. 9h-15h ; w.-end sur réserv. À l'entrée du village en venant de Xanthi, vous trouverez un centre d'information qui organise des excursions sur la lagune. Il est aussi possible d'y louer des bateaux.
Ce pittoresque village de pêcheurs s'est construit sur une étroite bande de terre étranglée entre la mer et le **lac Vistonida★**. Produit de la rencontre entre la mer et l'eau douce de deux rivières, c'est un formidable site protégé composé de marécages qui frangent la mer et d'un lac, univers de roseaux et d'herbes hautes, territoire d'un **biotope★** exceptionnel : près de 200 000 oiseaux sauvages s'y réfugient en hiver (cigognes, aigrettes, hirondelles de mer, canards sauvages, hérons, pélicans et flamants roses).
Deux kilomètres après Porto Lagos en direction de Komotini, le **monastère Agios Nikolaos★**, métoque (dépendance) du monastère de Vatopedi du mont Athos, est construit sur un petit îlot de la lagune et accessible par une passerelle en bois. Si l'église et la chapelle actuelles datent du début du 20e s., la présence du monastère est attestée depuis le 14e s.

Fanari (Φανάρι) B2

12 km au sud de Porto Lagos.

Les amateurs de grandes **plages** aménagées pour accueillir les jeunes, avec bars musicaux en enfilade sur le sable, seront comblés à Fanari (« la lanterne »). Au centre-ville, à côté du port, un quartier plus paisible, un peu en hauteur, propose des cafés et des restaurants avec une vue imprenable sur la mer.

Komotini (Κομοτηνή) B2

32 km au nord-est de Fanari, 50 km à l'est de Xanthi.

Appelée Gümülcine en turc, la capitale de la Macédoine-Orientale-et-Thrace (52 000 hab.) est la ville plus multi-ethnique de Grèce. Elle compte une importante minorité musulmane (environ 45 % de la population), composée de Turcs, de Pomaques et de Tziganes, et servit de refuge aux Arméniens de Turquie et aux Grecs de l'ex-URSS au cours des soubresauts du 20e s. Sans grand charme, son centre-ville conserve pourtant plusieurs monuments ottomans, dont deux **mosquées** (déb. du 17e s.) ainsi que les ruines d'une forteresse byzantine (4e s.).
★ **Musée ecclésiastique** – *8 r. Xenophontos - 25310 341 77 - tlj sf lun. 10h30-13h, merc. et vend. 17h-20h - 2 € (-18 ans gratuit).* Il est installé dans l'un des édifices ottomans les plus anciens d'Europe, un bel **imaret★** du 14e s. Cet établissement de charité musulman fut construit en brique selon la technique byzantine et possède une église bulgare du 19e s. La collection d'icônes et d'objets de culte, couvrant la période allant du 16e au 20e s., témoigne surtout de l'histoire du diocèse.

Musée archéologique – *4 r. Sismondi - 25310 224 11 - tlj sf lun. 8h-15h - 2 € (-18 ans gratuit).* Il abrite notamment un **buste en or★** de l'empereur Septime Sévère (2e s.), des stèles en marbre et de la verrerie de Dikaia (4e-3e s. av. J.-C.) ainsi qu'une magnifique céramique à figures noires d'Abdère (6e s. av. J.-C.).

NOS ADRESSES À XANTHI ET SES ENVIRONS

INFORMATIONS UTILES

Banque/change
Nombreux distributeurs place Kentriki.

Poste/téléphone
Poste principale – *16 r. Giorgiou.*
OTE – *2 r. Michel Vogdou.*

Compagnie aérienne
Olympic Air – *6A r. Michel Vogdou - ✆ 25410 237 84.*

Agence de voyages
Pilot Travel – *2 r. Thermopilon, près de la pl. Kentriki - ✆ 25410 711 20.*

TRANSPORTS

En train
Gare – *2 km au sud de la ville - ✆ 25410 225 81.* 4 trains/j. pour Thessalonique (durée 5 ou 6h), 4 trains/j. jusqu'à Athènes (12h30).

En bus
Terminal – *800 m au sud de la place Kentriki par la rue Karaoli, ✆ 25410 272 00 - www.ktelxanthis.gr.* Liaisons pour Thessalonique (10/j., durée 4h) *via* Kavala (durée 1h). 1 bus direct relie Xanthi à Athènes (durée 10h), ou une dizaine en passant par Thessalonique. Liaisons pour Komotini : 6/j., durée 45mn.

HÉBERGEMENT

Xanthi

PREMIER PRIX

Xanthippion – *212 r. 28 Oktovriou - au sud de la pl. Kentriki - ✆ 2541 077061 - www.hotelxanthippion.gr - CC P - 53 ch. 40/59 €* ☕. Un grand hôtel moderne de 6 étages aux chambres confortables mais sans caractère.

BUDGET MOYEN

Orphéas – *40 pl. Karaoli Dimitriou - au sud de la pl. Kentriki - ✆ 2541 020121 - www.orfeashotel.gr - ▤ CC - 43 ch. 50 €* ☕. Des chambres récentes et confortables, mais plus petites que celles du Xanthippion pour un prix un peu supérieur.

Fanári

BUDGET MOYEN

Limni Hotel – *✆ 2535 031446 - www.limnihotel.gr - 16 studios 60 €. De jolis studios avec balcon et surtout une agréable piscine.*

Komotiní

BUDGET MOYEN

Orpheus – *1 r. Parassiou - ✆ 2531 037180 - http://hotelorfeas.gr - P - 79 ch. 50 €* ☕ *5 €.* En plein centre-ville, cet hôtel moderne propose des chambres offrant tout le confort, avec terrasse privative et parking.

Anatolia – *53 r. Aghialou - ✆ 2531 036242 - www.anatoliahotels.gr - P - 79 ch. 65 €* ☕. Des chambres pas très grandes, certes, mais très bien rénovées, belles, propres et fonctionnelles. Personnel sympathique et petit-déjeuner très correct.

RESTAURATION

Xanthi

PREMIER PRIX

Palia Poli – *7 r. Hazirtzoglou - ✆ 2541 068685 - 10/15 €. Des plats traditionnels ou plus surprenants (dont un canard à l'orange local) à savourer dans cette petite taverne qui a gardé tout son cachet.*

Komotiní

PREMIER PRIX

Ta aderfia – *33 r. Orfeos - ✆ 2531 020101 - http://aderfia.gr -*

fermé dim. soir - 10/15 €. Une cuisine grecque traditionnelle, de bons plats cuisinés, des prix très corrects et en prime : une terrasse !

Fabrica Kreaton – *4 r. Adrianoupoleos - ✆ 2531 020000 - 15 €.* Comme son nom l'indique, cette « fabrique » à viande prépare surtout des grillades. Vous y trouverez tout de même de très bonnes salades. Un espace moderne et agréable.

BOIRE UN VERRE

Café Ano-Kato – *73 r. Paléologou - Dans la vieille ville.* Pour prendre un verre à toute heure, dans un agréable décor.

Café Kipos – *Au bord de la rivière (nord de la ville).* L'endroit porte bien son nom, « jardin » : un délicieux coin de verdure, où il est agréable de se rafraîchir. Les habitants s'y retrouvent en fin de journée sous les tonnelles.

ACTIVITÉS

Randonnées pédestres – *Rens. à l'office du tourisme de Xanthi.* Des excursions sont organisées dans le Rhodope oriental à partir de Xanthi.

Canoë – *Rens. à l'office du tourisme de Xanthi.* Descendez le long du Néstos en canoë. À faire aussi avec les enfants.

ACHATS

Marchés

Marché aux poissons – *À proximité de la platia Antika.*

Grand marché couvert – *À l'ouest de la platia Eleftherias.*

Les gorges de la rivière Nestos.
fotofritz16/iStock

Autour d'Alexandroupoli

(Αλεξανδρούπολη)

61 702 habitants - Région de Macédoine orientale-Thrace -
Unités régionales de Rhodope et d'Évros

Aux confins de la Turquie et de la Bulgarie, la Thrace grecque met peu à peu en valeur son patrimoine local, aussi bien ses plages, ses réserves naturelles que ses monuments. Parallèlement, des infrastructures d'accueil apparaissent et de multiples organismes développent une offre écotouristique. Une région à visiter pour son authenticité inégalée.

NOS ADRESSES PAGE 481
Hébergement, restauration, achats, activités, etc.

S'INFORMER
Sites Internet – *www.alexpolis.gr (site officiel de la ville d'Alexandroupoli, en anglais); www.e-evros.gr (site officiel du nome d'Évros, en anglais).*

SE REPÉRER
Carte de région GH1-2 (p. 381).

ORGANISER SON TEMPS
Compter deux jours de visite.

À NE PAS MANQUER
La tour byzantine de Pythio.

AVEC LES ENFANTS
Observer les oiseaux dans la forêt de Dadiá.

Circuits conseillés Carte de région p. 381

CHAMPS D'OLIVIERS

Circuit de 105 km, de Komotini à Alexandroupoli, en marron sur la carte de région (p. 380-381). Sortez de Komotini vers le sud, sans prendre l'autoroute. Au village de Xylaganí, tournez à droite vers Imeros pour longer la mer jusqu'à Maronia.
Soumise au climat continental arrivant par la vallée de l'Évros, la Thrace possède cependant une terre propice aux oliviers. Sur les sites archéologiques de Maronia et de Mesimvria, vous pourrez admirer des oliveraies, qui s'étalent à perte de vue jusqu'à la mer. Vous pourrez également vous arrêter à **Platanitis Beach,** superbe plage de sable fin.

Ancienne Maronia (Achéa Marónia - Αρχαία Μαρώνεια) B2

33 km au sud de Komotini, 3,5 km au sud de Maronia - ✆ 25310 224 11 - accès libre.
Les vestiges de l'antique Maronée, se succèdent le long d'un chemin de terre surplombant la mer. Des remparts byzantins, un théâtre et un temple de Dionysos témoignent de ce qui fut l'une des plus riches villes de la Thrace. Fondée au 7e s. av. J.-C. et occupée par Philippe II de Macédoine, c'est elle, selon Homère, qui fournit à Ulysse le vin destiné à tromper le Cyclope.
De Maronia, prenez au nord la petite route en direction de Mesti jusqu'à l'autoroute. De là, suivez les indications pour suivre la route qui traverse les collines de l'Ismaros.

Makri (Μάκρη) C2

38 km à l'est de l'ancienne Maronia via Metsi (au nord-est).
Ce port de plaisance est idéal pour déjeuner. Dominant la mer, une grotte appelée « grotte du Cyclope » a révélé des traces de vie au néolithique.

Ancienne Mesimvria (Archéa Mesimvría - Αρχαία Μεσημβρία) C2

11 km à l'ouest de Makri - ✆ 25510 962 14 - 9h-15h - 2 € (-18ans gratuit).

Le long de la côte entre le mont Ismaros et l'Évros, les Grecs de Samothrace vinrent, dès le 7e s. av. J.-C, construire des villes fortifiées, les « forteresses de Samothrace », comme les nommait Hérodote. Ports de ravitaillement de l'île en produits agricoles, elles furent des centres importants d'échanges culturels entre les Grecs et les Thraces. Parmi elles, seule Mesimvria (ou Zoni) a été localisée et fouillée. Les **temples de Déméter et d'Apollon** constituent une découverte importante pour la compréhension de cette province.

Alexandroupoli (Αλεξανδρούπολη) C2

12 km à l'est de Makri. Dernier grand port avant la frontière turque *(46 km à l'est)*, le chef-lieu du nome (préfecture) d'Évros dispose de liaisons quotidiennes avec **Samothrace**. Ville moderne mais sans charme particulier, Alexandroupoli se révèle agréable avec ses larges avenues et son emblème, un **phare** blanc (27 m de hauteur) construit par la compagnie française des Phares de l'Empire ottoman en 1880. Autrefois nommée Dedeağaç (« vieil arbre » en turc), elle a été rebaptisée en l'honneur du conquérant macédonien en 1920, un an après son rattachement à la Grèce. Elle a alors perdu ses habitants slaves et musulmans pour être repeuplée par des Grecs d'Asie Mineure et de la mer Noire. Aujourd'hui, seules subsistent de vieilles maisons ottomanes le long du port et des villages pomaques dans les environs. À côté de la cathédrale Agios Nikolaos, le **Musée ecclésiastique** *(9h-14h, sam. 9h-13h - fermé dim.-lun. - 3 €)* est très didactique et riche en icônes grecques, mais aussi slaves et russes.

VALLÉE DE L'ÉVROS

Circuit de 110 km, d'Alexandroupoli à Pythio, tracé en bordeaux sur la carte de région (p. 472-473). Suivez la E 85 jusqu'à Didimotiho.

La vallée de l'Évros est connue par les ornithologues du monde entier étudiant les espèces d'**oiseaux migrateurs**. Hélas, c'est une zone militaire dont l'accès est étroitement surveillé. La forêt protégée de Dadia est plus accessible.

Delta de l'Évros (Délta Évrou - Δέλτα Έβρου) C2

22 km au sud-est d'Alexandoupoli via Traianoupoli.

Dans le village de Traianoupoli (11 km à l'est d'Alexandoupoli) - ✆ 25510 610 00 - www.evros-delta.gr - 8h-16h - visite guidée : tlj en été à 9h, 11h et 13h ; 10 €/pers.

Classée parc national cette zone humide de 280 km² abrite 320 espèces d'oiseaux migrateurs et marins, notamment des pélicans et des rapaces.

★ Forêt de Dadia (Dásous Dadiás - Δάσους Δαδιάς) CD2

67 km au nord-est d'Alexandoupoli, à gauche après le village de Likofos.

Dans le village de Dadia - ✆ 25540 322 09 - www.dadia-np.gr - 8h-16h - excursions, écotoursime, restauration et hébergement (20 ch).

Cette magnifique réserve de 32 500 ha fait partie du parc national forestier de Dadia-Lefkimi-Soufli et abrite 36 des 38 espèces de **rapaces** européens. Plusieurs postes d'observation sont aménagés (n'oubliez pas vos jumelles).

Soufli (Σουφλί) D2

15 km au nord-est de Dadia. Ce bourg frontalier de 5 000 habitants est réputé pour ses belles maisons ottomanes, ses vins et, surtout pour ses soieries. La fondation de la Banque du Pirée finance un superbe **musée de la Soie★** *(73 El. Venizelou - ✆ 25540 237 00 - tlj sf mar. 10h-17h - 3 €)* où sont présentés des habits traditionnels soufliotes et les différentes étapes du travail de la soie.

Didimotiho (Didymóticho - Διδυμότειχο) D1

28 km au nord-est de Soufli.

Petite ville pleine de charme et d'histoire, son vieux quartier situé autour des **remparts byzantins** vaut le détour, avec une **vue**extraordinaire sur la vallée de l'Évros. Connue sous le nom de Plotinopolis à l'époque antique, elle devint l'une des plus riches villes de la Thrace après la prise de Constantinople par les croisés en 1204, puis la première métropole européenne de l'Empire ottoman au 14e s., comme en témoigne l'impressionnante **mosquée Çelebi Sultan Mehmed**, plus ancien lieu de culte musulman des Balkans.

Pythio (Πύθιο) D1

16 km au nord-est de Didimotiho.

À la frontière avec la Turquie, un magnifique exemple d'architecture militaire byzantine, très bien conservé, domine la vallée.

NOS ADRESSES AUTOUR D'ALEXANDROUPOLI

ARRIVER/PARTIR

En avion

Aéroport – *À la sortie est d'Alexandroupoli - ✆ 25510 893 00 - www.alxd.gr.*

En train

Gare – *R. Karaoli Dimitriou - ✆ 25510 263 95.* Une ligne relie toutes les grandes villes à Thessalonique et Athènes.

En bateau

Liaisons entre Alexandroupoli et les îles de Samothrace et Límnos.

Autorités portuaires – *✆ 25410 966 66.*

TRANSPORTS

En voiture

Location de voitures – **Evros Rental** - *67 r. Dimokratias - ✆ 25510 369 96.*

En bus

KTEL – *Pl. Eleftherias (en face de la gare) - ✆ 25510 264 79 - www.ktelevrou.gr.*

HÉBERGEMENT

Vous trouverez sans problème de quoi vous loger à Alexandroupoli. Alentour, les l'infrastructures se développent doucement.

Alexandroupoli

BUDGET MOYEN

Hera – *179 av. Dimokratias - ✆ 2551 025995 - 32 ch. 50/60 €* ☕. Dans la rue principale, à 2mn du bord de mer, un hôtel de confort standard.

Didimotiho

BUDGET MOYEN

Plotini – *1 r. Ag. Paraskevis - ✆ 2553 023400 - www.hotelplotini.gr - 🏊 - 70 ch. 60/80 €* ☕. Un peu à l'écart du centre, cet hôtel luxueux avec piscine fait face aux ruines de l'ancienne Plotinopolis.

RESTAURATION

Alexandroupoli

Bon à savoir – La rue Kountouriotou abrite les meilleurs restaurants de grillades de la ville. Cuisine d'influence turque.

PREMIER PRIX

Gialos – *26 r. Apolloniados - ✆ 2551 083850 - 15/25 €.* Malgré la grande route proche, une taverne de poisson où prendre un agréable repas près de la mer.

COMPRENDRE LA GRÈCE CONTINENTALE

Monastère Grigoriou, Mont Athos.
C. Boisvieux/hemis.fr

La Grèce continentale aujourd'hui

Depuis 2010, une crise financière sans précédent plonge toute la Grèce dans la tourmente, et Athènes plus que le reste du pays. Mais l'esprit de résistance est une constante de l'histoire grecque : leur lutte contre les difficultés quotidiennes n'est certes pas une mince affaire et requiert beaucoup d'inventivité, d'énergie, de solidarité et d'humour. La vie nocturne ne faiblit pas, les Grecs sortent, sur les places et dans les cafés, profitent de la beauté de la nature et de la mer et tout simplement de la vie. Mais surtout, ils accueillent toujours avec beaucoup de chaleur les voyageurs qui continuent à aimer leur pays.

Administration et régime politique

Le président de la République est élu pour 5 ans, par le Parlement. Chef des armées, il nomme le Premier ministre, quoique cette nomination soit de pure forme puisque le poste revient d'office au chef du parti majoritaire au Parlement. En outre, il ne dispose pas du pouvoir exécutif, qui revient au Premier ministre. Celui-ci préside un gouvernement collectivement responsable devant le Parlement (300 membres élus pour 4 ans), qui détient le pouvoir législatif.

La **Constitution de 1975** garantit la liberté de culte, mais, paradoxalement, elle reconnaît la primauté de la religion chrétienne orthodoxe, religion d'État.

Sur le plan administratif, la Grèce se divise en **13 régions administratives**. Des préfets constituent les relais du gouvernement dans chacune des **74 unités régionales**. Enfin, les communes ont à leur tête un maire et un conseil élus tous les 4 ans au suffrage universel.

LA FIN DU BIPARTISME

Depuis les débuts de la République, et jusque récemment, deux grands partis se partageaient la scène politique. À droite, la **Nouvelle Démocratie** (ND), formation libérale et pro-européenne et, à gauche, le Mouvement socialiste panhellénique, le **Pasok**. Ce dernier, fondé en 1974 et longtemps dominé par la personnalité d'Andreas Papandréou, est arrivé au pouvoir en 1981. Bien représenté dans le monde paysan, il s'est affirmé comme un parti nationaliste, opposé aux politiques social-démocrate et communiste. Son programme allie la demande d'une plus grande justice sociale, le nationalisme et

Adolescents sur les remparts de Thessalonique.
Gelia/iStock

l'antiaméricanisme. Jusqu'en 2009, les deux partis sont dirigés par des héritiers de grandes familles politiques : côté Pasok, **Georges Papandréou**, fils d'Andreas, a été ministre des Affaires étrangères puis Premier ministre (2009-2011) ; à droite, **Costas Caramanlis**, neveu de Constantin Caramanlis (fondateur de la ND et Premier ministre à quatre reprises), a été Premier ministre (2004-2009) et **Dóra Bakoyánni**, fille de l'ancien Premier ministre Constantin Mitsotakis, a été maire d'Athènes (2003-2006) et plusieurs fois ministre. Pendant plus de 40 ans, la ND a alterné au pouvoir avec le Pasok, remportant les élections parlementaires de 1977, 1989 et 2004. En 2009, la crise économique marque la fin du bipartisme.
Le pays est d'abord dirigé par un gouvernement de coalition Pasok-ND. Mais lors des élections de 2012 et 2015, les Grecs rejettent les deux grand partis traditionnels qui obtiennent moins de 30 % des suffrages. En parallèle, plusieurs petites formations émergent : Potami (centre droite), les Grecs Indépendants (ANEL, droite nationaliste), **Aube Dorée** (extrême droite) et la Coalition de la gauche radicale, **Syrizia**. Cette dernière, menée par **Aléxis Tsípras**, devient le premier parti du pays avec 35 % des votes. Après être entré au gouvernement de coalition mené par **Antónis Samarás** (ND) en 2012, Aléxis Tsípras remporte les élections de janvier 2015. Faute de majorité absolue à la Vouli – à deux sièges près –, il s'allie avec le petit parti de droite des Grecs indépendants et est nommé Premier ministre.

SYRIZA FACE À LA « TROÏKA »

Dès son élection, Aléxis Tsípras se lance dans des négociations tendues avec les créanciers du pays et la **troïka** composée de la Commission européenne, de la Banque centrale européenne et du Fonds monétaire international. Le médiatique ministre des Finances **Yánis Varoufákis** se montre particulièrement critique à l'égard des plans de sauvetage. Le 5 juillet, face à l'échec des

LE COUP DE THÉÂTRE DE 2010

La vérité éclate en 2009. Georges Papandréou, fraîchement élu Premier ministre, décide de faire la vérité sur le déficit budgétaire du pays : 12,7 % du PIB et non 6 %. A l'origine d'une crise, des mensonges d'Etat et des comptes régulièrement maquillés. Sur les raisons d'un tel déficit, les avis divergent. Selon certains, les Grecs ont simplement dépensé sans compter. Pour d'autres, l'entrée du pays dans la zone euro a déstabilisé l'économie du pays, fragilisée encore plus par la crise américaine en 2008. C'est le début d'un engrenage inéluctable qui coûte encore très cher au pays aujourd'hui. Ces nouveaux chiffres obligent les agences de notation à revoir la note, longtemps très élevée, qu'elles attribuent à la Grèce. Les marchés perdent confiance, les taux de la dette grecque grimpent. En 2010, la Grèce annonce qu'elle ne peut plus subvenir à ses besoins et fait appel à l'aide internationale.

négociations, Aléxis Tsípras organise un référendum sur les propositions faites par la troïka. Celles-ci sont rejetées par 61,31 % des électeurs grecs. Le résultat fait craindre une crise des institutions européennes. Mais c'est un plébiscite pour le Premier ministre qui dispose désormais d'une plus grande marge de manœuvre au plan international. Au lendemain du scrutin, Yánis Varoufákis démissionne quant à lui de son poste de ministre des Finances, officiellement afin de faciliter l'obtention d'un compromis entre la Grèce et l'Union européenne. Durant l'été, les négociations aboutissent à un nouvel accord plus favorable à Athènes. Le Premier ministre est toutefois contraint de maintenir les mesures d'austérité imposées par la troïka. Cela lui vaut d'être remis en cause par un tiers des députés de sa majorité, parmi lesquels Yánis Varoufákis et la présidente de l'assemblée, **Zoé Konstantopoulou**. Le 20 août 2015, Aléxis Tsípras annonce la démission de son gouvernement et la tenue de nouvelles élections. Il gagne son pari et remporte les élections législatives anticipées de septembre avec 35 % des voix, ce qui lui permet de former un nouveau gouvernement avec les Grecs indépendants. Les membres dissidents de Syriza opposés à la politique d'austérité forment le nouveau parti Unité populaire (LAE) dirigé par Zoé Konstantopoulou. À droite de l'échiquier, la ND menée par Antónis Samarás est aujourd'hui le seul parti en mesure de succéder à Syriza.

Sortir de la crise

L'AUSTÉRITÉ ET APRÈS ?

La bonne nouvelle a été clamée lors du sommet européen du 21 juin 2018 : la Grèce allait bien sortir, comme prévu, du dernier plan d'aide financière - le troisième du nom - signé en août 2015 pour un montant de 86 milliards d'euros suite à la crise de la dette souveraine initiée en 2010. Cependant la crise continue de laisser des traces. Gel des salaires, augmentation de la TVA, révision de l'assiette de l'imposition, entre autres : l'aide versée à la Grèce, tranche par tranche, dépendait en effet de la mise en place de réformes qui engendrent un fort mécontentement populaire et une réelle augmentation de la précarité dans le pays. La Grèce est ainsi le seul pays d'Europe où le salaire minimal a baissé depuis 2008 : le salaire minimum du privé, réduit

de 22 %, est à 586 € brut (soit 468 € net) pour un coût de la vie à peine inférieur à celui de la France. En 2017, le produit intérieur brut (PIB) de la Grèce était toujours inférieur de près de 20 % à son niveau de 2009. Autre triste record dans la zone euro : faute de croissance, le chômage stagne à un niveau élevé. En 2017, le taux de demandeurs d'emploi culminait toujours à 24 % (et à plus de 50 % chez les moins de 25 ans). Résultat, depuis 2008, plus de 350 000 Grecs ont préféré quitter le pays pour trouver du travail.
Du côté du secteur public, la fonction publique a diminué de près d'un quart ses effectifs. Aujourd'hui, cependant, les coupes budgétaires à marche forcée couplées à l'inefficacité de l'État a été vivement mise en cause dans le manque de prévention et la gestion des incendies meurtriers de l'été 2018.

Économie

AGRICULTURE, INDUSTRIE ET RESSOURCES MINIÈRES

Le secteur agricole fait vivre près de 20 % des actifs, pour une production dont la valeur marchande représente 8 à 10 % du PIB. Si une agriculture moderne émerge, la Grèce reste encore un pays de petites exploitations (moyenne de 4 ha). Les principales productions sont le **tabac** (1er producteur européen), le **coton** (1er producteur européen), la **betterave à sucre**, mais aussi les **fruits** et les **légumes** (olives, raisins, tomates).
C'est à l'agriculture que l'industrie doit une grande part de sa vitalité, avec la transformation des produits agricoles et l'industrie textile pour le coton (malgré une sous-traitance de plus en plus importante dans le reste des Balkans). La construction constitue l'autre versant de l'activité industrielle.
Les ressources minières sont limitées. Le lignite alimente quelques centrales thermiques mais le gisement de pétrole de l'île de Thassos est peu important. Outre un peu de nickel, de zinc et de magnésium, la ressource principale reste la bauxite, exploitée pour la fabrication de l'aluminium.

TROIS MANNES ESSENTIELLES

Le déséquilibre entre les besoins de la population et les capacités économiques entraîne un fort déficit de la balance commerciale. Celui-ci a longtemps été en partie compensé par les bénéfices de la **marine marchande**, par les revenus envoyés par les **Grecs émigrés** à l'étranger – forte de ses 6,5 millions de ressortissants, la diaspora grecque constitue un facteur non négligeable –,

LA GRÈCE FACE AU DRAME DES MIGRANTS

Alors que d'autres pays étaient réfractaires à l'accueil de réfugiés, la Grèce n'a guère eu le choix. Chios, Kos, Leros ou Lesbos : autant d'îles et de côtes européennes situées à quelques kilomètres des côtes turques. Rien que pour l'année 2015, 900 000 migrants sont passés par la Grèce. Aidés par des associations et des bénévoles du monde entier – et malgré la crise – des habitants de ces îles ont accueilli et géré le mieux possible l'afflux de réfugiés et de naufragés rêvant d'atteindre ensuite le nord du Vieux continent. Pour expliquer leur implication, beaucoup d'habitants ont rappelé être pour beaucoup, eux-mêmes, des enfants de réfugiés... Depuis mars 2016 et la signature d'un accord de l'Union européenne avec la Turquie, les flux ont baissé mais restent soutenus.

UN PAYS D'ARMATEURS

Les vies tumultueuses des **richissimes armateurs Onassis et Niarchos**, beaux-frères et rivaux, ont fait en leur temps les beaux jours des magazines du monde entier. Les amours d'Aristote Onassis avec **la Callas**, puis avec **Jackie Kennedy** font partie de la légende, de même que les morts suspectes de sa fille Christina et de la première femme de Stavros Niarchos alimentent toujours les plus folles rumeurs. Mais à côté de ces puissants armateurs, qui se révélèrent aussi de généreux mécènes dans la plus pure tradition grecque, il existe une foule d'individus aux destinées plus modestes, possédant un ou plusieurs bateaux et qui contribuent, à leur façon, à faire de ce petit pays **l'une des plus puissantes flottes marchandes du monde**. Une flotte qui, ces dernières années, navigue cependant le plus souvent sous des pavillons de complaisance.

mais surtout par les revenus du **tourisme**, seul secteur a avoir bien résisté à la crise. En 2015, le nombre de touristes internationaux a augmenté de 7 % pour atteindre 23,6 millions de visiteurs, soit plus du double de la population locale, rapportant plus de 14 milliards d'euros au pays.

Population

« De quelle région viens-tu ? De quel village ? De quelle famille ? », autant de questions qu'un Grec n'hésite pas à poser à un compatriote, dès leur première rencontre : entre Grecs, les relations se placent souvent sous le signe de la solidarité et de l'entraide. Car le régionalisme a toujours été synonyme d'identité culturelle et sociale, bien avant que s'épanouisse la notion d'identité nationale, sous le joug ottoman. Les disparités régionales sont en effet de taille : en Épire, on se sent déjà dans les Balkans, et un pêcheur d'Ikaria a bien peu de points communs avec un riche armateur d'Athènes vivant à l'heure européenne. Pourtant les 10,8 millions d'habitants que compte la Grèce ont fini par former une nation homogène, façonnée au fil des siècles autour d'une langue et de l'Église orthodoxe.

UNE POPULATION PLUTÔT FAIBLE

La Grèce fait figure de petit pays à l'échelle de la démographie européenne. Avec une densité proche de 80 habitants au km^2 (trois fois moins qu'en Allemagne ou qu'au Royaume-Uni), elle apparaît même sous-peuplée, sauf si l'on considère sa physionomie montagneuse.
Crise oblige, le taux de croissance de la population grecque affiche de plus un léger repli : - 0,13 % en 2014.

UNE URBANISATION MAL RÉPARTIE

L'**exode rural** des premiers temps a essentiellement profité à l'agglomération d'Athènes qui accueille aujourd'hui près d'un tiers de la population du pays. Quelques-uns des problèmes engendrés par une telle concentration ont été ou sont en passe d'être réglés, notamment l'épineuse question de l'alimentation en eau de la capitale grâce à la captation des eaux du mont Parnasse.
D'ambitieux travaux ont été réalisés à l'occasion des Olympiades de 2004. L'ouverture, en 2001, de l'aéroport Elefthérios Venizélos, la création de l'autoroute de contournement du centre-ville Attiki Odos et la construction de

lignes de métro et d'un tramway ont un peu désengorgé la capitale. En revanche, l'air athénien reste irrespirable les jours de grande chaleur en raison d'une pollution atmosphérique record.
Derrière l'agglomération d'Athènes et ses 3,7 millions d'habitants, celle de Thessalonique compte près de 1,1 million d'habitants, tandis que celle de Patra (Péloponnèse), troisième ville du pays, n'en recense que 280 000. Cette dissymétrie s'accompagne d'une concentration des moyens de production autour des rares grandes villes. Avec un taux d'urbanisation de 78 %, la Grèce est aujourd'hui confrontée à une désertification importante de de certaines régions, notamment à l'Ouest, dans l'Épire (39 habitants/km^2) et le Péloponnèse (37 habitats/km^2).

LES GRECS ET LE MONDE

Pour comprendre le lien qui unit les Grecs à la mère patrie, qualifiée de « centre du monde », il existe une expression bien symptomatique. Lorsqu'un Grec part en voyage à l'étranger, il lance un : « Je vais à l'extérieur » *(exoteriko)*, ce qui signifie qu'il quitte le foyer d'origine. D'autre part, le sentiment d'insécurité latent – la Grèce se voit entourée d'ennemis – n'est pas sans conséquence, encore aujourd'hui, sur ses relations avec les autres pays (l'énorme budget consacré à la défense en est la preuve).

La diaspora grecque

L'importance historique de la Grèce et sa situation géographique ont encouragé les habitants à dépasser leurs frontières. Touché par la misère au début du 20e s., le pays connaît une forte émigration de 1906 à 1915 : plus de 250 000 Grecs sur 3 millions d'habitants suivent les chemins de l'exil. On évalue à plus de 6,5 millions le nombre de Grecs installés à l'étranger : en Égypte, en Europe centrale, sur la mer Noire, au Moyen-Orient – régions où l'implantation de communautés grecques remonte à des temps très anciens –, et surtout aux **États-Unis** (où ils seraient plus de 3 millions). Une émigration plus récente s'est tournée vers d'autres pays industrialisés comme le Canada, l'Australie, l'Afrique du Sud, la Nouvelle-Zélande et l'Allemagne.

Le statut des minorités

Un citoyen grec est un individu pratiquant le culte orthodoxe et parlant le grec – ce qui est le cas de 97 % des personnes présentes sur le territoire. Or, à l'intérieur des frontières actuelles, stabilisées après la Seconde Guerre mondiale, le pays rassemble des Grecs de tous horizons, dont certains issus de populations déplacées.
Les minorités les plus importantes comprennent les ressortissants des pays frontaliers, qui se retrouvent hors de leur patrie d'origine pour des raisons historiques, économiques ou politiques. Lors

COULEURS NATIONALES

Si tous les Grecs reconnaissent le même **drapeau** – 5 bandes bleues et quatre blanches, accompagnées de la croix blanche de l'Église orthodoxe –, ils ne s'accordent pas sur la signification de ses couleurs. Pour la plupart, le **bleu** évoque le ciel et la mer, le **blanc** étant la couleur emblématique de la lutte pour l'indépendance. Pour d'autres, plus poètes, les bandes bleues figurent la mer, et les blanches son écume. Les religieux, quant à eux, soutiennent que le bleu est la couleur de la sagesse, et le blanc celle de la pureté de l'âme.

ÊTRE GREC
Être grec, c'est porter en soi toute l'histoire de son pays : la fierté de la Grèce antique, le faste de la période byzantine, la souffrance de l'occupation ottomane et l'orgueil de la Grèce contemporaine qui, malgré la crise de sa dette, s'efforce de rattraper son retard sur le reste de l'Europe, tout en préservant son passé.

du **traité de Lausanne** de 1923, 500 000 musulmans sont partis vers la Turquie tandis que 1,5 million de Grecs ont afflué d'Asie Mineure, où ils étaient présents depuis des millénaires. Cependant, environ 60 000 **Turcs** resteront à l'écart de ce douloureux échange de populations, et leurs descendants vivent toujours en Grèce (ils sont désormais 150 000) – tandis qu'Istanbul accueille une communauté grecque minime.

Le pays compte également quelque 30 000 **Pomaques**, peut-être venus de Bulgarie, musulmans vivant en Thrace occidentale, des Slaves en Macédoine grecque du Nord, des **Albanais** d'Épire, aussi, restés en Grèce lors du tracé des frontières – d'où la présence de Grecs en Albanie, à l'origine de tensions entre les deux pays.

À partir de 1975, la Grèce a vu affluer par dizaines de milliers des émigrés polonais, philippins, kurdes, roumains, albanais, irakiens, pakistanais, éthiopiens, égyptiens, ex-yougoslaves et **émigrés de l'ex-URSS**, en quête de travail. On évalue ainsi à près de 10 % de la population le pourcentage d'immigrés vivant en Grèce, souvent dans une situation précaire, voire illégale. Plus de 11 % des enfants scolarisés dans les écoles publiques sont de familles immigrées. Des minorités à l'égard desquelles l'État fait preuve de méfiance, ne reconnaissant officiellement qu'une seule d'entre elles : les musulmans d'origine turque, conformément au traité de Lausanne.

Société

ÉDUCATION

En Grèce, l'école est obligatoire de 6 à 15 ans et la journée de l'écolier comprend un minimum de cinq heures de cours. Faute de moyens financiers, les établissements publics ne sont pas toujours en mesure d'assurer un enseignement vraiment satisfaisant même si de considérables progrès ont été réalisés. Les familles les plus aisées optent donc souvent pour l'école privée, où les enfants reçoivent un enseignement plus complet, incluant l'apprentissage de plusieurs langues étrangères et des activités sportives. Mais ce privilège se paie encore fort cher, les mensualités demandées pouvant dépasser l'équivalent du SMIC grec. Ces enfants auront alors plus de chances que les autres d'accéder à l'enseignement supérieur.

Enfin, qu'elles soient publiques ou privées, toutes les écoles grecques dispensent des **cours d'enseignement religieux**. Chaque début de mois, le pope de la paroisse vient dire une prière devant les écoliers.

LA RELIGION AU QUOTIDIEN

Religion d'État, le **christianisme orthodoxie** est omniprésent dans la vie des Grecs, rythmant toutes les étapes de la vie et dictant nombre d'usages. À sa naissance, notamment, l'enfant ne porte qu'un nom provisoire – *Bebis* pour le garçon, *Béba* pour la fillette, c'est-à-dire « bébé » – jusqu'au jour de son baptême.

Livres scolaires du musée de l'éducation à Kalambaka.
C. Chaudeau/Michelin

Chaque événement, privé ou public, ne peut se passer de recevoir l'**agiasmo**, bénédiction de l'Église. Suivant la circonstance, c'est le pope ou l'archevêque qui se déplace (chaque intervention impliquant bien sûr une rémunération) : le prélat pour bénir l'élection d'un nouveau président de la République ou une nouvelle constitution du Parlement, le pope pour l'acquisition d'un logement, d'une voiture neuve ou l'inauguration d'un magasin.

Le **signe de croix** – de droite à gauche, les doigts réunis, à l'inverse des catholiques – s'exécute en maintes occasions : chaque matin pour les élèves, avant d'entrer en classe, et le fidèle passant devant une église le fait trois fois.

Officiellement reconnu par l'État, le **mariage à l'église** se suffit à lui-même et n'exige pas le passage à la mairie. Instauré en 1982, le mariage civil n'est pratiqué que par 3 % de la population. Dans l'esprit des Grecs, le refus de se conformer aux normes religieuses évoque en effet le communisme et la guerre civile, dont le souvenir est encore très présent dans les esprits.

LA CONDITION FÉMININE

Pétrie de longs siècles de culture ottomane musulmane et d'une rigoureuse tradition orthodoxe, la condition des femmes est longtemps restée assujettie à nombre d'usages familiaux et de conventions sociales anciennes.

Mais le pays a changé. Dans les villages, si les veuves continuent de s'habiller tout de noir, leurs petites-filles se promènent aujourd'hui en pantalon et tee shirt moulants, yeux maquillés et sortent en bande *(paréa)* dans les cafés de la ville. Deux visages de la femme grecque qui symbolisent le paradoxe de la société actuelle : attachement sincère aux traditions, d'une part, et volonté passionnée de faire entrer le pays dans une ère nouvelle, d'autre part.

Depuis 1952, année où les femmes grecques acquirent le droit de vote (en Turquie, elles l'obtinrent en 1923, en France, en 1944), de

DES PRÉNOMS ÉTERNELS
Au cours de vos pérégrinations, vous serez peut-être surpris d'entendre revenir les mêmes prénoms – Nikos, Giorgos, Kostas, etc. La tradition veut en effet qu'un petit-fils porte systématiquement le nom de son grand-père. Ainsi, les prénoms sautent chaque fois une génération, mais réapparaissent toujours. Même coutume pour les filles, bien que, contrairement aux garçons, des exceptions soient tolérées, à condition, tout de même, que le prénom figure bien sur le calendrier orthodoxe.

nombreuses lois ont modifié la condition féminine. L'avortement est devenu légal, le divorce n'est plus exceptionnel et les femmes grecques ont la possibilité de garder leur nom de jeune fille après le mariage. En revanche, si la **dot** que l'épouse se devait de verser à son conjoint est officiellement abolie, la tradition reste vivace et il est toujours habituel de fournir un logement meublé en cadeau aux jeunes mariés.
De fait, dans la majorité des familles, on vit sous le même toit, parents et enfants se partageant les étages de la maison. La coutume voulait en effet que les parents construisent ou acquièrent une demeure dotée d'autant d'appartements qu'ils avaient de filles. Cette convention a évidemment développé une **conscience familiale très forte**, au sein de laquelle l'aide des parents apparaît comme une nécessité. D'ailleurs, les grands-mères sont encore souvent chargées de cuisiner pour toute la maisonnée, les filles passant prendre chaque jour les plats préparés pour elles. C'est aussi les grands-mères qui ont la charge d'élever leurs petits-enfants.
Loin de disparaître, cette tradition familiale s'adapte même fort bien à la vie des femmes aujourd'hui. Celles-ci revendiquent en effet une vie bien différente de celle de leur mère et de leur grand-mère, attachant désormais autant d'importance à la construction d'une vie professionnelle qu'à celle d'une famille. Les couples sont nombreux à ne vouloir qu'un seul enfant, deux tout au plus.

Habitat

Maisons de pierre sèche, grosses demeures bourgeoises aux façades néoclassiques ou petits logis de pêcheurs nichés au pied de collines rocailleuses : des îles au continent, la Grèce révèle un habitat très différencié. Une diversité due aux contrastes de sa géographie, déclinant tous les environnements : montagne, mer, plaines agricoles plus ou moins arrosées ou exposées au soleil. Dans les Cyclades, l'unité des adorables **maisons blanches aux volets bleus** ne doit rien au hasard. Elle a été imposée en 1936 par le dictateur Ioánnis Metaxás, aussi bien pour des raisons sanitaires, avec l'utilisation de la chaux, que pour promouvoir le tourisme dans l'archipel. Si elles sont devenues l'image emblématique de la Grèce, l'habitat continental montre une architecture sans doute plus proche de l'héritage culturel du pays, mêlant traditions byzantine et ottomane. Mais les temps modernes ont nivelé les différences, le parpaing et le béton ayant imposé, comme partout en Méditerranée, leurs standards aux quatre coins du pays.

À LA VILLE

Arrivé à Athènes ou à Thessalonique, le visiteur plonge dans les embouteillages de la capitale. Sur des kilomètres d'avenues trépidantes se succèdent des immeubles sans grâce, exposant leurs appartements sur six ou sept étages. Tous alignent des balcons en ciment, égayés de fleurs qui dissimulent parfois la peinture écaillée, tandis que, sous les arcades du rez-de-chaussée, s'abritent magasins, bureaux et cafés. Une bien morne architecture, qui a pourtant façonné en grande partie les deux principales villes du pays.

Béton armé…

À Athènes, jusqu'au début des années 1950, l'habitat individuel dominait encore largement le paysage urbain de la métropole, hormis dans le centre. Mais la décennie suivante a vu la propagation du béton armé, donnant naissance à un type unique d'habitation, construit à la va-vite et qui s'est propagé comme un fléau, dans le désordre le plus total. Car, outre une constante **pression démographique**, Athènes doit sa mutation effrénée à l'urgence de la mise en place d'infrastructures urbaines. Après guerre, une loi invitait quiconque possédant une maison ou un terrain à le céder à un entrepreneur pour y construire un immeuble en échange d'un ou plusieurs appartements. Un mélange d'initiatives anarchiques et de décisions publiques, indifférentes au patrimoine, détruisit ainsi nombre de quartiers historiques. Depuis vingt ans, cependant, de nouveaux règlements visent à protéger et à restaurer les maisons anciennes, traditionnelles ou néoclassiques, qui subsistent.
Le béton envahit aussi les villages et, ces dernières années, on voit même se multiplier dans les campagnes des incendies criminels, les terrains débarrassés de leur végétation ouvrant directement la voie aux promoteurs.

… et maisons néoclassiques

Qu'on se rassure, néanmoins. Ce qui faisait le charme des villes et des bourgs au 19e s. n'a pas totalement disparu. L'architecture urbaine du siècle d'Othon conserve encore quelques fleurons, à Athènes comme dans les **Hora** (chefs-lieux) des îles. Le néoclassicisme européen trouva en Grèce un terrain de prédilection, symbole du renouveau hellénique et de l'indépendance recouvrée. Image d'un nouveau courant d'optimisme après quatre siècles d'occupation ottomane, l'**architecture dite néohellénique** veut ressusciter l'âge d'or de la Grèce, l'Antiquité. Ce courant se traduit par la floraison de résidences cossues, imposantes demeures dont les façades reprennent les grandes lignes de l'architecture antique, *via* la Renaissance italienne et, surtout, le classicisme français du 17e s. : au rez-de-chaussée, colonnes doriques et pilastres s'adossent aux murs ou se placent en saillie pour encadrer le porche, tandis que le premier étage s'orne de colonnes ioniques pour rythmer les travées percées de hautes fenêtres. Un petit balcon vient rehausser la baie centrale, sous un large toit de tuiles souligné d'acrotères et d'antéfixes. Les plus riches armateurs des îles, durant les grandes années de la marine marchande, iront même jusqu'à y dresser un petit fronton orné de bas-reliefs ou de statues de chimères.
Derrière ces élégantes façades se cachent de vastes pièces, hautes de plafond et largement éclairées, où la bourgeoisie vit dans un décor de lambris, de peintures et de meubles de style, tandis que la cuisine et les communs occupent le rez-de-chaussée ainsi que des petits bâtiments annexes.
En ville, on trouve, sur le même modèle, des immeubles réunissant plusieurs appartements qui

DES MAISONS INACHEVÉES

En Grèce, il faut construire. Quoique moins vivace, la tradition qui veut que les parents, en guise de dot, bâtissent une maison pour leur fille continue en effet d'avoir ses fidèles. Aussi, partout où vous irez, vous ne manquerez pas de croiser ces maisons ou ces immeubles superposant leurs terrasses hérissées de fers à béton. Pas un village de Grèce n'est épargné par ces ouvrages inachevés, en attente d'un étage supplémentaire.

montrent eux aussi des façades ouvragées.

Mais cette **architecture néoclassique** ne sert essentiellement que les grands monuments publics et les résidences construites pour la population la plus favorisée. À côté de ces demeures bourgeoises, les familles exilées d'Asie Mineure en 1922 et les paysans débarqués en ville pour trouver du travail bâtiront dans l'urgence des logis bien plus modestes, transpositions citadines de l'habitat rural aux murs de moellons ou de torchis chaulés. Au rez-de-chaussée, une seule pièce à vivre fait aussi office de cuisine, tandis que, suivant les moyens, deux chambres occuperont l'étage.

HABITER DANS LES ÎLES

En mer Égée

Le Corbusier définissait l'architecture cycladique comme « le jeu prudent, correct et merveilleux des volumes unis sous la lumière ». De fait, ces petits cubes chaulés qui évoquent si bien la Grèce des îles semblent comme peints de soleil. Ils s'agencent généralement sur deux ou trois semi-niveaux, épousant au plus près les déclivités du terrain, souvent accidenté. Le tout dessinant un pittoresque chaos parmi lequel se faufile un dédale de ruelles. Dans les Cyclades, cet apparent désordre obéit pourtant à un **schéma défensif** bien défini, consistant à resserrer les maisons les unes contre les autres en une sorte de rempart. Dans le même esprit, portes et fenêtres s'ouvriront majoritairement vers l'intérieur du village et seront de petite taille, permettant ainsi de conserver la fraîcheur. Ces villages sont communément organisés autour d'une unique ruelle, pavée de galets ou de grosses dalles, qui serpente jusqu'à la place centrale.

Compte tenu du climat et du manque de bois sur ces îles arides, le toit en terrasse est préféré à la charpente ; les plafonds intérieurs adoptent alors la voûte, plus résistante aux secousses sismiques. Trait particulier aux îles, l'ameublement se confond avec la structure de la maison : une **banquette maçonnée** court le long des murs, de même que les bancs, lits et canapés chaulés qui s'inscrivent dans la continuité du sol ou des murs. Une chance pour la sauvegarde de ce patrimoine traditionnel, qui fait tout le charme des îles : il s'adapte fort bien aux nouvelles normes antisismiques et aux besoins toujours croissants de l'hôtellerie.

Influences italiennes

Marquées par l'Italie toute proche, les **îles Ioniennes** conservent de luxueux hôtels particuliers aux façades ouvragées, les **palazzi**, inspirés des palais vénitiens. Ces élégantes demeures respectent une symétrie architecturale très précise, autant pour la façade, aux chaleureux tons de jaune, orangé ou ocre, que pour l'agencement intérieur. Les habitations populaires révèlent la même influence, qui évoque davantage l'Italie que

Maisons à Veria en Macédoine.
De Agostini/Archivio J. Lange/De Agostini Editore/age fotostock

la Grèce. Autres îles empreintes d'atmosphère italienne : **Rhodes**, qui mêle avec bonheur les influences vénitienne et ottomane, et la **Crète**, en particulier à Hania et à Rethymnon, où les maisons à encorbellement de bois alternent avec des façades inspirées des *palazzi* vénitiens rehaussées de motifs antiques et Renaissance.

L'HABITAT RURAL

Murs blanchis à la chaux ou badigeonnés d'un crépi pastel, toits en terrasse ou charpente recouverte de tuiles, l'habitat rural obéit d'abord à des principes de fonctionnalité, selon les aléas du climat et l'activité nécessaire. Les aménagements modernes – électricité, téléphone et eau courante – se sont généralisés, mais la maison d'autrefois, quand elle n'a pas été détruite par un tremblement de terre ou abandonnée pour une construction plus moderne, garde encore toute sa rusticité. On y retrouve en général la pièce à vivre, complétée ou non par un étage et coiffée d'un toit adapté au climat : terrasse dans les îles ou toit à pentes pour les régions plus arrosées, voire enneigées, comme dans le Nord.

L'arhontiko ou la maison de la prospérité

Reflet de la prospérité commerciale et du croisement des influences, l'*arhontiko* est la maison des notables, belle demeure cossue d'un ou deux étages. Sous un toit de tuiles ou de lauzes, les murs en pierre ou recouverts d'un crépi sont percés d'étroites fenêtres, la lumière étant encore tamisée parfois par des vitraux. Surplombant le rez-de-chaussée bâti en pierre, l'étage en torchis et en bois s'avance en encorbellement pour former une sorte de loggia (*hagiatsi* ou *xostego*) offrant un plus vaste espace intérieur, le **sarai** ou salon de réception. Une banquette, à l'image du sofa turc, encadre la pièce, tandis que les murs et le plancher sont réchauffés d'étoffes et de tapis. Paré de motifs sculptés et peints dont le raffinement reflète la fortune du foyer, le plafond *(tavani)* est le principal ornement

Krokalia représentant une chasse aux lions, vers 320 avant JC. Musée archéologique de Pella.
DEA/A. DAGLI ORTI/De Agostini/Getty Images

de la pièce. Dans les villes et les villages de Macédoine, de Thessalie ou d'Épire (Ioannina, Metsovo), on trouve encore bon nombre de ces belles constructions aux lignes héritées de l'architecture ottomane.

Des maisons comme des forteresses

Dans les régions souvent soumises aux attaques de pirates apparurent les **pirgospitia** (de *pirgos*, « tour »), austères bâtisses de pierre sèche en forme de tours, rondes ou carrées, aux fenêtres étroites comme des meurtrières, s'élevant sur plusieurs étages telles des vigies, héritières des tours hellénistiques. La région du Magne, notamment, au sud du Péloponnèse, regorge de ces habitations-forteresses, la plupart construites au 18e s., qui donnent aux villages des allures de citadelles médiévales. Ces tours érigées par les familles servaient de refuge en cas de conflits (fréquents) avec leurs voisins. L'habitation proprement dite se tenait à l'étage, tandis que le rez-de-chaussée faisait office d'étable et de grange. Au corps de logis venaient s'ajouter diverses annexes de plain-pied, le tout étant protégé par une enceinte délimitant une cour.

LES KROKALIA

Dans les îles, en particulier les **Cyclades** mais aussi dans l'archipel du **Dodécanèse** (Rhodes), nombre de maisons ont conservé leur beau pavement en *krokalia*, assemblage de **galets noirs et blancs** qui décorent aussi bien les sols des cours extérieures que les pièces du logis. Les figures sont variées : motifs géométriques, aquatiques ou animaliers, sans oublier les « méandres », frises décoratives héritées de l'Antiquité et qui symbolisent la continuité de la vie.

Nature et paysages

Avec une superficie de 132 000 km² (un peu moins du quart de la France), la Grèce possède un territoire de dimension modeste. Mais sa situation au cœur de la Méditerranée, son climat, son patrimoine et la beauté de ses paysages en font une destination phare, attirant à la fois les amateurs d'histoire, de ruines antiques, de farniente sur les plages, ou de randonnées. La mer n'est jamais très loin en Grèce... Le pays compte en effet environ 10 000 îles réparties pour la plupart en mer Égée et en mer Méditerranée et regroupées en archipels : les Cyclades bien sûr mais aussi les îles du Dodécanèse, les îles Ioniennes, les Sporades, les îles de l'Égée du Nord... En tout, plus de 11 000 km de côtes bordent ces îles, souvent baignées de soleil. Avis aux amateurs de petits paradis !

De la mer à la montagne

Formant l'extrémité méridionale de la grande péninsule balkanique, la Grèce dessine des contours au relief accidenté, très découpés et baignés par la mer (on mesure 15 000 km de côtes : 4 000 km pour le continent et 11 000 km pour les îles). La Grèce partage ses frontières avec la Turquie, à l'est, la Bulgarie, la Macédoine et l'Albanie, au nord.

UN PAYS MONTAGNEUX

En regardant une carte du pays, on est d'emblée frappé par l'omniprésence de la montagne, qui recouvre près de 80 % du territoire, n'épargnant pas même les îles (aucun point de l'intérieur des terres n'est distant de la mer de plus de 120 km). Pour l'essentiel, ce cortège de cimes s'intègre aux **Alpes dinariques**, ensemble montagneux qui naît plus au nord, traversant la Croatie, la Bosnie-Herzégovine, le Monténégro et l'Albanie.
Vingt sommets dépassent les 2 000 m, dont le **mont Olympe** (2 917 m), le plus haut d'entre eux. Certains massifs se distinguent par des pentes très abruptes aux escarpements vertigineux. Autant dire qu'il ne reste que peu de place aux plaines, concentrées surtout dans le nord de la Grèce (Thessalie, Thrace et Macédoine) et en Grèce centrale (Béotie).

UNE TERRE EN MOUVEMENT

Ce paysage si singulier s'explique par la conjugaison de soulèvements et d'effondrements de la croûte terrestre, qui font alterner des montagnes au plissement régulier, des plateaux et des bassins sculptés par l'érosion. L'arc hellénique lui-même doit sa courbure au passage de la plaque continentale Afrique sous la plaque Europe : le frottement de ces deux gigantesques masses explique la fréquence et l'amplitude des tremblements de terre et de l'activité volcanique qui sévissent depuis toujours en Égée.

THALASSA OU LA GRÈCE DES ÎLES

Le pays vante ses 9841 îles (en comptant les îlots, récifs ou simples cailloux), dont plus de 150 sont habitées.

Mer grecque entre toutes, la **mer Égée** en compte le plus grand nombre, dont l'archipel des **Cyclades**, destination favorite des voyageurs. Curieux spectacle que ces îles accidentées, dénudées et arides, dont la population décuple l'été venu. Tout ici parle de couleurs : le bleu transparent de la mer, la blancheur des maisons, l'ocre des collines pelées.

Tout aussi montagneuses, les « douze îles » du lointain **Dodécanèse** ne sont guère plus verdoyantes. Seules Kos et Rhodes jouissent de terres suffisamment fertiles et arrosées pour produire fruits et céréales.

En se rapprochant encore des côtes turques, les **îles nord-orientales** offrent une nature plus luxuriante. Sur l'île de Samos s'étendent même d'épaisses pinèdes et une garrigue parfumée.

Cap au sud, dernière marche avant la Libye : la **Crète**. C'est la plus grande et la plus peuplée des îles grecques, un véritable grenier, regorgeant de céréales, de fruits, de légumes, de vignes et d'oliviers. Ce qui ne l'empêche pas d'être aussi montagneuse, longue épine rocheuse culminant au mont Ida (2456 m), que l'érosion a creusé de nombreux bassins, cirques et grottes.

Côté ouest, les **îles Ioniennes** s'alignent à quelques encablures des côtes grecques, tout en regardant vers l'Italie. Longtemps occupées par les Vénitiens, elles exhalent un heureux mélange d'influences latines et helléniques. Bien que touchées maintes fois par des séismes, elles se démarquent des îles Égéennes par une population plus importante, une végétation plus généreuse et de meilleures capacités d'accueil.

LA GRÈCE CONTINENTALE

Telle une main à trois doigts, la presqu'île du **Péloponnèse** forme la pointe sud de la Grèce continentale. Territoire de sites antiques fameux (Mycènes, Olympie, Sparte…), le Péloponnèse est très montagneux, prolongé au sud par trois péninsules. La plupart des grandes villes se sont établies à la périphérie, près des terres agricoles et du littoral.

Au sud, le rugueux massif du Taygète s'achève par le promontoire du Magne, décor aride semé de ces étonnants villages de hautes tours. Des villages dépeuplés, parfois abandonnés ; car, en dépit du pittoresque de la région, son relief inhospitalier a bien souvent entraîné l'exode des habitants.

Au nord du Péloponnèse s'ouvre la **Grèce centrale**, prolongée par la péninsule de l'**Attique**. Athènes en est la capitale, rassemblant plus du tiers de la population totale du pays.

Parallèle aux côtes nord de l'Attique se profile l'île d'**Eubée**, séparée du continent par un étroit chenal. Montagneuse, elle dessine une crête longiligne dont le versant oriental, trop escarpé, n'offre aucun port naturel sur l'Égée, à l'exception de Kimi.

Au nord de l'Attique s'étendent les plaines fertiles de la **Béotie**. C'est grâce à leur richesse que la Thèbes antique édifia sa puissance.

En se dirigeant vers l'ouest, la montagne reprend ses droits, marquant le territoire de la **Phocide** et de quelques hauts lieux de

Le village de Galaxidi, dans la région de la Phocide.
M. Mehlig/Mauritius/Photononstop

la mythologie grecque, dont le mont Parnasse (2457 m), qui fut la résidence d'Apollon et des neuf Muses. Ses pentes sont aujourd'hui le domaine privilégié des randonneurs et des skieurs, mais aussi des touristes venus découvrir Delphes, l'illustre sanctuaire dédié à Apollon.

LA GRÈCE DES CONFINS

Les sommets de la Phocide annoncent l'imposante **chaîne du Pinde** qui, du nord au sud, isole l'**Épire**, à l'ouest, du reste du pays. Arrosé par des précipitations largement supérieures à la moyenne nationale, ce massif, qui culmine au mont Smolikas (2637 m), est couvert d'épaisses forêts de conifères qui en rendent l'accès difficile. Ces montagnes boisées ont longtemps servi de barrière naturelle à l'avancée des Ottomans. Aujourd'hui, elles sont encore le refuge de loups, d'ours et de toute une faune sauvage qui peut s'épanouir sereinement dans les deux grands parcs naturels créés au nord de Ioannina.

À l'ouest de cette muraille rocheuse, seules quelques petites plaines, autour du golfe d'Arta (au sud de la région), accueillent des plantations maraîchères et fruitières. Plus au nord, une mince bande côtière remonte jusqu'à la frontière albanaise, conduisant au site de Parga, avec ses criques, son eau bleue et ses plages de sable fin.

DES PLAINES NOURRICIÈRES

À l'est du Pinde s'étend une grande plaine, la **Thessalie**, principale terre agricole de la Grèce, cernée par de hautes montagnes. Irriguées par le fleuve Pinios et ses nombreux affluents, ses terres fertiles sont idéales pour la culture de céréales et l'élevage bovin.

Contrastant avec les alentours, un étrange décor se dresse entre la plaine et le massif du Pinde : tels des pains de sucre plantés là par quelque dieu original, les extravagants pitons rocheux des **Météores**, façonnés par l'érosion, servent de perchoir à plusieurs monastères byzantins, érigés aux 14e et 15e s.

Au nord de la Thessalie, entre l'Olympe et l'Ossa, l'étroit passage des gorges du Tempé débouche sur la **Macédoine**. La montagne s'y fait plus douce, laissant une large place aux vallées alluviales accueillant des champs de coton.

Au sud-est, la grande cité portuaire de **Thessalonique**, deuxième ville de Grèce, garde l'entrée de la **Chalcidique**, large fourchette à trois dents couverte de forêts, qui s'avance dans la mer. Si le sable fin de Sithonia et de Kassandra fait la joie des vacanciers, la péninsule du **mont Athos** est une terre à part, territoire de la plus grande communauté monastique d'Europe, vieille de plus de dix siècles et interdite aux femmes.

Au-delà de Thessalonique, les champs de coton et de tabac de l'est de la Macédoine annoncent les paysages de la **Thrace**. Fragmentées par l'extrémité sud du **massif du Rhodope,** qui s'étend principalement en Bulgarie, les plaines thraces se colorent elles aussi du brun-roux des feuilles de tabac qui sèchent à cheval sur de longues piques de bois. Au contact de la Turquie, dont le fleuve Evros la sépare, la région prend alors des teintes orientales : mosquées, bazars, femmes coiffées d'un foulard… On y entend parler turc dans les rues.

Une terre de soleil

Pour l'essentiel, la Grèce connaît un **climat méditerranéen**, avec

ET L'ENVIRONNEMENT ?
Développement rapide et mal pensé, urbanisation désordonnée et spéculation foncière, coupe incontrôlée du bois sont autant de menaces graves pour l'environnement. Durant les années écoulées on a dénombré une moyenne de 700 incendies par an, ravageant à chaque fois 200 000 m^2. La Grèce a connu les plus graves **incendies** de son histoire en 2007. Bilan : une cinquantaine de morts et plusieurs pyromanes inculpés. Malgré les mesures législatives, l'absence de prévention et la désorganisation de la lutte contre les feux rendent le problème toujours plus aigu.

des hivers doux et pluvieux, et des étés chauds et secs. Des différences importantes distinguent cependant les régions, dues principalement aux variations de latitude et d'altitude. Au nord, en Thrace et en Macédoine, les températures sont plus supportables en été, mais les hivers se révèlent parfois très rigoureux (jusqu'à - 20 °C en Macédoine orientale). Au contraire, l'hiver se fait quasi absent au sud du Péloponnèse, et surtout en Crète, où l'on peut cultiver avocats et bananes.

En automne et en hiver, les îles Ioniennes et les côtes occidentales subissent de fortes pluies, qui se transforment en neige sur les hauteurs, alors que l'est du pays est protégé par la barrière montagneuse du centre. Corfou reçoit ainsi des précipitations annuelles moyennes trois fois supérieures à celles d'Athènes. L'été, la sécheresse provoque de fréquents incendies, attisés par le **meltem**, ce vent qui souffle de mai à septembre sur toute l'Égée.

La flore

Avec plus de **6 000 espèces végétales**, la Grèce présente une flore particulièrement riche. Sur les pentes des montagnes, ainsi que sur les terres arrosées d'Épire, s'étendent des forêts de pins d'Alep, de chênes verts, de sapins de Céphalonie, de châtaigniers et de hêtres. Au-dessous de 800 m, les forêts laissent la place à des maquis aux essences variées : lentisques, caroubiers, cistes, myrtes, bruyères, lauriers-roses ou genévriers.

Dans les régions arides du Sud domine une sorte de garrigue basse appelée *phrygana*.

Omniprésent en Grèce, l'olivier peint les paysages de son gris-vert velouté, caractéristique des pays méditerranéens. Outre les orangers et les citronniers, on trouve encore un peu partout des vignes, cultivées pour le raisin (notamment le fameux raisin de Corinthe) ou pour le vin.

La faune

Sans doute moins riche, la faune grecque révèle néanmoins quelques surprises. Les deltas marécageux et autres étendues d'eau accueillent une grande variété d'oiseaux, tels les pélicans et les cigognes. Sur les hauteurs règnent les rapaces, vautours et le rarissime aigle criard, planant dans les airs avant de fondre sur leurs proies.

Les forêts d'Épire hébergent quelques spécimens d'ours bruns, de lynx, de loups et de chats sauvages. Beaucoup plus nombreux sont les sangliers, tandis que diverses espèces de lézards peuplent les rocailles. En Crète, il est parfois possible de trouver un caméléon caché dans un feuillage.

Traditions et art de vivre

La Grèce, et plus particulièrement les îles, semble plutôt bien résister à l'uniformisation des coutumes et des modes de vie. Si elle apporte autant de dépaysement, c'est parce que les traditions restent vivantes, sans être folkloriques. Fêtes, danses et musiques conservent une saveur très particulière, volontiers teintée de parfums d'Orient. À cela viennent s'ajouter une cuisine ensoleillée, des marchés animés et, partout perceptible, un certain art de vivre : la Grèce est un pays où l'on sait encore prendre son temps et jouir de la vie.

Fêtes traditionnelles

La religion marquant de son empreinte la vie quotidienne, dictant nombre d'usages culturels et sociaux, la plupart des grandes fêtes en Grèce correspondent au calendrier liturgique.

Si une pieuse atmosphère de recueillement, tout orthodoxe, accompagne certaines célébrations, particulièrement dans les îles et les villages, d'autres manifestations unissent le sacré au profane, oscillant entre messe et kermesse, mêlant dévotion profonde et rites païens, derniers feux d'une Antiquité dont on ne saurait gommer l'héritage. Autant d'occasions pour le peuple grec de célébrer la vie et ses saisons, avec une ferveur populaire, souvent haute en couleur.

S'il est une grande fête traditionnelle, c'est bien le **Jour de l'an**, et les Grecs se rendent à l'église, ce jour-là aussi. Le soir du 31 décembre, la maisonnée se réunit autour de la *Vassilopita*, ou **gâteau de St-Basile**, dans laquelle est cachée une médaille d'or ou une pièce de monnaie. Aux douze coups de minuit, le chef de famille découpe solennellement la pâtisserie, selon un rituel très précis : après l'avoir divisée en quatre – suivant le signe de croix –, il fait autant de parts qu'il y a de convives, sans oublier d'en offrir une à Dieu et aux absents, et d'en réserver d'autres pour s'assurer la protection du foyer, s'attirer la fortune, ou encore voir un souhait se réaliser. Une fois les parts distribuées, celui qui trouve la pièce connaîtra bonheur et chance pour la nouvelle année.

LES GRANDES DATES DU CALENDRIER LITURGIQUE

Tous les Grecs, qu'ils soient fervents pratiquants ou sceptiques, respectent les grandes manifestations religieuses. Car, au-delà de leur fondement liturgique, elles revêtent une dimension nationale – l'orthodoxie s'affichant comme l'un des ciments de la nation grecque, libérée de l'islam ottoman –, autour de laquelle tout le peuple se réunit.

Groupe de danse traditionnelle en plein préparatif à Kastraki.
M. Dozier/hemis.fr

En 1923, l'Église a officiellement adopté le **calendrier grégorien**, mais une exception demeure pour la célébration de Pâques, qui respecte toujours le **calendrier julien**, lunaire.

L'**Épiphanie**, le 6 janvier, rappelle le baptême de Jésus dans le Jourdain par une bénédiction des eaux. Après l'office religieux, la tradition veut que le pope lance une croix dans la mer, dans une rivière ou dans un lac, que des jeunes gens s'empressent de repêcher en plongeant.

Les trois semaines qui précèdent le début du carême (période de jeûne avant Pâques) sont une période joyeuse, où adultes et enfants investissent les rues dans leur déguisement de **carnaval**. Cette trêve au milieu de l'hiver est l'occasion pour chaque ville d'organiser ses propres réjouissances comme à Patra, réputée pour ses défilés de chars.

Quarante jours avant Pâques, le **lundi pur** *(Kathari deftera)* marque le début du carême, période de jeûne partiel pendant laquelle plusieurs aliments sont proscrits (principalement la viande et le lait, mais également certains corps gras). Ce lundi-là, d'innombrables cerfs-volants virevoltent dans le ciel.

Pendant la **Semaine sainte**, différentes cérémonies célèbrent la passion et la résurrection du Christ, la plus importante étant le Vendredi saint, avec la procession de l'**épitaphios**, grand drap brodé évoquant le linceul de Jésus, sur lequel il figure entouré d'anges en pleurs ; des fleurs recouvrent le baldaquin qui le protège, annonçant le printemps (dans certains villages, on y accroche aussi les photos des défunts de l'année). Chaque église a son *épitaphios*, porté haut dans les rues de la ville, suivi par la foule des fidèles, un cierge allumé à la main. Les plus spectaculaires *épitaphii* sont ceux d'Athènes, de Corfou ou encore de l'île de Mykonos.

Bien plus que Noël, **Pâques** est la grande fête de l'année, célébrée avec liesse dans toute la Grèce. Au-delà de son caractère religieux, elle exalte aussi le printemps.

La célébration commence dès le matin du Samedi saint, mais l'apogée survient à minuit, quand, après une longue liturgie, le pope sort de l'église, un cierge allumé à la main, pour annoncer : « *Christos anesti !* » (« Christ est ressuscité ! »). La foule l'attend sur le parvis, chacun portant un cierge, prêt à être allumé. Le prêtre fait alors don du feu à l'un des participants et, de proche en proche, une myriade de petites lueurs frissonnantes illumine la place, pendant que les cloches sonnent à toute volée.

De retour à la maison, le **souper de Pâques** attend la famille avec la *mayiritsa* (soupe d'abats d'agneau de lait), appréciée des convives après la longue période du carême. Le repas s'achève avec la distribution des œufs teints en rouge (évocation du sang du Christ), que l'on casse en frappant le sien contre celui de son voisin.

Le lendemain, le père de famille préparera les braises pour griller à la broche l'agneau pascal et le *kokoretsi*, à base d'abats. Tout au long de la journée, parents et amis viendront partager ces mets et trinquer à la joie de la résurrection du Christ. En général, un repas communautaire est également organisé sur la place du village, pour permettre à tous, sans distinction sociale, de fêter Pâques comme il se doit.

Le 15 août, jour de l'**Assomption**, commémore la montée au ciel de la Vierge Marie (*Panagia*, la « toute sainte ») après son dernier sommeil (*Kimissis*, Dormition). Toutes les églises sont en fête et de nombreuses processions se déroulent dans villes et villages, notamment sur l'île de Tinos.

Noël, anniversaire de la naissance du Christ, ne revêt pas du tout en Grèce la même ampleur que dans le reste de l'Europe, la foi orthodoxe attachant avant tout de l'importance au symbole de la Résurrection. La tradition veut que les enfants aillent de maison en maison pour chanter quelques couplets traditionnels *(kalenda)*, en échange d'un peu d'argent.

FÊTES NATIONALES...

Outre les fêtes à caractère religieux, les Grecs célèbrent deux dates historiques, de la plus haute importance pour les patriotes qu'ils sont : le **25 mars**, qui correspond au début de la guerre d'Indépendance, et le **28 octobre** ou jour du « non » *(Ohi)*, en souvenir du refus de l'ultimatum italien de 1940.

Ces deux commémorations diffèrent peu l'une de l'autre. Chaque ville ou village organise sa **parelassi** (défilé), qui rassemble toutes les personnalités locales. Au son de la fanfare paradent militaires, représentants de l'Église

LES PANEGYRI OU LA FÊTE AU QUOTIDIEN

En Grèce, plus encore que les anniversaires, on fête avec ferveur chaque **saint du calendrier**. Ce sont les *panegyri* ; les plus importantes faisant l'objet de manifestations hautes en couleur, comme celle du patron du pays, **saint Georges**, dont une bonne moitié de la population grecque reprend le nom (avec celui de Jean – Ioanis –, de Constantin et d'Hélène). Pour l'occasion, des vendeurs itinérants – souvent des Gitans – et des commerçants se rendent sur les nombreuses foires organisées à travers le pays. Les villageois aiment s'y retrouver pour fureter dans les étalages et faire leurs achats en préparation de l'hiver : quincaillerie, outillage, animaux, chaînes hi-fi, disques, vêtements, linge de maison, jouets, babioles... Les musiciens des alentours en profitent, invitant les habitants à danser.

en costume d'apparat, les notables, les meilleurs élèves et les membres des clubs de sport. Dans son discours teinté de nationalisme, le maire rappelle généralement l'héroïsme du peuple grec, sorti vainqueur de cette page d'histoire, et le drapeau national envahit tous les lieux publics.

En Grèce, où le « joli mois de mai » tient généralement ses promesses de soleil, la **fête du Travail** est aussi celle des **Fleurs**. Le 1er Mai, les citadins vont pique-niquer à la campagne, et, partout, on accroche des couronnes aux portes d'entrée.

… ET RÉGIONALES

L'été s'émaille de **fêtes du vin**, sur le continent comme dans les îles, dates et lieux de réjouissance pouvant varier d'une année à l'autre. Dans une ambiance animée, on peut déguster, à volonté, le petit vin de l'année et danser jusqu'au matin ! Les plus populaires restent celles de **Loubarda** à Agia Marina (vers le cap Sounion), du Pirée et de toute la **Crète**.

Une autre célébration, plus singulière, se déroule le 21 mai en Macédoine et en Thrace. C'est l'**Anastenaria** (d'*anastenazein*, signifiant « gémir »), commémoration d'un fait divers stigmatisé par l'Église : en souvenir du sauvetage, au 13e s., des icônes d'une église en flammes, certains villageois portent des images saintes et dansent pieds nus sur des charbons ardents, dans un concert de gémissements évoquant la panique que provoqua l'incident.

Toujours en Grèce du Nord, certains villages ont instauré l'équivalent d'une **« journée de la Femme »**, le 8 janvier. Pour célébrer cette gynécocratie *(gynaikokratia)* d'un jour, hommes et femmes intervertissent leur rôle, invitant les dames à se rendre tout droit à la terrasse des cafés, tandis que leur cher et tendre reste à la maison pour se consacrer aux tâches ménagères…

LES GRANDES CÉRÉMONIES FAMILIALES

En Grèce, on sait faire la fête et, lors d'un baptême ou d'un mariage, famille et amis se retrouvent dans une humeur des plus joyeuses. Si, au cours de votre voyage, vous arrivez dans un village au moment où l'on célèbre l'un d'eux, n'hésitez pas à vous mêler à l'assistance : vous serez bien accueilli et ces moments de liesse chaleureuse et populaire vous laisseront des souvenirs forts.

Le baptême (vaptisi)

Le sacrement du baptême marque l'entrée du fidèle dans le corps de l'Église. C'est à cette occasion que l'enfant recevra son prénom, choisi par son parrain (*O Nonos*) ou sa marraine (*I Nona*). Le bébé dans leurs bras, ils le dénudent, l'oignent d'huile, avant de remettre l'enfant au pope qui l'immerge ensuite dans l'eau d'une grande cuve, à trois reprises. Une fois séché, l'enfant reçoit des **vêtements blancs** jamais portés, afin qu'il entre dans la vie « nouveau de corps, d'esprit… et de vêtements » –, cette notion particulière de nouveauté étant en effet très importante chez les orthodoxes. Puis il retrouve les bras de son parrain et de sa marraine, qui accomplissent avec lui trois tours autour de l'autel. Enfin, le pope lui coupe une **mèche de cheveux**, première offrande à Dieu de son nouveau fidèle en remerciement de sa consécration.

Le mariage (gamos)

Plus encore que le baptême, le mariage est une cérémonie haute en couleur. Même à l'église, l'animation ne manque pas : chacun étant libre de circuler pendant la liturgie, famille et amis se retrouvent. On se présente, on s'embrasse, on se congratule, et les enfants courent partout en riant! Pour l'occasion, les fidèles peuvent exceptionnellement se rapprocher de l'autel, de l'autre côté de l'iconostase, afin de suivre au plus près l'événement. Placés juste derrière les futurs époux, leurs témoins tiennent chacun au-dessus de leur tête une **couronne de fleurs** *(Stephani)*, symbole de pureté. Ensuite, tous les quatre feront le tour de l'autel, trois fois, sous une pluie de riz et de pétales de fleurs, accompagnés des acclamations de l'assistance qui résonnent soudain dans toute l'église. À la sortie, enfin, les jeunes mariés et leur famille respective recevront les félicitations de tous : *Na zissete* (« Vie à vous »), tandis qu'ils diront aux témoins : *Panda axios* (« Toujours digne »). Rappelons que l'église orthodoxe admet le divorce et accueille les remariages en son sein.

L'enterrement (kidia)

La disparition d'un proche est évidemment un moment important. Dans les villages, la coutume veut que le corps du disparu repose à son domicile jusqu'aux obsèques, afin que chacun – membres de la famille et villageois – puisse venir le saluer une dernière fois. Pour la cérémonie religieuse, le cercueil est déposé au centre de l'église, entouré des proches du défunt qui, dans certaines régions, portent encore le brassard noir du deuil. Le pope évoque la vie de celui-ci et son rappel à Dieu en attendant le jour de la résurrection des corps. Puis le cortège se forme pour accompagner le cercueil jusqu'au cimetière, où il sera mis en terre. Après l'inhumation, tous se retrouvent au *kilikio*, café où la famille offre le réconfort d'un café et d'un cognac, accompagnés de gâteaux à base de blé sucré, censés adoucir la douleur. Quarante jours après, enfin, une messe sera célébrée en mémoire du défunt, le *mnimosyno* (souvenir).

La musique et la danse

Quelques amis, un verre d'ouzo et de la bonne humeur sont les ingrédients de base de toute fête improvisée. Les Grecs manquent rarement une occasion d'écouter de la musique et d'esquisser quelques pas de *syrtaki*, de *balo* (dans les îles) ou de *zeïbekiko*, qui permettent à tous, hommes et femmes, et quel que soit leur âge, de se retrouver.

DE LA MUSIQUE CLASSIQUE À LA MUSIQUE DE CLASSES

On dispose de peu d'informations sur la musique de la Grèce antique, mis à part l'existence d'un art lyrique prestigieux au 5e s. avant notre ère, principalement dans les cités de Delphes ou Athènes. Puis la musique aurait décliné rapidement au profit de la poésie, le pouvoir des mots l'emportant largement sur celui des notes.

DITES-LE AVEC DES FLEURS

Le bouzouki a donné son nom à un type de boîte de nuit où, chaque soir, viennent se produire les artistes en vogue devant un auditoire réunissant toutes les générations et toutes les classes sociales. Même si la culture musicale de ces chanteurs n'a plus grand-chose à voir avec le *rébétiko* des années 1920, l'engouement de l'assemblée est toujours aussi ardent. Cependant, les assiettes que lançait le public pour exprimer sa satisfaction sont désormais remplacées par des fleurs.

Spécialités grecques.
Stockfood/age fotostock

Il faut attendre le milieu du 19e s. pour assister à une renaissance de la musique grecque. Deux tendances fort distinctes se dessinent alors : d'une part, la formation classique, influencée principalement par les œuvres italiennes et, d'autre part, les musiques populaires *(laïki mousiki)* et folkloriques *(dimotiki mousiki)*, bien plus représentatives de la vie et des préoccupations quotidienne.

La musique classique

Elle ne se limite pas aux seuls noms de **Maria Calla**s, qui possède son musée à Athènes, ni à **Dimitri Mitropoulos**, l'un des grands chefs du 20e s.

Compositeur de l'hymne national, **Nikolaos Mantzaros** (1795-1872) apparaît comme le précurseur du courant musical classique, qui se poursuit à la génération suivante avec Manolis Kalomiris – auteur du premier opéra grec *Le Contremaître* (1915) – et Nikos Skalkotas.

Iannis Xenakis (1922-2001) est sans aucun doute le musicien grec le plus novateur du 20e s. Distingué et reconnu par ses pairs bien au-delà des frontières, ce mathématicien et architecte de formation est devenu un éminent compositeur de musique contemporaine stochastique (qui applique au domaine musical le calcul des probabilités et la théorie des événements en chaîne). Citons également **Giorgos Aperghis** (1945), qui a contribué à l'introduction du genre « théâtre musical », sans oublier le célèbre **Vangelis** (1943), compositeur de musique électronique prolifique et auteur de nombreuses musiques de films (*Les Chariots de feu*).

Le « rébétiko » : paroles et musiques populaires

À la fin du 19e s. dans les bas-fonds de Smyrne (actuelle Izmir), d'Istanbul, d'Athènes et du Pirée, une nouvelle tendance musicale se profile : le *rébétiko*. Avec lui, tout un mouvement social et politique prend corps. Souvent comparé au blues, le *rébétiko* s'épanouit dans les années 1920, parmi les Grecs d'Asie Mineure et les paysans venus chercher du travail en ville. Dans ce milieu de laissés-pour-compte, des musiciens organisent des rassemblements clandestins (les *stéki*) pour danser, jouer la musique « des gens d'en bas » *(ipokosmos)* et fumer le narghilé ! Les *rébéti* (chanteurs de *rébétiko*) tirent une certaine fierté de leur anticonformisme. Ils n'en sont pas moins poètes, et leurs textes, souvent argotiques, s'insurgent contre l'injustice et racontent également des histoires de drogue et de femmes aux mœurs légères. C'est une musique authentiquement grecque qui s'impose ainsi grâce à des artistes comme **Vassilis Tsitsanis** (1915-1984). Ce mouvement prend très vite de l'ampleur et, lorsque la notion de nationalisme renaît après guerre, les maisons de disques vont en profiter pour sortir le *rébétiko* de sa clandestinité. Ce sera alors un succès retentissant. Mais que seraient les paroles du *rébétiko* sans le **bouzouki** ? Condamné comme « instrument du diable » par la bourgeoisie, la légende veut que cet instrument soit à l'origine du *baglamas*, son petit frère dont la taille réduite lui permettait d'être caché sous le manteau !

Le renouveau musical grec

Deux artistes contemporains réputés, **Mikis Theodorakis** (1925) et **Manos Hadjidakis** (1925-1994), ont été soucieux de préserver et d'exploiter le patrimoine musical grec. Outre son engagement politique, qui en fait une véritable légende vivante dans son pays, le premier est connu pour ses musiques de films tels que *Zorba le Grec* ou *Z*, qui ont remporté un immense succès. Le second a également œuvré pour le cinéma, et il a composé pour Melina Mercouri et Nana Mouskouri *(Les Enfants du Pirée)*.
Il faut également saluer de très belles voix contemporaines : Giorgos Dalaras, Haris Alexiou ou Elefheria Arvanitaki.

Les musiques folkloriques (dimotiki mousiki)

Chaque ville ou village possède sa fanfare, pompeusement baptisée « orchestre philharmonique ». Ces formations regroupent des musiciens de tous âges, pour la plupart autodidactes, qui se produisent à l'occasion des fêtes.

LES INSTRUMENTS TRADITIONNELS

Baglamas	petit bouzouki (on trouve le même instrument en Amérique latine)
Bouzouki	instrument à long manche, à trois ou quatre paires de cordes
Daouli	cylindre en bois tendu de peaux à chaque extrémité
Défi	tambourin
Floyera	flûte de berger en roseau ou en bois
Gaïda	cornemuse (Grèce continentale)
Laouto	luth à quatre paires de cordes
Lyra	petite viole à trois cordes et archet
Miroloï	longue flûte au son fruste
Outi	luth à manche court
Pipiza	hautbois aigu
Toumbeleki	tambourin
Tsabouna	cornemuse (îles grecques)
Sandouri	cithare à cordes frappées
Zournas	hautbois (souvent accompagné par le daouli)

Les symphonies et les instruments diffèrent d'une région à l'autre, ou même d'une ville à l'autre, mais on retrouve une certaine unité dans l'essence même du morceau. Ainsi, les *cantades* (cantates) des îles Ioniennes évoquent les aventures galantes et les fantaisies villageoises sur des airs de violons et de guitares, assez semblables aux mélodies du sud de l'Italie. En revanche, en Épire, les compositions se montrent plus plaintives, rappelant la douleur d'un peuple exilé, au son des *miroloia* et des *pipiza*.

LES DANSES TRADITIONNELLES

Chaque morceau de *rébétiko* ou de *dimotiki musiki* s'accompagne de figures liées, non à de véritables règles chorégraphiques, mais à une tradition d'harmonie entre le corps, l'esprit et l'expression du visage. Ainsi, une danse interprétée sur tout le territoire pourra montrer des variantes régionales. Parmi les plus répandues : le **hassapiko** (danse des bouchers), qui remonte à l'époque byzantine, lorsqu'il était exécuté par les bouchers de Constantinople pour la fête de leur corporation. Depuis les années 1950, il est mondialement connu dans sa version simplifiée et plus lente, le **syrtaki**, qui doit ses lettres de noblesse au film *Zorba le Grec*.

Le **zeïbekiko** – danse associée au *rébétiko* – vient d'Asie Mineure. À l'origine, il était exécuté par un unique danseur entouré d'un parterre de convives accroupis, qui frappaient dans leurs mains suivant un rythme très précis.

Mentionnons également le **kalamatiano** (danse du mouchoir), la danse des mariages par excellence, et le **tsifteteli**, qui doit son nom au violon à deux cordes qui l'accompagnait autrefois. Cette danse lascive, réservée aux femmes, provient d'anciens rituels de fertilité d'Asie Mineure.

Gastronomie

Reflet d'une vieille terre d'échanges, la cuisine grecque porte en elle les influences des nombreux peuples qui l'ont faite ou traversée. Elle demeure avant tout la **cuisine du soleil**, chargée du parfum de l'olive, de la résine et du miel, mais la créativité nest pas son fort. Les restaurants proposant une cuisine imaginative sont quasiment inexistants et le contenu des menus ne varie guère d'un établissement à l'autre.

LA HORIATIKI OU LA SALADE DU VILLAGE

La « salade grecque », figurant sur tous les menus, est un plat traditionnel aux saveurs authentiques qui mériterait de retrouver sa véritable appellation : **horiatiki** (« la villageoise »). Elle rassemble les ingrédients que l'on trouve dans chaque village grec : tomates mûries au soleil, rondelles de concombre, de poivron cru et d'oignon, le tout recouvert d'une tranche de feta et rehaussé d'origan, de quelques olives, voire de câpres du jardin et d'un filet d'huile d'olive.

LA RONDE DES MEZZES

Au *mezedopoleio* et à l'ouzérie, on sert des *mezedes* – terme d'origine turque qui désigne une infinité de petits plats froids ou chauds, à base de viande, de poisson, de fromage ou de légumes. Cela va du plus simple – quelques olives et une tranche de feta – au plus compliqué, comme des champignons farcis dans une sauce au vin. Les mezzes se dégustent avec du retsina, de la bière, de l'ouzo ou du *tsipouro* (*tsikoudia* en Crète), une eau-de-vie de raisin. Si certaines ouzéries ne proposent que peu de mezzes et ressemblent à s'y méprendre à des *kafénia*, d'autres en affichent de nombreux. Impossible d'en faire la liste, les *mezzedakia* étant sans doute aussi nombreux que les cigales. On retiendra les fleurons du genre, tel le **saganaki**, fromage frit, les succulents beignets de courgettes *(kolokythokeftedes)* et d'aubergines *(melitzanes)* relevés avec de la **skordalia**, une fine purée d'ail et de pommes de terre, mais aussi les **dolmades**, délicats pâtés de viande et de riz enveloppés dans une feuille de vigne ou de chou, à consommer froids ou chauds nappés d'une sauce blanche citronnée.

Les plus affamés pourront satisfaire leur appétit de quelques **keftedes**, boulettes de viande ou de légumes frites. L'île de Santorin a accommodé la recette à son goût avec la **tomatokeftedes**, une boulette de tomate liée dans du fromage fondu.

Les Grecs se révèlent également de grands amateurs de **légumes secs** : haricots blancs *(fassolia ou gigantes)* ou lentilles *(fakes)*, agrémentés de rondelles d'oignon, de persil et d'huile d'olive, en soupe ou en salade.

GRILLADES DE VIANDES...

Pour manger sur le pouce, rien de mieux qu'un **gyros**, un rôti de porc (le plus fréquent), d'agneau ou un poulet en broche verticale, dont on découpe de fines lamelles au fur et à mesure de la cuisson. Vous pouvez aussi opter pour les **souvlakia**, petites brochettes de viande, alignées dans les vitrines de toutes les tavernes. *Gyros* et *souvlakia* se dégustent enveloppés dans une *pita* farcie d'oignons, de tomates et de *tzatziki*, le tout saupoudré de paprika. À moins que vous ne vous laissiez tenter par les traditionnelles **tiropita** et **spanakopita**, savoureux feuilletés fourrés, le premier au fromage, le second aux épinards.

Les tavernes proposent toutes sortes de viandes – agneau, porc, bœuf, volaille, lapin, et même de la chèvre –, cuites au grill ou dorées au four, que l'on accompagne généralement de pommes de terre, très présentes dans la cuisine grecque.

Quelques plats traditionnels, que l'on partage en famille, ont également franchi le seuil des restaurants : qui n'a pas déjà goûté à la **moussaka**, gratin d'aubergines et de viande hachée à la sauce tomate, nappé de béchamel ? Mais connaissez-vous le **kokinisto**, daube très parfumée (les îles de Sifnos et de Tinos, dans les Cyclades, sont réputées pour ces spécialités de viandes, entre autres), ou le **pastichio**, gratin de macaronis et de viande à la sauce tomate, généreusement couvert de béchamel ? Vous les trouverez à la carte de bien des tavernes mais, dans les lieux touristiques,

À LA LAÏKI AGORA, LE MARCHÉ

Lieu de rencontre par excellence de toutes les maîtresses de maison, la *laïki agora* est le marché populaire dont les innombrables échoppes, tels les souks orientaux, mobilisent toute une rue. Un bazar à l'atmosphère joviale, toujours très animé, où se mêlent épiciers, maraîchers, bouchers et poissonniers, ferblantiers, dans un mélange de parfums, de couleurs et de bruits. La *laïki* comprend deux parties : d'un côté, les fruits et les légumes frais et secs, les viandes et le poisson, de l'autre, la quincaillerie – souvent tenues par des Pontii, des Grecs originaires du Pont-Euxin (mer Noire) –, alternant avec des étals de lingerie féminine et de bibelots divers, sans oublier les Africains proposant réveils, montres ou radios.

ils décevront les gourmets car ils regorgent souvent d'huile et ont été généralement réchauffés de trop nombreuses fois.

... ET DE POISSONS

Bordée par 15 000 km de côtes, la Grèce offre un grand choix de poissons et de fruits de mer. Dans les îles et près des ports, les pêcheurs revendent, le plus souvent, directement leur prise aux restaurateurs. Mais les poissons frais, servis au poids, sont très chers : de 35/40 à 70 €/kg ou plus. En dehors des régions de pêche, les produits de la mer sont surgelés (mention obligatoire sur le menu). Si vous optez pour le poisson frais, faites-vous bien préciser le prix de votre assiette à l'avance.

Si vous êtes connaisseur, demandez à choisir le poisson dans les réfrigérateurs de la cuisine ; sinon, faites confiance au chef. Gourmandise entre toutes : les **rougets** *(barbounias)* frits, ainsi que le **mérou** *(rofo)* à la chair si délicate. Goûtez aussi la **sole** *(glossa)*, qui, bien qu'issue généralement d'élevages, se révèle des plus savoureuses, ou encore le **pagre** *(fagri)* et la **dorade** *(sfirida)*. Ne pas oublier non plus les **poulpes** *(octapodia)* que vous verrez pendre aux devantures des tavernes. Les **calamars** *(kalamarakia)* pêchés dans les récifs côtiers, sont délicieux, juste relevés d'un filet d'huile d'olive ou bien cuisinés dans du vin rouge.

DOUCEURS ORIENTALES

Le dessert ne fait pas partie d'un repas grec. Mais il est possible d'en déguster à toute heure de la journée, devant une boisson bien fraîche. Vous ne trouverez pas, en revanche, de spécialités purement grecques : la pâtisserie est la plus évidente illustration des fameux « emprunts » culinaires, et si les recettes ont été sensiblement adaptées, leurs noms trahissent leur origine orientale : *baklava*, *kadaïfi* et *loukoumades* d'Asie Mineure sont tout autant chargés de miel, d'amandes ou de pistaches. Vous serez peut-être plus surpris de reconnaître le millefeuille et les profiteroles chers à la France, ou le *tiramisu* et la *panaccota* d'Italie !

DU PIN ET DU VIN

Dans le fameux *Banquet* de Platon, Socrate consacre une large place aux **vins**. De fait, sous le soleil ou à l'ombre des pins, le parfum du **retsina** prend toute son ampleur. Mais il ne fait pas le bonheur de tous et vous pouvez lui préférer des vins aux saveurs plus classiques. En principe la plupart des restaurants servent du vin en pichet d'un litre, *kilo*, ou demi-litre, *misso kilo*. Ce sont en général des vins de petits producteurs locaux qui n'ont pas encore été gagnés par la mondialisation du goût et peuvent donc surprendre, mais ils sont authentiques et d'une faible teneur en alcool. Leur prix est attractif : de 5 à 7 € le litre.

La Grèce et ses îles comptent aussi une variété de grands vins, rouges ou blancs élaborés selon les méthodes les plus modernes. Ils sont en général assez chers au restaurant : de 20 à 40 € la bouteille de 75 cl.

Parmi les blancs, il faut goûter au **mandinia** d'Arcadie et au **roditis** de l'île de Limnos, très parfumés. Les vins blancs de **Santorin** sont également réputés pour leur arôme particulier, hérité de la terre volcanique de l'île. La Macédoine produit aussi des vins rouges et blancs de qualité. On rencontre de plus en plus de nectars issus des cépages classiques : merlot, cabernet-sauvignon, syrah, pour les rouges, chardonnay pour les blancs. Pour plus d'originalité, il vous faut regarder du côté du Péloponnèse, où les vins de **Nemea**, la plus grande des Appellations d'origine contrôlée grecque, sont issus de l'**agioritiko**. Dans la même région, le **moschofilero** produit des vins blancs secs et parfumés. Dans le nord du pays, le cépage **xinomavro** ne manque pas non plus de caractère. Si vous aimez les vins doux, goûtez aux **muscats** de Santorin, de Samos et de **Patra**, ou aux vins rouges doux des îles, de Crète et de **Patra**, tirés du **mavrodaphni**.

Mais votre voyage en Grèce ne saurait se passer d'un petit verre d'**ouzo**, boisson élaborée à partir d'alcool de canne parfumé à l'anis. On le savoure entre amis à l'ouzérie, bien sûr, accompagné d'un délicieux assortiment de *mezzes*. Vous pouvez aussi déguster, avec modération, un **tsipouro**, eau-de-vie de raisin ou de marc, parfois parfumé à l'anis ou aux herbes, que l'on nomme *tsikouda* en Crète.

LA TAVERNE OU LA TABLE DU SOLEIL

Restaurants du peuple… et des voyageurs, c'est à la taverne *(taverna)* que vous découvrirez la cuisine du pays. On y sert des plats traditionnels simples, mais chaque taverne élabore ses propres spécialités, suivant la région et le savoir-faire du chef. Certaines proposent essentiellement du poisson et des fruits de mer *(psarotaverna)*, tandis que d'autres servent plutôt des viandes grillées *(psistaria)*. Quelques plats font néanmoins l'unanimité et leur succès a même largement dépassé les frontières de la Grèce : quel apéritif ne s'accompagne-t-il pas d'un **tarama** (ou **taramosalata**), purée d'œufs de poissons finement mixés avec de la mie de pain, de l'huile d'olive et du citron, ou d'un **tzatziki**, onctueuse crème au yaourt parfumée d'ail et de lamelles de concombre ? Sans oublier la **melitzanosalata** (ou « caviar d'aubergine »), tendre chair d'aubergine grillée et assaisonnée. Pour la suite, ne manquez pas l'**imam baïldi** (aubergines farcies à l'oignon et à la tomate), les **melitzanes papoutsakia** (aubergines farcies de viande hachée), les **kolokythakia yemistes** (courgettes farcies sauce

AU KAFENEION

Fief imprenable de ces messieurs – moustache taillée et casquette bien assurée –, le *kafeneion* se doit de posséder un poste de télévision, placé en hauteur, sur une étagère pour être vue de tous lors des matchs de foot. Les Grecs d'un certain âge s'y rendent à toute heure, sans but précis, les événements du quotidien et le spectacle de la rue fournissant toujours de quoi alimenter les conversations. Attablé devant un café grec ou un ouzo (toujours accompagné d'un grand verre d'eau), on commente le journal télévisé et le football, on critique la dernière loi adoptée au Parlement, on se passionne pour la Bourse, à moins de palabrer, avec tout autant de sérieux, à propos d'ânes ou de chèvres. Certains jouent aux cartes ou au **tavli** (sorte de jacquet), un jeu de pions traditionnel, hérité des Byzantins ; d'autres restent attablés en terrasse pour regarder les passants… et les passantes. Le temps s'écoule ainsi paisiblement, jusqu'à l'heure du repas où chacun rentre chez soi pour savourer le dîner préparé par l'épouse ou la mère. Avec sa clientèle vieillissante, le kafenion est un élément du paysage urbain qui tend à disparaître. Beaucoup ont fermé pour accueillir d'autres commerces. D'autres se sont transformés en cafés à la déco ultrarecherchée, autant de lieux où les femmes sont les bienvenues.

LACHIO ! LACHIO !

Les Grecs sont joueurs et croient beaucoup en leur bonne fortune. Cet esprit de spéculation a encouragé les jeux de chance et de hasard. En particulier, le « propo » et le « loto » – classique ou sportif –, le « xisto » (billet que l'on gratte pour voir apparaître la somme gagnée), le « lachio » (loterie), ainsi que plusieurs variantes. En ville, chaque quartier a son magasin voué exclusivement à la vente de ces billets et à l'enregistrement officiel des paris et des lotos. On peut aussi les acheter auprès des vendeurs ambulants qui sillonnent les rues en criant : « Lachio ! Lachio ! »

citron) ou le **kouneli stifado** (civet de lapin aux oignons).

Humour et superstition

KARAGIOZIS, LE GUIGNOL GREC

Comme les Indonésiens et les Turcs, les Grecs ont leur **théâtre d'ombres** – jeu de silhouettes découpées dans du cuir peint que l'on manie à l'aide de baguettes derrière une toile éclairée. La comparaison n'a rien de fortuit, puisque le *Wayang kulit* javanais, importé en Égypte par les Arabes, a sans doute inspiré le Karagöz turc à partir du 16e s., puis le Karagiozis grec. Les deux héros, Karagöz et Hacivat, étaient employés comme ouvriers sur le chantier d'une mosquée. Or, les deux compères mettaient peu de cœur à l'ouvrage, préférant passer leur temps à amuser leurs camarades. Pour les punir et faire un exemple, le sultan les fit pendre ; mais les gens de la ville les regrettèrent tellement qu'un certain Seyh Küsteri eut l'idée de fabriquer des marionnettes à leur effigie, qu'il utilisa pour perpétuer leurs histoires. Ainsi naquit ce Guignol à la turque, puis son homologue grec.

La marionnette de Karagiozis est la **caricature du Grec de la rue**. Avec ses gros « yeux noirs » – traduction littérale du terme turc *karagöz* –, sa bosse dans le dos et son bras démesurément long, il est d'une laideur repoussante. Incarnation du Malin, du Rusé, il a le sens de la répartie, le verbe prompt, un art consommé de l'affabulation et de la combine, dont il a parfois bien du mal à se sortir lui-même. Il est facétieux, frondeur, tantôt généreux, tantôt fourbe, mais toujours patriote et surtout constamment affamé. Il a exercé tous les métiers, été de tous les partis, et s'est immiscé dans chaque intrigue amoureuse, politique ou financière. Ses aventures mêlent joyeusement l'Histoire, la vie quotidienne et la mythologie grecque sans se soucier des anachronismes. Les autres protagonistes évoquent les différentes figures de la Grèce de la fin du 19e s. On retrouve l'Athénien vaniteux et bavard sous les traits de **Morphonios** (« le Pédant ») dont la tête énorme figure l'intellectuel. **Hadziavatis**, le Turc, est le double de Karagiozis, son complice et son souffre-douleur. Si le théâtre de Karagiozis tend à s'éteindre, son esprit survit un peu dans chaque Grec qui aime son pays mais déteste l'État, respecte le savoir mais brocarde les savants et qui peut, en toute occasion, se moquer de ce qu'il vénère le plus.

SUPERSTITIONS POPULAIRES

Le mauvais œil

Héritage des siècles d'invasion ottomane, le **mati** (littéralement l'« œil ») frise l'obsession chez les Grecs, qui craignent constamment

de se faire « matiasser » (être victime d'un mauvais sort). Les gens grippés, nauséeux ou enrhumés, notamment, disent souvent avoir été *matiassés*. Aussi pour conjurer le sort se pare-t-on d'un petit œil de verre entouré de bleu turquoise. Accroché aux vêtements et au berceau des bébés, suspendu au cou des enfants et des adultes, il orne également l'intérieur des maisons, des voitures, des magasins ou tout autre lieu de vie. L'œil a la prétention de protéger des esprits perfides qui guettent chacun des Grecs.

Faire des compliments à un enfant est très mal vu, sauf s'ils sont immédiatement suivis d'un **ftoussou** : ce mouvement des lèvres, qui s'accompagne plus ou moins d'une expulsion de salive, indique que les éloges sont sincères et dénués d'un sentiment de jalousie caché. Dans les maternités, des écriteaux interdisent de « ftoussouter » sur les nourrissons, par souci d'hygiène !

Si, malgré ces précautions, une personne est envoûtée, certains initiés prétendent détenir une formule miracle qui, à l'aide d'un verre d'eau et d'une goutte d'huile d'olive, délivrera du mauvais œil – acte de « purification » pouvant même se dérouler par téléphone.

Croix des villes, coq des champs

Dans les campagnes, la construction d'une maison ou de tout autre lieu de vie ou de travail commence

LE KOMBOLOÏ

Un **komboloï** est une sorte de **court chapelet** que chacun égrène à son rythme. Les premières traces de cet objet remontent à la préhistoire, dans les fameuses grottes d'Altamira, en Espagne. Il était constitué d'osselets d'animaux, dont le nombre et la qualité correspondaient au rang hiérarchique de son propriétaire au sein de la tribu. Symbole de pouvoir chez les sages, puis sacralisé au fil des siècles, il connut différentes fonctions. En Grèce, le *komboloï* est dépourvu de toute signification religieuse, fait rare pour le pays. Ces **perles de plastique** (ou de matériau plus précieux comme l'ambre), que l'on fait glisser une à une à longueur de journée, possèdent surtout une grande valeur sentimentale, teintée de sensualité. Ce qui n'empêche pas les habitants de certaines campagnes d'attribuer également au *komboloï* le pouvoir d'éloigner le mauvais sort. Son usage, encore fréquent, est cependant de plus en plus souvent abandonné par les jeunes qui le considèrent comme un symbole de paresse.

Komboloï.
R. Mattes/hemis.fr

parfois par une cérémonie au cours de laquelle on égorge un coq. Sous l'œil attentif de la famille, des amis ou des ouvriers, le pope sacrifie l'animal, avant d'en faire don aux personnes démunies. Dans les villes, on a encore coutume de sceller une croix d'or ou d'argent dans les premières pierres du bâtiment.

Les proskinitiria, oratoires du souvenir

Le long des routes ou des chemins de campagne, vous ne manquerez pas de croiser de minuscules oratoires plantés sur le bas-côté. Ces singuliers édicules rendent gloire au ciel pour un accident qui n'a pas fait de victime ou, au contraire, entretiennent la mémoire d'un défunt. À l'intérieur trône l'icône du saint patron, qu'éclaire une petite lampe – souvent un simple verre rempli d'huile d'olive –, accompagnée de quelques présents et d'un bouquet de fleurs.

Artisanat

S'il n'existe pas de grande tradition artisanale, certains commerçants ont su adapter quelques créations typiquement régionales au goût des étrangers. La plupart des articles estampillés « traditionnels », destinés exclusivement aux touristes, ne proviennent pas forcément d'artisans locaux. Mais les amateurs pourront dénicher quelques objets authentiques dans les bourgades hors des sentiers battus.

LE TRAVAIL DU BOIS

Certaines îles, dont les **Sporades du Nord**, sont réputées pour leurs meubles : lits, buffets, coffres *(kassela)*, banquettes *(nissiotikoi kanapedes)*, vaisseliers *(piatothikia)*, tables et chaises, travaillés dans du bois de châtaignier, d'arbre fruitier, de chêne ou de hêtre, composent un sobre « mobilier des îles ».
Dans le Péloponnèse, la ville de **Vitina** est connue pour ses objets en noyer, en cerisier ou en pin. On trouve des barrettes à cheveux, des saladiers, des planches à pain, des couverts ou encore les très populaires pichets à eau.

LES BIJOUX

Dans les années 1950, **Ilias Lalaounis** innove en créant des pièces d'orfèvrerie inspirées de l'Antiquité. Sous son patronage sont fondés une école et des ateliers pour former les artisans aux techniques séculaires du travail de l'**or**. De merveilleuses pièces démarquées des civilisations minoenne, macédonienne, grecque classique et byzantine sortent encore de ces ateliers.
Dans les quartiers touristiques, les boutiques proposent un large choix de pièces d'orfèvrerie, de bijoux

Vente de tapis artisanaux en Grèce.
R. Harding/age fotostock

et de breloques. Les budgets plus modestes pourront se contenter de jolis bijoux en **argent**, dont la ville de Ioannina s'est fait une spécialité. Dans certaines îles des Cyclades, notamment à Sifnos et à Milos, des artisans réalisent des bijoux originaux en utilisant des pierres volcaniques de couleurs variées.

CUIR ET FOURRURE

On travaille le cuir principalement dans les régions du nord de la Grèce. De nombreux sacs à main, à dos ou de voyage, des sandales ou des ceintures sont proposés à bon prix dans tous les lieux touristiques. Vous serez également étonné par le nombre impressionnant de magasins de fourrure. La peausserie, favorisée aujourd'hui par le tourisme, est surtout une tradition séculaire de Kastoria, en Macédoine occidentale.

TAPIS ET TISSAGES

La plupart des tapis, issus de la tradition ottomane, sont tissés mécaniquement dans les nombreuses usines de la région de Thessalonique.

En revanche, certains tissages de Crète, d'Arahova ou de l'Épire méritent une attention particulière pour les motifs – souvent à rayures –, inchangés depuis plusieurs générations. Jadis, les jeunes filles préparaient leur trousseau en brodant des **kendimata**, étoffes aux motifs colorés représentant des fleurs, des animaux, des paysages ou, plus rarement, des sujets inspirés de la mythologie.
On peut encore dénicher de véritables petits chefs-d'œuvre dans quelques villages du nord de la Grèce.

La religion

Religion officielle de la Grèce, l'orthodoxie rassemble 97 % de la population. L'Église et l'État n'étant pas séparés, le président de la République prête serment sur la Bible. Toute manifestation publique s'accompagne immanquablement de la présence d'un représentant de l'Église, et la mention obligatoire de la confession orthodoxe sur la carte d'identité nationale – cas unique en Europe – n'a été supprimée qu'en 2000. La religion a donc une place majeure dans la conscience nationale et elle est indissociable de l'identité grecque. Il suffit pour s'en convaincre d'assister à l'une des grandes fêtes religieuses qui émaillent le calendrier.

L'orthodoxie, une religion d'État

LE GRAND SCHISME

Unis par leur genèse et leur doctrine – le christianisme –, l'**orthodoxie** et le **catholicisme** divergèrent à partir du 5e s. pour aboutir au plus important **schisme** de l'histoire chrétienne. Cette rupture devint officielle le **16 juillet 1054**, date qui signait la séparation définitive de l'Église d'Occident et de l'Église d'Orient. Byzance, en se proclamant la seule héritière de Rome, devenait le nouveau garant de l'hellénisme. Les principales causes de ce Grand Schisme tiennent, pour schématiser, à deux lectures différentes du mystère trinitaire ou **« filioque »** (en latin, « le fils aussi ») : pour les catholiques, l'Esprit saint procède en effet du Père et du Fils, tandis que pour les orthodoxes, il ne procède que du Père.

La question de **la langue** est fondamentale : fidèles à Rome, les catholiques disent la messe en latin, tandis que les orthodoxes, héritiers de la tradition byzantine, la font en grec, par ailleurs langue dans laquelle furent rédigés certains Évangiles.

Tiraillées entre deux Églises, les cités grecques hésitent entre Orient et Occident. Ballottée par les événements de l'Histoire, la Grèce restera longtemps confortée dans ses convictions religieuses, que les vagues successives d'envahisseurs ne feront que renforcer : ce sera d'abord l'arrivée de l'islam arabe, au 7e s., puis l'intrusion des Latins

VERS UN RAPPROCHEMENT AVEC LA PAPAUTÉ ?

Il aura fallu attendre le 20e s. pour qu'un dialogue s'engage à nouveau entre les Églises catholique et orthodoxe. D'abord à Jérusalem, en 1964, puis en 1967, lorsque le pape Paul VI rencontre le patriarche de Constantinople, Athénagoras Ier. Un pas décisif est franchi en 2001, quand Jean Paul II présente ses excuses pour la mise à sac de Constantinople par les croisés et les Vénitiens le 13 avril 1204. Excuses qui seront finalement acceptées en 2004 par le patriache Bartholomée Ier à l'occasion du 800e anniversaire de la grande trahison des Latins.

et des Mongols musulmans (13e s.), pour entrer ensuite dans quatre siècles d'islam ottoman, à partir du 15e s.

UNE ENCLAVE CHRÉTIENNE EN TERRE MUSULMANE

« Plutôt le turban turc que la mitre latine », aurait lancé le patriarche de Constantinople lorsque le pape proposa son aide face aux armées de Mehmet II (1453). Paradoxe de l'histoire, les Ottomans œuvreront en faveur de la suprématie de l'orthodoxie en Grèce : sous l'égide du patriarcat de Constantinople, ils organisent le territoire conquis en un **milet**, communauté administrée par l'Église orthodoxe grecque, reconnaissant ainsi cette dernière comme religion de leurs sujets grecs. Une habile stratégie du sultan pour saper l'autorité du pape dans le pays, en attendant que les derniers feux de Byzance ne s'éteignent à leur tour.
Ce privilège s'accompagne évidemment de lourds tributs. Ce qui fut d'abord perçu comme une victoire de la pensée hellénique sur l'occupant apparaît peu à peu comme une compromission. Au fil des siècles d'occupation, les orthodoxes vont ainsi se détourner du patriarche de Constantinople, au profit des popes, plus proches du peuple grec et de ses espérances.
La prise de Constantinople par les Ottomans ne fera que consommer la rupture. Le système du milet disparaîtra à la fin du 18e s., époque à laquelle la bourgeoisie grecque s'affranchit de l'égide politique du patriarcat, ne lui concédant plus qu'un rôle œcuménique.
Aujourd'hui, le Dodécanèse, la Macédoine, la Thrace et la Crète, qui rejoignirent tardivement la Grèce, ainsi que le mont Athos, dépendent encore – en théorie du moins – directement du Patriarcat œcuménique de Constantinople.

L'ÉGLISE : DE L'INDÉPENDANCE À AUJOURD'HUI

Si le clergé populaire joua un rôle actif contre l'occupant ottoman au début du 19e s., il n'en fut pas toujours de même avec la hiérarchie orthodoxe, qui tira de larges avantages du rôle de collecteur d'impôt que lui avait confié l'administration ottomane. Durant la Seconde Guerre mondiale, l'Église fut globalement du côté de la Résistance et s'opposa, surtout à Athènes et dans l'île de Zante, aux déportations de Juifs. En revanche, durant l'époque de la dictature des colonels, les éléments les plus conservateurs de l'église orthodoxe apportèrent un soutien actif au régime.

LE MONT ATHOS, SANCTUAIRE DE LA FOI

Bastion spirituel et intellectuel de l'orthodoxie la plus pure, la communauté du mont Athos est restée depuis le 10e s. le fief clos d'ermites et de moines vivant dans la tradition d'une rigoureuse discipline introduite par saint Athanase l'Athonite. Si des pèlerins peuvent pénétrer entre les murs de ces monastères, vous n'y verrez aucune femme, la règle athonite proscrivant toute forme de présence « femelle » – animale ou humaine – sur le territoire. Depuis 1926, le mont Athos bénéficie d'un statut administratif autonome, placé à la fois sous la juridiction canonique du patriarche de Constantinople et sous le protectorat politique du gouvernement grec. Près de 15 000 au 16e s., les moines du mont Athos seraient aujourd'hui environ 2 000 et les monastères désertés, de véritables chefs-d'œuvre en péril.

Fresque de Théophane le Crétois dans le monastère Agios Nikolaos Anapafsas, Météores.
S. Lemaire/hemis.fr

L'Église orthodoxe d'aujourd'hui se veut moins une institution que l'expression d'une Église « une et sainte », présente dans le moindre petit village du pays, proche du peuple. Cette option se manifeste par diverses initiatives médiatiques. Aussi n'était-il pas rare de voir le patriarche d'Athènes Christodoulos, mort en 2008, faire des apparitions télévisées, commenter l'actualité, et même s'opposer violemment à la politique menée par le Pasok. L'Église orthodoxe, puissance économique de premier plan et plus important propriétaire foncier du pays, profite d'importantes exonérations fiscales. Le patriarche d'Athènes Iéronymos s'est dit prêt à engager des discussions sur une éventuelle imposition des biens et des revenus de l'Église.

L'HÉRITIÈRE DE L'ÉGLISE BYZANTINE

C'est l'Église de **rite byzantin** qui s'est elle-même attribué l'épithète d'orthodoxe, c'est-à-dire de « doctrine conforme ». Elle représente la foi de l'Église ancienne, des Pères de l'Église primitive, et elle se considère comme l'héritière fidèle des écrits des apôtres. Si l'Église orthodoxe reconnaît le pape, elle ne voit cependant pas en lui le successeur de saint Pierre, mais simplement un évêque.

Ossature administrative de l'Église orthodoxe, le **saint-synode** répond à une règle confédérale à trois niveaux : le patriarcat œcuménique, les archidiocèses et diocèses, et enfin les communautés paroissiales.

Bien qu'étant des entités autonomes, les **patriarcats** reconnaissent tous la primauté de celui de **Constantinople**, le primat d'honneur ; les grands patriarcats historiques étant ceux de Rome, d'Antioche, de Jérusalem, d'Alep et d'Alexandrie.

L'Église orthodoxe de Grèce, elle, est indépendante : depuis 1835, c'est une **église autocéphale**, constituée de sa propre autorité, en rupture avec le patriarcat de Constantinople. À la différence des catholiques, elle admet l'ordination d'hommes déjà

UNE ICÔNE SACRÉE

Après la crise iconoclaste qui détruisit des milliers d'images sacrées, c'est l'impératrice Théodora qui, le 11 mars 843, réhabilita les icônes et leur rôle dans les églises byzantines. Depuis cette date, elle est célébrée chaque année dans toutes les paroisses orthodoxes de Grèce. L'icône de la Vierge Marie de l'île de Tinos attire des milliers de pèlerins, en particulier le jour de l'Assomption. Selon la tradition, l'œuvre serait due à saint Luc lui-même. Elle posséderait également des vertus miraculeuses, comme tendent à le prouver les innombrables béquilles qui s'accumulent près des ex-voto.

mariés qui n'occuperont pas une fonction élevée. Mais un prêtre célibataire ne peut pas se marier. Les futurs **popes** ont ainsi toute liberté de fonder une famille et de fréquenter les mêmes lieux que les autres citoyens. Ne soyez donc pas surpris de croiser l'un de ces honorables représentants de la foi – longue *rasa* noire et barbe épaisse sous l'éternel *kalimavci* (toque) – déambulant avec ses enfants ou attablé au *kafeneion*, un téléphone portable à l'oreille!

LES ICÔNES OU LES IMAGES DU ROYAUME DE DIEU

Autre distinction entre catholiques et orthodoxes, l'importance donnée à l'**image** (icône), évocatrice du royaume divin, et la présence dans le vocabulaire liturgique d'un certain mysticisme. Dans les églises, une haute cloison chargée d'icônes, l'**iconostase**, sépare la nef du sanctuaire, isolant l'officiant des fidèles pendant la consécration. L'atmosphère s'en ressent, où le sacré participe du mystère. Le terme de **mystère** s'applique d'ailleurs chez les orthodoxes à ce que les catholiques appellent plus communément les sacrements. Dans la religion orthodoxe, les images des saints revêtent un rôle très particulier. Cependant, au contraire de ce que pensaient les iconoclastes des 7e-8e s., ces icônes ne sont pas en soi des objets de culte mais des images symboliques, étrangères à tout réalisme, répondant à des conventions établies depuis les origines. Chaque personnage se reconnaît ainsi à ses attributs, aux couleurs de ses vêtements, etc., créant un véritable langage visuel qui permet à chacun, lettré ou non, d'identifier le saint auquel il confie sa prière.

Les minorités religieuses

En Grèce, les minorités religieuses sont rassemblées sous le haut patronage de l'Église orthodoxe. Ainsi, pour la rénovation ou la construction d'une église catholique, d'une mosquée ou d'une synagogue, elles doivent obtenir l'autorisation de l'évêque dont elles dépendent.

LES CATHOLIQUES

Les catholiques grecs représentent environ 50 000 individus (0,5 % de la population), lointains descendants d'une présence vénitienne dans les îles remontant parfois jusqu'aux Croisades. Ce chiffre assez modeste n'empêche pas l'Église orthodoxe de montrer une résistance plutôt sévère à l'égard de cette communauté, dont les membres peuvent avoir du mal à accéder à de hautes fonctions administratives. Si les archevêchés de Corfou, de Thessalonique et de Tinos sont officiellement reconnus par l'État grec, ce n'est en revanche toujours pas le cas de celui d'Athènes, fondé en 1880, soit soixante ans après

l'Indépendance.
On retrouve la même distance dans les affaires civiles : le mariage entre catholiques est reconnu par l'État grec, mais les choses se compliquent dès lors que les conjoints ne partagent pas la même confession. Dans un mariage mixte, les catholiques reconnaissent le sacrement célébré selon le rite orthodoxe mais la réciproque n'existe pas. D'autre part, afin d'éviter des discordances entre fidèles d'obédience différente pendant les périodes de carême ou les festivités, les catholiques fêtent Pâques suivant la date du calendrier julien, comme le font les orthodoxes.

LES MUSULMANS

Ils seraient environ 530 000 (4,7 % de la population). Les musulmans grecs portent en eux le dramatique **exode** des années 1913-1923 : l'effacement de toute trace de la domination ottomane sur le territoire. Si quelques mosquées ont été conservées, la quasi-totalité des cimetières musulmans a été détruite. Dernier bastion de l'islam dans le pays, la **Thrace** accueille aujourd'hui 150 000 musulmans dénommés « Turcs » alors que ce sont en général des Tziganes, des Grecs islamisés ou, comme la minorité pomaque, des Slaves musulmans.
En vertu du **traité de Lausanne** (1923), la minorité musulmane de Thrace a acquis un statut particulier au sein de l'État grec. Elle est représentée au Parlement par deux membres élus par la communauté musulmane, qui garantissent des droits comme la reconnaissance nationale des établissements scolaires à vocation coranique (médersa), l'enseignement officiel du turc et l'intégration d'étudiants musulmans dans les universités grecques. Partagée en trois préfectures, la Thrace est gérée par un **mufti**, élu chargé des affaires religieuses et de l'administration du clergé islamique de la région.

LES JUIFS

La Grèce a connu plusieurs vagues d'immigration juive, la plus ancienne remontant à la Haute Antiquité, quand des marchands quittèrent la Palestine, vers 400 av. J.-C., pour établir des comptoirs commerciaux autour de la péninsule. Parlant le grec, ils n'eurent aucune difficulté à se mêler aux populations locales, qui leur donneront plus tard le nom de **romaniotes**, c'est-à-dire de juifs d'origine gréco-romaine.
En 1492, une importante communauté **juive séfarade** s'exila en Grèce, chassée d'Espagne et du Portugal par l'Inquisition, suivie, cinq ans plus tard, par les juifs du Portugal, puis d'Europe centrale et d'Italie du Sud. La communauté apporte ainsi un savoir-faire et une culture que l'occupant ottoman saura vite utiliser, voyant là un instrument providentiel pour réduire l'opposition chrétienne. Aussi, les Ottomans accorderont-ils nombre de privilèges aux juifs séfarades (les romaniotes étant considérés comme moins éduqués, plus rustres), favorisant leur épanouissement dans le pays. Surnommée la **Jérusalem des Balkans**, Thessalonique deviendra ainsi un des grands foyers du judaïsme en Europe avec une population majoritairement juive jusqu'en 1913. La déportation massive organisée par les nazis durant la Seconde Guerre mondiale, cependant, devait anéantir cette dernière de la façon la plus tragique. De 80 000 individus, la communauté juive, surtout présente à Thessalonique et à Corfou, comporte de nos jours à peine 6 000 membres.

Arts et culture

À l'évocation de la Grèce, on pense immédiatement à la profusion créatrice de l'Antiquité. Des vestiges de temples, de stades, de théâtres et d'acropoles parsèment le paysage, tandis que les musées conservent pléthore de sculptures et de céramiques. Les témoignages laissés par les Byzantins, les Vénitiens ou les Ottomans pâtissent, il est vrai, de la comparaison, même s'ils sont loin d'être mineurs. Quant à la culture grecque née après l'indépendance de 1830, elle demeure encore méconnue hors des frontières. Le pays a pourtant laissé plusieurs prix Nobel et fait preuve aujourd'hui d'une grande richesse dans tous les domaines culturels, qu'il s'agisse de littérature, de cinéma ou d'arts plastiques.

Art et architecture

En matière d'art, la Grèce recèle un patrimoine inestimable, qui a servi d'inspiration au mouvement de la Renaissance en Europe et, beaucoup plus tard, au néoclassicisme. L'art de la Grèce antique fascinait déjà les Romains, mais il tient une place étonnante jusque dans les plus lointaines capitales du monde, inspirant églises, palais et capitoles en tout genre. On ne saurait cependant parler d'art grec sans évoquer les civilisations byzantine, latine et ottomane, qui ont largement marqué le pays.

Voir le lexique p. 534 et les planches d'architecture p. 526-527 et p. 531.

L'ÂGE DU BRONZE, OU L'ART DES PREMIERS PALAIS

Dès l'âge du bronze, les deux grandes civilisations minoenne et mycénienne montrèrent un art évolué de l'architecture et des traits artistiques originaux.

L'art crétois

Véritables cités dotées d'une organisation fort complexe, les palais crétois regroupaient lieux de culte et de vie privée ou sociale. Distribués autour d'une vaste cour centrale – prélude à l'Agora grecque ? – ils se répartissaient sur plusieurs niveaux (jusqu'à cinq étages à Knossos), desservis par de multiples passages et escaliers qui donnèrent corps à la légende du labyrinthe.

De larges **fresques** au naturalisme puissant décoraient les murs, le tout rehaussé des couleurs les plus chatoyantes. Au fil du temps, la peinture minoenne s'attacha surtout à la représentation humaine, telle la charmante Parisienne, conservée au musée d'Héraklion. Ce goût pour le réalisme conduisit les artistes vers le **relief peint**, fresques rehaussées par un léger relief en stuc, qui donnait plus de vie aux sujets.

Mais c'est dans les arts mineurs de l'**orfèvrerie** que les Crétois excellèrent. Il suffit pour s'en convaincre d'admirer les bijoux, figurines et objets de la vie quotidienne mis au jour dans la nécropole royale de Malia.

Sans oublier la **céramique**, sur laquelle, après une première époque au décor serré de motifs géométriques, danse librement tout un monde de créatures marines : poulpes, algues et poissons ondulant en lignes rouges sur l'ocre de la terre cuite.

Les cités mycéniennes : l'œuvre des Cyclopes

Les Mycéniens brillent davantage dans l'art de la **fortification** ; ce qui trahit un tempérament plus belliqueux. À la différence des Crétois, ils établissent en effet leurs cités en hauteur, qu'ils protègent de puissants remparts, appareillage d'énormes blocs de pierre – pesant pour certains plusieurs tonnes. Le plus bel exemple de ces ouvrages colossaux nous est donné par la cité de Tirynthe, en Argolide.

Mais ce caractère guerrier n'empêcha pas les Mycéniens de développer un art des plus raffinés, notamment dans l'**orfèvrerie**, comme en témoigne le fabuleux trésor dormant dans les 19 tombes royales découvertes en 1876 à **Mycènes** : parmi les trouvailles, des masques en or, plaques d'or ouvragées, diadèmes, bracelets, bagues, sceptres d'argent doré aux poignées en cristal de roche, poignards damasquinés, entre autres… Une richesse extraordinaire qui devait alors trancher singulièrement avec l'extrême carence qui suivit la disparition de la civilisation mycénienne.

L'ARCHITECTURE ANTIQUE

Au sortir des Siècles obscurs (1100-800 av. J.C.), la civilisation mycénienne est tombée dans l'oubli. Émerge alors peu à peu une nouvelle société, centrée sur l'appartenance de chaque homme à une **cité**. Le poids de cette communauté va expliquer le peu d'intérêt de l'architecture grecque pour l'habitat particulier au profit des édifices publics. Mais à l'époque archaïque, l'**agora** – la place publique – n'est encore qu'une vaste esplanade dépourvue de tout bâtiment ; les premiers éléments de l'architecture urbaine, les **temples**, n'apparaîtront que dans la deuxième moitié du 8e s. av. J.-C. Jusqu'au 6e s., en effet, le sanctuaire consacré aux dieux différait peu dans son architecture de la demeure des hommes. Une maquette en argile du temple d'Héra à Argos (Péloponnèse) en montre bien les principales caractéristiques : une grande salle rectangulaire *(megaron)* couverte d'un toit à double pente, en avant duquel se trouve un petit porche soutenu par deux colonnes. Les matériaux utilisés – argile, bois et moellons – limitaient encore les innovations.

La monumentalité

Un premier mouvement vers une architecture monumentale apparaît

ART DES CYCLADES, ART DES IDOLES

La brillante civilisation, qui s'épanouit à la fin du 3e millénaire dans les Cyclades, a laissé de nombreux témoignages artistiques : **céramiques** peintes et gravées, **bijoux**, **armes ouvragées**, mais surtout d'étonnantes **statuettes de marbre**, ces fameuses idoles dont la fonction reste encore énigmatique. Elles représentent, pour la plupart, des femmes, les bras croisés sur leur corps nu, surmonté d'une tête ovale, plate et parfaitement lisse, où seul un nez marqué fait saillie. Certaines statuettes, plus rares, figurent des musiciens, joueurs de flûte ou harpistes assis en tailleur. La perfection des proportions, la hardiesse des courbes et un sens aigu de la stylisation, d'une étonnante modernité, en font des œuvres remarquables, qui ont influencé nombre d'artistes du 20e s., à commencer par les cubistes.

dans le temple d'Héra à Samos, au tournant des 8e et 7e s., lorsque la salle consacrée à la divinité *(cella)* s'entoure d'une galerie soutenue par des piliers en bois, le péristyle. Cette fois, la demeure des dieux se distingue nettement de celle des hommes. Mais ce n'est qu'avec la taille de la pierre, surtout du marbre, que les Grecs vont pouvoir donner libre cours à leur génie créateur. Au 6e s. apparaissent ainsi les premières constructions monumentales.

Deux styles s'opposent d'emblée : en Grèce continentale, le **style dorique**, d'inspiration géométrique, obéit à des lois de rigueur et de sobriété, matérialisées par des colonnes sans base et un chapiteau sans décor sculpté. En Asie Mineure, le **style ionique**, plus décoratif et d'allure plus légère, autorise davantage de liberté aux architectes. Au contraire du dorique, ses colonnes reposent sur une base moulurée et le chapiteau s'orne de deux volutes.

Le premier temple en pierre qui nous soit parvenu est le **sanctuaire d'Artémis** à Corfou, érigé vers 580 av. J.-C. La voie est ouverte : à sa suite, les ouvrages vont se faire de plus en plus imposants. Le **temple d'Artémis** à Éphèse – l'une des Sept Merveilles du monde antique – atteindra 50 m de large sur 100 m de long, tout comme le **temple « G »** de Sélinonte. Mais ces entreprises titanesques atteignent vite les limites du possible, et elles sont très onéreuses. Ainsi en est-il du gigantesque **temple de Zeus olympien** à Athènes : commencé par les **Pisistrates**, poursuivi par leurs successeurs, il ne sera achevé que six siècles plus tard par l'empereur romain Hadrien.

Le siècle de Périclès ou l'âge d'or

Avec l'association du sculpteur Phidias et de l'architecte Ictinos pour la construction du **Parthénon** à Athènes (447-432 av. J.-C.), une nouvelle étape est franchie : le temple ne se démarque plus par son gigantisme, mais par la perfection de ses proportions, l'élargissement de la *cella* grâce à la réduction des galeries latérales, et le raffinement du décor.

Au début du 4e s. av. J.-C., dans le **temple d'Athéna Aléa** à Tégée (au sud d'Argos), **Scopas**, architecte et sculpteur, accentue cette tendance à l'embellissement des espaces intérieurs en supprimant les colonnes latérales et en imposant l'**ordre corinthien**, plus décoratif encore avec ses feuilles d'acanthe recourbées en volutes sur le chapiteau.

Mais c'est sans doute dans la décoration des **trésors** que s'exprime toute l'étendue du talent des artistes grecs. Ces petits édifices religieux jalonnaient les voies

Colossales colonnes corinthiennes, Olympion d'Athènes (5e s. av. J.-C).
Image Source/Photononstop

sacrées des grands sanctuaires panhelléniques – **Olympie**, **Délos** et, plus encore, **Delphes**. Bâtis par une cité victorieuse ou une famille reconnaissante, ils servaient de dépôt pour les offrandes. Bénéficiant d'une plus grande liberté que pour les temples, les artistes les parèrent de somptueux décors : moulures, peintures, frises sculptées, caryatides, donnant libre cours à leur imagination.

L'esprit de l'hellénisme

À partir du 4e s. av. J.-C., des changements vont profondément marquer l'architecture grecque. Au 5e s. déjà, Hippodamos de Milet proposait de remodeler totalement l'**urbanisme grec**, en appliquant à la cité un plan orthogonal, quadrillage régulier de rues distinguant les zones d'activité et d'habitation. Appliqué dans un premier temps à Milet (Asie Mineure) et au Pirée, le **plan hippodamien** se propagea ensuite tardivement par le biais des conquêtes d'Alexandre le Grand et des créations urbaines qui les accompagnaient. Parmi les grandes nouveautés architecturales de l'époque apparaissent la multiplication des remparts autour des villes, celle des **portiques** *(stoa)* autour des sanctuaires et des agoras – agréables galeries ombragées à colonnades abritant boutiques et bureaux –, mais aussi l'émergence et le rapide succès du **théâtre** *(voir encadré p. 531)*.

C'est une véritable révolution dans les mentalités qui s'opère à partir de la période hellénistique. Le centre de l'hellénisme se déplace hors de Grèce, et les rivalités entre les royaumes grecs indépendants s'expriment alors aussi bien dans le domaine politique que dans une architecture fastueuse. Les plus grands artistes se mettent au service des riches souverains d'Asie Mineure, de Syrie ou d'Égypte où ils développent un art monumental qui s'enrichit des techniques orientales.

Mais cette évolution des mœurs ne s'arrête pas aux seuls souverains. Elle pénètre dans la demeure du particulier, jusque-là volontairement austère. L'affaiblissement du sens civique et la montée de l'individualisme, au 4e s., correspondent au désir nouveau d'afficher sa réussite personnelle, à commencer par l'embellissement de son habitation. Les quartiers des affaires et des hauts fonctionnaires vont dès lors exhiber de vastes résidences au luxueux décor.

LA SCULPTURE ANTIQUE

Au 7e s. av. J.-C. apparaît la grande sculpture grecque, inspirée des modèles égyptiens, avec l'un des thèmes favoris de la **statuaire**

L'ARCHITECTURE ANTIQUE

LE TEMPLE

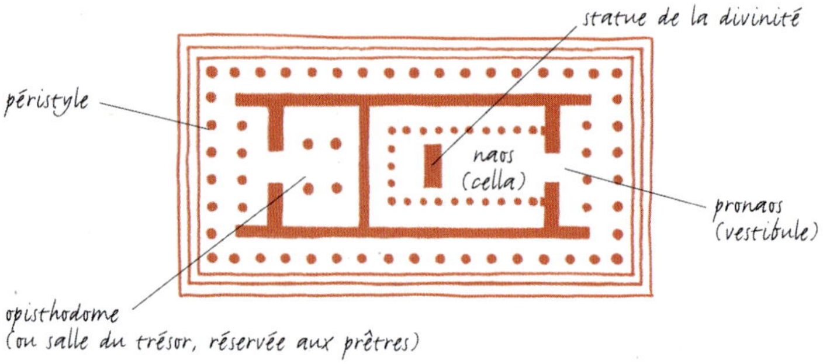

LES TROIS ORDRES CLASSIQUES

H. Choimet/MICHELIN

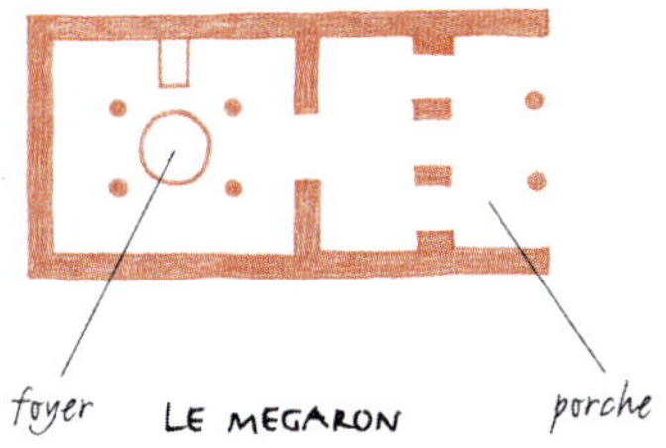
foyer
LE MEGARON
porche

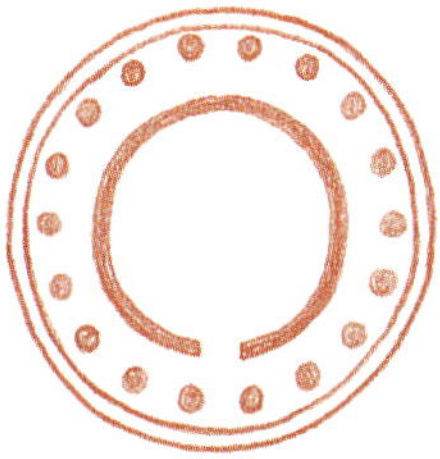
LA THOLOS
(bâtiment circulaire)

Le théâtre

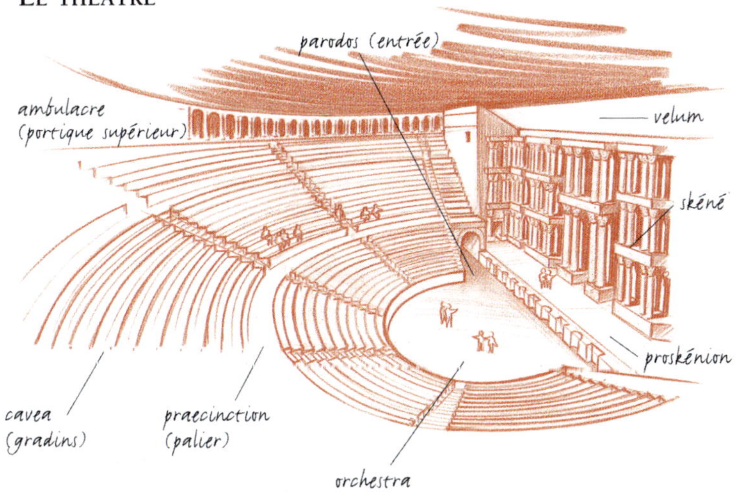
parodos (entrée)
ambulacre
(portique supérieur)
velum
skéné
proskénion
cavea
(gradins)
praecinction
(palier)
orchestra

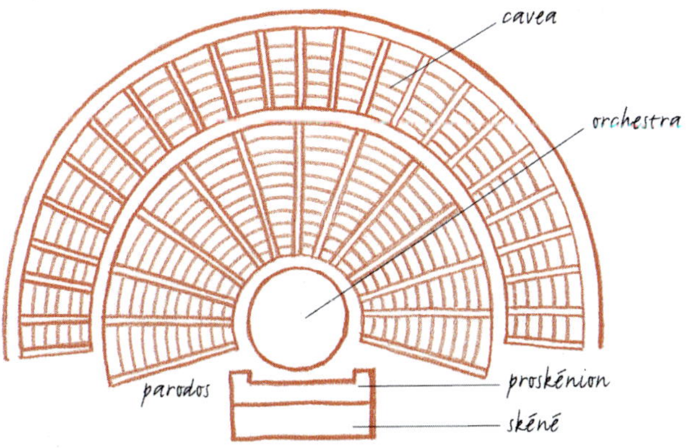
cavea
orchestra
parodos
proskénion
skéné

RELIGION ET PRESTIGE

La grande vague de constructions de temples qui marque le 6e s. ne peut s'expliquer que par les seuls progrès techniques, ou par une ferveur religieuse nouvelle. À cette époque, les tyrans au pouvoir ont orienté l'esprit de compétition *(agon)* qui anime les Grecs en une sorte de rivalité architecturale. C'est en effet sous la tyrannie que les villes grecques se sont embellies, offrant de façon ostentatoire le spectacle de leur puissance et de leur richesse, apportant aussi la gloire à leur commanditaire. Les aristocrates l'ont bien compris, et ont poursuivi ce prestigieux mécénat public. Lorsqu'un incendie ravagera le célèbre temple d'Apollon à Delphes, c'est la famille des Alcméonides, exilée d'Athènes, qui obtiendra le droit de le reconstruire. Et, afin que tous s'en souviennent, ils ajouteront un fronton dans le marbre le plus noble : celui de Paros.

archaïque : le kouros et la kore, répondant à une fonction religieuse. Ils prennent place dans un sanctuaire, en offrande à la divinité, et on les retrouve sur les tombes en souvenir de la personne défunte. À ce titre, ils obéissent à de strictes conventions de représentation. De marbre, de calcaire *(poros)* ou de bronze, le **kouros** représente un jeune homme nu, debout, le pied gauche avancé, les bras allongés et soudés le long du corps, les poings serrés. Dans la seconde moitié du 7e s., les kouroï atteindront des dimensions colossales, avant de revenir à une échelle plus humaine au 6e s. Son équivalent féminin, la **kore**, figure une jeune fille debout, les pieds joints, un bras le long du corps, l'autre replié sur la poitrine. Plus prisonnière encore de la pierre, la silhouette évoque davantage une colonne qu'un corps humain, l'anatomie n'étant suggérée que par le mouvement du drapé du vêtement de cérémonie.

L'âge classique, ou la libération du corps

Après une période de transition, dite « sévère », illustrée par le merveilleux Aurige de Delphes, l'époque classique se libère peu à peu de la rigidité du modèle du kouros. Au 5e s. – **premier âge classique** –, Athènes exerce une suprématie absolue sur le monde grec, attirant à elle la plupart des grands artistes. Parmi eux, **Phidias** donne aux corps qu'il façonne une souplesse, un mouvement et une majesté jusque-là inconnus. Auteur de la statue chryséléphantine (d'or et d'ivoire) de Zeus olympien, aujourd'hui disparue mais considérée de son temps comme l'une des Sept Merveilles du monde, c'est à lui également que l'on doit les décors du Parthénon, dont l'admirable **frise des Panathénées**.

À Argos brille un autre sculpteur de génie, **Polyclète**. Celui-ci crée un **canon de proportions** selon lequel la hauteur totale du corps doit être égale à sept fois celle de la tête. Mais de ses œuvres ne subsistent que des copies romaines, dont le célèbre Doryphore en bronze, figurant un homme nu portant une lance.

Au **second âge classique** (4e s.), l'Athénien **Praxitèle** s'écarte du style hiératique de la période précédente pour donner plus de naturel et de grâce aux attitudes : il n'hésite pas à sculpter des corps féminins nus et sensuels ni à adopter des poses alanguies pour ses sujets masculins.

Scopas de Paros, lui, donne à ses personnages une nature plus expressive et tourmentée, imposant un art réaliste, qui remporte un vif succès à la **période hellénistique**.

Dans la lignée, **Lysippe de Sicyone** réalisera de nombreux portraits de son protecteur Alexandre le Grand, ainsi que des statues de bronze révélant des lignes plus élancées que celles de Polyclète. L'artiste crée en effet un nouveau canon suivant lequel le corps équivaut à huit fois la hauteur de la tête. Son élève, **Charès de Lindos**, adoptera ce modèle pour sa gigantesque statue en bronze d'Hélios (le Soleil), le fameux Colosse de Rhodes, de plus de 30 m de haut, classé lui aussi parmi les Sept Merveilles du monde, mais qui ne résistera pas au tremblement de terre de 227 av. J.-C.

LES VASES GRECS : MÉMOIRE DE LA PEINTURE

Des vives couleurs qui rehaussaient l'architecture des grands monuments de la Grèce antique, tout ou presque a disparu, effacé par le temps. Restent cependant les ravissants décors des céramiques, seul témoignage de l'évolution de la peinture en tant qu'art autonome. Encore une fois, les Siècles obscurs ont fait table rase de la civilisation mycénienne et, au 9e s. av. J.-C., la décoration des vases se réduisait encore à de simples bandes de **dessins géométriques** autour de la panse. Hommes et animaux apparaissent cependant dès le siècle suivant, quoique encore très schématisés : un cercle symbolise la tête de l'homme et un triangle son corps. C'est en Attique, et surtout à Athènes, que va se concentrer l'essentiel de la production des céramiques géométriques, dont les plus célèbres sont les amphores funéraires du Maître du Dipylon.

Figures noires…

Dans la seconde moitié du 8e s., la multiplication des contacts avec le Proche-Orient entraîne de profonds bouleversements. Corinthe devient le centre d'une production florissante d'**inspiration orientale**. Les motifs géométriques laissent ainsi la place à des palmes, des rosettes, des fleurs de lotus, ainsi qu'à des lions, des panthères ou des sphinx. La technique à figures noires permet en outre de donner beaucoup plus d'expression et de réalisme aux corps dessinés : les figures sont peintes en noir sur le fond ocre rouge de la terre cuite, puis les détails sont rendus par des incisions effectuées à la pointe ; des traits blancs ou rouges, enfin,

LE THÉÂTRE ORIGINEL

Destiné aux cérémonies du culte de Dionysos, le **théâtre grec** *(theatro* est l'endroit « où l'on regarde ») consistait à l'origine en une simple **esplanade de terre battue**, entourée de gradins de bois. Au centre de cette aire, trônait l'autel consacré à la divinité, autour duquel évoluait le chœur. Très vite, cependant, le théâtre déborda le strict cadre religieux et se doubla d'un concours littéraire : la tragédie. Il connut alors un rapide succès, dès le 5e s. av. J.-C., mais ce n'est qu'au siècle suivant qu'apparurent les premiers ouvrages en pierre, dont le célèbre **théâtre d'Épidaure**, un modèle du genre. Désormais, les **gradins** dessinent une **conque semi-circulaire** *(cavea)* à flanc de colline, tandis que dans l'orchestra, l'autel est déplacé pour ne pas gêner le chœur. Au fil de l'évolution de la dramaturgie, celui-ci répondra à des acteurs. La scène, simple structure en bois (plus tard en pierre) qui tient lieu de coulisses et de décor, se verra alors précédée d'un *proskénion*, une étroite estrade avancée. Celui-ci disparaîtra au profit d'une *skéné*, plus large, qui gagnera en profondeur pour devenir le **vaste plateau** dont a hérité le théâtre moderne.

soulignent les contours des corps. Le célèbre vase Chigi, exécuté vers 650, offre un exemple incomparable des possibilités offertes par cette technique : distribuées en plusieurs frises, apparaissent diverses scènes de la vie antique et de la mythologie.

... et figures rouges

Au 6e s., l'Attique s'affirme à son tour comme le principal centre de production de la céramique à figures noires. Outre les scènes mythologiques, les sujets s'attachent principalement à des épisodes de la vie aristocratique. Vers 525, la technique à figures noires cède alors peu à peu la place à celle dite à figures rouges. Sur un fond noir, cette fois, l'artiste ne pratique plus d'incision mais peint les détails en rouge. Le traitement des formes et des visages dans la peinture suit une évolution parallèle à son développement dans la sculpture : les sentiments s'exacerbent et les corps se dévoilent. **Polygnote de Thasos** (5e s. av. J.-C.) fait ici figure de précurseur, de même qu'il serait à l'origine de la notion d'espace dans la peinture, en créant un décor constitué de plusieurs plans autour de ses personnages.

À la fin de l'âge classique, tandis que la peinture sur vase s'essouffle, la **peinture murale** fait son apparition. Comme la sculpture, elle se met au service du prince, et le peintre **Apelle** réalise de nombreux portraits d'Alexandre le Grand en vainqueur, puis en dieu.

BYZANCE, OU L'ART DU CHRISTIANISME

En passant sous domination étrangère, la Grèce semble avoir perdu sa vitalité artistique. Seule l'architecture religieuse fait exception et permet aux Grecs d'exprimer une conception architecturale originale. Encore doivent-ils attendre quelques siècles pour se démarquer puisque, dans un premier temps (4e-6e s.), triomphent les églises de **type basilical**, inspirées de l'architecture civile romaine.

À partir du 6e s., la coupole, très appréciée à Rome, devient l'élément principal autour duquel s'édifie l'église byzantine. Celle-ci adopte alors des dimensions plus modestes et le **plan en croix grecque** s'impose : à la croisée du transept, la **coupole** repose sur un tambour percé de fenêtres, qui s'appuie lui-même sur quatre

L'ART DE LA MOSAÏQUE

Probablement inventées par les Sumériens, les plus anciennes mosaïques connues, découvertes en Mésopotamie, remontent à la fin du 4e millénaire. Elles étaient constituées de petits cônes d'argile colorés, incrustés dans du bitume ou du ciment, dessinant toutes sortes de motifs servant au décor des façades des temples et des palais. L'art de la mosaïque se perfectionna à l'époque hellénistique, avec le développement des pavements de galets et surtout de tesselles – petits carrés en pierre de couleurs, en céramique ou en pâte de verre, qui ornèrent les temples mais aussi les riches demeures de particuliers. Mais ce sont les Romains qui lui donneront ses lettres de noblesse ; à l'époque impériale, surtout, où la mosaïque servira de décor pour tous les édifices, publics comme privés. Elle atteint alors des sommets avec des tesselles minuscules – jusqu'à 4 mm^2 ! – qui permettent de rendre des fondus semblables à la peinture. Un art dans lequel excelleront à leur suite les artistes byzantins.

L'ÉGLISE BYZANTINE

EN CROIX GRECQUE

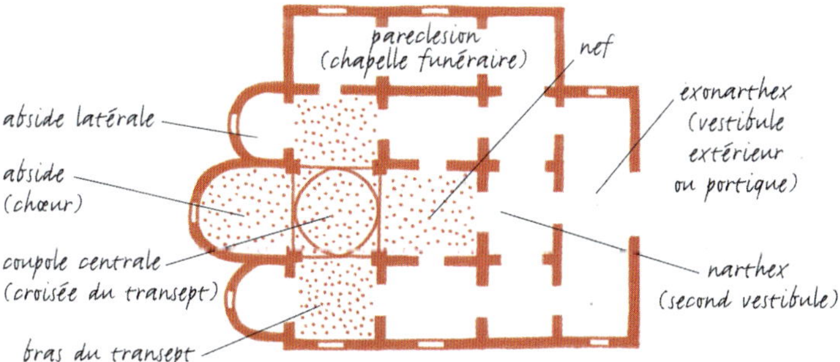

EN CROIX INSCRITE

LES COUPOLES

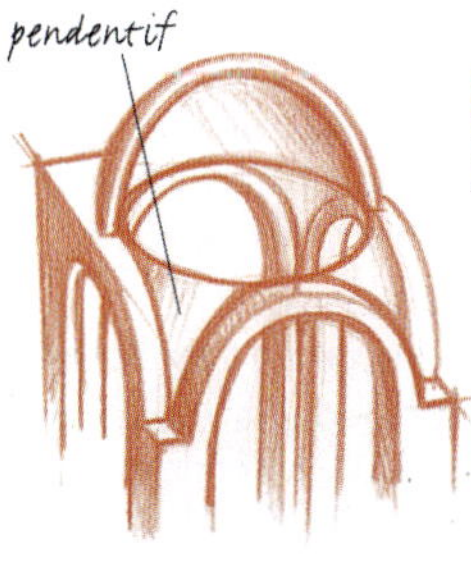

SUR PENDENTIFS

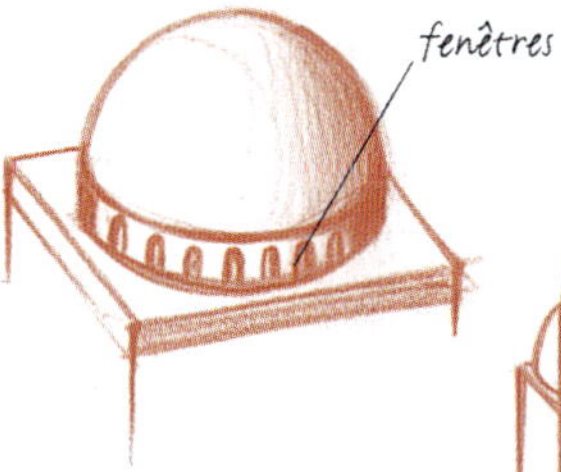

SUR TAMBOUR

POLYGONALE
SUR TROMPES D'ANGLE

H. Choimet/MICHELIN

voûtes en berceau dessinant les bras égaux d'une croix.

Particulièrement bien adaptés à ce nouveau modèle architectural, de magnifiques décors de mosaïques révèlent aux fidèles les différentes scènes des Évangiles, selon un **programme liturgique** bien défini : le **Christ Pantocrator** dans la coupole, la **Vierge Platytera** dans l'abside, les scènes de la vie du Christ ou de la Vierge suivant les fêtes de l'année dans la nef ou le narthex. L'**église de Dafni** (11e s.), en Attique, abrite ainsi un remarquable décor de mosaïques rehaussées d'or.

Au 14e s. apparaît à **Mystra**, en Laconie (Péloponnèse), un curieux mais intéressant mélange des modèles architecturaux précédents : un plan basilical au sol, surmonté à l'étage d'un plan en croix grecque (église Afendiko, du monastère Brontochion).

Dernière innovation de la période byzantine, les mosaïques cèdent peu à peu la place aux **fresques** qui, en reprenant exactement les codes de représentation, se révèlent moins onéreuses.

LES TEMPS MODERNES

Entre Ottomans et Vénitiens

Avec la conquête turque, l'art purement grec disparaît pratiquement pour quatre siècles. Mosquées, hammams, bazars et caravansérails ponctuent bientôt les paysages. Grands admirateurs des églises byzantines, les Ottomans vont souvent utiliser les plus belles d'entre elles pour les transformer en **mosquées**. Outre l'adaptation des sanctuaires chrétiens aux rites de l'islam, les architectes turcs exprimeront tout leur talent dans quelques grandes réalisations ; mais la plupart des mosquées de Grèce restent des édifices relativement modestes, constitués d'une simple salle de prière.

Sous la domination ottomane, l'art chrétien ne résiste qu'au mont Athos et dans les possessions vénitiennes de Crète et des îles Ioniennes. L'**influence de Venise** s'y révèle en effet très sensible, en particulier dans l'**architecture militaire,** qui lui doit nombre de citadelles fortifiées, à Corfou, Zante et Céphalonie, et surtout en Crète, où l'on continue de résister aux assauts turcs. Des lions de Saint-Marc, emblème de la cité des Doges, veillent encore à l'entrée de nombre de ces places fortes. L'architecture civile hérite quant à elle d'élégantes **loggias**, telle celle d'Héraklion, qui accueille aujourd'hui l'hôtel de ville, ou celle de Rethymnon, aménagée en bibliothèque. Sans oublier les **fontaines**, symbole de la prospérité du pouvoir en place, qui rivalisent de raffinement avec celles des Turcs.

Venise imprime aussi son influence dans l'architecture religieuse, mais surtout dans la **peinture** : des artistes grecs, tel Damaskinos, savent marier avec talent dans leurs **icônes** la rigueur byzantine à l'inspiration sensuelle et le souci de la forme, plus réaliste, des Vénitiens. Le plus renommé de ces peintres, Domenikos Theotokopoulos, passera à la postérité sous le nom d'**El Greco** (1541-1614). Formé en Crète, il s'exila pour affirmer toute l'étendue de son talent en Espagne, au contact des maîtres locaux et italiens. Après la prise de la Crète par les Ottomans, en 1669, de nombreux artistes s'établiront dans les îles Ioniennes, où ils constitueront ce qu'il est coutume d'appeler l'« école ionienne ».

Le néoclassicisme, ou la renaissance de l'antique

La défaite ottomane et la libération de la Grèce, en 1821, entraînent un renouveau artistique. Partout, les symboles de la domination turque sont effacés, avec la volonté de remettre en valeur les monuments de l'Antiquité – symboles entre tous de l'identité et du prestige de la Grèce – et de redonner un caractère authentiquement grec aux cités de la jeune nation. Déjà en vogue en Europe occidentale, le **style néoclassique** trouve ainsi en Grèce un terrain de prédilection. Introduite par des artistes étrangers, en premier lieu bavarois (venus dans le sillage du roi Othon Ier), cette tendance, inspirée largement de l'Antiquité, semble s'imposer d'elle-même dans la (re) construction des édifices publics. Au premier rang de ce *revival* : **Athènes**, avec son université, mais aussi la Bibliothèque nationale et l'Académie.

La peinture et la sculpture modernes

Des peintres comme **Nikiforos Lytras** partent étudier à Munich, mais toutes les expressions artistiques restent touchées, au 19e s., par l'académisme. Il faut attendre le tournant du siècle pour voir les premières manifestations des nouveaux courants artistiques en vogue en Europe occidentale. L'honneur en revient certainement au peintre **Konstantinos Parthenis**, qui, le premier, s'est intéressé à l'impressionnisme et au fauvisme.

Dans le domaine de la sculpture, **Konstantinos Dimitriadis** a montré la voie en s'inspirant de Rodin. Dans leur sillage se sont engouffrés l'expressionniste **Giorgios Bouzianis**, le cubiste **Nikos Ghika** et le surréaliste **Nikos Engonopoulos**. Pourtant, cette tendance moderniste ne fait pas l'unanimité. Un fort courant traditionaliste persiste, attaché à la culture hellène, byzantine et populaire du pays, qui trouvera ses principaux représentants avec le peintre **Spyros Vassiliou** et l'architecte **Dimitris Pikionis**.
Ces deux styles, traditionaliste et moderniste, se retrouveront dans l'après-Seconde Guerre mondiale. Le peintre **Iannis Moralis** incarne, le premier, en s'attachant à retrouver et à respecter les racines de la culture grecque. Certains de ses contemporains travailleront au contraire à explorer les nouvelles tendances artistiques du monde occidental. Parmi eux, les peintres **Alexandros Kontopoulos** et **Yannis Spyropoulos** s'initieront ainsi à l'art abstrait.
Mais, bien vite, l'art figuratif revient en grâce, sous l'égide du peintre **Yannis Gaïtis** et du sculpteur **Georgios Georgiadis**. Signe des temps, les artistes grecs s'expatrient et obtiennent une reconnaissance

160 ANS DE PHILHELLÉNISME

Fondée en 1846 par Louis-Philippe sur l'initiative de Theobald Piscatory, ardent philhellène et ambassadeur de France à Athènes, l'**École française d'Athènes** doit son existence à deux révolutions : l'une littéraire, l'autre politique. Le romantisme de Chateaubriand et d'Hugo, en exaltant les beautés de la Grèce antique et la révolution grecque de 1821 par son héroïsme, « imposèrent à tous les esprits, à tous les cœurs, la patrie de Périclès et de Canaris ». Dans le dernier tiers du 19e s., l'école entreprit les grands chantiers de fouilles (Délos, Delphes, etc.) qui ont marqué l'entrée de l'archéologie dans son ère scientifique et ont considérablement enrichi la connaissance de la civilisation grecque. Après avoir créé, et longtemps abrité, ce qui est à présent l'Institut français d'Athènes, la plus ancienne école étrangère d'Athènes poursuit et élargit sans cesse ses missions dans de nouvelles directions : la Grèce préhistorique, le monde hellénique moderne et contemporain.

internationale. **Iannis Kounellis** s'illustre en Italie au sein du mouvement Arte povera. Panayiotis Vassilakis, dit **Takis**, travaille à Paris. Spécialiste de l'art technologique, il s'intéresse aux effets du magnétisme, aux sons et aux lumières, et il a acquis une certaine réputation à travers ses « sculptures électromagnétiques », ses « télélumières » et ses « sculptures musicales ». Les tendances les plus contemporaines sont illustrées par Dimitrios Souliotis et Ilias Papailiakis. Ce dernier, influencé par l'art baroque, est sans doute l'artiste le plus important du moment.

PETIT LEXIQUE D'ART ET D'ARCHITECTURE

Acanthe – Plante dont les feuilles sont représentées sur le chapiteau corinthien.

Acropole – Ville haute des cités grecques, servant de forteresse et de lieu de culte.

Agora – Place publique de la cité grecque, siège du marché et de la vie politique.

Ambon – Dans la basilique chrétienne, chaire en pierre.

Appareil – Mode d'agencement des pierres d'une construction (en latin *opus*).

Basilique – Chez les Romains, édifice civil à trois nefs qui servait de tribunal ou de lieu de réunion. Les premières églises chrétiennes adoptent ce plan.

Bouleutérion – Chez les Grecs, salle de l'assemblée des citoyens.

Cella – Chambre centrale d'un temple, abritant la statue de la divinité.

Exèdre – Salle en hémicycle dotée d'une banquette en pierre. Par extension, désigne aussi le banc de pierre lui-même.

Fresque – De l'italien *a fresco* : « sur enduit frais ». Technique de peinture murale.

Gymnase – Complexe sportif, composé d'aires d'entraînement à ciel ouvert et de divers bâtiments : vestiaires, palestres, salles d'onction…

Hypostyle – Désigne un temple ou un palais dont la toiture est soutenue par des colonnes (en grec, *style* signifie « colonne »).

Iconostase – Cloison ornée d'icônes séparant la nef du chœur.

Mégaron – Du grec « grande salle ». Habitation aristocratique (palais) du néolithique et de l'âge du bronze, comprenant un porche, un vestibule et une salle dotée d'un foyer central. Ce plan est à l'origine de celui du temple grec.

Métope – Dans une frise dorique, plaque rectangulaire sculptée, placée entre deux triglyphes *(voir page suivante)*.

Narthex – Dans une église, porche couvert ou vestibule.

Nymphée – Sanctuaire consacré aux nymphes, établi autour d'une source naturelle.

Odéon – Petit théâtre couvert, destiné aux concerts et aux lectures publiques.

Opisthodome – Dans un temple grec, pièce où l'on exposait les offrandes.

Ordre – Style architectural défini par l'ornementation du chapiteau.

Palestre – Cour d'entraînement sportif, indépendant ou intégré à un gymnase, entouré d'un portique distribuant vestiaires, lavabos…

Pendentif – Élément triangulaire et concave placé entre les quatre arcs soutenant la coupole, permettant de passer du plan carré au plan circulaire.

Péristyle – Galerie, portique à colonnes entourant un temple, une cour.

Portique – Galerie couverte, supportée par une colonnade (en grec, *stoa*).

Pronaos – Vestibule d'un temple grec, menant au *naos*, puis à la *cella*.

Propylée – Porte monumentale d'un édifice public important, d'un sanctuaire.

Prytanée – Siège des Prytanes, les magistrats des cités grecques.
Stoa – Voir « portique ».
Téménos – Aire sacrée encadrant un sanctuaire. Esplanade sacrée d'une acropole.
Tholos – Édifice circulaire, à destination cultuelle ou funéraire.
Triglyphe – Dans une frise dorique, partie rectangulaire, sculptée de trois bandes verticales, saillante entre deux métopes *(voir page précédente)*.
Trésor – Petit édifice en forme de temple où entreposer les offrandes.

La langue grecque

Malgré de longs siècles d'occupation turque, le peuple grec a conservé sa langue, symbole de l'identité nationale. La Grèce révèle une profonde homogénéité linguistique : environ 97 % de ses habitants s'expriment en grec, les minorités utilisant en outre leur langue d'origine, comme le turc, l'albanais, le bulgare, le pomaque, etc. Le grec est donc parlé sur tout le territoire (près de 11 millions d'âmes), mais également à Chypre (700 000 personnes), sans oublier l'importante diaspora du monde entier, forte de 6,5 millions d'individus. Langue officielle de la Grèce et de Chypre, le grec bénéficie aussi d'un statut de langue minoritaire dans certaines parties de l'Italie et de l'Albanie.

VERS LA MODERNISATION DU GREC

Vecteur de la pensée philosophique et scientifique grecque, langue des Évangiles et de l'Église, puis langue officielle de l'Empire byzantin, le grec ancien atteste le rayonnement exceptionnel d'une des plus grandes civilisations de la planète. Aussi, sa modernisation ne s'est-elle pas opérée sans heurt…

La naissance du grec

Après avoir progressivement imposé leur langue indo-européenne en Grèce, au cours de la seconde moitié du 2e millénaire, les Hellènes, originaires du Nord, empruntèrent rapidement l'écriture aux **Phéniciens**, peuple de la Méditerranée. L'adaptation de l'alphabet phénicien à la langue grecque aboutit vraisemblablement, vers le 8e s. avant notre ère, à l'alphabet grec classique. Cet emprunt se doubla d'une innovation révolutionnaire, les **voyelles**, que les Grecs substituèrent à certaines consonnes phéniciennes, dont les sonorités ne trouvaient pas d'équivalent dans leur langue.

Une âpre controverse linguistique

Un fossé s'était peu à peu creusé entre le **grec classique** et le parler populaire, la *koinè*, formé à partir du dialecte de l'Attique (qui l'a emporté sur les autres) et alimenté par des termes étrangers, en particulier turcs. Lorsque l'épineux problème de la langue nationale surgit, en pleine effervescence indépendantiste, à la fin du 18e s., commença la querelle entre les anciens et les modernes pendant les deux siècles à venir.

En fait, la controverse linguistique ne représentait qu'une facette d'un débat, plus vaste, concernant la place et le prestige de la nation : continuer ou rompre avec la Grèce classique.

Pour les Phanariotes, la noblesse administrative du 18e s. (originaire du quartier grec du Phanar, à Constantinople), le maintien du grec classique assurait la mainmise sur la vie culturelle et politique du pays, face aux classes bourgeoise et ouvrière. Il fallut attendre le début du 19e s. pour que les intellectuels s'emparent de la question, entraînant une bataille

rangée entre les partisans d'une langue pure et ceux d'une langue « vulgaire ».
Au lendemain de l'Indépendance, la voie médiane prônée par **Adamandios Koraïs** (1748-1833), chef de file des Lumières grecques, l'emporta : savant compromis entre les formes classiques et l'usage moderne, la **katharevoussa** (*katharos* = pur) était née. Bien qu'adoptée comme langue officielle, elle demeurait fort éloignée du peuple, qui continuait d'employer le **démotique** *(dimotiki)* (*dimos* = peuple), la langue populaire de tradition orale défendue par des artistes comme **Dionysios Solomos** (1798-1857), tenu pour le premier grand poète de la Grèce moderne (auteur de l'hymne national).
À la fin du 19e s., pour s'insurger contre cette langue élitiste, des intellectuels décidèrent d'utiliser la *dimotiki* dans leurs œuvres littéraires. Au cœur d'un combat de plus en plus politisé, les défenseurs du démotique s'opposèrent farouchement au conservatisme des partisans de la *katharevoussa*. Parmi les tenants de la culture populaire se distingueront plus tard des poètes comme **Georges Séféris** (1900-1971) ou **Odysseus Elytis** (1911-1996), tous deux prix Nobel de littérature.

Le grec moderne : une langue simplifiée

La fin du régime des colonels entraîna la *katharevoussa* dans sa chute, en 1974. Pour mieux souligner la rupture avec le régime précédent, le gouvernement de Caramanlis instaura alors comme langue officielle le démotique, dont les simplifications linguistiques continuent d'alimenter bien des débats : d'un ministère à l'autre, entre l'Éducation et la Voirie, on discute toujours du choix à faire entre le *y* et le *i*, le *h* à conserver ou non… Quoi qu'il en soit, si le grec ancien comportait cinq genres, le grec moderne n'en compte que trois : masculin, féminin et neutre. Le démotique a, d'autre part, suivi différents stades d'évolution, comme la prononciation unifiée du son « i » pour les voyelles et nombreuses diphtongues du grec ancien, ou la suppression des accents.

MOTS CROISÉS

Riche de son important héritage linguistique, la grammaire grecque comporte une syntaxe et des déclinaisons complexes, et, par le jeu des suffixes/préfixes, la possibilité de créer des néologismes. Au fil des siècles, le vocabulaire s'est enrichi des influences étrangères.

MOUSSAKA ET MOUSSOCOLATA

Les mots français passés au grec appartiennent pour un bon nombre à un registre spécialisé. Le domaine de la **gastronomie**, notamment, a retenu les millefeuilles, gratins, *voloven* (vol au vent), *quisloren* (quiche lorraine), *zambone* (jambon), *bessamel* (béchamel), *moussocolata* (mousse au chocolat), *soufléchocolata* (soufflé au chocolat). Le vocabulaire de l'**auto-mobile** emploie des *portbagaz* (coffre), *garaz* (garage) ou encore *amortissere* (amortisseur). Des termes relatifs à la **joaillerie** et à la **cosmétique** sont communément utilisés comme collier, bracelet, *crayon* (rouge à lèvres), fond de teint, et certaines couleurs viennent du français telles *roz* (rose), *mov* (mauve) ou *ble* (bleu). « Madam » s'utilise plutôt dans un contexte populaire comme à la « laïki », et en Grèce, on monte aussi dans un *assansere* (ascenseur). Et ce ne sont là que quelques exemples.

Les poulpes annoncent le menu, même si vous ne lisez pas le grec.
A. Serrano/hemis.fr

L'apport de l'étranger…
Si le lexique grec constitue la base des terminologies théologiques, philosophiques, scientifiques et techniques de l'Occident, il s'est lui-même enrichi d'un certain nombre d'emprunts, liés d'une part aux différents occupants – les plus évidents étant les mots d'origine turque – et d'autre part aux langues étrangères, notamment le français, qui jouissait d'un grand prestige à la fin du 19e s. et au début du 20e s. Citons aussi les influences de l'Italie et du monde anglo-saxon.

… et vice versa
Avec le latin, le grec, on le sait, constitue l'un des fondements majeurs de nombreuses langues, dont le français, qui s'est ainsi doté d'un grand nombre de préfixes. Citons seulement quelques mots parmi les plus courants : *mikro* (petit) a donné lieu à microscope, micrométrie ; *mégalo* (grand) à mégapole, mégalomane, mégahertz, et *kiklos* (cercle) qui se décline en cycle, cyclique, cyclothymique, cyclone… De même, le grec a livré tout un catalogue de suffixes, dont le bien connu *logos* (théorie, discours), qui sert à désigner toutes nos sciences (géologie, biologie, mythologie…), ou *graphin* (écrire) qui se retrouve dans télégraphe, phonographe, ou encore *phos* (lumière) pour photophore, et *philos* (ami) pour cinéphile, et son contraire *phobia* (crainte), pour xénophobe, claustrophobe… Par dizaines des termes français puisent ainsi leurs racines dans le grec ancien. D'autres encore dérivent d'un mot complet, dont l'ensemble des termes médicaux : pédiatre *(pédiatros)* vient de *pédi* (enfant) et *iatros* (médecin) ; gynécologue *(gynekologos)* de *gynéka* (femme) ; podologue *(podologos)* de *podi* (pied), et la liste n'est pas exhaustive.

Littérature

Patrimoine et modèle du monde occidental, la littérature grecque n'a cessé de rayonner depuis l'Antiquité. La philosophie de Platon, le théâtre de Sophocle ou les poèmes épiques d'Homère ont traversé les âges et les civilisations. Leurs héros n'ont pas pris une ride et continuent de hanter le monde contemporain qu'ils ont façonné : l'Ulysse du roman de James Joyce arpente le Dublin de 1904, celui des frères Coen, réalisateurs du film *O'Brother*, vit aux États-Unis dans les années 1920 ; deux exemples parmi les innombrables adaptations de l'*Odyssée*. De l'épopée d'Homère à nos jours, la Grèce a donc marqué près de 3 000 ans de création. Libérée mais aussi enrichie de l'immense héritage de l'Antiquité, la littérature moderne est bien vivante, comme en témoigne le prix Nobel attribué à deux poètes grecs : Georges Séféris et Odysseus Elytis *(voir p. 538)*.

NAISSANCE D'UNE PLÉIADE DE STYLES

La littérature grecque ancienne couvre une très longue période, qui s'étend des 9ᵉ et 8ᵉ s. av. J.-C. *(l'Iliade et l'Odyssée)* à la chute de l'Empire byzantin (1453). Après l'âge d'or du siècle de Périclès (5ᵉ s. av. J.-C.), elle va peu à peu s'appauvrir à partir de la domination romaine.
Avec l'instauration du christianisme, Byzance ferme les académies et marque la fin de la littérature classique. Un néoclassicisme perdure parallèlement avec l'essor des lettres byzantines, mais dès la rédaction en grec des Évangiles s'élabore une nouvelle littérature grecque, gnostique. Jusqu'au 3ᵉ s., la doctrine chrétienne sera véhiculée ainsi dans cette langue. Puis le latin prédominera dans les ouvrages religieux enseignant la foi chrétienne dans le reste du Bassin méditerranéen.

L'« Iliade » et l'« Odyssée » : la genèse de la littérature grecque

La plus ancienne expression connue de la littérature grecque remonte aux deux **poèmes épiques** d'**Homère** : *l'Iliade*, qui relate un épisode de la guerre de Troie, « la colère d'Achille » et *l'Odyssée*, qui narre le long périple d'Ulysse, de retour vers Ithaque. Issues d'une tradition orale, ces œuvres majeures abordent des mythes fondateurs, faisant état des origines et du destin du peuple grec, sous l'arbitrage des dieux *(voir p. 545)*. Vers la même époque, un fermier du nom d'**Hésiode** rédige en prose *Les Travaux et les Jours*, récit par lequel il tente de faire prévaloir un certain art de vivre au cœur du monde rural. On lui attribue également la *Théogonie*, un document d'une importance capitale, puisqu'il serait le premier écrit à s'interroger sur les origines du monde et les généalogies divines. Parmi les nombreux auteurs qui suivront, certains passeront à la postérité, comme **Sapho**, la célèbre poétesse de Lesbos.

Le succès du théâtre

Au 5ᵉ s. av. J.-C., l'art tragique prend réellement corps et les théâtres voient affluer un nombre

ÉSOPE, INSPIRATEUR DE LA FONTAINE

L'existence même d'Ésope (6ᵉ s. av. J.-C.) reste mystérieuse. Esclave grec originaire de Thrace, il aurait été affranchi grâce à son esprit et à sa clairvoyance. Plébiscité par la suite à la cour du roi Crésus, ce fabuliste de génie aurait connu une véritable fortune littéraire. Un jour, pourtant, il accusa les prêtres de l'oracle de Delphes de s'enrichir des offrandes des fidèles. Bien mal lui en prit, puisque cette dénonciation lui valut une condamnation à mort en 564 av. J.-C. Les 350 fables qui lui sont attribuées à ce jour inspirèrent Jean de La Fontaine, au 17ᵉ s.

LA PHILOSOPHIE DES GRECS

Des premiers philosophes qui cherchaient à expliquer l'univers, **Démocrite** (460-370 av. J.-C.) nous a laissé la première théorie des atomes. **Pythagore** (6e s. av. J.-C.) a posé les nombres et les mathématiques comme principes de base de l'univers. **Socrate** s'intéresse surtout à la place de l'homme dans cet univers. Sa philosophie invite à la connaissance de soi pour trouver la sérénité. **Platon** fait la distinction entre l'âme et le corps et pose les fondements de l'idéalisme. À l'inverse, **Aristote** prône le réalisme, selon lequel la connaissance s'acquiert de manière empirique à partir des sens. **Épicure** va encore plus loin, posant la morale hédoniste de recherche du contentement pour éviter la souffrance. À l'opposé, le stoïcisme de **Zénon** voit le bonheur dans la vertu, l'effort et la résignation. Enfin, **Pyrrhon** enseigne le scepticisme, selon lequel toute certitude est impossible.

grandissant de spectateurs. D'origine religieuse, ce genre littéraire est associé au culte de Dionysos. De fait, le théâtre se trouve généralement près du temple consacré au dieu, et des représentations ont lieu lors des fêtes rituelles. Pour composer leurs magistrales **tragédies**, **Eschyle**, **Sophocle** et **Euripide** ont puisé dans la mythologie et choisi de représenter la nature humaine dans tous ses excès, l'inceste, le parricide ou la folie tenant une place de choix dans leurs pièces. **Aristophane**, quant à lui, passe maître dans l'art de la **comédie**, n'hésitant pas à allier les bons mots ou les farces grossières à la réflexion philosophique.

Aux sources de l'Histoire

Grâce au grand voyageur **Hérodote**, surnommé le « père de l'Histoire », le 5e s. av. J.-C. découvre un nouveau genre littéraire, dont l'art consiste à rapporter une réalité vécue, tout en restant le plus proche de la vérité. L'Histoire, avec un grand H, est née. **Thucydide** se distinguera en la matière par son analyse politique de la guerre du Péloponnèse, appuyée de divers témoignages.

L'invention de la philosophie

Dans les cités, le rôle de la parole devient capital puisque l'art oratoire permet de convaincre dans les assemblées. En effet, le caractère collectif de la décision – propre aux cités – va donner lieu à une certaine « publicité » du savoir qui ne peut plus se cantonner au débat d'initiés, mais qui doit au contraire être divulgué et expliqué. Si la philosophie est une tradition en Grèce, elle va véritablement acquérir ses lettres de noblesse à partir du 4e s. av. J.-C.

Grâce au dialogue, **Socrate** (470-399) s'attache à déceler les bévues dont se nourrit l'opinion, à réfuter les prétentions des politiciens et à mettre en lumière leur propre ignorance. Ce fils de sage-femme, expert dans l'art de la maïeutique (faire accoucher les esprits des pensées qu'ils possèdent sans le savoir), n'a laissé aucun écrit, mais son enseignement passera à la postérité grâce à son disciple, **Platon** (428-347). Ce dernier consacrera une partie de son œuvre à la mémoire de son maître et reprendra la même analyse pour dénoncer la violence, l'immoralité, l'injustice et le désordre qui se répandent dans les cités. Platon sera par la suite le maître du philosophe et savant **Aristote** (384-322), dont la pensée philosophique et scientifique exercera une grande influence sur le monde occidental, en particulier dans le domaine de la logique. D'autres philosophes,

LE PÈRE DES GÉOGRAPHES

C'est à Nyssa (Turquie actuelle) que le géographe grec **Strabon** (58 av. J.-C.-vers 22 apr. J.-C.) fit ses études. Il entreprit ensuite la rédaction de deux volumineux essais : *Mémoires historiques* et *Géographie* (seul ce dernier nous est parvenu). Peu connue à son époque, son œuvre fut redécouverte à la Renaissance – un génie comme Léonard de Vinci ne pouvant manquer de s'y intéresser. Quoique deux fois millénaire, la *Géographie* de Strabon reste d'une remarquable actualité par ses réflexions sur l'origine des peuples, l'histoire des empires et, surtout, les relations de l'homme avec son milieu naturel. Un travail qui mériterait d'être relu plus souvent.

illustrant divers courants de pensée (le stoïcisme et l'épicurisme parmi tant d'autres), leur succéderont. Peu de leurs écrits nous sont parvenus.

À LA RECHERCHE D'UNE IDENTITÉ GRECQUE

Dans le cadre de nombreux festivals d'été, qui se déroulent dans les théâtres antiques, la Grèce contemporaine s'attache à célébrer la mythologie et la littérature classique. Mais le pays ne se contente pas de vivre sur ses acquis. Influencée par des courants littéraires semblables à ceux qui ont traversé l'Europe depuis le 15e s., la Grèce a également su cultiver sa singularité, donnant naissance à une génération d'écrivains modernes.

La littérature grecque dans l'Empire ottoman

Dès le 10e s. émergent les prémisses d'une littérature grecque moderne, avec le grand cycle de chansons populaires célébrant à la manière d'un roman versifié les exploits de **Basile Digénis Acritas**, héros légendaire de la lutte de Byzance contre les Arabes, aux marches de l'Euphrate. La chute de l'Empire byzantin, en 1453, marquera l'épanouissement de cette nouvelle littérature, ou plutôt de plusieurs styles, ceux-ci variant d'une région à l'autre au gré de l'avancée ottomane.

Épargnées plus longtemps que le continent par l'invasion turque (jusqu'en 1669 pour les Crétois, par exemple), quelques îles ont fait preuve d'originalité dans leur création littéraire. Le Dodécanèse, Chios, Chypre, la Crète et les îles Ioniennes deviennent des pôles importants de la littérature insulaire, largement influencée par les occupants occidentaux, tels les Vénitiens ou les Génois. On retiendra ainsi le nom du Crétois **Vitsentzos Cornaros**, auteur du poème épique *Erotocritos*, la dernière œuvre d'envergure avant l'invasion ottomane.

Sur le continent, en revanche, l'arrivée des Turcs va considérablement freiner la création littéraire et conduire beaucoup de lettrés à émigrer vers l'Occident à partir du 15e s. À l'école des savants et des écrivains français, les lettrés du **Phanar** (quartier de Constantinople), à la fin du 17e s., se feront ainsi les derniers représentants de l'hellénisme sur le sol turc.

Il faudra attendre le 19e s. pour assister à une véritable renaissance de la littérature grecque avec le mouvement des Lumières grecques, dont le représentant le plus connu sera **Koraïs**, qui fit ses études en France et y séjourna, et l'école des îles Ioniennes, influencée par l'Italie.

L'émancipation des lettres grecques

Lors de l'Indépendance, les Ottomans quittent la péninsule

et laissent derrière eux un peuple en quête d'une identité nationale. Cette désorientation collective n'épargne pas les romanciers qui, en mal d'inspiration, se tournent soit vers l'Occident, celui des Lumières et de la modernité, soit vers l'Orient chrétien, terre de la tradition byzantine.

Au cours de la querelle linguistique *(voir p. 537)*, qui agite la société grecque à cette époque, on assiste ainsi à un mouvement de balancier entre classicisme et progressisme, reflet des divisions de la société. Entre la langue populaire et la langue savante, le choix se porte sur la *katharevoussa*, compromis entre les formes classiques et l'usage moderne prôné par **Adamandios Koraïs** (1748-1833). La langue populaire de tradition orale sera, quant à elle, défendue par des poètes comme **Dionysios Solomos** (1798-1857), considéré comme le premier poète de la Grèce moderne. Chef de file de l'**école ionienne** (ou école de l'Heptanèse), il s'oppose à un autre courant poétique, celui de l'**école d'Athènes**, tourné vers un romantisme poussé à l'extrême, puis vers le symbolisme. À la fin du 19e s., les intellectuels décident d'utiliser la langue populaire *(dimotiki)* dans leurs œuvres, tel le Français d'origine grecque **Jean Psichari** (1854-1929), gendre de Renan, dont le récit *Mon voyage* apparaît comme une sorte de manifeste s'opposant à une langue trop savante et élitiste.

Un souffle nouveau

Après la « Grande Catastrophe » de 1922 *(voir p. 561)*, se dessinent les contours de la Grèce moderne : les écrivains plongent dans une ère de défaitisme total. La littérature va s'affranchir de ce pessimisme grâce à la **génération de 1930**, qui décide d'abandonner la controverse linguistique pour s'attacher au fond. La Grèce fait alors son entrée dans la littérature moderne à proprement parler. Cette nouvelle vague s'illustre avec des noms prestigieux comme **Georges Séféris** (1900-1971) – prix Nobel en 1963 –, qui ouvrira la voie au surréalisme, ou **Odysseus Elytis** (1911-1996) – prix Nobel en 1979 –, l'un des poètes phares de cette nouvelle technique de narration, entraînant dans sa course bon nombre d'écrivains. Citons aussi le poète **Constantin Cavafy** (1863-1933), Grec d'Alexandrie qui représente l'hellénisme des cercles lettrés à la fin du 19e s. La littérature grecque sortira ensuite largement de ses frontières grâce à **Vassilis Vassilikos** (1934), auteur de *Z*, ainsi qu'à **Nikos Kazantzakis** (1883-1957) avec *Alexis Zorba* et *Le Christ recrucifié*, des ouvrages curieusement mieux perçus à l'étranger qu'en Grèce.

Cinéma

Largement influencé par les comédies populaires italiennes et le théâtre burlesque, le cinéma grec fait véritablement son apparition en 1949, à la fin de la guerre civile.

Les années 1950, marquées par le néoréalisme italien, sont dominées par deux réalisateurs réputés : **Michalis Cacoyannis**, qui signe la comédie *Le Réveil du dimanche*, puis *Stella* – son plus grand film interprété par Melina Mercouri – ou encore l'inoubliable *Zorba le Grec*, et Nikos Koundouros avec *La Cité magique* et *L'Ogre d'Athènes*.

Mais il faut attendre la décennie suivante pour réellement parler d'un âge d'or du cinéma : encouragés par une relative stabilité politique, les studios accroissent leur production de façon considérable. C'est l'époque des comédies légères avec Aliki Vouyouklali, Lambros Konstandaras ou Georgia Vassiliadou, qui symbolisent toujours l'insouciance.

L'APPARITION DES FILMS D'AUTEUR

Avec l'arrivée de la télévision dans les foyers et les débuts de la première chaîne nationale grecque (ERT), le public se détourne des salles obscures au profit du petit écran. Nous sommes dans les années 1970, en pleine dictature, et le cinéma commercial connaît alors sa première grande crise.
Les nouveaux metteurs en scène choisissent un créneau plus intimiste, voire hermétique, alors que la majorité des spectateurs cherche plutôt à s'évader. La rupture entre le cinéma et son public est donc consommée et les studios s'effondrent.
La chute du régime des colonels en 1974 coïncide avec les débuts du nouveau cinéma grec, dont **Theodoros (Theo) Angelopoulos** disparu accidentellement début 2012, faisait figure de chef de file. La longue carrière cinématographique de ce réalisateur sera par la suite jalonnée de consécrations internationales dont le Lion d'or à la Mostra de Venise pour *Alexandre le Grand* (1980), le prix du meilleur scénario à Cannes pour *Voyage à Cythère* (1984), le Lion d'argent au festival de Venise pour *Paysage dans le brouillard* (1988), le Grand Prix au Festival de Cannes pour *Le Regard d'Ulysse* (1995) et, enfin, la Palme d'or à Cannes pour *L'Éternité et un jour* (1998). En 2003 puis 2008, il signe les deux premiers volets de sa trilogie *Eleni : la Terre qui pleure*. Sa brutale disparition laisse cette dernière œuvre inachevée.

RETOUR VERS UN PLUS LARGE PUBLIC

Dans les années 1980, conjointement au développement spectaculaire des vidéoclubs, le **Centre du cinéma grec**, alors seul investisseur, s'asphyxie par sa politisation grandissante, entraînant dans sa chute le cinéma d'auteur.
En 1989, les chaînes privées (Antenna et Méga) font irruption dans le paysage audiovisuel et sonnent le glas du cinéma grec. Les rares films projetés sont étouffés par les productions européennes et hollywoodiennes.
Il faut attendre le milieu des années 1990 pour que le Centre du cinéma grec change d'esprit et accepte de soutenir financièrement des films commerciaux, aspirant à une logique de scénarios plus occidentale et mieux adaptée à l'attente des spectateurs.
De son côté, le Parlement vote une loi soumettant les télévisions à une redevance en faveur de la production cinématographique.
La jeune génération de producteurs s'efforce donc de donner un souffle nouveau au cinéma grec. En témoigne l'œuvre de Giorgos Lanthimos dont le film *Canine* a été primé à Cannes en 2009. Ce que vous ne manquerez pas de constater si vous assistez, au mois d'octobre, au **festival de Thessalonique**, où sont présentés les films de l'année.

La mythologie grecque

Légendes et récits mettant en scène les dieux et les héros de l'Antiquité, la mythologie grecque nous semble familière, tant elle fait partie de notre culture. D'Eschyle à Giraudoux, d'Euripide à Racine, de Virgile à Cocteau, elle a inspiré les plus grands auteurs, exerçant une fascination jamais démentie. Derrière ses nombreux personnages, ses situations multiples, se cache tout un monde de symboles, reflet fantastique d'événements historiques, de pensées philosophiques et de proverbes toujours vivaces.

De ce vaste monde aux contours si mouvants, tentons seulement de poser les principes et de tracer les grandes lignes, tout en sachant que nombre de variantes partagent les poètes de l'Antiquité, chacun ayant sa version des amours de tel dieu ou des tribulations de tel héros.

Naissance des dieux et des hommes

La genèse de l'univers, tout d'abord, est l'affaire des mythes proprement dits : les mythes **théogoniques** racontent l'origine des dieux, tandis que les **cosmogoniques** traitent de la naissance du monde et des hommes.

LES DIVINITÉS PRÉOLYMPIENNES

Au commencement était le Chaos, bientôt suivi de Gaia (la Terre) puis d'Éros (l'Amour). Seule, Gaia engendra Ouranos (le Ciel étoilé), puis les Montagnes, les Nymphes et la Mer inféconde.

Régnant sur le monde, Ouranos et sa mère Gaia s'unirent pour enfanter la deuxième génération divine, celle des Ouranides. Parmi eux, les douze **Titans**, six garçons et six filles, puis les trois **Cyclopes** et enfin les trois Hécatonchires (Cent-Bras). Mais Ouranos détestait sa progéniture. Il la retint prisonnière dans les profondeurs de la Terre, dans le Tartare. Cette attitude causa sa perte : ne supportant pas le traitement infligé à ses enfants, Gaia complota avec **Cronos**, le dernier-né des Titans. Aidé de ses frères et sœurs qui maîtrisèrent leur père, le jeune Titan lui coupa les testicules. De la semence s'en échappa, qui coula sur Gaia, celle-ci enfantant bientôt les Érinyes, déesses de la Vengeance, les Géants et les Méliades (Nymphes des frênes). Pour certains auteurs, **Aphrodite**, la déesse de l'Amour, naquit aussi de cet événement, de la semence s'étant mêlé à l'écume de la mer.

Cronos régna dès lors à la place de son père, et épousa sa sœur Rhea avec qui il projeta d'assurer sa descendance. Mais quand une terrible prédiction l'informa qu'il serait un jour détrôné par l'un de ses enfants, il n'hésita pas à avaler dès leur naissance les fruits de ses amours. Hestia, Déméter, Hera, **Hadès** et **Poséidon** passèrent ainsi directement du ventre de leur mère à celui de leur père. Le dernier de ses enfants, **Zeus**, échappa à ce triste sort grâce à sa mère, Rhea, qui avait caché son nouveau-né.

Parvenu à l'âge adulte, Zeus libéra ses frères et sœurs et, du haut de l'**Olympe**, engagea avec eux la lutte contre Cronos et les Titans. Cette **guerre des Titans**, sans mort puisqu'elle ne mettait en scène que des immortels, dura dix ans jusqu'à la victoire finale des Olympiens, aidés par les Cyclopes et les Hécatonchires.

Avant de régner définitivement sur le monde, les dieux de l'Olympe durent encore affronter les Géants, qu'ils dominèrent grâce aux flèches du héros Héraclès. Puis Zeus engagea une lutte longue et sans merci avec l'effrayant monstre Typhée.

LA NAISSANCE DES HOMMES

Selon Hésiode, les premiers hommes – uniquement des mâles – auraient été directement engendrés par Gaia. Ils vivaient alors heureux et sans souci auprès des dieux, ne craignant pas la mort qui les surprenait au cours de leur sommeil.

Cette belle harmonie fut troublée par **Prométhée**, descendant d'un Titan : lors d'un banquet, il chercha à favoriser les hommes aux dépens des dieux pour le partage d'un bœuf. Irrité, Zeus décida de retirer le feu aux hommes. Mais Prométhée osa défier une nouvelle fois le dieu tout-puissant, en dérobant le feu et en le rendant aux hommes. La colère de Zeus se révéla à la mesure de l'outrage : Prométhée fut lié par des chaînes au sommet du Caucase, et son foie d'immortel dévoré sans fin par un vautour.

Et, pour se venger des hommes, Zeus créa… la femme, « engeance maudite, terrible fléau ! », dotée par chaque dieu de l'Olympe d'une qualité différente. **Pandore**, « le présent de tous les dieux », fut ainsi offerte à Épiméthée, le frère de Prométhée. Une fois sur Terre, Pandore découvrit une étrange jarre et ne put retenir plus longtemps sa curiosité : elle l'ouvrit, et tous les maux de la terre s'en échappèrent, suivis de l'espérance. L'humanité était punie.

LES PRINCIPAUX DIEUX DE L'OLYMPE

Confortablement installées dans les brumes de l'Olympe, les principales divinités se réunissent en un « Conseil des Grands Dieux », composé de douze membres. Sa constitution apparaît cependant assez fluctuante, variant selon les époques et les auteurs. Seule constante : Zeus et ses cinq frères et sœurs ne peuvent en être exclus. Après leur victoire sur les Titans, les trois fils de Cronos se partagèrent le monde.

Zeus reçut le Ciel, mais obtint vite la prééminence sur ses frères. Véritable maître de l'univers – quoique soumis au Destin –, il protège les familles comme les cités, et se doit de faire régner la justice et l'équité. Sage parmi les Sages, il est souvent représenté trônant sur le sommet de l'Olympe, doté d'une généreuse barbe, un sceptre dans une main et le foudre dans l'autre. Mais, faiblesse notoire, ce dieu sauveur affiche un penchant immodéré pour les femmes (et accessoirement pour les hommes). Aussi, à côté de ses épouses officielles, les déesses Métis, Thémis, Euronymé, Mnémosyne et Héra, multiplie-t-il les aventures avec des déesses et des mortelles, qui lui vaudront une nombreuse progéniture divine.

Statue de Poseidon.
A. Cano Miño/age fotostock

Poséidon, son frère, règne quant à lui sur les mers, quoiqu'il sache aussi faire trembler la Terre. C'est dans les profondeurs marines que se cache son palais, qu'il quitte de temps à autre sur un char somptueux, son trident à la main et accompagné d'un cortège de monstres marins (Tritons).

Hadès, le second frère de Zeus, obtint le monde souterrain et le royaume des morts. Doté d'un casque qui le rend invisible, il enleva **Perséphone**, la fille de Zeus et de Déméter, avant de l'épouser.

Hestia, déesse du foyer domestique et du foyer public des Prytanées, est l'aînée des trois sœurs de Zeus. Restée vierge en dépit des avances de Poséidon et d'Apollon, elle ne quitta jamais l'Olympe.

Sa sœur, **Déméter**, n'eut pas les mêmes scrupules et eut une liaison avec Zeus. Déesse de la Terre cultivée, et plus particulièrement des céréales, elle laissa dépérir les moissons, de chagrin, lorsque Hadès lui déroba sa fille. Elle obtint finalement que Perséphone vive avec elle six mois de l'année, des premières pousses de printemps jusqu'aux semailles de septembre.

Épouse légitime et définitive de Zeus et sa troisième sœur, **Héra** poursuit de sa haine toutes les amantes de son infidèle mari, ainsi que leur progéniture. C'est tout naturellement qu'elle symbolise la divinité du mariage, la protectrice de la fidélité conjugale et des mères. Ses attributions en font également une déesse de la Végétation.

Huit autres dieux et déesses, tous enfants de Zeus, s'imposent par leurs pouvoirs et leur influence et peuvent prétendre appartenir au « Conseil des Grands Dieux » : éternellement éphèbe, **Apollon** apparaît comme une divinité aux traits multiples : dieu de la Poésie, de la Musique et du Chant, il dirige le chœur des Muses et joue de la lyre. Dieu guérisseur, protecteur des champs et des troupeaux, il peut également répandre les épidémies avec son arc.

Héphaïstos, boiteux depuis le jour où Zeus le jeta du haut de l'Olympe, fut marié à Aphrodite, qui le trompa

entre autres avec Arès. L'infirme se vengea en piégeant les amants et en les exposant à la vue de tous les dieux. Divinité des arts de la forge et du travail des métaux, c'est lui qui façonna Pandore, la première femme, à la demande de Zeus.
Au contraire d'**Arès**, dieu de la Guerre fruste, brutal et sanglant, bien peu aimé des Grecs, **Athéna** se présente comme une déesse guerrière pleine de raison, protectrice des cités, des travaux féminins et de la paix, malgré son apparence austère : l'iconographie la représente sortant, tout armée de la tête de Zeus, coiffée d'un casque, tenant une lance d'un bras, l'égide de son père de l'autre. Sur ce bouclier (ou sur son plastron) apparaît la tête aux cheveux de serpents, offerte par Persée, de la terrible **Méduse**, l'une des **Gorgones**, créatures qui statufiaient toute personne croisant leur regard.
Armée d'un arc et de flèches comme son frère jumeau Apollon, **Artémis** tue sans détour tous ceux qui l'offensent. Elle passe le reste de son temps à la chasse, accompagnée de ses chiens. Éternellement vierge, elle incarne pourtant la fécondité. Une qualité qu'elle partage avec la déesse de l'Amour et de la Beauté, **Aphrodite**, à qui l'on attribue de nombreux amants, dont le bel **Adonis**. Pour que Pâris la désigne à coup sûr comme la plus belle déesse, devant Héra et Athéna, elle n'hésita pas à lui promettre l'amour de la belle Hélène, provoquant la guerre de Troie *(voir p. 550)*.
Dieu de la Vigne et de l'Ivresse, **Dionysos** partit à la conquête de l'Orient sur un char tiré par des panthères, le canthare plein de vin à la main, accompagné de créatures en transe, dont les **Bacchantes** et les **Satyres**.
Chaussé de sandales ailées, **Hermès** est le messager des dieux, tenant à ce titre le **caducée** à la main. Inventeur de la lyre et de la flûte de Pan (ou syrinx), il est honoré aussi comme le dieu des Voyageurs, du Commerce, des Bergers et du Sport, et son esprit rusé en fait également le protecteur des voleurs !

Les grands cycles légendaires

À côté des mythes se range tout un ensemble de cycles mettant en scène nombre d'histoires où interviennent héros, dieux et monstres fabuleux, dont l'unité se fait cette fois autour d'un personnage ou d'une lignée.
En voici quelques-uns, parmi les plus connus :

UN TRAVAILLEUR INFATIGABLE

Six des travaux d'**Héraclès** eurent pour cadre le nord du Péloponnèse : le héros étouffa dans ses bras le lion de Némée, réputé invincible, avant d'utiliser sa peau en guise de manteau. Puis il abattit à la fronde les oiseaux anthropophages qui hantaient le lac Stymphale. Au sud d'Argos, il trancha ensuite les neuf têtes de l'Hydre de Lerne. Puis il épuisa le féroce sanglier du mont Érymanthe, en le pourchassant durant des mois. Il mit un an pour capturer la biche de Cérynie, plus rapide que l'air, mais un seul jour pour nettoyer les écuries d'Augias en détournant deux fleuves voisins. Les autres travaux consistèrent à capturer un taureau furieux en Crète, à dompter des chevaux anthropophages en Thrace, à tuer un roi à trois corps et trois têtes près du détroit de Gibraltar, à capturer le chien Cerbère, gardien des Enfers, à s'emparer tour à tour de la ceinture de la reine des Amazones et des pommes d'or du jardin des Hespérides.

LES AVENTURES D'HÉRACLÈS

Fils de Zeus et de la mortelle Alcmène, mi-dieu mi-homme, le héros Héraclès était doué d'une force extraordinaire et il multiplia les actions d'éclat comme les conquêtes amoureuses.
Poursuivi par la haine d'Héra, la femme légitime de Zeus, il fut poussé, dans un accès de folie provoqué par la déesse, à tuer ses propres enfants. En expiation de ce meurtre, il reçut l'ordre d'accomplir **douze travaux**, exploits qu'il effectua en autant d'années.
Héraclès réalisa encore d'autres prouesses avant de succomber, prisonnier d'une tunique empoisonnée. Mais les dieux l'accueillirent dans l'Olympe où il obtint l'immortalité.

JASON ET LES ARGONAUTES, OU LA QUÊTE DE LA TOISON D'OR

À la mort de son royal père, le jeune Jason se vit subtiliser le trône par son oncle Pélias. Celui-ci accepta de le lui rendre à la condition qu'il lui rapporte la Toison d'or, une peau de bélier couverte d'or, gardée en Colchide (mer Noire) par le roi Aiétès. Un exploit que Pélias croyait impossible.

Loin de se décourager, Jason embarqua à bord d'un puissant navire, l'*Argo*, construit par Argos, un homme doté de cent yeux. Accompagné de cinquante **Argonautes** – parmi lesquels Héraclès, les jumeaux **Castor et Pollux** et le musicien **Orphée** –, il affronta diverses épreuves, tant à l'aller qu'au retour de son périple. Outre les précieux pouvoirs de ses compagnons, il reçut l'aide de la propre fille d'Aiétès, la belle **Médée**, dont il tomba amoureux et qu'il épousa. C'est grâce aux pouvoirs magiques de cette dernière que Jason parvint à s'emparer de la précieuse toison.

DU GREC AU LATIN

Nom grec	Équivalent latin
Aphrodite	*Vénus*
Héphaïstos	*Vulcain*
Apollon	*Apollon (ou Phœbus)*
Héra	*Junon*
Arès	*Mars*
Héraclès	*Hercule*
Artémis	*Diane*
Hermès	*Mercure*
Asclépios	*Esculape*
Hestia	*Vesta*
Athéna	*Minerve*
Les Érinyes	*Les Furies*
Cronos	*Saturne*
Léto	*Latone*
Déméter	*Cérès*
Perséphone	*Proserpine*
Dionysos	*Bacchus*
Poséidon	*Neptune*
Éros	*Cupidon*
Hadès	*Pluton*
Zeus	*Jupiter*

THÉSÉE ET LE MINOTAURE

Héros athénien entre tous, Thésée, fils du roi d'Athènes **Égée**, accomplit des exploits semblables à ceux de son contemporain Héraclès.
Parmi ses hauts faits, il en est un qui demeure particulièrement célèbre : son combat avec le **Minotaure**. Fils de Pasiphaé, femme du roi de Crète Minos, ce monstre mi-homme, mi-taureau vivait dans un labyrinthe conçu par le génial architecte **Dédale**. Or, tous les neuf ans, Minos exigeait d'Athènes, qu'il venait de soumettre, le don de sept jeunes hommes et sept jeunes filles pour les livrer en pâture au Minotaure. Thésée se porta volontaire et parvint à tuer la bête. Grâce à la pelote de fil que lui donna par amour **Ariane**, la propre fille de Minos, il sortit du labyrinthe et revint à Athènes.

ÉNIGME ANTIQUE

Quelle est la créature qui marche à quatre pattes le matin, sur deux le midi et sur trois le soir, et qui, contrairement à la loi de la nature, est le plus faible quand il a le plus de pattes ? – « L'homme », répondit Œdipe au Sphinx. Avec succès. De dépit, le monstre se jeta dans le vide du rocher où il se perchait.

En vue des côtes d'Attique, d'où son père guettait son retour, il oublia de hisser les voiles blanches, signe de sa victoire. Croyant son fils mort, Égée se jeta de chagrin du haut de l'Acropole.

LE CYCLE DES LÉGENDES THÉBAINES

Ce cycle retrace l'histoire des origines de la ville de **Thèbes**, que le roi Cadmos fonda à l'endroit où, conformément aux indications prodiguées par Apollon, une génisse s'était arrêtée d'épuisement. Après un long règne, le vieux Cadmos transmit son trône à sa descendance, **Laïos** et son épouse **Jocaste**.

Avec eux commence l'un des épisodes les plus fameux (et tragiques) des légendes thébaines, celui de leur fils **Œdipe**. Abandonné à sa naissance, le jeune homme, arrivé à l'âge adulte, accomplit sans le savoir la terrible prédiction de l'**oracle de Delphes** : tuer son père et épouser sa mère. C'est au cours de cet épisode qu'il débarrassa la cité du **Sphinx**, un monstre mi-lion mi-femme, qui dévorait tous les passants qui ne savaient pas répondre à l'énigme qu'il leur soumettait.

Le cycle thébain se poursuit avec la querelle des deux fils d'Œdipe, Étéocle et Polynice, qui s'entre-tuèrent, pour s'achever avec la fin tragique de leur sœur, **Antigone**, emmurée vivante pour avoir voulu donner une sépulture à Polynice.

LA GUERRE DE TROIE

Rendu célèbre par **Homère** (qui en fait la trame de ses récits, *voir p. 540*), cet épisode est l'un des plus fameux, mêlant le mythe à l'Histoire.

Héra, Athéna et Aphrodite se réunirent sur le mont Ida (en Crète) où, sous la houlette de la Discorde, s'organisa un concours visant à désigner la plus belle déesse.

Le prix – une pomme d'or – serait remis à la lauréate par le beau **Pâris**, le fils cadet du roi de Troie **Priam**.

Or, la perfide Aphrodite acheta la réponse du jeune homme en lui promettant l'amour de la plus belle mortelle, **Hélène**, épouse du roi de Sparte, **Ménélas**. Pâris la prit au mot et enleva la jeune femme qu'il ramena à Troie, provoquant ainsi la guerre.

D'un côté : les Achéens, dirigés par **Agamemnon**, roi de Mycènes et frère de Ménélas. De l'autre, les Troyens, aidés par **Énée**, fils d'Aphrodite. Le siège devait durer neuf ans, s'achevant avec l'épisode célèbre du **cheval de Troie**.

Poterie figurant Héraclès et un centaure.
DEA/G Dagli Orti/De Agostini Editore/age fotostock

Agamemnon opta pour la ruse : il offrit à Priam un superbe cheval de bois, dans lequel il s'était caché avec ses meilleurs hommes, **Achille**, **Ulysse** et **Ajax**. Le cheval pénétra dans la ville, l'ennemi avec, et Troie tomba enfin.

C'est aussi durant cette guerre qu'Achille, rendu invulnérable après avoir été plongé, enfant, dans les eaux du Styx, fut mortellement blessé d'une flèche au talon, le seul point de son corps à avoir échappé au fluide miraculeux…

LE RETOUR D'ULYSSE

Au retour de la guerre de Troie, Ulysse prend la route de son royaume, l'île d'Ithaque.

Au cours de son périple le héros devra affronter mille dangers : les **Géants**, la magicienne **Circé**, les **Sirènes** au chant ensorcelant ou encore les monstrueux écueils **Charybde** et **Scylla**, sans oublier le **Cyclope Polyphème**, fils de Poséidon, dont le meurtre attirera sur Ulysse et ses marins la colère du dieu de la Mer.

Revenu à Ithaque vingt ans après l'avoir quittée, le guerrier se fera reconnaître de sa femme, la fidèle **Pénélope**, en étant le seul à pouvoir bander son arc et à transpercer d'une seule flèche douze haches alignées.

Il serait trop long de poursuivre la liste de ces cycles légendaires passionnants. Parmi eux, celui de la tragique destinée des Atrides, qui hante les ruines de Mycènes, enrichira votre voyage.

À vous de les découvrir.

Histoire

L'histoire de la Grèce antique – tout comme celle de l'ancienne Égypte ou de Rome – a marqué l'héritage occidental et l'esprit de générations d'écoliers : dieux innombrables, héros légendaires, guerres sans merci, vestiges archéologiques... À mi-chemin entre Rome et Constantinople, la Grèce est le berceau de la civilisation occidentale. Avec la démocratie, elle nous a laissé un modèle politique. Ses philosophes et leurs écoles ont posé le fondement de notre pensée. Ses architectes et artistes ont servi de modèles à la Renaissance. Mais, au-delà de cette Antiquité prestigieuse, la Grèce s'est aussi distinguée en gagnant son indépendance au prix d'une résistance opiniâtre à une succession de maîtres et d'envahisseurs. Aujourd'hui ancrée résolument en Europe, elle en reste le phare oriental, charnière entre Occident et Orient.

L'aube de l'histoire

(5000-900 av. J.-C.)

La Grèce était déjà peuplée durant le paléolithique (plus de 8 000 ans av. J.-C.). Les fouilles en ont montré les traces en Thessalie et en Macédoine. La Grèce d'alors était surtout balayée par les vagues de migration de nomades, en fonction des énormes variations de climat et des déplacements du gibier. La découverte, à l'est du Péloponnèse, d'outils en obsidienne vieux de 13 000 ans (île de Milos) a révélé, par exemple, que les habitants des îles, marins éprouvés, entretenaient des relations avec le continent. C'est d'ailleurs dans ces îles qu'apparaît la première civilisation du pays.

LES CYCLADES OU LA CIVILISATION DES IDOLES

Au début du IIIe millénaire av. J.-C., les Cyclades connaissent un remarquable essor *(ailleurs, en Mésopotamie, les Sumériens avaient déjà inventé l'écriture, l'urbanisme et la sculpture. Dans ce qui est aujourd'hui le Pakistan s'épanouissait la civilisation de l'Indus).* Des traces de leur influence ont été retrouvées jusqu'au Portugal et à l'embouchure du Danube *(dans l'ouest de l'Europe, fleurit la civilisation mégalithique, dont témoignent Carnac, en Bretagne, ou Stonehenge, en Angleterre).* Parce qu'ils sont d'excellents marins, ces îliens se tournent naturellement vers le commerce et profitent des échanges avec la rive orientale de la Méditerranée où l'on bénéficie de la culture mésopotamienne. Leur habitat se concentre d'abord sur les côtes, mais la menace de la piraterie contraint les autochtones à se replier dans des villages fortifiés en hauteur. De ces petites cités, rien ne nous est parvenu, sinon les vestiges de modestes constructions de moellons grossiers, couvertes de branchages. Ce sont les tombes qui ont livré les témoignages les plus abondants : vaisselle, bijoux et surtout ces idoles de marbre aux lignes si modernes, qui sont devenues le symbole de cette culture originale. Bientôt, cependant, l'essor de la civilisation minoenne en Crète entraîne les

Cyclades dans son sillage, pour une autre page d'histoire.

LA CRÈTE ET LA CULTURE MINOENNE

Au cours du IIIe millénaire av. J.-C., vers 2600 av. J.-C., s'épanouit en Crète une civilisation pacifique avancée, nommée minoenne en référence au légendaire roi **Minos**. À partir de 2200 av. J.-C., elle impose ses lettres de noblesse, avec la fondation des premiers palais, véritables complexes urbains, dotés de sanctuaires, magasins, ateliers d'artisans et habitations *(à cette époque, les Égyptiens construisent leurs pyramides)*. Ces « cités-palais » contrôlent une société hiérarchisée et raffinée, où les arts fleurissent autant que prospèrent les relations commerciales avec les Cyclades, la Syrie, l'Égypte et la côte occidentale d'Asie Mineure. On y connaît l'écriture et l'art y est très élaboré *(ailleurs, aux alentours de 1700 av. J.-C., dans ce qui est aujourd'hui l'Irak, la culture de Babylone rayonne sous le règne d'Hammourabi)*.

LA GRÈCE CONTINENTALE ET LA CIVILISATION MYCÉNIENNE

(1600-1100 av. J.-C.)
Alors que la société minoenne raffinée entre en déclin, le continent accueille lui aussi une autre culture avec l'arrivée en Grèce des **Achéens**, peuple indo-européen venu du nord par les Balkans, à partir de 1800 av. J.-C. Ils forment la première de ce que l'on appellera les tribus grecques. Guerriers émérites, ils envahissent peu à peu les bords de la mer Égée et fondent des cités. La plus illustre, Mycènes, est à l'origine du nom de leur civilisation. Parmi les épisodes de leur prise de pouvoir figure la célèbre guerre de Troie. Les Achéens apportent avec eux le goût de la chasse, la science de la guerre (leur société est le fondement de toutes les légendes et cycles héroïques) et une innovation, le char attelé. Mais ils intègrent sans difficulté l'apport de la civilisation minoenne, en particulier une forme d'écriture. Ils entretiennent des relations avec des peuples éloignés (des objets en or découverts en Irlande témoignent de relations avec cette île).

Pourtant, vers 1100 av. J.-C., la plupart de ces cités sont détruites, et le monde mycénien disparaît à son tour, peut-être en raison de conflits internes. La chute de la civilisation mycénienne marque en tout cas une véritable rupture dans l'histoire de la Grèce. Avec l'abandon des principaux sites disparaît également l'écriture *(à la même époque, en Égypte, on construit les grands temples de Louxor, Karnak et Abou Simbel)*.

LES DORIENS OU LA PÉRIODE GÉOMÉTRIQUE

(12e-9e s. av. J.-C.)
Parmi les causes de la chute des Mycéniens, certains évoquent une seconde vague d'invasion indo-européenne, celle des Doriens, arrivés eux aussi du nord à partir de 1200 av. J.-C. Elle

JEUX INTERVILLES

Créés en 776 av. J.-C., les **Jeux olympiques** donnèrent aux cités-États l'occasion de se mesurer pacifiquement, par athlètes interposés. Sur le stade d'Olympie, dans la palestre ou le gymnase, les vainqueurs des courses à pied, du pentathlon, des sports de lutte et de la course de chars (quadrige) reçoivent récompenses et honneurs, leurs victoires rejaillissant sur leur cité et lui conférant un prestige hautement politique.

oblige les habitants à fuir vers la côte occidentale d'Asie Mineure où ils fondent les premières cités ioniennes. Bien que l'on appelle la période de leur domination les Siècles obscurs, les Doriens ont tout de même apporté leur lot d'innovations : usage du fer, de la fibule, rites d'incinération, et surtout, l'apparition de splendides céramiques à motifs géométriques. Mais ils morcellent le territoire en cités, qui deviennent des unités politiques en miniature. Curieusement, malgré cet émiettement de la société, ils maintiennent l'unité religieuse (autour du culte d'Apollon) et culturelle (langue commune, cycles des légendes homériques de *l'Iliade* et de *l'Odyssée*). *Pendant ce temps, en Inde, on écrit les Védas (vers 1000 av. J.-C.) et on constitue la société de castes. Salomon règne sur Israël (996-926 av. J.-C.).*

L'Antiquité

Du 8e s. av. J.-C. au 4e s. apr. J.-C. s'étend ce que l'on nomme l'Antiquité. C'est durant cette longue période que se façonne le rôle prédominant de la Grèce dans la naissance des futures civilisations européennes.

LA PÉRIODE ARCHAÏQUE

(8e-5e s. av. J.-C.)
La civilisation grecque sort de son sommeil et renoue avec sa tradition maritime et commerciale, fondant des colonies dans tout le Bassin méditerranéen, en Italie, en Gaule (Marseille...), en Thrace et jusqu'en mer Noire. L'organisation de la société repose toujours sur la *polis*, cité-État formée d'un centre urbain, des terres agricoles et des villages qui l'entourent. Les habitants de la cité constituent une communauté rigoureusement structurée, qui se réfère à de lointains ancêtres fondateurs souvent mythiques. Peu à peu le pouvoir passe de la royauté à une minorité privilégiée, l'aristocratie. Les citoyens se rassemblent régulièrement à l'occasion de cérémonies vouées aux cultes qu'ils partagent, en particulier celui de la divinité protectrice de la cité.
Mais les conflits entre les cités sont nombreux. Deux d'entre elles se disputent la prééminence. La première, Athènes, s'enrichit par le commerce et amorce des réformes politiques et juridiques pour reconnaître les droits des citoyens non nobles. Sa grande rivale est Sparte, dont les habitants, descendants des Doriens, sont un peuple aux règles très strictes. Chacun doit viser l'excellence militaire, tant au plan des capacités physiques que de l'éducation. Sa puissance guerrière lui permet d'étendre son pouvoir sur l'ensemble du Péloponnèse. Malgré leur constante rivalité, Athènes et Sparte vont pourtant s'unir pour lutter contre les Perses, qui ont déjà imposé leur souveraineté sur les cités grecques d'Asie Mineure et exigent la soumission de tous les Grecs. Parmi les grandes cités, seules Athènes et Sparte refusent. En 490, les Athéniens infligent à

NAISSANCE DES ARMÉES

Au 7e s. av. J.-C., la guerre change d'aspect : une véritable formation militaire apparaît, la phalange hoplitique. Elle se compose de plusieurs rangs de soldats, les hoplites, qui avancent ensemble en rangs serrés, chacun étant équipé de jambières, d'une cuirasse et d'un casque en bronze, d'un lourd bouclier de bois cerclé de bronze, d'une lance et d'une épée courte. La cité hoplitique par excellence est Sparte.

LES DÉBUTS DE LA DÉMOCRATIE

Pour être **citoyen**, il faut être né de parents eux-mêmes citoyens. Il existe quatre catégories de citoyens, en fonction de leurs revenus. Tous sont égaux en droit et peuvent proposer des lois, voter et s'exprimer librement à l'Assemblée. À partir de l'âge de 30 ans, le citoyen peut accéder aux fonctions d'administration de la cité (préparation des lois, exercice de la justice), par tirage au sort, lequel traduit la volonté des dieux. Pour ces fonctions, il reçoit une indemnité qui permet même aux plus pauvres d'entrer en politique. Les plus hauts responsables, ceux qui dirigent la cité, sont élus par l'Assemblée. Chacun peut porter plainte contre une infraction dont il est le témoin ou la victime, ou demander la remise en cause d'une nouvelle loi. En cas de délit grave, l'Assemblée peut voter la destitution de la citoyenneté. Pour pouvoir faire voter lois ou mesures, l'Assemblée doit réunir au moins 6000 citoyens.

Seul bémol (mais il est de taille) à cette belle ébauche démocratique : ni les femmes, ni les étrangers, ni les esclaves ne peuvent prétendre au statut de citoyen.

Darius une cuisante défaite, sur la fameuse plaine de Marathon *(voir encadré, p. 104)*. En 480, c'est au tour de Sparte d'avoir ses héros, tels Léonidas et ses 300 hommes qui se sacrifient pour retarder l'avancée ennemie lors de la bataille des Thermopyles. Enfin, l'affrontement naval de Salamine signe la suprématie de la flotte grecque, tandis que la victoire des hoplites à Platées confirme la défaite perse *(au début de cette même période, 6e-5e s. av. J.-C., ailleurs dans le monde, Confucius et Lao-Tseu initient en Chine des courants de pensée et une morale définissant la place de l'individu dans la société et l'univers. En Inde, c'est la fondation du bouddhisme)*.

LA PÉRIODE CLASSIQUE OU LA NAISSANCE DE LA DÉMOCRATIE

(5e-4e s. av. J.-C.)

Après les premières réformes de la période précédente, c'est le 5e s. qui marque la véritable naissance de la démocratie à Athènes. Renforcée par ses victoires, Athènes prend la tête d'une confédération : la **ligue de Délos**. Forte de ses richesses et de ses marins, la ligue doit achever de libérer le territoire grec et assurer la défense contre un éventuel sursaut des Perses. L'hégémonie athénienne est à son apogée : à la tête d'une flotte puissante, la ville contrôle la mer Égée et les échanges commerciaux, et affirme sa domination sur les cités alliées. C'est à cette époque, en 460 av. J.-C., que **Périclès** arrive au pouvoir pour trente ans, qui correspondent à l'âge d'or de la cité. Après sa mise à sac par les Perses en 480, la ville reconstruit ses fortifications, qu'elle relie au port du Pirée par deux « Longs Murs » de protection. Elle s'active à la réalisation des grands travaux sur l'Acropole et la politique culturelle éclairée de Périclès fait d'Athènes le centre de la Grèce : c'est le temps des philosophes, Socrate, des dramaturges et des poètes, Eschyle, Sophocle, Euripide… C'est surtout l'instauration définitive de la démocratie à Athènes.

Mais cette domination heurte et agace les autres cités grecques, particulièrement sa rivale spartiate. Le conflit éclate en 431 et la **guerre du Péloponnèse** embrase toute la Grèce. Il faudra vingt-cinq ans de guerre avant qu'Athènes ne capitule. Après une courte accalmie, les hostilités reprennent entre Sparte, Athènes et Thèbes, qui visent chacune l'hégémonie sur la Grèce, mais en font par la même occasion une proie facile pour l'ennemi. Outre ces luttes incessantes, les cités doivent faire face à la corruption du pouvoir, au désintérêt des citoyens et au mécontentement du peuple. Les philosophes prônent des réformes politiques et encouragent l'indépendance de la pensée et la prééminence de l'individu. À la faillite extérieure des cités rivales s'ajoute l'échec politique à l'intérieur.

LA PÉRIODE HELLÉNISTIQUE OU LE RÊVE D'ALEXANDRE

(4e s. av. J.-C.)
Ironie de l'histoire, le sursaut face à l'emprise perse vient d'une contrée que les Grecs considèrent comme à moitié barbare. Pourtant, la **Macédoine** a su très tôt réaliser son unité autour d'une monarchie centralisée et structurée. En moins de vingt ans, sous l'autorité de **Philippe II** (359-336), l'armée macédonienne conquiert la Grèce, profitant des divisions entre les cités. L'objectif est de vaincre les Perses, mais Philippe est assassiné et c'est son fils, **Alexandre le Grand**, qui reprend son ambition et réalise la formidable conquête de l'Empire perse (334-323). Le rêve d'Alexandre, c'est un empire universel qui porterait la culture grecque aux confins du monde. De fait, son empire, le plus vaste jamais conquis, s'étend de la Macédoine à la Libye et à l'Égypte, et, à l'est, jusqu'à l'Indus (l'actuel Pakistan).

Mais à sa mort, en 323, le jeune empire se disloque déjà, partagé entre ses quatre généraux, et la Grèce se retrouve placée sous le protectorat des rois de Macédoine. Ses tentatives pour s'en libérer se solderont par des échecs.

LA DOMINATION ROMAINE

(3e s. av. J.-C.-4e s.)
Pour s'assurer du contrôle de l'Adriatique, le roi de Macédoine Philippe V s'allie à Hannibal contre Rome. Mais il a mal choisi son camp : le Carthaginois est vaincu, et les Romains envahissent la Grèce. Dès lors, son sort se trouve lié à celui de Rome. Après avoir battu Antoine et Cléopâtre (31 av. J.-C.), Auguste annexe l'ensemble du monde hellénique et fait de la Grèce une province romaine. La civilisation grecque n'en conserve pas moins un énorme prestige aux yeux des Romains. Athènes reste le centre intellectuel et culturel de l'hellénisme, où vont se former les élites de la société romaine. *En Chine, on commence les travaux de la Grande Muraille (env. 200 av. J.-C.).*

La Grèce byzantine

(395-1453)
À partir du 3e s., l'Empire romain subit plusieurs vagues d'invasions barbares, qui vont avoir raison de son unité. En 325, pour surveiller les marches de l'Empire, l'empereur Constantin donne l'ordre de construire sur les murs de l'ancienne Byzance une ville nouvelle à laquelle il donne son nom, Constantinopolis, qu'il proclame sa capitale (330). Mais l'éclatement de l'Empire devient effectif en 395, quand le territoire est scindé en deux : la partie orientale, qui comprend alors, outre la Grèce, les Balkans, l'Asie Mineure, la Syrie, la Palestine, la Mésopotamie du Nord et l'Égypte, devient l'**Empire romain d'Orient**. L'Empire romain d'Occident, envahi, déchu, va se morceler en royaumes barbares.

UNE TERRE CONSTAMMENT MENACÉE

En Grèce, les séquelles des invasions barbares s'estompent, et seul le terrible tremblement

Statue d'Alexandre le Grand sur son cheval Bucéphale, à Pella.
C. Chaudeau/Michelin

de terre du 21 juillet 365 vient troubler une période de paix relative de plus d'un siècle. Au cours de ce 4e s., le christianisme devient religion d'État, les cultes païens sont interdits et les Jeux olympiques supprimés. Pourtant, le paganisme reste très vivace. Cette résistance au christianisme d'État n'est peut-être pas étrangère à la passivité des troupes lorsque les Wisigoths déferlent, en 395. Dès lors, les incursions se multiplient et apportent des changements démographiques profonds. On assiste à un double mouvement de population : d'une part, un grand nombre de Grecs sont chassés du Péloponnèse, d'autre part, des Slaves se fixent dans l'ensemble de la Grèce, si bien que Byzance doit recourir à la force pour faire respecter son autorité sur la région, malgré la menace des Arabes, des Bulgares et des Normands. L'Empire byzantin résiste à tout cela avant de céder, paradoxe de l'histoire, à des chrétiens, venus d'Occident pour lui prêter main-forte contre la menace ottomane !

LA TRAHISON DES CROISÉS

À l'appel du pape français Urbain II (1095), un formidable élan spirituel pousse la chrétienté occidentale vers Jérusalem, aux mains des musulmans depuis le 7e s. Les empereurs byzantins avaient réclamé cette intervention, mais seulement comme une réserve d'hommes placés sous leur autorité pour reconquérir des territoires et les lieux saints leur appartenant historiquement. Cependant, négligeant ces accords, la noblesse d'Europe qui part en croisade va conserver toutes les terres conquises, pour les organiser selon le modèle féodal. Des États latins fleurissent, dont le royaume de Jérusalem. Par ailleurs, la présence toujours plus importante à Constantinople des marchands latins, en particulier vénitiens, attise les rancunes, qui se matérialisent en un sinistre pogrom, en 1182.
Si les trois premières croisades n'ont eu que peu d'influence sur la Grèce, la quatrième (1202-1204) la concerne directement et précipite

la chute de l'Empire byzantin. Au lieu d'attaquer les musulmans en Égypte, les croisés s'allient aux Vénitiens et se dirigent sur Constantinople, qu'ils anéantissent (1204). La campagne se termine par la création d'un Empire latin.

LES FRANCS EN GRÈCE

À dire vrai, l'Empire latin de Constantinople fait bien pâle figure. L'unité, qui avait fait la force de l'Empire byzantin, n'a pas résisté aux appétits divergents des chevaliers croisés. Les Vénitiens se sont attribué la moitié de la capitale, la plupart des îles Égéennes et un grand nombre de places fortes en Grèce continentale. Ils se concentrent sur le commerce maritime et prennent possession de nombreux ports. Les principaux chefs de la croisade se constituent des fiefs, dans la plus pure tradition féodale. Les grands croisés francs se partagent la Grèce, créant, entre autres, le puissant duché d'Athènes. La présence franque se concentre alors dans la principauté de Morée, où se tient une cour brillante, grâce à l'arrivée régulière de chevaliers venus de France. C'est durant cette période que de nombreuses citadelles sont construites, la plus célèbre étant Mistra.

MORT DE L'EMPIRE

Les Byzantins reprennent enfin **Constantinople,** en 1261, mais ne retrouvent la suprématie sur la Grèce qu'en 1428.

L'Empire byzantin reconstitué n'est plus que l'ombre de lui-même. Après l'incursion serbe, il subit celle des Ottomans. Le 29 mai 1453, Constantinople tombe aux mains du sultan Mehmet II (1451-1481). Rhodes et les îles du Dodécanèse sont conquises en 1522, Chios en 1566, Chypre en 1571. Ultime point d'ancrage des Vénitiens en Grèce, la Crète capitule à son tour en 1669.

La Grèce ottomane

(1453-1830)

Sous l'occupation ottomane, les chrétiens grecs, comme toutes les populations non musulmanes, sont tolérés mais maintenus dans un statut vexatoire d'infériorité. Deux mesures leur semblent particulièrement contraignantes : une imposition plus lourde que celle des musulmans et l'enrôlement forcé de jeunes chrétiens de 10 à 20 ans dans la garde personnelle du sultan.

Cependant, bien que les élites intellectuelles aient fui en masse, il ne faut pas exagérer le poids de la tutelle ottomane. En comparaison du gouvernement autoritaire et oppressif des Vénitiens dans les îles, le sultan fait preuve d'une grande mansuétude, en laissant l'administration locale au soin des Grecs et en manifestant une large tolérance religieuse. Ainsi, loin de supprimer le clergé orthodoxe, il confirme les prérogatives du patriarche de Constantinople et fait même de lui le représentant de l'ensemble des chrétiens de l'Empire ottoman. Une attitude de l'Église qui n'est pas sans ambiguïté : si, grâce à elle, la langue et la culture grecques se perpétuent, les patriarches n'ont de cesse d'encourager leurs fidèles à condamner toute insubordination.

Vers l'indépendance

Jusqu'au 17e s., se déroule une période d'expansion, marquée par le règne de **Soliman le Magnifique** (1521-1566). Par la suite, le déclin de l'Empire coïncide avec le renouveau du sentiment national grec. Une première forme de résistance à l'occupation turque se dessine avec le succès croissant des *klephtes*, bandes de brigands des montagnes qui harcèlent les Ottomans. Les *armatoles*, miliciens grecs formés par les Turcs pour mettre au pas

LES JANISSAIRES, DES SOLDATS CHRÉTIENS

D'abord constitué de prisonniers de guerre, ce corps d'élite trouva ensuite ses recrues parmi les populations chrétiennes de l'Empire, convertissant ses enfants à l'islam et les formant aux arts de la guerre. Si la méthode de recrutement des futurs janissaires choquait, être choisi constituait néanmoins l'unique moyen, pour une grande partie de la communauté chrétienne, de faire carrière dans l'administration ottomane. À partir du 17e s., le corps des janissaires (*yeni çeri*, « nouvelle troupe ») évoluera vers une charge héréditaire, dont les titulaires, corrompus, agiront selon leur propre intérêt. Au plus près du pouvoir, ceux-ci finiront par créer une menace pour le sultan qui ordonnera la suppression complète du corps en 1826, en assassinant tous ses membres.

les *klephtes*, rejoignent souvent ceux qu'ils doivent combattre, constituant le fer de lance du mouvement de libération des territoires grecs.

Pourtant, la Grèce ne connaît pas de soulèvement d'envergure avant le 18e s. Au contraire, profitant des revers musulmans, des Grecs, principalement issus du quartier du Phanar à Istanbul, s'infiltrent progressivement dans les rouages de l'Empire, jusqu'à tenir des postes clés auprès du sultan. Les Phanariotes occupent d'abord les plus hauts postes ecclésiastiques et investissent une partie croissante du négoce. Leur connaissance des affaires européennes les conduit bientôt à influencer la diplomatie de l'Empire ottoman et à accaparer certaines charges.

Toutefois, malgré cette infiltration des institutions ottomanes, l'idée révolutionnaire gagne du terrain. Elle se concrétise en 1770, même si le soulèvement du Péloponnèse est vite réprimé. Mais la déliquescence accélérée de l'Empire ottoman et la propagation des idées de la Révolution française renforcent la lutte pour la liberté.

Au début du 19e s., les élites gagnées à la cause indépendantiste tentent de s'attirer le soutien des milieux européens. Des sociétés secrètes (hétairies) militant pour une Grande Grèce indépendante, fleurissent bientôt en Europe, à Vienne, puis à Paris, Athènes et surtout Odessa.

UNE DURE CONQUÊTE

Un premier soulèvement, fomenté avec le soutien de la Russie, échoue rapidement. Mais le mouvement révolutionnaire se propage à travers la Grèce. Le patriarche de Patra donne le signal de la révolte, le 25 mars 1821. En quelques mois, toutes les forces hostiles à l'occupant se regroupent et finiront par chasser les Turcs.

Après ces premiers succès, des conflits internes freinent la révolution et le sultan en profite pour organiser sa contre-offensive. Les grandes puissances se gardent d'intervenir, au nom du principe de la Sainte-Alliance qui subordonne le maintien de la paix en Europe au *statu quo*. Pour mater définitivement la rébellion, le sultan demande l'aide du vice-roi d'Égypte. Les troupes turco-égyptiennes écrasent les insurgés en Crète et débarquent sur le continent où elles reprennent dans le sang les positions tenues par les Grecs. La défense héroïque des révoltés et le massacre de dizaines de milliers de chrétiens vont enfin balayer les réticences des gouvernements européens. La Russie, la Grande-Bretagne et la France imposent au sultan d'accorder à la Grèce le statut d'autonomie, par le traité d'Andrinople (1829). En 1830, le **traité de Londres** reconnaît de droit l'Indépendance de la Grèce et y instaure une **monarchie absolue**. La nation grecque vient de naître.

L'ÉTAT GREC

La Grèce a gagné son indépendance, mais les frustrations restent fortes, tant le nouvel État se révèle éloigné des aspirations révolutionnaires. Loin de couvrir l'ensemble des terres historiques, le royaume se réduit au Péloponnèse, au sud de la Grèce centrale et à un certain nombre d'îles proches du continent : en tout, à peine 800 000 âmes, regroupées dans un État pauvre, essentiellement rural et meurtri par la guerre ! On comprend dès lors que le projet d'un grand hellénisme, la volonté de rassembler dans une même nation l'ensemble des territoires historiquement et ethniquement grecs, devienne l'axiome principal des revendications. À cela s'ajoute le choix arbitraire, par les puissances contractantes, d'un souverain bavarois. Le jeune **Othon Ier** heurte la sensibilité de ses sujets en confiant les postes clés à ses compatriotes. Dès 1843, un coup d'État, sans effusion de sang, instaure une **monarchie constitutionnelle**, qui sera surtout marquée par une forte instabilité et le mécontentement croissant de la population. Un nouveau coup d'État, en octobre 1862, entraîne la destitution d'Othon Ier.

PREMIERS SUCCÈS

La Grande-Bretagne accentue son influence grâce au choix du nouveau roi, Georges Ier, fils cadet du roi du Danemark (beau-frère du prince de Galles). Mais cette fois, le roi n'agit plus selon son bon vouloir, et le gouvernement doit obtenir la confiance du Parlement, élu au suffrage universel. Sur le plan intérieur, le dernier quart du 19e s., marqué par la personnalité d'un Premier ministre libéral, coïncide avec une période de développement : poussée démographique, réforme agraire (1871), percement de l'isthme de Corinthe (1882-1893).

Après la **conférence de Berlin** (1878) qui redistribue les cartes dans les Balkans, les Ottomans cèdent la Thessalie et le sud de l'Épire (1881). Deux soulèvements réprimés en Crète et en Macédoine exacerbent le nationalisme grec. Lorsque le Crétois **Elefthérios Venizélos** proclame le rattachement de l'île à la Grèce (1908), le gouvernement préfère ne pas entériner, malgré la pression populaire. Mais l'année suivante, la révolte d'un groupe d'officiers radicaux oblige le roi à appeler Venizélos au pouvoir, qui affiche aussitôt sa détermination à réunir toutes les terres grecques en une seule et même nation. Il conclut une alliance avec la Serbie, le Monténégro et la Bulgarie pour libérer les Balkans de la tutelle ottomane. Vainqueurs de la première guerre balkanique (1912-1913), les pays coalisés se disputent le partage de la Macédoine. La Bulgarie déclenche alors la **seconde guerre balkanique** contre la Grèce et la Serbie. Des deux conflits, la Grèce tire de larges bénéfices : la Crète, l'Épire méridionale, le sud de la Macédoine et la plupart des îles de la mer Égée lui reviennent. Seul le Dodécanèse reste aux mains de l'Italie.

LE TEMPS DES DÉSILLUSIONS

À l'issue du premier conflit mondial, la Grèce s'agrandit encore, comblant pratiquement tous les espoirs des nationalistes. Pourtant, le pays ne s'est rangé que tardivement aux côtés de l'Entente. Succédant à son père Georges Ier, assassiné à Thessalonique en 1913, le nouveau **roi Constantin Ier**, beau-frère de l'Empereur d'Allemagne Guillaume II, se montre plutôt favorable aux puissances centrales. Poussé à la démission par le monarque pour ses tentatives de rapprochement avec les Alliés, le Premier ministre Venizélos forme un contre-gouvernement à Thessalonique (septembre 1916). Un débarquement de fusiliers marins français va avoir raison du roi Constantin, qui abdique en faveur de son deuxième fils. Aux **traités de Neuilly** (1919) et de **Sèvres** (1920), la Grèce obtient la Thrace occidentale et orientale, les îles d'Imbros et de Ténédos, et l'administration d'une grande partie des provinces égéennes d'Asie Mineure autour de Smyrne (Izmir). Mais l'irrédentisme grec atteint alors ses limites. Lorsque les Turcs de **Mustapha Kemal** (Atatürk) refusent les conclusions du traité de Sèvres, Venizélos décide d'envahir l'Anatolie. Très vite, cependant, la situation intérieure va changer totalement : impopulaire, le conflit coûte sa charge au Premier ministre. Un plébiscite remet Constantin Ier sur le trône, mais le retour des forces germanophiles au pouvoir enlève aussitôt au pays tout appui extérieur. Dans ce contexte, l'armée accumule les défaites. Au terme de deux années de lutte, Mustapha Kemal parvient à bouter les Grecs hors d'Anatolie. La ville de Smyrne est ravagée par un gigantesque incendie et sa population, majoritairement grecque, est contrainte à l'exil sous la pression de l'armée turque. Un second traité (**Lausanne**, 1923) rétablit la pleine souveraineté des Turcs sur toute l'Asie Mineure, la Thrace orientale, Smyrne, Trébizonde, Erzurum et les détroits. Commence alors un massif échange de population entre la Turquie et la Grèce : 1,5 million de Grecs d'Asie Mineure croiseront 500 000 Turcs de Grèce. Le souvenir de cette page sombre de leur histoire est demeuré profondément ancré dans la mémoire collective grecque sous le nom de « Grande Catastrophe ».

DE LA GUERRE MONDIALE À LA GUERRE CIVILE

La déroute militaire, l'exode des Grecs de Turquie et les difficultés économiques provoquent les abdications successives de Constantin Ier (octobre 1922), puis de son fils Georges II (décembre 1923). La **République**, proclamée en mars 1924, ne parvient pas à endiguer le flot des mécontentements. Traversée par les crises politiques et financières, elle disparaît et, en mars 1935, la monarchie est rétablie. Avec l'aval du roi, le général Metaxas établit un régime dictatorial qui s'apparente au fascisme italien. Cependant, malgré les convergences avec le régime mussolinien, les prétentions territoriales du Duce font basculer Athènes dans le camp des Alliés. Bien que deux fois plus nombreuses, les troupes italiennes subissent une défaite cuisante (1940), obligeant Hitler à engager son armée pour lui venir en aide. En une campagne éclair, la Wehrmacht submerge l'ensemble des Balkans et pénètre en Grèce le 6 avril 1941. Les Grecs montrent une résistance acharnée, qui impressionnera les hauts militaires allemands eux-mêmes, mais elle ne pourra empêcher l'invasion, ni le partage du pays en trois zones d'occupation : italienne, allemande et bulgare.

Tandis que le roi et le gouvernement perpétuent l'existence de l'État en se réfugiant au Caire, la résistance intérieure contre l'occupant s'organise autour de deux grands mouvements qui mènent des actions de guérilla.

UNE ACTION DÉCISIVE

On peut affirmer que c'est en Grèce que l'issue de la Seconde Guerre mondiale commença de se dessiner. L'armée hellène, en infligeant une défaite aussi inattendue que radicale aux troupes italiennes, a humilié son chef, Mussolini, contraint d'assister au sauvetage de ses hommes par les soldats du Führer. Surtout, pour venir au secours des Italiens, Hitler a dû repousser au mois de juin l'opération Barberousse contre la Russie. Deux mois perdus qui empêcheront la Wehrmacht d'atteindre Moscou avant le terrible hiver 1941-1942, et qui seront à l'origine de son premier échec. L'écho de cet échec retentira bientôt à travers toute l'Europe, comme un encouragement à la résistance.

Les communautés juives de Grèce sont exterminées à plus de 80 %. La mésentente croissante entre l'**Edes** monarchiste et l'**Elas** communiste, qui cesse de reconnaître la légalité du gouvernement en exil, se transforme à la fin du conflit mondial en **guerre civile** (1946-1949), premier avatar de la guerre froide. Soutenus par la Yougoslavie et l'URSS, les communistes du général Markos gagnent du terrain, mais l'aide des États-Unis au gouvernement légal et à la monarchie, puis la rupture entre Tito et Staline rendent leur défaite inéluctable. La situation après la guerre civile est si catastrophique qu'un grand nombre de Grecs émigrent en Amérique du Nord ou en Australie.

Le temps de la démocratie

La Grèce de Paul Ier (1947-1964), qui a reçu les îles du Dodécanèse en 1947 et entre dans l'Otan en 1951, présente la particularité d'être dirigée en théorie par des gouvernements de droite modérée, mais en réalité par des forces parallèles d'extrême droite. Lorsque **Georges Papandréou**, parvenu au pouvoir en 1963 à la tête de l'Union du Centre, propose des réformes démocratiques, il fait peur à ces forces occultes et il est très vite acculé à la démission par le jeune roi **Constantin II** (1965).

LA DÉMOCRATIE CONFISQUÉE...

S'ouvre alors une période de crise politique, qui trouve un terme avec le **coup d'État** du 21 avril 1967 et le début du **régime des colonels**. Constantin II tente en vain un contrecoup d'État, mais il doit s'exiler à Rome. La junte militaire instaure un gouvernement autoritaire et répressif, qui s'aliène la population et s'attire la réprobation internationale, à l'exception des États-Unis. En réponse au mécontentement populaire et aux manifestations étudiantes (1972-1973), le régime applique la loi martiale et crée des tribunaux d'exception.

... PUIS RESTITUÉE

Ni la **proclamation de la République** (juillet 1973) ni le remplacement du colonel Papadopoulos par le général Ghizikis ne permettent de sortir de l'impasse politique. La question chypriote, qui empoisonne les relations avec la Turquie depuis longtemps, sert d'épilogue au régime des colonels. Leur tentative manquée d'assassinat du président chypriote Makarios et la réaction des Turcs, qui envahissent 40 % du nord de l'île, contraignent Ghizikis à se retirer pour confier le pouvoir à l'ancien Premier ministre de droite **Caramanlis** (juillet 1974). Peu après, un référendum confirme le remplacement de la monarchie par la république, et une nouvelle constitution est promulguée en 1975. Avec l'arrivée au pouvoir du parti socialiste, le **Pasok** d'Andréas Papandréou, qui marque le début de l'alternance politique, et l'**adhésion à la CEE,** qui contribuera beaucoup au développement et à la modernisation du pays, l'année 1981 symbolise le renouveau de la Grèce. Mais celle-ci doit encore pacifier ses relations avec ses voisins. Les années 1990 voient s'ajouter au conflit récurrent avec la Turquie, ravivé par l'entrée de Chypre dans l'Union européenne et la question de la réunification des deux parties de l'île. Il y eut aussi longtemps -pendant 27 ans - le refus grec de reconnaître, le nom de la jeune République de Macédoine, qui pouvait prêter à confusion avec la province grecque de Macédoine. Mais un accord sur le nom « Macédoine du Nord » semblait trouvé en 2018 pour tourner cette page.

Chronologie

- **6000-3000** – Néolithique.
- **3200-1900** – Civilisation cycladique.

L'ÂGE DU BRONZE (CRÈTE, 3000-800)

- **3000-2000** – Minoen ancien. Début de l'âge du bronze.
- **2000-1570** – Minoen moyen. Premiers palais.
Écriture linéaire A.
- **1570-1150** – Minoen récent. Disparition de la civilisation minoenne sur le continent.
- **2500-2000** – Helladique ancien. Début du bronze.
- **2000-1600** – Helladique moyen. Arrivée des Achéens.
- **1600-1100** – Helladique récent. Civilisation mycénienne.
Écriture linéaire B.
- **Vers 1100** – Invasions doriennes. Colonisation de l'Asie Mineure par les Grecs d'Ionie.
- **1100-800** – Les « Siècles obscurs ».

L'ANTIQUITÉ (8e S.-395)

8e s. – Homère écrit *l'Iliade* et *l'Odyssée*.
- **776** – Création des Jeux olympiques.
- **735-734** – Début de la colonisation de l'Italie et de la Sicile.
- **734-680** – Guerre Lélantine.
- **680-660** – Colonisation de la mer Noire.
- **655-585** – Tyrannie de Kypsélos et Périandre.
- **595-586** – Première guerre sacrée pour le contrôle de Delphes.
- **546-510** – Tyrannie de Pisistrate et de ses fils.
- **546** – Les Perses de Cyrus imposent leur souveraineté aux Grecs d'Ionie.
- **499** – Début des guerres médiques. Révolte des Grecs d'Ionie.
- **490** – Bataille de Marathon.
- **480-479** – Batailles des Thermopyles, de Salamine et de Platées.
- **449** – Paix de Callias.
- **460-429** – Le « siècle de Périclès ».
Guerre du Péloponnèse.
Athènes est vaincue par Sparte.
Bataille de Chéronée.
Philippe II de Macédoine conquiert la Grèce.
- **334-323** – Alexandre le Grand constitue son empire.
- **197** – Bataille de Cynoscéphales.
Les Romains s'emparent de la Grèce.
- **27 av. J.-C.** – La Grèce devient la province romaine d'Achaïe.
- **330** – Constantinople capitale de l'Empire.

DEVOIRS CIVIQUES

En Grèce, on ne connaît pas le problème d'abstentionnisme car le vote est obligatoire. Chaque citoyen préfère toujours déposer son bulletin dans les urnes de sa commune d'origine, ce qui oblige les Grecs à une incroyable transhumance pour chaque élection.

LA GRÈCE BYZANTINE (395-1453)

- **395** – Début de l'Empire byzantin. Invasion des Wisigoths d'Alaric.
- **467** – Invasion des Vandales de Genséric.
- **476** – Fin de l'Empire romain d'Occident.
- **7e s.** – Invasions des Slaves et des Avars.
- **1054** – Schisme des Églises d'Orient et d'Occident.
- **1204** – Prise de Constantinople par les croisés. Fondation de l'Empire latin.
- **1261** – Michel VIII Paléologue reprend Constantinople.
- **1402** – Défaite des Ottomans face aux Mongols de Timur Lang (Tamerlan).
- **1453** – Prise de Constantinople par les Ottomans de Mehmet II.

LA GRÈCE OTTOMANE (1453-1830)

- **1521-1566** – Règne de Soliman le Magnifique.
- **1522** – Prise de Rhodes par Soliman.
- **1571** – Conquête de Chypre.
- **1669** – Les Vénitiens perdent leur dernière base en Crète.
- **1770** – Soulèvement du Péloponnèse. Répression des Ottomans.
- **1797** – Napoléon Bonaparte s'empare des îles Ioniennes.
- **1820-1822** – Révolte d'Ali Pacha contre les Ottomans dans l'Épire.
- **1821** – Début de la guerre d'Indépendance.
- **1825** – Intervention des troupes du vice-roi d'Égypte Méhémet Ali.
- **1827** – La flotte russo-anglo-française défait la flotte turco-égyptienne, contribuant à l'indépendance de la Grèce.
- **1829** – Signature du traité d'Andrinople.

LES TEMPS MODERNES

- **1830** – Traité de Londres proclamant l'indépendance de la Grèce.
- **1831** – Assassinat de Capodistria.
- **1832-1862** – Règne d'Othon Ier de Bavière.
- **1863-1913** – Règne de Georges Ier.
- **1878** – Conférence de Berlin sur les Balkans.
- **1896** – Premiers Jeux olympiques modernes, à Athènes.
- **1897** – Défaite grecque face à l'Empire ottoman en Macédoine et en Crète.
- **1912** – Première guerre balkanique. Gains de territoires.
- **1913** – Deuxième guerre balkanique.
- **1919-1920** – Traités de Neuilly et de Sèvres, avantages territoriaux importants.
- **1922-1923** – « La Grande Castastrophe » : la tentative d'invasion de la Turquie par la Grèce se solde par un échec. Perte des territoires grecs d'Asie Mineure et de Thrace occidentale, exode de 1,5 million de chrétiens et de 500 000 musulmans.
- **1924-1935** – Expérience malheureuse de la République.
- **1936-1941** – Dictature du général Metaxas.
- **1940-1941** – Guerre italo-grecque.

Rue Ermou, Athènes.
entrechat/iStock

- **1941-1944** – Occupation allemande, italienne et bulgare. Résistance massive sous la direction de l'Elas (communiste) et de l'Edes (monarchiste).
- **1946-1949** – Guerre civile, victoire des forces anticommunistes.
- **1947** – Restitution des îles du Dodécanèse par l'Italie.
- **1951** – Adhésion à l'Otan.
- **6 septembre 1955** – Pogrom d'Istanbul. Plus de 120 000 Grecs de Turquie fuient vers la Grèce.
- **1967-1974** – Régime des colonels.
- **1974** – Crise chypriote.
- **1980** – Élection à la présidence de la République de Constantin Caramanlis (Nouvelle Démocratie).
- **1er janvier 1981** – Adhésion de la Grèce à la CEE.
- **Octobre 1981** – Élections législatives en faveur du Pasok : Andréas Papandréou devient Premier ministre.
- **1992-1994** – Crise avec l'ancienne République yougoslave de Macédoine.
- **1er janvier 2001** – La Grèce entre dans l'Union monétaire européenne.
- **13-29 août 2004** – 28e Jeux olympiques modernes, à Athènes.
- **Octobre 2009** – Élections législatives en faveur du Pasok : Georges Papandréou devient Premier ministre. Il révèle l'ampleur du déficit public. Début de la crise.
- **2012** – Gouvernement de coalition dirigé par Antonis Samaras, leader de la Nouvelle Démocratie, avec le Pasok.
- **Janvier 2015** – Aléxis Tsípras (Syriza) devient Premier ministre. Fin du bipartisme.
- **Juin 2015** – Référendum : les Grecs rejettent à 61,31 % le plan d'aide proposé par l'UE.
- **Août-septembre 2015** – Nouvel accord avec l'UE. Aléxis Tsípras démissionne. Il retrouve son poste après de nouvelles élections.
- **Juin 2018** – La Grèce va bien sortir, comme prévu, du dernier plan d'aide financière.
- **Juillet 2018** – Des incendies tragiques dans l'Attique font 88 morts.

ORGANISER SON VOYAGE

Champs d'oliviers aux environs de Sparte.
P. Eastland/age fotostock

Types de séjour

SÉJOUR PAS TROP SCOLAIRE NOS REMARQUES ET CONSEILS	
Athènes *(p. 28)* **et l'Attique** *(p. 103)*	Avant l'Acropole *(p. 29)*, visitez son musée pour mieux aborder le site. Puis promenez-vous dans les Agoras grecque et romaine (faciles) *(p. 42)*. Au Musée archéologique *(p. 51)*, le Jockey d'Artémision plaît beaucoup aux petits. Mais guettez aussi la mascotte des lieux, une tortue qui se promène de salle en salle.
Marathon *(p. 103)*	Avec les enfants et les adolescents, amusez-vous à Marathon *(p. 101)* à situer le point de départ du dernier périple du messager Philipides à 42,195 km d'Athènes, et refaites le chemin en bus jusqu'au stade des Jeux de 1896. Vous pouvez aussi vous baigner en chemin sur la côte... *(p. 103)*
Delphes *(p. 108)*	Le sanctuaire *(p. 108)* est adapté aux enfants mais vous pouvez loger dans le nord du Péloponnèse pour coupler la visite avec un voyage en train à crémaillère entre Diakofto et Kalavrita *(p. 248)*.
Olympie *(p. 234)*	Imaginez-vous aux Jeux antiques en visitant le petit musée d'Olympie *(p. 242)* et le site antique *(où l'on peut encore courir, p. 234)*. Couplez cette sortie avec celle du stade panathénaïque *(p. 53)* qui accueillit les premiers Jeux modernes à Athènes en 1896. Sur le chemin du retour, on peut aussi visiter le château de Hlemoutsi *(p. 245)* en remontant vers Patra.
LES PIEDS DANS L'EAU	
Le Péloponnèse *(p. 124)*	Loutra Kilinis *(p. 245)*, Methoni *(p. 221)* et Finikounda *(p. 221)* ont des plages très familiales. De Galatás *(p. 156)*, au sud, prenez le bac pour Póros *(p. 79)* et rentrez à Athènes par les îles et les plages du golfe Saronique *(p. 78)*.
Côte *(p. 297)* **et îles Ioniennes** *(p. 309)*	Mention spéciale à Zante *(p. 368)* qui héberge et protège les dernières tortues Caretta caretta. Et pour les demoiselles, ne manquez pas à Corfou, l'Achilleion, la maison où vécut la vraie Sissi impératrice *(p. 338)*.
Côte égéenne du Pélion *(p. 258)*	Lors d'une excursion aux Sporades *(p. 259)*, vous pourrez apercevoir des phoques moines et des otaries autour d'Alonissos.
LES TRÉSORS DE L'INTÉRIEUR	
Les Météores *(p. 267)*	Même si les enfants ne sont pas spécialement sensibles à la culture byzantine, ces monastères perchés *(p. 269)* font toujours leur effet.
Ioannina *(p. 282)*	La grotte de Pérama *(p. 287)*, dans les entrailles de la colline de Goritsa et ses concrétions calcaires multicolores aux formes évocatrices, vaut le détour. Attention cependant : il faut descendre 163 marches pour admirer le chef-d'œuvre.

Aller en Grèce

En avion

Le prix du vol aller-retour pour Athènes ou Thessalonique oscille entre 100 et 300 € selon la date et la compagnie que l'on choisit. Pour l'été, réservez entre 3 et 6 mois à l'avance afin de profiter des tarifs les plus avantageux. Les dimensions et le poids maximal autorisé pour les bagages varie selon les compagnies et la classe (généralement 20 kg sur les vols réguliers et 15 kg sur les charters).

LIGNES RÉGULIÈRES

Air France – ✆ 0 892 70 26 54 - www.airfrance.fr. Trois vols quotidiens Paris CDG-Athènes.

Aegean Airlines – ✆ 01 70 03 13 23 - www.aegeanair.com. Quatre vols directs quotidiens Paris CDG-Athènes. Deux vols directs pour Kalamata et un pour Thessalonique en saison.

Easy Jet – www.easyjet.com. Trois vols hebdomadaires en été pour Athènes au départ d'Orly. Il existe aussi des liaisons pour Athènes et Thessalonique à partir de l'aéroport Bâle-Mulhouse.

Transavia – www.transavia.com. Un vol direct quotidien Paris Orly-Athènes, un vol quotidien Paris Orly-Thessalonique (mai-octobre) et 3 vols hebdomadaires Nantes-Athènes (mai-octobre).

Ryanair – www.ryanair.com. Trois vols hebdomadaires Beauvais-Thessalonique en saison.

En été, Air France, Aegean Airlines et Transavia proposent aussi des liaisons directes à partir de Nantes et Marseille, tandis qu'Easy Jet assure un vol entre Paris et Corfou.

VOLS CHARTERS OU OFFRES SPÉCIALES

D'autres compagnies proposent des vols charters au départ de Paris et des grandes villes de province. Renseignez-vous auprès des agences de voyages et sur Internet.

www.govoyages.com

www.expedia.fr

www.fr.lastminute.com

www.opodo.fr

www.easyvols.fr

www.bourse-des-vols.com.

CONFIRMATION

Par prudence, pensez à confirmer votre vol retour au moins 48h à l'avance.

TAXE D'AÉROPORT

La taxe d'aéroport au départ de Grèce, qui s'élève à environ 25 €, est normalement incluse dans le prix du billet d'avion.

Voir aussi « Voyagistes », p. 570.

En train

Il est bien moins avantageux de prendre le train que l'avion pour se rendre en Grèce. Le trajet est coûteux et long. Il faut compter plus de 20h entre Paris et Brindisi (Italie) où l'on prend un bateau jusqu'à Patra, puis encore un train pour accéder à Athènes.
Si vous disposez de temps, une solution « romantique » consiste à aller en train jusqu'à Venise et à y passer quelques jours avant de prendre le bateau pour la Grèce.
Il existe également deux lignes internationales qui passent par le nord à partir de Belgrade (Serbie) et

Skopje (République de Macédoine) ou de Bucarest (Roumanie) et Sofia (Bulgarie) vers Thessalonique, d'où l'on peut rejoindre la capitale. Une autre ligne. Côté est, il est possible d'arriver aussi par Istanbul (Turquie).

SNCF – ✆ 0 892 35 35 35 - www.oui.sncf. Il n'existe pas de billet combiné. Vous devrez donc réserver la traversée entre Brindisi et Patra auprès d'une compagnie maritime *(voir ci-contre)*.

Eurorail – www.eurail.com. Un pass Eurail valable pour plusieurs pays au choix offre également des réductions sur certains ferries.

En voiture

Il est possible de se rendre en Grèce par voie terrestre. Comptez au minimum 4 jours au départ de Paris. Vous devrez prendre contact avec les ambassades des pays traversés pour les conditions d'entrée (Suisse, Italie, Slovénie, Croatie, Serbie-Monténégro, Albanie).

Pour un trajet plus court, passez plutôt par l'Italie et prenez le ferry *(voir ci-dessous)*.

FORMALITÉS

Pour les ressortissants de l'Union européenne, un permis de conduire national suffit. Outre les documents de votre véhicule, vérifiez que votre contrat d'assurance couvre également les dommages survenus à l'étranger.

CARTE MICHELIN

Carte Nationale 737, au 1/700 000, couvre l'ensemble du pays.

En bateau *via* l'Italie

Ralliez un port italien en train ou en voiture et prévoyez environ 36h de traversée entre Venise et Patra, 20h entre Ancône et Patra, 10h entre Brindisi et Patra ou Bari-Patra (6h de moins pour Igoumenitsa).

En été, réservez au moins 2 mois à l'avance, surtout si vous possédez un véhicule. En haute saison, un aller-retour Ancône-Igoumenitsa, pour deux adultes et une voiture coûte plus de 400 € (moins cher au départ de Brindisi).

Site de réservation en ligne – www.aferry.com. Traversée Italie-Grèce sur diverses compagnies.

Euro Mer – 5 quai de Sauvages, 34070 Montpellier - ✆ 04 67 65 95 14 - www.euromer.net. Traversées à partir de Bari, Ancône, Venise ou Brindisi vers Céphalonie, Corfou et Igoumenitsa.

Viamare Navifrance – 4 r. de Clichy - 75009 Paris - ✆ 01 42 80 94 87 - www.viamare.com. Représentant de Superfast Ferries, Minoan et Anek pour des traversées entre différents ports italiens, dont Venise, Ancône et Bari, et Corfou, Igoumenitsa et Patras.

Avant de partir

Fiche d'identité

Nom officiel : Démocratie hellénique
Capitale : Athènes
Superficie : 131 957 km2
Population : 10 775 557 habitants
Monnaie : euro
Langue officielle : grec

Météo

ÉTÉ

À moins de rechercher les très fortes chaleurs et les bains de foule, évitez le mois d'août. La température moyenne est alors de 26 °C. Et, surtout, vous cotoierez des Grecs, qui, pour l'essentiel, passent leurs vacances d'été dans leur pays. Conséquence : hébergements et restaurants surchargés, prix multipliés par deux ou trois. Sachez également qu'en août, dans toute la mer Égée, le vent *(meltem)* souffle parfois violemment. S'il rafraîchit un peu l'atmosphère, il rend aussi les plages bien moins plaisantes. Aussi prévoyez des vêtements légers (plutôt en coton qu'en synthétique), sans oublier chapeau et lunettes de soleil.

PRINTEMPS

Le **printemps** est une saison idyllique dans toute la Grèce. Au début de la période toutefois, le temps est parfois hésitant et maussade mais à partir de la mi-avril, le pays se couvre d'une floraison magnifique, le soleil est au rendez-vous, bien que certaines années la mer puisse rester fraîche jusqu'à la fin juin. La période vraiment idéale va généralement de la fin du mois de **mai** au début du mois de **juillet** : 11 heures en moyenne d'ensoleillement par jour et 24 °C de température moyenne. C'est le plein été sans ses températures excessives, ni ses vents violents. Les logements sont à moitié prix. Il n'est pas nécessaire de réserver et les hôtes sont aux petits soins, avec la bonne humeur d'une saison qui commence.
Dans votre valise, ajoutez un ou deux lainages (les soirées pouvant être encore fraîches) et un imperméable léger.

AUTOMNE

Le mois de septembre et la **première quinzaine d'octobre** se révèlent très agréables avec une température moyenne de 21 °C et une moyenne de 8 heures de soleil par jour. La température de l'eau atteint alors son maximum. Cet automne très doux se prolonge ainsi jusqu'à la mi-octobre, mais beaucoup d'hôtels et de restaurants ferment. Les jours raccourcissent et quelques pluies d'orages ravivent les couleurs de la végétation.

HIVER

L'**hiver**, le pays offre deux visages très contrastés. Au nord et en altitude, une neige abondante tapisse les paysages, tandis qu'au sud et dans les îles, la mer tempère les frimas : la température moyenne en janvier est de 11 °C à Athènes et de 12 °C à Héraklion. Tandis que l'on déjeune en terrasse (certes chaudement vêtu) dans la capitale lors des journées ensoleillées, on skie à deux heures de voiture. N'oubliez pas un manteau, épais dans le Nord, un peu plus léger dans le Sud.

À EMPORTER

Coupe-vent – Il peut être utile, même en été, pour supporter les fraîcheurs d'altitude du soir ou pour circuler à deux-roues. Il vous servira également en bateau. Les nuits en mer sont presque froides. Si vous dormez sur le pont, sac de couchage ou vêtements chauds sont de rigueur.

Vêtements longs – Pour visiter les monastères et autres lieux saints, il est nécessaire, pour les femmes comme pour les hommes, de se couvrir bras et jambes. Un paréo (facile à draper sur un short) peut faire l'affaire si l'on ne vous prête pas sur place un vêtement approprié.

Chaussures de marche légères – Elles sont recommandées pour visiter certains sites escarpés comme Delphes.

Adresses utiles

OFFICES DE TOURISME GREC

www.visitgreece.gr – Site Internet officiel de l'Office national hellénique du tourisme (en anglais ou en grec), infos générales et brochures téléchargeables.

En France – Office national hellénique du tourisme - 3 av. de l'Opéra - 75001 Paris - ✆ 01 42 60 65 75 - info@ot-grece.fr.

En Belgique – Office national hellénique du tourisme - 6, rue des Petits-Carmes - 1000 Bruxelles - ✆ (02) 647 57 70 - gnto@synet.be.

AMBASSADES DE GRÈCE À L'ÉTRANGER

En France

Ambassade – 17 r. Auguste-Vacquerie - 75116 Paris - ✆ 01 47 23 72 28 - www.mfa.gr/france.

À savoir : le **Consulat général** de Marseille a fermé en 2016.

En Belgique

Ambassade – 10 r. des Petits-Carmes - 1000 Bruxelles - ✆ (02) 545 55 00 - www.mfa.gr/brussels.

En Suisse

Ambassade – Weltpoststrasse 4, Postfach 72 - 3015 Berne - ✆ (31) 35 61 414 - www.mfa.gr/switzerland.

Au Canada

Ambassade – 80 Mac Laren St. - Ottawa - Ontario K2P 0K6 - ✆ (613) 238 62 71 - www.mfa.gr/canada.

VOYAGISTES

Spécialistes de la Grèce

Héliades – 1 parc du Club du golf - 13591 Aix-en-Provence - ✆ 0 892 231 523 (0,34 €/mn) - www.heliades.fr. Circuits et séjours, locations….

Comptoir du monde – 10 r. St-Victor - 75005 Paris - ✆ 01 53 10 30 15 - www.comptoir.fr. Vaste choix de circuits en Grèce continentale et dans les Îles Ioniennes.

Voyageurs du Monde – 55 r. Ste-Anne - 75002 Paris - ✆ 01 42 86 16 00 - www.voyageursdumonde.fr. Spécialiste des voyages et séjours sur mesure : plage, famille, couple, agritourisme.

Voyages culturels

Clio – 34 r. du Hameau - 75015 Paris - ✆ 01 53 68 82 82 - www.clio.fr.

Arts et Vie, voyages culturels – 251 r. de Vaugirard - 75015 Paris - ✆ 01 40 43 20 21 - www.artsetvie.com. Croisières et séjours à thèmes.

Voyages linguistiques et culturels

Odyssée - Périples et découvertes – www.odyssee-periples.org. Association qui organise des stages linguistiques et culturels pour vivre la Grèce de tous les jours et connaître ses habitants à travers un circuit touristique ou un stage dans une ville.

Voyages aventure

Terres d'aventure – 6 r. St-Victor - 75005 Paris - ✆ 01 70 82 90 00 (France) et (00 32) 2 54 395 60 (Belgique) - www.terdav.com. Le grand spécialiste du trekking.

Allibert – 37 bd Beaumarchais - 75003 Paris - ✆ 04 76 45 84 84 (France) ; ✆ 02 318 32 02 (Belgique) ; ✆ 022 519 03 23 (Suisse) - www.allibert-trekking.com. Circuits trekking, notamment dans le Péloponnèse et les Météores.

Nomade – 40 r. de la Montagne-Ste-Geneviève - 75005 Paris - ✆01 46 33 71 71 - www.nomade-aventure.com. Des randonnées et treks, des croisières actives et descentes en canoé-kayak.

Voyages thématiques

L'Etincelle – 68 r. des Dominicaines - 13001 Marseille - ✆ 06 82 45 14 35 - www.etincelle.gr. Animé par une belle plume spécialiste de la Grèce, cette association propose des stages thématiques (écriture créative, yoga, découverte du terroir grec...).

CENTRE CULTUREL

Centre culturel hellénique – 23 r. Galilée - 75116 Paris - ✆ 01 47 23 39 06 - www.cchel.org.

COURS DE GREC MODERNE

Phonie-Graphie (association pour la promotion du grec moderne en France) – 3 r. Sedaine - 75011 Paris, ✆ 01 49 29 05 32 (15h-19h) - www.phonie-graphie.org. Cours de grec moderne, traductions et nombreuses activités culturelles.

LIBRAIRIES SPÉCIALISÉES

Librairie hellénique Desmos – 14 r. Vandamme - 75014 Paris - ✆ 01 43 20 84 04 - www.desmos-grece.com. Cette librairie hellénique dispense en outre des cours de grec.

Librairie Epsilon – 33 r. Vaugirard - 75006 Paris - ✆ 01 45 44 53 00 - sepsilon33@aol.com. Spécialiste des livres grecs anciens ou introuvables.

SITES INTERNET

www.culture.gr – Site du ministère de la Culture, liste des sites et musées avec de nombreux liens (en anglais ou en grec).

www.iles-grece.com – Un guide de voyage avec un moteur de recherche intéressant pour les transports (en français).

www.ferries.gr – Regroupe les sites de toutes les compagnies maritimes et fournit toutes sortes d'informations pratiques (en anglais).

www.gtp.gr – Renseignements (horaires, durées) pour les liaisons maritimes (en anglais) et liens pour les réservations auprès des compagnies (en anglais).

www.greeksongs-greekmusic.com – Musique grecque en ligne.

wikipedia.fr – Consultez le portail de la Grèce antique : fr.wikipedia.org/wiki/Portail : Grèce_antique.

PERSONNES HANDICAPÉES

Que ce soit à Athènes ou dans le reste du pays, il n'existe, en dehors de certains hôtels de construction récente, que très peu d'infrastructures adaptées aux personnes handicapées. Vous pourrez davantage compter sur l'amabilité et la gentillesse des habitants que sur des installations *ad hoc*. N'espérez pas pouvoir vous rendre sur les principaux sites archéologiques à l'exception notable de l'Acropole à Athènes où un ascenseur spécial permet d'accéder au Parthénon *(voir p. 29)*. Quant aux musées, la plupart sont adaptés. Pour les voyages en bateaux, les nouveaux grands ferries sont souvent équipés d'escalators et d'ascenseurs.

Association des paralysés de France – ✆ 01 40 78 69 00 - www.apf.asso.fr. Informations avant le départ.

Formalités

Les informations qui suivent sont fournies à titre indicatif.
Il est conseillé aux visiteurs de s'assurer dans leur pays, auprès de la représentation diplomatique grecque *(voir p. 570)*, des conditions en vigueur au moment de leur voyage.

PIÈCES D'IDENTITÉ, VISA

Pour les ressortissants de l'Union européenne et de la Suisse, carte d'identité **en cours de validité** ou passeport périmé depuis moins de cinq ans. Les ressortissants hors Union européenne et hors Suisse devront fournir un passeport valide.

ASSURANCES

Voir aussi « En Voiture » p. 568

Pensez à vous assurer avant de partir. Si vous passez par un voyagiste, l'assurance assistance est peut-être déjà incluse.

Vérifiez vos contrats d'**assurance multirisque habitation** (qui couvrent parfois pour les principaux risques à l'étranger), de cartes bancaires, notamment la **carte Visa Premier**, (qui donnent droit à une assurance d'assistance voyage lorsque le billet d'avion est réglé au moyen de cette carte).

Europ Assistance – 1 promenade de la Bonnette - 92230 Gennevilliers - ✆ 01 41 85 93 65 - www.europ-assistance-voyages.fr.

Mondial Assistance – 54 r. de Londres, 75008 Paris - ✆ 01 53 05 86 00 - www.mondial-assistance.fr.

Inter Mutuelles Assistance – 118 av. de Paris - 79000 Niort - ✆ 05 49 347 347 - www.ima.eu.
Les sociétaires de certaines mutuelles d'assurance habitation ou véhicule sont affiliés d'office à ce service d'assurance-voyage. Renseignez-vous auprès de votre assureur.

DOUANES

Consultez votre compagnie aérienne *(voir p. 567)* pour connaître les dimensions et le poids autorisés des bagages en cabine ainsi que la réglementation sur le transport des objets dangereux et liquides.

La réglementation concernant les importations (alcool, cigarettes…) est la même dans toute l'Union européenne. Les voitures sont admises en franchise 6 mois. Au-delà, il faut ressortir le véhicule ou demander une immatriculation provisoire.

PERMIS DE CONDUIRE

Vous devez disposer de votre permis de conduire national (ou international pour les ressortissants hors Union européenne et hors Suisse) et, si vous utilisez votre propre véhicule, de la carte verte d'assurance internationale, dotée de la mention TR non barrée (délivrée par votre compagnie d'assurances). Vérifiez que tous les pays traversés sont couverts par votre assureur.

Ne sortez jamais de Grèce avec un véhicule de location : vous ne serez plus couvert par l'assurance.

SANTÉ

Voir aussi p. 584.

Carte européenne d'assurance-maladie

La carte européenne d'assurance-maladie, qui remplace le formulaire E 111, vous donne droit aux soins hospitaliers gratuits (chers en Grèce). En revanche, vous paierez les médicaments, les frais infirmiers ou le forfait hospitalier, remboursables à votre retour. Pour obtenir votre carte, adressez-vous à votre caisse d'assurance- maladie au moins deux semaines avant votre départ ou rendez-vous sur le site www.ameli.fr.

Trousse à pharmacie

Vous trouverez tout ce qu'il vous faut dans les pharmacies, nombreuses en Grèce. Mais rien ne vous empêche de constituer une petite trousse de médicaments de première nécessité : aspirine ou paracétamol, antidiarrhéique, **crème solaire**, sparadrap, lotion antiseptique pour les petites plaies et, surtout, une lotion et un diffuseur **antimoustiques**.

VOYAGER AVEC UN ANIMAL DOMESTIQUE

Les animaux domestiques sont admis dans certains hôtels (signalés par la formule *epitrepondai zoa* « animaux acceptés »).
Si vous voyagez avec votre animal, n'oubliez pas son carnet international de vaccination (où doit figurer le vaccin antirabique) et un certificat de bonne santé, à établir une semaine avant le départ.

Téléphoner en Grèce

Pour appeler la Grèce à partir de la France, composez le **00 30**, puis le numéro à 10 chiffres de votre correspondant sans le 0 *(voir p. 587)*. Depuis 2017, les Européens en voyage dans un autre pays de l'Union européenne et quelques autres (pour le moment, 28 sont concernés) peuvent utiliser leur téléphone mobile sans peur de voir leur facture s'envoler. Autrement dit, on peut appeler sereinement, en Grèce, tout numéro français de son téléphone.

Budget

BUDGET À PRÉVOIR

Voir aussi le tableau p. 574.
Le coût de la vie en Grèce est plutôt inférieur à celui de la France. Pour vous aider à préparer votre voyage, nous vous proposons quatre catégories de budget quotidien.
Le prix est évalué par **personne**, sur la base d'un séjour pour deux, en **haute saison** (il faudra donc compter de 25 à 50 % de plus pour une personne voyageant seule).
Minibudget – Avec hébergement en camping ou chez l'habitant, restauration sur le pouce *(gyros)* ou pique-nique, voyage en bus (ou en ferry pour les îles) : **autour de 50 €**.
Petit budget – Avec hébergement chez l'habitant, dans les pensions ou les hôtels modestes, un repas complet en taverne, un pique-nique et les transports en commun : **autour de 80 €**.
Budget moyen – Avec hébergement dans un bon hôtel ou une pension de charme, deux repas au restaurant et des déplacements en voiture de location de petite catégorie : **autour de 120 €**.
Budget « petite folie » – Avec hébergement dans un grand hôtel ou en villa, repas dans les meilleurs restaurants et déplacements en voiture de location : **plus de 300 €**.

Se loger

L'infrastructure hôtelière est très développée et la qualité de l'hébergement a beaucoup progressé. Quelle que soit la catégorie, vous trouverez propreté et confort. En revanche, il n'est pas toujours facile de dénicher l'adresse de charme, les années 1960-1970 ayant laissé bon nombre de cubes de béton. Fort heureusement, la tendance actuelle revient à l'architecture d'allure traditionnelle.

NOTRE SÉLECTION

Retrouvez notre sélection d'hébergements dans « Nos adresses à… », de la partie « Découvrir » du guide. Elle a été élaborée sur la base du **prix d'une chambre double en haute saison petit-déjeuner inclus** (juil.-août) ou d'un studio pour deux personnes sans petit-déjeuner. Elle est classée en quatre catégories.
Les différents prix que nous indiquons nous ont été fournis par les établissements. Cependant faites-vous bien préciser les tarifs au moment de la réservation car il est très difficile en Grèce d'indiquer des prix fermes. Ceux-ci varient d'une semaine sur l'autre pendant l'été et restent souvent (un peu) négociables.

BUDGET

La bonne qualité générale des **hébergements** justifie le tarif appliqué, même si certains prix peuvent paraître très excessifs en août. Généralement la chambre chez l'habitant demeure abordable, d'autant que la concurrence est rude sur les logements à prix modérés.

QUELQUES IDÉES DE PRIX POUR ÉTABLIR SON BUDGET

SERVICES OU ARTICLES	PRIX MOYEN EN EUROS
Une chambre double dans un hôtel très simple ou une chambre chez l'habitant	40-60
Une chambre double dans un hôtel confortable	80-100
Une chambre double dans un hôtel de catégorie supérieure	130 et plus
Une chambre confortable à Athènes	80-120
Un repas dans une taverne ou ouzérie ou *psistaria*	13-18/pers.
Un repas dans un restaurant *(estiatorio)*	20-30/pers.
Une location de voiture pour 1 semaine (catégorie A)	250-350
Un litre d'essence sans plomb	1,70 (jusqu'à 2 dans les îles)
Tarif passager en ferry : Igoumenitsa-Corfou classe pont	10
Un ticket pour 100 km en bus	10
Trajet aéroport Athènes-centre-ville en taxi	38 (54 de 0h à 5h)
Location d'un scooter pour une journée	15-25
Un litre d'eau minérale	1
Un café/verre d'ouzo dans un *kafeneion*	2-4
Une bière	2,5-3,5
Un *souvlaki/gyros* à emporter	2-4
Une salade grecque	6-8
Un billet d'entrée de site ou de musée	2-20

NOS CATÉGORIES DE PRIX		
	Hébergement	**Restauration**
Premier prix	moins de 50 €	moins de 18 €
Budget moyen	de 50 à 80 €	de 18 à 25 €
Pour se faire plaisir	de 80 à 150 €	de 25 à 35 €
Une folie	plus de 150 €	plus de 35 €

À **Athènes**, les hôtels sont, à prestations égales, de 30 à 40 % plus chers qu'ailleurs. Il faut compter plus de 80 € pour avoir une chambre agréable.

Saisonnalité

Les tarifs les plus élevés sont pratiqués durant la **haute saison** (surtout en août quand les Grecs sont aussi en vacances), les fêtes de Noël et de la Pâques orthodoxe. En **basse saison**, ces prix seront parfois divisés par deux, voire plus pour certaines îles très courues. La première quinzaine de juin et le mois de septembre sont des périodes particulièrement intéressantes.

Réductions

Il est parfaitement accepté de négocier les prix, surtout si vous restez plusieurs nuits. On vous le proposera même parfois spontanément. Cependant, il se peut que l'on vous demande, en échange, de payer en liquide. A chacun de voir, mais ces pratiques d'antan coûtent cher en rentrées d'impôts pour l'économie grecque…

RÉSERVER

La réservation de votre hébergement s'impose si vous partez en **haute saison** ou durant la période de la **Pâques orthodoxe** si votre ferry arrive de nuit ou encore si vous tenez à une adresse précise. La plupart des réservations peuvent se faire de France par téléphone (en anglais) ou par **Internet**, mais l'on vous demandera souvent d'envoyer un fax de confirmation, voire de verser des arrhes ou de fournir un numéro de carte bancaire. Beaucoup d'hôtels et de pensions ont leur propre site Internet, sur lequel vous pouvez vous faire une idée de l'établissement et enregistrer votre réservation. Pour les **îles**, précisez à votre hôte par quel bateau vous arrivez pour que l'on vienne éventuellement vous chercher (le transfert de et vers le port est souvent compris). Certaines îles à capacité d'hébergement limitée (comme Paxos ou Ithaque par exemple) refusent en juillet et août les réservations pour moins de 3 ou 4 nuits. Si l'on vous fait cette remarque, n'insistez pas : prolongez votre escale ou allez ailleurs, car la demande y est très supérieure à l'offre. Dans les autres cas, dès votre arrivée à Athènes, réservez votre prochaine étape, si possible en demandant à votre hôtelier de négocier en grec.

TYPES D'HÉBERGEMENT

Hôtels

L'Office national hellénique du tourisme (ONHT) classe les hôtels en six catégories (Luxe, A, B, C, D, E) selon un ensemble de critères bien complexes. De ce fait, la fourchette de prix par catégorie est tellement large qu'un hôtel neuf de catégorie C peut être plus cher qu'un vieil hôtel de classe B ! Quoi qu'il en soit, les logements déclarés à l'ONHT présentent une petite plaque bleue et jaune, et affichent leurs tarifs. Pour le reste, mieux vaut visiter les chambres pour juger de leur charme et choisir sur place…

www.grecehotels.com – Un grand nombre d'adresses.

Chambres chez l'habitant

Une solution plus conviviale mais qui quelquefois peut virer au harcèlement. Dans certaines îles, les propriétaires de chambres se tiennent sur le quai, à l'arrivée des bateaux. Vous pouvez sinon téléphoner dès votre arrivée (il y a toujours moyen de s'entendre en combinant quelques mots de grec et d'anglais) ou vous rendre directement sur place, la meilleure solution pour juger de la qualité du logement. Des panneaux *Rooms* ou *Domatia* (chambres) indiquent où s'adresser. Vous pouvez également susciter l'offre. Adressez-vous au café ou à la taverne en demandant *« Psachno domatio sto horio »* (je cherche une chambre dans le village), précédé d'une amicale salutation *(Yassas)*. Quoi qu'il en soit, fixez-vous un budget à ne pas dépasser, si la chambre vous déplaît n'hésitez pas à repartir, et sachez qu'il est toujours plus facile de négocier pour cinq jours que pour deux nuits.

Appartements et studios

Un mode d'hébergement très répandu en Grèce et une formule intéressante, tant sur le plan de la qualité que sur celui du prix, si vous êtes en famille ou entre amis. Le petit-déjeuner sur place et quelques repas de moins au restaurant compensent largement le surcoût de ce type de logement. Certaines pensions proposent également des « studios » équipés. Il s'agit en fait d'une chambre double classique pourvue d'une kitchenette.

Campings

Toutes les îles et régions touristiques comptent au moins un terrain de camping, relativement bien équipé (supérette, sanitaires…), et souvent agréablement ombragé. Il faut compter 15-20 € par jour pour deux personnes avec douche, 25 € si vous avez une voiture.

Le camping sauvage est interdit.

Auberges de jeunesse

Vous en trouverez à Athènes, à Thessalonique et dans quelques îles. Certaines peuvent être très bien tenues et proposent même des chambres individuelles plus économiques que certains hôtels.

Se restaurer

Voir aussi « Gastronomie » p. 509.

NOTRE SÉLECTION

Retrouvez notre sélection de restaurants dans « Nos Adresses », de la partie « Découvrir » du guide. Les restaurants sélectionnés sont classés par fourchettes de prix équivalents à quatre types de budget *(voir tableau p. 576)*. Les gammes de prix indiqués sont calculées sur la base d'**une entrée et d'un plat**, sans les boissons.

BUDGET

Les prix varient en fonction du lieu et du menu. Dans une taverne ordinaire, vous ferez un bon repas pour moins de 15 € par personne. Les plats coûtent entre 6 et 12 €. Comme les entrées et certains plats sont traditionnellement partagés, un repas en solo revient sensiblement plus cher qu'à deux. Le couvert et le pain (environ 1 €/pers.) sont toujours facturés en sus. Une autre habitude, dans les lieux touristiques, veut que l'on vous dépose une bouteille d'eau minérale sur la table, que vous pouvez refuser, mais qui ne vous sera facturée qu'environ 1,50 €. *Souvlakia* et *gyros* à emporter restent une solution très avantageuse. Les boulangeries produisent du bon pain ainsi que des *tyropita* (feuilletés au fromage) à emporter.

TYPES D'ÉTABLISSEMENTS

Restaurants (en grec *estiatoria*) – Ils proposent une cuisine locale et internationale, voire gastronomique. La décoration et le service y sont généralement soignés, les prix plus élevés qu'ailleurs. Les restaurants d'hôtel, sont souvent décevants et chers (même de bon standing), en particulier à Athènes.
Taverne – Restaurant populaire, elle sert des plats traditionnels, plutôt bon marché.
Ouzéries (et les *mezedopoleio*) – Elles préparent des *mezzes (voir plus loin)* plutôt que des plats cuisinés ou des viandes.
Psistaria (« rôtisseries ») – Établissements simples et bon marché (avec ou sans tables), elles vendent des *souvlakia* (brochettes) et d'autres viandes grillées (poulet, mouton...), accompagnées de frites et parfois d'une salade.
Kafeneion – Lieu de rencontre traditionnel, il propose lui aussi quelques *mezzes* à picorer.
Cafétéria – Elle sert des petits-déjeuners et quelques plats simples.

HORAIRES

Les Grecs ont pour habitude de manger tard : le déjeuner se déroule aux alentours de 14h, et le dîner, rarement avant 21h ou 22h. Ouvertes toute la journée, les tavernes ne refuseront jamais de vous servir en plein après-midi ou très tard le soir.

PARTICULARITÉS

Les restaurants ne proposent pas de dessert. Toutefois l'influence touristique tend à faire changer les habitudes et dans beaucoup de tavernes une petite douceur, voire un digestif, vous sont souvent offerts au moment de l'addition.

Café frappé.
urbazon/iStock

Sur place de A à Z

ACHATS

Voir aussi « Kiosques » p. 581 et « Souvenirs » p. 587.

Horaires d'ouverture

En ville, les magasins ouvrent généralement du lundi au samedi de 9h à 20h. Certains ferment entre 13h et 15h. Le dimanche, les pâtissiers (dont de nombreux boulangers) et les cavistes sont ouverts, quelquefois jusque vers 20h. Dans les villages touristiques des îles, la pause méridienne peut être plus longue mais la fermeture décalée (22-23h), surtout en saison.

Marchandage

Le marchandage n'est pas de rigueur en Grèce. Seuls le prix d'une chambre et le montant de vos achats dans les magasins touristiques, chez les bijoutiers et les orfèvres, peuvent donner lieu à une aimable négociation. Surtout si vous acceptez de payer en liquide…

Taxes

La Fi. Pi. A, la TVA grecque, est toujours incluse dans le prix affiché. Elle est passée à 24 % en 2016 pour un grand nombre de produits et services.

AMBASSADES

France – 5-7 av. Vassilissis-Sophias - Athènes - ✆ 21033 910 00/912 00 ou 6932 401 343 (numéro d'urgence) - www.ambafrance-gr.org.

Consulat à Thessalonique - ✆ 2310 244 030/031.

Belgique – 3 r. Sekeri - Athènes - ✆ 21036 178 86/87 - *http://diplomatie.belgium.be/greece*. Consulats à Corfou, Mytilène et Rhodes.

Suisse – 2 r. Lassiou - Athènes - ✆ 21072 303 64/66 - www.eda.admin.ch. Consulats à Corfou et Rhodes.

Canada – 4 r. Guennadiou, Athènes - ✆ 21072 734 00.

ARGENT

Monnaie

L'unité monétaire est l'**euro** (€).

Change

Les touristes vivant en dehors de la zone euro pourront changer leurs devises dans les banques ou bureaux de change mais il est parfois plus rapide de retirer de l'argent directement à un distributeur.

Chèques de voyage

Leur usage se limite aux régions les plus touristiques et aux grandes villes. On les échange néanmoins sans problème dans toutes les banques.

Cartes de crédit

Les règlements par carte bancaire ne sont pas toujours les bienvenus et beaucoup de commerçants ne les acceptent pas (ou les évitent). Cependant, on trouve des distributeurs de billets dans toutes les villes et les îles à de très rares exceptions près. La plupart des hôtels les acceptent, ce qui est plus rare dans les pensions et les petites tavernes. Assurez-vous aussi que vous pouvez payer avec votre carte avant de prendre de l'essence.

BANQUES

Elles sont ouvertes du lundi au jeudi de 8h à 14h30, 14h le vendredi et fermées les jours fériés.

BATEAU

Toute île habitée de Grèce est desservie par un **bateau**, mais la fréquence des rotations varie en fonction de la saison, de la météo et de la taille de l'île. Les **temps de traversée** sont assez longs et dépendent toujours de l'état de la mer. En hiver ou en cas de grosse mer et de vents violents, certaines liaisons sont interrompues, parfois avec un très court préavis (les hydrofoils sont très vulnérables). Des retards ou des grèves peuvent aussi advenir et des liaisons peuvent être supprimées. Aussi, si vous comptez visiter plusieurs îles, vérifiez les connexions entre les îles la veille de votre voyage pour gérer d'éventuels imprévus. En règle générale, ne prévoyez pas un trajet en bateau le jour de votre vol retour ou, si possible, rejoignez Athènes par avion.

Les bateaux

Les navires se rangent en trois catégories. Les grands **ferries traditionnels**, très fiables, qui circulent toute l'année même par des mers très fortes. Les **bateaux rapides** (deux fois la vitesse du ferry), Highspeed et Seajet (parfois appelés catamarans), qui offrent des conditions de transport plus proches de celles du train (ou de l'avion) que du bateau (habitacles fermés et climatisés), mais à un tarif deux fois plus élevé. Les petits bateaux des **compagnies inter-îles**, qui proposent des liaisons entre certaines îles non desservies par les grandes compagnies. Les traversées sont alors plus longues, assez peu confortables, soumises à la météo et rares hors saison.
Il existe plusieurs **classes**. La première et les couchettes ne se justifient que pour des voyages de nuit ou de plus de 10h.

LES PRINCIPAUX PORTS ET ÎLES DESSERVIS		
DESTINATION	**PORTS D'EMBARQUEMENT**	**COMPAGNIES**
Céphalonie	Kilini, Patra, Agios Nikolaos (Zante), Pisso Aetos (Ithaque), Vassiliki (Leucade)	Ionian Ferries
Corfou	Patra, Igoumenitsa, Gaios (Paxos)	Flying Dolphins, Kerkyra Lines, Anek Lines, Minoan Lines
Crète	Le Pirée	Sea jets, Minoan Lines
Cyclades du Nord	Rafina, Le Pirée	Cyclades Fast Ferries, Alfa Ferries
Dodécanèse	Le Pirée	Blue Star Ferries
Ithaque	Patra, Sami (Céphalonie), Vassiliki (Leucade)	Strinzis Ferries, Four Island Ferries
Kea	Lavrio	Goutos Lines
Leucade	Frikes (Ithaque), Fiskardo (Céphalonie)	Four Island Ferries
Paxos	Corfou, Igoumenitsa	Ionian Cruises, Kerkyra
Sporades	Volos, Agios Konstantinos	Hellenic Seaways
Zante	Kilini, Pessada (Céphalonie)	Ionian Ferries

Les tarifs

Les billets s'achètent dans les **agences maritimes** du port et la concurrence s'avère redoudable. Quelques prix (en ferry classe économique) :
- Igoumenitsa-Corfou, 10 €;
- Corfou-Paxos, autour de 15 €;
- Patra-Corfou, autour de 15 €;
- Patra-Ithaque, autour de 20 €;
- Le Pirée-Santorin, autour de 30 €;
- Santorin-Paros, autour de 15 €;
- Le Pirée-Patmos, autour de 40 €.

Un contrôle des billets est parfois effectué une fois en mer.

Les horaires

Les bateaux des différentes compagnies ne partent pas aux mêmes horaires mais circulent parfois les mêmes jours. Prévoyez donc (surtout au Pirée) assez de temps pour identifier votre bateau et le bon quai!

Informations, réservations

www.gtp.gr – Ce site, en anglais, fournit la liste des départs en fonction de vos dates, les horaires et les liens vers les sites des compagnies maritimes. Vous pouvez réserver vos billets depuis la France, *via* Internet ou par fax. Le billet vous attendra au port dans une antenne de l'agence.

Conseil – En très haute saison (de mi-juillet à fin août) et pour la Pâques orthodoxe, il est plus prudent de réserver à l'avance, surtout pour les bateaux rapides, limités en place.

Bon à savoir – Des informations sur les trajets entre les îles sont disponibles dans « Nos adresses » de la partie « Découvrir » du guide. Les prix indiqués concernent un passager sans voiture.

Bureau EOT d'Athènes, p. 28

BLANCHISSERIE

En ville, vous trouverez peu de laveries automatiques. Beaucoup d'hôtels assurent la blanchisserie, et la plupart tolèrent que vous laviez votre linge (qui sèchera vite en été) dans votre salle de bains.

CIGARETTES

La Grèce est encore très largement un pays de fumeurs. Les lieux non-fumeurs sont très rares et la réglementation peu respectée dans les lieux publics et les administrations. Une minorité d'hôtels propose des chambres non-fumeurs et demander à quelqu'un si la fumée le dérange est une attitude très marginale. Seuls les hôpitaux font exception.

DÉCALAGE HORAIRE

La Grèce est en avance de 1h sur la France, en hiver comme en été. Lorsqu'il est 10 heures à Athènes, il est 9 heures à Paris. L'heure est la même dans l'ensemble du pays.

DEUX-ROUES

Le permis de conduire est obligatoire pour louer tout deux-roues à moteur quelle que soit sa cylindrée. Comptez de 15 à 35 € par jour pour un 50 cm^3. Une caution, qui peut aller jusqu'à 300 €, est souvent demandée. Faites-vous préciser si la location couvre une journée (du matin au soir) ou 24h, les loueurs étant parfois un peu évasifs sur ce point et négociez un forfait si vous gardez l'engin plusieurs jours.
Le loueur ne fournit pas toujours le **casque**, pourtant obligatoire. Pour votre sécurité, demandez-en un. Les accidents sont nombreux, surtout sur les îles où les routes sont sinueuses. Vérifiez l'**état du véhicule** : pneumatiques, éclairage et niveau d'essence (les jauges sont souvent en panne).
Si vous comptez utiliser votre scooter à deux et parcourir une île au relief accidenté, demandez

peut-être un moteur de cylindrée supérieur à 50 cm^3, moins poussif dans les côtes. Enfin, si le *meltem* souffle fort, soyez très prudent car les scooters offrent une forte prise au vent.

Bon à savoir – Ne vous initiez pas au scooter en Grèce si vous n'en avez jamais fait.

EAU POTABLE

L'eau du robinet est potable presque partout. Renseignez-vous. Lorsqu'elle provient de sources (Péloponnèse, Grèce du Nord, certaines îles), elle est même délicieuse. En revanche, l'été, sur les îles arides comme Santorin, l'eau arrive en bateau-citerne. Celle-ci est potable, mais pas de très bon goût. À Zante, il est déconseillé de boire l'eau du robinet dans la ville de Zakinthos. Des bouteilles d'eau minérale, bon marché, sont disponibles partout.

ÉLECTRICITÉ

220 volts. Prises électriques semblables aux françaises.

INTERNET

Les cybercafés, populaires un temps, ont quasiment tous disparu mais de plus en plus d'hôtels, de cafés et de lieux publics proposent une liaison Wifi gratuite.

JOURS FÉRIÉS

1er janvier : Jour de l'an.
6 janvier : Épiphanie. Bénédiction de la mer. Dans tous les ports, petits et grands, des jeunes gens plongent pour repêcher la croix qui y est solennellement jetée par le pope.
Lundi Pur *(Kathari Deftera)* : 41 jours avant la Pâques orthodoxe (variable), le premier lundi de carême. On fête *koulouma* à la campagne, si le temps le permet, avec chants et danses traditionnels.
25 mars : Fête nationale de l'Indépendance (jour de l'Annonciation), défilé militaire à Athènes, défilé des écoles dans toute la Grèce.
Pâques : Le Vendredi saint, toutes les églises préparent un *épitaphios* orné de fleurs, représentation de la Mise au tombeau du Christ, que les fidèles suivent en procession. La résurrection est célébrée dès le samedi soir à minuit par des feux d'artifice. Le dimanche, on déguste le traditionnel agneau à la broche.
1er Mai : Fête du Travail.
15 août : Assomption.
28 octobre : Fête nationale du *Ohi*, le « non », rejet de l'ultimatum italien de 1940. Défilé militaire à Thessalonique.
25-26 décembre : Noël.

KIOSQUES

Élément capital de la vie quotidienne, le kiosque *(périptero)* ne ferme jamais vraiment ; ou plutôt, il y en a toujours au moins un d'ouvert dans votre quartier. À côté de leur activité principale – le tabac, les journaux, les boissons fraîches, les friandises et les gâteaux secs –, la plupart vendent aspirine, timbres, enveloppes, stylos, souvenirs, préservatifs, shampooing et mille autres choses.

MÉDIAS

Journaux

À Athènes et dans les lieux très touristiques, la plupart des grands quotidiens étrangers sont disponibles un jour après leur parution. Le *International Herald Tribune* est vendu tous les jours avec l'édition anglaise du quotidien grec *Kathimerini*.

Télévision

La **télévision publique** peine encore à se relever de la violente crise traversée en juin 2013 quand le gouvernement a brutalement décidé de tout arrêter sous prétexte de restructuration. Relancée grâce à la pression des télespectateurs – mais sans moyens – ERT a beaucoup perdu en qualité. La plupart des **chaînes privées** laisse une large place aux débats politiques et de société, aux jeux, à la variété et aux séries américaines ou mexicaines. Pour l'actualité en français, essayez de capter sur satellite **TV5**, la chaîne francophone internationale.

Radio

Écoutez **Radio France internationale (RFI)** sur 104.4 FM à Athènes et en ondes courtes dans le reste du pays, ou encore connectez-vous sur le site Internet de Radio France : www.radiofrance.fr.

MÉTÉO

www.meteofrance.com/previsions-meteo-monde – Ce site donne les prévisions météo pour toute l'Europe. L'été, l'incertitude ne porte que sur l'éventualité et l'intensité d'une canicule et sur la force des vents (important si vous devez prendre un bateau).

MUSÉES, MONUMENTS ET SITES

Horaires

Les monastères et les petits musées d'art et traditions populaires ont des horaires variables, en principe affichés mais pas toujours respectés. Hors saison, renseignez-vous. Les sites et musées gérés par le **ministère de la Culture** sont fermés les 1er janvier, Vendredi saint (ouv. à 12h), dimanche de Pâques, 25 mars (fête nationale de l'Indépendance), 1er Mai, 25 et 26 décembre.

Le ministère de la Culture a lancé en 2014 un programme test d'extension des horaires d'ouverture (8h-20h), du 1er avril au 31 octobre, dans les musées et sites archéologiques les plus touristiques.

Églises

Les églises diocésaines (où les popes célèbrent quotidiennement la liturgie) sont ouvertes dans la matinée et parfois en fin d'après-midi ou le soir, les plus importantes restant ouvertes toute la journée. En revanche, les églises privées (chapelles des campagnes et des villages grecs) sont le plus souvent fermées par souci de sécurité. Il est donc utile de savoir demander en grec où se trouve la clé de l'église. Les *panegiri* (les fêtes religieuses ou villageoises) donnent souvent l'occasion de découvrir ces édifices.

Tarifs

Comptez entre 2 et 5 € en règle générale et le double pour les plus grands musées. Il faut aussi s'attendre parfois à des variations saisonnières. L'entrée dans les grands sites et musées nationaux, à Athènes et ailleurs, a quasiment doublé en 2016 (l'Acropole est passée de 12 à 20 €). Pour les étudiants et les plus de 65 ans, des réductions sont pratiquées dans les grands sites et musées sur présentation d'un justificatif. Dans les églises et les monastères une donation est conseillée, parfois demandée par le pope.
Gratuité : 6 mars (jour « Melina Mercouri ») ; 5 juin (journée de l'Environnement) ; 18 avril (journée des Monuments historiques) ; 18 mai (journée des Musées) ; dernier week-end de septembre (journée de l'Héritage européen) ; premier dimanche de chaque mois, sauf en juillet, août et septembre ; 27 septembre (journée du Tourisme).

OFFICES DE TOURISME

En dehors d'Athènes, les bureaux d'informations touristiques sont peu efficaces, aux horaires fantaisistes et avec un personnel ne parlant pas toujours anglais. Dans certaines localités, il peut y avoir

plusieurs offices. Ceux, directement gérés par les villes, emploient un personnel inégalement compétent. Les offices gérés par l'EOT, l'Organisation touristique nationale *(voir ci-dessous)*, peuvent être plus efficaces.
À défaut, les agences de voyages locales privées *(tourist office* ou *agency)* prennent le relais, proposant informations et services (hébergement, excursions, transport…), parfois incomplètes ou partiales. Visitez-en plusieurs pour faire une synthèse (notamment pour comparer les prix des prestations proposées).
Le bureau d'information de l'**Office national hellénique du tourisme (EOT)** à Athènes *(voir p. 28)* dispose de beaucoup d'informations, y compris sur tous les moyens de transport vers les îles. Les employés sont quelques fois un peu débordés, mais très sympathiques, et certains parlent français.

PLAGES

De gros efforts ont été fournis au cours des dernières années pour assurer la propreté des plages grecques. Résultat : 430 d'entre elles ont bénéficié en 2016 du fameux « Pavillon bleu » européen, classant la Grèce 3e au niveau européen.
voir la carte interactive sur le site www.blueflag.global *(en anglais)*.

PLONGÉE SOUS-MARINE

Les fonds marins de l'Égée, de la Méditerranée et de la mer Ionienne n'ont pas l'attrait de ceux des mers chaudes, mais il est toujours plaisant de croiser tortues Caretta Caretta, dauphins et gros mérous. Les agences locales disposent de tout l'équipement *ad hoc* et de moniteurs certifiés *(voir « Nos adresses »)*.
http://nikofa.be/greece.

POSTE

Bureaux de poste

On reconnaît les bureaux de poste grecs à leur panneau jaune **ELTA**, figurant un profil du dieu Hermès. En règle générale, ils sont ouverts du lundi au vendredi, de 7h30 à 14h. On peut y recevoir du courrier en poste restante sur présentation des papiers d'identité.

Courrier

En plus de l'affranchissement au tarif ordinaire, la poste propose un tarif express, efficace et bon marché (de la poste de Syndagma, à Athènes, une lettre en express, moins de 2 €, est à Paris en 48h).

POURBOIRE

Il n'est pas obligatoire mais vous pouvez laisser quelque chose au café et au restaurant. Dans le taxi, l'habitude est d'arrondir à l'avantage du chauffeur.

RANDONNÉES ET ÉCOTOURISME

La Grèce est parsemée de sentiers, de chemins muletiers *(kalderimia)* et de parcs naturels (surtout dans le Nord) qui se prêtent à la marche pour tous les niveaux. Un fascicule assez bien fait, **Ecotourism in Greece**, édité par le ministère du Tourisme, détaille les itinéraires, la faune et la flore des principales régions naturelles de Grèce continentale. Malheureusement, on ne le trouve que dans quelques bureaux touristiques.
Si vous souhaitez vous aventurer plus avant dans les montagnes, prenez contact à Athènes avec la **Fédération des clubs alpins de Grèce** – 5 r. Milioni - 10673 Athènes - ✆ 21036 459 04.
Elle fournit des cartes et des renseignements utiles.
www.ecotourism-greece.com – En anglais. Malgré un intérêt encore

relatif du pays pour l'écologie, vous trouverez ici des informations pratiques sur les principaux sites concernés.

Les offices de tourisme délivrent parfois une carte des sentiers de randonnée de leur secteur.

SANTÉ

Voir aussi « Assurances » p. 572 et « Santé » p. 573.

Services médicaux

Premiers secours – Les hôpitaux de province sont corrects, mais souvent en sous-effectif depuis la crise. En cas de problèmes sérieux, faites-vous transférer à Athènes, ou rapatrier.

Pharmacies – Beaucoup de pharmacies vendent aussi tous les produits de parapharmacie de grande diffusion.

LES PLUS BELLES PLAGES	Îles ou villes à proximité	Cadre du site	Tranquillité	Facilité d'accès
Agiofili	Leucade Sud	Falaises	++	++
Agios Georgios	Corfou Nord	Ruban de sable	++	+++
Agios Gordios	Corfou	Sable et rochers	+	+++
Agios Spiridonas	Corfou	Belle vue	++	+++
Arhéa Epidavros	Épidaure	Galets et sable	+	++
Arvanitia	Nauplie	En ville	+	++
Paralia Astros	Péloponnèse	Sable	++	+++
Avithos	Céphalonie	Sable		
Kaladi	Cythère	Sable	+	+++
Paralia Kimis	Eubée	Sable	+	+++
Porto Katsiki	Leucade	Sable et falaise	+	++
Loutraki	Corinthe	Galets, ville	+	+++
Loutra Kilinis	Péloponnèse	Sable	+	+++
Methoni	Péloponnèse	Cadre historique	+	+++
Milos et Kathisma	Leucade Ouest	Sable	+	+++
Mirtos	Céphalonie	Falaises	++	++
Pelekas	Corfou, côte ouest	Baie rocheuse	++	++
Plages du Pélion	Volos	Sable	+	+++
Skala	Céphalonie	Sable et pins	+	+++
Skoutari	Le Magne de Laconie	Sable	+++	++
Côte nord de Zante	Zakinthos	Sable	+	+++

Médecins – Si la plupart des médecins parlent une langue étrangère, une liste de médecins francophones est disponible sur le site de l'ambassade de France.

Urgences

Urgences médicales – ☏ 112. Comme dans le reste de l'Europe. Composez-le avec votre portable même si vous n'avez plus de crédit.
Pompiers – ☏ 199.

Maladies

Aucune maladie particulière n'est à craindre en dehors de la « tourista ». En revanche, protégez-vous contre les **insolations**. En été, une trop longue exposition au soleil peut entraîner brûlures, nausées et maux de tête. Surtout si vous voyagez à deux-roues, pensez à couvrir vos épaules, ainsi que votre tête. Hydratez-vous régulièrement.

SAVOIR-VIVRE

Les Grecs entretiennent un vrai sens de l'hospitalité, fidèles à la tradition qui veut qu'un voyageur soit accueilli comme un invité. C'est d'ailleurs toute la riche dualité du terme *xenos*, qui signifie à la fois « étranger » et « hôte ». Dès votre arrivée, vous apprécierez la spontanéité avec laquelle les Grecs vous recevront, n'hésitant pas à vous aider, chacun utilisant le vocabulaire étranger qu'il connaît. En échange, remerciez-les d'un chaleureux *efkaristo poli* (merci) et d'un *ya sas* (au revoir) en partant. Le sourire que vous recevrez en retour vous dira leur plaisir et leur sympathie.

Le sourire avant tout

Les Grecs montrent un tempérament passionné et un individualisme forcené, mais on a l'impression que la colère et l'emportement sont absents de leur registre affectif. Aussi, ne vous mettez jamais en colère. Cela vous dévalorisera et vous perdrez la confiance de vos interlocuteurs. Si vous avez un différend avec une personne, conservez votre calme, voire gardez le sourire, et si la conversation devient animée, voisins et passants s'en mêleront, jouant les médiateurs ou donnant leur avis. Les Grecs sont aussi de **fervents patriotes** et tirent une grande fierté de leurs racines, de leur culture et de leur terre. Une attitude qui les amène à beaucoup se préoccuper de l'opinion que portent les voyageurs sur leur pays.

Des vœux en toute occasion

La tradition populaire veut que l'on se souhaite toutes sortes de bonnes choses, au gré des événements, mais aussi au fil de la journée et des saisons. Les Grecs y voient en effet une façon d'éloigner le « mauvais œil ». À chaque circonstance sa formule. En voici quelques-unes. Pour une naissance : *Na sas zissi*, « qu'il vive longtemps ! » Au malade : *Perastika*, « bon rétablissement ». À une femme enceinte : *Kali eleftheria*, « bonne délivrance ». Pour la fête du saint patron : *Cronia polla*, « beaucoup d'années », l'équivalent de notre « Bonne fête ». À chaque début de saison, de mois et de semaine : *Kalo himona* (bon hiver), *Kalo kalokairi* (bon été), *Kalo mina* (bon mois), *Kali evdomada* (bonne semaine). Sans oublier la journée : *Herete !*, équivalent de notre « salut ! », ou *Kalimera*, « bonjour », qui ne s'épuisera qu'en fin d'après-midi pour faire place au rituel *Kalispera*, « bonsoir », puis au tardif *Kalinikta*, « bonne nuit ».

Le langage des gestes

En réponse à une question, si votre interlocuteur rejette la tête en arrière en levant le menton et haussant les sourcils, n'insistez pas, il vient tout simplement de vous dire non. En revanche, s'il penche légèrement la tête sur le côté, il s'agit d'une réponse affirmative.

Une légère rotation de la main traduit l'onomatopée « *po, po, po* », l'équivalent de notre « Oh ! la, la ! » et signifie l'étonnement. Si le mouvement s'amplifie avec la main bien ouverte, il s'agit d'admiration.

Pour attirer l'attention d'un serveur au restaurant, vous pouvez frapper dans vos mains, mais ce comportement se perd.

Attention ! la main levée, paume tournée, avec les cinq doigts écartés est une grave insulte qui veut dire que l'on maudit la personne jusqu'à la cinquième génération.

À faire ou à ne pas faire

Le respect des **lieux saints** prime ; il est fort inconvenant d'y entrer en mangeant, et une tenue décente est de rigueur. Les femmes et les jeunes filles doivent généralement y porter jupes ou robes au-dessous du genou, et épaules couvertes. Le pantalon long y est exigé pour les hommes, voire prêté à l'entrée.

À la campagne, ou dans les régions peu fréquentées par les touristes, les habitants peuvent se montrer réservés, voire distants, car peu désireux d'être dérangés. Mais un salut amical restera rarement sans réponse. Si vous souhaitez **photographier** quelqu'un, demandez préalablement son autorisation, d'un simple sourire en montrant votre appareil, mais n'insistez pas en cas de refus. Ne bravez pas l'interdiction du flash dans les musées et les églises.

Si vous êtes invité dans une **famille**, vous verrez qu'on ne s'y encombre pas de conventions particulières. À table, ne vous sentez pas obligé de finir votre assiette, souvent très copieuse. Les Grecs ayant manqué de tout pendant les années noires, la maîtresse de maison sert de bonnes portions.

À moins de vouloir vous lancer dans un long (et potentiellement passionnant) débat, évitez certains **sujets sensibles** comme la dette grecque. Sur un plan géopolitique, dans le Nord du pays et en Macédoine en particulier, appelez bien le pays voisin « République de Macédoine ». Enfin, la question chypriote (toujours en partie sous occupation turque) et le débat autour de l'adhésion de la Turquie à l'Union européenne divisent l'opinion.

SÉCURITÉ

Il y a encore quelques années Athènes et l'ensemble de la Grèce étaient l'une des destinations les plus sûres d'Europe. Dans le contexte de la crise économique, une petite délinquance s'est progressivement développée. Aussi les règles de prudence de base pour tout voyageur doivent être respectées : pas de sac à main à demi ouvert ou posé sans surveillance à côté ou derrière sa chaise, pas d'exhibition de richesse… Le monde dehors tard le soir est la meilleure garantie. L'État et les commerçants ont plus que jamais soin de la réputation touristique de la Grèce. En cas de nécessité, dirigez-vous vers la police touristique où l'on pratique au moins un peu d'anglais ; le cas échéant vers la police ordinaire selon la nature du problème.

Police touristique – ✆ 171.

Police – ✆ 100.

Quelques lieux à éviter – À Athènes, dont les rues ne sont pas plus dangereuses pour les hommes que pour les femmes, le quartier d'Omonia la nuit (surtout les rues environnantes) ainsi que les abords des gares restent tout de même à éviter. Les pickpockets agissent surtout dans l'*elektriko* (ligne 1 Kifissia-Le Pirée) qui devient de plus en plus dangereux, particulièrement sur le tronçon entre Omonia et Ano Patissia.

SOUVENIRS

Voir aussi « Achats » p. 579.

Antiquités

L'exportation d'antiquités est formellement interdite : tout ce qui a plus de cent ans ne doit pas quitter le sol grec. Ne ramassez jamais rien sur les sites archéologiques – fragments de pierre ou de poterie, même d'apparence anodine –, encore moins lors d'une plongée sous-marine. La loi est très sévère.

Artisanat

Dans les grands centres touristiques, le pire et le meilleur se côtoient. Les marchants de tee-shirts et de casquettes alternent avec des magasins d'artisanat traditionnel de qualité : poteries et céramiques, tapis et tissages faits à la main, tricots, vêtements, **broderies**, dentelles, couvre-lits, tapis de laine à longs poils *(flokates)* originaires d'Arahova ou de Thessalie, fourrures de Kastoria, **bijoux** en or, de facture moderne ou inspirée de l'Antiquité (certains bijoutiers comme Lalaounis ou Zolotas ont une renommée internationale), bijoux traditionnels en argent (de Ioannina et de Macédoine), bois tournés ou sculptés, **sculptures** en marbre ou en onyx, reproduction d'**icônes**.

À Athènes et dans les îles, on trouve aussi un grand choix de sandales et de sacs en cuir, grande tradition des années 1970 (bon marché, mais de fabrication sommaire). Sans oublier le fameux **komboloï** (le « chapelet » que les Grecs égrènent à tout moment), omniprésent dans les boutiques.

Parmi les objets usuels, vous pourrez rapporter des **tavli** (jacquet), des *flitzanakia* (petites tasses à café de porcelaine blanche), des **keramika** (objets en céramique originaires de Sifnos, Rhodes et des îles avoisinantes), des bouzoukia.

Spécialités culinaires

Miel d'Attique (de thym), confiture *(glyka)* de figues et de cerises, fruits confits en sirop, *amigdalota* (sorte de macarons), *kourabiedes* (gâteaux aux amandes), pistaches (spécialité d'Égine), *halva* (sorte de fin nougat aux amandes ou aux pistaches), *pasteli* (pâte de graine de sésame au miel), vins résinés (d'Attique), vins rouges (du Péloponnèse ou de Thessalie), vins blancs (de Santorin, de Limnos, du Péloponnèse, de Thessalie), vins cuits (muscat de Samos, Mavrodaphni), alcools (ouzo Plomari, de Mitilène/Lesbos ou de Thessalonique, *tsikoudia* ou *tsipouro*), sans oublier l'huile d'olive de Crète : les gourmands trouveront toutes sortes de produits à rapporter.

SPORTS

Voir aussi « Plongée sous-marine », p. 584 et « Randonnées et écotourisme », p. 584.

Pour obtenir des informations sur le ski, le golf, l'alpinisme, le rafting ou la spéléologie (la Grèce possède un très grand nombre de sites), rendez-vous dans les centres d'informations touristiques, à Athènes ou à l'étranger.

TAXI

Les taxis (jaunes à Athènes, bleus à Thessalonique) pratiquent des tarifs sensiblement moins élevés qu'en France. En chemin, il arrive que le chauffeur prenne d'autres passagers allant dans la même direction.

TÉLÉPHONE

Voir aussi « Téléphoner en Grèce » p. 573.

Appels internationaux

Pour appeler la France à partir de la Grèce, faites le ✆ 00 suivi du 33, puis du numéro de votre correspondant sans le 0 initial.

Pour la Belgique : ✆ 00 32 ; le Luxembourg : ✆ 00 352 ; la Suisse : ✆ 00 41.

Appels locaux

Tous les numéros comportent 10 chiffres. Les indicatifs de ville ou de région sont inclus dans le numéro lui-même. Vous devez donc composer tous les chiffres fournis, même si, par habitude, certains continuent de séparer l'indicatif avec des parenthèses.

Téléphones portables

La Grèce, y compris les îles, est très bien couverte par les réseaux de téléphonie mobile et compte plusieurs opérateurs.

Bureaux OTE (téléphone)

De 8h à 14h, sauf certains bureaux d'Athènes : 15 r. Stadiou - 24h/24 ; 50 r. Athinas - 24h/24 sf w.-end de 7h à 22h.

Cabines téléphoniques

Comme ailleurs, les cabines téléphoniques tendent à disparaître mais il est possible d'acheter des cartes SIM grecques prépayées chez des opérateurs locaux et certains marchands de journaux.

Renseignements

Pour tous les services d'**OTE**, composez le ✆ 134.

Services des renseignements – À Athènes et en Attique : ✆ 131. Sinon : ✆ 132.

Télégrammes pour l'étranger – ✆ 165.

Téléphoner à l'étranger – En anglais, en français : ✆ 161/162.

Obtenir les indicatifs internationaux – En anglais, en français : ✆ 169.

TRANSPORTS INTÉRIEURS

Avion

Bien qu'Aegean Airlines ait racheté Olympic Air en 2012, les deux compagnies gardent leur marque et logo distinct.

Aegean Airlines – ✆ (30) 21062 610 00 - www.aegeanair.com.

Olympic Air – ✆ (30) 21035 505 00 - www.olympicair.com.

Sky Express – www.skyexpress.gr.

Astra Airlines – www.astra-airlines.gr.

Train (OSE)

Le réseau ferré, peu développé, dessert surtout Thessalonique (5h en train express) et quelques villes dont trois petites liaisons particulièrement pittoresques : la ligne de Diakofto à Kalavrita (Péloponnèse) par un chemin de fer à crémaillère, ainsi que les liaisons entre Katakolo et Olympie (Péloponnèse), et Volos et Miliés (Thessalie). Cependant il est en cours de modernisation. Le *proastiakos*, nouveau train de banlieue, relie désormais Athènes au Péloponnèse (Corinthe) et à l'Eubée (Halkida).

Renseignements – www.trainose.gr.

Bus (KTEL)

Très développé, ce moyen de transport est souple (nombreux départs), bon marché (comparable au train) et généralement plus rapide que le rail. Des lignes relient Athènes aux îles Ioniennes (correspondance avec le bateau), et pour le nord de la Grèce, c'est un formidable instrument de découverte. On achète le billet avant le départ dans les gares routières ou auprès des petits kiosques qui jouxtent les arrêts principaux. S'il n'existe aucun site Internet centralisant les informations et horaires, chaque région a sa propre compagnie et un site. On peut parfois acheter des billets en ligne.

À Athènes, les gares des bus longues distances sont éloignées du centre. Il est recommandé de prendre un taxi, peu onéreux, pour y accéder.

VIE NOCTURNE

Les noctambules trouveront partout de quoi occuper les chaudes nuits d'été et, dans les endroits touristiques, tous les genres de musique sont écoutés. Mais sachez qu'une boîte diffusant de la techno peut tout à fait passer, vers 4h ou 5h du matin, de la musique grecque si elle accueille une clientèle locale ; l'occasion de découvrir le *tsifteteli*, des mélodies et danses orientales.

VOITURE

Location

Nous vous conseillons vivement de réserver avant de partir. Le plus pratique est de vous rendre sur les sites **www.autoescape.com** ou **www.opodo.fr** qui proposent les meilleures offres. Ainsi vous êtes assuré d'éviter les mauvaises surprises sur tarifs et assurances.

Si vous vous souhaitez réserver sur place, il existe toutes sortes d'agences de location, des plus sérieuses au plus fantaisistes. Préférez les compagnies internationales comme Hertz, Avis, Europcar, Budget, qui offrent les meilleures garanties.

Les tarifs varient considérablement en fonction du lieu, de la saison, de la durée de location et du modèle. Exemple : la catégorie A se loue à Athènes (dans une grande société de location) autour de 60 € par jour, mais 70 € à Corfou en août. Dans une petite agence locale de la plupart des îles, vous négocierez la même chose autour de 40 à 50 €, voire moins hors saison ou pour une durée de plusieurs jours, mais assurez-vous de l'équivalence des garanties en cas d'accident ou de panne. Dans tous les cas, comparez les prix et vérifiez soigneusement l'état du véhicule que l'on vous loue. Faites noter les plus minuscules bosses ou éraflures.

Réseau routier

L'Attiki Odos, ambitieuse route périphérique, permet aujourd'hui de contourner Athènes. La qualité des routes est globalement bonne en Grèce continentale. Les autoroutes se multiplient, et on peut enfin aller de Patra à Thessalonique *via* Athènes ou Ioaninna par l'autoroute. En raison des péages nombreux, elles sont souvent peu fréquentées, beaucoup de Grecs préférant emprunter des routes nationales gratuites. La Via Egnatia, dans le nord du pays, relie Igoumenitsa à Thessalonique. Toutefois, dans les régions montagneuses, les routes principales sont souvent étroites et sinueuses, avec des nids-de-poule.

Le pays conserve également d'innombrables **pistes**, parfois impraticables sans un 4x4.

Les **panneaux de signalisation** sont souvent indiqués en grec et en anglais sur les grands axes, en grec sur les petites routes. En dehors des principales routes, la signalisation est souvent imprécise ou absente.

Conduite

Le code de la route est le même qu'en France. Toutefois, même s'il y a de plus en plus de contrôles, les limitations de vitesse sont rarement respectées. Il est courant de rouler sur la bande d'arrêt d'urgence pour laisser passer les véhicules qui veulent doubler. Et les bons élèves, respecteux du Code de la route, qui s'y refusent sont fréquemment klaxonnés…

Si les Grecs ne conduisent pas toujours paisiblement, les camionneurs vous font signe de passer et se rabattent volontiers sur le côté quand la route est étroite.

Essence

De très nombreuses stations-service jalonnent le pays mais sont plus rares dans les montagnes et les campagnes très reculées. Le carburant est légèrement meilleur marché qu'en France.

Beaucoup de stations n'acceptent pas les cartes de crédit et c'est le pompiste qui vous sert.

Garer sa voiture en ville

Se garer dans la plupart des villes grecques tourne vite au cauchemar ; des parkings payants, plutôt chers, existent, mais dans la journée, les places sont rares. Aussi, il est recommandé d'organiser ses visites à pied pour éviter les problèmes de trafic et de stationnement. En cas de stationnement illégal, il arrive que la plaque d'immatriculation soit confisquée pour être sûr que le contrevenant viendra payer sa contravention au commissariat. Même dans les îles, la police n'hésite pas à verbaliser.

En cas d'accident

Le constat à l'amiable n'est pas encore une pratique très courante et beaucoup de véhicules ne sont pas assurés. Insistez pour que ce soit la police qui dresse le constat et demandez une copie. Après quoi, vous pourrez faire réparer votre véhicule chez un garagiste.
ELPA – *10400*. Assistance routière.

YACHTING

La navigation de plaisance est l'un des moyens les plus agréables de découvrir les côtes et les îles grecques. En pleine expansion, ce style de tourisme se heurte aujourd'hui à des difficultés liées à des capacités d'accueil insuffisantes dans les marinas. À quai, en août, les doubles files sont fréquentes.
Hellenic Professionnal Yacht Owners Association – Marina Zéas (Le Pirée) - 210 45 26 335 - www.hpyoa.gr.

TABLEAU DES DISTANCES	ATHÈNES	CORINTHE	DELPHES	IGOUM.	IOANNINA	KALAMATA	NAUPLIE	PATRA	THESSALO.	VOLOS
ATHÈNES		84	190	487	468	243	141	216	516	330
CORINTHE	84		211	407	362	163	61	135	546	360
DELPHES	190	211		381	337	370	268	120	388	202
IGOUM.	487	407	381		79	512	457	301	350	326
IOANNINA	468	362	337	79		467	413	244	277	253
KALAMATA	243	163	370	512	467		149	225	747	561
NAUPLIE	141	61	268	457	413	149		186	603	417
PATRA	216	135	120	301	00	225	186		493	308
THESSALO.	516	546	388	350	277	747	603	493		213
VOLOS	330	360	202	326	253	561	417	308	213	

Mémo

Agenda

Voir aussi « Les fêtes traditionnelles », p. 502.

À côté des grands festivals culturels d'été, notamment de danse et de théâtre (Athènes, Épidaure, Nauplie, Rethymnon), et des grandes fêtes religieuses comme le 15 août, chaque village célèbre son saint local au cours de joyeuses *panegiri*.

JANVIER

Le Pirée – Le 6 janvier. Bénédiction de la mer et immersion d'une croix, repêchée par des plongeurs.
Kastoria – Du 6 au 8 janvier. Carnaval à l'occasion des Ragoutsaria.

FÉVRIER-MARS

Patra – Carnaval le plus important de Grèce : défilé de chars.
Athènes – Carnaval masqué et déguisé.
Naoussa (Macédoine) – Carnaval des Boules, danseurs masqués.

LUNDI PUR

Athènes – Chants et danses populaires près du temple de Zeus ; concours de cerfs-volants sur la colline de Philopappou.

DIMANCHE DES RAMEAUX ET SAMEDI SAINT

Corfou – Procession en l'honneur de saint Spiridon.

VENDREDI SAINT

Toute la Grèce – Procession de l'Epitafios (Mise au tombeau du Christ).

PÂQUES

Toute la Grèce – Messes de minuit en plein air le samedi.

SEMAINE DE PÂQUES

Mégara (Attique) – Danses traditionnelles.

AVRIL

Skala (Céphalonie) – Le 23 avril (saint Georges). Courses des anciens, des jeunes filles et d'ânes déguisés.
Arachova – Fête dès le 22 avril au soir et pendant trois jours (procession, banquets, danses folkloriques et « course des vieux »).

MAI

Lagkádas (près de Thessalonique) et Agia Eleni (Serres) – 21-23 mai. Cérémonies rituelles des Anastenarides qui dansent pieds nus sur la braise en tenant les icônes de saint Constantin et de sainte Hélène.
Mystra – 29 mai. Commémoration de la mort de l'empereur Constantin Paléologue le 29 mai 1453.

DE MAI À SEPTEMBRE

Athènes – Danses folkloriques Dora Stratou.

MAI-JUIN ET DÉBUT OCTOBRE

Athènes – Festival d'Athènes (théâtre, concerts et ballets).

SAMEDIS ET DIMANCHES DE FIN JUIN À FIN AOÛT

Épidaure – Festival de théâtre antique.

DE MI-JUIN À DÉBUT OCTOBRE

Patra – Festival culturel.

JUILLET-AOÛT

Delphes – Manifestations artistiques.
En Piera (région du mont Olympe) – Festival théâtral organisé dans le site antique de Dion et dans la forteresse franque de Platamonas.

JUILLET

Toute la Grèce – Le 19 juillet. Pèlerinages aux sommets consacrés à saint Élie.

AOÛT

Leucade – Festival artistique et folklorique.
Corfou – Le 6 août. Procession en barques à l'îlot de Pondikonissi.
Portaria (Pélion) – 1er dimanche après le 15 août. Reconstitution d'un mariage traditionnel.

AOÛT-SEPTEMBRE

Patra – Festival du vin.
Dodoni – Théâtre antique.
Ioannina – Spectacles divers.

FIN AOÛT-DÉBUT SEPTEMBRE

Zante – Rencontres internationales de théâtre médiéval et populaire.

SEPTEMBRE

Thessalonique – Foire internationale.
Xanthi – Carnaval.

OCTOBRE

Thessalonique – Festival de cinéma.
Pilos – Le 20 octobre. La Navarinia, commémoration du combat naval de Navarin.
Thessalonique – Processions de la St-Dimitri (26 octobre). Festival Dimitria en l'honneur du patrimoine de la ville.

NOVEMBRE

Patra – Le 30 novembre. Procession en l'honneur de saint André.

DÉCEMBRE

Toute la Grèce – Le 24 et 31 décembre. Les enfants vont de porte en porte en chantant les *kalanda* et en s'accompagnant d'un triangle.

Bibliographie

LITTÉRATURE

ALEXAKIS Vassilis, **La Clarinette**, Stock, 2015. Le regard nostalgique sur la Grèce d'aujourd'hui d'un écrivain franco-grec.
CHRYSSOPOULOS Christos, **La Tentation du vide**, Actes Sud, 2016. Une enquête criminelle et métaphysique par l'un des écrivains les plus originaux de sa génération.
DURRELL Lawrence, **Citrons acides** et **L'Île de Prospéro**, coll. Biblio, Livre de poche, 1972 et 1993. Diplomate, l'auteur, grand connaisseur de la Méditerranée, a exploré dans le premier volume la crise anglo-chypriote des années 1950, et évoqué dans le second le charme de Corfou.
KAVVADIAS Nikos, **Le Quart**, Denoël, 1954. Roman ténébreux et fort sur la vie des marins grecs.
KAZANTZAKI Nikos, **Alexis Zorba**, coll. Pocket, 1988. Dans les années d'après-guerre, un jeune intellectuel grec part découvrir la Crète avec l'aide du mystérieux et truculent Alexis Zorba.
MARKARIS Petros, **Épilogue meurtrier**, Seuil, 2015. Scénariste pour Theo Angelopoulos, l'auteur s'est tourné vers le roman policier et a créé le commissaire Charitos - Maigret hellène - et sa famille. Dans

ce dernier volet d'une « tétralogie de la crise », Charitos enquête dans le milieux d'extrême droite. Avec pour cadre les embouteillages d'Athènes et la crise économique.

MILLER Henry, **Le Colosse de Maroussi**, Le Livre de poche, 2002. À la veille de la Seconde Guerre mondiale, l'enthousiasme d'un écrivain américain pour le caractère passionnel du tempérament grec.

POÉSIE

CAVAFY Constantin, **Poèmes**, coll. Poésie, Gallimard, 1978. Une autre manière de comprendre la Grèce, depuis Alexandrie, l'un des grands centres de l'hellénisme à la fin du 19e s. Dans une langue ni moderne ni archaïque.

COLLECTIF, **Anthologie de la poésie grecque contemporaine 1945-2000**, Gallimard, 2000. Élytis et Séféris, mais aussi d'autres poètes grecs à découvrir.

ELYTIS Odysseas, **Axion esti**, Gallimard, 1996. Peut-être le plus grand poème de la Grèce moderne. Cette œuvre très bien traduite renoue les fils rompus des trois composantes de la culture hellénique : classique, byzantine et moderne.

SÉFÉRIS Georges, **Poème**, coll. Poésie, Gallimard, 1989. **Six nuits sur l'Acropole**, Calmann-Lévy, 1994. Deux manières d'aborder cet écrivain renommé, prix Nobel de littérature, dont toutes les œuvres interrogent, défendent ou célèbrent l'hellénisme.

HISTOIRE ET ARCHÉOLOGIE

CORVISIER Jean-Nicolas, **Les Grecs et la mer**, coll. Realia, Les Belles Lettres, Paris, 2008. La vie quotidienne des pêcheurs, le commerce maritime et la place de la mer dans l'imaginaire et la religion des Grecs, des origines créto-mycéniennes à la période hellénistique.

CORVISIER Jean-Nicolas, **Philippe II de Macédoine**, Fayard 2002.

DUCELLIER Alain, **Le Drame de Byzance**, coll. Pluriel, Hachette Littératures, 1997. Pour ne pas oublier qu'entre la Grèce ancienne et la conquête ottomane, il y a cette grande civilisation encore négligée.

LÉVÊQUE Pierre, **L'Aventure grecque**, coll. Biblio, Le Livre de poche, 1997. Une grande synthèse classique de l'histoire de la Grèce ancienne.

LÉVÊQUE Pierre, **La Naissance de la Grèce**, coll. Découvertes Gallimard, Paris, 1990. Un autre tableau passionnant de la Grèce ancienne, tout en images.

MARROU Henri-Irénée, **Histoire de l'éducation dans l'Antiquité**, coll. Points Histoire, vol. 1, Seuil, 1981. L'un des meilleurs tableaux des composantes de la culture grecque ancienne, dans un style simple et didactique.

VERNANT Jean-Pierre (dir.), **L'Homme grec**, coll. Points Histoire, Seuil, 2000. Les meilleurs historiens de la discipline se penchent sur cet ancêtre commun à tous les Européens.

BANDES DESSINÉES

JUL et PEPIN Charles, **50 nuances de grecs**, Dargaud, 2017. Les plus grands mythes de l'Antiquité grecque revités aujourd'hui.

PRUDHOMME David, **Rébétiko** (la mauvaise herbe), Futuropolis, 2009. Plongée dans la Grèce des années 1930 avec deux joueurs de bouzouki.

GÉNÉRALITÉS - SOCIÉTÉ - DOCUMENTS

ARTHUS-BERTRAND Yann, **La Grèce vue d'en haut**, Éd. de la Martinière, 2004. Un splendide album pour découvrir la Grèce comme vous ne la verrez jamais.

FINLEY M., PLEKET H., **1 000 ans de Jeux olympiques : 776 av. J.-C. - 261 apr. J.-C.**, Perrin, 2004. Les Jeux dans l'Antiquité : lieux, sélections, épreuves, rituels…

LACARRIÈRE Jacques, **L'Été grec**, coll. Terres Humaines, Plon, 1976, Pocket, 2001. Ce récit, rapporté de voyages effectués entre 1947 et les années 1960, est l'un des rares livres français qui ait su saisir la Grèce dans toute sa complexité.

ROMILLY Jacqueline de, **Précis de littérature grecque**, PUF, 2002. La littérature grecque ancienne et des clés pour comprendre les différents genres qui ont influencé toute la création européenne.

Films et documentaires

ANGELOPOULOS Théo, **L'Apiculteur**, 1986, **Le Pas suspendu de la cigogne**, 1991, **L'Éternité et un jour**, 1998, **Eleni**, 2004. Disparu en janvier 2012, Théo Angelopoulos a été la grande figure du cinéma grec bénéficiant d'une reconnaissance internationale. Ses films, empreints d'une belle gravité mélancolique, sont traversés par des thèmes récurrents : l'identité, les frontières, la mémoire.

CACOYANNIS Michael, **Stella femme libre**, 1955. Le film qui révéla Melina Mercouri. Une évocation tendre et tragique des quartiers pauvres de la Grèce d'après-guerre. **Électre**, avec Irène Papas, en 1962, et le célèbre **Zorba le Grec**, en 1964 avec Anthony Quinn (adapté du roman de Kazantzakis), firent connaître la Grèce au monde entier et restent deux magnifiques portraits de l'âme grecque.

COSTA-GAVRAS, **Z**, 1969. LE film sur la montée en puissance de l'extrême droite en Grèce. Thriller politique inspiré de l'affaire Lambrakis, un député de gauche assassiné juste avant le régime des colonels (Z est la première lettre du verbe *zei* qui signifie « il vit »).

DASSIN Jules, **Jamais le dimanche**, 1960. Dans Le Pirée des années 1950, une prostituée au grand cœur croise le chemin d'un Américain qui cherche à comprendre cette étrange société grecque. Le meilleur film « grec » de Dassin, qui dirigea pour la première fois sa future épouse, Melina Mercouri.

KOUTRAS Panos H., **L'Attaque de la moussaka géante**, 1999. Une portion de moussaka décime la population. Un pur nanar devenu culte…

LANTHIMOS Yorgos, **The Lobster**, 2015. Primé à Cannes, pour **Canine** en 2009, le réalisateur persévère avec ce film (en anglais) dans son univers absurde et dérangeant.

Musique

Quatre visages de la chanson grecque : IONATOS Angélique, **Reste la lumière** (Ici d'Ailleurs), ALEXIOU Haris, **Sifroi** (« Murmures »), ARVANITAKI **Elefheria** (Polygram), DALARAS Giorgos, **Kalos tous** (Minos).

HADJIDAKIS Manos, **Les Lilas de la terre morte** et **Quinze vêpres** (EMI).

THEODORAKIS Mikis, **His best popular songs, The very best of Theodorakis**, la figure mythique de la musique grecque.

TSITSANIS Vassilis, **Hommage à Tsitsanis**. L'un des grands noms du rébétiko.

Musique sacrée byzantine du 18e s. (Ocora).

Folk Music of Greece (Topic World Records). Des musiques traditionnelles et folkloriques des quatre coins du monde grec.

Musique de la Grèce antique, sous la direction de Gregoriou Paniagua (Harmonia Mundi, 1979).

Prononcer le grec

La particularité de l'alphabet grec et la nécessité pour la Grèce de s'adapter à ses nombreux visiteurs ont rendu indispensable, depuis une trentaine d'années, l'usage de transcriptions en alphabet latin pour les toponymes locaux. Dans un souci de clarté et d'unification, l'État grec a adopté une norme unique, la norme ELOT 743. Cette harmonisation s'effectue à plusieurs vitesses et il n'est pas rare de trouver des modes de translittération plus anciens qui conduisent à découvrir deux orthographes différentes selon que l'on se trouve d'un côté ou de l'autre d'une même place!
Le présent guide utilise l'ancien système de transcription plus proche de la prononciation française, tandis que la norme ELOT 743 est plus fidèle à la graphie grecque.

Voir aussi le lexique en rabat de couverture.

Coup d'œil sur l'alphabet grec (majuscules et minuscules) et sa prononciation.

Α α (alpha)	*a*
Β β (beta)	*v* (voiture)
Γ γ (gamma)	*g* (gâteau) devant une consonne et les voyelles a, o, ou y (yaourt) devant le son *i* (h, i, y, e, i) ; de même pour *Giorgos* (« *Yorgos* »), en raison du i.
Δ δ (delta)	comme l'article anglais *the* ; transcris par *d*.
Ε ε (epsilon)	*e*
Ζ ζ (zeta)	*z*
Η η (heta)	*e* ou *i*
Θ θ (theta)	le son du verbe anglais *think*, noté *th*.
Ι ι (iota)	*i*
Κ κ (kappa)	*k*
Λ λ (lambda)	*l*
Μ μ (mu)	*m*
Ν ν (nu)	*n*
Ξ ξ (xi)	*x* comme dans *taxi*
Ο ο (omicron)	*o* court
Π π (pi)	*p*
Ρ ρ (ro)	*r*
Σ ς (sigma)	*s*
Τ τ (tau)	*t*
Υ υ (upsilon)	*u*
Φ φ (phi)	*f*
Χ χ (chi)	*x ch* chuintant
Ψ ψ (psi)	le son *ps*
Ω ω (omega)	*o* long

INDEX GÉNÉRAL

Athènes : villes, curiosités et régions touristiques.
Andronikos, Manolis : noms historiques ou termes faisant l'objet d'une explication.
Les sites isolés (châteaux, abbayes, grottes…) sont répertoriés à leur propre nom.

A

B

C

D

E

F

G

H

I

P

R

S

INDEX DES CARTES ET PLANS

CARTE GÉNÉRALE

CARTES DES RÉGIONS

PLANS DE VILLES

PLANS DE SITES

CARTES DES CIRCUITS

PLANS DE TRANSPORTS

LÉGENDE DES CARTES ET PLANS

Curiosités et repères

- Itinéraire décrit, départ de la visite
- Église
- Mosquée
- Synagogue
- Temple
- Temple : bouddhique - hindou
- Bâtiment
- Monastère - Phare
- Fontaine
- Point de vue
- Château - Ruine ou site archéologique
- Barrage - Grotte
- Monument mégalithique
- Tour génoise - Moulin
- Temple - Vestiges gréco-romains
- Autre lieu d'intérêt, sommet
- Distillerie
- Palais, villa, habitation
- Cimetière : chrétien - musulman - israélite
- Oliveraie - Orangeraie
- Mangrove
- Auberge de jeunesse
- Gravure rupestre
- Pierre runique
- Église en bois
- Église en bois debout
- Parc ou réserve national
- Bastide

Sports et loisirs

- Piscine : de plein air - couverte
- Plage - Stade
- Port de plaisance - Voile
- Plongée - Surf
- Refuge - Promenade à pied
- Randonnée équestre
- Golf - Base de loisirs
- Parc d'attractions
- Parc animalier, zoo
- Parc floral, arboretum
- Parc ornithologique réserve d'oiseaux
- Planche à voile, kitesurf
- Pêche en mer ou sportive
- Canyoning, rafting
- Aire de camping - Auberge
- Arènes
- Base de loisirs, base nautique ou canoë-kayak
- Canoë-kayak
- Promenade en bateau

Informations pratiques

- Information touristique
- Parking - Parking - relais
- Gare : ferroviaire - routière
- Voie ferrée
- Ligne de tramway
- Départ de fiacre
- Métro - RER - Tramway
- Station de métro (Calgary, ...) (Montréal)
- Téléphérique, télécabine
- Funiculaire, voie à crémaillère
- Chemin de fer touristique
- Transport de voitures et passagers
- Transport de passagers
- File d'attente
- Observatoire
- Station-service - Magasin
- Poste - Téléphone
- Internet
- Hôtel de ville (H)
- Banque, bureau de change (B)
- Palais de justice - Police (J, POL.)
- Gendarmerie
- Théâtre - Musée (T, M)
- Université (U)
- Musée de plein air
- Hôpital
- Marché couvert
- Aéroport
- Parador, Pousada (Établissement hôtelier géré par l'État)
- A Chambre d'agriculture
- D Conseil provincial
- G Gouvernement du district, Délégation du Gouvernement Police cantonale
- L Gouvernement provincial (Landhaus)
- P Chef-lieu de province
- Station thermale
- Source thermale

Axes routiers, voirie

- Autoroute ou assimilée
- Échangeur : complet - partiel
- Route
- Rue piétonne
- Escalier - Sentier, piste

Topographie, limites

- Volcan actif - Récif corallien
- Marais - Désert
- Frontière - Parc naturel

Comprendre les symboles utilisés dans le guide

LES ÉTOILES

★★★ **Vaut le voyage** ★★ **Mérite un détour** ★ **Intéressant**

HÔTELS ET RESTAURANTS

9 ch.	Nombre de chambres
7,5 €	Prix du petit-déjeuner en sus
50 €	Prix de la chambre double, petit-déjeuner compris
bc	Menu boisson comprise
	Air conditionné dans les chambres
	Restaurant dans l'hôtel
	Établissement servant de l'alcool (à l'étranger)
	Wi-Fi
	Piscine
CC	Paiement par cartes de crédit
	Carte de crédit non acceptée
P	Parking réservé à la clientèle
Tram	Station de tramway la plus proche
M	Station de métro la plus proche

SYMBOLES DANS LE TEXTE

	À faire en famille
	Pour approfondir
	Promenade à pied
	Randonnée à vélo
	Facilité d'accès pour les handicapés
i	Organisme de tourisme
	Astuce, conseil
	Adresse coup de cœur
A2 B	Repère sur le plan

NOTE AU LECTEUR

Michelin a apporté le plus grand soin à la rédaction de ce guide et à sa vérification. Toutefois, les informations pratiques (formalités administratives, prix, adresses, numéros de téléphone, adresses Internet, etc.) doivent être considérées comme des indications du fait de l'évolution constante de ces données.

Il n'est pas totalement exclu que certaines d'entre elles ne soient plus, à la date de parution du guide, tout à fait exactes ou exhaustives. N'hésitez pas à nous signaler toute omission ou inexactitude que vous pourriez constater, ainsi qu'à nous faire part de vos avis et suggestions sur les adresses contenues dans ce guide.

Avant d'entamer toute démarche, formalités administratives ou douanières notamment, vous êtes invité à vous renseigner auprès des organismes officiels. Ces informations ne sauraient, de ce fait, engager notre responsabilité.

Collection sous la direction de Philippe Orain

Responsable d'édition et rédacteur en chef du guide : Françoise Rault

Secrétaire d'édition : Nicolas Jury

Rédaction : Céline Chaudeau, Nicolas Jury, Areti Kondylidou, Lionel Crooson, Serge Guillot, Jordane Bertrand, Olivier Bizet, Jean-Moïse Braitberg, Véronique Chabrol, Richard Couedel, Stéphanie Debord, Hugues Festis, Erwan Garnier, Mathieu Guillochon, Gilles Guérard, Jean-Philippe Henry, Christine Legrand, Jean-Paul Nail, Tiphaine Saint-Criq, Jérôme Souty, Florence Veremis

Remerciements : Georges Kostakiotis et l'association Odyssée-Périples et Découvertes.

Ont contribué à ce guide : Altiplano, Denis Rasse, Thierry Lemasson (**Cartographie**), Véronique Aissani, Carole Diascorn (**Couverture**), Maria Gaspar, Sophie Roques, Pierre Olivier Signe (**Iconographie**), Bénédicte Lathes, Isabelle Foucault, Marion Desvignes-Canonne (**Données objectives**), Bogdan Gheorghiu, Cristian Catona, Hervé Dubois, Pascal Grougon (**Prépresse**), Dominique Auclair (**Pilotage**).

Conception graphique
Christelle Le Déan, Sandro Borel (maquette intérieure)
Laurent Muller (couverture)

Régie publicitaire et partenariats
business-solutions@tp.michelin.com
Le contenu des pages de publicité insérées dans ce guide n'engage que la responsabilité des annonceurs.

Contacts
Michelin
Guides Touristiques
27 cours de l'Ile Seguin, 92100 Boulogne Billancourt
Service consommateurs : tourisme@tp.michelin.com

Parution 2019

Michelin Travel Partner
Société par actions simplifiée au capital de 15 044 940 EUR
27 Cours de l'Ile Seguin -
92100 Boulogne Billancourt (France)
R.C.S. Nanterre 433 677 721

Dépôt légal : 10-2018 – ISSN 0293-9436
Compograveur : Michelin Travel Partner, Boulogne-Billancourt
Imprimeur : Lego Print, Lavis (Italie)
Imprimé en Italie : 10-2018

Usine certifiée 14001
Sur du papier issu de forêts gérées durablement (100 % PEFC)